제2판

경영사례연구

THE STUDY OF BUSINESS CASE

김영수 · 정동섭

학 현 사

제2판에 즈음하여...

최근 경영환경의 가장 큰 화두는 창조경영과 융합경영일 것이다. 정보기술의 발달이 성숙기에 이름에 따라 이제는 주어진 지식과 정보를 누가 더 빨리 선도하고 이를 주도하느냐가 경영의 핵심으로 자리 잡은 것이다.

이러한 변화하는 경영환경은 우리 기업경영자나 근로자들에게 몇 년 전과는 또 다른 경영방식을 요구하고 있다. 즉, 불확실성이 크게 높아진 경쟁환경에서는 스스로 문제를 발견하고 해결해나가는 창조적 능력이 그 어느 때보다 중요해졌다. 환경변화가 안정적이고 따라야 할 모델이 있는 상황에서는 정형화된 패턴에 따라 문제를 신속히 처리하는 정보처리능력이 중요하지만, 환경이 급변하고 모델이 없는 상황에서는 새로운 대응모델을 유연하게 구축해나가는 창조와 학문의 융합능력의 중요성이 높아지게 된 것이다.

본 서의 취지는 원래 국내 대부분의 대학들이 주로 활용하고 있는 주입식 혹은 전달식 경영교육방식의 그 문제를 인식하고 실천적이고 문제해결적 접근방법으로 경영교육에의 사례교육방식(case study method)의 도입을 시도하였다.

따라서 본 서는 국내외 사례교육과 관련 자료 및 저자들의 경험 등을 바탕으로 사례교육의 방법론과 그 구체적인 실제 사례들을 포함하여 국내 사례교육 활성화에 도움을 주고자 한다.

2006년 초판을 발간한 후 경영의 패러다임은 또 많이 변하였다. 본 서가 이러한 경영패러다임을 제대로 추격하지 못하고 그동안 개정판이 서둘러 출간되지 못하였음을 안타깝게 생각하고 이제야 새로운 개정판을 내놓게 되었다.

본 서는 크게 전반부에는 경영사례교육의 방법론을 다루고 있고, 이후에는 경영의 각 부문에 대한 이론적인 부분과 실제 사례를 구성하는 틀로 이루어져 있다. 전반부 부분은 경영사례의 이론적 부분이라 초판의 프레임웍을 가급적 이용하고자 하였다.

우선 1장과 2장은 경영사례의 기초부문으로 경영사례가 무엇인지, 어떻게 활용되고 있으며, 경영사례교육 현장에 대한 내용과 사례분석의 의의를 소개하면서 그 예제를 통해 쉽게 이해할 수 있도록 하고 있다.

3장은 경영사례 작성법을 다루고 있다. 경영사례를 작성하는 다양한 유형을 소개함과 동시에 우리 대학의 경영교육에 가장 보편적으로 활용되고 있는 Harvard식 경영사례 작성방법을 상세히 설명하고 있다. 4장은 경영사례 교수법을 다루고 있다.

5장은 산업구조분석에 대한 기본적인 이론 설명과 함께 한국의 세계적인 테마공원인 삼성에버랜드 사례에 이번 개정판에 최근에 화두인 모바일 ICT 산업을 새롭게 구성하였다.

p · r · e · f · a · c · e

6장은 경쟁우위에 대한 이론과 사례로서 이번에는 글로벌 라이벌 기업 간의 경쟁우위에 초점을 맞추어 콜라전쟁으로 코카콜라와 펩시의 대결 그리고 브라우저 전쟁으로 넷스케이프와 마이크로소프트 등을 새롭게 사례로 추가하였다.

7장은 시장과 제품전략에 대한 내용으로 세계 헬멧시장을 제패한 홍진크라운 사례와 이번에 새롭게 유니클로의 SPA 시장창출, 농심의 중국시장 STP전략을 추가하였다.

8장은 경영혁신에 대한 이론과 사례로 국내 대표적인 경영혁신 성공사례인 SK텔레콤의 미래경영연구원 사례에 이번에 이스트만 코닥의 혁신실패 사례를 추가하였다.

9장은 기업구조조정과 브랜드경영에 대한 내용과 사례를 소개하고 있다. 생활문화기업으로 재변신에 성공한 CJ그룹 사례와 이번에 아마존의 자포스 인수 사례를 추가하였다.

10장은 후발기업의 Catch Up전략으로 선발기업에 대한 후발기업의 따라잡기 전략을 소개하면서 G마켓 사례와 이번에 현대카드의 사례를 추가하였다.

11장은 디지털시대와 사회적 관계를 다루고 있는데 사회연결망이론과 네트워크 측면을 강조하고 있다. 기존의 듀오 사례에 이번에 한국형 SNS의 선두주자인 카카오톡 사례를 추가하였다.

12장은 글로벌경영으로 글로벌경영의 의의와 전략을 살펴보고 LG의 휘센, 현대자동차, 그리고 전자무역의 글로벌 벤처기업인 T-page를 소개하고 있다.

개정판이 너무 늦어 출판사 관계자 및 본 서를 가지고 강의를 하시는 모든 분들께 죄송하다는 말을 먼저하고 싶다. 경영사례라는 것이 무엇보다 시의적절하여야 가치가 있음을 누구보다 잘 아는 저자들이 바쁘다는 핑계로 차일피일 미루었음을 너무 송구스럽게 생각하며 모두가 저자들의 무거운 책임임을 통감한다. 앞으로 제3판 등 새로운 개정판의 작업에는 더욱더 부지런히 노력하여 더 좋은 경영사례연구의 책으로 보답할 것을 약속드린다.

마지막으로 본 서가 출간되기까지 물심양면으로 지원을 아끼지 않은 많은 분들께 지면을 빌어 감사의 말씀을 드리며 본 서의 출간을 허락해 준 학현사의 사장님께도 감사의 뜻을 전한다. 물론 사랑하는 가족들에게도 감사의 마음을 전한다.

2014년 8월
저자들 씀

머리말

들어가며...

정보기술의 발달과 지식 주도의 지식정보화사회로 빠르게 이전하면서 최근 기업경영환경은 새로운 국면을 맞고 있다. 기존의 산업 간, 업종 간 경계가 허물어지고, 제조업과 서비스업이 결합되는가 하면, 생산자와 제조자의 구분이 없어지며, 경쟁과 협력이 상존하는 등 과거와는 전혀 다른 경영방식과 패러다임의 변화가 전개되고 있다. 이러한 예측불허의 빠르게 변화하는 경영환경은 우리 기업경영자나 근로자들에게 과거와는 전혀 다른 새로운 경영능력을 요구하고 있다. 즉, 지식정보화의 진전에 의해 공급되는 정보나 지식의 양이 폭증하고 지식의 반감기(半減期)도 크게 축소되고 있기 때문에 지식을 신속하게 흡수할 수 있는 학습능력의 중요성이 높아지게 되었다. 또한, 불확실성이 크게 높아진 경쟁환경에서는 스스로 문제를 발견하고 해결해나가는 창조적 능력이 중요해졌다. 환경변화가 안정적이고 따라야 할 모델이 있는 상황에서는 정형화된 패턴에 따라 문제를 신속히 처리하는 정보처리능력이 중요하지만, 환경이 급변하고 모델이 없는 상황에서는 새로운 대응모델을 유연하게 구축해나가는 정보창조능력의 중요성이 높아지게 된 것이다.

그러나 이렇게 새롭게 부각되고 있는 학습능력이나 정보창조능력이 국내 경영자들이나 근로자들에게 있어서 극히 취약한 것이 현실이다. 그 원인을 여러 곳에서 찾을 수 있겠으나, 저자들은 국내 경영교육이 이러한 능력을 길러내는 데 한계에 봉착해 있다고 본다. 즉, 국내 대부분의 대학들이 주로 활용하고 있는 주입식 혹은 전달식 경영교육방식에 그 문제의 핵심이 있다고 본다. 그 동안 다른 학문 분야에서도 마찬가지이지만 최소한 경영교육에 있어서는 전달식 교육방식의 한계에서 벗어나 새로운 돌파구를 찾고자 하는 학계 내에 자성의 목소리가 있어 왔고 많은 연구자들이 이를 위한 꾸준한 노력을 경주하였다. 그 대표적인 것들 중 하나가 경영교육에의 사례교육방식(case study method)의 적극적인 도입이다. 소위 대학교육을 통한 이론의 학습이 현실적용과 연계시키는 데 한계가 있다는 것이다. 이론이 실제 경영환경에서는 어떻게 활용되는지에 대한 학생들의 감이 떨어지다 보니 실제 직업능력(job capability)에 있어서도 경영학 전공자들이 타 영역을 전공한 사람들과 차별화가 되지 못하는 것이다. 그러므로 이러한 문제점을 CASE STUDY 기법을 통해 많은 부분 해결할 수 있다고 본다. 실제 미국 내 약 3,600개 정도 경영대학의 커리큘럼 절반 이상이 사례교육기법을 도입하여 피교육생들이 실제 기업들의 사례분석을 행하게 함과 동시에 자신의 분석과 견해를 수업 내로 가지고 들어와 적극적으로 수업참여를 유도함으로써 교육생들 간 혹은 교수와 교육생 간의 쌍방향 커뮤니케이션이 이루어지는 과정에서 학습능력과 정보창조능력 등을 함양되는 것이다.

그러면 이러한 중요한 경영사례교육이 왜 국내 몇몇 대학을 제외하고는 활성화되지 못하는가? 그 이유들이 국내 경영대학들이 경영사례교육의 중요성을 충분히 인지하지 못하거나 혹은 교육환경의 물리적 여건이 도저히 사례교육을 실시할 수 없는데 그 문제점이 있기도 하겠지만, 더욱 문제가 되고 있는 것은 실제 경영교육에 필요한 사례를 어떻게 작성해야 하는지, 그리고 그런 경영교육용 사례를 가지고 어떻게 수업을 진행해야 하는지에 대한 방법론의 이해 부족에 그 원인이 있다고 본다. 이에 본 서는 국내외 사례교육과 관련 자료 및 저자들의 경험 등을 바탕으로 사례교육의 방법론과 그 구체적인 실제 사례들을 포함하여 국내 사례교육 활성화에 도움을 주고자 한다.

p · r · e · f · a · c · e

본 서는 크게 전반부에는 경영사례교육의 방법론을 다루고 있고, 이후에는 경영의 각 부문에 대한 이론적인 부분과 실제 사례를 구성하는 틀로 이루어져 있다. 우선 1장과 2장은 경영사례의 기초부문으로 경영사례가 무엇인지, 어떻게 활용되고 있으며, 경영사례교육 현장에 대한 내용과 사례분석의 의의를 소개하면서 그 예제를 통해 쉽게 이해할 수 있도록 하고 있다.

3장은 경영사례 작성법을 다루고 있다. 경영사례를 작성하는 다양한 유형을 소개함과 동시에 우리 대학의 경영교육에 가장 보편적으로 활용되고 있는 Harvard식 경영사례 작성방법을 상세히 설명하고 있다. 4장은 경영사례 교수법을 다루고 있다. 사례교육방식이 강의식 방식과 어떻게 다른가를 이해할 수 있도록 사례수업 전 준비사항, 수업진행 방식, 그리고 수업종료 후 확인 및 체크해야 할 사항까지 자세히 설명하고 있으며, 학생들의 프리젠테이션 기법도 아울러 소개하고 있다.

5장은 산업구조분석에 대한 기본적인 이론 설명과 함께 한국의 세계적인 테마공원인 삼성에버랜드, CDMA의 성공신화, 그리고 DMB산업에 대한 내용으로 구성되어 있다. 6장은 경쟁우위에 대한 이론과 사례로서 한국의 라이벌 기업 간의 경쟁우위에 초점을 맞춘 것으로 대한항공 대 아시아나항공 그리고 OB 맥주 대 HITE 맥주의 라이벌 기업의 경쟁전략을 소개하고 있다. 그리고 경쟁관계뿐만 아니라 경쟁사들 간의 상생을 통한 경쟁우위를 이루어낸 삼성 대 코닝사의 합작사례도 포함하고 있다.

7장은 시장과 제품전략에 대한 내용으로 세계 헬멧시장을 제패한 홍진크라운 사례와 테이크아웃 TV-TU미디어, 그리고 영화산업의 차별화로 성공한 CJ-CGV 사례를 소개하고 있다. 8장은 경영혁신에 대한 이론과 사례로 국내 대표적인 경영혁신 성공사례인 한국전기초자, SK텔레콤의 미래경영연구원, 그리고 아이러브스쿨의 사례를 포함하고 있다.

9장은 기업구조조정과 브랜드경영에 대한 내용과 사례를 소개하고 있다. 생활문화기업으로 재변신에 성공한 CJ그룹과 자가브랜드로 변신한 TY월드를 사례로 다루고 있다. 10장은 후발기업의 Catch Up 전략으로 선발기업에 대한 후발기업의 따라잡기 전략을 소개하면서 빈폴의 성공사례와 G마켓 사례를 포함하고 있다.

11장은 디지털시대와 사회적 관계를 다루고 있는데 사회연결망이론과 네트워크 측면을 강조하고 있다. 사회적 네트워크의 성공사례로 알려진 싸이월드와 듀오사례를 다루고 있다. 12장은 글로벌경영으로 글로벌경영의 의의와 전략을 살펴보고 LG의 휘센, 현대자동차, 그리고 전자무역의 글로벌 벤처기업인 T-page를 소개하고 있다.

경영사례연구를 발간하면서 우선 가장 고마운 분은 사례연구대회를 통해 너무나 가까워진 경영사례연구 동아리이다. 특히 경성대학교 MDS 경영사례연구회, 부산대학교 CAPLUS 경영사례 연구회는 실제 경영사례를 같이 연구하면서 저자들의 책 집필에 많은 도움을 주었다. 따라서 이들이 경영사례연구의 실제 주인공임을 밝혀두고 싶다. 마지막으로 본 서가 출간되기까지 물심양면으로 지원을 아끼지 않은 많은 분들께 지면을 빌어 감사의 말씀을 드리며 본 서의 출간을 허락해 준 학현사 측에도 감사의 뜻을 전한다. 물론 사랑하는 가족들에게도 감사의 마음을 전한다.

2006년 3월

저자들 씀

차 례

c · o · n · t · e · n · t · s

c · o · n · t · e · n · t · s

c · o · n · t · e · n · t · s

c · o · n · t · e · n · t · s

c · o · n · t · e · n · t · s

c · o · n · t · e · n · t · s

12 Chapter

글로벌경영

chapter 01

경영사례의 기초

chapter

01 경영사례의 기초

제1절 경영사례의 의의

1. 경영사례의 개념

기업의 활동을 연구대상으로 하는 경영학은 실천적 내지 응용적 성격이 매우 강하다. 특히 경영학은 체계화된 이론적 지식이 실제의 문제 해결에 기대한 만큼 효과를 얻지 못하는 경우가 많기 때문에 이론과 실제가 다르며 따라서 경험이 문제 해결 능력에 더 중요하다는 주장이 설득력을 가지고 있다.

이처럼 이러한 이론적 연구의 한계를 극복하고 이론적 지식의 경영실제 문제에 대한 적용을 통해 문제 해결 능력을 배양하기 위하여 절실하게 요구되는 교육방법이 사례연구이다.

원래 사례는 법학이나 의학 분야에서 교육목적으로 사용된 것은 이미 오래 전부터의 일이지만 경영학 교육에서 사용하기 시작한 것은 비교적 최근의 일이다. 1910년 하버드 비즈니스 스쿨(Harvard Business School)의 Gay 학장이 Copeland 교수에게 강의 이외에 학생들에게 토론의 기회를 주는 것이 어떻겠느냐는 제안을 함으로써 경영학에서 사례교육은 시작되었다.

이렇게 하여 경영학에서도 사례교육이 중요하다는 확신에서 사례교육방법을 전 교과과정에서 채택하도록 노력하였으며 이후 사례교육은 미국의 각 대학으로 번져나갔다.

미국의 경영대학원(Business School)이나 법학대학원(Law School)에서 이루어지는 90% 이상의 수업은 사례연구에 의해 이루어진다고 한다. 그 이유는 사례가 이론과 실제의 벽을 최소화할 수 있는 효과적인 교육방법이자 하나의 학습도구이기 때문이다. 그리고 오늘날 기업의 교육훈련과 연수과정에서도 성공하는 기업과 실패하는 기업의 사례 등의 연구 및 개발을 통해 학습의 질을 향상시키고 있다.

경영사례는 기업에서 실제 일어난 사건들을 일정한 주제를 중심으로 하여 경영자가 의사결정을 하는 데에 있어서 얻을 수 있는 자료인 기업의 역사(history) 및 철학(philosophy), 당시의 외부적 상황(external situation), 기업의 내부적 능력(internal competency), 기업의 한계점(limitation) 등에 관련된 사례연구기업의 모든 성격을 찾아내어 분석하는 것이다. 그러므로 기존의 학문적 지식 내지는 제 원리를 경영활동에 적용시켜 봄으로써 경영자로서의 문제 해결을 위한 의사결정 능력을 배양시킨다. 이처럼 경영사례란 "경영자가 현실에서 직면하는 문제들을 어떻게 의사결정하였는가를 진술해 놓은 것"이다.

경영사례의 교육목적은 기업 경영자들이 직면하게 되는 실제의 경영 상황을 설명해주는 자료로서 학생들이 특정기업이 처해 있는 현실적인 상황을 분석하고 토론하여 최종적인 의사결정을 내려 봄으로써 경영자들이 실제 경영에서 얻은 것과 유사한 경험을 갖게 하는 데에 목적이 있다. 이러한 과정에서 이들은 이론적인 교육을 통해서는 배울 수 없는 경영의 산지식을 터득할 수 있다.

2. 경영사례의 필요성

경영사례는 실제 조직에서 많은 사람들이 당면하고 있는 문제들(소유권 문제, 스트레스, 위험요인)에 대해 깊이 관여하고 문제 해결을 위한 기회를 제공한다. 이처럼 경영사례는 여러분들이 항상 의사결정자의 입장에서 문제 해결을 해 나가기 때문에 해결 능력이 축적된다. 축적된 문제 해결 능력은 특히 복잡한 의사결정의 과업에서 뛰어난 해결책을 찾아낼 수 있게 하며 이것은 개인의 큰 자산이 된다. 경영사례는 강의실에서 여러분들이 배워 왔던 과학(science)으로서 경영학뿐만 아니라 기술(art)로서 경영학을 배울 수 있는 기회를 제공해 준다. 이것은 마치 의과대학생들의 임상 해부학실습인 카데버(Cadaver)와 같다. 카데버는 죽은 시체를 학생들이 직접 해부함으로써 의사로서 처음 경험하는 임상실습이다. 그러나 이미 죽은 시체이기 때문에 개인적인 부담은 전혀 없다. 경영사례 역시 현실 속에 의사결정을 하는 것이 아니기 때문에 잘못된 의사결정에 대한 개인적인 위험은 전혀 없이 실습할 수 있는 좋은 기회가 된다. 물론 현실 속에 당면한 문제에서 잘못된 의사결정은 기업의 존폐를 좌우할 수도 있다.

현실적으로 경영자들은 의사결정에 필요한 모든 정보를 수집하여 접근하는 경우는 좀처럼 힘들고 제한된 정보만을 가지고 의사결정을 한다. 경영사례 역시 원하는 모든 정보를 포함하지 못한다. 그런 가운데에도 사례지침서에는 여러분들에게 사용가능한 정보만을 가지고도 의사결정하기를 요구한다. 이때 여러분들은 정보의 불완전성과 모호성의 관용을 경험하게 된다.

사례분석은 경영전략의 핵심이슈를 효과적으로 분석하고 이해하는 데 도움을 주는데 사례를 통하여 다음과 같은 능력을 길러준다.

분석력(analytical skills)

사례분석을 통하여 여러분들은 경영 상황(business situations), 문제의 인식기술(problem identification skills), 자료의 처리기술(data handling skills), 창의적 사고기술(critical thinking skills)들을 분석할 수 있는 양적 혹은 질적인 프레임웍을 개발함으로써 가용한 데이터를 통해 해결책을 논리적이고 명확하게 찾아내는 과정을 배우게 된다.

의사결정기술(decision-making skills)

우리는 사례분석의 과정에서 당면하는 문제는 여러 가지의 다른 대안들을 접하게 되며 이때 여러분들이 해결해야 할 문제가 무엇인지를 정확하게 찾아내는 것은 중요하다. 따라서 우리는 사례분석을 통하여 피상적이고 지엽적인 문제에 현혹되지 않고 핵심적인 문제가 무엇인지를 찾아내어 여러 가지 가능한 의사결정 대안 중 최선의 대안을 선택하는 기술을 배우게 된다.

이론의 적용기술(application skills)

사례를 통하여 여러분들은 지금까지 배워 왔던 경영학의 이론, 기법, 도구들을 사용하여 이를 실습할 수 있는 기회를 얻게 되며, 이를 통하여 이론의 적용능력을 배우게 된다.

구두 의사소통기술(oral communication skills)

사례의 분석과정은 개인적인 해결과정보다는 집단의 의사소통을 통해 문제점을 해결하는 경우가 대부분이다. 사례 연구방법은 학생들이 집단토론과정에서 팀 동료의 주장에 귀를 기울이기도 하고 자신의 의견을 관철시키기 위한 주장을 하기도 한다. 이처럼 사례의 토론과정에서 서로의 아이디어 교환을 통하여 구두 커뮤니케이션 기술이 향상될 수 있다.

시간관리기술(time management skills)

사례의 분석결과들은 일반적으로 각 팀별로 프리젠테이션하는 절차를 가지며, 이때 사례의 지도자들은 발표시간을 엄수하게끔 요구한다. 따라서 사례분석의 결과를 프리젠테이션하는 과정에서 제일 중요한 것은 정해진 시간 내에 발표자의 의도대로 사례의 해결책을 제시하는 것이다. 그러므로 각 사례팀들은 주어진 시간을 효과적으로 분배하여 의도했던 결과들을 모두 발표할 수 있는 기술을 배우게 된다.

대인간 혹은 사회적 기술(interpersonal or social skills)

사례연구는 소집단의 토론을 통하여 여러분들의 동료들을 어떻게 다루어야 하는지를 배울 수 있게 된다. 이와 같은 학습과정은 갈등의 해결문제, 타협의 문제를 포함하고 있으며 앞으로 여러분들이 실무현장에서 직접 부딪치게 될 프로젝트 팀, 태스크 포스, 위원회의 조직에서 효과적인 작업을 가능하게 하는 기초가 될 수 있다.

창의적 기술(creative skills)

우리가 사례분석에서 당면하는 문제는 단일의 경영 상황에서도 사례분석자들은 서로 다르게 경영 상황을 가정하고 이를 기준으로 문제를 진단하고 해결한다는 것이다. 이처럼 동일한 사례에서도 다양한 문제 해결책이 제시되며 이는 사례분석자의 다양한 창의적 기술을 연마시키게 한다.

성문화된 의사소통기술(written communication skills)

사례연구에서 학생들은 사례의 요약(case executive summary) 및 경영사례 시험(case exam)을 치르게 된다. 따라서 경영사례를 통하여 문제 해결을 위한 작문기술을 배우게 되며 이는 성공적인 경영을 위한 중요한 요인이 될 수 있다.

3. 경영사례의 학습효과

경영사례는 과거 특정시점에서 발생했던 자료들을 기술한 자료이다. 따라서 과거의 내용을 현재 가르치면 어떤 유익한 점이 있을 것인가? 라고 하는 의문이 제기될 수도 있지만 사례의 내용을 체계적으로 이해함으로써 향후 경영자로서 부딪치게 될 미래의 상황을 미리 경험해보는 효과가 있다. 즉, 경영자로서 의사결정과정을 미리 경험함으로써 기회비용을 줄일 수 있다.

경영사례는 각 팀원들이 문제 해결을 위한 관련 자료를 수집하는 투입과정(input process)과 수집된 자료를 집단 내의 토론을 통해 대안을 평가하는 변환과정(through-put process)과 대안들 가운데 최적의 선택을 하는 산출과정(output process)으로 이루어진다.

첫째, 투입과정에서는 자료분석 및 해석능력을 배양하는 분석적 능력을 함양할 수 있으며, 복잡한 기업환경에 대한 체계적 이해가 가능해진다.

둘째, 변화과정에서는 수집된 자료와 정보를 바탕으로 팀원들은 토론을 통해 적극적으로 참여하며, 그 속에서 다양한 대화기술을 개발하며, 질문에 대한 대응방법도 익히게 된다.

마지막으로 산출과정은 분석된 경영의사결정안들을 발표함으로써 많은 청중들 앞에서 프리젠테이션 능력을 기르며 향후 경영자로서의 성장에 자신감을 획득할 수 있다.

이와 같은 세 가지의 시스템적 해결과정을 통해 팀원들은 사례연구의 학습과정을 통해 세 가지의 학습효과를 경험할 수 있다.

사례학습과정에 적극적 참여(active role in your learning)

만약 여러분들이 사례를 통한 학습에 보다 진지해진다면, 사례의 학습과정이 결코 선택을 하는 것만이 아닌 적극적으로 참여하는 것이라는 것을 깨닫게 될 것이다. 그리하여 여러분들은 여러분들이 속한 집단 속에서 문제 해결을 위해 어떠한 공헌을 해야 하는지를 적극적으로 찾아내어야 한다.

전문직업 행동강령의 준수(follow a code of professional conduct)

사례연구를 통해 여러분들은 기업윤리에 관한 행동강령을 준수하는 것을 배우게 된다. 즉, 여러분들은 집단 속에서 서로 간의 토론을 통해 동료들에 대한 정중함, 다양성에 대한 개방, 그리고 사례의 토론에 대한 진지함을 터득함으로써 미래에 경영자로서 행동하는 데 하나의 행동강령을 익히게 된다.

사례학습과정에 전념(commit yourself to ongoing learning)

여러분들은 처음에는 주어진 사례의 해결에 다소 어려움을 겪게 되나 계속적인 사례학습과정을 통하여 개인적으로 의사결정의 향상을 가져온다. 또한 집단 내에서는 자신의 적극적인 참여를 통하여 전체적인 학습강화를 가져오게 된다.

4. 경영사례의 분석 프레임웍

경영사례연구의 문제 해결 구조는 일반적으로 분석적 측면(analytical dimensions), 개념적 측면(conceptual dimensions), 프리젠테이션 측면(presentation dimensions)의 세 가지로 나누어진다.

1) 분석적 측면

사례를 어떻게 효과적으로 분석할 수 있는가에 대해서는 유일한 답이 존재하지 않는다. 각자 주어진 상황에서 자신의 준거틀 속에서 적절한 방법을 택하면 된다. 그러나 효과적인 사례분석을 위한 일반적인 절차는 [그림 1-1]과 같다.

사례의 전체적인 윤곽과 중요성 파악

사례수업에서 학생들은 사례를 전달받게 되면 먼저 속독하여 전체의 의미를 파악한 다음 사례의 내용 속에 어떠한 정보가 주어져 있으며, 왜 이 사례가 소개되었는지를 파악하여야 한다. 그리하여 사례의 해결을 위한 전체적인 윤곽과 의사결정을 하는 범위, 중요성을 이해하는 것이 필요하다.

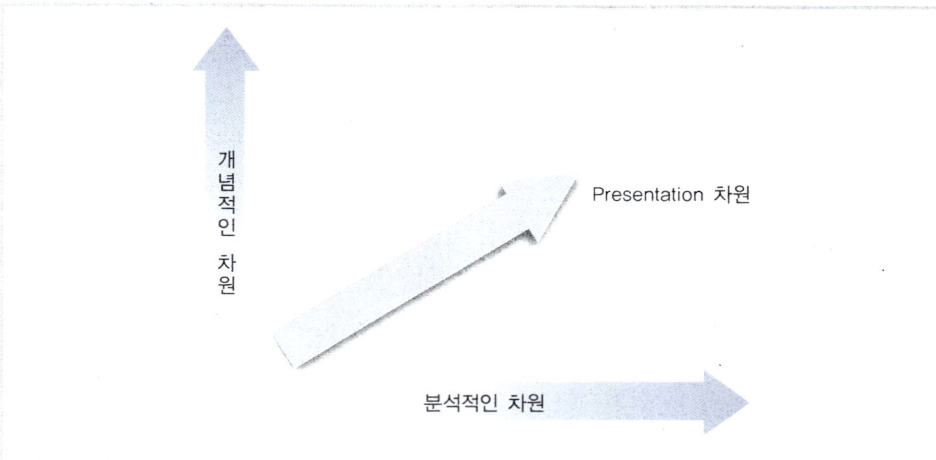

[그림 1-1] 사례분석의 세 가지 프레임웍

사례의 내용 정독

사례의 해결을 위해서는 최소한 2회 이상 읽어나가면서 중요한 사실들을 기록하거나 줄을 그어가며 메모를 해야 한다. 이와 같은 정독을 하는 과정에서 사례의 가장 근본적인 문제가 무엇인지를 이해하여야 한다.

수집된 정보 간의 관계성 검토

사례의 내용 속에 주어진 주요한 정보들을 나열하고 이들의 인과분석 등을 실시한다. 그리고 어떤 요인들이 가장 핵심적인 주요 원인이고 결과요인인지를 파악해야 한다.

분석결과의 종합

앞의 단계에서 분석한 결과를 종합함으로써 전체적인 문제를 해결하기 위한 해결방안을 모색하는 단계이다. 그리고 다양한 대체해결안 가운데 지금 당장 처방해야 할 문제와 장기적인 해결과제 등을 나누어서 분석할 필요가 있다.

2) 개념적 측면

주어진 사례에서 기업이 택할 수 있는 대안은 기업의 환경이나 기업문화 영역 또는 경영자가 갖고 있는 목표 등에 따라서 달라질 수 있기 때문에 전체적인 개념을 명확히 하는 것이 중요하다.

즉, 각 해결안들이 서로 상충되어 나타나면 균형적인 의사결정의 대안이 될 수 없다. 따라서 좋은 사례분석이 되기 위해서는 다음 세 가지 측면에서 균형을 갖고 있는 답이어야 한다.

문제에 대한 명확한 정의의 필요성

좋은 사례분석을 위해서는 문제에 대한 당면하고 있는 중요한 이슈들을 명확하게 파악해야 한다. 만일 그 회사가 당면하고 있는 근본적인 이슈들을 파악하지 못하고 단순히 지엽적인 문제에만 집착하는 것은 결코 좋은 사례분석이 될 수 없다.

명확한 인과관계의 설정

좋은 사례분석이란 근원적인 문제를 발생시키는 여러 가지 요인들을 이해하고 이들 간의 인과관계를 이해하는 것이다. 좋은 사례분석은 앞 단계에서 파악한 문제를 해결할 수 있는 우선순위를 파악하는 것이며 분석에 의해서 논리적으로 지지되며, 실현 가능한 해결책을 제시하는 것이어야 한다.

사례 안에 있는 정보를 최대한 이용

인터넷이나 다른 자료에 의존함으로써 그 기업의 추가적인 정보를 찾는 것이 사례해결에 도움을 줄 수는 있으나 원래 잘 쓰여진 사례는 그 사례에 제공된 정보 이외에 다른 정보, 또는 최신의 정보를 필요로 하지는 않는다. 많은 경우 사례 안에 그 기업에 필요한 조직구조나 재무제표 등이 포함되어 있기 때문이다.

3) 프리젠테이션 측면

프리젠테이션의 내용

사례를 효과적으로 준비하게 하는 방법은 개인별 혹은 그룹별로 사례보고서를 작성하여 수업시간 이전에 제출하도록 하는 것이다. 이런 사례보고서를 작성함으로써 우리는 자신이 갖고 있는 생각을 보다 명확하게 이해할 수 있고 또한 이를 명시적으로 표현하는 방법을 배우게 된다.

사례보고서를 작성할 때 주의할 점은 프리젠테이션 내용이 단순히 사례에 있는 내용을 재기술하는, 즉 사례의 내용을 정리하는 수준에 머물러서는 안 된다는 것이다.

따라서 프리젠테이션에 포함될 내용은 문제파악 분석, 그리고 문제 해결 방법을 논리적으로 서술하여야 한다. 사례보고서의 서두에 도대체 무엇이 가장 중요한 문제이며, 자신이 왜 그 문제가 중요한가를 서술하고 이 문제를 해결하기 위한 고려된 요인들을 논리적으로 분석하며, 어떻게 해결 방법을 찾을 것인가를 체계적으로 서술하는 것이 사례보고서의 주요 내용이다.

프리젠테이션의 양식

사례보고서의 양식은 일정한 제한을 주어 통일을 기하는 것이 평가에 도움이 된다. 예를 들어 첫 페이지는 제목 및 팀명이 들어가며 다음 페이지부터 경영자를 위한 요약(executive summary) 형식으로 표현한다.

만약 주어진 양식이 5페이지 분량으로 제한하면, 이러한 페이지 제약 속에서 어떠한 문제는 간략하게 언급하고 어떠한 문제를 강조해야 하는지를 터득하게 된다. 따라서 주어진 제약 속에 사례분석 보고서를 제출하게 되면 그 과정에서 요인들의 상대적 중요성을 평가하고 이러한 문제점과 해결 방법을 논리적으로 전개할 수 있는 기회를 갖게 된다.

제2절 경영사례의 접근방법

1. 경영사례의 자료 인터뷰

경영사례는 논리적 사고력과 지식을 활용해서 문제의 핵심을 파악하고 가시적인 결과를 산출할 수 있는 해결방안을 도출하는 것이 필요하다. 따라서 문제를 해결하기 위해서는 사례의 컨설턴트와 고객(client)의 상호작용 속에서 인터뷰가 이루어진다. 인터뷰 과정에서 직면하는 문제들은 다음과 같다.

경청과 목적의 명확화(listen and clarify)

인터뷰를 하는 컨설턴트 입장에서는 사례의 배경과 관련하여 제한된 정보만을 제공한다. 먼저, 여러분이 컨설턴트가 제공한 정보를 완전히 이해했는지를 점검해야 한다. 그리고 컨설턴트가 사례의 상황 내에서 프로젝트의 목적이나 기대에 대해 정확히 말하도록 유도해야 한다. 실제 컨설팅 상황에서 많은 클라이언트들이 프로젝트와 관련된 모든 정보를 제공하지 못하는 경우가 많다. 인터뷰에서는 항상 문제를 조명하면서 중요한 질문을 제기할 준비를 갖추고 있어야 한다.

사고의 계층적 분화(think top down)

컨설턴트는 제공받은 정보를 분석할 때, 항상 "Big Picture"에서 출발해야 한다. 전체적인 이슈를 이해하고, 이에 대한 우선순위를 만들고 조직화할 수 있어야 좋은 사례를 구성할 수 있다.

문제의 가설화 작업(hypothesize)

듣고 질문하면서 가설을 만들어가야 한다. 가장 중요한 해결 방법에 대하여 확신할 때까지 질문을 계속 해야 한다. 이때 가장 많이 하는 질문이 왜 그렇지?(what so) 그래서 어떻단 말이지?(so what)에 대한 내용이다.

프레임웍(frame work)

세부적인 질문을 통해서 여러분의 가설을 점검해보고, 컨설턴트의 답변에 따라 이를 조정해 나가는 작업이다.

커뮤니케이션(communicate)

자신감 있고, 명확하게 자신의 해결방안을 제시하며, 가설을 설명하고, 필요한 사항이 있을 때 재점검하도록 한다. 컨설턴트가 제공하는 피드백을 듣고 이를 종합할 수 있도록 배우는 자세를 가지는 것이 클라이언트의 입장에서는 중요하다. 동시에 여러분이 확신을 가지는 것에 대해서 확고한 태도를 가질 필요가 있다.

한계의 설정(know your limits)

문제 해결하는 것이 쉽지 않을 때, 억지로 그 방식으로 고집하는 것이 결코 좋지 않다. 이럴 때는 좋지 않은 상황에 있다는 것을 인식하고, 추가적인 정보를 찾거나 다른 접근방법을 시도해야 한다. 케이스 인터뷰(case interview)는 불확실성이나 위기 상황까지를 반영하는 컨설팅 프로세스의 실제 사례이기 때문에, 언제든지 이러한 상황은 발생할 수 있다. 문제가 생겼을 때 침착하고 논리적으로 이를 다시 해결하는 태도가 더 중요하다.

2. 경영사례의 창의적 사고

경영사례의 접근방법에 있어서는 단순히 논리적인 것으로는 충분하지 않으며, 창의성이 함께 고려되어야 우수한 사례가 될 수 있다.

전통에 대한 도전(challenge convention)

남과 다르게 생각하라! 특히, 분석에서는 남과 같은 상투적인 사고의 틀에서 한걸음 벗어나는 것이 중요하다. 기존의 전통적인 방식으로 접근하지 말고, 자유롭게 사고하도록 노력해 보는 것이 효과적이다.

다양한 방법으로 문제의 접근(approach the problem from multiple directions)

가설적인 기업이 직면하고 있는 이슈들을 분류하는 다른 방법들을 추구해보는 것이 필요하다. 잠재적인 해결 방안에 대해서 각기 다른 출발점으로 고려해 보는 것도 중요하다. 마치 프로스트의 시에서 나오는 '두 갈래길'에서 가지 않는 길을 선택하는 모험도 필요하다. 특히, 사례에서 익숙한 단순히 수치가 아닌 그 수치를 만들어낸 제품, 프로세스, 사람, 그리고 역학관계 등을 고려해야 한다.

기업의 경영자에게 통찰력 제공(adopt the CEO/Shareholder perspective)

사례분석자들은 단순히 문제를 푸는 것이 아니라 누군가에게 가치를 제공하기 위해 문제를 푼다는 사실을 기억해야 한다. 항상 CEO의 관점에서 바라보고, 그 회사의 내재가치를 증대시킬 수 있는 결과물을 산출할 수 있는 접근방법이 필요하다.

조직과 문화적 측면의 고려(consider organizational and cultural aspects)

사례분석가들은 사례기업의 문제와 그 잠재적 해결방안이 그 회사의 직원들에게 어떤 방식으로 영향을 미칠 것인가를 고려해야 한다. 실제 도출된 의사결정이 회사에 적용했을 때 회사의 조직 전반에 미치는 영향을 고려하는 것도 의사결정 대안을 도출할 때 중요하다.

▶ **표준적인 프레임웍에 고민하지 마라**(Don't force your solution to fit a standard framework)

사례분석가들은 분석에서 일반적인 모델에 맞추려고 많이 노력한다. 그래서 실제 적용기업이 그 표준적인 모델에 맞지 않는데도 불구하고 억지로 맞추려고 하기도 한다. 이는 오히려 사례의 분석이 그 회사의 특유 상황을 간과한 결과로서 문제점이 노출된다. 따라서 분석가들은 문제와 기업, 목적에 맞게 그 기업 고유의 전형적인 모델을 적용해 나가야 우수한 사례연구가 될 수 있다.

▶ **먼저 생각하고 말하라**(Don't speak before thinking carefully)

사례연구에서 말을 앞세우지 말고 먼저 머릿속으로 생각을 정리해야 한다. 조심스러운 큰 그림(big picture)을 그리고 가지 치기를 통해 사례의 구성을 해나가는 것이 중요하다.

▶ **만전을 기하는 해결책을 찾지 말라**(Don't search for a 'Silver Bullet')

복잡한 문제는 대개 쉽게 풀리지 않는다. 그러나 대부분의 사람들은 그 문제에 모든 위험적인 요소를 다 해결하는 만전의 해결책이 있는지에 대한 환상을 가지고 있다. 기업의 사례연구에서는 그런 만병통치약은 없다. 항상 강점과 약점, 기회와 위협이 혼재되어 있으니 주어진 상황에서 도출 가능한 최선의 대안을 만들어 내는 것이 더 중요하다.

▶ **현학적인 전문용어는 쓰지 말라**(Don't use 'Buzz Words')

사례분석에서 사용하는 용어는 단순하고 직접적으로 접근이 더 중요하다. 특히 약어의 사용은 사례작성자만 알아들을 수 있으므로 반드시 제한적으로 사용하고 만약 약어를 쓰게 되면 그에 대한 설명이 뒤따라야 한다.

3. 경영사례의 올바른 통찰력

사례연구의 성공은 컨설턴트와 클라이언트의 강한 유대관계에 의해 좌우될 수 있다. 따라서 사례를 위한 인터뷰를 단순한 일반적인 연설이 아닌 관계를 구축하는 기회로서 접근하여야 한다. 끊임없는 눈 맞춤(eye contact)과 함께 독백이 아닌 대화를 이끌어야 한다.

그리고 컨설턴트는 고객들의 관심사와 목적에 맞추어 자신의 생각을 명확하게 표현하여야 한다. 그리하여 인터뷰가 다 끝났을 무렵 고객에게 다음과 같은 모습들을 보여주었는지를 항상 점검해 보아야 한다.

- 배우는 것에 대한 정열
- 결과에 대한 열정
- 역경을 통해 배울 수 있는 능력
- 날카로운 비즈니스 통찰력
- 자신감
- 위기 상황에서의 당당함

4. 경영사례의 분석이슈

경영사례의 분석주제는 경영 전반에 걸쳐 다양하게 전개되고 있는데, 여기서는 주로 전략적인 접근이 필요한 주제들만 찾아보도록 한다.

1) 산업분석

산업분석은 특정산업의 기회, 경향 그리고 특유의 조건 등에 대한 이슈들이 다루어진다.

산업분석의 예는 다음과 같이 다양한 이슈들이 나타날 수 있다.

첫째, 투자단이 대도시 근교에 40,000명 수용 규모의 대형콘서트홀 건설을 고려하고 있습니다. 그들이 고려해야 되는 것들은 무엇일까요?

둘째, 한 자동차 부품회사가 시장점유율이 하락하고 수익성이 악화되고 있습니다. 이 회사는 무엇을 해야 할까요?

셋째, 선두 자동차 제조업체가 국내 렌탈카 업체를 인수할 것을 고려하고 있습니다. 의사결정에 중요한 요소들은 무엇일까요?

그러면 산업분석에 필요한 분석의 고려요소들은 무엇인가? 산업분석에서 다루는 분석의 내용들은 대략 다음과 같이 고려할 수 있다

- 시장 : 시장 크기와 세분화, 제품 수요/경향 분석, 고객요구분석

- 경쟁 상황 : 제품 차별화, 시장 통합, 산업 집중화 정도의 수준 평가
- 고객/공급자 관계 : 협상력 평가, 대체재 분석, 수직 통합 정보 평가
- 진입/퇴출 장벽 : 기업의 진입/퇴출 평가, 신규 진입시 경쟁사의 대응 방향, 규모의 경제, 정부 규제
- 재무 상황 : 핵심 재무 상황 파악, 예상 ROI 평가, 산업의 Risk 요소 진단, 고정비 · 변동비 결정

2) 시장 확장분석

시장 확장분석은 시장점유율을 향상시키고, 신규시장에 진입하기 위한 전략이 강조되고 있다.

시장 확장분석의 예는 다음과 같이 다양한 이슈들이 전개된다.

첫째, 유럽의 제과업체가 고급제품 라인을 중심으로 미국시장에 진출을 고려하고 있습니다. 과연 진출해야 될까요?

둘째, 국내 대형 소매업체가 소비재 생산업체에 자신들의 브랜드로 제품을 생산할 것을 요청해 왔습니다. 현재 클라이언트는 과잉 생산설비로 인하여 부담을 느끼고 있는 상황입니다. 매력적으로 보이는 이 제안에 대한 최종 의사결정을 위해서 어떤 요소들을 고려해야 할까요?

그러면 시장 확장분석에 필요한 분석의 고려요소들은 무엇인가? 여기에서 다루는 분석의 내용들은 대략 다음과 같이 고려할 수 있다.

- 시장의 규모 : 시장의 규모 측정을 위한 정보 출처 파악, 성장 경향 이해
- 경쟁자의 이해 : 현재 서비스 제공업자 파악, 강점과 약점 파악, 경쟁자의 비용구조 추정
- 고객의 니즈 분석 : 핵심고객군 및 니즈 파악, 현재 서비스의 gap 분석, 비용-가치 관계 분석
- 타당성 검토 : 예상 매출과 비용 추정, 자본 비용 추정, 민감도 분석

3) 수익성 개선 분석

수익성 개선 분석에서는 수익성을 개선하기 위해서는 경쟁자, 고객, 그리고 환경

에 대한 분석뿐만 아니라 기업에 대한 완벽한 분석이 요구된다.

수익성 분석의 예는 다음과 같이 다양한 이슈들이 전개된다.

첫째, 미국의 한 음료수 업체의 프랑스 지사가 수익성이 현저하게 떨어지고 있습니다. 그 원인은 무엇일까요?

둘째, 한 회사가 헬스클럽에 공급하는 건강식품을 제조하고 있습니다. 어떻게 수익성을 개선시킬 수 있을까요?

셋째, 제과업체인 당신의 클라이언트가 새롭게 출시한 제품의 광고 캠페인이 효과적이었는지를 알고 싶어합니다. 어떻게 해야 할까요?

그러면 수익성 분석에 필요한 분석의 고려요소들은 무엇인가? 여기에서 다루는 분석의 내용들은 대략 다음과 같이 고려할 수 있다.

- 비용 : 고정비/변동비, 노동비, 공급자, 원자재, 공장 활용도, 품질, 규모의 경제, 유통환경
- 고객 : 가격 민감도, 고객 세분화, 비용-가치 관계
- 경쟁 : 가격정책, 공급능력, 차별화 기반
- 채널 : 시장 세분화, 전략

4) 가격전략

가격분석에서는 대안이 될 수 있는 가격모델을 개발하고, 각각의 비즈니스에 미칠 수 있는 잠재적 영향력을 평가하는 데 초점을 둔다.

가격분석의 예는 다음과 같이 다양한 이슈들이 전개된다.

첫째, 당신의 클라이언트는 콘서트홀을 운영하고 있습니다. 현재 매출액이 감소하고 있습니다. 클라이언트의 목표가 비용을 초과하지 않는 범위 내에서 노출효과를 극대화하는 데 있다면, 무엇을 해야 될까요?

둘째, 어떻게 대형 소매 유통업체에서 전기용품 서비스에 대한 가격을 결정할 수 있을까요?

그러면 가격분석에 필요한 분석의 고려요소들은 무엇인가? 여기에서 다루는 분석의 내용들은 대략 다음과 같이 고려할 수 있다.

- 시장의 유형 파악 : 독점, 과점, 완전경쟁

- 이슈 파악 : 가격결정의 장기적인 영향, 경쟁자들이 가격변화에 어떻게 반응할 것인가?
- 수요의 탄력성, 소비자의 가격에 대한 민감도, 가격 차별화를 가져오는 방법론

5) 투 자

투자분석에서는 대형 M&A와 규모 확장을 위한 투자에 대한 장 · 단기적 결과에 대한 분석이 중심적으로 이루어진다.

투자분석의 예는 다음과 같이 다양한 이슈들이 전개된다.

첫째, 독일 소비재 생산업체가 동유럽 시장에서 수요에 대응하기 위하여 폴란드에 새로운 생산 시설을 개발하려고 합니다. 이 회사가 고려해야 될 사항은 무엇인가요?

둘째, 중서부 기반의 제약회사가 서부쪽의 수요에 맞추어 서부 해안에 물류창고를 건설하려고 합니다. 어떤 요소들을 고려해야 할까요?

셋째, 국내 한 전자회사가 시장점유율 향상을 위하여 주요 경쟁사 중 하나를 인수하려고 합니다. 인수가 반드시 필요한 것인지, 인수시 고려해야 될 사항은 무엇입니까?

그러면 투자분석에 필요한 분석의 고려요소들은 무엇인가? 여기에서 다루는 분석의 내용들은 대략 다음과 같이 고려할 수 있다.

- 세분시장에서의 제품 지속성
- 시장규모와 역동성
- 경쟁적 위치
- 제품 차별화와 표준
- 가격변동성
- 유통비용

제3절 경영사례 교육의 현장

1. 하버드 경영대학원의 사례교육방식

하버드 경영대학원은 1908년 설립되었다. 당시 정규 학생은 33명. 하버드 대학의 고어 홀과 와이드너 도서관의 꼭대기층을 빌려 시작한 작은 규모의 대학원이었다. 1924년 뉴욕의 은행가 조지 F. 베이커가 500만 달러를 기부, 찰스강 너머에 첫 건물을 지어 오늘날의 캠퍼스를 갖게 되었다. 1912년 처음으로 사례방식 수업을 도입한 이후 1924년부터는 이 방식이 경영대학원의 교육방식의 주축이 되었다.

그 후, 하버드 경영대학원은 1920년대 사례교육방식을 핵심 교육과정으로 삼은 이래 80년 가까이 집요할 만큼 이 방식을 고수하고 있다. 전체 수업의 80%가 이 사례방식으로 진행된다. 즉, 사례교육방식은 하버드 경영대학원 교육의 알파요 오메가다. 20년간 하버드 경영대학원의 사례개발과 판매를 담당해온 주디스 율(하버드 경영대학원 출판부 디렉터)은 “사례방식의 효과를 가장 높게 평가하는 것은 교수도 강의실의 학생도 아닌 졸업생들”이라고 말한다. 실제 상황이 사례보다 조금 더 복잡하기는 해도, 직접 일을 해보니 강의실에서 배운 사례방식의 교육은 힘이 되더라는 것이다.

> “사례교육방식의 힘은 학생들로 하여금 생각하게 한다는 데 있다. 교과서를 하나 택하여 교수가 강의를 하면 돈도 안들고 쉽고 편하다. 그러나 일방적인 강의는 교수의 말이 학생들의 손을 거쳐 노트에 기록되는 것으로 끝나는 경우가 많다. 사례방식만큼 강하게 학생들의 머리를 지나가지도, 자극하지도 않는다. 하나의 사례를 만들고 그것을 강의실에 도입하기까지 엄청난 돈과 시간과 노력이 들어간다. 그런 수고를 마다하지 않고 사례방식에 주력하는 것은 중요한 결정을 내려야 하는 장래의 경영자들이 비판적이고 창의적인 생각을 할 수 있도록 훈련시키기 위해서이다. 사례방식은 내용을 가르치는 것이 아니라 생각하고, 판단하고, 결정하는 방법을 가르친다.”

2. 하버드 경영대학원의 다양한 사례접근방법

사례는 한편에 약 10~20쪽 분량으로, 읽어보면 그저 하나의 이야기일 뿐이다. 예를 들어 여러 강의시간에 자주 등장하는 델(Dell) 컴퓨터사의 사례를 보면, 우선 이 회사가 어떻게 시작되어 어떤 조직의 변화를 겪으며 어떻게 성장했는가에 대한 간략한 회사 역사가 정리되어 있다. 이어서 창업자 마이클 델을 비롯하여 이 회사의 주요 인물들의 역할과 당시 컴퓨터업계의 사정, 즉 경쟁업체들과 관련 시장 상황 등이 서술된다. 그리고 델 컴퓨터의 비교우위는 무엇이었는지, 시장진입 과정에서 어떤 전략을 개발했는지 등이 설명되어 있다.

사례를 읽고 나면, 읽다만 듯한 답답한 기분이 든다. 사실관계가 꼼꼼하게 정리되어 있고, 상황을 이해하는 데 도움이 될 만한 정보들이 부록으로 붙어 있기는 해도, 뭔가 부족한 기분이 든다. 그것이 사례가 다른 글들과 다른 점이다. 기업 경영자가 겪는 실제 상황은 어쩌면 사례에 나와 있는 것보다 더 정보가 부족한 상황일지도 모른다. 그러므로 굳이 더 많은 정보를 제공하기보다는 정보가 제한된 상황에서 학생들이 문제를 해결해 가도록 유도한다.

어떤 강의냐에 따라 토론은 다각도로 진행된다. 델 컴퓨터는 소비자가 웹에서 자신이 원하는 컴퓨터 사양을 선택하면 직접 배달해 주는 방식으로 성공한 회사이다. 다른 기업들이 인터넷이 가져온 변화를 미처 이해하지 못한 시점에서 인터넷을 이용, 중간 유통단계를 생략하는 혁명적인 판매방식을 개발함으로써 성공을 거둔 회사이다. 이러한 혁신은 여러 가지 면에서 변화를 가져왔다. 중간 유통단계를 생략했으므로 판매방식이 달라졌고, 구매관련 부서가 불필요해졌으므로 인사조직이 바뀌었으며, 이 과정에서 비용이 절감되면서 회사 재무구조가 달라졌다. 그렇다면 IBM이나 휴렛팩커드, 컴팩 등 기존의 다른 컴퓨터 회사들은 왜 이 방식을 따라갈 수 없었는가. 그것은 소매업자와 유통업자들의 반발 때문이었다. 결국 델 컴퓨터는 기존의 조직을 변화시킨 것이 아니라 없었던 것을 새로 만들었기 때문에 성공할 수 있었다. 하나의 사례를 통해 이런 식으로 다양한 논의가 가능하기 때문에 델 컴퓨터의 사례는 마케팅, 전략, 창업관련 코스 등 서로 다른 강의시간에 각각 다른 접근방식의 토론을 이끌어낼 수 있었다. 사례는 특정인의 시각을 배제하고 객관적으로 서술되는데, 여기 반드시 들어가야 하는 공통 요소가 있다면 그것은 긴장과 딜레마이다. 이것이야말로 생각하기를 자극하는 핵심요소이다.

모든 사례는 철저하게 사실에 기반하며 실명(實名)을 사용한다. 사례로 만들기에 적당한 아이디어가 있으면, 교수와 연구원들이 해당 기업에 가서 며칠 동안, 때로는 몇 달 동안 실제로 관찰하고 조사한 것을 토대로 쓴다. 자료만을 토대로 만들어지는 경우도 있다. 그러나 어떤 것이 좋은 사례인가 하는 것은 강의실에서 직접 토론해 보기 전에는 알 수 없다.

사례의 예술이 꽃피는 것은 강의실의 토론과정이다. 좋은 사례를 만드는 것보다 더 중요한 것은 사례를 통해 가르치는 기술이다. 아무리 좋은 사례라도 교수가 토론을 적절한 방향으로 이끌어가지 못하면, 잡담으로 끝날 수도 있다. 경영대학원 MBA 첫 일년의 필수과목의 경우 같은 사례를 11개 강의실에서 다룬다. 열한 명의 교수가 모여 각 사례에서 어떤 점을 짚고 넘어가야 할 것인가를 미리 토론한다. 같은 사례라도 강의의 성격이 다르면 완전히 다른 방식으로 이용된다. 교수가 다르고, 학생들이 다르면 전혀 다른 토론으로 이어질 수도 있다. 사례방식의 수업에는 정답이 없다. 내용을 가르치는 것이 아니라 방법을 가르친다고 하는 이 교육방식은 물고기를 주는 것이 아니라 물고기 잡는 법을 가르친다고 하는 유태인들의 교육방식을 연상시킨다. 하바드 경영대학원은 연평균 800편의 새로운 사례를 만들어 내며, 이 사례들은 미국 내외의 많은 교육기관에서 교재로 이용된다. 이 중에는 몇 번 사용되지도 않고 사라지는 사례가 있는가 하면, 서로 다른 강의에서 끊임없이 이용되는 사례들도 있다. 이 사례들은 시간이 지나도 새로운 내용을 추가하지 않는 경우가 많다.

사례 중 델(Dell) 컴퓨터와 월마트(Walmart)의 사례는 시간이 꽤 지났음에도 불구하고 여전히 베스트셀러의 자리를 지키고 있다. 마치 고전(古典)이 시대를 초월하여 그 생명력을 유지하듯, 오래 살아남는 사례들은 소비자의 요구에 부응하는 것은 비즈니스의 성공요인이라는 고전적인 교훈을 가르친다. MBA과정 학생들은 2년 동안 약 500~700개의 사례를 접한다. 사례방식의 수업에 대비하여 학생들은 먼저 사례를 면밀하게 분석하여 문제를 끄집어내고, 그 원인을 찾아내며 대안을 찾는다. 그리고 마지막으로 어떻게 문제를 해결할 것인가에 대한 자기 나름의 해결책을 제시해 본다. 강의시간에는 교수의 질문과 지도 아래 학생들은 사례 안에 들어있는 각종 요소들의 비중을 분석하고, 그 배후에 숨어 있는 중요한 이슈들에 대해 논하며 각 대안들의 장점과 약점을 비교하고 기업의 목표에 맞는 해결 방향을 찾는다. 교수는 토론을 이끌고 크게 틀을 잡아줄 뿐이다. 마치 마라톤처럼 직접 뛰는 것은 학생들이다. 교수는 옆에서 격려만 할 뿐이다.

3. 하버드 경영대학원의 사례의 토의과정

하버드 경영대학원은 과목당 한 학기에 평균 50개의 사례를 다룬다. 성적은 강의실에서 토론에 참여하는 빈도와 발언의 질(質)에 따라 좌우된다. 중간, 기말시험이 있기는 하지만, 시험은 또 하나의 사례를 다루는 정도의 비중에 불과하여 시험결과가 대세를 바꾸지는 못한다. 강의시간에 토론에 별로 참여하지 못해 부진한 성적을 시험을 잘 치러서 만회하겠다는 '막판 뒤집기'는 애당초 생각하지 않는 것이 좋다. 하루하루가, 매 순간이 중요하다. 마치 기업의 실제 상황이 그런 것처럼. 강의실에서 학생들은 이름표를 앞에 세워두고 고정된 좌석에 앉는다. 강의실에는 수업내용을 기록하는 속기 담당자가 있어서 누가 얼마동안 어떤 내용의 발언을 했는지 기록한다.

"자, 오늘은 누가 시작할까?" 여기저기서 힘차게 손이 올라간다. 얌전히 손만 올려서는 교수의 눈길을 끌지 못한다. 한 학생이 사례를 열고, 토론이 시작된다. 최소한 두 번의 수업 중 한 번은 발언을 해야 밑바닥 10%로 떨어지는 신세를 면할 수 있다. 만일 두 번의 수업시간에 아무 말도 하지 못했다면 셋째시간부터는 그야말로 노이로제 상태가 된다.

80명이 다 같은 내용을 공부해온 상황에서, 저마다 한마디하기 위해서 기를 쓰는 판국이니 기회는 쉽게 오지 않는다. 아무리 좋은 아이디어가 있어도 교수가 말할 기회를 주지 않으면 어쩔 수 없다. 기껏 생각해둔 이야기를 옆자리의 다른 학생들이 먼저 말해버리고 나면 할 말이 없어진다. 게다가 한 번의 발언으로 끝나지 않는다. 여기저기서 반박과 공격이 들어온다. 제법 그럴 듯한 발언을 했다고 해도 이어서 무차별적으로 들어오는 공격을 감당해내지 못하면, 차라리 말하지 않는 것만 못한 상태가 된다.

"내가 세상에 태어나서 그런 멍청한 의견은 처음 들어보았다"는 식의 직접적인 표현도 대놓고 한다. 이런 식의 토론이 과열되면 학생들 사이에서 '스톱 샤킹(Stop Sharking)', 즉 그만 물어뜯으라는 이야기가 나오기도 한다. 심한 경우에는 수업이 끝난 후에 이메일을 보내서 "왜 그런 바보 같은 소리를 하느냐"는 이야기를 하는 학생들도 있고, "너는 그 분야에서 일을 해보지 않았으니 잘 모르는 것이 당연하다. 너무 신경 쓰지 마라."고 위로를 해주기도 한다. 그러니 뒷감당을 못할 발언은 자제하게 된다.

하버드 경영대학원의 강의실에서 가장 자주 듣는 이야기 중 하나가 "남과 다르게 생각하는 것을 두려워하지 마라"는 것이다. 특히, 토론 중심의 수업에서는 창의적인 의견, 다른 사람들과 다른 접근방식은 늘 높게 평가받는다. '모난 돌이 정 맞는다'는 잔소리를 듣고 큰 사람이 경쟁력을 발휘하려면 태도를 180도 바꿔야 한다.

이것이 미국의 경쟁력의 원천이기도 하다. 토론과정에서의 공격은 죄가 아니다.

아무리 신랄한 비판이라고 해도, 그것이 인신공격이나 인격모독이 아니라 단지 특정 의견에 대한 공격일 뿐이라는 합의가 있는 문화다. 남들 앞에서 체면을 잃는 것을 두려워하는 한국인이라면 이 문화의 차이를 이해하는 유연성과 남들을 의식하지 않는 낯두꺼움이 필요하다. 그렇지 못하면 이곳의 문화가 미처 배려하지 못하는 가운데 인간적인 좌절을 겪을 수밖에 없다.

한편 담당 교수는 손을 든 학생들을 무시하고, 무작위로 학생을 지적하는 콜드 콜(Cold Call)을 한다. 만일 그때 "죄송합니다"나, "다음 기회에…" 하는 식으로 할 말이 없다는 표시를 하면, 강의실 안에 무겁고 답답한 정적이 흐른다. 그리고 다른 학생들의 걱정스러운 시선이 기회를 잃어버린 이 가엾은 학생에게 쏟아진다.

4. 하버드 경영대학원의 사례의 준비과정

물론 개인별로 차이는 있지만, 하나의 사례를 준비하는 데 들어가는 시간이 2~4시간. 학교에서는 학생들에게 한 사례를 준비하는 데 다섯 시간 이상은 들이지 말라고 충고한다. 사실 한 사례에 다섯 시간 이상을 투자한다는 것은 불가능하다. MBA과정의 첫 1년 동안은 대개 하루에 두세 개의 사례를 다루는데, 하나에 다섯 시간 이상이 들어가면 하루 10~15시간이 소요된다는 의미이므로 그것은 처음부터 가능한 일이 아니다.

수업은 오전 8시 30분에 시작하지만 대부분의 학생들은 수업 시작하기 1시간 전에 모여 스터디를 한다. 5~8명으로 구성된 스터디 그룹은 강의실에서 있을 토론에 대비해 예행연습을 한다. 긴장의 연속인 5시간의 수업이 오후 2~3시께 끝나고 나면 대부분 탈진하여 낮잠을 자거나 운동을 한다. 오후 5시가 되면 슬슬 공부를 시작해서 저녁식사를 하고 밤늦게까지 수업준비를 한다. 하루에 4~5시간 이상의 수면을 취할 여유가 없다. 글자 그대로 다른 생각을 할 겨를이 없다.

토요일에는 운동을 하거나 다른 일을 하며 쉬기도 하지만 일요일이 되면 다시 사례준비에 들어가야 한다. 게다가 주말에도 사례를 보완하기 위한 이론강의들이 있기 때문에 마음 편하게 쉬지도 못한다.

이렇게 강도 높은 과정을 통해 학생들은 무엇을 얻는가? 그것은 다름아닌 자신감이다. 즉, 학교 이름에서 오는 자신감이 아니라 시련 속에서 자신이 버틸 수 있다는 자신감이다. 이 자신감은 우월감과는 다르다. 학교를 다니면서 끊임없이 나보다 잘

나고 똑똑한 사람이 많다는 것을 깨닫게 되므로, 내가 남보다 잘 낫다는 생각을 하게 되지는 않는다. 다만 내가 뒤떨어지지 않고 일정수준에 맞추어 따라갈 수 있었다는 그래서 어떤 그룹에 속하게 되었다는 자신감을 갖게 된다. 그리고 직장을 다니면서 비로소 왜 하버드 경영대학원이 80년 동안 사례방식을 고집해 왔는지 이해할 수 있게 된다.

5. 하버드 경영대학원의 경쟁우위

경쟁을 마라톤에 비유한다면, 선두에 선 미국의 엘리트 그룹은 빨리 뛰고 잘 뛴다. 미국은 피트니스(fitness)의 나라다. 비가 오나 눈이 오나 뛰고 또 뛰는 저 조깅 중독자 미국인들을 보라. 단순히 몸무게를 줄여 건강하고 훌륭한 몸매를 유지하자는 생각만으로 저렇게 뛸 수는 없다. 조깅은 피트니스 상태를 이상적으로 생각하는 미국 문화의 한 단면이기도 하다.

간결함과 효율을 좋아하는 미국인들은 경쟁력을 떨어뜨리는 불필요한 군더더기를 참지 못한다. 업무용 편지나 보고서 한 장을 써도 쓸데없는 이야기로 시작하지 말고, 돌아가지 말고, 줄이고 또 줄이라는 나라다. 기업도 마찬가지다. 생산성을 해치는 군더더기가 생겼다고 판단되면 가차없이 다운사이징을 단행한다. 당연히 종신고용 따위는 없다. 자본은 인정사정 볼 것 없이 가장 이익이 많이 나는 분야를 향해 신속하게 움직이고, 우수한 인재들은 돈 많이 주고 성공 가능성이 높은 분야를 향해 변명 없이 몰려든다.

미국 사회의 역동성을 받치는 이 경쟁의 논리는 불필요한 살점을 덜어내고, 근육을 단련하여 최고의 컨디션을 유지하기 위해 달리는 미국인들의 조깅과 마찬가지 역할을 한다. 엘리트 집단일수록, 제한된 가치를 위한 경쟁일수록 그 강도(强度)는 치열해진다. 시스템은 전체의 생산성과 효율을 제고하기 위해 내부 경쟁의 패자를 과감하게 희생시킬 각오가 되어 있다. 그래서 비인간적이기도 하다.

하버드 경영대학원은 바로 이러한 미국 엘리트 사회의 치열한 경쟁을 단적으로 보여준다. 엘리트 그룹에 들어가는 높은 진입장벽을 넘었다고 해서 안락한 생활이 펼쳐지는 것은 아니라는 것을 가르친다. 시스템은 경쟁의 패자가 강한 조직에 무임승차함으로써 전체의 생산성을 떨어뜨리는 것을 허용하지 않는다. 그러므로 언제라도 자유경쟁의 시장에 나가 비싼 값에 팔릴 수 있도록 평생 자신의 상품가치에 대한 책임을 지지 않으면 안된다. 학생들은 눈앞의 빡빡한 강의스케줄과 강의실 안의 스트레스 때문에 힘들다고 엄살을 떨지만, 하버드 경영대학원이 가르치는 평생의 교훈은 사례방식이 아니다. 사실은 일류와 최고는 어떻게 관리해야 그 명성과 품질을 유지할 수 있는가를 가르치고 있는 것이다.

하버드 경영대학원을 통해 보아야 할 것은 '돈벌이 선수를 키워내는 좋은 학교가 아니라 인재들을 단련시켜 사회로 내보내는 효율적인 제도'이다. 하버드 경영대학원은 미국 사회가 어떤 방식으로 엘리트를 혹독하게 훈련시켜 자부심을 갖게 하는가를 보여 주는 상징적인 하나의 사례이다. 오늘도 여전히 많은 사람들이 찰스 강변에서 조깅을 하고 있다. 미련하고 지독하게 뛰고 또 뛴다. 저렇게 달리는 미국인들은 '인생은 자기 힘으로 뛰는 것'이라는 점 한 가지는 확실하게 알고 있는 것처럼 보인다. 마치 마라톤에서처럼 끝까지 자기 힘으로 뛰지 않으면 안 된다는 것을, 그리고 스스로 페이스 조절을 하며 뛰지 않으면 낙오하고 만다는 것을 일찍 체득하고 있다.

참고문헌

- 경영자 사관학교: 하버드 경영대학원의 저력, 월간조선, 2000.10.
- www.hbs.harvard.edu 하버드 비즈니스 스쿨

제4절 경영사례 예제 : Hugo의 딜레마

1. 문제의 정의

지난 10년 동안 Hugo Sandy는 Cruisabell 섬의 남쪽 끝의 크리스탈 해안에서 수상스키 대여사업을 운영하고 있다. 최근까지 휴고 샌디는 주로 지방섬 사람들에게 그리고 드문 경우이지만 섬에 있는 ① Curisabell-Seacrest, ② Edgwater resort, ③ The Palm과 같은 세 개의 호텔에 머무르는 사람들에게 그의 10개의 수상스키를 대여해 왔다. 그러나 최근 더 많은 호텔 손님들이 그의 수상스키 배를 빌리기 위해 줄을 서고 있다.

Hugo Sandy는 이제 그의 능력에 한계에 왔다고 보고 컨설팅사에 자문을 요구했다. 그의 가장 궁극적 고민은 "새로운 고객을 외면할 것인가?" 아니면 "수상스키 배를 늘릴 것인가?"에 대한 고민에서 시작된다.

Hugo 딜레마의 초점은 휴고의 수상스키점에서 현재 초과수요의 상태를 어떻게 파악 또는 분석하여 미래에 대비한 적절한 대응전략을 수립하는 것이 이 사례의 가장 중요한 부분이다. 이제 Hugo 딜레마를 해결하기 위한 경영컨설턴트의 정보수집에서 문제 해결의 과정을 살펴보자.

2. 경영컨설턴트의 Hugo Sandy 및 수상스키 관계자들과의 인터뷰 자료

1) 당신의 경쟁자는 누구입니까?

경영컨설턴트가 휴고의 수상스키점을 방문했을 때 그는 가게 밖에서 낡은 수상스키를 수리하고 있었다. 그리고 그는 단호하게 말했다.

> "우리 섬에는 Curisabell-Seacrest, Edgwater resort, The Palm과 같은 3개의 호텔이 있지만 나는 어떠한 경쟁자도 없다. 왜냐하면 호텔 고객은 기호나 취미로 즐거움을 찾는 사람들이다. 반면에 나의 고객은 물을 즐기고 재미를 얻기 원하는 진정한 수상스키의 열광적인 애호가(maniac)들이다."

그 외 경영컨설턴트는 휴고에게 수상스키의 경쟁자로 인식되는 호텔들에 대한 부가적인 추가질문을 하였다.

(1) 경쟁자인 3개의 호텔들은 얼마나 많은 수상스키를 보유하고 있습니까? (경쟁자의 capacity)

The Palm은 섬 최고인 12개의 수상스키를 가지고 있으며 적어도 하루 전에 예약해야 장비를 빌릴 수 있으며, Curisabell-Seacrest는 6개의 장비를 보유하고 있으며 예약을 이틀 전에 해야 한다. 그리고 Edgewater Resort는 3개의 장비를 가지고 있으며 도착순서에 따라 대여해주고 있다. 참고로 우리(Hugo Shack)는 10개의 수상스키장비를 보유하고 있다.

경쟁자 \ 구 분	수상스키 보유(대)	대여가격	대여신청기간
Curisabell-Seacrest	6	20($)	이틀전
Edgewater Resort	3	20($)	도착순서
The Palm	12	20($)	하루전
휴 고	10	10($)	팩스/현장
합 계	31	각 20($)	다양

(2) 수상스키에 대한 호텔들의 대여가격은 얼마인가? (경쟁자의 가격정책)

세 호텔에서의 수상스키의 대여비용은 시간당 20달러이다. 이 가격($20)은 자유교습, 전문자격증 등의 강습료 15분을 포함한 것이다. 그러나 호텔들의 수상스키 목적은 이익 창출을 위한 것이라기보다는 고객만족을 위한 서비스로 제공하고 있다고 보아야 한다.

(3) 수상스키사업에 대한 잠재적 진입자의 위협은 존재하는가? (잠재적 진입자)

현재 시청에서는 수질오염 방지를 위해서 수상스포츠에 대한 관한 면허업무를 일시 정지하고 있다. 따라서 현 상황에서 수상스키사업에 대한 잠재적 진입자에 대한 위협은 적은 편이다.

(4) 3개의 호텔들은 얼마나 많은 객실들을 보유하고 있는가? (경쟁자의 능력)

The Palm은 300개의 객실과 해수풀장, 3개의 골프장, 12개의 테니스 코트, 그리고 호화로운 온천을 보유하고 있다. Seacrest는 Cruisabell에서 가장 오래된 호텔로 240개의 객실이 Cruisabell 국립공원에 인접한 해안지역에 자리하고 있으며, Edgewater resort는 Cruisabell에 있는 호텔 중 가장 규모가 작고 저렴한 곳으로 120개의 객실, 그리고 작은 수영장을 보유하고 있다.

(5) Hugo의 경쟁자인 3개의 호텔들은 수상스키를 어디에서 구매합니까? (경쟁자의 공급요인)

Seacrest의 구매 담당 책임자인 Martin Sandorf에 의하면 세 호텔은 최고로 멋있는 모형의 스키장비 구입에 목적을 두고 생산자와 직접적인 거래가 이루어지며 12개월 이상된 중고장비는 절대 보유하지 않는다고 한다. 따라서 12개월이 넘은 장비는 섬 주민이나 Hugo에게 임대해 주고 있다. Hugo는 하루에 장비를 개당 $20에 대여받고 있으며 장비 상태가 좋은 것은 아니지만 Hugo가 직접 수리해서 사용하고 있다. 따라서 Hugo는 세 호텔로부터 장비 대여가 없다면 생산자와 $30의 가격으로 임대하게 되어 있다.

구분 / 대체재	호 텔	생산제조업자
임차료	$20(1대/하루)	$30(1대/하루)
임차 가능 대수	10대	무한(가정)
장비상태	중고장비	최신장비

(6) 호텔에서는 수상스키(aqua skis) **외에 다른 수상스포츠는 어떠한 것이 있나요?** (대체재의 존재)

The Palm은 sailboats, windsurfers, snorkeling gear를 제공하며, Seacrest에서는 catamarans snorkeling, fishing gear를 이용할 수 있다. 반면에 Edgewater은 pedal boats, sailbords를 제공한다.

(7) 호텔에서 제공하는 수상스키 외의 다른 대체품들의 대여가격은 얼마인가? (대체품의 가격정책)

sailboats, catamarans windsurfers는 시간당 35달러로 이용할 수 있고 pedal boats, sailbords는 시간당 15달러이다. 또 snorkeling gear는 하루에 30달러로 대여한다.

구분 / 대체재	대여가격	제공호텔	비 고
Sail boats	35($)	The Palm	비대중화/흥미미흡
Windsurfers	35($)	The Palm	비대중화/흥미미흡
Snorkeling gear	30($)	The Palm	비대중화/흥미미흡
Catamarans snorkeling	35($)	Seacrest	비대중화/흥미미흡
Fishing gear	-	Seacrest	비대중화/흥미미흡
Pedal boats	15($)	Edgwater	비대중화/흥미미흡
Sail bords	15($)	Edgwater	비대중화/흥미미흡

2) Hugo Shack에서 수상스키 대여요금은 얼마입니까? (Hugo의 가격정책)

나는 시간당 10달러를 받고 있으며, 이 가격은 10분의 개인교습과 구명조끼를 포함한 가격입니다.

(1) 휴고의 수상스키에 관한 대여정책은 무엇인가? (자사의 대여정책)

휴고는 손님들이 방문하는 불편을 피하기 위해 대여계약서 한 장을 팩스로 요청하고 고객들은 최소 30분을 대여하고, 운전면허증이나 신용카드를 안전저당으로 제시할 것을 요구받는다.

(2) 여행객들은 대여비가 인상되더라도 수상스키를 빌리려고 할 것입니까? (소비자의 가격민감도)

한 여성고객에 따르면 "만약 휴고가 현재 시간당 $10인 수상스키 대여가격을 올리면 차라리 호텔에서 수상스키어들에게 무료로 제공하는 pina colads와 같은 음료수를 즐기며, 호텔의 수상스키를 택할 것입니다."라고 말했다.

(3) 휴고는 수상스키 대여사업에서 현재 이익을 내고 있습니까? (자사의 수익구조)

휴고의 부인이자 Hugo Shack에서 경리를 맡고 있는 Sandy 여사에 의하면 "우리의 수상스키 사업은 섬 주민들의 부러움의 대상이고 하루에 $160의 순수입을 얻고 있습니다. 우리는 결코 이 해변을 떠날 수 없어요."라고 웃으며 말했다.

3) Cruisabell 섬에서 여행객들은 여행의 즐거움을 위하여 무엇을 주로 하는가? (소비자 요인)

Cruisabell 섬의 일주여행을 가이드와 함께 하는 동안 여행자들은 이 섬이 쇼핑과 관광 또는 고급요리 시식을 위한 섬이 아니고, 고요하고 아름다운 해양스포츠를 즐길 수 있는 해변임을 발견할 수 있을 것이다. 그러나 최근 이 섬에 큰 변화가 생기게 되었는데 바로 세계에서 슬롯머신을 자랑하는 새로운 카지노가 Cruisabell 마을 동쪽에 개장하였다.

(1) 일반적으로 여행객들은 카지노에서 얼마나 많은 돈을 씁니까? (소비자의 구매패턴)

카지노 게임 룸은 슬롯머신, 룰렛, 블랙잭 등을 제공하는데, 카지노 매니저에 의

하면 여행객들은 단지 재미로 구경할 뿐이며, 평균 $20를 쓰며 가장 즐겨하는 게임은 슬롯머신이라고 답했다.

(2) 매달 Cruisabell 섬을 찾는 여행객은 얼마나 됩니까? (소비자 수요)

여행협회에서 발간된 보고서에 따르면 Cruisabell 섬의 평균 관광객 수는 매달 5,800명에 이르며, 올해 카지노의 개장으로 그 수가 50% 정도 증가했다고 보고했다.

(3) 새로운 카지노의 개장이 수상스키의 수요에 어떠한 영향을 미칩니까? (대체수요 존재 여부)

최근 스포츠협회의 시장조사에 의하면 최근 Cruisabell 섬에 개장한 카지노가 이 섬을 방문하는 여행객들에게 수상스키의 수요를 약화시킨다고 보고 있다. 기존의 50% 정도는 해변의 햇볕과 아름다운 자연을 즐기는 데 비하여 나머지 여행객들은 해변에서 보내는 시간보다 카지노게임을 즐기는 경우가 많으며, 이들은 1시간의 수상스키 대여보다는 30분의 대여를 선호하고 있다고 보도했다.

(4) 수상스키를 대여하는 여행객들의 유형은? (수요고객층)

수상스키 대여자의 주요 고객층은 20대 중반에서 30대 중반까지이다. 이들은 모험적이고 다이내믹한 수상해양스포츠에 매료되어 있다. 그들의 성향은 수상스키에 대한 가격민감도(가격/가치)가 크며 스케줄에 얽매이는 것을 싫어한다.

(5) Cruisabell 섬의 인구는 얼마인가? (지역의 인구통계적 특성)

그 섬의 인구는 12,000명 이하이다.

(6) Cruisabell 섬 주민들의 생계수단은 무엇인가? (지역의 소득원천)

예전에는 주로 농업과 의료산업에 의존했으나 여행객들의 증가로 생계수단의 변화가 생겼다. 특히 농경수입의 감소와 카지노의 등장으로 새로운 직장을 설립하여 소득 수준을 향상시키고 있다.

4) Hugo 씨는 어디에서 수상스키를 대여합니까? (휴고의 공급교섭력)

"나는 수상스키를 임대하는 데 드는 비용을 최소화하기 위해서 3개의 호텔에서 중고 스키장비를 임차하고 있습니다. 중고스키를 임차하는 것은 낮은 비용을 유지하기 위해서입니다."라고 설명한다.

(1) 휴고는 중고스키를 임차하기 위하여 3개의 호텔들에게 얼마를 지불하고 있습니까? (휴고의 임차료)

휴고는 매일 수상스키 한 대당 $20만을 지불하고 중고스키를 임차한다. 중고스키들은 항상 최적의 상태가 아니지만 휴고는 스키에 관한 전문기술공이라서 중고스키들을 빠른 시간 내에 최적의 상태로 만들 수 있다.

(2) 휴고는 수상스키를 대여할 수 있는 추가적인 능력이 있는가? (휴고의 초과공급능력)

3개의 호텔들이 임대할 수 있는 여분의 스키가 없는 반면에, 휴고는 매일 스키 한 대당 $30의 비용으로 제조업자로부터 직접적으로 추가장비를 임대할 수 있다.

(3) 휴고의 수상스키 대여에 대한 비용은 어떻게 구성되어 있습니까? (원가구조)

휴고는 비교적 단순한 원가구조를 가지고 있는데, 수상스키 임차비용 이외에 기계 한 대당 $10의 운영비와 $2의 간접비를 가지고 있다. 그리고 인건비로 수상스키를 대여할 때마다 강습교사에게 강습료로 $4의 요금을 지불하고 있다.

5) Cruisabell 섬을 방문하는 사람들은 어떤 부류입니까? (수상스키의 수요계층의 성향)

사회적 지위는 중산층에서 상류층의 여행자들이 많이 오며, 나이는 30대 초반에서 중반까지의 사람들이 많으며 결혼을 해서 아이 하나 정도를 두고 있는 여행자들이 대부분이다.

(1) 수상스키를 즐기는 관광객들은 몇 % 정도인가? (수요계층의 이용시간)

Cruisabell을 방문하는 모든 관광객들의 35% 정도가 수상스키를 대여하고, 평균 3.5시간을 이용하는 것으로 조사되었다.

구 분 \ 고객유형	원주민층	관광객층
전체인구	12,000(명)	5,800(명)
한달 이용인구	2,400(명)	2,030(명)
하루 이용인구	80(명)	68(명)
하루 이용시간	80(시간)	237(시간)
특 징	가격민감	시간민감
변화성향	소득증대	30분 대여 선호 증대

(2) Cruisabell 섬의 성수기는 언제입니까? (계절적 수요의 존재 여부)

카리비안 해안에 있는 대부분의 섬들이 12월 중순과 4월 중순 사이가 성수기인데, Cruisabell은 항상 꾸준한 관광객들로 부러움을 사고 있다. 외국관광객 중 가장 많은 비율을 차지하는 유럽인들은 매년 5월에 있는 Cruisabell Heritage 축제에 몰려온다. 6월 초와 8월 중순 사이에는 Cruisabell 요트 레이스에는 세계 도처에서 각종 범선들이 몰려온다. 가을에는 그 섬에서는 Cruisabell Billfish 토너먼트를 개최하기도 한다.

6) Hugo에게 새로운 사업을 확장시킬 만한 관리능력이 있는가? (휴고의 조직관리능력)

휴고와 관계되는 협회와 그 관계자들과의 인터뷰는 '휴고가 새로운 사업을 확장시켜도 성공할 수 있는 경영자적 기술을 가지고 있는 사람이다'라고 전한다.

(1) 휴고는 현재 몇 명의 종업원을 고용하고 있습니까? (인적자원)

휴고 자신과 경리사원인 그의 부인 Sandy, 그리고 두 명의 임시직 수상스키 강사를 고용하고 있다.

(2) 휴고는 추가적인 수상스키 물품 구입에 필요한 공간을 확보하고 있는가? (재고관리)

휴고는 수상스키를 보관해두는 현재 물품장소의 2배가 되는 창고를 인근에 보유하고 있다.

7) Hugo는 하루일과를 어떻게 보내는가? (휴고의 경영철학)

그는 열정이 많은 사람이어서 아침 일찍 일어나서 가게문을 열고 마지막 순간까지 열심히 일하는 사람이다. 오전 10시부터 오후 6시까지 운영시간 동안 고객 대접과 수상스키 수리에 시간을 보낸다. 하루의 끝에는 항상 그의 가게 밖에서 휴식을 취하거나 수상스키 추진에 관한 많은 책들에 몰입하고 있는 것을 발견할 수 있다.

(1) 현재의 영업시간을 확장할 것을 고려하고 있는가? (휴고의 영업철학)

휴고의 말에 의하면 10시 이전에는 관광객들이 수상스키 타는 것을 원치 않으며 더욱이 그 자신이 개인적인 사정으로 6시 이후의 영업은 원하지 않는 것으로 전하고 있다.

3. 문제의 해결을 위한 대안 제시

우리는 휴고의 딜레마를 통해 컨설턴트를 통해 수집한 자료들을 바탕으로 확장이냐 현상 유지에 대한 두 대안을 도출할 수 있는데 공격적 대안과 보수적 대안으로 나누어 문제를 해결하여 보자.

1) 수상스키의 확장에 대한 공격적 대안

"휴고의 사업확장을 축하드립니다."

Hugo 씨의 수상스키 확장에 대한 대안을 제시하기 위하여 휴고가 속해 있는 수상스키 산업에 대한 내 · 외부적 환경요인과 휴고의 강 · 약점을 SWOT 분석으로 살펴보자.

(1) 외부적 환경요인

① 일반적 환경요인

사회 · 문화적 환경

최근의 통계에 따르면 Cruisabell 섬의 인구는 약 12,000명에 가깝다고 한다. 현지 섬 주민들은 농장과 편의시설에서 일하고 있으며, 카지노의 개장으로 농장인력이 줄고 카지노 인력이 늘었다. 그리고 현지인의 15% 이상은 자신의 수상스키를 보유하고 있으며, 다른 20%는 적어도 한 달에 한 번 정도는 대여한다.

정치적 환경

최근 관광객이 기하급수적으로 늘어난 것은 Cruisabell 섬이 관광정책으로 카지노를 설립했기 때문이다.

경제적 환경

카지노의 개장으로 Cruisabell의 전체소득은 높아질 것으로 예상된다. 그래서 섬 주민들의 여가에 대한 수요가 늘어나 수상스키에 대한 수요도 늘 것으로 기대된다.

법률적 환경

수질 개선을 위한 Cruisabell의 수상스포츠에 대한 유예기간은 경쟁자들에 대한 도전을 완화시키고 있으며, 그래서 더 이상 경쟁자가 생길 가능성은 낮아진다.

② 과업환경 요인

경쟁자

Cruisabell 섬에 있는 3개의 호텔은 수상스키 사업을 하고 있다. 물론 이들 3개의 호텔은 관광객들에게 고객서비스 차원에서 대여를 해준다. 그들은 시간당 $20라는 비싼 가격으로 대여하고 있지만 최신 장비를 갖추고 휴고 씨가 제공하는 10분의 강습보다 많은 15분의 무료강습과 안전 보험료를 제공하고 있다. 그리고 12개월 이상 된 중고 수상스키는 휴고에게 임대해 주거나 원주민들에게 판매하고 있다. 호텔들은 증가하는 관광객들에게 모든 장비를 사용하고 있지만, 수상스키 장비를 추가로 구입하는 계획도 없으며 가격정책 또한 변경할 의도는 없다. 이러한 측면에서 보면 휴고에게는 경쟁자가 없을 것같이 보이지만 호텔은 휴고와 동일한 장비를 대여해 주고 있으며 관광객들이 수상스키를 타는 인원수가 배분된다는 점에서 분명한 경쟁자일 수밖에 없다.

잠재적 경쟁자

사실상 휴고에게는 잠재적 경쟁자는 없다. 시의회에서 수질오염 방지를 위한 해양스포츠 면허증 발급의 일시적 정지가 수상스키 산업의 진입에 진입장벽으로 존재하기 때문이다. 만약 신규 진입자가 나타난다 해도 현 시점에서 새로운 진입자(new entrant)는 두 수요층인 관광객들과 섬 주민들을 끌어들이기에는 힘들어 보인다. 우선 섬 주민들은 휴고와 원주민들 간의 친밀한 유대를 생각해 볼 때 고강도의 저가정책이 아니면 유인이 힘들다. 그리고 현재 새로운 진입자의 저가정책도 휴고와 같이 수상스키를 직접 수리하지 않고 직원을 고용한다면 비용은 한계비용과 한계수입을 고려해 볼 때 현실적으로 불가능하다. 관광객의 경우에 있어서도 증가된 수요층이 수상스키보다는 카지노에 의해 유인된 경우이므로 이들의 신규창출을 꾀하는 것은 어렵다고 보아야 한다.

대체재의 존재

Cruisabell 섬을 찾는 관광객들은 수상스키 이외에 다른 해양스포츠를 즐기고 있다. 특히 The Palm 호텔은 sailboats, windsurfers, snorkeling gear를 제공하며, Seacrest 호텔에서는 catamarans snorkeling, fishing gear를 그리고, Edgewater 호텔은 pedal boats, sailbords를 제공하고 있다. 그러나 이들 해양스포츠들이 수상스키만큼 대중화되어 있지 않으며 재미도 수상스키에 비해 덜하기 때문에 강력한 대체재는 아니다.

그러나 최근 개장한 카지노의 경우는 다르다. 관광객들이 50%나 증가해 한달에 5,800명이 이 섬을 방문한다. 이처럼 카지노의 개장은 현재의 수상스키 수용능력을 초과할 수 있는 강력하고 지속적인 대체수요를 창출할 수 있을 것이다.

▶ 공급자

휴고가 수상스키를 공급받을 수 있는 곳은 호텔과 생산제조업자가 있다. 현재 휴고는 3개의 호텔로부터 수상스키 한 대당 하루 $20를 지불하고 스키를 공급받고 있다. 수상스키를 늘리려면 호텔측에 한 대당 $20를 지불하여야 하며, 중고스키이므로 상태가 좋은 것은 없다. 반면에 수상스키 제조업자와 직접 거래하여 대여할 시에는 상태가 좋으나 대당 $30의 비용을 지불하여야 한다.

▶ 수요자

수요자는 원주민층과 관광객층의 두 분류가 있다.

휴고는 자신의 고객 중 95%가 원주민에 대한 의존도가 높으나 이들 수요는 한정되어 있는 반면에 관광객층의 수요는 카지노 사업의 시작으로 약 50%가 증대되었고 향후 3년간 30%가 더 증대될 것으로 예상된다. 따라서 휴고는 이들 30%의 초과수요를 새로운 타깃으로 정해야 한다. 그러나 이들 관광객들의 증가에도 불구하고 수상스키 대여시간은 1시간에서 30분으로 줄어 수요의 증대 50%와 상쇄되는 효과를 가져왔다. 또한 이들 관광객들은 시간과 가격에 민감하여 만약 휴고가 수상스키 대여가격을 인상한다면 고객의 89%가 이용을 하지 않을 것이며, 최저 이용시간을 30분에서 1시간으로 조정한다면 92%가 이용하지 않겠다고 하여 초과수요를 창출하는 것도 어려운 입장이다.

(2) 내부적 환경요인

① 휴고의 강점

▶ 가격 우위

3개의 호텔이 제공하는 수상스키 대여가격은 시간당 $20인데 비해 휴고는 시간당 $10에 대여해주고 있으며 호텔은 가격정책에 대한 변화의도가 없는 것으로 보아 휴고가 제공하는 수상스키 대여료는 가격경쟁력이 상당히 높다고 할 수 있다.

▶ 조직관리 능력

휴고는 확장된 사업을 관리할 수 있는 조직능력을 보유하고 있으며 타고난 일에 대한 열정으로 아침 6시부터 오후 6시까지 성실히 직무를 수행하며 중고스키의 정비기술을 보유한 능력의 소유자이다.

설비시설

증대된 수상스키 장비를 수용할 재고공간을 확보해 놓고 있다.

단골고객의 확보

휴고는 섬 원주민들을 주요 고객으로 확보하고 있다. 원주민들은 사치스럽고 비싼 호텔 장비를 대여하기보다는 휴고의 장비를 대여함으로써 단골고객이 되고 있다. 또한 주된 관광객은 쇼핑이나 관광의 목적이 아닌 해변에서 일광욕이나 수상스포츠를 즐기기 위해 관광을 한다. 또한 최근 관광객의 수가 두 배 이상 증가하고 있으나 호텔의 장비 대여능력을 볼 때 고객의 50%만이 수상스키를 탈 수 있으므로 추가수요가 존재할 것이다.

② 휴고의 약점

고정적인 운영시간

휴고는 정해진 운영시간 오전 10시에서 오후 6시까지의 영업시간을 변경할 의도가 없기 때문에 고객의 추가적인 요구에 탄력적으로 대응하지 못하고 있다.

단일사업의 위험

휴고는 현재 수상스키 한 사업에만 국한되어 있어 산업의 사양화에 의한 위험이 크다.

부가서비스의 부재

3개의 호텔들은 수상스키 대여를 하면서 부가적으로 pina colads와 같은 음료수를 제공하며 고객의 욕구를 자극하고 있지만 휴고는 주류허가증이 없어 pina colads를 제공할 수 없으며, 추가적인 비용 문제로 이와 같은 부가서비스는 제공하지 못한다.

이를 토대로 SWOT 분석도표를 그리면 〈표 1-1〉과 같다.

이상과 같이 SWOT 분석을 통해 휴고의 수상스키 사업확장에 대한 내·외부 환경분석을 실시하였다. 그 결과 휴고의 사업은 외부적 환경에서 위협보다는 기회가 더 많은 사업이며, 내부적 환경에서는 약점보다는 강점이 더 많은 사업으로 보인다.

〈표 1-1〉 휴고의 전략적 대안에 대한 SWOT분석

환경 / SWOT	내부적 환경	외부적 환경
기회와 강점	① 경영자의 자질 ② 가격 경쟁력 ③ 초과설비시설 ④ 전문정비기술	① 중 · 상류의 고정된 고객층 ② 잠재적 진입자의 부재 ③ 카지노의 등장으로 고객 수 증가 ④ 섬 주민의 소득수준 향상
위협과 약점	① 고정적인 운영시간 ② 단일사업의 위험 ③ 부가서비스의 부재	① 카지노 개발로 고객분산 ② 환경적 요인(바람, 가격)으로 타 해양스포츠의 비효율성 초래

결론적으로 살펴보면,

수상스키 시장은 매우 매력적인 시장으로 분석된다. 관광정책의 일환으로 시작된 카지노로 인해 생성된 인파는 현재의 수상스키 대여능력을 초과한 아주 강력하고 지속적인 수요를 창출할 것이다. 그러나 호텔 내에서의 수상스키 대여는 수요부족에 봉착하였으나 더 이상의 구매의사는 없는 것으로 보아 휴고의 가게를 찾는 고객은 증가할 것으로 예상된다. 지금 현 상황에서 휴고에게 경쟁은 큰 문제가 되지 않는다. 비록 3개의 호텔이 수상스키를 대여하고 있을지라도 그들의 대여목적은 이윤추구가 아니라 고객에 대한 서비스의 일환으로 보고 있기 때문이다. 그러나 향후 3년간 고객들은 계속 증가할 것으로 예상되기 때문에 수상스키의 수요는 더욱 부족할 것으로 예상된다. 또한 수상스포츠 면허에 대한 유예기간은 수상스키업에 새로 진입하려는 업자에게 강력한 장벽이 되고 있다. 이런 잠재적 진입자에 대한 조건들은 휴고에게 사업확장의 기회를 제공하고 있다.

휴고의 조직관리 능력은 사업확장을 위한 중요한 도구가 된다. 유능한 정비기술자이며 자신의 일에 최선을 다하는 장인정신은 업무능력의 확장에 중요한 리더십이 될 수 있다. 그리고 신규장비의 증대에 필요한 재고 공간을 확보하고 있는 것도 중요한 강점이 될 수 있다.

휴고에게 가장 큰 어려움은 비용구조이다. 사업확장은 기계당 고정비용을 증가시키고 재고를 위한 변동비도 증가한다. 따라서 사업확장을 하면 호텔의 대여($20)보다 비싼 $30에 제조업자로부터 임차하여야 하기 때문에 운영비가 증대된다. 그러나 수익적인 측면에서 수요가 비용의 증가에 비해 월등히 증가할 것이고 향후 3년간 이런 수요는 지속될 것으로 예상되므로 이익 측면에서도 사업확장의 중요성을 부각시킨다.

따라서 휴고는 카지노로 인한 수요의 창출과 새로운 경쟁자의 출현 가능성이 없는 것으로 나타나서 사업확장의 위험요소는 거의 없다고 보아야 하며 휴고는 사업확장을 하는 것이 타당하다.

"휴고의 사업확장을 축하드립니다."

2) 수상스키의 확장에 대한 보수적 대안

"휴고의 사업확장은 경솔한 것이다."

(1) 휴고의 사업확장에 관련된 긍정적 요인

수요의 성장

수상스키 시장은 매력적이다. 특히 카지노로 인해 생성된 초과수요는 현재의 수상스키 능력을 초과한 강력하고 지속적인 수요를 창출한다. 특히 '96년 이후의 관광객들의 급격한 상승세에 새로운 카지노의 개장으로 수상스키에 대한 계속적인 수요의 증가가 예상된다.

경쟁자 요인의 부재

휴고에게 있어 경쟁은 큰 문제가 아니다. 3개의 호텔이 수상스키를 대여할지라도 그들은 손실을 고객에 대한 서비스로 보는 것이지 이익 중심에서 보는 것이 아니다. 지금 호텔이 수용능력을 최대한으로 이용하고 있을지라도 그들은 비용이나 그들의 장비를 늘릴 계획이 없다. 또한 수상스포츠 면허에 대한 유예기간은 수상스키 산업에 새로 진입하려는 업체들에게 강력한 진입장벽이 되고 있다.

휴고의 조직관리능력

휴고의 조직관리능력은 사업확장을 지지하는 중요한 내부적 요인이 된다. 휴고는 유능한 경영자이며, 장비기술자로서 수상스키업에 대한 장인정신이 투철하다. 특히 지역주민들 가운데 스키 강습자로서 교육훈련이 가능한 재원을 확보하고 있으며, 추가적인 수상스키 장비를 보관할 수 있는 공간을 확보하고 있다.

(2) 휴고의 사업확장에 관련된 부정적 요인

위에서 제시한 바와 같이 휴고의 사업확장을 지지하는 많은 요인이 있음에도 불구하고 재무적 분석에 의한 비용/손익분석표는 휴고의 사업확장이 경솔하다는 것을 보여준다.

먼저 휴고의 수상스키에 대한 원가분석을 살펴보면 다음과 같다.

현 상황에서의 기계당 이용횟수

현재 휴고가 보유하고 있는 수상스키 수가 10대이며, 기계당 회전율을 구하기 위해 다음과 같은 공식을 이용하였다.

여기서 순이익은 총매출 − 총비용으로서 평균 $160로 주어져 있다.

따라서 10X − 320 − 4X = 160이므로 6X = 480. X는 80이 된다. 즉, 기계 한 대당 회전수는 80/10이므로 8회가 된다.

이를 바탕으로 다음의 표는 휴고의 사업에 대한 현재의 이익 현황과 확장 후에 나타나는 이익 상황을 보여주고 있다.

총 기계 하루 이용횟수를 : X로 두면
하루 총 매출은 $10 × X가 된다
하루 총 비용은 (총 임차료 + 총 고정비 + 총 운영비 + 강습비)가 된다.

총 임차료	: 10대 × $20 = $200
총 기계 고정비	: 10대 × $2 = $20
총 기계 운영비	: 10대 × 10 = $100
총 강습비	: 총 이용횟수(X) × 4(강습비)

〈표 1-2〉 현재의 이익 현황

항 목 \ 이 익	일일 스키 한 대당 이익(비용)	연간 총 이익(비용)
대여이익	80	292,000
기계리스비용	(20)	(73,000)
지도교사	(32)	(116,800)
총 경비	(12)	(43,800)
총 비용	(64)	(233,900)
순이익 (손실)	16	58,400

〈표 1-3〉 사업확장시 경제성 분석

항 목 \ 이 익	일일 스키 한 대당 이익(비용)	연간 총 이익(비용)
대여이익	80	80
기계리스비용	(20)	(30)
지도교사	(32)	(48)
총 경비	(12)	(12)
총 비용	(64)	(90)
순이익 (손실)	16	$-10

재무적 분석에 의한 휴고의 손익계산서는 사업확장이 오히려 한계비용이 한계수익을 $10 초과하는 것으로 나타났다. 재무적 분석의 기초는 두 가지 요인에 근거한다.

첫째, 기계리스비용에 있어 일일 $10의 초과비용이 들어간다. 휴고는 호텔의 수상스키 능력의 한계로 새로운 기계를 임차할 때에는 제조업자에게서 $30에 가져올 수 있다. 즉, 중고 수상스키가 훨씬 유용하지만 초과수요를 위한 기계의 조달은 추가적인 비용을 수반하게 된다.

둘째, 새로운 고객들의 절반은 한 시간 이상을 대여하지 않고 단지 30분 동안만 대여하기 때문에 날마다 스키당 4명의 강사를 훈련시켜 강사료를 지불하여야 한다. 즉, 8회의 회전수 가운데 4명은 한 시간을 대여하기 때문에 4명 * $4 = $16를 지불하면 되지만 나머지는 30분씩만 대여하기 때문에 8명이 되며 8명 * $4 = $32를 지불하게 된다. 따라서 이론적으로 강사료는 현 상태($32)보다 $16가 더 지불되어야 한다.

이처럼 휴고는 이와 같은 재정적 문제를 해결할 수 없다. 왜냐하면 방문객들이 가격에 대한 민감도가 크기 때문에 추가적인 부가서비스(무료 음료)를 제공하지 않고서는 대여료를 올릴 수 없다. 특히 최소한의 대여시간을 원하는 관광객들의 요구에 대해 그의 대여정책(rental policy)을 변경할 수 없는 처지이다. 따라서 휴고는 현재의 장비만을 가지고 섬 지역주민들에게 봉사하는 것이 바람직할 것이다.

휴고에게 당면한 문제점들을 종합해 보면 휴고가 현 시점에서 증가된 수상스키의 수요를 위해 사업을 확장해서는 안된다는 것이다.

물론 현재 수요에 있어서 눈에 띄는 성장을 보이고 있고 앞으로도 잠정적인 수요의 증가가 예상되며, 경쟁자도 제한적이며, 휴고가 보유한 자원의 수용능력이 충분하여 시장면에서 확장의 기회가 엿보인다.

그러나 수상스키의 증가에 따른 리스 비용이 증가하고 평균 대여시간이 짧은 고객들까지 훈련시켜야 하는 추가적인 비용이 따르므로 재무적인 손실이 예상된다. 또한 고객들은 가격과 시간에 민감하기 때문에 가격상승이나 제한시간의 증가는 휴고의 대안으로는 불가능한 것이다.

따라서 휴고가 무리하게 사업을 확장할 필요가 없으며 지금 가지고 있는 수상스키만으로 섬 주민을 대상으로 사업을 하는 것이 바람직한 의사결정이라고 생각된다.

"휴고의 사업확장은 경솔한 것이다."

chapter 02

경영사례의 분석

chapter

02 경영사례의 분석

제1절 경영사례분석의 의의

1. 경영사례분석의 개념

경영사례분석(case analysis)은 실제의 경영이슈에 대한 문제를 사례참가자들의 토론을 통하여 문제의 정의, 대안의 설정, 의사결정기준의 기술, 구체적인 행동대안의 선택과 실행계획 등에 관해 분석적이고 체계적인 기법들을 제시하는 것이다.

경영사례는 기업경영자들이 직면하게 되는 실제의 사건 또는 경영 상황을 설명해 주는 자료로서, 학생들은 사례연구를 통하여 특정기업이 처해 있는 현실적인 상황을 분석하고 토론하여 최종적인 의사결정을 내려 봄으로써 이론만 배워서는 얻을 수 없는 실제적인 경영의 지혜를 스스로 터득할 수 있게 된다. 경영대학에서 새로운 경영교육의 하나의 대안으로서 사례교육을 채택하고 있는 이유는 사례수업에 참가하는 학생들이 경영현장의 현실에 가장 가까운 기업의 현실적인 문제를 접하고 분석함으로써 강의와 같은 다른 경영교육에 비해 학생들의 수업 참여도가 뛰어나고 수업에 임하는 태도도 훨씬 적극적이다.

사례분석을 통한 경영교육이 효율적으로 되기 위해서는 우선 다음과 같은 기본전제가 필요하다.*

* 조동성, 사례를 통한 경영교육, working paper, 1995.

(1) 경영학에 대한 기본지식이 필요하다.

사례를 분석할 때에는 흔히 비교대상이 없다고 얘기한다. 그러나 이 경우에도 비교대상은 있다. 그것은 자신이 가지고 있는 지식이다. 즉, 자신의 지식, 규범, 상식, 경영학적 자세 등과 사례에서 나타난 경영 상황의 차이를 비교해서 문제점을 제기하고, 분석하여야 한다.

(2) 의사결정에는 반드시 책임이 따른다는 인식이 필요하다.

사례를 이용한 토의 중에 자신을 돋보이게 하기 위해 사소한 것에 매달려 자신의 주장을 계속하는 경우가 있다. 즉, 결과에 대한 실제적인 책임이 없기 때문에 그릇된 주장에 매달리는 경우이다. 만일 실제 경영자가 되었을 때 가져야 하는 책임의식에 대한 교육도 필요하다.

(3) 최선의 대안보다는 실행가능한 해결책을 제시해야 한다.

경영학은 현실에서의 최선을 추구해야 하는 것이지, 이상 속에서의 해결책을 요구하는 것이 아니다. 이론적으로는 최선의 방안이라도 실행이 불가능하면 해결책이라고 볼 수 없다. 집행될 수 있는 실행안을 제시해야 한다. 즉, 현실과 이론의 융통성과 탄력성을 모색해야 한다.

사례분석의 절차는 크게 ① 문제의 발견, ② 분석과 평가, ③ 사례보고서 작성과 같이 3단계로 대별된다.

사례분석의 연구는 문제의 발견(identification)으로부터 시작된다. 문제의 발견단계에서는 기업이 당면한 현재 상황에서 전략적 이슈들과 해결해야 할 문제들을 중심으로 진단이 이루어져야 한다.

문제의 발견에 이어서 분석과 평가(analysis and evaluation)는 각종 대안을 비교 검토한 후에 그 결과에 따라 의사결정을 한다. 그러나 이 단계에서 멈추어서는 안 되고 하나의 결정이 다음 문제의 실마리가 되어 연속적인 과정을 이어나가야 한다.

여기서는 사례를 효과적으로 읽기 위해서는 먼저 이 사례가 어떤 유형의 사례인지를 파악하여야 한다. 사례의 유형을 파악한 후에 다음과 같은 순서로 사례를 읽어 가는 것이 좋을 것이다.

① 사례 본문의 서두나 말미에 나와 있는 당면과제 및 상황관계를 개략적으로 파악한다.
② 사례에서 나타난 상황을 파악하였으면, 본문의 나머지 부문과 부록을 전반적으로 훑어본다.
③ 사례 본문을 주의깊게 읽으며 주제나 이슈 등을 파악하고 부록으로 주어진 도표 등과 관련을 알아본다.
④ 본문을 완전히 파악하였으면 부록으로 주어진 도표 등을 주의깊게 살펴 이들을 제시해 준 목적과 주요 도표가 어느 것인지를 파악한다.

한편, 사례의 분석과 평가에는 팀별 토론이 필수적으로 요구된다.

팀별로 준비를 하여 토의에 참가한 후에는 보다 적극적인 자세로 자기의 논리를 발표하고 또한 다른 사람의 논리도 주의깊게 듣도록 한다. 5~10명 정도가 참가하는 팀별 토의의 목적은 서로의 의견을 절충해 전체적인 합의점을 찾자는 것뿐만이 아니라 토론을 통해 자신이 미처 생각하지 못했던 부분을 보충하여 자기의 소신을 수정하고 재정립하는 데 있다. 물론 팀별 의견토론과정에서 완성된 제안들은 팀 보고서에 대안으로 포함될 것이다.

마지막 단계에서는 토론을 통해 제시된 결과들을 팀별로 사례보고서를 작성하여 제출하도록 하는 것이다. 사례보고서는 우리가 갖고 있는 생각을 보다 명확하게 이해할 수 있고 또한 성문화된 자료를 통해 구체적으로 표현하는 작문기술(written skill)을 배우게 된다. 사례보고서에 포함되어야 할 중요내용은 문제의 파악과 분석, 그리고 문제 해결 방법을 논리적이며 체계적으로 기술하는 것이다.

2. 효율적인 경영사례분석

사례를 어떻게 효율적으로 분석할 수 있는지에 대한 정확한 답은 없다. 학생들이 저마다 가지고 있는 노하우를 이용해 나름대로의 분석틀을 가지고 있을 것이다. 그러나 일반적으로 사례교육을 통해 알려진 방침을 소개하면 다음과 같다.

첫째, 사례를 두 번 이상 읽어라(read the case twice).

우선 사례를 접하게 되면, 빠른 속도로 전체적인 내용을 속독하자. 그리고 두 번째 읽을 때는 표와 그림을 포함하여 모든 내용을 면밀하게 줄을 그으며 메모를 하자.

둘째, 사례가 직면하고 있는 문제점과 이슈들에 대해 리스트를 작성해 보자(make a list of the problems and issues that have to be confronted).

첫 번째 단계를 통해 익숙해진 사례의 내용을 통해 사례를 분석하는 팀들은 주어진 사례에서 해결해야 할 가장 근본적인 문제가 무엇인가를 찾아내어 이것을 리스트화하는 것이 중요하다.

셋째, 사례를 통해 제시된 데이터를 충분히 이용해 이를 소화해야 한다(do enough number crunching discover the story told by the data presented in the case).

사례에 제시되어 있는 기업연혁, 시장점유율, 재무제표, 경쟁사 정보 등과 같은 자료들, 특히 표나 그림과 같은 제시자료들이 실제 당면한 문제 해결에 많은 도움을 줄 수 있다. 따라서 제시된 데이터를 적극적으로 활용해야 한다.

넷째, 교과서에서 제시되어 있는 이론적 개념과 분석 도구를 응용할 수 있는 기회들을 도출하라(Look for opportunity to apply the concepts and analytical tools in the text chapters).

우리가 흔히 교과서에서 볼 수 있는 M. Porter의 산업구조분석모형이나 BCG매트릭스 등은 사례분석에서도 자주 이용된다. 이들의 이론적 근거는 이미 증명되어졌기 때문에 사례분석에서도 이들의 분석틀을 이용하면 효과적인 분석모델을 도출할 수 있다.

다섯째, 문제의 상황 진단을 완벽하게 하라.

사례는 상황의 특수성을 인식시키고 가능성이 아닌 현실에 기초한 분석이 되어야 한다. 따라서 현실의 문제 해결에 효과적으로 대처할 수 있는 상황 진단에 대한 개략적인 요약서를 만들어 보자.

여섯째, 논리적 근거와 수치적 근거를 가진 모든 논의들을 대안으로 받아들여라(support any and all opinions with well-reasoned arguments and numerical evidence).

사례는 현실에서의 최선을 추구하여야 하며, 실행가능한 대안을 제시하여야 한다. 그리하여 사례분석 팀원들 간에 제시된 대안들을 적극적으로 받아들여야 한다.

일곱째, 사례분석을 효과적으로 하기 위해서 중요한 포인트는 차트, 테이블, 그래프를 이용하여 분석하라(develop charts, and graphs to expose more clearly the main points of your analysis).

사례에서 제시된 문제들을 효과적으로 답하기 위해서는 표나 그림을 이용하는 것이 사례의 평가를 더 잘 받을 수 있다. 특히 중요한 포인트는 가급적 비쥬얼화(visual)

하는 것이 훨씬 더 나은 평가를 받을 수 있다. 예를 들어 시나리오 분석을 통해 대안들을 제시한다고 가정하면 각 시나리오에 대한 장 · 단점을 분석하여, 구성된 시나리오의 지도(scenario map)는 하나의 개념화된 그림으로 표시해서 어떠한 대안들이 가장 효율적인지를 시각적으로 보여주어야 한다.

여덟째, 팀의 토론과 분석을 통해 제시된 제안들을 우선하여 강조하며 또한, 주어진 시간 내에 가능한 분석기술과 재무적 자원들을 통해 모든 사례분석이 끝날 수 있도록 시간을 엄수하라(prioritize your recommendations and make sure they can be carried out in an acceptable time frame with available skills and financial resources).

주어진 사례에 대해서 팀별 사례의 토론과 평가는 필수적으로 이루어지는 데 많은 대안들 가운데 팀이 주장하는 해결안을 중심으로 전체적인 모델링하는 작업이 중요하다. 또한, 팀별 토론과정은 제한된 시간이 반드시 있으므로 시간 내에 계획-평가-도출과정을 모두 이끌어 낼 수 있어야 한다.

아홉째, 팀의 토론과 분석을 통해 제시된 문제들과 이슈들에 대한 구체적인 행동계획들을 도출하여라(review your recommended action plan to see if it addresses all of the problems and issues you identified).

주어진 사례의 효과적인 문제 해결을 위해서는 사례가 당면하고 있는 문제와 이슈에 대한 문제정의를 명확히 하는 것이 중요하며, 또한 문제정의에 대한 구체적인 행동대안들을 도출하는 것이 무엇보다 중요하다.

마지막으로, 팀원들이 제시한 제안들이 계획대로 실행되지 않을 때 불길한 결과들을 가져올 수 있는 것들은 제안서에 가급적 포함시키지 마라(avoid recommending any course of action that could have disastrous consequences if it does not work out as planned).

특히 팀원들이 제시한 제안들에서는 상당히 위험스러운 제안들도 있을 수 있다. 그러나 행동대안들이 가져올 긍정적인 측면만 강조한 나머지 행동대안에 대한 결과가 가져올 위험에 대해서는 소홀히 하는 경우가 있다. 그러나 이러한 권고사항을 경영자가 실제 경영문제에 적용했을 때 당면하게 되는 위험은 매우 크다고 할 수 있다. 따라서 팀의 제안들은 이러한 위험을 안고 있는 행동대안들은 신중하게 제안서에 포함시킬 필요가 있다.

지금까지 경영사례 분석에 관한 이론적이고 실천적인 분석을 통해 어떻게 하여야 효과적인 사례분석을 할 수 있을지에 대해 살펴보았다.

제2절 경영사례분석의 예제 *

신문의 경제란 기사에서는 불확실성의 역경 속에서 승승장구하는 기업들의 소개를 심심찮게 발견할 수 있다. 성공기업은 저마다의 성공비법이 있겠지만 공통된 특징은 기업이 처해 있는 상황에서 최선의 경영기법을 통해 환경에 대한 대응전략을 펼치고 있다.

따라서 경영학을 전공하는 학생들은 사례 연구기업의 성공요인을 분석하고, 기업이 직면한 현실을 통해 산업과 기업의 이슈를 도출하고, 기업의 전략을 모색하는 것은 실제 경영인이 되기 위한 좋은 실험대가 될 수 있다. 그리고 학생들은 사례연구를 통해 여러 기업을 접하게 되고 다가올 미래에 추구해야 할 전략과 방향을 예견하곤 한다.

경영사례 분석대회는 최근에 다양하게 개최되고 있다.

외국계 컨설팅 회사의 경우에는 Mercer Human Resource Consulting이 개최하는 기업변혁 우수사례대회가 열리고 있다. 이 대회는 기업이 최근 경험하였던 변혁사례를 발굴하고 시사점을 도출하여 현재 및 향후 변화를 도모하는 기업에 도움이 되고자 대회를 개최하고 있다. A.T. Kearney 컨설팅에서도 경영사례연구대회를 개최하고 있다.

한국계 컨설팅업체로는 HCG 그룹이 2002년부터 지속적으로 개최하여 지금까지 4회 대회를 유지하고 있다.

학회 차원에서는 한국경영학회에서 전국대학생 경영사례대회를 개최하고 있으나 최근에 기업들의 사례연구대회가 엄청나게 증가됨에 따라 자취를 감춘 상태이다.

최근 한국 기업들은 최근에 공모전 대회를 통해 대학생들의 아이디어를 기업경영에 반영하기 위한 시도를 하고 있다. 현대자동차 마케팅 공모전, KT&G의 마케팅 리그 등 굵직한 대회가 열리고 있다. 그러나 일회성대회보다는 연속성을 유지하는 것이 기업의 홍보나 학생들의 관심을 유지하는 데 도움을 줄 수 있다.

공모전의 홍수 속에서도, HCG 그룹이 개최하는 컨설팅대회는 4회 대회를 이어 오면서 그 전통을 이어가고 있다. 본 사례는 2005년도 4월에 경영컨설팅 회사인 Human Consulting Group의 주최로 개최되었던 '제4회 전국대학(원)생 Case Competition 2005!'의 '휴먼텔레콤'의 사례를 통해 실제 경영사례분석의 예제를 살펴보도록 한다.

---

* 본 사례는 2005년 4월에 HCG컨설팅에서 주최한 HCG Case Competition 대회에서 제시된 상황이며, Powerpoint 분석 자료는 부산대학교 Caplus 사례동아리의 AFGM 팀의 우수상을 예시한 것이다. 본 사례는 교육목적으로 사용하기 위해 제시하였다.

"MAKE STRATEGY WORK
through HUMAN CAPITAL"
MAKE STRATEGY
HUMAN CAPITAL
Case
Competition
2005!
HCG
Human Consulting Group

MAKE STRATEGY WORK Through HUMAN CAPITAL

Case Competition 2005!

프로젝트 제안 요청서(Request for Proposal)

Case : 휴먼텔레콤 강효석 사장의 고민

본 사례는 HCG의 2005년 Case Competition을 위해 가상으로 작성된 내용임.

#1 : 휴먼텔레콤 CEO의 고민

최근 들어 휴먼텔레콤 강효석 사장은 20층 집무실에서 먼 산을 바라보며 담배를 피는 일이 잦아졌다. 2004년 6월 초 휴먼그룹의 휴먼텔레콤은 기업경쟁력 강화 및 World No.1 휴대전화 제조업체로 도약하기 위해 그룹의 사활을 걸고 2조 5천억 원이라는 큰 돈을 투입하여 SJ Teletech을 인수합병하였다. SJ Teletech의 모 그룹인 SJ Group은 기업의 주력 산업인 반도체 및 지역 유선방송사업에 집중하고자 그룹의 주력사인 SJ Teletech을 매각하기로 결정하였고, 6개월 간의 매각사 선정작업을 통해 가장 높은 가격을 제시한 휴먼텔레콤에 매각을 하게 된 것이다.

휴먼텔레콤은 뛰어난 디자인&마케팅 능력으로 국내 휴대전화 시장의 2인자 위치에 있었으나 시장 1위 기업인 SS전자의 뛰어난 신제품 출시 능력 및 첨단 기술력을 따라잡고자 R&D 기능이 강한 시장 4위 기업인 SJ Teletech을 인수하게 된 것이다.

SJ Teletech만 인수하면 모든 일이 잘 풀릴 것 같았던 휴먼텔레콤의 장밋빛 미래는 인수 합병 10개월 만에 어두운 그림자가 나타나기 시작했다. (舊)SJ Teletech의 첨단 기술력을 가져오고자 회사를 인수했으나, (舊)SJ Teletech의 핵심 R&D 인력들이 엄청난 속도로 경쟁사인 SS전자 및 외국계 휴대전화 제조업체인 Notorola 및 Mokia로 빠져나가고 있는 것이다. 이로 인해 과거 (舊)SJ Teletech을 인수하기 전보다 시장점유율(Appendix 1 참고)이 6.5%나 하락하고, 신제품 출시 속도가 SS전자 대비 3.5주 정도 늦어지고 있다(Appendix 2 참고).

회사 창립 이래 최대의 위기 상황이라고 판단한 강효석 사장은 R&D 담당 총괄 최수훈 부사장과 HR 담당 총괄 유장호 부사장에게 휴먼텔레콤의 현재 문제점을 분석하고, 그에 따른 후속 대처 방안을 수립하도록 지시를 하였다. 강효석 사장의 지시를 받은 최수훈 부사장과 유장호 부사장은 일주일 뒤 회사 16층에 있는 대회의실에서 비상대책회의를 하기로 약속을 정하고 헤어졌다.

#2 : 비상대책회의

휴먼텔레콤 16층 대회의실에는 최수훈, 유장호 부사장을 비롯하여, 김선일 전략&재무담당 부사장, 6명의 본부장, 30명의 담당들이 모두 모여 있다. 지난 일주일 간 최수훈, 유장호 부사장의 지시로 18명의 담당들은 산하 팀장들에게 현 조직의 문제점과 (舊)SJ Teletech의 핵심 R&D 인력들의 퇴사 이유에 대한 조사를 실시하도록 하였다. 각 팀장들이 조사한 내용을 취합 정리하여 HR 담당인 김석진 상무가 Presentation을 실시하였다.

"일주일간 EOS(Employee Opinion Survey) 및 외부기관의 도움을 받아 실시한 직원인터뷰, 조직 및 HR 제도 분석 결과 아래와 같은 Issue가 도출되었습니다."

1. 휴먼텔레콤과 (舊)SJ Teletech의 기업문화의 차이가 상당히 큽니다. 휴먼텔레콤의 모그룹인 휴먼그룹(중공업 중심)과 SJ Group(반도체 & 방송 중심)이 그 간 걸어온 길(Appendix 3 참고)이 매우 다르다 보니, 오랜 기간 기업 내부에 형성되어 구성원들에게 내재된 기업문화의 차이가 저희가 예상했던 것보다 큰 것으로 나타나고 있습니다. 그에 따라 회사 통합 이후에 휴먼텔레콤 직원들과 (舊)SJ Teletech 직원들 간의 문화충돌이 많이 발생하고 있는 상황입니다.
2. 휴먼텔레콤과 (舊)SJ Teletech이 합병 이후에도 지역적으로 분리되어 있고, 조직구성원들의 반발을 줄이고자 일부 조직에 대해서만 통합을 실시하였고, 인사제도의 경우 통합을 실시했으나 Soft-Landing이 이루어지지 못한 상황입니다. 이로 인해 '휴먼텔레콤'이라는 공통적인 社名을 가지고 있지만, 두 회사로 운영이 되고 있다고 해도 과언이 아닙니다.
3. 핵심인력들의 유출이 빠르게 일어나고 있습니다. (舊)SJ Teletech의 핵심 R&D 인력뿐만 아니라 기존의 휴먼텔레콤 R&D 분야의 핵심인력들의 이직률도 (舊)SJ Teletech과의 합병 후 지난 3년간 평균 이직률보다 10% 증가한 상황입니다. 이렇게 핵심인력의 유출이 빠르게 일어나고 있는 이유로는 '체계적인 핵심인재 선정 및 관리방안의 부재'가 가장 큰 이유로 나타나고 있으며, (舊)SJ Teletech 출신 직원의 경우 경직된 조직문화, (舊)SJ Teletech에 비해 많은 수직적 계층구조, 인센티브 기회의 축소가 가장 주된 이유이고, 기존 휴먼텔레콤 출신 직원의 경우 이질적인 조직문화를 갖고 있는 직원들의

대량 유입 및 (舊)SJ Teletech에 비해 낮은 처우 등에 불만을 갖고 이직을 한 것으로 나타났습니다.

4. 대부분의 직원들이 휴대전화 산업 및 회사의 미래는 밝다고 생각을 하고 있으나, 회사가 제시하고 있는 Vision, Mission, Strategy가 크게 와닿지 않는 상태이고, 구성원들이 공유할 수 있는 Shared Value가 부족합니다.
5. 위에서도 말씀드렸지만, 조직구조의 재정비가 필요합니다. 현재의 조직구조(Appendix 4 참고)는 동일한 기능을 수행하고 있는 조직들이 존재하고, 부서 간의 R&R(Role and Responsibilities)이 명확하게 구분되어 있지 않아 비효율적으로 운영되고 있습니다.
6. 지난 2004년 6월부터 6개월간 저희 회사는 조직 통합 작업의 일환으로 '조직 통합에 따른 인사제도 통합 프로젝트'를 실시하였습니다. 이를 통해 직급체계, 보상구조 및 보상체계, 평가제도, 경력개발제도, 교육훈련체계 등을 통합하는 작업을 수행했습니다. 현재의 인사제도(Appendix 5 참고)에 대해서는 간략하게 요약해서 나누어드린 유인물 맨 뒤에 첨부를 하였습니다. 대부분의 제도에서는 직원들이 불만을 가지고 있지 않지만, 특히 평가제도 및 경력개발제도에 대해서는 통합 이후 직원들의 불만이 큰 것(Appendix 6 참고)으로 나타나고 있습니다.

"지금까지 설명드린 6가지 이슈 이외에 다른 이슈들도 존재하지만, 지금의 위기 상황과 연관성이 없거나, 시급성과 전략적 중요도가 매우 낮은 것으로 판단됐습니다. 다시 한번 정리를 해 보면 '기업문화의 통합', '조직구조의 재설계', '핵심인재의 관리', '평가제도 및 경력개발제도의 보완 · 개선'이 가장 시급히 해결해야 할 Key Issue입니다. 이상으로 발표를 마치도록 하겠습니다."

#3 : 향후 추진 과제

비상대책회의를 실시한 다음날, R&D 담당 총괄 최수훈 부사장과 HR 담당 총괄 유장호 부사장은 전날 회의결과를 요약하여 강효석 사장 방을 찾아가 보고를 실시하였다. 간단하게 어제 나온 이슈에 대해서 보고를 드린 뒤 HR 담당 총괄 유장호 부사장이 향후 추진과제에 대해서 이야기를 시작하였다.

"사장님, 어제 회의결과에 따른 향후 추진과제에 대해서 말씀을 드리겠습니다."

1. 조직문화 통합작업을 실시해야 합니다. 구성원들을 하나로 묶을 수 있는 조직문화의 개발이 필요합니다.
2. 현재의 조직구조를 새롭게 재편해야 합니다. 과감하게 중복되는 조직을 없애고 조직의 R&R을 고려하여 효율적인 조직으로 재탄생해야 합니다.
3. 사장님께서 생각하시는 대로 핵심인재의 유출 정도가 심각한 수준입니다. 핵심인재의 선발, 확보, 유지, 관리 방안을 마련해야 합니다.

4. 현재의 평가제도 및 경력개발제도를 보완 · 개선해야 합니다. 특히, R&D 인력들에 대해 차별화된 평가체계의 도입 및 15,000명에 달하는 생산직 근로자들의 평가체계를 정비해야 한다고 생각합니다. 경력개발제도의 경우 거시적인 전사 Career Road Map의 구축이 필요합니다. 추가적으로 현재 직군체계에 맞추어 R&D, Product, Sales, Staff 직군으로 세분화한 Career Road Map의 구축이 필요하다는 개인적인 의견을 제시합니다.

HR 담당 총괄 유장호 부사장의 이야기를 들은 강효석 사장은 길게 한숨을 쉬었다. 그리고 담배를 한 대 태우면서 눈을 감고 생각에 잠겼다. 몇 분의 시간이 흐른 뒤 강효석 사장은 HR 담당 총괄 유장호 부사장에게 지시를 내렸다.

"유 부사장, 이 문제를 해결할 수 있도록 6개월의 시간을 주겠소. HR 전문컨설팅 업체에 제안요청서를 보내고, 경쟁입찰을 통해 우리의 문제를 가장 잘 해결해 줄 수 있는 방법론을 가지고 있는 회사를 선정하여 이 문제를 해결하도록 하시오."

#4 : XX 컨설팅회사 사무실

휴먼텔레콤에서 컨설팅제안요청서가 도착했다. 국내 1위의 HR 전문컨설팅 회사인 XX컨설팅그룹에서는 휴먼텔레콤의 HR 프로젝트를 수주하기 위해 TFT를 구성하였다.

TFT의 총괄 Manager인 당신은 컨설팅 제안요청서에 제시된 휴먼텔레콤의 Issue를 바탕으로 이러한 문제들을 어떠한 접근방법과 방법론을 통해 해결해 나갈 것인가에 대해서 클라이언트에게 효과적으로 전달한 후, 공개 제안 설명회에서 경쟁사를 물리치고 최종 프로젝트 수행자로서 선정되어야 한다.

이를 위해서 당신이 제공하는 접근방법과 방법론이 충분히 구체적이고 체계적으로 보여야 하며, 이를 통해 앞서 도출된 각종 가설들이 충분히 해결될 수 있으리라는 확신을 주어야 한다. 또한, 이러한 제도들이 단순한 보고서로 끝나지 않고 실제로 조직 내에서 수행될 것이라는 확신, 또 이러한 제도들이 수행된 이후 회사의 성과에 기여할 수 있으리라는 확신을 심어주어야 한다(인사담당자에 의해 최종 제안서는 Power Point Slide 양식으로 40페이지 내외, 최대 45페이지를 넘지 못하도록 요청 받았음).

일반적이고 천편일률적인 접근방식은 많은 경험을 해온 인사담당자에게 오히려 부정적인 요소로 작용할 것임은 분명하다. 이제 당신에게 남은 것은 Client를 효과적으로 설득할 수 있는 훌륭한 제안서를 작성하여 개인과 회사의 경력을 빛나게 하는 일일 것이다.

Appendix

[Appendix 1] 시장점유율

구 분	SS전자	휴먼텔레콤	SJ Teletech	LZ전자	Notorola	기 타
시장점유율 2004년 4월	31.5%	23.7%	12.6%	18.5%	8.7%	5%
시장점유율 2004년 7월	30.3%	39.4%		17.7%	8.3%	4.3%
시장점유율 2005년 4월	34.2%	29.8%		18.3%	9.9%	7.8%

[Appendix 2] 신제품 출시 속도

구 분	SS전자	휴먼텔레콤	SJ Teletech	LZ전자	Notorola	기 타
신제품 출시속도 2004년 4월	3.2주	5.8주	4.5주	5.7주	7.2주	8.4주
신제품 출시속도 2004년 7월	3.3주	4.6주		5.8주	7.4주	8.2주
신제품 출시속도 2005년 4월	3.1주	6.7주		5.4주	6.9주	7.7주

[Appendix 3] 회사소개

- 휴먼그룹 주요 계열사

휴먼 중공업, 휴먼건설, 휴먼제강, 휴먼텔레콤, 휴먼생명보험 외 6개 계열사

- 휴먼그룹이 걸어온 길

1965년 휴먼건설을 창업한 이래 국내 및 해외건설 시장에서의 성공을 발판으로 중공업, 제강 산업으로 사업 포트폴리오를 확대해 나갔다. '90년대 후반 IMF 경제위기 시절, 막대한 자금을 투입하여 공기업인 대한중공업과 자금위기에 몰린 한부중공업을 동시에 인수하여 전세계 2위의 중공업 회사로 도약을 하게 되었다. 1999년 중공업 중심의 기업이미지를 탈피하고자 휴먼텔레콤을 만들고 전세계 휴대전화 제조회사에서 많은 인재들을 영입하여 SS전자를 위협할 정도의 수준으로 사세를 확장시켰다.

- SJ Group 주요 계열사

SJ 반도체, SJ 방송, SJ Cinema, SJ Networks, SJ LCD 외 3개 계열사

• 휴먼그룹이 걸어온 길

1977년 SJ전자를 창업한 이래 국내 및 해외 백색가전 시장의 최강자로 군림하던 SJ전자는 1980년대 중반 정부의 첨단산업 육성정책에 의해 반도체산업에 뛰어들었다. 1990년대 중반 이후 반도체산업이 성공가도를 달리면서 재계 20위권으로 뛰어오르게 되었다. IMF 경제위기 시절, 기업의 재무구조 개선을 위해 SJ전자의 백색가전 부분을 SS전자에 매각하고 휴대전화 사업부를 (舊)SJ Teletech으로 독립시켜서 운영하였다. 최근에는 영화산업 및 물류, LCD 산업에도 뛰어들었다.

[Appendix 4] 휴먼텔레콤 조직도

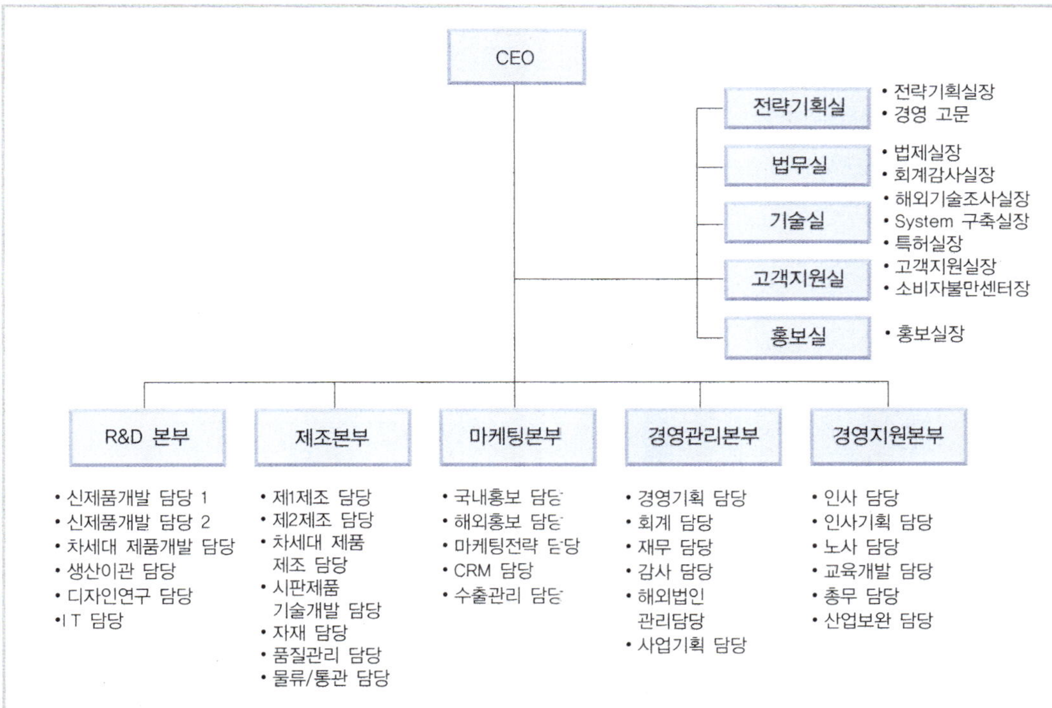

[Appendix 5] 인사제도 요약

• 휴먼텔레콤 직급체계

사무직 : 5급 – 4급 – 3급 – 2급 – 1급(호칭 : 사원 – 대리 – 과장 – 차장 – 부장 – 임원)

연구직 : 5급 – 4급 – 3급 – 2급 – 1급(호칭 : 연구원 – 주임 – 선임 – 책임 – 수석 – 임원)

생산직 : 7급 – 6급 – 5급 – 4급 – 3급(호칭 : 사원 – 반장 – 기장 – 기정 – 기성)

• 휴먼텔레콤 직군체계

R&D, Product, Sales, Staff 직군으로 분류함.

• 휴먼텔레콤 직위체계

본부장 – 담당 – 팀장 – 파트장 – 팀원

• 휴먼텔레콤 승진제도

직급 및 호칭 승진이 분리되어 있음(평균 직급 승진율: 58%, 호칭은 자동승진).

우수 성과자에 대한 발탁승진 제도가 존재함.

사무직, 연구직, 생산직에 표준 승진연한이 존재하나 생산직의 경우 표준 승진연한이 별다른 의미가 없음. 생산직의 승진율은 사무직 및 연구직의 1/2 수준임.

• 휴먼텔레콤 평가제도

① 사무직 & 연구직 : 업적과 역량을 평가함. 1~2차 평가로 나누어져 있음. 업적은 7단계 평가등급으로 분리가 되어 있음(S, A, B+, B, B–, C, D). 역량은 행동기준척도법(BARS)에 의해 5점 척도로 평가를 하고 최종 결과는 점수로 도출됨. 업적의 경우 기술식 지표를 활용한 MBO 방식을 사용하고 있고, 역량의 경우 전 직군 항목은 동일하나 직군에 따라 항목에 따른 가중치 차별화 됨. 승진/보상에 결과를 연계함.

② 생산직 : 업적과 역량을 평가함. 1~2차 평가로 나누어져 있음, 업적은 5단계 평가등급으로 분리가 되어 있음(S, A, B, C, D). 역량은 행동기준척도법(BARS)에 의해 5점 척도로 평가를 하고 최종 결과는 점수로 도출됨. 업적의 경우 기술식 지표를 활용한 MBO 방식을 사용하고 있고, 역량의 경우 10개 항목에 동일한 가중치를 적용함. 승진에 결과를 연계함.

• 휴먼텔레콤 보상제도

① 사무직 & 연구직 : 기본급과 인센티브로 나누어져 있음. 직군에 따라 Pay Mix를 달리 적용함. 각종 수당이 있음. Stock Option, Performance Incentive, Personal Incentive, Spot Award 등의 추가적인 보상제도가 있음.

② 생산직 : 호봉제로 운영됨. 노조와의 임단협에 의한 인상률 결정. 평가결과에 따른 차등 없음. 각종 수당이 있음.

• 휴먼텔레콤 경력개발제도

사무직&연구직에만 적용함. 개인별 경력관리를 통한 인재육성과 성과 및 역량을 제고하기 위해 제도로 동일직종 내에서 5년 이상 근무자를 대상으로 직무순환을 실시함(강제성 있음). Specialist 직무(인사팀에서 선정)의 경우 직무순환에서 제외됨.

• 휴먼텔레콤 핵심인재관리제도

사업본부별 비공식적으로 핵심인재를 선발하여 관리하고 있음.

PI 등 고성과자에 대한 약간의 금전적 보상이 존재하나 조직내 핵심인재들을 관리하기에는 미약한 수준임.

[Appendix 6] 직원 인터뷰

• 휴먼텔레콤 평가제도

"연구소 평가는 프로젝트 목표와 실적을 기본으로 이뤄져야 한다."

"파트장이 평가권을 가져야 한다. 나의 업적을 가장 잘 아는 사람이 파트장인데 그 사람의 평가가 참조용으로만 쓰인다."

"우리 팀의 경우 팀장 한 사람이 60명을 평가해야 한다. 실제로 평가에는 2차 평가자가 다 영향을 미친다. 하지만 팀장님이 내가 무엇을 하고 있는지 잘 모르는 것이 문제이다."

"아무리 목표설정을 잘 해서 그 목표대로 업무를 수행하고 그 목표를 달성해도 소용없다. 목표설정한 것대로 평가를 못 받는 경우가 태반이다."

"팀장님들이 평가를 하실 때 항상 B^+와 B^- 사이에서 고민한다. 평가결과가 다 몰려 있다."

"파트, 팀, 그 상위조직의 성과를 평가에 반영해야 한다. 개인 업적만 가지고 평가 점수를 매기니까 이러한 문제가 나오는 것이다."

"중간면담도 안하고, 최종평가에 대한 피드백도 없다. 내가 어떤 평가를 받았는지는 나중에 인사팀에서 통보가 와야 알 수 있다."

• 휴먼텔레콤 경력개발제도

"직무순환에 대한 니즈는 있다. 근데 팀장이랑 싸워야 되고 평가에 대한 손해도 감수해야 하고, 용기가 많이 필요하다."

"Staff 직군은 다양한 경험을 R&D, Product 직군은 깊게 전문성을 가지는 스페셜리스트가 필요하다."
"직무순환제도가 좋은 제도긴 하다. 로테이션을 3년씩 돌려서 다 거치고 나서 그 사람의 퍼포먼스를 보면 확실히 퍼포먼스가 좋다. 하지만 지금은 인력이 너무 부족해 로테이션 해줄 수가 없다."
"옮겨 갔을 때 인사평가할 때 불이익이 크기 때문에 잘 안 옮긴다."
"경력개발은 없다고 보면 된다. 프로젝트에 따라서 가기 바쁘지 개인이 찾아서 하기는 힘들다."
"직무순환 공감한다. 현재 제조본부 자체 내에서는 하고 싶어도 할 수가 없다. 인력이 너무 모자라서 그 사람 빼주고 나면 백업할 사람이 있어야 하는데 그 사람이 없다."

:: 제안서 평가기준

인사팀으로부터 송부된 제안서의 평가기준은 다음과 같다.

- Problem Definition & Initial Hypothesis
  1차적으로 진단된 이슈들로부터 적절한 문제 파악과 가설 도출이 실시되었는가? 그러한 가설을 해결함으로써 궁극적인 문제 해결이 가능한가?
- Approaches & Methodologies
  1차적으로 도출된 가설을 해결하기 위한 적절한 방법론이 제시되어 있는가? 문제 해결 방향성이 타당한가?
- Logical Thinking & Creativity
  보고서의 흐름이 논리적으로 일관성을 가지고 있는가?
  각각의 대안들이 독창적인가?

Case Competition 2005

HCG

M&A 관련 통합 전략 수립

새로운 도약의 시작, 휴먼텔레콤

Team : AFGM (가칭)

Executive Summary

HCG

이동전화단말기 산업은 소비자의 수요패턴이 빠르게 변하고 있기 때문에 신 모델 출시를 통한 시장 선도력이 기업의 중요한 경쟁력이다.

Human Telecom은 World No. 1 이라는 꿈을 안고 R&D 역량이 강한 SJ Teletech을 인수하였으나 통합과정을 순조롭게 이끌어내지 못하여 조직 내 문화충돌, 핵심인재 유출, 신 모델 출시 속도 감소, 시장점유율의 하락이라는 문제에 부딪치게 된다.

AFGM은 J. Kotter 조직혁신 프로세스와 7S 모델을 기반으로 Human Telecom의 기업문화를 재구성하고 이에 적합한 인사제도를 설계하였다. 이를 통해 두 조직 간의 시너지를 통한 성과창출 Process를 제안하고자 한다.

먼저 Human Telecom의 기업 내 이질적인 두 문화를 동일한 Vision하에 자율공동체적 문화로 이끌어 내고, 이것을 다양한 Communication을 통해 조직내부에 효과적으로 전파하는 방안을 통하여, 조직 결속력을 높일 수 있을 것이다.

또한 AFGM은 새로운 비전과 기업가치 구축을 위해 보다 효율적인 조직구조를 제시하고 급변하는 단말기 시장환경에 대응하는 R&D 전문조직을 제안한다. 이를 바탕으로 조직구성원의 역량강화를 위해 심층적인 직무 분석을 실시하여 그에 맞는 인사제도를 개선하고 Human Telecom을 위한 경력개발제도 Road Map을 제안해 보겠다. 마지막으로 Human Telecom의 Talent Management System을 통한 핵심인재와 범용인재의 차별적 관리 방안을 제안하겠다.

위 과정을 통해 Human Telecom은 조직을 성공적으로 통합하여 핵심인재의 유출 하락, 제품출시 속도 회복, 점차적인 시장점유율 증가로 국내 단말기 시장의 1위를 달성할 수 있다.

이동전화단말기 산업

HCG

휴대폰 산업은 새로운 기능과 디자인 등에 대한 소비자의 수요패턴이 빠르게 변화하고 있기 때문에 이러한 패턴을 충족시킬 수 있는 **새로운 모델을 지속적으로 출시하는 능력이 기업의 경쟁력이 됨**

휴대폰 산업의 특성 – 저 수익성

개발 및 생산	수요 및 판매
● **높은 원재료 비중** - 원재료비가 제조원가의 90%를 차지 - 핵심부품을 수입에 의존 ● **CDMA 폰의 높은 로열티 부담**	● **짧은 제품 라이프 싸이클** -3개월의 싸이클은 과도한 개발비 부담 ● **서로 다른 지역별 특수 고려** -지역별성수기에 모델을 출시하여야 함

저 수익성을 극복하기 위해 빠르게 변화하는 소비자의 욕구를 읽어내어서 제품을 만드는 능력이 요구된다.

산업의 경쟁요소

통신업자의 새로운 서비스 개발
→ 소비자의 교체수요 유인 및 진작
→ 새로운 기능의 단말기 출시

휴대폰 산업의 KSF

→새로운 모델을 지속적으로 창출하기 위해서는, 빠른 기술 변화를 신속하게 받아들여 제품으로 상용화할 수 있는 뛰어난 **연구개발인력**, 경쟁업체의 제품보다 더욱 효과적으로 신제품을 소비자들에게 알릴 수 있는 **마케팅력**, 안정적 생산기반 확충, 원가절감을 통한 **가격경쟁력** 등이 절실히 요구되고 있다.

- 뛰어난 연구개발 인력
- 효과적인 마케팅 능력
- 원가절감을 통한 가격 경쟁력 확보

<source : kisline,2004년 12월 이동전화단말기>

4

휴먼텔레콤의 SJ텔레텍 인수

HCG

휴대폰 산업은 빠른 제품 싸이클 속에서 신제품 출시속도가 경쟁력을 갖추게 하는 주된 요소이다. 하지만 **휴먼텔레콤의 신제품 출시 속도는 업계 평균** 수준에 머물러 있다.

2004년 4월 시장점유율

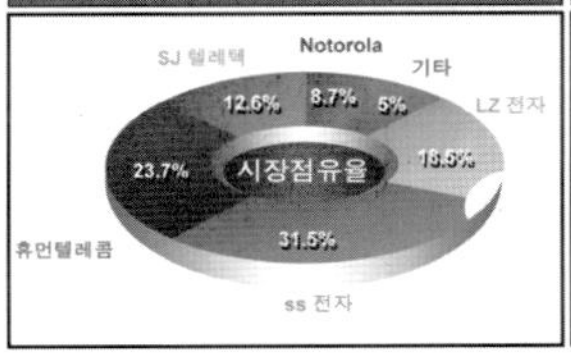

2004년 4월 신제품 출시 속도

ss 전자	휴먼텔레콤	SJ 텔레텍
3.2주	5.8주	4.5주
LZ 전자	**Notorola**	**기타**
5.7주	7.2주	8.4주

<업계 평균 : 5.8주>

- 휴먼텔레콤은 업계 2위지만 신제품 출시속도에서는 1위인 SS전자에 비해 상당히 떨어지고 있다.
- 업계1위로 도약하기 위해서는 **R&D 역량을 확보**하는 것이 시급하다고 할 수 있다.

전략적으로 SJ 텔레텍 인수 – 2004년 6월

휴먼텔레콤	디자인 & 마케팅 역량	
SJ 텔레텍	높은 R&D 기능 보유	인수

→ 연구개발 역량 강화 / 업계 1위로 도약하기 위한 초석 마련

뛰어난 디자인& 마케팅 능력으로 국내 휴대전화 2위에 있는 휴먼텔레콤은 R&D 기능이 강한 시장 4위 기업 SJ 텔레텍을 인수하여 업계 1위로 도약하고자 한다.

5

SJ텔레텍 인수 후 휴먼텔레콤

HCG

SJ 텔레텍을 인수하고 난 뒤 휴먼텔레콤은 시너지효과를 발휘하지 못하고 오히려 신제품 출시속도가 저하되고 시장점유율이 하락하는 등 성과에 큰 문제가 발생하게 된다.

M&A 목적 별 통합전략

목적	통합 전략 포인트
산업 내 구조조정	일관된 원칙 하에 한 방향으로 신속히 통합
지리적 시장 확대	피인수 기업의 지역적 기반 흡수에 주력
상품/시장 확대	인수 목적 및 주력 사업 명확화
연구개발 능력강화	인력 유출 방지에 초점
산업 융합화 대비	독립적인 운영으로 구체적인 사업 기회 포착

자료:Joseph Bower. Not all M&A are alike –and that matters. March 2001

• M&A의 목적에 따라 통합전략 수행 필요
• SJ텔레텍을 인수함으로 연구개발능력을 강화하는 것이 휴먼텔레콤의 M&A목적이다. 따라서 통합으로 인한 불안정성을 최소화 시키고 핵심인재 유출을 방지해야 한다.

But

<성과 문제 발생>

신제품 출시 속도 저하

	SS전자	휴먼텔레콤
04.7	3.3주	4.6주
05.4	3.1주	6.7주

시장 점유율 하락 발생

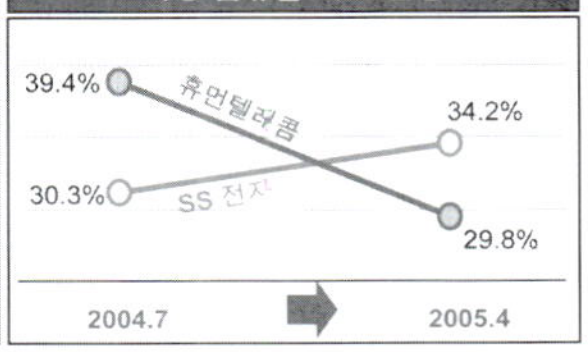

급격하게 핵심 R&D 인력이 유출

6

M&A 의 이론적 배경

HCG

M&A의 절차를 단계별로 분석해서 단계별 실패율을 살펴보면 PMI가 가장 크다는 것을 알 수 있다. 인수 후 휴먼텔레콤 또한 이러한 **통합이 제대로 되지 않아서** 조직내의 여러 가지 문제가 발생한다.

전략수립 (Strategy)	후보기업 선정 (Target Selection)	가치 평가 (Valuation)	조건 협상 (Negotiation)	합병 후 통합 (PMI)
-전담 팀 구성 -업무추진계획 -합병 목적 확립 -내부역량 분석	-후보기업 DB구축 -평가기준 확립 -후보기업 분석	-시너지효과 파악 -예상이슈평가 -재무가치평가 -시나리오 분석	-후보기업 평가 -기존주주 평가 -경쟁자 분석 -접근방법 파악	-통합계획 원칙 -전담 팀 구성 -커뮤니케이션 -조직재설계 -인사통합

M&A 실패 요인

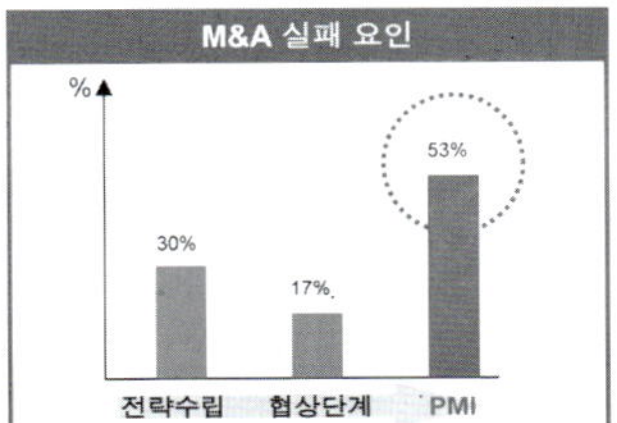

<source: A.T.kearney>

• 휴먼텔레콤이 M&A를 하고 나서 성과에 문제가 발생한 것은, 인수하고 난 후 조직에 문제가 발생했기 때문이다.
• 이에 따라 조직 문제를 분석해 보면 M&A 과정상에 두 조직이 통합에 실패한 결과라고 볼 수 있다. 일반적으로 볼 때 M&A과정 중에 가장 큰 실패요인은 PMI단계이다.
• 서로 상이한 기업문화를 가진 조직에 대해 문화적 차이를 고려하지 못한 통합의 과정은 조직에 상당한 문제를 가져올 수 있는 것이다.

*PMI (Post-Merger Integration)

8

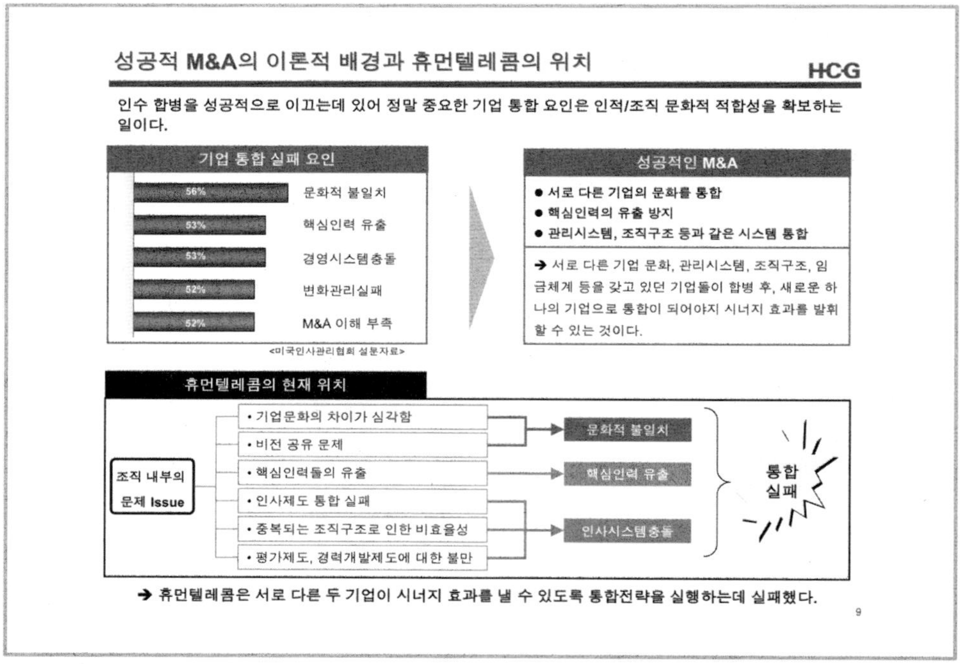

성공적 M&A의 이론적 배경과 휴먼텔레콤의 위치
HCG
인수 합병을 성공적으로 이끄는데 있어 정말 중요한 기업 통합 요인은 인적/조직 문화적 적합성을 확보하는 일이다.
기업 통합 실패 요인
56% 문화적 불일치
53% 핵심인력 유출
53% 경영시스템충돌
52% 변화관리실패
52% M&A 이해 부족
<미국인사관리협회 설문자료>
성공적인 M&A
● 서로 다른 기업의 문화를 통합
● 핵심인력의 유출 방지
● 관리시스템, 조직구조 등과 같은 시스템 통합
➔ 서로 다른 기업 문화, 관리시스템, 조직구조, 임금체계 등을 갖고 있던 기업들이 합병 후, 새로운 하나의 기업으로 통합이 되어야지 시너지 효과를 발휘할 수 있는 것이다.
휴먼텔레콤의 현재 위치
조직 내부의 문제 Issue
• 기업문화의 차이가 심각함
• 비전 공유 문제
• 핵심인력들의 유출
• 인사제도 통합 실패
• 중복되는 조직구조로 인한 비효율성
• 평가제도, 경력개발제도에 대한 불만
문화적 불일치
핵심인력 유출
인사시스템충돌
통합 실패
➔ 휴먼텔레콤은 서로 다른 두 기업이 시너지 효과를 낼 수 있도록 통합전략을 실행하는데 실패했다.
9

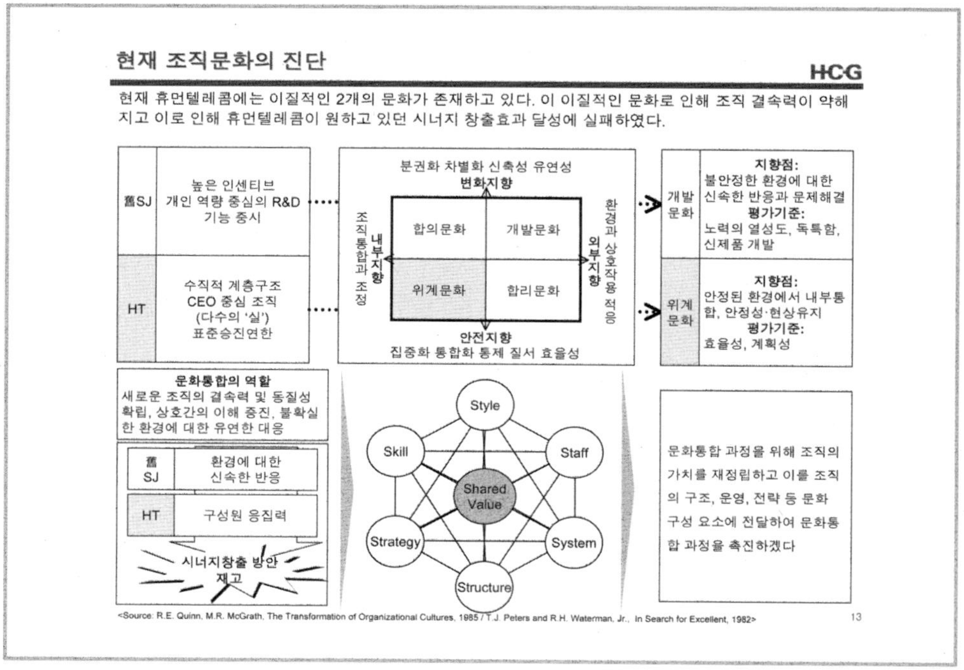

현재 조직문화의 진단
HCG
현재 휴먼텔레콤에는 이질적인 2개의 문화가 존재하고 있다. 이 이질적인 문화로 인해 조직 결속력이 약해지고 이로 인해 휴먼텔레콤이 원하고 있던 시너지 창출효과 달성에 실패하였다.
舊SJ
높은 인센티브
개인 역량 중심의 R&D
기능 중시
HT
수직적 계층구조
CEO 중심 조직
(다수의 '실')
표준승진연한
분권화 차별화 신축성 유연성
변화지향
조직 통합과 조정
내부지향
합의문화
개발문화
위계문화
합리문화
외부지향
환경과 상호작용 적응
안전지향
집중화 통합화 통제 질서 효율성
개발 문화
지향점:
불안정한 환경에 대한 신속한 반응과 문제해결
평가기준:
노력의 열성도, 독특함, 신제품 개발
위계 문화
지향점:
안정된 환경에서 내부통합, 안정성·현상유지
평가기준:
효율성, 계획성
문화통합의 역할
새로운 조직의 결속력 및 동질성 확립, 상호간의 이해 증진, 불확실한 환경에 대한 유연한 대응
舊 SJ
환경에 대한 신속한 반응
HT
구성원 응집력
시너지창출 방안 재고
Style
Skill
Staff
Shared Value
Strategy
System
Structure
문화통합 과정을 위해 조직의 가치를 재정립하고 이를 조직의 구조, 운영, 전략 등 문화 구성 요소에 전달하여 문화통합 과정을 촉진하겠다
<Source: R.E. Quinn, M.R. McGrath, The Transformation of Organizational Cultures, 1985 / T.J. Peters and R.H. Waterman, Jr., In Search for Excellent, 1982>
13

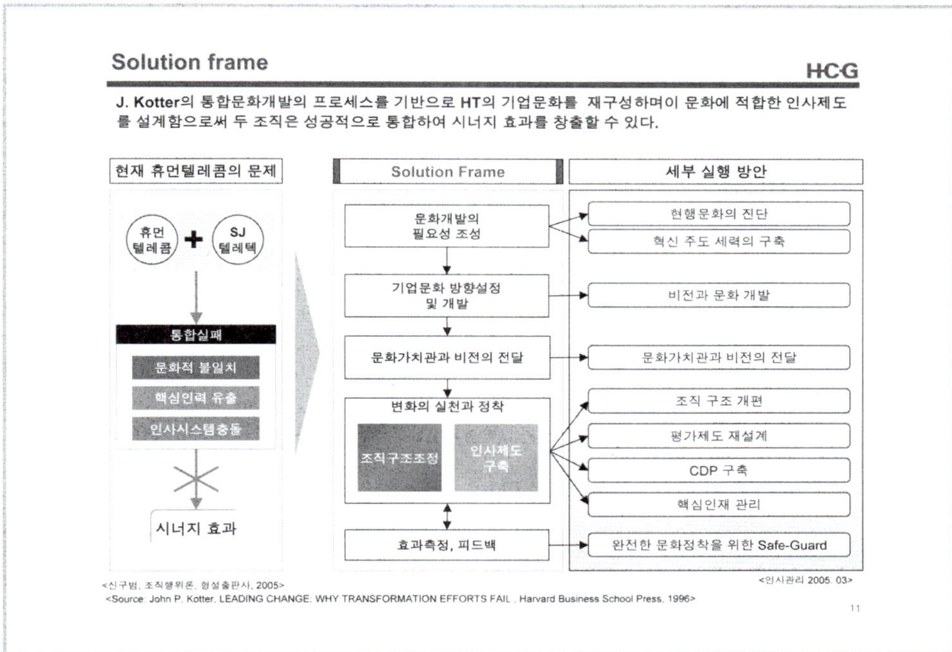
Solution frame
HCG
J. Kotter의 통합문화개발의 프로세스를 기반으로 HT의 기업문화를 재구성하며이 문화에 적합한 인사제도를 설계함으로써 두 조직은 성공적으로 통합하여 시너지 효과를 창출할 수 있다.
현재 휴먼텔레콤의 문제
휴먼 텔레콤
SJ 텔레텍
통합실패
문화적 불일치
핵심인력 유출
인사시스템충돌
시너지 효과
Solution Frame
문화개발의 필요성 조성
기업문화 방향설정 및 개발
문화가치관과 비전의 전달
변화의 실천과 정착
조직구조조정
인사제도 구축
효과측정, 피드백
세부 실행 방안
현행문화의 진단
혁신 주도 세력의 구축
비전과 문화 개발
문화가치관과 비전의 전달
조직 구조 개편
평가제도 재설계
CDP 구축
핵심인재 관리
완전한 문화정착을 위한 Safe-Guard
<신구범, 조직행위론, 형설출판사, 2005>
<인사관리 2005. 03>
<Source: John P. Kotter, LEADING CHANGE: WHY TRANSFORMATION EFFORTS FAIL , Harvard Business School Press, 1996>
11

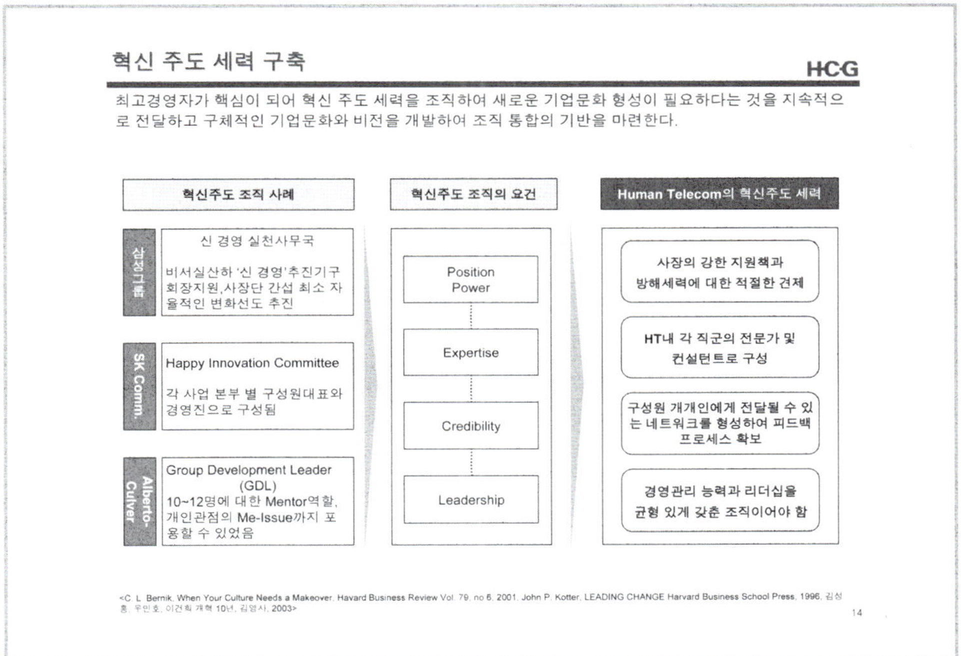
혁신 주도 세력 구축
HCG
최고경영자가 핵심이 되어 혁신 주도 세력을 조직하여 새로운 기업문화 형성이 필요하다는 것을 지속적으로 전달하고 구체적인 기업문화와 비전을 개발하여 조직 통합의 기반을 마련한다.
혁신주도 조직 사례
삼성그룹
신 경영 실천사무국
비서실산하 '신 경영'추진기구
회장지원,사장단 간섭 최소 자율적인 변화선도 추진
SK Comm.
Happy Innovation Committee
각 사업 본부 별 구성원대표와 경영진으로 구성됨
Alberto-Culver
Group Development Leader (GDL)
10~12명에 대한 Mentor역할, 개인관점의 Me-Issue까지 포용할 수 있었음
혁신주도 조직의 요건
Position Power
Expertise
Credibility
Leadership
Human Telecom의 혁신주도 세력
사장의 강한 지원책과 방해세력에 대한 적절한 견제
HT내 각 직군의 전문가 및 컨설턴트로 구성
구성원 개개인에게 전달될 수 있는 네트워크를 형성하여 피드백 프로세스 확보
경영관리 능력과 리더십을 균형 있게 갖춘 조직이어야 함
<C. L. Bernik, When Your Culture Needs a Makeover, Havard Business Review Vol. 79, no 6, 2001. John P. Kotter, LEADING CHANGE Harvard Business School Press, 1996, 김성홍, 우인호, 이건희 개혁 10년, 김영사, 2003>
14

기업문화 방향설정 및 개발

HCG

舊SJ문화와 HT문화가 시너지 창출을 할 수 있는 문화통합을 하기 위해서 개개인의 창의성을 강조하면서 소속감과 '우리'의식을 강조하는 We-I형 기업문화로 이끌어 갈 것일 제안한다.

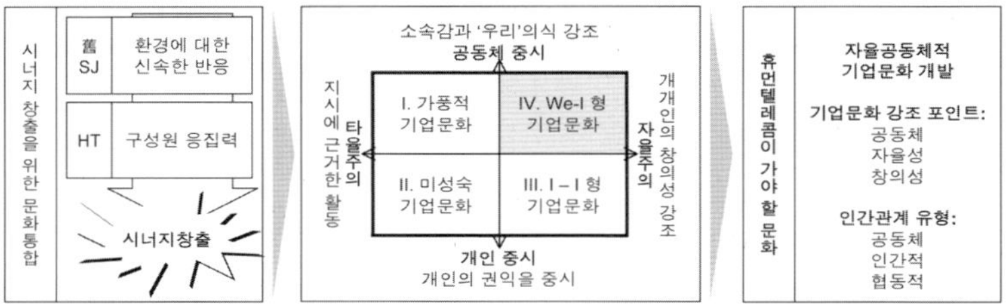

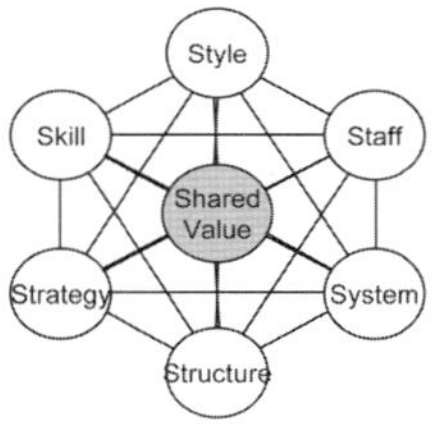

1. 시너지 창출을 위한 두 기업 통합 문화 개발 필요성 인식
2. 산업의 특성과 조직의 특성을 고려한 자율공동체 방향의 기업문화
3. 문화형성은 7S 모델에서 보는 것과 같이 7가지 요소가 상호작용해야 완성됨
4. 중요 기업가치를 설정하고 7요소를 설계, 운용함으로써 기업문화를 개발할 것임

15

New vision, mission & value

HCG

두 기업이 합병을 해서 새로운 통합 조직으로의 첫걸음은 기업의 비전을 재정의하고, 공유가치를 설정하여 구성원 모두가 새로운 기업이 나가야 할 방향에 대해서 공감하는 것이다.

비전이 담아야 할 세가지 요소

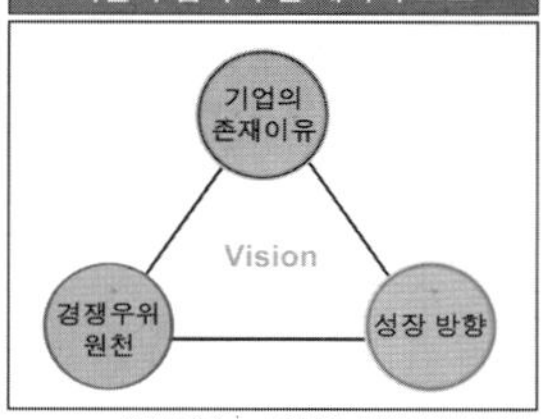

자료:백풍렬,Igeri. CEO의 새로운 비전 만들기

비전이 담아야 할 세가지 요소를 포함시켜서 새로운 통합 기업인 휴먼텔레콤의 새로운 비전을 설정해야 한다.

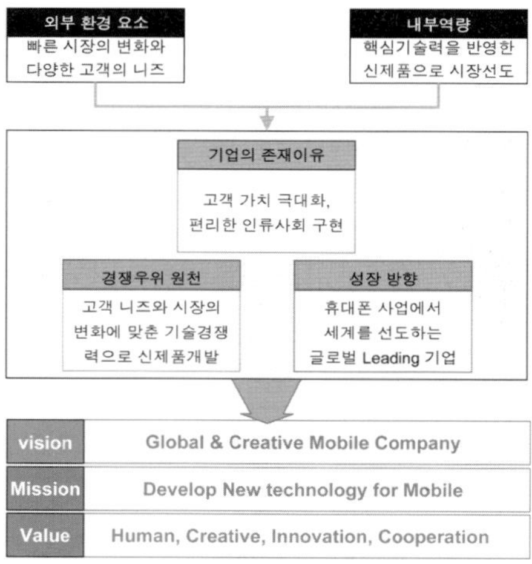

새로운 비전, 미션, 가치는 신기술 개발을 통해 글로벌 휴대전화 제조업체로 발돋움한다는 것을 분명히 전달할 수 있고, 이를 위해 인적자원을 중요시 하고 고객만족과 제품혁신에 집중함을 알 수 있다.

vision	Global & Creative Mobile Company
Mission	Develop New technology for Mobile
Value	Human, Creative, Innovation, Cooperation

16

문화가치관과 비전의 전달

HCG

HT 강효성 회장은 가능한 모든 수단을 사용하여 새로운 문호·가치관과 비전을 조직 내 전달해야 하며 신뢰를 기반으로 하는 의사전달로 이들이 구성원들에게 내재될 수 있도록 한다. 이 과정을 통해 단기적으로 핵심인재 유출을 막는다.

주의	의사전달 시간에 많은 노력을 할애할 것, 아무리 좋은 비전과 문화가치관도 최고책임자가 적극적으로 전달하지 않으면 무용지물이 됨. 장기적 관점에서 체계적 접근을 해야 하고 피드백 과정도 함께 해야 함

의식통합
사고통합

- 비전과 가치중심 기사의 회사 사보
- 개혁에 관한 토론을 하는 경영자회의
- 가치달성 중심의 교육프로그램

다양한 의사소통 Channel → 비전 공유 ← 행동으로 말하기

- 기업 내 상징이 되기 위해 의식적으로 변화를 행동으로 옮김
- 핵심인물들의 말과 행동의 불일치는 조직구성원의 변화를 저해하는 요소임
- **CEO가 핵심인재와 식사시간을 계속 가지면서 조직의 성장가능성과 변화를 전파한다**

<SK(주)인력개발체계 및 추진전략>

- 경영자 Ope…
- 직급별 팀 빌딩
- 문화통합 Workshop
- 경영진 Workshop
- 가족 방문, 작품전, 동호회

<한국BASF 통합과정>

<CJ Magazine>

SDS Proway

- 가치공유 프로그램
- 전략적 핵심 인재 육성
- 전문가 양성 (SCP)

<SDS HRM/HRD 방향>

<인사관리 05. 4. 03.8>

기업의 비전을 전파하기 위해 전 미주를 여행한 Southwest 사장
청결주의를 실천하고자 직접 거리청소를 하는 McDonald 사장
직원들에게 항상 Kick Door Policy를 강조한 IBM

17

세부조직으로 활성화

HCG

조직내부의 결속 및 활성화를 위한 방법으로 이질적인 조직 구성원에 대한 조직적응 프로그램을 실시하여 가치관 주입을 한다. 또한 조직간 비전과 가치관 중심의 활동을 활성화하기 위한 프로그램으로 팀웍을 향상시킨다

가치관 중심 조직적응 프로그램

구분	내용
One Day Orientation	인사제도 및 조직에 대한 오리엔테이션 예절교육과 인력팀장, 임원과 중식
자리배치 및 업무환경 구축	이메일과 사내인트라넷 활용
입문 교육	경영이념, 핵심가치 온 · 오프라인 교육 팀빌딩, 임원특강, 경영층과 대화
정기 간담회	CEO 및 인력담당 임원과 대화 조직별 동일계층 간담회, Hof-Day

일정: 개인 → 조직

주요 활동:

- Step 1 상호 신뢰구축: 상호신뢰 기반 구축 (조직 활성화 프로그램)
- Step 2 팀웍 향상: 상호이해를 통한 파트너십 강화 (행동훈련)
- Step 3 개인과 조직의 연계기반구축: 단위 조직별 팀빌딩 Tool 제공을 통한 자발적 조직활성화 도모

휴먼텔레콤 가치: 상하간 신뢰구축 / 조직간 벽 허물기 / Power / 조화로운 인간관계 / Fun to Work / 개인행동 유형진단

조직역량 강화

Deep Change Process (Team Power Program)

조직 활성화 단계

- Step 1: 상호간의 행동유형 파악, 긍정적 이해를 위한 상호 격려 및 칭찬법 학습 · 실천
- Step 2: 조직 내 조직간 시너지를 발휘할 수 있도록 팀웍 향상 위주 내용으로 운영
- Step 3: 단위 조직별 팀빌딩 Tool 을 통해 자발적 조직활성화 및 개인/조직의 일방향 설정에 초점

<인사관리, 2004. 11>

18

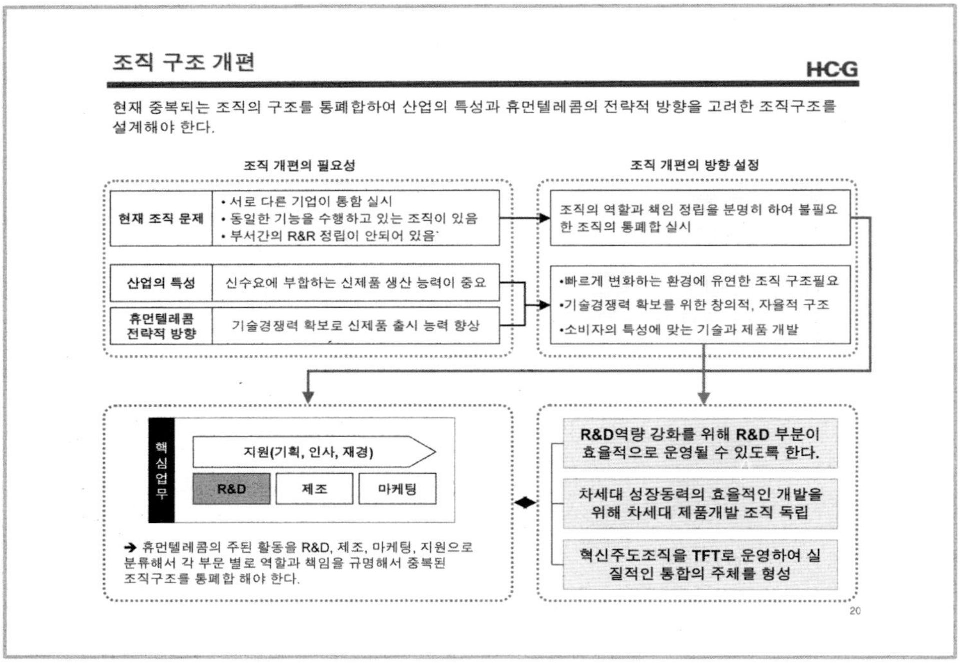
조직 구조 개편
HCG
현재 중복되는 조직의 구조를 통폐합하여 산업의 특성과 휴먼텔레콤의 전략적 방향을 고려한 조직구조를 설계해야 한다.
조직 개편의 필요성
조직 개편의 방향 설정
현재 조직 문제
• 서로 다른 기업이 통합 실시
• 동일한 기능을 수행하고 있는 조직이 있음
• 부서간의 R&R 정립이 안되어 있음
산업의 특성
신수요에 부합하는 신제품 생산 능력이 중요
휴먼텔레콤 전략적 방향
기술경쟁력 확보로 신제품 출시 능력 향상
조직의 역할과 책임 정립을 분명히 하여 불필요한 조직의 통폐합 실시
•빠르게 변화하는 환경에 유연한 조직 구조필요
•기술경쟁력 확보를 위한 창의적, 자율적 구조
•소비자의 특성에 맞는 기술과 제품 개발
핵심업무
지원(기획, 인사, 재경)
R&D
제조
마케팅
➔ 휴먼텔레콤의 주된 활동을 R&D, 제조, 마케팅, 지원으로 분류해서 각 부문 별로 역할과 책임을 규명해서 중복된 조직구조를 통폐합 해야 한다.
R&D역량 강화를 위해 R&D 부분이 효율적으로 운영될 수 있도록 한다.
차세대 성장동력의 효율적인 개발을 위해 차세대 제품개발 조직 독립
혁신주도조직을 TFT로 운영하여 실질적인 통합의 주체를 형성
20

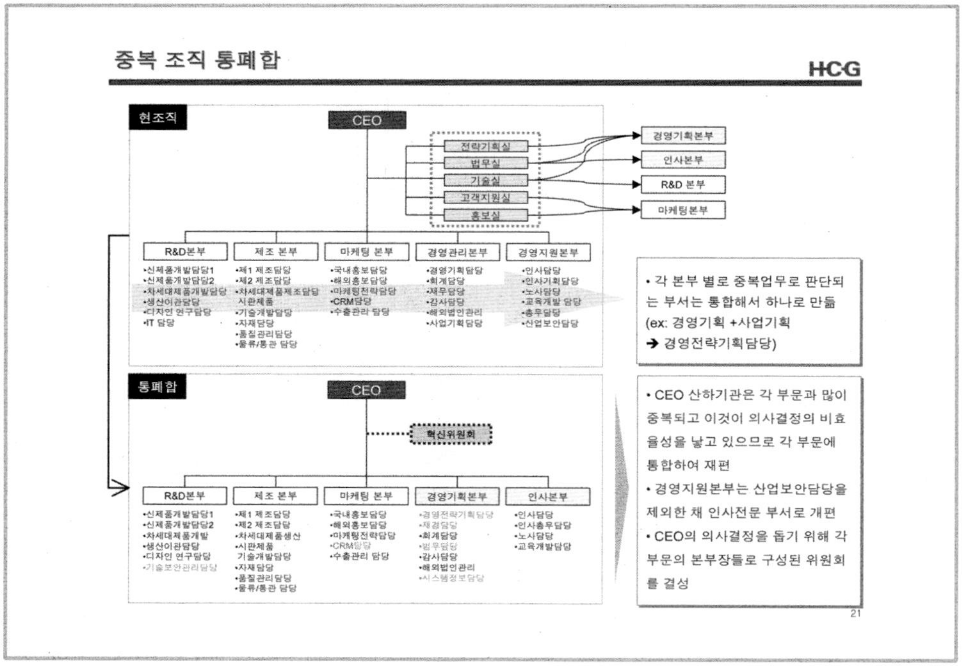
중복 조직 통폐합
HCG
현조직
CEO
전략기획실
법무실
기술실
고객지원실
홍보실
경영기획본부
인사본부
R&D 본부
마케팅본부
R&D본부
•신제품개발담당1
•신제품개발담당2
•차세대제품개발담당
•생산이관담당
•디자인 연구담당
•IT 담당
제조 본부
•제1 제조담당
•제2 제조담당
•차세대제품제조담당
시판제품
•기술개발담당
•자재담당
•품질관리담당
•물류/통관 담당
마케팅 본부
•국내홍보담당
•해외홍보담당
•마케팅전략담당
•CRM담당
•수출관리 담당
경영관리본부
•경영기획담당
•회계담당
•재무담당
•감사담당
•해외법인관리
•사업기획담당
경영지원본부
•인사담당
•인사기획담당
•노사담당
•교육개발 담당
•총무담당
•산업보안담당
• 각 본부 별로 중복업무로 판단되는 부서는 통합해서 하나로 만듦
(ex: 경영기획 +사업기획
➔ 경영전략기획담당)
통폐합
CEO
혁신위원회
R&D본부
•신제품개발담당1
•신제품개발담당2
•차세대제품개발
•생산이관담당
•디자인 연구담당
•기술보안관리담당
제조 본부
•제1 제조담당
•제2 제조담당
•차세대제품생산
•시판제품
기술개발담당
•자재담당
•품질관리담당
•물류/통관 담당
마케팅 본부
•국내홍보담당
•해외홍보담당
•마케팅전략담당
•CRM담당
•수출관리 담당
경영기획본부
•경영전략기획담당
•재경담당
•회계담당
•법무담당
•감사담당
•해외법인관리
•시스템정보담당
인사본부
•인사담당
•인사총무담당
•노사담당
•교육개발담당
• CEO 산하기관은 각 부문과 많이 중복되고 이것이 의사결정의 비효율성을 낳고 있으므로 각 부문에 통합하여 재편
• 경영지원본부는 산업보안담당을 제외한 채 인사전문 부서로 개편
• CEO의 의사결정을 돕기 위해 각 부문의 본부장들로 구성된 위원회를 결성
21

혁신적인 네트워크 R&D 조직 구축

HCG

삼성 네트워크 사업부가 프로젝트 운영팀과 기술 역량팀으로 나누어서 기술경쟁력 강화를 이룩한 사례를 Benchmarking 하여 휴먼텔레콤 R&D 본부의 효율성을 도모한다.

삼성 네트워크 사업부

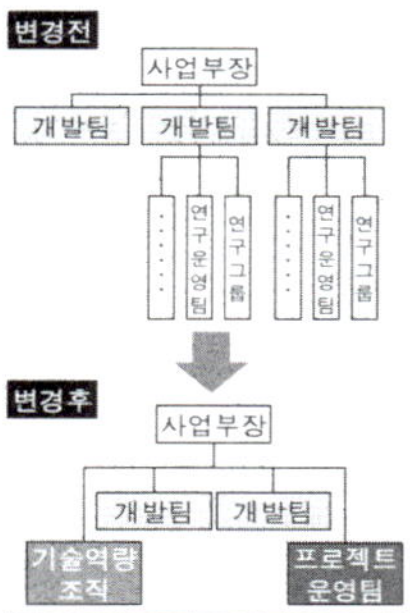

• 조직을 크게 프로젝트 조직과 기술역량 조직으로 이원화 하여 네트워크 형태로 운영
→ 기술시너지 효과 및 자원 공유의 기대효과 나타남

<자료 : 인사관리 1998 11>

•R&D 본부 기술역량 강화는 기술조직 책임, 프로젝트 개발은 프로젝트 조직 책임으로 하여 조직 전체의 역량을 결집하고, 경쟁력을 가질 수 있게 함
•2개로 새로 전문화 되는 조직에서는 경영기획 부서와 지원부서의 팀원을 영입하여 효율적이고 효과적인 운영이 되도록 하며 R&D 본부의 독립성 보장

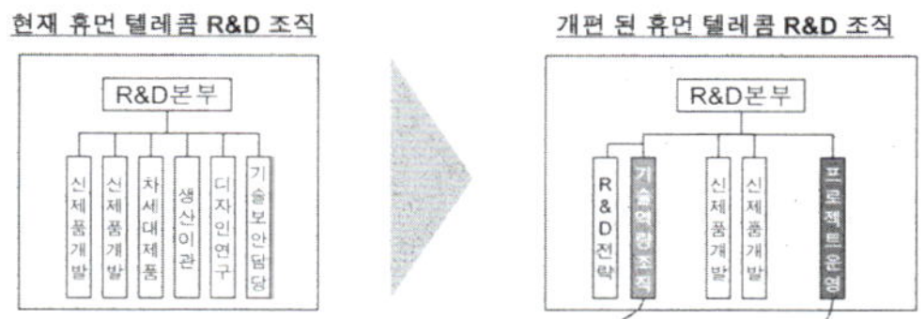

운영 원리

기존의 조직에서는 신제품개발에 있어서 자율적이고 독립적인 부분이 미약하였으나 조직 개편으로 자율성과 독립성을 최대한 보장해 주며 2개의 큰 조직이 시너지 효과를 낼 수 있도록 한다

기술역량 조직

•자원의 효율적 배분
•기술육성, 확보
•기술적 문제 해결

프로젝트 운영 조직

•프로젝트 완수 책임
•개발방향 설정
•개발일정, 개발비 관리

신제품출시능력 향상 도모

22

핵심 조직 구성 – 차세대 성장동력 개발

HCG

휴대폰 제조업체는 시장 수요에 적합한 단말기를 적기에 공급하는 것이 사업영위의 핵심 경쟁요소이므로 차세대 제품 개발 부서를 만들어 경쟁력을 확보해야 한다.

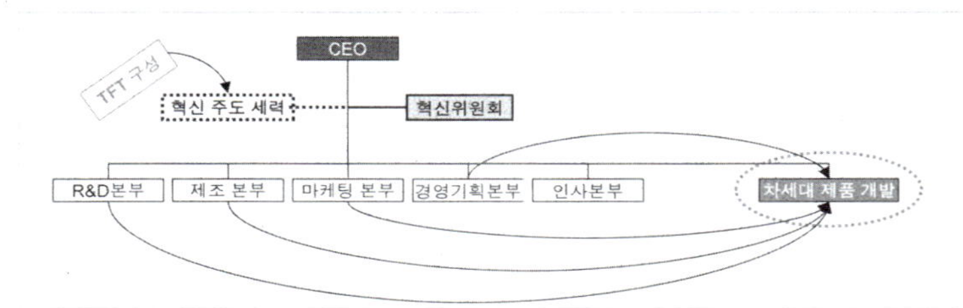

- **차세대제품개발본부**
  - ✓ 혁신과 창의성이 중요한 기업의 핵심 가치이므로 이러한 가치에 바탕을 둔 "핵심 개발 조직"을 독립적인 부서로 둔다.
  - ✓ 차세대 제품 개발은 미래의 휴먼텔레콤을 이끌어 나갈 핵심적인 역할을 담당하게 될 것이다.
  - ✓ R&D, 제조, 마케팅, 경영기획 본부에서 핵심인재들을 모아 프로젝트 조직으로 운영을 한다.
- **혁신 주도 세력**
  - ✓ 실질적인 통합이 이루어 질 수 있도록, 종합적인 역할을 하는 부서를 설립한다.
  - ✓ 외부 Consultant와 내부의 인사부서가 결합하여 TFT을 구성한다.

23

현재 평가제도의 문제점과 개선 방안

HCG

휴먼텔레콤은 평가를 함에 있어서 제도상과 운영상의 문제점이 발견되고, 성과가 정확히 평가에 반영되지 못하는 문제가 생긴다. 이를 해결하기 위해서는 성과중심주의 문화를 바탕으로 평가체계를 재편해야 한다.

제도상의 문제

- 1차 평가자인 파트장의 평가가 참조용으로 쓰임
- 조직의 성과 평가가 반영 안됨
- 중간 면담도 없고, 최종평가에 대한 피드백 없음
- 직군 별로 차별화된 평가 시스템 부재
- 생산직 평가가 보상으로 연계되지 못함

운영상의 문제

- 프로젝트의 목표와 실적에 따른 평가가 안 이뤄 짐
- 실질적인 평가자인 팀장은 개인의 역할을 모름
- 목표설정 한 대로 평가를 못 받음
- 평가 결과가 중간에 다 몰려 있음

문제종합

- 팀과 조직의 성과가 평가에 반영되지 못함
- 평가 결과가 성과에 반영이 안되어짐
- 평가자에 대한 교육, 훈련이 부족

조직의 성과 반영	직군별 평가체계 확립	다면 평가제도 도입
평가운영방법의 변화	평가자 교육 실시	성과 중심주의 문화 확산

25

휴먼텔레콤 평가제도 설계 프레임

HCG

현재 휴먼텔레콤은 조직의 목표를 효과적으로 달성하기 위해 직무 별로 필요한 역량과 업적에 대한 파악이 우선되어야 하고, 그에 따른 체계적인 평가체계를 갖춰야 한다

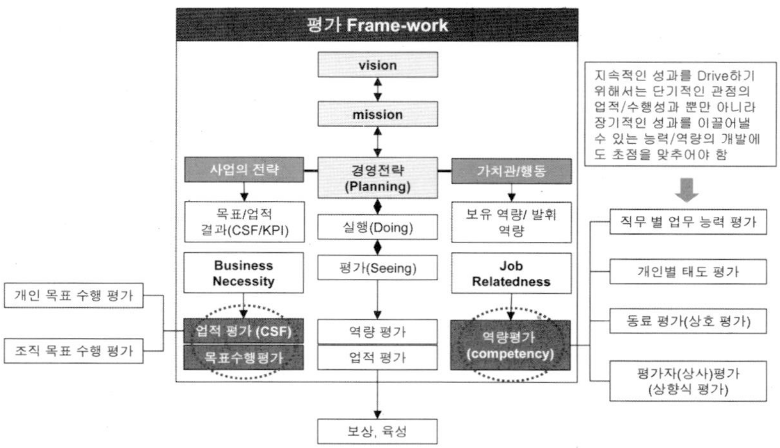

26

직무분석과 역량 모델

HCG

조직 목표의 효과적 달성을 위한 직무별 역량을 규정하기 위해서는 체계적인 직무분석 과정을 통하여 직무에 대한 명확한 분류가 필요하다. 직무에 대한 분석을 통해 직종별 필요한 역량이 무엇인지 파악하고 그것을 바탕으로 개인과 조직의 역량평가를 설계 해야 한다.

직무 분석 단계

직무 분류 → 직무 조사 → 직무분류체계 확정 → 직무관리체계 수립

직무 분류 체계

Job family	Job group	Job
R&D	개발	S/W개발, H/W개발, 기구개발, 디자인
	지원	기술평가, 특허관리
product	생산관리	제조, 구매
	품질관리	품질관리, 품질기술
Sales	마케팅	마케팅기회, 제품기획
	영업	국내영업, 해외영업, 고객관리
staff	인사	평가보상, 인재육성
	재무	IR, 자금, 회계
	기획	경영기획

자료 : 팬택&큐리텔 homepage 참조

• 휴먼텔레콤의 평가제도를 개편하기에 앞서 직무분석을 통한 직무별 필요한 역량을 파악해야 한다.

• 오른쪽 표는 휴먼텔레콤의 직무역량에 관한 예시이다.

직군		Staff	R&D	Product	Sales
직종		경영기획	개발	제조	고객관리
전사공통역량		1. 팀웍 2. 책임감/신뢰감			
직책자 공통역량		1. 갈등관리 2. 코칭 3.프로세스 관리			
직종별 필요 역량	1 (L1~L5)	기획능력	기술 지식	생산업무지식	목표관리
	2 (L1~L5)	목표관리	업무추진 능력	목표관리	정보수집/분석
	3 (L1~L5)	분석적 사고	목표관리	조정/통합	업무추진 능력
	4 (L1~L5)	조정/통합	분석적 사고	주인의식	고객불만 처리
	5 (L1~L5)	업무추진 능력	의사결정 관리	문제해결 능력	분석적 사고
	6 (L1~L5)	업무혁신 능력	조정 통합	원가의식	적극적 참여
	7 (L1~L5)	경영/관리 지식	적극적 참여	안전의식	영업업무 지식

27

휴먼텔레콤의 전사적인 평가제도

HCG

휴먼텔레콤은 개인과 팀, 그리고 조직단위의 3개의 평가단위로 구분하여 각각의 능력과 업적을 평가하는 평가체계를 마련해야 한다.

	평가단위		평가 요소		평가비중		결과 활용
평가 내용 및 활용	개인 (Individual)		능력평가 (Competency)	•Foundation Competency: 7개 항목	•30%	•100%	기본급 결정
				•Technical Competency:10 개 항목	•70%		
			업적평가 (KPI)	•KPI 활용: 목표설정시에 정의된 과제 및 각 과제별 KPI에 대한 달성도 평가	•목표 설정시 정의된 비중	•직위별 차등 비중* (성과급)	성과급 결정
	Team		• 목표 설정시 정의된 팀 중점 과제에 대한 달성도 평가 • 평가 지표는 각 과제별로 정의된 KPI활용		•목표 설정시 정의된 비중	•직위별 차등 비중* (성과급)	
	조직	단위조직 (사업부)	•BSC체계에 따른 KPI별 목표에 대한 평가 • 재무적 지표(경상이익, ROIC 등) • 전략목표 • 임의평가		•고정된 비율 적용	•직위별 차등 비중* (성과급)	
		지원 부문	• 사업부 Staff(연구소 포함) : 사업부 평가결과 ,혹은 Staff 자체 MBO 평가결과 • 전사 Staff(전략,재무,지원) : 전사 평가결과, 혹은 Staff 자체 MBO 평가결과		•목표 설정시 정의된 비중	•직위별 차등 비중* (성과급)	

➔ 휴먼텔레콤의 전사적인 평가체계를 바탕으로 각 직군별 차별화된 평가체계를 마련해야 한다

28

R&D 연구직의 차별화된 평가체계

HCG

R&D 연구직이 성과를 효과적으로 내기 위해서는 차별적인 평가체계 아래에서 팀과 개인의 성과가 보상에 공정하고 신뢰성 있게 반영됨을 보여야 한다.

직군의 특성	프로젝트 단위로 움직이다 보니 개별적인 성과가 중요시 되기 보다는 프로젝트 단위, 팀 단위의 성과가 중요시 된다.	평가 지향점 →	프로젝트 단위 업적평가 개인 단위 능력/태도 평가	→	차별적인 보상제도 필요

목표와 실적에 따른 정확한 평가

평가요소	초기 목표 설정치 달성 여부 (MBO)

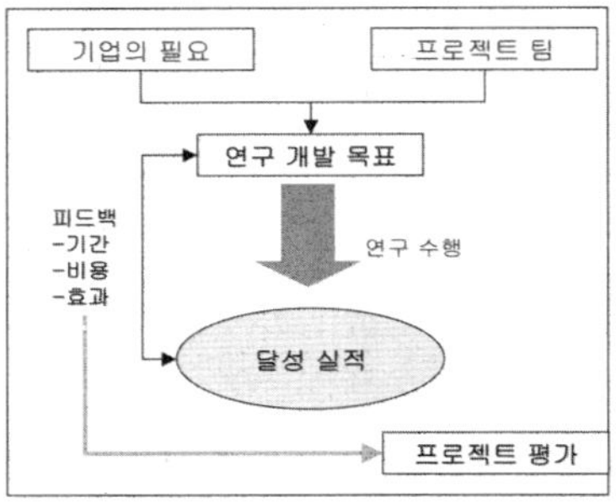

개인단위 능력/태도 평가

평가요소	전사적, 직책별 공통역량 평가 직종별 필요역량 평가

구분		평가자		평가자별 배점	
		1차평가	2차평가	1차평가	2차평가
R&D 연구직	연구원	주임	선임	80%	20%
	주임	선임	책임	80%	20%

고과항목		평가요소 (착안점)
태도고과	규율성 협조성 적극성 책임성	취업규칙 등 회사의 규칙규정 타 부서와의 인간관계 정도 주어진 업무이상의 처리 의지
능력고과	업무지식 창의력 적응력	전반적인 업무 Process 이해도 문제의식을 가지고 업무 개선효율화 주도 복잡한 상황에서 정확한 판단여부 새로운 업무에 신속하게 대응 하는지
업적고과	목표달성도 업무 정확도 업무 신속도	설정된 계획과 목표달성 여부 실수나 착오 없이 수행여부 업무의 양의 적정수

29

직군별 차등화된 성과 평가제도

HCG

단말기 생산은 모듈생산방식 특성상 다양한 품목이 있고 팀 단위 생산이 대부분이지만 개인의 능력/태도가 전체공정에 영향을 미치므로 개인단위 능력/태도 평가와 팀단위 업적 평가를 병행해야 한다.

직군의 특성	모듈생산방식으로 인한 다양한 생산품목 존재 팀단위 생산 및 단순반복 작업이 많음 개인의 능력/태도가 집단 전체 공정에 영향을 미침	평가 지향점 →	팀 단위 업적평가 개인 단위 능력/태도 평가 차등 척도, 평가자 배점 강제할당	→	보상과 연계가 필요함

팀 단위 평가

평가요소	생산단위 조직별 총 비용생산성 목표 달성률, 불량률

중점목표항목 세부목표(달성기준)	난이도		달성도
조직별 총 비용생산성	+		
	0		
	-		
목표 달성률	+		
	0		
	-		
불량률	+		
	0		
	-		
…	+		
	0		
	-		
목표달성률 평균			

개인단위 능력/태도 평가

평가요소	전사적, 직책별 공통역량 평가 직종별 필요역량 평가

고과항목		평가요소 (착안점)
태도고과	규율성 협조성 적극성 …	취업규칙 등 회사의 규칙규정 타 부서와의 인간관계 정도 주어진 업무이상의 처리 의지 …
능력고과	업무지식 이해력 결단력 창의력 …	전반적인 업무 Process 이해도 회사의 지시, 전달사항 이해 복잡한 상황에서 정확한 판단여부 업무 개선효율화를 위해 노력여부 …
성적고과	정확도 신속도 업무량 …	착오나 실수여부 효율적인 업무 처리여부 업무의 양의 적정수준

30

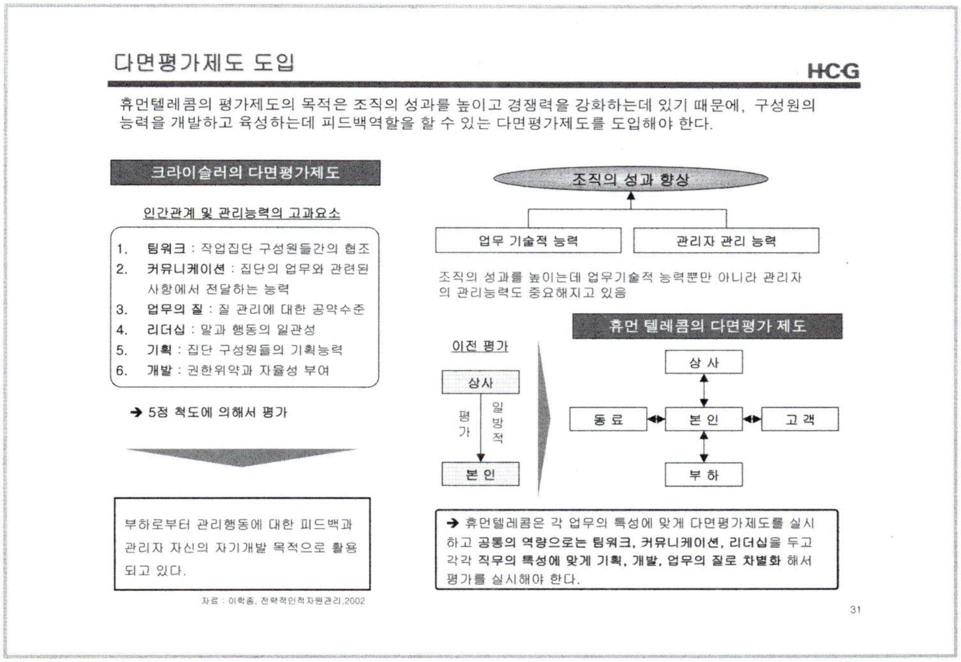
다면평가제도 도입
HCG
휴먼텔레콤의 평가제도의 목적은 조직의 성과를 높이고 경쟁력을 강화하는데 있기 때문에, 구성원의 능력을 개발하고 육성하는데 피드백역할을 할 수 있는 다면평가제도를 도입해야 한다.
크라이슬러의 다면평가제도
인간관계 및 관리능력의 고과요소
1. 팀워크 : 작업집단 구성원들간의 협조
2. 커뮤니케이션 : 집단의 업무와 관련된 사항에서 전달하는 능력
3. 업무의 질 : 질 관리에 대한 공약수준
4. 리더십 : 말과 행동의 일관성
5. 기획 : 집단 구성원들의 기획능력
6. 개발 : 권한위약과 자율성 부여
→ 5점 척도에 의해서 평가
부하로부터 관리행동에 대한 피드백과 관리자 자신의 자기개발 목적으로 활용되고 있다.
자료 : 이학종, 전략적인적자원관리,2002
조직의 성과 향상
업무 기술적 능력
관리자 관리 능력
조직의 성과를 높이는데 업무기술적 능력뿐만 아니라 관리자의 관리능력도 중요해지고 있음
휴먼 텔레콤의 다면평가 제도
이전 평가
상사
평가
일방적
본 인
상 사
동 료
본 인
고 객
부 하
→ 휴먼텔레콤은 각 업무의 특성에 맞게 다면평가제도를 실시하고 공통의 역량으로는 팀워크, 커뮤니케이션, 리더십을 두고 각각 직무의 특성에 맞게 기획, 개발, 업무의 질로 차별화 해서 평가를 실시해야 한다.
31

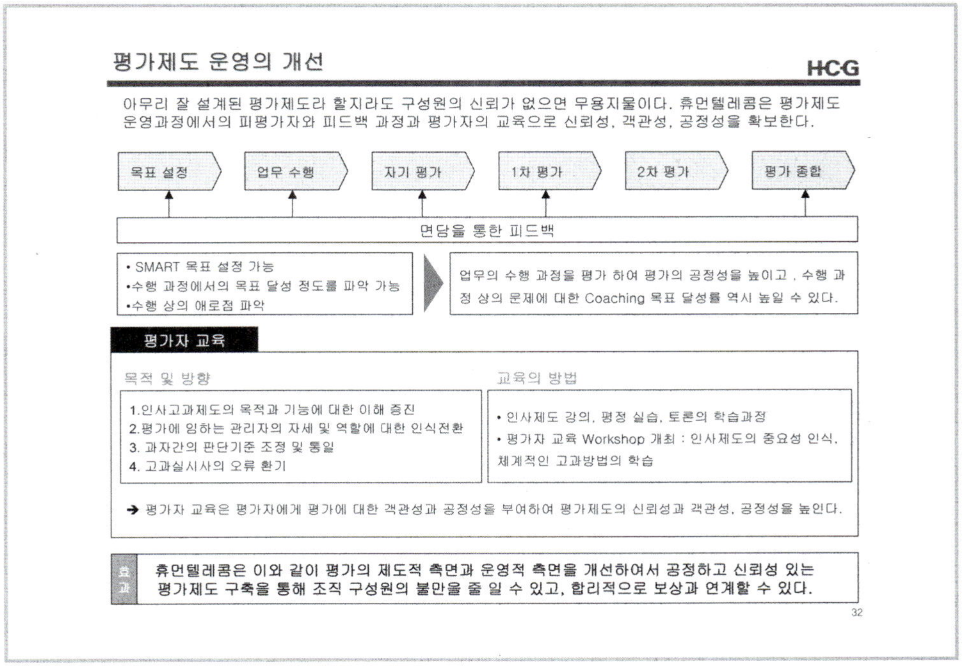
평가제도 운영의 개선
HCG
아무리 잘 설계된 평가제도라 할지라도 구성원의 신뢰가 없으면 무용지물이다. 휴먼텔레콤은 평가제도 운영과정에서의 피평가자와 피드백 과정과 평가자의 교육으로 신뢰성, 객관성, 공정성을 확보한다.
목표 설정
업무 수행
자기 평가
1차 평가
2차 평가
평가 종합
면담을 통한 피드백
• SMART 목표 설정 가능
•수행 과정에서의 목표 달성 정도를 파악 가능
•수행 상의 애로점 파악
업무의 수행 과정을 평가 하여 평가의 공정성을 높이고 , 수행 과정 상의 문제에 대한 Coaching 목표 달성률 역시 높일 수 있다.
평가자 교육
목적 및 방향
1.인사고과제도의 목적과 기능에 대한 이해 증진
2.평가에 임하는 관리자의 자세 및 역할에 대한 인식전환
3. 과자간의 판단기준 조정 및 통일
4. 고과실시사의 오류 환기
교육의 방법
• 인사제도 강의, 평정 실습, 토론의 학습과정
• 평가자 교육 Workshop 개최 : 인사제도의 중요성 인식, 체계적인 고과방법의 학습
→ 평가자 교육은 평가자에게 평가에 대한 객관성과 공정성을 부여하여 평가제도의 신뢰성과 객관성, 공정성을 높인다.
효과
휴먼텔레콤은 이와 같이 평가의 제도적 측면과 운영적 측면을 개선하여서 공정하고 신뢰성 있는 평가제도 구축을 통해 조직 구성원의 불만을 줄 일 수 있고, 합리적으로 보상과 연계할 수 있다.
32

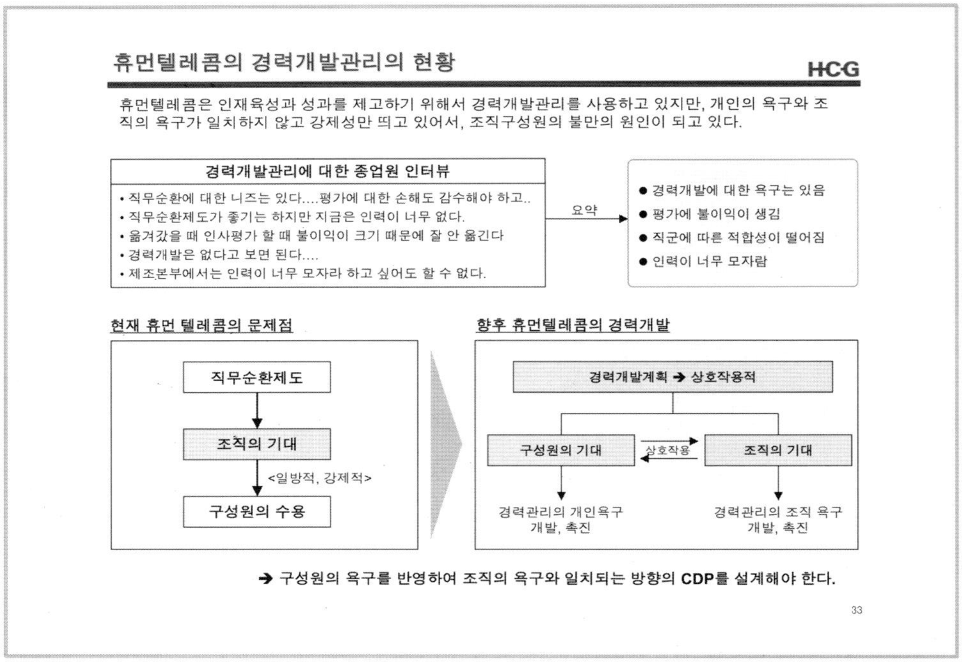
휴먼텔레콤의 경력개발관리의 현황
HCG
휴먼텔레콤은 인재육성과 성과를 제고하기 위해서 경력개발관리를 사용하고 있지만, 개인의 욕구와 조직의 욕구가 일치하지 않고 강제성만 띄고 있어서, 조직구성원의 불만의 원인이 되고 있다.
경력개발관리에 대한 종업원 인터뷰
• 직무순환에 대한 니즈는 있다....평가에 대한 손해도 감수해야 하고..
• 직무순환제도가 좋기는 하지만 지금은 인력이 너무 없다.
• 옮겨갔을 때 인사평가 할 때 불이익이 크기 때문에 잘 안 옮긴다
• 경력개발은 없다고 보면 된다....
• 제조본부에서는 인력이 너무 모자라 하고 싶어도 할 수 없다.
요약
● 경력개발에 대한 욕구는 있음
● 평가에 불이익이 생김
● 직군에 따른 적합성이 떨어짐
● 인력이 너무 모자람
현재 휴먼 텔레콤의 문제점
직무순환제도
조직의 기대
<일방적, 강제적>
구성원의 수용
향후 휴먼텔레콤의 경력개발
경력개발계획 ➔ 상호작용적
구성원의 기대
상호작용
조직의 기대
경력관리의 개인욕구 개발, 촉진
경력관리의 조직 욕구 개발, 촉진
➔ 구성원의 욕구를 반영하여 조직의 욕구와 일치되는 방향의 CDP를 설계해야 한다.
33

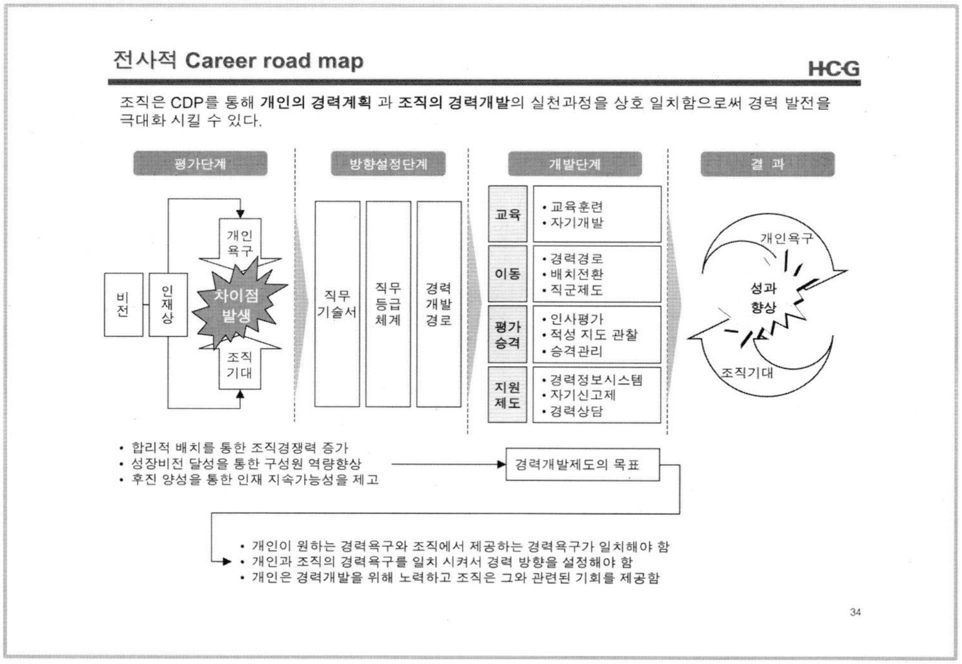
전사적 Career road map
HCG
조직은 CDP를 통해 개인의 경력계획 과 조직의 경력개발의 실천과정을 상호 일치함으로써 경력 발전을 극대화 시킬 수 있다.
평가단계
방향설정단계
개발단계
결 과
비전
인재상
개인 욕구
차이점 발생
조직 기대
직무 기술서
직무 등급 체계
경력 개발 경로
교육
• 교육훈련
• 자기개발
이동
• 경력경로
• 배치전환
• 직군제도
평가 승격
• 인사평가
• 적성 지도 관찰
• 승격관리
지원 제도
• 경력정보시스템
• 자기신고제
• 경력상담
개인욕구
성과 향상
조직기대
• 합리적 배치를 통한 조직경쟁력 증가
• 성장비전 달성을 통한 구성원 역량향상
• 후진 양성을 통한 인재 지속가능성을 제고
경력개발제도의 목표
• 개인이 원하는 경력욕구와 조직에서 제공하는 경력욕구가 일치해야 함
• 개인과 조직의 경력욕구를 일치 시켜서 경력 방향을 설정해야 함
• 개인은 경력개발을 위해 노력하고 조직은 그와 관련된 기회를 제공함
34

직군별 Career Path 설계

HCG

Human Telecom은 다음과 같은 설계 Road Map을 통해 직무순환중심의 전사적 경력개발제도를 설계하고 경력경로 모형에 따라 직군별 Career Path를 설계한다.

Phase 1	Phase 2	Phase 3	Phase 4	Phase 5	Phase 6
직무역량 조사	POST 요건 조사	체류연한의 재설정	직무분류의 체계화	경력경로의 재설계	육성프로그램 설계
• 직종별 면담, 직무별 면담을 통해 직무역량도출	• 팀장 및 파트장이 요구하는 요건 조사 (전공, 어학, 능력)	• 능숙도 달성의 적정연한 재설정	• 직무실사와 면담을 통해 분류 체계화	• 직종별 면담과 설문조사 • 인사책정상 조정사항 추가	• 학습효과 최적화 • 담당자 인터뷰, 직종별 워크샵

직군별 Career Path

직군	경력모형	모델정의	육성목적	직무 특성	육성 Rotation 형태	Rotation
Staff 관리직	工 형	**5급:** 3개이상 직무경험 **3급:** 적성 1개 직무 전문화 **1급:** 경험 또는 유사직종의 관리자로 육성	전반 경영 관리자	사람관리 중심	본부간, 직종간, 직무간 다양	3년
Sales 영업직	土 형	**5, 3급:** 1~2개 직무 전문화 **1급:** 경험 또는 유사직종의 관리자로 육성	일반 관리자	사람 + 일 중심	직무간	3~5년
R&D 관리직	⊥ 형	**5, 3급:** 1~2개 직무 전문화 **1급:** 적성 1개 직무 전문화	전문 관리직	사람 + 일 중심	직무간	3~5년
R&D 연구직	↑ 형	입사시 본인의 전문직종에서 근무	Specialist	일 중심	관련 직무중심	5년
Product 기능직	I 형	전문능력의 확대	Specialist	일 중심	관련 직무중심	3~5년

자료 : 김흥국, 경력개발의 이론과 실제, 2002

35

CDP : 직군별 경력경로

HCG

Human Telecom은 앞서 제시한 Road Map에 따라 직군•직종별 순환 경로표를 작성하고 이를 토대로 각 직군별 경력경로를 설계한다. 각 인재유형별로 순환경로를 달리 한다

구분		직군	연구개발직군				영업직군					생산직군				경영사무직군				
		직종	전문직			기술직	영업지원직			무역직	판매직	생산지원직			생산직	경영지원직				사무지원직
직군	직종	직렬	디자인	M/D	VMD	제품개발	영업	물류	경리	무역	판매	생산관리	품질관리	자체구매	생산	기획	인사	총무	재경	사무지원
연구개발직군	전문직	디자인		O	O															
		M/D			O		O			O		O				O				
		VMD		O																
	기술직	제품개발										O			O					
영업직군	영업지원직	영업		O				O		O	#					O				
		물류					O				O	O	O	O	O			O		O
		경리					O	O			O								O	O
	무역직	무역		O			O	O				O	O	O		O				
	판매직	판매		O			O	O	O											
생산직군	생산지원직	생산관리		O				O					O	O		O				
		품질관리		O				O				#		O		O				
		자체구매		O				O				#	O			O				
	생산직	생산						O				O	O	O						
경영사무직군	경영지원직	기획		O							O	O					O	O	O	O
		인사					O				O	O				O		O	O	O
		총무					O				O	O				O	O		O	O
		재경					O				O	O				O	O	O		O
	사무지원직	사무지원					O					O				O	O	O	O	

<㈜ Esquire 직군 직종 순환체계>
<인사관리 2003. 07.>

경영성 인재 → 전문성 인재 → 사무적 인재 →

36

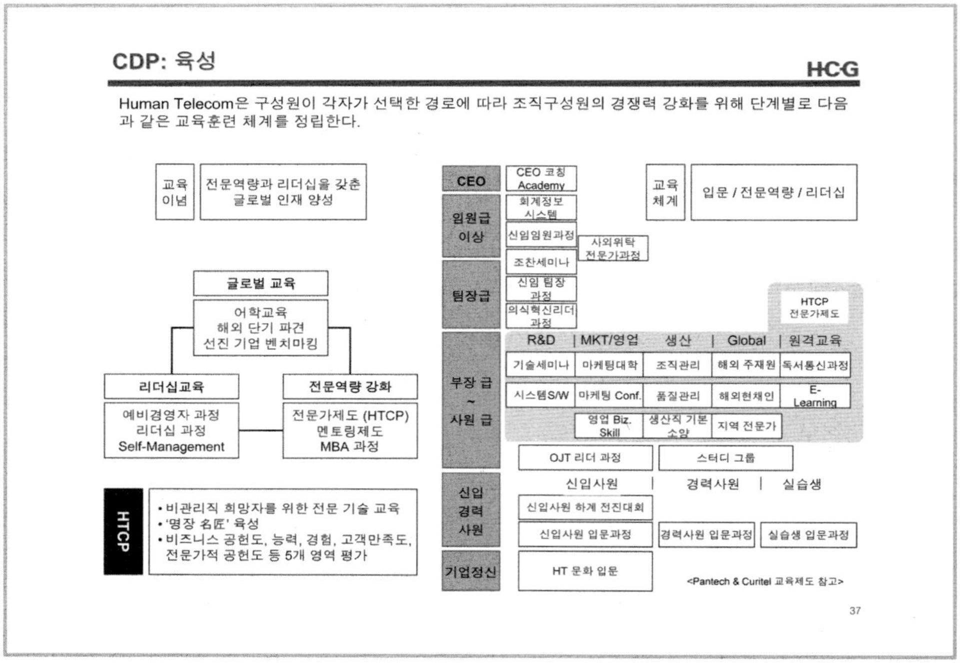
CDP: 육성
HCG
Human Telecom은 구성원이 각자가 선택한 경로에 따라 조직구성원의 경쟁력 강화를 위해 단계별로 다음 과 같은 교육훈련 체계를 정립한다.
교육 이념
전문역량과 리더십을 갖춘 글로벌 인재 양성
글로벌 교육
어학교육
해외 단기 파견
선진 기업 벤치마킹
리더십교육
예비경영자 과정
리더십 과정
Self-Management
전문역량 강화
전문가제도 (HTCP)
멘토링제도
MBA 과정
HTCP
• 비관리직 희망자를 위한 전문 기술 교육
• '명장 名匠' 육성
• 비즈니스 공헌도, 능력, 경험, 고객만족도, 전문가적 공헌도 등 5개 영역 평가
CEO
CEO 코칭 Academy
임원급 이상
회계정보 시스템
신임임원과정
사외위탁 전문가과정
조찬세미나
팀장급
신임 팀장 과정
의식혁신리더 과정
교육 체계
입문 / 전문역량 / 리더십
HTCP 전문가제도
부장 급 ~ 사원 급
R&D
MKT/영업
생산
Global
원격교육
기술세미나
마케팅대학
조직관리
해외 주재원
독서통신과정
시스템S/W
마케팅 Conf.
품질관리
해외현채인
E-Learning
영업 Biz. Skill
생산직 기본 소양
지역 전문가
OJT 리더 과정
스터디 그룹
신입 경력 사원
신입사원
경력사원
실습생
신입사원 하계 전진대회
신입사원 입문과정
경력사원 입문과정
실습생 입문과정
기업정신
HT 문화 입문
<Pantech & Curitel 교육제도 참고>
37

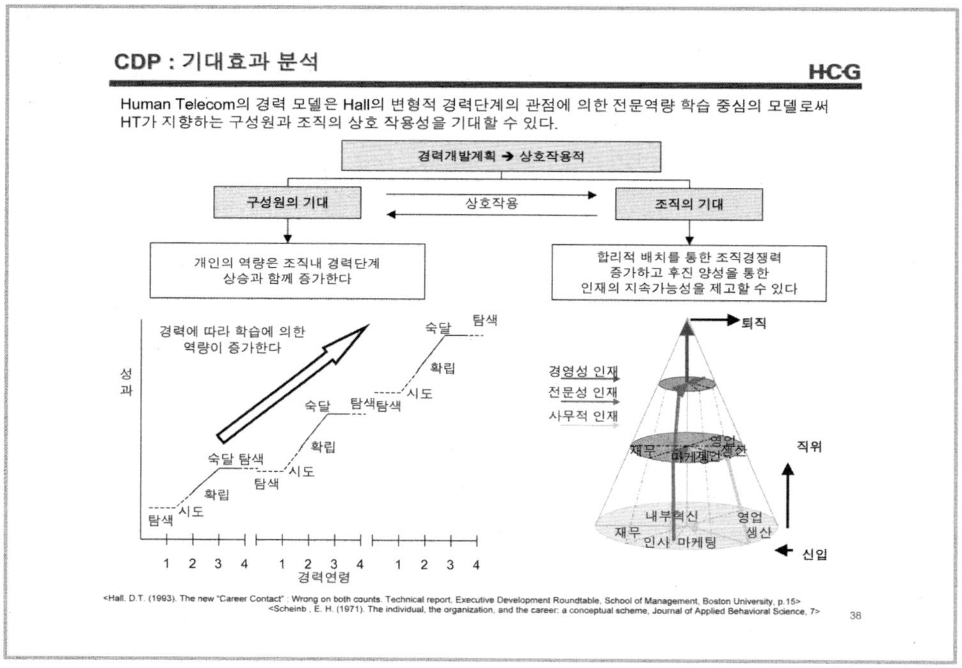
CDP : 기대효과 분석
HCG
Human Telecom의 경력 모델은 Hall의 변형적 경력단계의 관점에 의한 전문역량 학습 중심의 모델로써 HT가 지향하는 구성원과 조직의 상호 작용성을 기대할 수 있다.
경력개발계획 → 상호작용적
구성원의 기대
상호작용
조직의 기대
개인의 역량은 조직내 경력단계 상승과 함께 증가한다
합리적 배치를 통한 조직경쟁력 증가하고 후진 양성을 통한 인재의 지속가능성을 제고할 수 있다
성과
경력에 따라 학습에 의한 역량이 증가한다
탐색
시도
확립
숙달
1 2 3 4 1 2 3 4 1 2 3 4
경력연령
퇴직
경영성 인재
전문성 인재
사무적 인재
직위
재무
마케팅
영업
생산
내부혁신
인사
신입
<Hall. D.T. (1993). The new "Career Contact" : Wrong on both counts. Technical report, Executive Development Roundtable, School of Management, Boston University, p.15>
<Scheinb , E. H. (1971). The individual, the organization, and the career: a conceptual scheme, Journal of Applied Behavioral Science, 7>
38

핵심인재 관리 시스템의 기본 설계 & 원칙

HCG

휴먼텔레콤의 비전에 부합하는 Talent Management System 구축하여 핵심 인재와 범용인재를 차별적 관리를 추구해야 한다. 이러한 핵심인재 관리를 통해 경쟁력 강화에 기여할 수 있다.

Talent management system

Step3
내재화
방안 수립

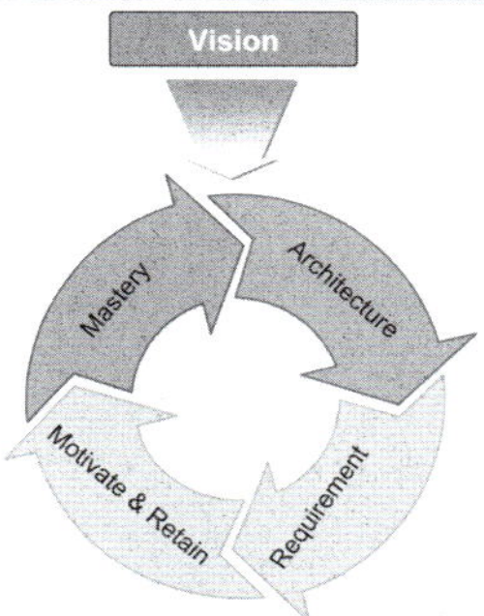

Step1
인재상
체계 정립

Step2 : 선발,보상,유지 방안 수립

설계 시 고려사항

- 구성원들의 특성을 고려한 제도설계
- 선발절차의 체계화 & 핵심인재 선발기준의 명확한 정의
- 차별화된 보상체계의 설계
- 종합적 육성 계획과 경로 설계를 제시
- 승계 계획과의 연동
- 성과주의 문화조성과 저 성과자의 관리

자료: 인사관리,2004.4 P21~30

핵심인재관리 시스템 설계 → 성공적 핵심인재관리 → 휴먼텔레콤 경쟁력 강화

40

Step 1. 인재상 체계 정립

HCG

회사 비전을 반영하는 목표모델인 인재상을 재정립함으로써 구성원이 추구해야 할 Talent 개념을 확립하고 핵심인재 포트폴리오를 형성한다.

기업의 인재상이란 해당 기업이 지향하는 바를 이룩할 수 있는데 있어 결정적인 역할을 할 수 있는 인적 자원의 모습이다.

Vision **Global & Creative Mobile Company**

Value: Human, Creative, Innovation, Cooperation

창의력과 전문성을 지닌 인재
조직과 함께 성장하는 인재
스스로 노력하는 인재

→ 휴먼텔레콤의 인재상 확립

휴먼텔레콤이 속해 있는 휴대폰 사업에서 성공하기 위해서는 사업의 성과를 낼 수 있는 전문적 지식을 가진 전문가와 이들을 이끌 수 있는 리더가 필요하다.

- **HTL(Human Telecom Leader)**: 사업에 대한 이해를 바탕으로 업무를 만들고,철저한 자기 관리를 통해 조직 내 리더십을 창출하는 인재
- **HTS(Human Telecom Specialist)**: 특정분야에 대한 지식과 경험을 바탕으로 고객과 조직에 가치를 제공하는 인재

휴먼 텔레콤의 핵심 인재 포트 폴리오

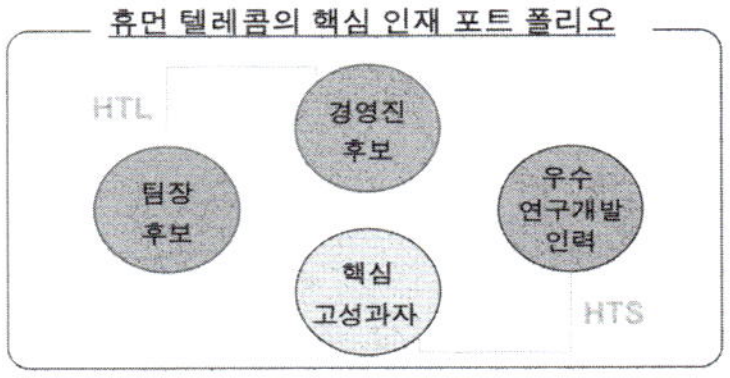

→ 조군과 직위의 특성에 고려한 핵심인재 포트폴리오를 형성함으로써 체계적이고 합리적인 핵심인재관리를 가능하게 함

41

Step 2. 핵심인재 선발기준

HCG

핵심인재 포트폴리오를 기준으로 각 파트 별로 어떻게 이들을 선발해야 하는지 기준을 마련해야 한다.

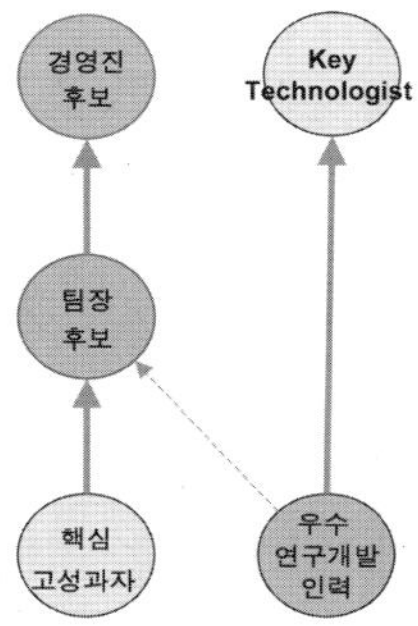

사무 파트의 핵심인재는 핵심고과 성과자->팀장후보->경영진 후보로 승계제도와 연관이 되며 R&D핵심인재는 R&D Specialist로 육성이 된다. R&D핵심인재도 팀장후보가 될 수 있으나 별도의 리더십 관련 시험을 통과 하여야 한다.

경영진 후보

low — high, 10%이내

- 리더십, Multi-talent를 갖춘 부서장급 인사
- 인사 고과 성적을 통한 관련 부서의 추천을 통해 선발, 전사 인사 위원회에서 최종 결정

팀장 후보

low — high, 분포도 고려하지 않음

- 리더십, 문제 해결능력을 갖춘 차장, 과장급 인사
- 핵심 고 성과집단을 중심으로 관련 부서의 추천을 통해 선발

핵심 고성과자

low — high, 10%이내

- 해당분야의 전문지식과 개인역량을 갖춘 사원, 대리급 인사
- 3년 인사고과 평균 성적이 상위 10%에 들고 현장의 추천을 통해 선발

우수 R&D인력

low — high, 10~40%

- R&D 전문지식과 개인역량을 갖춘 인재
- 3년 인사고과 평균 성적이 상위 40%에 들고 현장의 추천을 통해 선발

42

Step 2. 핵심인재 확보 방안 (Buy 전략)

HCG

핵심인재를 선발하는 단계에 있어 가장 합리적인 Assessment Center를 이용하여 신뢰성을 높여야 한다.

인재 모집 방안

헤드헌팅

헤드 헌팅 전문 업체에게 인재 아웃 소싱을 맡김.

Web Posting

웹을 통해 인재상과 자격요건을 공지하고 수시로 지원 받아 DB로 유지함

사원추천제 (Referral)

내부사원의 추천을 통한 인재의 선발
추천사원이 6개월 이상 근무할 시 추천자에 대한 포상금 지급
인재와 관련된 DB System구축을 통해 적시에 인재를 확보 할 수 있도록 한다.

핵심 인재의 선발

핵심인재를 선발하는데 있어서는 평가의 신뢰성과 직무의 연관성을 높이기 위해서 Assessment Center를 이용한다.

↓

조직의 문화에 적합한 인재를 선발할 수 있고, 선발에 있어서 실수를 줄일 수 있다

Assessment Center

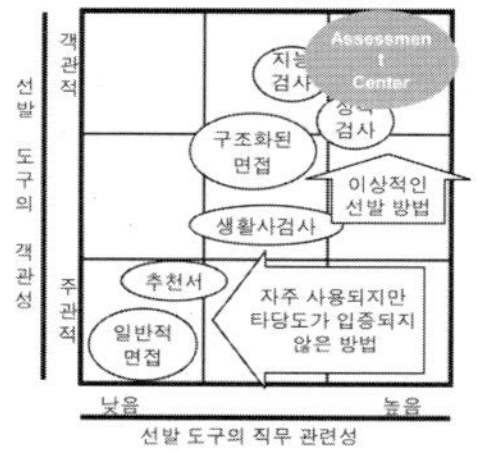

자료:Mercer Human Resource Consulting,2001.Aprf 일부 수정 인용

평가 기간	1~2일
평가대상자	외부 지원자
평가자	직무의 상급 관리자, 인사팀, 심리학자, 컨설턴트 등
평가 방식	모의 상담 평가, 집단 토론 과제 등을 이용한 행동 관찰
평가 역량	의사소통능력,리더십,계획력,문제해결능력,창의성등
평가 결과	평가자 회의를 통해 역량 별 최종 점수 도출 후 합산

43

Step 2. 핵심인재 양성 (Make 전략)

HCG

핵심인재를 위한 차별적인 육성체계를 도입하여 휴먼텔레콤의 인적 경쟁력 향상에 기여한다.

삼성전기 '준비된 리더' 양성 프로그램 벤치마킹

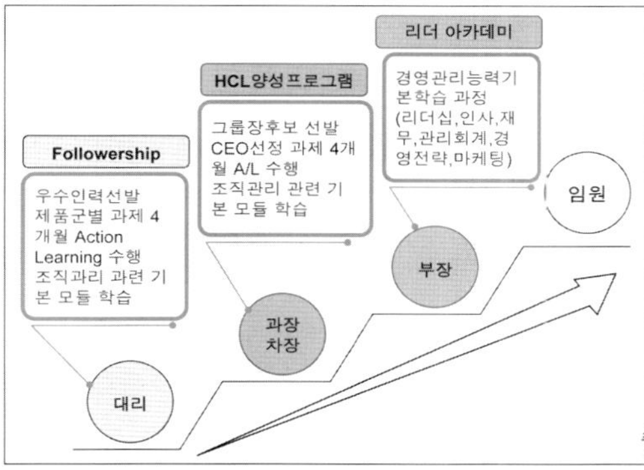

삼성전기의 핵심인재 육성 프로그램은 체계적 프로그램을 통해 리더를 양성한다는 점에서 휴먼텔레콤과 흡사한 목적을 지닌다.
→ 사원들의 적극적인 동참과 성과를 이끌어 내고 있는 점에서 벤치마킹의 대상이 된다.

맞춤형 교육 운영

삼성 전기의 '준비된 리더'양성 프로그램은 전문적 지식을 가르치기 보다는 리더십 양성 쪽에 초점이 맞추어져 있고 개인의 자율성을 추구하기는 힘든 프로그램이다. 이에 휴먼 텔레콤의 핵심인재 육성 프로그램에는 맞춤형 교육을 포함 시킴으로써 인재의 자율성을 존중하고 개인에 맞는 프로그램을 설계하게 함으로써 최대한의 동기부여를 하고자 한다.

*HCL (Highly Competent Leader)

44

Step 2. TRO 프로그램

HCG

Step2: 각 핵심인재군 별 특성을 고려한 보상 방안을 마련한다.

TRO(Total Reward Optimization)프로그램의 도입

핵심인력의 동기부여 성향을 'Conjoint분석'을 통해 기업이 1인의 핵심인재에 투자 가능한 보상범위 한도 내에서 보상항목별 최적의 포트폴리오를 작성하여 맞춤형 보상을 제공

보상 포트폴리오	보상 수준	비용 증분	이직율	비용 감소	총 이익
A	기본급(下) 내부인력시장(下) 관리자효과(下) 학습기회(下) 건강복지(中)	0	15%	0	0
B	기본급(下) 내부인력시장(上) 관리자효과(上) 학습기회(下) 건강복지(下)	0 1,500 2,000 0 (5,000) …… 1,500	15%	0	1,500
C	기본급(下) 내부인력시장(上) 관리자효과(上) 학습기회(中) 건강복지(下)	0 1,500 2,000 1,500 (5,000) …… 0	11%	8,000	8,000
D	기본급(中) 내부인력시장(上) 관리자효과(上) 학습기회(上) 건강복지(下)	7,000 1,500 2,000 2,000 (5,000) …… 7,500	8%	14,000	6,500

TRO를 이용한 보상포트폴리오의 구축 예시:미국푸드라이언사

Conjoint분석을 통한 보상 포트폴리오를 구성

-맞춤형 보상 포트폴리오를 통해 만족도를 높일 수 있다.

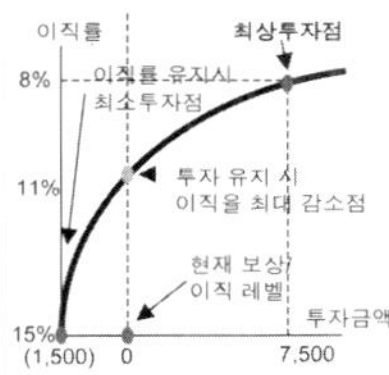

이것을 이용하여 비용절감 or 이직률을 4%나 줄일 수 있었다.

휴먼텔레콤의 핵심인재 금전적 보상 구조

TRO를 이용한 맞춤형 포트폴리오보상시스템을 제시(개인에 따라 기본급,성과급,복리후생, 교육비 비율 조정)

경영진 후보	팀장 후보	핵심 고성과자
스톡옵션제도의 활용. Annual stock option 이외에 Retention stock option 부여	스톡옵션제도의 활용. 1년마다 Annual stock option부여	Spot Award 제도를 이용한 보상
맞춤형 인센티브적용	Enhanced 인센티브	

핵심인재에게 TRO프로그램을 이용하여 지원범위 내에서 자신에게 가장 적합한 보상 포트폴리오를 제공한다. 아울러 현재의 Stock option, Performance incentive, Spot Award 등의 병행 적용함으로써 핵심인재의 동기를 자극한다.

45

Step 2. 총 보상제도 검토

HCG

핵심인재는 총보상이 큰 쪽으로 움직인다. 휴먼텔레콤의 총보상 체계에 대한 전면적인 검토가 필요하고 총보상 시장에서 경쟁력을 갖고, 핵심인재를 유지할 수 있어야 한다.

P&G의 총 보상 검토 / **휴먼 텔레콤**

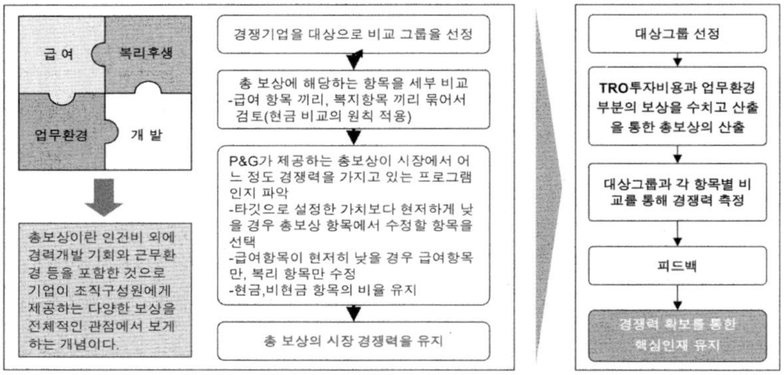

→ 전략적 특성상 휴먼텔레콤은 핵심인재를 관리하는 것이 매우 중요하다. 따라서 총보상제도가 시장에서 경쟁력을 가질 수 있도록 전면적인 지원이 필요하며 이는 핵심인재 유지의 큰 역할을 감당한다..

46

핵심인재 관리 프레임

HCG

휴먼 텔레콤의 핵심인력 관리 제도

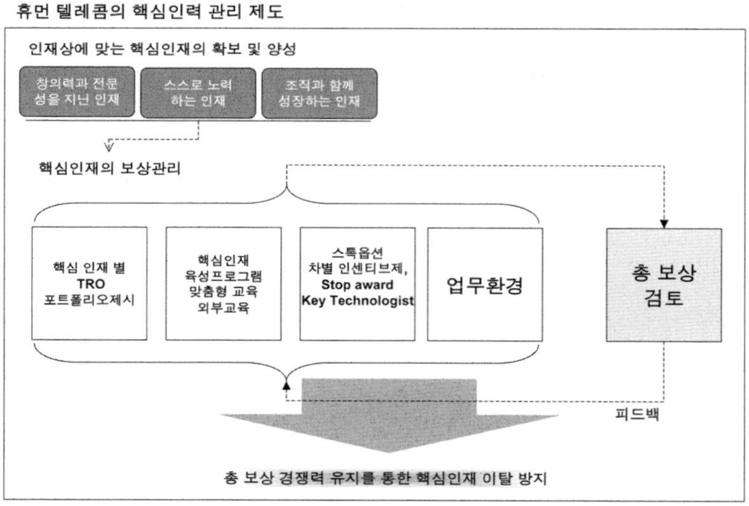

47

Step3. 핵심인재관리 시스템의 내재화

HCG

Talent management system을 확립하기 위해서는 성과주의문화가 확립되어야 하며, 범용인재와 핵심인재의 갈등해소 방안을 수립해야 한다. 범용 인재와 핵심인재의 갈등을 해소 하기 위해서는 선발기준과 기회의 공정성을 확보 하여야 하며 이를 통해 핵심인재를 수용하는 문화를 수립하여야 한다. 아울러 범용인재에게도 지속적인 관심과 누구나 핵심인재가 될 수 있다는 비전을 심어 주어 조직구성원 모두에게 체(體)화 될 수 있는 문화로 정착되어야 성공할 수 있다.

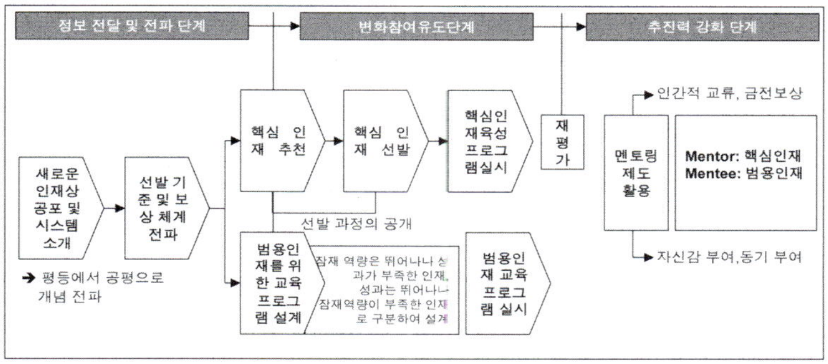

성과주의 문화 확립 → 핵심인재를 수용하는 문화 → 건전한 경쟁과 상생 문화

48

효과측정, 피드백 - 완전한 문화정착을 위한 Safe-Guard

HCG

개발된 문화의 효과를 측정하여 현행의 문화 개발 계획을 보완하고 향후 대책을 수립하는 과정으로서 구성원들의 몰입감, 경영자의 문화실천의지, 공유가치 확산 정도를 측정한다.

주의사항	경영진은 변화는 항상 측정 가능한 것이라고 인식하고 폭넓은 Survey를 통해 변화의 정도를 측정하고 이에 따라 혁신과정을 수정할 수 있어야 한다.

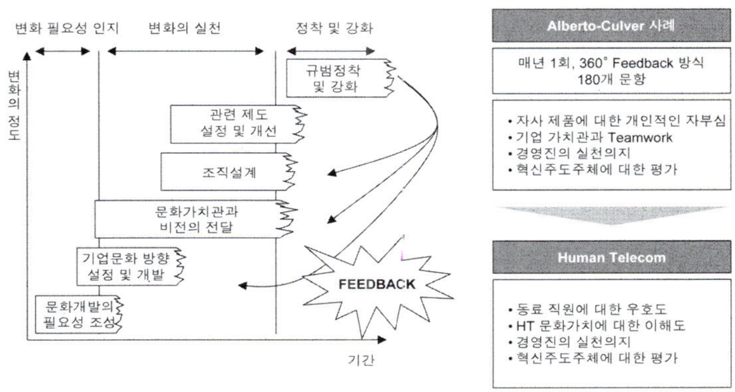

<이학종, 경영혁신과 조직개발, 법문사, 2004>
<C. L. Bernik, When Your Culture Needs a Makeover, Havard Business Review Vol. 79, no 6, 2001>

50

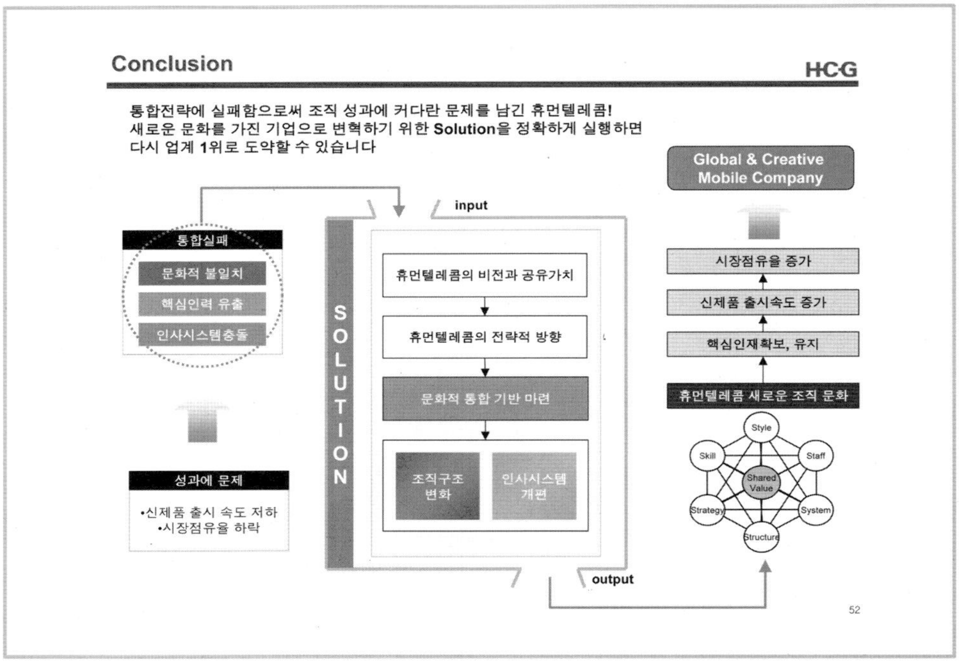
Conclusion
HCG
통합전략에 실패함으로써 조직 성과에 커다란 문제를 남긴 휴먼텔레콤!
새로운 문화를 가진 기업으로 변혁하기 위한 Solution을 정확하게 실행하면
다시 업계 1위로 도약할 수 있습니다
input
통합실패
문화적 불일치
핵심인력 유출
인사시스템충돌
성과에 문제
•신제품 출시 속도 저하
•시장점유율 하락
SOLUTION
휴먼텔레콤의 비전과 공유가치
휴먼텔레콤의 전략적 방향
문화적 통합 기반 마련
조직구조 변화
인사시스템 개편
output
Global & Creative Mobile Company
시장점유율 증가
신제품 출시속도 증가
핵심인재확보, 유지
휴먼텔레콤 새로운 조직 문화
Style
Skill
Staff
Shared Value
Strategy
System
Structure
52

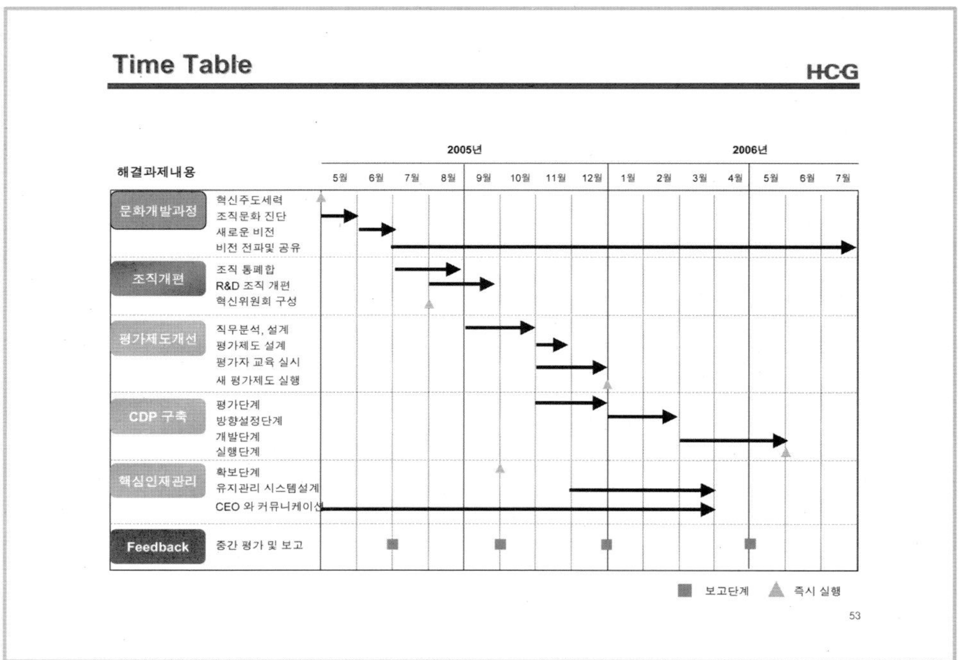
Time Table
HCG
해결과제내용
2005년
2006년
5월
6월
7월
8월
9월
10월
11월
12월
1월
2월
3월
4월
5월
6월
7월
문화개발과정
혁신주도세력
조직문화 진단
새로운 비전
비전 전파및 공유
조직개편
조직 통폐합
R&D 조직 개편
혁신위원회 구성
평가제도개선
직무분석, 설계
평가제도 설계
평가자 교육 실시
새 평가제도 실행
CDP 구축
평가단계
방향설정단계
개발단계
실행단계
핵심인재관리
확보단계
유지관리 시스템설계
CEO 와 커뮤니케이션
Feedback
중간 평가 및 보고
보고단계
즉시 실행
53

chapter 03

경영사례 작성법

chapter

03

경영사례 작성법

제1절 경영사례 작성법

1. 경영사례개발의 개념

사례개발(case writing)은 실제의 경영 상황을 설명해 주는 자료이다. 따라서 학생들은 사례개발을 다루어 봄으로써 경영자가 실제 경영에서 얻는 것과 흡사한 경험을 갖게 된다.

사례개발은 담당교수들이 그들의 강의 과정에서 어떤 현실적인 주제를 학생에게 이해시켜야겠다는 필요를 느낌으로써 그 개발이 시작된다. 이러한 현실적인 주제에 대한 교육은 평소 교수들이 기업경영자들과 접촉해서 들었거나 또는 기업에 관한 문헌들로부터 얻은 지식만으로서는 충족이 안 되는 경우가 많다. 때문에 지도교수는 직접 회사로 찾아가서 그러한 주제에 관련된 경영실태를 사례로서 개발하기 위하여 도움을 청하게 된다.*

사례집필자(case writer)는 담당교수와 함께 개발할 사례를 결정한 다음 이 사례에 관계가 있는 경영자들과 면담하고 해당기업에 관련되는 각종 보고서를 검토하는 등 주제에 관련된 방대한 자료를 수집한다. 그리고는 작성된 사례의 초안을 경영자에게 보내어 검토하게 한다. 이렇게 검토하는 목적은 수집된 자료의 정확성과 완전성을 검토하고 또 회사의 사정상 사례의 내용 중 공개할 수 없는 사항이 있다면 이를 조정할 수 있는 기회를 제공하기 위한 것이다. 따라서 각 회사가 원하는 바에 따라 회사명, 위치, 특정의 개인의 이름, 통계숫자 등은 조정할 수도 있다. 그러나 이로 인하여 각 사례에 있어서의 고유한 내용이 왜곡되어서는 안 된다.

* 조동성, 사례를 통한 경영교육, working paper, 1995.

2. 경영사례 작성방법

그러면 경영사례 작성에 대하여 알아보자. 경영사례연구 분야의 대가인 Leender 교수의 사례작성모델을 바탕으로 다음과 같은 8단계의 사례작성법을 제시한다.

[그림 3-1] 사례작성의 8단계 모델

1) 사례의 출처

사례작성의 최초 단계는 교육목적에 부합되고 교육생들로 하여금 흥미를 유발할 수 있는 사례단서(Lead)를 이끌어 내는 것이다. '어떤 종류의 사례를 찾고 있는가?'라고 질문을 던진다면 사례작성자는 교육목표에 부합하는 구체적인 생각을 말할 수 있을 정도로 준비를 해야 한다. 이를 위해서는 크게 세 가지의 원천(source)을 통하여 가능할 것이다. 첫째, 사례작성계획이다. 즉, 사례작성에 들어가기 전에 왜 사례를 작성하려고 하며, 그것을 어떻게 활용할 것인지에 대한 내용을 명확히 하게 되면 어

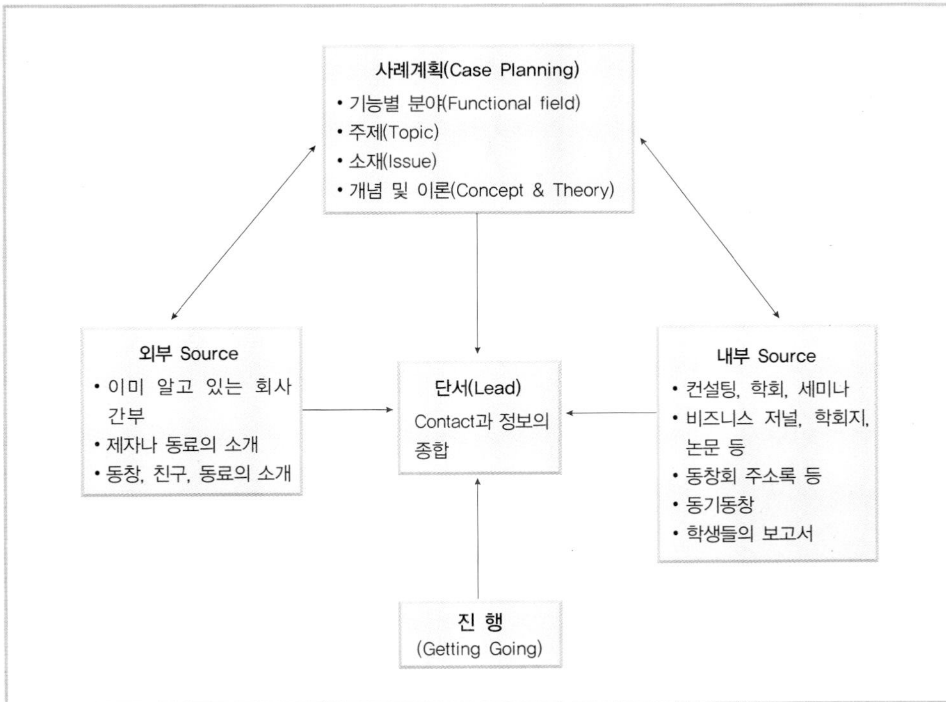

[그림 3-2] 사례출처 Source와 과정

떤 사례소재를 개발해야 하고 어떻게 접근할 것인가가 분명해진다. 그 이유는 사례의 목적과 활용분야에 따라 사례소재와 사례구성은 전혀 다르게 작성될 수 있기 때문이다. 예를 들어 재무나 회계분야에서 활용될 사례는 회계 및 재무정보 등 객관적인 수치자료 수집과 분석에 초점이 맞추어진다면, 인사 및 조직 분야의 사례의 조직원 간의 심리적 갈등과 역학관계 등의 묘사가 중요할 것이다.

그러므로 사례작성 전에 사례의 목적, 활용 분야, 그리고 사례교육을 통한 기대효과 등을 명확히 하여야 한다. 그런 다음 사례를 쓰려고 하는 교과목과 그 과목을 이수할 대상학생의 타입을 파악하여야 한다. 특정 교과목을 생각하고 있지 않다면, 개론 수준의 기본과목이라고 가정할 수 있다. 그런 다음 작성자가 생각하고 있는 그 과목의 주요 목표를 간략하게 기술할 수 있다. 즉 사례작성자가 사례가 적용될 교과목 내용의 맥락에서 볼 때, 교육생들이 처할 수 있으며 접해야 된다고 생각되는 적어도 5~6가지 정도의 경영 상황을 적어보도록 하는 것이 중요하다. 개념적인 면에서가 아니라 의사결정이라는 측면에서 도출되어야 한다. 예컨대 동기부여는 하나의 개념이나 동기가 부족한 사람을 해고하려는 상황의 의사결정이다. 재고는 하나의 개념인 반면에 적정 재고를 유지하기 위해 공정크기를 결정하는 것은 의사결정이다. 손익분기점은 하나의 개념이고 손익분기점을 초과하기 위해 상품가격을 올리는 것은 의사결정이다. 이렇게 사례계획을 세우거나 혹은 학계 내 · 외부의 Source를 활용하여 사례출처를 확정할 수 있다.

2) 초기접촉(company initial contact)과 자료수집

이렇게 사례의 소재 및 출처가 확정되면 다음 단계로 관련 자료를 수집하기 위한 초기접촉이 이루어져야 한다. 이 단계에서 고려해야 할 것은 사례 출처를 가지고 있는 회사의 협조를 얻기 위해 사례작성이 회사에 어떠한 도움을 주는지 명확히 하고 설명할 필요가 있다. 주로 회사측에 제시할 수 있는 이 점은 사례개발을 통한 회사의 홍보효과, 자료정리(documentation), 객관적인 진단(objective analysis), 그리고 회사경영 발전(management development)에의 기여 등이 있을 수 있다. 이 단계에서 흔히 저지를 수 있는 실수를 막기 위해서는 몇 가지 우선적 준비사항(prelimary preparations)이 있다. 이미 누군가가 최근 그 회사에 사례를 쓰기 위해 접촉이 있었는가를 확인해야 하고, 사전약속 없이 회사를 방문하는 것은 절대 금물이며, 면담 이전에 가능한 철저하게 대상회사와 면담대상자를 조사할 필요가 있다. 이렇게 하여 초기 접촉을 통해 사례개발 회사의 경영자와 접촉하게 되면 인터뷰를 위해 〈표 3-1〉과 같은 사항을 고려하여 질문할 필요가 있다.

〈표 3-1〉 초기접촉 인터뷰시 고려사항

<table>
<tr><th rowspan="2">구 분</th><th colspan="2">면담전(before the interview)</th><th colspan="2">면담중(during the interview)</th></tr>
<tr><th>준비사항(preparation)</th><th>도입(introduction)</th><th>실행(execution)</th><th>결론(conclusion)</th></tr>
<tr><td>업무
(task)</td><td>다음과 같은 정보 수집 :
• 대상 회사
• 면담 대상자
• 관련 산업
• 사례 필요성에 대한 정의
• 명함, fax번호 교환
• 사례 견본
• 교과목 outline
• 사례작성 단계에 대한 간단한 설명서(brochure)
• 잠정적 사례단서에 대한 질문 목록</td><td>• 상호 소개
• 방문 목적
• 일정
• 사례작성과정의 정상 단계 설명
• 대외비 사항
• 공개/위장</td><td>• 어떤 사례기회가 존재하는가?
• 그것의 story가 어떤 것인가?
• 누가, 무엇을, 언제, 어디서, 어떻게, 왜?
• 정보를 얻기 위해 준비한 질문목록을 이용</td><td>• 다음 단계는 무엇인가?
• follow-up을 위해 누구를 접촉해야 하나?
• 주소, 전화/fax 요청
• 방문전화를 준 것에 대해 감사 표시</td></tr>
<tr><td>결정
(decision)</td><td>• 특정한 사례소재가 필요한가 또는 보다 광범위한 소재가 사용되어야 하는가?
• 어느 정도 준비가 필요한가?</td><td>• 반응이 다음 단계로 넘어가기에 충분할 정도로 호의적인가?
• 올바른 사람과 면담을 하고 있는가?</td><td>• 의도한 교육목표와 그 경영 상황과 상통하는가?
• 이것이 좋은 사례가 될 수 있는가?</td><td>• follow-up을 위해 얼마나 기다려야 하는가?
• 어떻게 follow-up할 적절한 사람을 접촉할 것인가?</td></tr>
<tr><td>허점
(pitfalls)</td><td>• 과다준비
• 답변을 준비
• 준비 미비
– 목적과 기대되는 사항을 숙지하지 못함
– 컨설턴트로서가 아닌 사례작가로서의 역할을 망각</td><td>• 해결책 강요
• 비현실적 기대치
• 경청하지 않음
• 비적합 대상자의 인터뷰</td><td>• 교육목적에 따르지 않음
• 일정을 따르지 않음
• 결론으로 성급한 도약
• 질문을 던지는 대신 답변함
• 경청하지 않음
• 첫번에 너무 많은 정보를 얻으려 함
• 훌륭한 사례가 존재하는지를 결정할 만큼 충분한 정보를 얻지 못함</td><td>• 그저 준비 없이 사례를 위한 면담이 끝나도록 방관하는 것은
– 상대방의 기분을 상하게 하거나
– 오해를 불러일으키거나
– 준비되어 지지 않은 다음 단계로 성급히 넘어가는 오류를 가져올 수 있다.</td></tr>
</table>

3) 자료수집(data collection)

초기접촉을 통하여 인터뷰를 하게 되면 인터뷰 후 회사관련 2차 자료를 수집할 필요가 있는데 회사 카탈로그, Annual Report, 조직도 등을 수집할 수 있다. 이렇게 수집된 자료는 공개됐거나 공개되지 않은 회사의 자료, 회사 내 공식문서로서 대외비 자료, 회사 내 문서화되지 않은 자료, 구할 수 없는 자료 등을 구분하여야 하며, 특히 각 구성부문에서의 수집된 자료와 수집해야 할 자료의 구분을 명확히 할 필요가 있다. 이러한 과정이 필요한 이유는 사례초안 작성 후 위장과 공개단계에서 필요하다. 여기서 구하지 못한 자료를 향후 추가로 구한다는 가정에서 사례작성을 할 경우 본 연구자의 경험으로 볼 때 시간이 흘러도 결국 구하지 못하여 사례구성에 있어 치명적인 허점으로 남게 되거나 미완성사례로 끝나는 경우가 허다하므로 구하지 못한 자료를 사례의 주요한 부문으로 구성하는 것은 피할 필요가 있다.

사례구성	필수자료	
개시문	준비된 자료	수집해야 할 부가자료
일반적인 회사배경 (조직, 생산품, 위치, 서비스, 역사, 재정 상황)	1 2	1 2
구체적인 문제점 의사결정 사항	1 2	1 2
구체적인 관심분야 (마케팅, 재무, 생산관리 등)	1 2	1 2
대안 제시 (선택적임)	1 2	1 2
결론 (시간의 긴박성 데드라인 등)	1 2	1 2

[그림 3-3] 일반적인 사례구성과 자료수집

4) 사례의 작성

이렇게 수집된 관련 자료를 바탕으로 본격적인 사례작성에 들어가게 되는데, 이 단계에서는 1) 어떻게 사례구성을 할 것인가? 2) 어느 정도의 난이도로 사례를 작성할 것인가? 그리고 3) 어떤 형식으로 사례가 표현되어야 하는가? 등의 세 가지 사항을 고려해야 하므로 각각에 대하여 논하고자 한다.

(1) 사례구성의 구조(Framework)

사례구성은 정형화된 형식은 없으나, Harvard식 경영사례는 일반적으로 6가지의 내용구성으로 이루어져 있는데 사례의 난이도와 활용분야에 따라 달라질 수 있다.

〈표 3-2〉 경영사례의 framework

구 성	세 부 내 용
개시문	사례의 첫 시작 단락으로 직접적으로 사례에서 다룰 주제가 무엇인지를 제시하고 사례를 읽는 독자로 하여금 토론할 문제가 무엇인지를 인지할 수 있도록 해야 한다.
회사소개	회사의 일반적인 개요를 기술한다. 즉 영업성과, 운영상황, 조직체계 등을 간략히 기술한다.
소재배경	사례에서 토론할 소재의 배경설명과 중요성을 묘사한다.
사건묘사	소재와 관련된 구체사건의 발단 초기부터 해결방안을 모색하는 시점까지 상세하게 묘사하는데, 이때 사건과 관련된 주요 인물을 등장시켜 그들의 대화내용이나 주장하는 바를 대비시켜 성동감 있는 일종의 시나리오를 작성한다.
대안제시	사건묘사 후 해결책으로 여러 대안을 제시하며 아울러 회사의 미래경영 방안이나 비전을 제시한다.
맺음말	의사결정의 dead line이나 긴박성 등을 묘사하여 의사결정의 시급성과 중요성을 재강조한다.

(2) 사례작성의 난이도

앞에서 설명한 경영사례의 일반적인 framework에 따라 사례를 작성하기 위해서는 어느 정도의 난이도로 사례를 작성할 것인가를 결정하여야 한다. 사례난이도 결정은 다음의 세 가지 측면을 고려해야 한다. 분석적인 면(analytical dimension)은 사례에서 피학생들이 몇 가지의 Issue에 대하여 분석을 하게 할 것인가를 결정할 것이고,

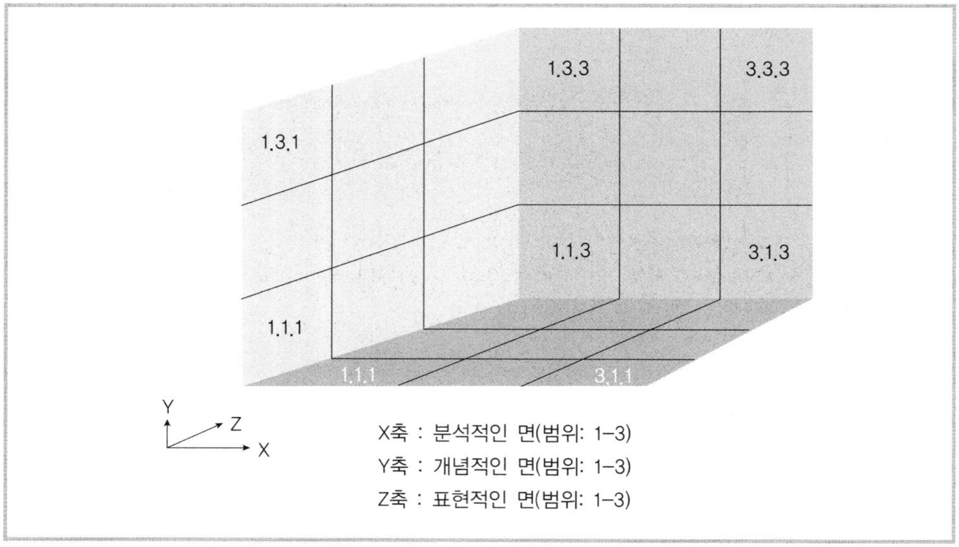

[그림 3-4] 사례의 난이도 분석모형

자료 : Case Research: The Case Writing Process, Leender et al., 1978.

개념적인 면(conceptual dimension)은 사례를 통하여 몇 가지의 경영이론이나 기법을 소개할 것인가이고, 표현적인 면(presentation dimension)은 사례의 표현을 직설적이고 단순하게 하여 독자들이 쉽게 이해하도록 작성할 것인가 아니면 은유적 혹은 간접적 표현을 통한 사례이해의 난이도를 높일 것인가 하는 것이다. 이러한 세 가지 측면을 동시에 고려하면 [그림 3-4]와 같은 사례 난이도의 분석모형을 고려할 수 있다. 즉, 1.1.1에 해당하는 사례는 분석적 · 개념적 · 표현적인 면에서 가장 단순하고 쉬운 사례인 반면, 3.3.3에 해당하는 사례는 여러 가지의 복잡한 이슈와 개념이 간접적이고 은유적으로 표현되어야 하므로 그만큼 사례작성에 있어서도 고도의 기술이 요구된다.

(3) 사례의 형식과 표현

사례의 framework와 난이도가 결정되면 수집된 자료를 바탕으로 사례를 기술하게 되는데, 이 단계에서 고려해야 할 점을 요약하면, 우선 가장 쉬운 사례작성은 시간흐름에 따른 사건전개를 일관성 있는 기술, 과거형 동사를 사용하고 수동태보다는 능동태를 활용하며 재무제표, 조직도 등 도표화 및 exhibit의 적절한 활용, 사례내용 중의 숫자들이 정확한지 혹은 위장되어야 하는지에 대해 검토, 의사결정 상황이 명확한지 확인, 그리고 자료의 명확한 출처 등이다.

또한, 사례작성에 있어 객관적 기술은 매우 중요하다. 인터뷰나 회사자료로부터 직접 인용, 선입견이나 주관의 철저한 배제, 단조로운 문체나 감정적 문체를 피하며 많은 수식어를 붙이는 것의 삼가, 사례를 연대적 · 시간적 순서로 기술하는 것이 사례의 신뢰도를 높일 수 있다.

5) 공개와 위장

사례의 본문이 완성되면 사례의 검토와 공식적인 사례공개 허가 및 위장되어야 할 사항들이 더 존재하는지에 대하여 사례소재를 제공하고 있는 기업에게 〈표 3-3〉의 사례개발 동의서를 보내어 확인해야 한다. 그러나 현실적으로 사례개발 동의서를 작성하지 않고 기업체와 사례개발자 쌍방의 구두합의에 의해 사례개발이 진행되는 경우가 많은데, 저자의 경험으로 미루어 볼 때 이런 경우 중도에 여러 가지 사정(기업의 내부 보안 문제, 혹은 기타 내부사정 등)으로 중단되는 경우가 많으므로 사례개발 동의서는 원만한 사례개발 진행을 위해서도 꼭 필요한 절차이다.

〈표 3-3〉 사례개발 동의서

The UNIVERSITY of WESTERN ONTARIO

날짜 :   월   일

사례 및 본문 담당자 귀하

우리는 ________________________ 라는 제목의 사례를 읽었으며, 아래의 기관에게 이 자료의 사용을 허가합니다.

(1) Western Ontario 대학
(2) 상기 대학과 사례 교환 프로그램을 실시하고 있는 타대학
(3) 교육 또는 연수 목적만으로 이 자료의 사용을 요청하는 기타 기관
(4) 출판된 사례 책자/교과서 본 사례는 변경없이 ________: 표기한 바와 같이 수정되어 ______: 발표 됩니다.

서 명 ______________
직 위 ______________
회사명 ______________

수정된 사항이 명시되는 경우 최종적인 발표본을 귀하에게 우송할 것입니다.

자료 : University of Western Ontario, Case Clearning House.

6) 강의노트의 작성

강의노트는 효과적인 사례교육의 진행을 위해 활용되는 사례교육의 보조적 수단으로써 사례교육목적을 달성하고 토론의 방향을 조정하며 나아가 학생들의 발표내용 및 분석을 평가하는 잣대가 된다. 강의노트의 작성요령은 크게 개요부, 토의질문, 그리고 이론 및 분석방법, 그리고 사후결과 등의 기술이 포함된다.

첫째, 강의노트의 개요부에는 사례명, 사례교육 목표, 사례활용분야, 사례교육의 총 소요시간, 각 부문별 소요시간 등 수업진행과 관련한 내용을 간단히 기술한다. 둘째, 토의질문에서는 학생들에게 주어질 질문과 그 질문에 대한 접근방법 등이 묘사되어야 한다. 보통의 경우 사례에 공통적으로 나오는 질문으로는 의사결정자로서 이 사례 상황에 대한 당신의 분석은 무엇인가? 당신은 어떠한 대안들을 고려할 수 있는가? 당신은 어떠한 행동을 취할 것인가? 그리고 그 이유는? 당신이 이 상황에 대해 가정을 세울 수 있다면 위의 세 가지 질문들에 대한 답변들은 그 가정들에 의해 어떠한 영향을 받게 되는가? 등이다

다음으로 강의노트에 포함되어야 할 내용은 사례에서 학습하고자 하는 이론이나 분석방법 등을 묘사하게 되는데, 예컨대 재무제표의 작성방법, 제품생산공정도 작성, 유통계획설계방법, 마이클 포트의 사업구조분석모형 등을 어떻게 전달할 것인지를 기술한다.

마지막으로 포함되어야 할 내용이 사례에서 다루고 있는 의사결정의 최종결과와 사후처리와 관련한 내용을 포함하는 것이다. 사례교육에는 정답이 존재하지 않으므로 소위 난상토의를 거친 후에도 통일된 의견수렴의 과정이 없다. 왜냐하면, 경영사례교육의 목적은 정답을 찾아내고자 하는 것이 아니라 문제 해결 과정에서 학생들간 상호학습과 자기논리개발에 주목하고 있으므로 학생들 간의 의견합일 과정이 배제되어 있는 것이다. 그러나 이런 교육방식에 익숙하지 못한 많은 학생들은 무엇을 배웠는지 학습포인트가 모호하다는 반응이 의외로 많고, 또한 자신의 분석과 판단이 제대로 이루어졌는지 그 비교의 대상이 불분명하므로 사례토의의 종반부에서 교수(facilitator)는 사례의 최종결과가 어떠하였는지를 알려줄 뿐만 아니라, 이론 등에 비추어 논리적으로 바람직한 분석이나 결과들을 제시하는 것도 교육효과를 높일 수 있는 좋은 방법이다.

7) 편집 및 다듬기

사례작성의 마지막 단계는 강의노트(teaching note)를 바탕으로 사례초안에 무엇을 교정해야 하고, 부가자료가 수집될 필요가 있는지 최종적으로 확인하는 작업이다. 즉, 강의노트와 비교하여 사례를 검토하게 되면 사례교육 진행과 필요없는 부분이 지나치게 자세히 묘사가 되어 있다든지 혹은 사례 토의질문의 내용을 분석하는 데 어떤 정보가 부족한지를 찾아야 한다. 이러한 작업은 이 단계에서 최종적으로 마무리되어야 된다. 특히 사례의 최종 다듬기 단계에서 강조되는 사항은 사례본문 내용의 완성도로부터 자료순서, 구조, 표현, 문법, 철자법 등으로 옮겨져야 하고 이런 과정을 거치면서 사례는 최종 완성된다.

제2절 경영사례의 유형

경영사례는 학생들이 발로 뛰며 자료를 조사하고 관련자와 인터뷰를 하면서 기업 경영 현장을 직접 체험할 수 있는 기회가 된다. 경영학의 책에서만 보고 머릿속에서만 이해하는 것보다는 경영이라는 것을 조금 더 잘 이해할 수 있게 된다. 또한 살아 있는 경영지식을 배울 수 있고 경영사례 개발의 묘미를 느낄 수 있는 좋은 기회가 되기도 한다.

경영사례 개발은 작성방법과 그 교육적 목적에 따라 다양하게 작성될 수 있다. 이 가운데 가장 많이 활용하는 방법이 서술식 사례(descriptive case)이고 최근에는 스토리텔링 기법의 사례(storytelling case), 인터뷰 사례(interview case) 등으로 작성되면서 사례를 통한 교육효과를 증대시키는 움직임이 일고 있다.

1. 서술식 사례

서술적이란 의미는 '사실을 상세히 적어 놓는다'라는 의미로 사례 구성에 있어서도 단순히 주어진 문제 상황에 대해 이런저런 이야기를 풀어놓는 것을 의미한다.

서술식 사례는 우리가 일반적으로 가장 많이 경험하는 사례형식으로 기업의 연혁, 기업의 특성, 기업의 특이 상황, 성공과 실패요인들에 기술을 통하여 사례가 전달하고자 하는 것을 기술적으로 펼쳐 놓은 사례이다.

서술식 사례를 예를 하나 들어보자.

Ⅰ. 딤채의 어원

'딤채'의 뜻을 살펴보면 "침채(沈菜)"가 "팀채"로 변화여 "딤채"로 변화되어 구개음화 하여 "짐채"가 다시 구개음화의 역 현상이 일어나서 "김채"로 변하여 오늘날의 "김치"가 된 것이라고 풀이하고 있으며, 이 이론에 근거하여 "침장(沈藏)"이 김장으로 되었다 합니다.

그래서 위니아에서는 주거문화의 변화로 잃어가는 김치맛을 재현하기 위하여 김치 원형의 이름인 '딤채'를 사용하게 되었습니다.

Ⅱ. 기업의 연혁

"40여 년의 역사 속에 위니아만도의 미래를 이끄는 저력이 있습니다."

1962. 10	만도기계 전신인 현대양행 설립
1980. 2	만도기계(주)로 상호 변경
1990. 3	가정용 글래시어 패키지 에어컨 시판
1995. 11	김치냉장고 '딤채' 브랜드 출시
1998. 9	위니아 딤채 IR52장영실상 수상
1999. 11	신회사 만도공조(주) 출범
2001. 10	ISO 14001 환경경영시스템 인증 획득
2001. 11	유럽판매법인 설립(독일, 프랑크푸르트)
2003. 4	위니아만도(주) 사명변경
2003. 7	위니아에어컨 3년 연속, 위니아딤채 2년연속 국가고객만족도(NCSI) 1위 선정
2004. 1	김일태 대표이사 취임
2004. 7	위니아에어컨 4년 연속, 한국산업의 디자인파워(KDPI) 1위 선정

Ⅲ. 산업의 특성

'제록스'하면 복사기가 자연스럽게 떠오르듯 성공한 어떤 브랜드는 제품의 모든 것을 지칭하는 지시 대명사처럼 쓰이곤 한다. 우리나라 브랜드 중에서 '제록스'의 사례와 같은 브랜드가 있을까? 궁금한 마음으로 두리번두리번 눈알을 굴려대며 뒤적뒤적 자료를 찾아 헤매이다가 레이더망에 딱 포착되는 브랜드가 있었으니 그 브랜드는 바로 '딤채'였다.

Ⅳ. 시장기회 분석(SWOT분석)

※ 강점(strength)

ⅰ. 높은 기술력

만도 공조가 34개월 동안 34억 원을 쏟아 부어 개발한 '딤채' 기술의 핵심은 김장김치 맛의 재현이다. 이것은 뒤집어 말해서 김치냉장고의 핵심이기도 하다.

이 사례는 만도 위니아의 '딤채' 성공사례를 서술적 기법을 통해 구성한 사례이다. 서술식 사례는 분명한 내용을 전달하는 방식에서는 가장 효과적인 분석이다. 하지만 이런 사례방법은 존재하는 내용의 사실적 기술에 치우쳐 있기 때문에 읽는 독자들로 하여금 긴장감이나 사례의 극적 효과를 기대할 수 없다는 단점이 있다.

2. 스토리텔링 사례

원래 스토리텔링이란 문학에서 나온 용어이다. 원어적 의미는 말 그대로 이야기를 들려주는 것이다. 즉, 사례를 구성하는 작성자가 모든 것을 알고 있는 입장에서 사건과 그 사건에 얽힌 인물이나 배경 등을 소설에서 글로 이것저것 설명해주듯이 경영사례에서도 이런 기법을 사용하고 있다.

경영학 가운데에서 마케팅은 상품을 시장에 알리기 위한 방법으로 상품이 소비자와 어떠한 연관을 가질 수 있는가, 어떻게 의미있는 이미지로 소비자에게 남도록 할 수 있는가에 집중하는 것이 스토리텔링 마케팅이라고 간단히 말할 수 있다. TV광고에서는 이야기가 있는 광고가 유행하고 있는데 이것이 스토리텔링 마케팅의 일종이다.

사람들은 어떤 내용이든 이야기에 관심을 기울인다. 그것은 이야기, 곧 스토리가 애초부터 사람들의 흥미를 끌도록 만들어졌기 때문이다. 기업경영에서도 마찬가지이다. 본래 기업의 비즈니스는 돈을 중심으로 한 이해관계를 중시하므로 형식적이고 경직된 분위기가 지배적이다. 그러나 대차대조표의 숫자로 세상을 인식하는 경영학의 연구방법에서도 이와 같은 스토리텔링 기법의 다양한 정보와 재미있는 이야기로 전달한다면 훨씬 효과가 날 수 있다.

현명한 사례작성자는 직접적인 의사전달보다는 스토리텔링을 통하여 상대방에게 부담을 주지 않으면서도 문제에 쉽게 접근하는 길을 터주는 효율적인 커뮤니케이션 도구인 것이다.

경영사례의 스토리텔링 기법의 예를 하나 들어보자.

"팀장님 저희가 당첨이랍니다."

1999년 12월 10일(금) 아침 8시.

오늘은 사내벤처기업 확정 발표가 있는 날이다. 나는 구스닥이란 팀을 3개월 전 구성해 새로운 인터넷 쇼핑몰을 제안한 상태이다. 사내 다른 벤처 5팀도 오늘 2시만을 기다리고 있을 것이다. 인터파크 창립과 동시에 입사해 지난 3년간 인터넷 쇼핑몰에 관해 많은 제안을 했었다. 하지만 나의 기발하고 극도로 창의적인 생각들은 아직 발전하지 못한 기업문화에 가려 50%도 채 아이템으로 발전하지 못했었다. 그렇지만 나에게도 기회가 주어졌다. 사내벤처기업을 통해 나의 실력을 제대로 발휘해 보는 것이다.

"팀장님 오늘 점심은 초밥으로 하시겠습니까?" 이무현 팀원이 점심시간을 알렸다. 벌써 점심시간이다. 오전 내내 업무는 손에 잡히지 않고, 사내벤처기업 당첨 후 나의 모습만을 그렸다.

"그러지, 가까운 초밥집으로 갑시다. 그런데 무현씨 생각은 어때? 우리가 당첨될 것 같아?"

"네, 우리가 아니면 누가 당첨되겠습니까? 솔직한 말로, 인사과 김 팀장이 제출한 제안이 통과나 되겠습니까? 인터넷 기반 컨설팅, 그건 말도 안되고 또 게임시장 진입을 내세운 개발과 박 팀장의 의견도 사실 한도 끝도 없이 돈이 필요한 작업 아니겠습니까? 우리가 당첨될 겁니다."

이무현 씨는 나와 같은 해에 입사해 나와 한 팀을 이룬 아이디어 뱅크다. 그는 27세라는 어린 나이에 걸맞게, 회의 때마다 기발하고 독특한 아이디어를 내놓기로 유명했다.

"오늘 오후 2시면 결과가 나겠지." 나는 구스닥 팀원 3명과 같이 초밥집으로 걸음을 옮기고 있었다.

"팀장님 제가 총무과를 통해 들은 바에 의하면 영업과에서 내놓은 아이디어와 우리 팀이 내놓은 아이디어를 놓고 회의 중이랍니다. 아무래도 우리 팀이 내놓은 아이디어가 지금 회사의 색깔과 비슷한 면이 있다보니 그런 것 같습니다." 늦게 식당으로 들어온 마지막 팀원인 김근혜 팀원이 말했다. 영업과에서 내놓은 것이라면... 영업팀과의 대결을 가장 우려했었는데, 그렇게 되었군. 영업과 팀장은 회사 창립멤버였고, 신입사원 중 가장 우수한 사원만을 뽑아다 쓰기로 유명했다.

"영업팀은 지금 아웃소싱 중인 택배업을 제안했다지?" 나는 알면서도 다시 물었다.

"네, 그게 회사 입장에서도 솔깃한 내용이 아니겠습니까? 우리같은 경우 모회사와 자회사의 경쟁구도로 갈 수도 있으니깐..." 박건 팀원이 말을 흐렸다. 식당 내 분위기가 조금은 차분해졌다. 방금 전 우리가 당첨될 것이라고 들떠있었지만, 영업팀과의 대결은 역시나 부담되는 것이었다.

"자자 밥들 먹드라고, 우리가 당첨될 거야. 그까지것 안되면 하나 차리지 뭐." 나는 웃으면서 팀원들을 다독거렸다. 웃자고 한 얘기인데 팀원들의 분위기가 더욱 가라앉았다.

"네, 이번에 진다면 하나 차려 나갑시다, 저는 이사시켜주세요, 팀장님." 김동영 팀원이 침묵을 깨고 크게 말했다.

"하하하" 김동영 팀원의 한 마디로 어두운 분위기가 깨지고, 구스닥 팀원들은 다시 활기를 찾았다.

이 사례는 G마켓의 1999년 새로운 사업을 준비하는 벤처기업 사업부의 상황을 스토리텔링의 기법으로 구성한 것이다.

스토리텔링의 사례는 서술식 사례에 비해 분명한 내용을 전달하는 방식에서는 부족하지만, 극적인 효과와 소설 속의 재미를 함께 주기 때문에 최근에 주목받을 수 있는 사례작성의 형식이다.

3. 인터뷰 사례

인터뷰란 넓은 의미로는 조사 · 진단 · 시험 · 취재 등의 목적으로 특정한 개인 · 집단과 대면하여 필요한 정보를 수집하는 것을 말한다. 특히 조사기술로서의 면접법은 자발적으로 의견을 말하게 하는 식의 임상적 연구에서 행해지는 비지시적 인터뷰(nondirective interview)와 질문지나 테스트지 등을 이용하여 행하는 지시적 인터뷰(directive interview)로 구별된다.

비지시적 인터뷰는 풍부한 정보, 심층심리의 진단이라는 점에서 유리하지만 그 표준화가 어렵고, 지시적 인터뷰는 정보가 표준화되어 측정은 가능하지만 규격화된 정보를 얻는 데 그치는 등의 특징이 있다. 아무튼 인터뷰는 면접자와 피면접자의 협동에 의해 정확한 정보를 얻는 것이 목적이기 때문에 양자 사이에서의 관심의 일치, 신뢰관계의 존립이 전제가 된다. 신문방송과 같은 저널리즘에서는 면접취재를 인터뷰라 하며, 신문 · 잡지 · 방송에서 특정의 청취자가 기사나 방송 프로그램의 편집을 위하여 말하는 사람과 대화를 나누는 것도 인터뷰라 한다.

경영사례 개발을 위한 인터뷰 사례는 기업에 대한 취재과정을 통해 알게 되는 기업의 전반적인 상황을 인터뷰 형식으로 전달하는 방법이다.

경영사례의 인터뷰 기법의 예를 하나 들어보자.

컨설턴트 : 20년 넘게 경영이라는 주제에 천착하면서 살아왔습니다. 최근엔 경영에는 정답이 없다라는 생각을 하게 됩니다. 사장님은 경영이란 무엇이라고 생각하십니까?

서 두 칠 : 잘 알다시피 경영에는 전략적 측면, 구조적(시스템적) 측면, 인간적 측면이 있습니다. 직접 경영을 안 해본 학자들은 전략이나 시스템의 중요성을 강조합니다. 그러나 현장에서 일해본 사람의 입장에서 경영이란 바로 사람에 관한 것이라 할 수 있습니다. 企業이라는 한자를 뜯어보면 '사람이 함께 모여서(사람 인 + 그칠 지) 일을 만들어간다'는 뜻을 품고 있음을 알 수 있습니다. 실제 실행의 바퀴는 사람입니다. 사람이 전략을 만들고

사람이 시스템을 만들어 목적하는 바를 달성케 하는 것이 바로 경영입니다. '경영은 사람이다' 이렇게 말해도 좋습니다. 성공은 한국인의 기질을 제대로 활용하는 데서 찾아야...

컨설턴트 : 많은 기업가, 일반 직장인들이 성공을 추구하면서 하루하루 살아갑니다. 성공을 위한 방정식은 존재하지 않더라도 성공하는 기업들이나 사람들의 특성이나 공통점을 찾을 수는 있을 것입니다. 성공의 비밀을 들려준다면...

서 두 칠 : 오늘날 경영, 특히 한국적 상황에서 경영과 혁신에 성공하기 위해서 가장 중요한 것은 한국인의 특성을 제대로 알고 그 특성에 맞게 대처하는 것입니다. 한국 사람들에게 서구에서 통하는 룰을 적용시켜서는 제대로 된 경영을 할 수 없습니다. 위 세 가지를 잘 적용시키면 한국 사람들은 룰이 없어도 헌신과 몰입을 잘합니다.

컨설턴트 : 최근 들어 리더십의 중요성이 커지고 있습니다. 리더십의 요체는 결국 사람들이 얼마나 잘 따라주느냐 하는 것이라 할 수 있습니다. 구성원 모두가 일심동체가 되어 한마음으로 리더와 뜻을 같이 한다면 못 이룰 것이 없다고 생각하는데, 이를 위해 리더가 해야 할 일 중 가장 중요한 것은 뭐라고 생각하십니까?

서 두 칠 : 한 마디로 말해서 리더의 솔선수범입니다. 리더가 어려운 삶의 현장에서 먼저 행동으로 보여줌으로써 상대방의 마음을 감동시켜야 합니다. 한국 사람과 서구 사람들 간에는 책임자가 솔선수범하는 것을 바라보고 여기서 받는 영향력의 강도가 크게 차이가 납니다. 리더가 솔선수범하는 것을 보면 그 일에 헌신과 몰입을 할 수 있는 민족이 바로 한국 사람들입니다. 리더는 '나를 따라라!(follow me!)'해서는 안됩니다. 리더는 먼저 솔선수범하면서 '내가 먼저 갈 테니 자 함께 갑시다!(Let's go!)'라고 해야 합니다.

이 사례는 한국전기초자의 경영혁신의 성공요인을 찾아내기 위하여 서두칠 사장을 인터뷰하여 도출한 사례이다.

인터뷰 사례는 기존의 서술식 사례에 비해 분명한 내용을 전달하는 방식에서는 부족하지만, 실제 취재과정을 통해 기업에 대한 이해의 정도를 높일 수 있고 감정의 교류를 통해 사례구성의 효과를 극대화할 수 있기 때문에 주목받을 수 있는 사례작성의 형식이다.

chapter 04

경영사례 교수법

chapter 04

경영사례 교수법

제1절 경영사례 교수법

경영사례교육과 관련한 기존의 국내외 자료를 검토해 본 결과, 정형화된 사례교육 방법을 제시하기는 힘들겠으나, Harvard 대학의 교수진들(Barnes; Christensen; Corey; Gentile)과 University of Western Ontario 대학의 교수진들(Leenders; Erskine)이 분류한 방법을 본 연구에서 제시하고자 한다. 경영사례 교수법은 크게 수업 전 준비단계, 수업진행단계, 그리고 수업 후 평가 및 피드백의 세 단계로 나눌 수 있으므로 각 단계에서 해당하는 주요 사항에 대하여 논의하고자 한다.

1. 수업 전 준비단계

경영사례교육의 효과는 실제로 얼마나 사례교육을 위한 준비를 하는가에 의해 절대적으로 좌우된다. 강의실의 배치가 학생들의 참여를 장려할 수 있도록 하는지, 교수가 학생의 이름을 빨리 익히고 서로 교감을 가질 수 있는 적절한 수단이 제공되는지, 그리고 학생들의 수업 몰입도(commitment)를 높이기 위한 충분한 자료가 준비되어 있는지 등을 고려하는 것이 중요하다.

1) 물리적 공간 배치(physical layout)

강의실의 적절한 공간 배치는 사례교육에 있어 매우 중요하다. 만약 교수가 말하고 있는 학생이 누구인지 파악할 수 없거나, 학생이 토론에 참여하고 있는 다른 학생을 파악하지 못하거나 쳐다볼 수 없으면, 효과적인 참여에 심각한 장애가 생긴다.

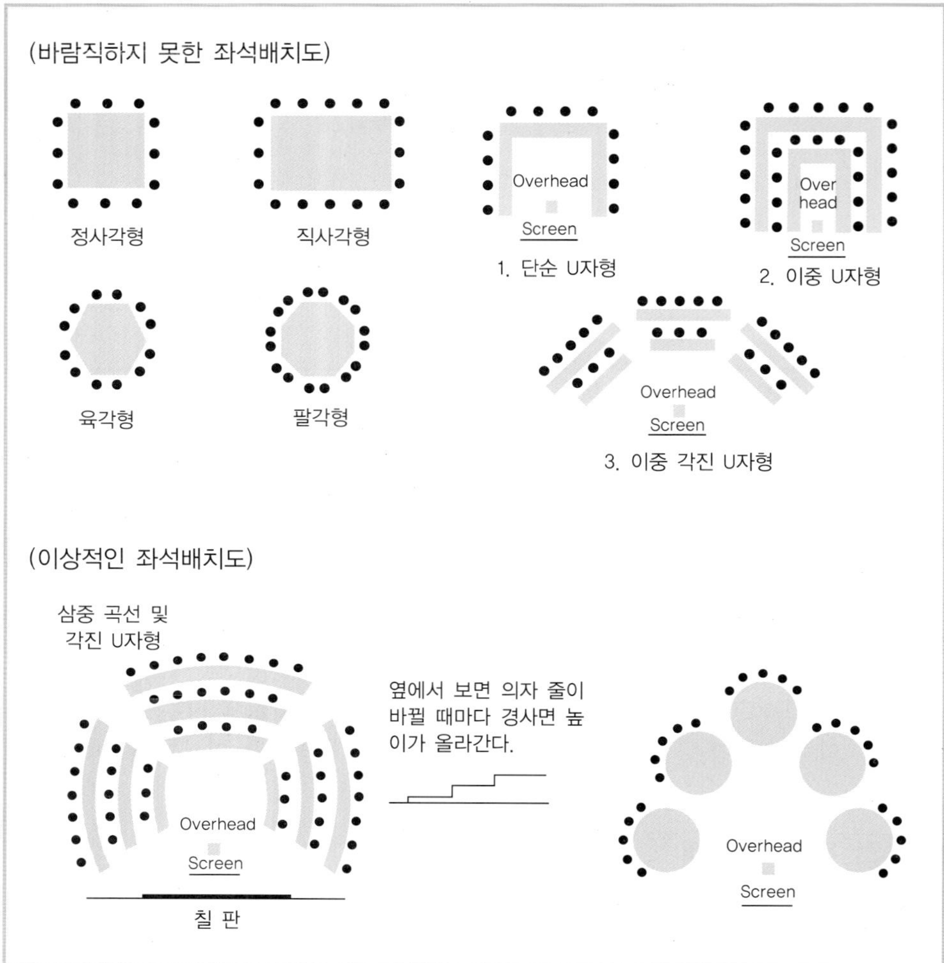

[그림 4-1] 사례교육의 좌석배치도

자료 : Case Research: The Case Writing Process, Leender et al., 1978.

[그림 4-1]에서와 같이 강의실의 배치가 사례활용에 적절하지 못한 경우가 많기 때문에 사례교육의 효율성을 높일 수 있는 공간 배치에 주의를 기울일 필요가 있다.

2) 학생 파악(student identification)

사례교육에 있어 학생들의 이름을 파악하는 것은 교육효과를 높이는 데 있어 매우 중요하다. 그러므로 가능한 한 교수는 빠른 시간 내에 학생을 파악하여 강의실 안이나 밖에서 그들의 이름을 부를 수 있어야 한다. 가능하면 각 학생에 관한 기초 정보도 숙지하여 적절한 지식을 갖춘 사람이 적절한 시기에 수업에 참여할 수 있도록 해 주는 것이 중요하다. 이러한 학생 파악에 도움이 되는 수단들이 개인 신상명세 형식(personal data forms), 이름 카드(name cards) 등이 활용될 수 있다. 특히, 이름 카드는 상대방 얼굴을 익히는 유용한 도구가 될 수 있는데, 옷깃에 부착하는 이름표는 학기동안 최소한 한달 간은 부착하는 것이 바람직하다. 또한, 종이나 플라스틱으로 카드의 양쪽에 이름을 써넣어 뒤에 앉아있는 사람들이 누가 이야기를 하는지 알 수 있도록 할 필요가 있다. 추가적으로, 학생들의 얼굴을 익히는 데 있어 사진도 유용한 도구일 수 있으므로 개별적인 사진을 첫 강의시 얻는 것도 좋은 방법이다. 또한, 좌석 배치 차트(layout sheets and seating charts)를 돌려 학생들에게 자신의 이름을 써넣도록 하여 강의 중에 활용할 수 있다.

3) 학생의 준비사항

사례교육의 효과를 높이기 위해서는 학생들이 사례교육에서 자신들의 역할이 무엇인지, 그리고 사전에 사례를 얼마나 읽고 분석하느냐가 매우 중요하다. 처음 사례교육을 접하게 되는 학생들은 불편해하고 때로 혼란스러워하는 것이 일반적인 현상이다. 그러므로 교수는 사례교육 전에 학생들이 사례를 완전 숙지해야 하고, 또한 당면한 사례를 완벽하게 분석하여 마치 자신이 실제로 관리자의 입장인 것처럼 분석 결과를 동료 학생들에게 전달하고 토의해야 함을 일깨워 주어야 한다. 왜냐하면 사례교육을 통해 얻고자 하는 것이 학생이 문제와 해결책을 스스로 개발하고 문제해결 능력을 배양하기 때문이다. 만약 대다수의 학생들이 동료 혹은 교수에게 의지하여 이들이 대신 사례분석 및 문제 해결하고 자신은 단지 이를 학습하기를 기대한다면 이 경우 사례교육방식은 적절하지 않다. 〈표 4-1〉에서는 학생들의 사례분석을 준비하는 데 유용한 방법을 제시하고 있다.

〈표 4-1〉 수업 전 학생들의 사례분석방법

순 서	내 용
1	사례를 한 번 빨리 읽으면서 파악하고 다시 한 번 주의깊게 읽으면서 중요한 정보가 무엇인지를 파악한다.
2	하루 중에 개인 상태가 가장 좋은 시기에 사례를 읽고 준비한다(이는 필요한 전체 시간을 단축시킬 것이다).
3	사례를 읽고 수업 준비를 갖추면서 다른 일도 할 수 있는 시기에 수업 준비를 한다. 예를 들어, 커피 브레이크, 점심 식사 중에 혹은 버스를 타고 학교에 가면서 이를 할 수 있다.
4	시간에 제한을 두고, 이 제한된 시간에 맞추려고 노력을 한다.
5	간단한 메모를 하여 핵심 아이디어를 형성한다.
6	다음과 같은 단계를 포함하는 문제 해결 사항을 활용한다. a. 조직의 목적은 무엇인가? b. 의사결정사항이나 문제점은 무엇인가? c. 핵심 관련 사실은 무엇인가? d. 어떤 대안이 있는가? e. 결정사항에는 어떤 기준이 있는가? f. 결정사항의 기준에 근거하여 어떠한 분석 대안이 있는가? g. 어떠한 대안을 권하겠는가? h. 어떤 실천계획을 실행하며 어떤 결과를 기대하는가?
7	별첨 및 추가자료를 읽는다.

4) 교수의 준비사항

수업 전 교수의 사례교육에 대한 준비도 중요한데 여기서는 몇 가지 사항을 강조하고자 한다. 첫째는 사례 자체에 대한 완전한 숙지이다. 사례의 핵심과 특징 및 다른 자료에서도 강조될 만한 사항을 선별하여 어떤 순서로 분석사항을 정리하여 수업시간에 토론해야 하는지를 준비해야 한다. 특히, 사례는 다양한 각도에서 다르게 토의를 진행할 수 있으므로 강의노트(teaching note)를 참조하여 수업체계를 수립해야 한다. 이렇게 사례 자체에 대한 파악이 완료되면 두 번째로 준비해야 할 사항이 시간계획(time plan)이다. 수업진행에 따른 주제별 시간을 할당하는 것은 사례교육에서 다루어야 할 주제에 대한 토의와 결론을 유도하는 데 매우 중요하다. 그러므로 사례교육 시간표와 각 배정시간 내에서 다루어야 할 토의주제를 포함한 시간계획표의 작성은 필수적이다. 다음으로 교수들은 또한 칠판에 기록할 내용을 미리 계획하는 것이 중요하다. 예를 들어, 분석은 왼쪽, 권고사항은 오른쪽 등 어떤 의견을 어떻게 정리할 것인지에 대해서 일정한 배치의 룰을 정하는 것이다. 일부교수들은 분필 색깔도 정해 놓는다. 이러한 칠판활용계획은 사례교육에서 제기되는 복잡한 여러 가지 의견들을 시각적으로 정리하는 매우 유용한 수단이므로 이에 대한 사전계획을 세울 필요가 있는 것이다.

마지막으로, 학생들에게 주어질 과제물의 선정이다. 즉, 사례분석에 도움이 되는 자료의 수집이나 혹은 사례토의에서 제기되는 핵심적이며 중심개념을 재정리하여 자신만의 결과를 정리한 리포트 등을 과제물로 제시할 수 있다.

2. 사례교육 진행단계

일반적인 사례교육 진행순서와 각 주제에서 토의되어야 하는 내용은 [그림 4-2]와 같다.

우선, 시작단계에서 교수의 개인적 일화를 사용하여 기 사례를 다루는 배경설명을 하여 학생들의 관심을 유도한다. 그런 후 교수는 사례에서 제기되고 있는 문제가

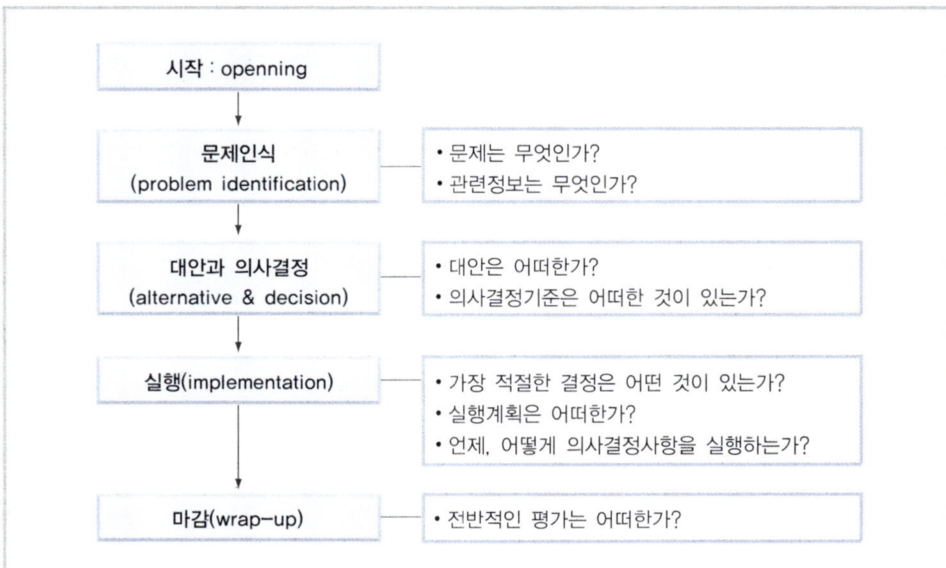

[그림 4-2] 사례교육 진행순서와 내용

무엇인지 등 사례를 요약해 줄 지원자를 요청하고 공개적으로 질문을 던지며 모든 학생이 충분히 사례를 파악할 수 있도록 관련한 질문들을 계속 던진다.

문제인식단계에서는 사례에서 다루고 있는 의사결정에 관하여 집중적으로 토론할 수 있다. 문제에 대한 공통된 인식이 없으면 대안과 실행에 관하여 토론하는 것이 무의미하다. 그래서 핵심문제를 제대로 인식하도록 충분한 토론을 한다.

대안과 의사결정단계는 학생들이 제시한 대안에 관하여 토론을 하게 된다. 때로, 의사결정사항이나 문제가 확실하게 규명되기 전에 학생들이 대안이나 해결책을 제시하는 경우가 있다. 대안 수가 너무 많아지면 이 목록을 줄여 중요한 대안의 장점에 관하여 심층적인 논의를 해 보아야 한다. 대안목록을 줄일 수 있는 방법은 학생들에게 각 대안에 대한 투표를 하게 하여 표를 많이 얻은 대안만 논의하는 것이다. 특히 이 단계에서는 소그룹 토론을 하는 것이 중요한데, 이때 토론을 위한 대표를 선출하거나 혹은 기록을 담당할 사람을 선정하는 것은 피해야 하는데, 그 이유는 대표자로 인해 일방적인 방향으로 유도될 수 있는 위험을 줄이며 동시에 누구라도 자신이 속한 팀의 의견을 종합 발표할 수 있도록 하여 참여자들의 토론에 대한 몰입도를 높이기 위함이다.

다음으로 실행단계인데, 이 단계에서는 이론에 대한 학습이 이루어질 수 있고 특히, 각 대안들에 따른 역할게임이나 혹은 추가적인 토론을 유도함으로써 학생 간의 상호학습이 가능하도록 한다. 이 단계에서 중요한 것은 전체 학생들이 같은 결론이나 의사결정을 할 필요도 없음에 유의하여야 한다.

마지막으로 종료이다. 사례교육의 종료단계에 가면 학생들은 정확히 무엇을 학습하였고 또한 결론이 무엇인지에 대한 의문을 갖게 된다. 이를 해소하기 위한 방법으로 교수는 실제 사례의 결과를 알려주게 되는데, 이때, 중요한 것은 그 결과가 "정답"이 아님을 강조할 필요가 있다. 추가적으로 사례교육에 대한 학생들의 소감과 학습포인트를 물어보는 것도 좋은 종료방법이다.

이상과 같은 일반적인 절차로 사례교육을 진행하다 보면, 저자의 경험으로는 교수는 일반 전달식 강의교육에서는 경험하지 못한 난관에 봉착하게 되는데 아래와 같이 정리해 볼 수 있다. 이에 교수는 충분한 사전대비와 나름대로의 상황대처 방법의 개발이 필요하다.

[사례교육 진행시 예상되는 문제 상황들]

① 발표를 꺼리고 교수에게 질문함으로써 자신은 발표하지 않고 수업시간을 낭비하는 경우
② 학생들 사이에서 동의가 일어나지 않아 결론이나 교육목적의 유도에 실패할 경우
③ 교수가 의도하는 내용이 발표되지 않고 겉도는 토론이 일어나는 경우
④ 전체적으로 침묵으로 일관하고 질문에 무응답일 경우
⑤ 일부 학생의 논쟁과 공방으로 원활한 토론이 이루어지지 않는 경우
⑥ 시간에 쫓길 경우
⑦ 수준 낮은 토론으로 시간이 지연될 경우
⑧ 첫 질문을 누구에게 던져야 할지 고민될 경우
⑨ 토론 중 도출된 수많은 의견으로 취합이 힘들 경우
⑩ 학생들의 분석이 매우 뛰어나 더 이상 좋은 의사결정을 내릴 수 없고 더 이상 토론거리가 없을 경우

3. 수업 후 평가 및 피드백

사례교육 후 검토해야 할 사항은 학생의 참여도에 대한 평가와 피드백이다. 사례교육과정에서의 평가항목들 중 참여도는 평균적으로 전체 성적의 40~60%를 차지할 정도로 중요하게 다루어진다. 참여도를 평가하기 위한 주요 항목으로는 양적인 측면과 질적인 측면 동시에 고려되는데 발표 횟수, 내용 충실성, 독창성, 논리성 등이 포함된다. 그리고 학생들로부터의 피드백은 사례교육 효과를 올리는 중요한 원천으로서 크게 세 가지 측면을 고려할 필요가 있다. 우선 사전 준비한 time table대로 진행되었는가를 점검하여 수정하는 작업이 필요하고, 둘째, 수업진행의 전반적인 사항을 재검토하고 수정하는 것으로 학생들에게 주어진 질문들에 대해 기대했던 의견이 나왔는지, 학생들의 참여도가 어떠하였는지, case가 학생들에게 흥미로웠는지 등을 검토한다. 마지막으로 수업진행 중 예기치 못한 토의사항을 분석하고 충분한 대비책을 마련하는 것도 필수적이다.

제2절 프리젠테이션 기법

1. 프리젠테이션의 개념

프리젠테이션은 '특정의 인원 · 그룹에 대하여 여러 장소에서 한정된 시간 내에 어떤 사실, 통계수치, 또는 사고내용을 시청각자료 등을 사용하여 언어표현으로 전달함으로써 자기가 요망하는 행동을 하도록 대상자에게 동기를 부여하는 것'으로 정의하고 있다. 즉, 소수의 그룹에 대해서 각양각색의 장소에서 한정된 시간 내에 사실, 숫자, 연구했던 방향에 대해 시각자료를 이용해서 구술언어를 표현하여 주최측이 의도하는 행동을 하게끔 청중에게 동기를 부여하고 설득시키는 것이다.

따라서 아무리 많은 지식의 양을 가지고 있다 하더라도 시간의 제약과 프리젠테이션 기술을 통해 여과되고 실제 청중들에게 전달되어 설득되는 것은 훨씬 적다. 따라서 지식의 양이 중요한 게 아니고 전달하고자 하는 내용을 얼마나 효과적으로 전달하느냐 하는 프리젠테이션 기술이 설득력을 더 발휘할 수 있다.

그러면 설득력을 배가할 수 있는 우수한 프리젠테이션이 되기 위해 지양해야 할 것은 무엇인가?

첫째, 단조로운 프리젠테이션은 설득과정에서 아무런 굴곡이 없기 때문에 청중들은 빨리 싫증이 나고 집중력이 떨어진다. 따라서 가장 설득력이 떨어지는 프리젠테이션이 된다.

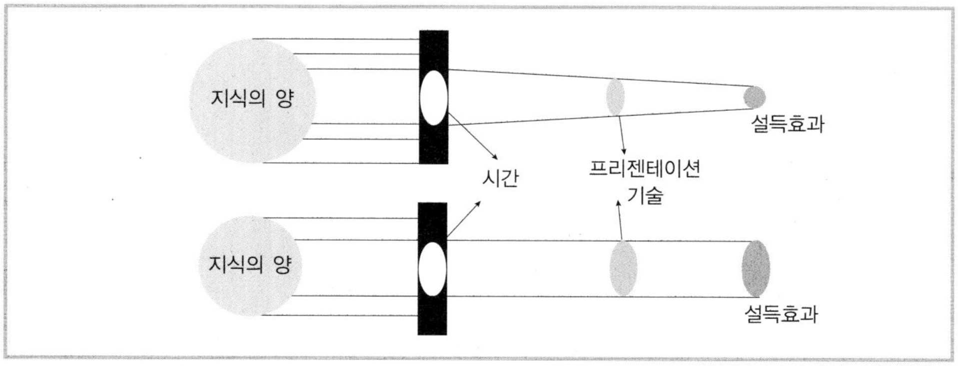

[그림 4-3] 프리젠테이션의 중요성

둘째, 처음은 효과적이나 갈수록 설득력이 떨어지는 프리젠테이션은 청중들의 초기 반응은 좋기 때문에 반향을 일으키는 데는 효과적이다. 그러나 갈수록 그 효과가 반감되기 때문에 청중들은 다시 주의집중을 하지 않고 또 연설자에 대한 신뢰감을 상실할 수 있다.

셋째, 보통의 일반적인 프리젠테이션은 서론–본론–결론의 구성 아래 강조하는 내용을 본론에 배치하여 전달하고자 하는 구조를 갖는다. 그러나 초기의 청중의 반응을 사로잡는 데는 실패할 수 있어 그 효과성을 극대화할 수 없다.

마지막으로, 가장 효과적인 프리젠테이션은 결론–서론–본론–결론의 구성 아래 처음의 청중을 사로잡는 데 성공할 수 있다. 그리고 본론의 각 부분에도 극적인 긴장감을 주어 청중들의 반응을 지속적으로 유도할 수 있다. 따라서 이 방법이 가장 효과적이다.

이처럼 프리젠테이션은 언어나 기타의 수단을 사용하여 개인 또는 집단에 대해서 이야기하는 사람이 바라는 방향으로 동기부여 또는 이해시키고 설득하려고 하는 커뮤니케이션의 한 방법으로 활용되고 있다.

프리젠테이션은 그 성패에 따라 연구보고가 판가름날 정도로 극히 중대한 도구가 된다. 오늘날 프리젠테이션은 면밀히 계획되고 구성되어 실시되어야 하는 것으로 그 자체가 특별히 제작된 하나의 상품으로 생각되어야 하며 따라서 프리젠테이션은 무형으로 사람, 정보, 노하우로 이루어진 하나의 경영상품이라고 할 수 있다.

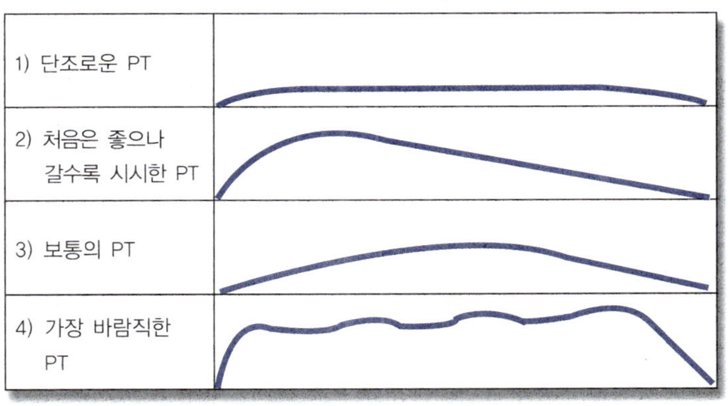

[그림 4–4] 우수한 프리젠테이션의 조건

일반적으로 경영사례에 있어 프리젠테이션의 목적은 여러 가지가 있다. 첫째, 팀원과 발표자가 제시된 문제를 충실하게 이해하고 있음을 나타내 준다. 둘째, 문제의 해결방법을 시각적으로 제시해 줌으로써 청중들을 효율적으로 이해시켜 준다. 마지막으로 청중들에게 그 해결법을 "사도록" 설득함으로써 팀 보고서의 내용을 정당화시켜 준다.

2. 프리젠테이션의 구조

프리젠테이션의 기본적인 구조로는 다음과 같이 7가지로 요약할 수 있다.

① 설득 내용의 추출
② 내용의 압축과 구성
③ 정보의 시각화
④ 정보의 분석과 가공 → 프리젠테이션의 구조
⑤ 프리젠테이션 tool의 활용
⑥ 표현력 · 언어능력
⑦ 인간적인 측면

이 가운데 작업적이고 기술적인 측면은 설득내용을 추출하여 구성된 정보를 시각화하고 tool을 활용하여 정보를 제공하는 부분이다. 반면, 프리젠테이션 제안자의 인간적인 측면은 표현력, 언어능력이라고 할 수 있다.

효과적인 프리젠테이션의 비결은 청중이나 고객의 특성에 맞게 전략을 수립하는 노력이 필요하다. 일반적으로 효과적인 프리젠테이션의 구조는 목적 – 목표 – 전략 – 전술의 구조로 되어 있다.

첫째, 목적은 왜 프리젠테이션을 해야 하는가에 대한 질문에서 시작해서 궁극적으로 프리젠테이션을 통해서 무엇을 달성한 것인가를 결정하는 내용으로 구성된다.

둘째, 목표는 목적을 달성하기 위한 구체적인 목표를 설정하는 과정으로 일정기간 내에 프리젠테이션을 통해서 도달해야 할 위치를 결정한다.

셋째, 전략은 프리젠테이션의 가장 핵심적인 영역으로 설정해 놓은 목표를 구체적으로 달성하기 위한 종합적인 계획을 구성한다.

1. 목적

- 왜? 프리젠테이션을 해야 하는가?
- 궁극적으로 무엇을 달성하고자 하는가?

2. 목표

- 일정기간 내에 도달해야 할 바람직한 위치

3. 전략

- 목표를 달성하기 위한 종합적인 계획

4. 전술

- 프리젠테이션 절차상의 제반 스킬

[그림 4-5] 효과적인 프리젠테이션 구조

마지막으로 전술은 프리젠테이션의 절차상의 제반 스킬로서 전략을 통해 목표에 이르게 하는 방법은 바로 효과적인 전술에 의해 결정난다.

3. 프리젠테이션에서 정보전달의 구조

프리젠테이션의 효과적인 정보전달을 위해서는 전달방식의 특성을 이해하여야 한다. 일반적으로 귀납적 구성방법과 연역적 구성방법이 있다.

첫째, 귀납적 구성방법은 구성에서는 특수에서 보편으로 끌어가는 일련의 흐름에 사고, 주장, 증거들을 배치한다. 발표자는 일반적 결론으로 끌어가기 위해 관련된 특정 사례를 제시한다. 간단히 정리하면 이런 방식이다.

(x) 사례 1
(x) 사례 2
(x) 사례 3
(X) 결론

이와 같은 방식으로 귀납적 사례를 구성한 예는 다음과 같다.

(x) 훌륭한 근육은 외모를 돋보이게 한다.
(x) 강한 심장은 건강으로 생겨난다.
(x) 정기적인 운동이 건강한 몸을 만든다.
(X) 이번 주에는 에어로빅 강습에 등록하자.

즉, 귀납적 구성은 사례 1, 2, 3을 통해 건강의 중요성을 언급하며 마지막에 에어로빅을 통한 건강관리를 설명하고 있다.

귀납적 구성방법은 특정한 관점에서 일반적인 결론으로 움직여 가는 개요로서 귀납적 구성이 효과적인 프리젠테이션은 다음과 같다. 상대방을 설득할 경우나 설명의 특성상 기술적(테크니컬)인 내용일 때, 그리고 청중이 잘 모르는 경우에는 서두에 설명을 한 다음 마지막에 결론을 이끌어내는 것이 효과적이다.

둘째, 연역적 구성방법은 먼저 일반적인 결론을 제시하고 특수한 사례, 관점, 결과로 이를 뒷받침한다. 간단히 정리하면 이런 방식이다.

(X) 일반적인 결론
(x) 사례 1
(x) 사례 2
(x) 사례 3

이와 같은 방식으로 연역적 사례를 구성한 예는 다음과 같다.

(X) 항공여행은 재미가 없다.
(x) 대부분의 좌석은 넘치도록 좁다.
(x) 비행기는 자주 덜컹거리고 불편하다.
(x) 운송 도중에 화물을 잃어버리는 경우도 잦다.

즉, 연역적 사례는 항공여행에 대한 견해를 먼저 밝히고 그 예를 좌석의 문제, 비행기의 문제, 화물의 문제를 언급함으로써 결론을 강조하는 구성방식이다.

연역적 구성방법은 일반에서 특수로 움직여가는 개요로서 연역적 구성이 잘 되는 프리젠테이션은 다음과 같다. 첫째, 짧은 시간밖에 없을 때, 그리고 소구하는 특성상 감성적일 때 효과적인 구성방법일 수 있다.

그러면 정보전달의 방식을 통해 효과적인 구성전개방식은 무엇인가?

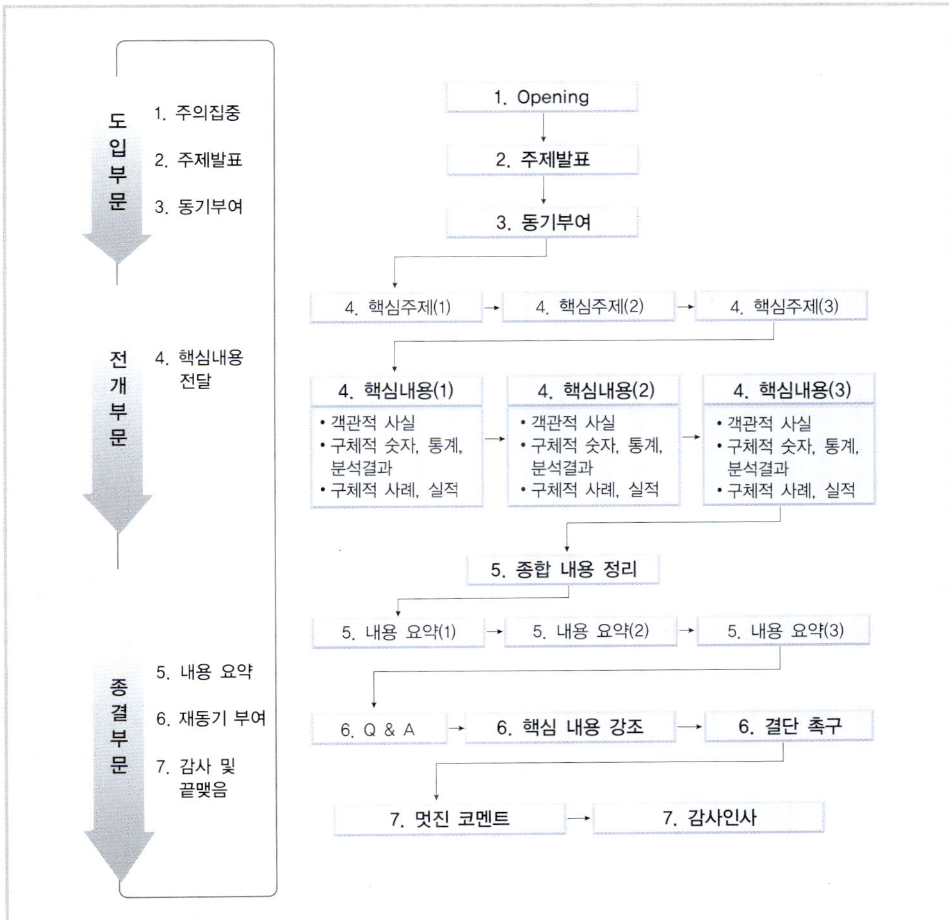

[그림 4-6] 바람직한 프리젠테이션 발표전개도

첫째, 도입부분은 주의집중과 발표주제에 대한 설명 그리고 동기부여를 통한 핵심주제에 대한 관심을 유도한다.

둘째, 전개부분은 핵심주제에 대한 핵심내용을 요약하는 단계로 청중들에게 전달하고자 하는 내용을 구체적인 설명을 곁들여 정보전달을 하여야 한다.

셋째, 종결부분으로 이 부분은 핵심주제별로 각각 내용 요약을 하고, 다시 한번 동기부여를 통해 청중들의 관심을 촉구한다. 그리고 마지막은 프리젠테이션의 청취에 대한 감사의 말을 통해 종결한다.

아무리 훌륭한 보고서라 할지라도 프리젠테이션을 통해 정보가 제대로 전달되지 않으면, 그 보고서의 가치는 감소할 수밖에 없으며 때로는 프리젠테이션 그 자체에 의해 보고서가 평가받기도 하기 때문에 프리젠테이션의 정보전달에 대한 많은 관심이 필요하다.

일반적으로 정보전달의 구조는 내용 × 전달효율성 = 설득효과로 이루어진다. 예를 들어, A팀은 보고서내용 100점, 전달효율성 50%이고, 반면 B팀은 보고서 내용 80점, 전달효율성 90%이라고 할 때, 우리는 A팀의 정보의 설득효과는 50점이 되고 B팀은 72점이 되는 것을 확인할 수 있다. 즉, 아무리 좋은 내용의 보고서가 있다 하더라도 전달하는 방법이 좋지 못하면 청중으로부터 받는 평가는 작아질 수밖에 없다.

따라서 전달하여야 할 정보에 대해서만 관심을 가지고 있으면 되는 것이 아니고 전달하는 방법에도 관심을 가져야 할 것이다. 즉, 정보의 내용을 충실히 하는 것과 함께 전달방법의 효율성도 고려하지 않으면 안 된다.

한편, 프리젠테이션의 설득효과는 전달효과, 프리젠터의 효과, 보조자료의 효과 등이 좌우하는데 프리젠터는 이와 같은 정보전달의 구조를 면밀히 활용하여 준비하여야 할 것이다.

4. 프리젠테이션에서 프리젠터의 역할

프리젠테이션에서 정보전달자인 프리젠터(presenter)의 역할은 제안하고자 하는 내용을 어떻게 진행시키고 완수할 것인가를 계획하여야 한다. 그리하여 청중들로 하여금 프리젠테이션의 제안대로 결정하고 설득되도록 촉진시키는 역할을 수행한다.

우선, 프리젠테이션이 실시되는 중에서는 프리젠터에게 전권이 주어진다고 볼 수 있으며, 첫째, 프리젠테이션의 목적과 청중들의 반응을 명확히 인식하여 프리젠테이션의 목적과 내용을 단도직입적으로 표현할 수 있어야 한다.

둘째, 프리젠터는 발표원고를 사전에 자기 것으로 소화해서 전체적인 개념을 결정한 후 원고 없이 프리젠테이션에 임해야 하고, 청중들에게 자신있게 말하고 설득할 수 있어야 한다.

셋째, 프리젠터는 청중들에게 어떻게 해서든 자신이 전달하고자 하는 내용을 강력하게 호소하고야 말겠다는 자세를 가져야 하며, 이때 프리젠터로서 효과적인 몸짓, 호소동작, 그리고 레이저 포인트와 같은 소도구의 사용도 가능할 것이다.

5. 프리젠테이션 기법의 의의

"친절한 말은 세상의 재물보다 오래 간다."는 격언을 들어 본 적이 있는가? 이 말은 불친절한 말에도 적용된다. 많은 사람들은 몇 년 전에 들은 것이라도 부정적이고 비판적이며 모욕적인 말들은 기억한다. 아직도 충격에서 벗어나지 못한 것이다. 프리젠테이션을 효과적으로 진행하려면 생각을 전하는 데 단어를 세심하게 선택해야 한다. 설득력 있는 프리젠테이션에서 쓰는 언어는 특히 엄격해야 한다. 문법이 틀리거나 어휘가 부족하거나 문장구성이 헷갈리면 청중을 오도할 수 있기 때문이다.

생각을 전하는 데 특별하고 유일한 길은 없다. 정확한 말보다는 효과적인 말을 생각하라. 물론 이런 방식의 접근은 상당한 책임감을 동반한다. 따라서 자신 맘대로 말해서는 안 된다. 결론적으로 품위, 정중함, 에티켓의 일반원칙이 적용되어야 한다.

프리젠테이션의 기법에는 모든 프리젠테이션에 공통적으로 고려해야 하는 기본적인 것과 프리젠테이션의 내용에 맞는 구성의 것으로 나눌 수 있다. 우선 기본적인 것으로는 발음, 발성, 태도 등이 있다.

첫째, 발음은 프리젠터가 갖추어야 할 중요한 요소로서 똑똑하게 들리지 않는다든지, 끝이 흐려진다든지 하면 청중은 집중력이 떨어진다.

둘째, 발성은 청중들의 시선을 사로잡는 데 상당히 중요한 역할을 한다. 만약 프리젠터가 대규모의 청중들 앞에서 프리젠테이션을 할 때 볼멘소리로 이야기하여 들리지 않게 된다면 아무리 좋은 내용이라 할지라도 프리젠테이션은 실패로 끝나게 된다.

셋째, 프리젠터의 태도 역시 중요한 요소가 된다. 프리젠터의 입장에서는 어떻게 해서든지 청중들에게 호소력 있는 목소리로 반응을 일으켜야 하는데, 소극적인 태도나 어눌한 몸짓으로는 소기의 목적을 달성할 수 없다. 따라서 적극적이고 도전적인 자세로 청중들을 사로잡아야 한다.

또한 내용적인 것으로는 다음과 같은 것이 있다.

첫째, 프리젠터는 알기 쉽게 전달하여야 한다. 그렇게 하기 위해서 프리젠터는 우선, 청중들에게 알기 쉬운 용어를 사용하여야 한다. 예를 들어, '구매력'을 '바잉파워'라고 표현했을 때 유통의 전문가가 아니라면, 바잉파워에 대해 의문을 제기할 수 있다. 또한, 제한된 시간의 엄수와 주어진 시간에 맞는 내용을 구성하여야 한다. 그리하여 제한된 시간 동안에 주제의 명확한 부각, 순서 있는 논리 전개, 중요 point의 강조, 그리고 마지막 결론은 간단하고 인상깊은 맺음말로 끝내야 한다.

둘째, 프리젠터는 효과적으로 정보를 전달하는 방법을 연구하여야 한다. 그러기 위해서는 정보의 내용을 듣는 청중의 수준을 고려하는 것도 중요한 요인이 될 수 있다. 학생들 앞에서 이야기할 때는 학생들의 수준에 맞게 그리고 전문가들 앞에서 이야기할 때는 전문용어를 사용하여도 무방할 것이다. 또한, 가능한 정보를 시각화(visual)하여야 한다. 정보를 압축, 이를 입체화하는 것보다 프리젠테이션에서 중요한 것은 없을 것이다. 우리가 일반적으로 1분간 말했을 때 듣는 양은 300자인데 비해 시각적으로 보는 양은 약 6배가 넘는 3,000자 가량이 된다고 한다. 따라서 비쥬얼화를 통한 메리트는 제한된 시간 내에 이루어지는 프리젠테이션의 매력도는 아무리 강조해도 지나치지 않을 것이다. 정확한 비쥬얼 테크닉을 사용해 듣는 사람에게 강한 이해를 심어주고 효과적으로 설득함으로써 같은 시간에 보다 많은 정보의 양을 보다 짧은 시간 내 전달이 가능할 것이다.

6. 프리젠테이션의 세부기법

프리젠테이션의 세부적인 고려사항도 프리젠테이션을 성공적으로 이끄는 데 중요한 역할을 한다.

우선, 프리젠테이션의 대상에 대한 철저한 분석이 요구된다. 즉 청중들의 성별, 학력, 직업, 연령 등 그들의 관심사를 고려하여 이들의 요구에 맞는 프리젠테이션을 실시하여야 적극적인 반응을 일으킬 수 있다.

둘째, 프리젠테이션의 주요 목적은 무엇인가를 파악하여야 한다. 그리하여 주어진 발표시간 내에 어떠한 시나리오를 가지고 목적에 부합하는 발표를 할 수 있을 것인가를 결정하게 된다.

셋째, 프리젠테이션의 주요 기자재를 결정하여야 한다. 괘도, 칠판, 사진 슬라이드, OHP, VTR 혹은 Projector 등 다양한 보조도구 가운데 프리젠테이션의 목적에 맞는 보조도구를 선택하여야 할 것이다.

넷째, 프리젠테이션의 예행연습을 철저히 하여야 한다. 그리하여 프리젠터는 실제와 같은 상황에서 연습하여 발표 당일 실수 없이 실전에 임해야 할 것이다. 또한 예행연습 시에는 발표의 강조점 등을 체크하여 체크 포인트로 활용하여야 할 것이다.

7. 프리젠테이션의 화술

프리젠터의 입장에서는 알기 쉽게, 간결하게, 인상 깊게 말하는 비결은 무엇인가에 대한 관심이 가장 클 것이다. 따라서 프리젠터는 프리젠테이션을 전개하는 방법의 기본을 파악하고 다음과 같은 체크 포인트를 활용하여 화술을 전개하여야 할 것이다.

첫째, 전달하고자 하는 보고서의 내용을 명확하게 말하여야 한다. 아무리 뛰어난 화술이라도 불명확한 주제의 전달은 청중들을 혼란스럽게 한다.

둘째, 전달하고자 하는 주제의 내용을 구체적으로 말하여야 한다. 주제의 내용을 너무 개략적으로 설명하면 청중들은 실제 정보전달의 내용을 피상적으로만 이해하게 될 것이다.

셋째, 전달하고자 하는 내용을 전체적으로 개념화하여 그 순서에 따라 이야기하여야 한다. 두서없는 정보의 전달은 청중들의 이해를 난해하게 만든다.

넷째, 전달하고자 하는 내용 가운데 강조하고자 하는 포인트에 강약, 고저, 억양을 주면서 청중들의 반응을 유도하여야 한다.

다섯째, 마지막 맺음말을 인상에 남기도록 한다. 그리하여 프리젠터는 전달하고자 하는 내용을 맺음말 부분에 한 번 더 강조함으로써 프리젠테이션을 마쳐야 한다.

일반적으로 프리젠테이션은 복합적인 기술이라고 한다. 즉, 프리젠터의 화술과 보조도구의 활용을 통한 기술적인 측면, 정보전달의 내용적 측면이 복합적으로 작용하여 프리젠테이션의 성공을 결정한다. 그러나 프리젠테이션이 아무리 복합기술이라고 하지만 역시 화술이 성공의 중요한 포인트가 된다. 왜냐하면 같은 내용이라도 말하는 방법에 따라 받아들이는 태도가 달라지기 때문이다.

다음은 프리젠테이션의 화술에 있어서 고려해야 하는 체크리스트를 한번 살펴보자.

먼저 프리젠테이션을 시작하게 되면 가장 뒤에 앉아 있는 사람의 반응을 확인해야 한다. 왜냐하면 프리젠터가 하는 말이 가장 뒤에 앉아 있는 사람에게도 잘 들리는가를 살펴보아야 하기 때문이다.

둘째, 프리젠터의 목소리에 변화를 주어야 한다. 청중들의 입장에서 보면, 변화가 없는 말은 싫증을 금방 느끼게 되기 때문이다. 따라서 중요한 부분은 목소리를 크게 하며 천천히 전달하여야 하며 덜 강조되는 부분은 목소리를 작게 빨리하는 것도 하나의 요령이 된다.

셋째, 결론을 먼저 이끌어내어야 한다. 일반적인 문장의 구성은 서론-본론-결론의 순서이지만 프리젠테이션에서는 결론을 먼저 제시하며, 끝나는 부분에 한번 더 결론으로 끝을 맺는 것이 효과적이다.

넷째, 중요한 포인트는 반복해서 이야기해도 무방하다. 왜냐하면 청중들이 한번 들어서 이해한다고 생각하는 것은 잘못된 생각이다. 따라서 되풀이해서 포인트를 강조하는 것도 효과적일 수 있다.

다섯째, 중요한 키워드(keyword)는 메모를 해두어야 한다. 아무리 사전에 프리젠테이션의 내용을 예행연습을 통해 시나리오를 구성했다고 해도 중간에 기억나지 않는 경우가 있다. 이때 중요한 키워드는 발표의 순서와 키워드에 대한 세부적인 내용을 기억나게 할 것이다.

8. 프리젠테이션의 기획

프리젠테이션에서 기획이 가지는 장점은 상당히 많다.

우선, 계획 없는 즉흥적인 프리젠테이션은 할 말을 빠뜨리는 경우가 많다. 이는 청중들로 하여금 준비가 덜 된 것으로 비춰지기 쉽다.

둘째, 제한된 시간을 효율적으로 활용할 수 있다. 우리가 흔히 제한된 20분 시간 가운데 서론 부분에서 시간을 다 소비해서 결론도 내지 못하고 강단을 내려오는 경우를 자주 보아왔다. 이는 바로 프리젠테이션의 계획상의 착오라고 할 수 있다.

셋째, 내용 구성을 효과적으로 하기 위해서 필요하다. 예를 들어, 주어진 20분 동안에 어떤 내용에 몇 분을 쓸 것인가를 사전에 계획되어 있지 않으면 내용상의 효율성을 꾀할 수 없다.

넷째, 프리젠테이션 기획은 프리젠테이션 도구와의 효과적 조화를 위해서 필요하다. 예를 들어, 빔 프로젝트를 통한 프리젠테이션의 경우에는 프리젠터가 마우스 클릭을 통해 파워포인트 슬라이드의 움직임을 사전에 감지해야 당황하지 않고 프리젠테이션을 마칠 수 있다.

한편, 프리젠테이션에 있어 또 하나 고려해야 할 것은 바로 '바디랭귀지'(body-language)의 활용이다. 긴 시간과 노력을 통해 만들어진 프리젠테이션의 기획이 짧은 프리젠테이션의 시간을 통해 청중들이 모두 이해해 주기를 바라는 것은 쉬운 일이 아니다. 프리젠테이션의 능력과 연출력이 중요하며 성실, 착실한 태도로 자신과 확신을 가지고 설명하는 것이 무엇보다 중요하다. 반면 침착하지 못하거나 목소리가 작으면 자신이 없는 것처럼 보이며, 청중들로 하여금 신뢰도를 떨어뜨리게 한다.

이처럼 프리젠테이션의 성공 여부에 바디랭귀지의 역할이 중요한데, 특히 미국의 심리학자인 Albard Meribian에 의하면, 커뮤니케이션과 프리젠테이션의 성공은 이야기의 내용(무엇을 이야기하는가?), 이야기하는 방법(목소리의 고저, 억양, 말의 속도 등), 그리고 몸짓, 눈짓, 얼굴표정, 자세, 태도, 복장, 이동동작 등과 같은 비언어적 커뮤니케이션인 바디랭귀지에 의해 결정된다고 보았다. 또한 이 세 가지 요소 가운데 청중들에게 효과를 주는 비율은 이야기의 내용(7%), 이야기하는 방법(38%), 바디랭귀지(55%)로 제시하였다. 이것은 이야기의 내용 외의 부분이 93%를 차지하고 있다는 의미이며, 그 중에서도 절반 이상인 55%가 바디랭귀지라는 말이 된다. 따라서 비쥬얼화된 부분을 바디랭귀지를 활용하여야 효과적인 프리젠테이션이 될 수 있을 것이다.

9. 프리젠테이션의 질의응답

프리젠테이션의 진가는 청중들과의 질의응답에서 평가되기도 한다. 아무리 효과적인 설명이 되었다 할지라도 질의응답에서 실패하면 결국 모든 것은 실패가 될 가능성이 크기 때문이다. 따라서 프리젠터는 무엇보다 질의응답에 대한 충분한 준비가 필요하다.

일반적으로 프리젠터들은 질의응답에 대한 준비가 제대로 되어 있지 않으면, 당황하고 정말 큰일났다는 표정을 짓게 되는데 이는 프리젠테이션의 신뢰감을 상실하게 된다. 따라서 프리젠터들은 질문을 환영하여 자신감이 넘치는 태도를 가져야 청중들의 신뢰를 얻을 수 있다. 또한, 청중들의 반대의견에 대해 질문자의 의견을 묵살하거나 체면을 손상시키는 것과 같은 대답은 절대적으로 피해야 한다. 즉, 부정적인 태도보다는 반대의견은 제안내용을 보다 세련되고 좋게 하는 의견으로 평가하고, 상대의 착안점을 칭찬하고 감사하는 태도가 무엇보다 중요하다. 물론 여기서 무턱대고 상대방을 칭찬하거나 너무 지나친 감사의 태도는 오히려 불쾌감을 줄 수 있다.

chapter 05

산업구조분석

chapter

05 산업구조분석

제1절 산업구조분석

경영전략을 효율적으로 수립하기 위해서는 기업의 의사결정 및 경영성과에 영향을 미치는 외부환경요인에 대한 체계적인 분석이 필요하다. 기업의 외부환경분석에는 거시환경분석, 산업구조분석, 경쟁자분석, 산업의 구조적 변화분석, 시나리오 기법 등 다양한 분석틀이 있다.

그 가운데 체계적인 외부환경의 분석도구로 가장 많이 이용하는 M. Porter의 산업구조분석모형을 중심으로 살펴보자.

1. 산업구조분석모형

산업구조는 기업이 전략을 수립하고 실천에 옮길 때, 직면하는 가장 중요한 환경적 요소이다. 일반적으로 기업의 환경이라고 하면 기업의 행동방식과 경영성과에 영향을 주는 여러 가지 요소들을 말한다.

기업의 환경적 요인은 크게 거시적 환경요인과 산업환경으로 구성된다. 거시적 환경요인은 정치적 환경, 경제적 환경, 사회적 환경, 기술적 환경, 정부와의 관계 등 다양한 환경이 있다. 산업환경은 사업전략에 직접적으로 관련된 관계로서 공급자 환경, 소비자 환경, 경쟁자 환경 등으로 구성된다. 산업구조분석은 환경적 요인 가운데 산업환경을 중심으로 산업의 구조적 분석을 통하여 여러 기업과의 관계를 분석하는 방법이다.

경영전략이란 경쟁에서 이기는 법을 배우는 것이며 궁극적으로 기업성과를 증가시키기 위해서 무엇이 산업의 수익률을 증가시키는 요인이며, 증가시키기 위해 어떠

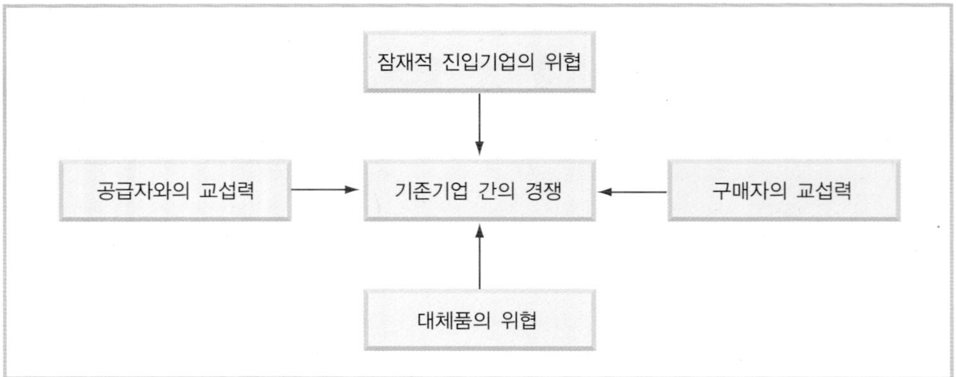

[그림 5-1] 산업구조분석모형

한 노력을 해야 할 것인가를 규명하는 것이다.

산업구조를 분석하는 기법을 전략경영적 접근으로 파악하는 데 결정적인 공헌을 한 사람은 하버드 대학의 Michael Porter 교수이다. 포터는 『경쟁전략』이란 책을 통해 산업조직론에서 발견된 산업구조분석을 기업전략에 적용하기 위한 분석틀을 제시하였다. 그의 분석틀에 의하면 다섯 가지 경쟁세력에 의해 산업의 수익률이 결정된다. 이 다섯 가지 경쟁요인은 기존기업 간의 경쟁, 잠재적 진입자의 위협, 대체재의 위협, 공급업자와의 교섭력, 소비자와의 교섭력으로 나누어진다. [그림 5-1]은 포터에 의한 5가지 경쟁세력에 대한 산업구조를 도식화하고 있다.

2. 산업구조의 경쟁세력요인

1) 기존기업 간의 경쟁

기존기업 간의 경쟁(rivalry among existing firms)은 경쟁에서 유리한 위치를 차지하려는 여러 가지 전략으로 나타나는 데, 예를 들어 가격인하, 신제품 전략, 광고, 고객서비스 강화, 제품에 대한 A/S 강화 등의 형태로 전개된다. 이와 같은 기존기업 간의 경쟁이 심화되는 이유는 경쟁기업들이 외부로부터 경쟁의 압력을 받거나 또는 자신의 입지를 강화시킬 수 있는 기회를 발견하였을 때이다. 특히 경쟁기업의 신제품 개발은 여타기업에 자극을 주어 비슷한 신제품개발이란 효과를 가져온다. 예를 들어 음료산업의 청량음료 사업부의 경우 이와 같은 현상이 자주 발생하는 데 청량음료 사업을 하는 회사들은 순수청량음료 → 탄산음료 → 보리음료 → 이온음료 → 식혜음료 → 대추음료 등으로 발전할 때 경쟁적으로 신제품 개발을 출시하여 경쟁기업에 대처하고 있다.

기존기업 간의 경쟁 정도는 다음과 같은 요인에 의해 결정된다.

첫째, 경쟁업체의 수가 많고 그들의 경쟁활동이 치열할수록 경쟁이 더욱 복잡해진다.

둘째, 시장특성에 따라 제품차별화가 적을수록 기업들은 가격경쟁에 의존하게 되며, 이에 따라 제품차별화가 낮은 산업일수록 기업 간 경쟁이 심화된다.

셋째, 구조적으로 고정비 비중이 높은 경우 가동률을 높이려는 압력을 받게 되며 따라서 무리한 물량경쟁으로 인해 지나친 가격인하 경쟁으로 치닫게 된다.

넷째, 철수장벽이 높은 경우, 사업에서 손떼기가 어려우므로 배수의 진을 치고 경쟁에 임하게 된다.

다섯째, 전략적 이해관계가 높으면 경쟁이 치열해진다. 예를 들어 경영다각화를 이루려고 하는 기업이 기업 전체의 전략적 입장을 강화시키기 위해 특정산업에서의 성공에 큰 중요성을 부여하는 경우이다. 특히 미원과 제일제당의 조미료 전쟁, 삼성전자와 LG전자의 가전 1위 싸움은 특정산업의 회사 전체에 미치는 이미지가 전략적 측면에서 중요성을 띄게 되기 때문에 그 산업의 경쟁은 심화된다.

2) 잠재적 진입자의 위협

잠재적 진입자(new entrants)란 새로이 산업에 진입하여 실제적인 경쟁기업으로 될 가능성이 있는 기업으로 현재에는 산업밖에 있는 기업이다. 잠재적 진입자가 산업에 들어올 수 있는 가능성, 범위 및 속도를 줄이는 장애요인을 진입장벽이라고 한다.

새로운 산업에 진출하는 기업들은 상당한 자원 및 능력을 확보하고 이를 이용해서 시장을 확보하려는 강한 의지를 가지고 있다. 이같은 조건을 갖춘 신규기업이 진출하면 가격이 하락하거나 부대비용이 상승해서 기존기업의 수익성을 감소시킬 가능성이 커진다. 이때 산업에 새로이 진출하는 기업이 주는 위협의 강도는 그 산업에 내재된 진입장벽과 신규진출기업이 예상하는 기존 업체들의 여러 가지 대응방법에 따라 결정된다.

잠재적 진입자들이 새로운 산업에 진출할 때 부딪치게 되는 장애요인들을 진입장벽을 중심으로 요약하면 다음과 같다.

첫째, 규모의 경제이다. 특히 자본집약적이며 연구개발투자가 많이 소요되는 산업에서는 규모의 경제가 상당히 크게 작용하기 때문에 규모의 경제를 이룰 수 없는 기업들은 시장진입을 선불리 결정할 수 없다.

둘째, 제품차별화이다. 제품차별화가 가능한 산업에서는 기존기업들은 신규진입자에 비해 브랜드 로얄티 측면에서 상당한 이익을 보고 있으며, 소비자들은 이들에 대한 높은 비용을 지불해서라도 그 제품을 구매하는 것으로 알려지고 있다. 따라서 제품이 차별화된 시장에서 신규기업들은 그 제품을 판매하기 위해서는 엄청난 광고비를 추가적으로 지출하여야 한다.

셋째, 소요자본이다. 신규기업이 산업에 진출하는 데 필요한 투자액이 굉장히 많은 경우에는 소수의 기업만 투자가능하고 대부분의 경우는 설비투자에 대한 자본소요량이 크기 때문에 진입하기가 힘들다. 예를 들어 조선업이나 항공산업은 초기설비투자가 크기 때문에 그 산업이 아무리 매력적이라 하더라도 진입하는 데에는 상당한 무리가 따른다.

넷째, 교체비용이다. 교체비용이란 제품의 구매자가 기존제품을 다른 기업의 제품으로 바꿀 때 부담하게 되는 비용으로 정의하는 데, 이같은 교체비용을 신규기업이 극복하기 위해서는 가격이나 성능면에서 월등하게 앞설 때 기존경쟁자로부터의 교체매매가 가능한 것이다. 예를 들어 워드프로세스 시장에서 한글과 컴퓨터사가 초기에 구축한 훈글은 MS사의 MS-WORD나 삼성전자의 훈민정음이 따라오기엔 소비자의 교체비용 때문에 불가능한 일이었다.

다섯째, 유통경로에의 접근이다. 기존기업들은 강력한 유통채널을 확보하고 있으나 신규기업들은 이러한 유통채널을 확보하지 못할 때 발생하는 문제이다. 이같은 현상은 주류산업에서 발생할 수 있는데 OB맥주나 HITE맥주가 점유하고 있는 맥주시장은 잠재적 진입자의 측에서 보면 아주 매력적인 산업이지만 선불리 그 산업에 진출할 수 없다. 그 이유는 두 회사가 이미 구축해 놓은 유통채널은 다른 잠재적 경쟁기업의 입장에서는 진입장벽이 될 수 있기 때문이다. 반면에 진로의 CASS맥주가 쉽게 맥주시장에 진출할 수 있었던 것은 소주시장에서 구축해 놓은 유통채널을 맥주에 그대로 적용 가능했기 때문에 CASS의 입장에서 보면, 유통채널이 진입장벽이 되지 못했던 것이다.

여섯째, 정부의 제도적 정책이다. 정부의 규제는 신규기업의 진입을 막는 가장 효과적인 진입장벽이 될 수 있는데, 예를 들어 재벌기업들의 은행소유의 제한이나 방송 및 정보통신사업의 경우 정부의 허가를 통해 인가기업만 독점적인 권한을 보장해 주는 경우가 여기에 해당된다.

일곱째, 절대적인 원가우위이다. 기존기업들은 신규기업에 비해 원료를 싸게 구입하는 등 경험효과를 통한 초기진입자의 이익(first mover's advantage)을 얻음으로써 절대적 원가우위를 얻고 있으나 신규기업들은 이러한 이득을 가지지 못함으로써 원가상의 어려움이 있다. 예를 들어 삼성전자의 반도체산업은 오랜 기간 동안 축적된 경험을 토대로 원가상의 이득을 누리고 있다. 반면에 뒤늦게 반도체산업에 진출한 대만의 컴퓨터회사들은 반도체산업에서 원가상의 상당한 불리점을 안고 있다.

이같은 신규기업들이 새로운 산업에 도전하게 될 때 겪게 되는 진입장벽 요인뿐만 아니라 진입 이후, 기존기업들이 신규진입기업에게 가하게 되는 대응방법에 대해서도 알아볼 필요가 있다.

새로운 산업에 진입하려는 기업은 진입장벽을 넘기 전에 반드시 기존기업들이 어떠한 반응을 보일 것인가를 예상해야 한다. 그리하여 기존 경쟁자들이 잠재적 진입자의 진출에 대해 강력하게 대응할 것으로 예상된다면 새로운 산업에 진출하는 것을 억제시키는 요인으로 작용하게 될 것이다. 특히 기존기업들이 다음과 같은 상황인 경우 상당한 보복이 예상된다.

첫째, 과거 신규진출기업에 대해 심하게 보복한 경험이 있는 경우이다. 예를 들어 부광약품이 치약시장에 진출하려고 했을 때 럭키치약이 과거 불소(F)치약의 진입을 강력하게 보복한 경우를 상기하며, 세심한 주의를 통하여 치약시장에 진출한 경우이다.

둘째, 기존의 기업들이 막강한 자원동원 능력과 잉여생산 능력, 유통경로 및 고객들에 대한 막강한 영향력을 갖추고 있기 때문에 보복을 할 수 있는 경우이다. 예를 들어, 맥주시장에서 기존기업들인 OB맥주나 HITE맥주는 진로의 CASS맥주의 진입에 대하여 그들이 구축한 영향력을 바탕으로 무차별적 공격을 통하여 CASS를 공략하였으며, 결국 진로쿠어스 맥주사업부는 적자를 감수할 수밖에 없었다.

셋째, 기존기업이 진출대상 산업에 전력을 다하고 있으며 막대한 고정자본을 이미 보유하고 있어 그 산업에 철수하기 어려운 경우이다. 예를 들어 현대가 정유사업에 진출하려고 했을 때 기존 정유회사들인 SK, LG정유, 한화에너지, 쌍용정유, 극동정유 등은 다른 재벌기업이 정유산업에 진출함으로써 수요와 공급의 불균형이 일어날 것으로 예상해서 적극적으로 반대했다. 이같이 정유산업의 특성상 막대한 투자가 이미 이루어져 있어 산업에서 철수하기가 곤란한 경우 기존기업들은 사운을 걸고 대응

조치를 취한다. 그리하여 현대그룹은 정유회사들의 반대에 부딪쳐 회사를 직접 설립하는 방식을 취하지 못하고 극동정유의 인수를 통해 정유사업에 진출하게 되었다.

3) 대체재의 위협

특정산업에서 기업활동을 벌일 때, 대체재(substitute products or service)가 존재하는 기업인 경우 자신의 제품을 구매하는 고객 중 일부가 대체품을 구입하게 됨에 따라 그만큼 고객을 잃어버릴 수가 있다. 즉, 우리 제품을 구입하던 구매자가 다른 제품을 구매하게 된다면 동질적인 제품이건 이질적인 제품이건 우리의 구매자를 빼앗아가는 경쟁상태가 형성되게 되는 것이다. 이와 같이 대체재가 많을수록 기업들은 자신의 제품이나 서비스에 높은 가격을 받을 수 있는 가능성이 줄어든다. 예를 들어 백화점 산업의 경우, 대체재인 가격할인점의 등장으로 많은 타격을 입게 되었다. 백화점업계는 이에 대한 자구책으로 매장 내에 E-MART, K-MART와 같은 자체의 매장을 구성하여 가격할인점업계에 대항하고 있다.

이와 같이 대체재가 존재할 경우 그 산업에 미치는 정도는 다음과 같은 두 가지 요소에 의해 결정된다.

첫째, 소비자들의 교체비용으로서, 즉 소비자들이 쉽게 대체재로 옮겨갈 수 있는가하는 문제이다. 특정제품이 상표 충성도(brand loyalty)가 상당히 높은 경우에는 대체재의 존재가 문제가 되지 않으나 제품의 차별화가 크지 않고 가격의 민감도가 큰 경우 대체재의 존재는 산업에 미치는 정도는 상당히 크다. 둘째, 대체품이 가지고 있는 가격 및 효능이다. 즉, 대체품이 가지고 있는 유용성이 크면 클수록 소비자들은 교체매매를 서두르게 되며 기존기업들은 이와 같은 품질의 차이로 인해 기존시장을 잠식당하고 만다. 예를 들어 비디오 산업은 시간과 공간의 편리성으로 인해 영화산업을 급속히 대체시키고 있으며, 남성전용 미용실은 실내의 청결과 머리의 유행을 바탕으로 기존의 이발소들을 대체하고 있다.

4) 공급자와의 교섭력

공급자(supplier)들이 구매자보다 유리한 위치를 점유하고 있다면 가격인상이나 판매하는 제품 및 서비스의 질을 떨어뜨리겠다는 위협을 통해 교섭력을 발휘할 수 있다. 따라서 공급자가 구매자보다 상대적으로 우월한 힘을 가지고 있다면 그 기업은 원료 또는 부품 공급자의 가격인상 때문에 발생한 비용증가를 판매가격에 반영시키지 못하는 경우 자신의 수익성을 낮출 수밖에 없다.

공급자들이 강력한 힘을 발생하게 되는 여건은 구매자들이 강력하게 힘을 발휘하는 경우와 정반대의 입장인데 공급력 교섭의 결정요인은 다음과 같이 같다.

첫째, 공급량의 비중이다. 공급자가 독점 내지는 독과점의 형태로 집중되어 있으므로 다수의 구매자가 존재하는 경우 공급자의 교섭력은 강해진다. 예를 들어 석유기구인 OPEC의 위치는 다수국가의 석유 메이저(major)들에게 강력한 교섭력을 발휘한 경우이다.

둘째, 원료, 부품의 차별화 정도이다. 만약 공급업자가 제공하는 제품이 차별화되어 있어 구매자가 공급자를 바꿈으로써 비용이 발생하는 경우 공급자의 교섭력은 강해진다.

셋째, 제공제품에 대한 대체품의 존재 여부이다. 만약 공급자가 제공하는 제품에 대체품이 존재한다면 그들의 교섭력은 약화될 것이나 대체품이 존재하지 않는다면 독점적 위치를 통해 교섭력은 강화될 것이다.

넷째, 공급제품이 구매자에게 차지하는 중요성 정도이다. 구매자들이 공급자들의 제품, 제조공정이나 제품품질에 중요한 그실을 할 때에는 공급자들의 영향력이 강해진다. 예를 들어 제지회사의 경우 펄프는 다른 어떠한 원료보다 중요한 위치를 차지하기 때문에, 펄프 공급자와의 관계에서 강한 교섭력을 갖추는 것이 제일 중요하다.

다섯째, 공급자의 전방통합능력이다. 공급자가 제품을 구매자에게 공급하는 대신 직접 구매자의 분야로 뛰어들어 경쟁자로 나타난다면 구매자의 입장에서는 어려운 경쟁 상황에 직면하게 된다. 예를 들어 타이어 제조회사가 자동차 완성업계에 진출한다면 자동차 완성업체는 자동차의 타이어 공급에 있어 차질을 빚을 수 있고, 타이어 회사는 자동차 완성업체에게 교섭력을 발휘할 수 있다.

5) 구매자의 교섭력

구매자(buyer)들은 가격인하, 품질향상 또는 서비스 증대를 요구하거나 경쟁기업들을 서로 대립시키는 행위 등을 함으로써 산업의 수익성을 감소시킬 수 있다. 이때 구매자의 교섭력을 결정하는 요인들은 앞에서 살펴본 공급자들을 강력하게 만드는 상황과 정반대의 입장에서 살펴볼 수 있으며, 다음과 같이 요약해 볼 수 있다.

첫째, 구매자들의 가격 민감도(price sensitivity)를 들 수 있다. 구매자들은 자신이 구입하는 제품의 가격에 대해서 자신의 이윤폭, 제품원가에서 차지하는 비중 때문에 매우 민감할 수가 있다. 이때 만약 구매자들이 자신이 구입하는 제품가격에 대해서 민감하다면 어떤 형태로든 자신의 협상력을 강화시키려 할 것이며, 여의치 않을 때에는 구매선을 변경할 수도 있을 것이다. 그러나 공급선을 바꾸는 데 많은 교체비용이 든다면 구매자의 교섭력은 떨어질 수 있다. 또한 구매자의 교섭력은 제품차별화가 심할수록 가격의 민감도는 낮으며, 제품차별화가 덜된 제품일수록 가격의 민감도는 높아진다.

둘째, 구매자들의 상대적인 교섭능력이다. 이때 상대적인 교섭능력은 구매비중, 구매량, 제품의 차별화 정도, 구매자들의 후방통합능력, 구매자가 가진 정보력 등에 의해 결정된다.

제2절 산업구조분석 사례

경영사례 1 테마공원산업 : 삼성에버랜드*

1994년 9월 10일, 새벽 어스름이 채 가시기도 전에 허 대표는 20년 전 자연농원(현 에버랜드) 설립을 위해 그 첫 삽을 뜬 과수농장의 능선에 올라 아래로 펼쳐진 농원의 시설을 바라보며 깊은 생각에 잠겨 있었다. 지난 주말부터 시작된 자연농원의 마스터 플랜과 씨름하느라 며칠 밤을 꼬박 지새웠기 때문인지 그의 얼굴엔 그동안 쌓인 피로가 가득하였다. 얼마 전 담당 임원들과 월트 디즈니를 방문하였을 때 그들의 시설과 경영방식에 큰 충격과 감동을 받고, 그날 저녁 석양이 지는 플로리다 해변에서 "왜 우리라고 해서 디즈니와 같은 초일류테마공원을 만들 수 없겠는가? 기필코 우리의 자연농원을 세계최고의 테마파크로 만들리라."고 다짐하며 함께 눈시울을 붉히던

---

* 본 사례는 삼성에버랜드의 지원으로 작성한 것으로 경영상의 적절 또는 부적절한 상황을 예시한 것은 아니다. 본 사례는 영문(Samsung & Theme Park industry in Korea)으로도 번역하여 Harvard Teaching Material에 등재(#96M006)되어 활용되고 있다. 본 사례는 저작권자의 사전 허가없이 복사, 재인쇄 및 내용변경 등 일체의 행위는 금지되어 있다.

기억이 스쳐 지나갔다. 그동안 자연농원의 향후 사업계획의 타당성을 검토해 오면서 새 사업의 밝은 전망과 더불어 여러 장벽들이 동시에 도사리고 있어 사업계획의 의사결정은 난항을 거듭하고 있었다.

아침 7시 30분, 사무실로 돌아온 허 대표는 바로 임원회의에 들어갔다. 회의에 참석한 임원들도 근 2개월간 새사업 구상을 준비하느라 바쁜 시간을 보내고 있었다. 허 대표는 회의 서두에 그의 의견을 다음과 같이 피력했다.

> "우리는 지난 2년간 서비스산업에 필요한 임직원의 자질과 의식개혁을 추진하면서 주요 사업계획을 무리없이 차곡차곡 진행해 왔다고 봅니다. 그러나 여러분들도 아시다시피 급변하는 레저산업의 환경변화, 소득증가로 생활의 윤택함을 누리고 있는 고객의 서비스 산업에 대한 높은 기대수준, 더욱이 1993년 삼성 신경영이 선포된 이후 자연농원이 변해야 한다는 내부로부터의 목소리 등 일련의 주변상황에 의하면 현재의 자연농원이 완전히 탈바꿈되어야 한다는 위기의식이 조직 전반에 고취되어 있고 나 자신도 우리사업의 대전환이 필요하며 그 변신의 시점이 되었다고 봅니다. 여러분도 직접 보고 느꼈듯이 디즈니랜드와 우리의 현실을 비교해 보면 엄청난 차이가 있다고 봅니다. 왜 그런 격차를 스스로 인정해야 합니까? 우리 삼성이 세계 초일류를 부르짖고 있는 이때에 자연농원이 국제적 테마파크로 변신할 수 있는 사업전략에 관한 마스터 플랜을 완성하기 위해 오늘 우리가 이렇게 모였습니다. 1조 원 이상의 대규모 투자가 요구될 자연농원의 장기사업전략을 구상함에 있어, 과연 우리가 처한 경영환경은 어떠하며 그런 경영환경에 대한 내부의 역량을 고려해 볼 때 투자에 대한 현실성은 있는 것인지, 또한 구체적인 전략을 수립한다면 어떤 점에 우선순위를 두어야 하는지에 관하여 각자 조사한 자료를 놓고 허심탄회한 토론을 하고자 합니다. 특히 우리 업종 자체가 고객만족의 도출이 지상목표임을 유념하여 새 사업구상이 되어야 한다고 믿습니다."

자연농원

국가경제개발이 성공적으로 수행되어 오던 '70년대 초반 성장 위주의 경제시책은 종합적이고 체계적인 국토개발을 병행하지 못하고 있는 실정이었다. 지속적인 경제성장을 지원하기 위한 생산기반의 확대, 폭발적인 인구의 증가, 도시화와 산업화로의 진전은 공장부지, 택지, 사회간접시설의 수요를 증가시킴으로써 산림지와 농경지의 형질 변경을 요청하게 되고 한편으로는 식량 생산 증대와 자연삼림 보호의 필요성이 불가피하게 대두되었다. 이 상충되는 시대적 요청을 해결할 수 있는 방법으로 국토의 70%에 달하는 임야의 효율적인 개발과 해안매립을 통한 국토개발이라는 두 가지 방안이 당시 제기되었다.

그러나 간척사업을 통한 국토개발은 대규모 투자가 요구되고 거시적 안목에서의 국가적인 프로젝트이므로 개인이나 기업주는 쉽게 참여하기가 어려운 사업이었다. 특히 일제치하 무분별한 벌목과 6.25 동란시의 전소, 게다가 산림정책의 부재까지 겹쳐 임야의 대부분은 경제성이 거의 없는 벌거숭이 산이나 다름없었다. 이러한 시대적 요청과 국토개발의 시범장으로 후손들에게 물려주기 위한 용인단지의 개발계획이 시작되었다. 개발지역 후보안 중 불모지이면서도 국토개발의 시범장이 될 수 있는 곳, 많은 사람들이 즐겨 찾아올 수 있는 곳, 이런 기준에 따라 용인지역이 그 최적지로 선정되어 종합개발의 방향과 규모가 결정되었다.

그리하여 자연농원개발의 전체적인 방향은 농림축산사업과 관광문화사업 2가지로 설정되었다. 먼저 농림축산사업은 유실수 조림사업, 장기수 조림사업, 묘목 생산, 과수원 등 경제성이 있는 조림사업에 주력했으며 메마른 토질을 비옥하게 하고 수출시장을 고려, 양돈사업도 동시에 병행하였다. 특히 주목할 만한 것은 '10년 앞을 내다본 국민의 산교육장'을 실현하기 위해 조림지로는 부적합한 지역 20여 만 평을 가족놀이동산으로 개발함으로써 미래의 꿈나무들인 어린이들에게는 살아있는 자연교육장으로, 가족들에게는 기쁨이 넘치는 휴식처로 발전하게 되었다([그림 5-2] 자연농원 상세도).

[그림 5-2] 자연농원 상세도

자연농원이 개장된 후 관람객 수는 꾸준히 증가세를 보였으나 당시 기존 유원지 성격을 가진 창경원과 어린이 대공원 관람객 수의 절반 정도에 불과하였다. 거리상으로 멀리 떨어진 것도 한 이유였지만 산지개발에 주안점을 둔 초기 개발개념으로는 대중의 흥미를 끌기에 한계가 있었던 것이 주된 원인이었다. '80년대 초반까지는 국내에 충분한 레저공간이 확보되어 있지 못했다. 그러나 소득수준 증가와 문화수준 향상에 따라 국민들의 휴가문화에 대한 욕구는 자연농원으로 하여금 새로운 변화를 요구하게 되고 시대의 흐름을 간파한 자연농원은 적극적으로 고객중심의 경영방식을 선택하게 되었다. 손님이 원하는 유원지 중심의 시설 및 공간구성으로 '85년에는 200만 명의 입장객을 유치, 개장 후 첫 흑자를 기록했다.

'80년대 접어들면서 소득수준의 증가와 양적 개념에서 질적 개념의 생활의식으로 변모하면서 활동적 레크리에이션이 보급되었고, 전국 1일 생활권, 레저 인구 증가 등에 따라 관광레저사업의 급속한 신장세가 두드러지게 표출되면서 자연농원이 흑자경영으로의 전환을 가져오게 됐다. 특히 일반제조업체에서 경영 효율성의 평가지표로 활용하고 있는 생산성과 품질이라는 가시적 지표와는 달리 용인 자연농원의 경우 생산성과 품질 자체가 '서비스에 대한 고객만족'으로 드러난다는 점에 착안, 무엇보다도 구성원 각자의 자질, 능력 향상, 지속적인 제도 개선 등 일련의 경영혁신 운동을 전개해 옴으로써 한국 최초로 가족동산을 중심으로 한 관광레저산업의 가능성을 보여줬다. 또한 야간개장과 함께 꽃축제라는 본격적인 테마개념을 도입해 국내 레저문화의 신기원을 여는 쾌거를 만들기도 했다. '90년대 들어서도 계속적으로 늘어나는 방문객을 위해 가족동산 확장과 더불어 동절기 휴면상태의 자연농원을 활성화시키기 위한 '눈썰매장'을 개장하여 본격적인 4계절 영업의 기반을 구축하였다([그림 5-3] 자연농원의 고객증가 추이). 1993년은 1976년 개장 이후 총 누계 입장객수가 4천만 명을 돌파 전 국민이 평균 한 번꼴로 방문한 것과 같은 기록을 세움으로써 명실공히 자연농원이 전 국민의 사랑받는 휴식공간과 수준높은 교육장으로서의 역할을 충분히 해냈다(〈표 5-1〉 용인 자연농원 손익실적).

중앙개발의 조직은 대표이사 아래에 리조트 사업부, FS 사업부, 빌딩엔지니어링 사업부, 안양골프장 사업부, 동래골프장 사업부 및 경영지원실로 구성되어 있었다. 이 중 자연농원은 리조트 사업부에서 담당하고 있었으며 리조트 사업부 내 영업담당, 서비스지원담당 및 기획담당의 3부서로 나누어져 있었고, Y이사, R이사, K이사 등이 각각의 부서를 책임지고 있었다([그림 5-4] 중앙개발 조직도).

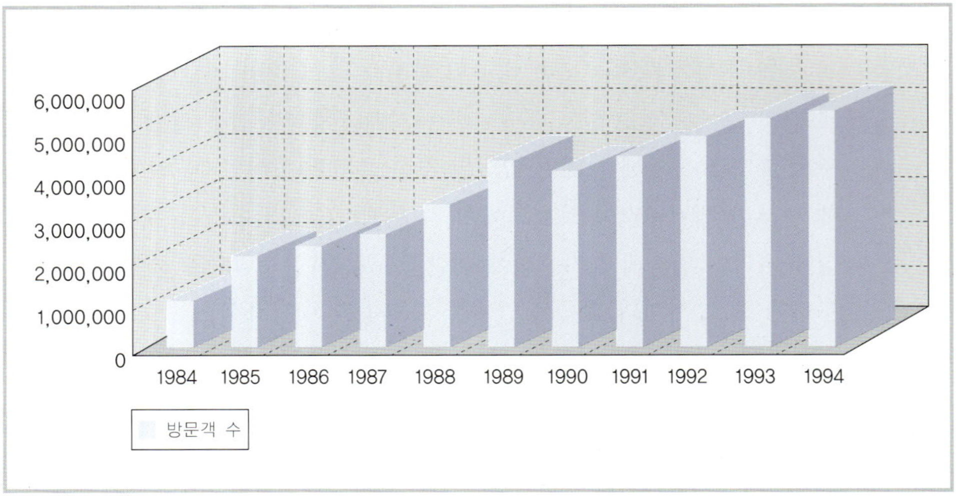

[그림 5-3] 자연농원의 고객증가 추이

〈표 5-1〉 용인 자연농원의 손익실적

총수입※	1991	1992	1993
순매출액			
입장료/시설이용권/대여	24,829	30,885	35,004
상품판매	3,255	3,684	5,378
식당수입	10,309	12,604	14,835
합 계	38,393	47,173	55,217
경 비			
공원운영비	26,209	33,487	40,409
영업관리비	8,524	8,980	10,145
기 타	1,215	1,350	1,433
합 계	35,948	43,817	51,987
운영이익	2,445	3,356	3,230
영업외 수지	1,726	1,100	3,417
이자경비	– 2,104	– 1,954	– 2,897
이익/이자경비후 (손실)	721	2,256	(187)

※ 판매된 상품의 경비지출이 포함.
조경사업에 관계된 비공원 수입은 포함되지 않음.

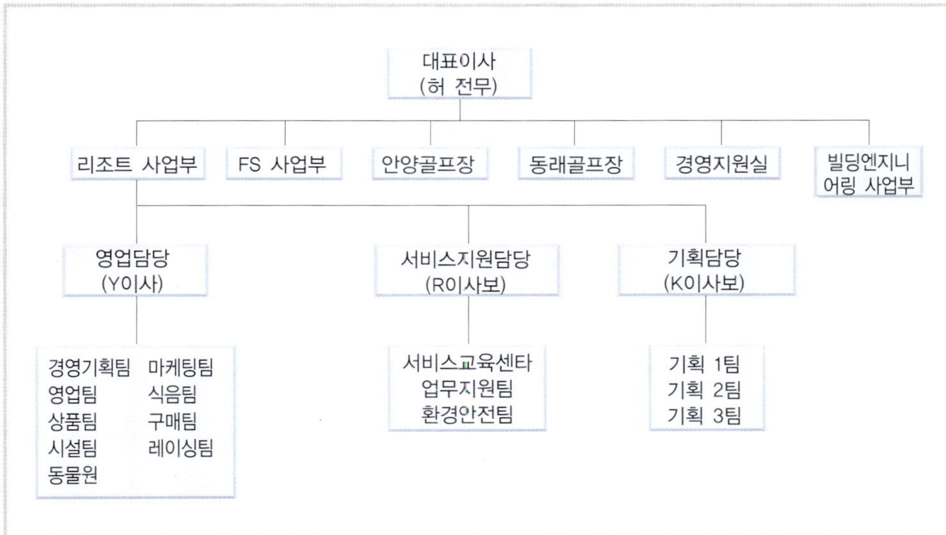

[그림 5-4] 중앙개발 조직도(1994년 당시)

중앙개발의 대표이사를 맡고 있던 허 대표는 1969년 11월 대학졸업과 동시에 중앙개발로 입사하였으나 바로 근무지를 호텔신라로 옮겨 20년 6개월간 줄곧 호텔신라에서 근무하면서 호텔의 기획 및 신규사업업무를 맡았으며, 호텔내 면세점(Duty-Free Shop)의 개설, Out-Side 케이터링 서비스 실시 및 제주신라호텔의 건립 등은 재직 당시의 큰 공적들이었다. 특히 제주 신라호텔의 경우 시설과 고객서비스에 있어 세계최고의 품질을 제공하겠다는 허 대표의 의지와 노력에 힘입어 업계 객실이용률 90%(산업평균 65%)로 1위 자리를 고수하며 '높은 질, 높은 가격'이라는 대량-고급화 전략에 성공하기도 했다. 이러한 탁월한 경영능력으로 국내 재계에서는 보기드문 위락시설과 호텔의 제일가는 전문경영인으로 정평이 나 있었다. 1993년 중앙개발의 대표이사로 전격 부임하면서 자체감사를 실시한 허 대표는 그 결과가 경쟁업체에 비해 경영실적이나 서비스 측면에서 떨어진다는 진단을 접하고 호텔신라에서 익힌 서비스산업에서의 노하우를 중앙개발에 접목하여 고객만족을 우선으로 하는 21세기 초일류 서비스업체로 변신시키는 데 주력하고 있었다. 그의 경영철학은 다음과 같다.

"... 국제화 시대에 접어들면서 각종 부존자원이 부족한 우리나라의 경우 교양과 친절이 몸에 밴 서비스 정신만이 치열한 경쟁에서 살아남을 수 있는 힘이다. 이런 서비스 정신은 내부고객(종업원)과 외부고객(일반고객)을 동시에 만족시켜야 한다. 또한 고객의 만족은 꾸준한 인간연구가 될 때 가능하다..."

Y이사는 중앙개발의 리조트 사업부내 영업담당을 맡고 있는 임원으로서 입사시부터 줄곧 중앙개발에서 근무해 왔으며 특히 빌딩관리 및 엔지리어링 부문에 정통하였다. 총무업무와 영업쪽 일을 맡아 누구보다 중앙개발의 속사정을 훤히 꿰고 있으며 상당히 도전적이고 외향적인 성격의 소유자로 상사의 의중을 알아 신속하고 매끄럽게 업무처리를 하는 능력을 인정받아 허 대표의 두터운 신임을 받고 있었다.

R이사는 서비스지원담당 임원으로 에버랜드의 경리업무를 총괄하여 중앙개발의 실제 살림을 꾸려 나가고 있었다. 또한 본사 인사부장을 오랫동안 맡아 조직 및 인사업무에 밝아 임직원의 고민과 어려움을 두루두루 살피는 인간애와 따뜻함으로 사내에 인기가 높았다. 내실 위주의 관리통이며 철두철미한 성격으로 리조트 사업구상 플랜의 책임업무를 맡고 있었다.

K이사는 전사기획업무담당 임원으로 삼성물산 스포츠 의류 부문에서 서비스업무담당 부장직을 맡는 동안 서비스업무에 남다른 신념과 업무처리로 그 성과를 인정받아 업종은 틀리지만 중앙개발로 전격 스카웃된 인물로 그동안 중앙개발의 발전과정에 있어 신규 및 확장사업의 구상 및 기획업무에 남다른 공적을 올렸다. 차분한 성격의 소유자로 머리회전이 빠르고 거시적 안목의 소유자였다.

놀이공원

레저산업의 역사는 1600년 초 러시아의 한마을에서 널빤지를 타고 눈썰매를 즐기던 주민들에서 그 기원을 찾을 수 있다. 그 후 레저산업은 그 유형과 방법에 있어 문화나 지역, 계절에 따라 다양하게 발달되어 지금은 셀 수 없을 만큼 그 종류가 다양하다. 그런 다양한 유형의 레저산업 중 놀이공원은 레저산업을 대표할 수 있을 정도로 중요한 레저문화로 발전되었다. 유럽에서 최초로 놀이시설을 갖춘 공원이 들어선 후 꾸준히 확산되다가 미국으로 옮겨져 그 꽃을 피우게 되는데, 1857년 뉴욕에 공식적인 놀이공원(amusement park)이 설립될 정도로 붐(boom)을 일으켰다. 그러나 1930년 대공황이 시작되면서 그 전성기를 이루던 시절은 지나고 쇠퇴하기 시작했다. 비록 과거에 비해 정체기를 맞고 있기는 하지만 현재에도 그 시설이나 규모면에 있어 꾸준히 성장하고 있다.

테마공원은 쉽게 설명하자면 일상적인 놀이공원의 확장된 의미로 이해할 수 있다. 우선 내·외부 시설의 설계나 디자인이 시각적 충동을 일으켜야 함이 선결조건이다. 공원에 머무르고 있는 사람을 더욱 오랜 시간 동안 체류할 수 있게 만드는 것은 또 다른 매력적인 볼거리와 공간이 있을 때 가능하다. 동시에 공원 밖에 있는 사람은 공원 내부에서 벌어질 수 있는 다양한 흥분과 즐거움에 대한 강한 동기부여가 있을 때 공원 내부로 들어 가고자 하는 충동을 느끼게 된다. 그 예로 시끌벅적하게 만드는 것도 한 방편이다. 한편 공원 내부의 놀이물은 강한 흥분을 자아낼 수 있어야 하겠지만 동시에 잔잔한 즐거움을 주면서 주위 분위기를 느낄 수 있는 것도 필요하다. 또한 성별, 연령별, 계절별로 관심을 불러 일으킬 수 있는 공원구성이나 이벤트 등도 구비되어야 한다. 인기있는 놀이기구는 전 공원에 고르게 분배되어 있어야 하며 이용자들이 이용할 놀이기구 전체를 볼 수 없도록 제작 및 배치하여 이용자가 지나치는 길목에 작은 흥분을 주는 시설물로부터 큰 매력과 즐거움을 줄 수 있는 시설로 설계되어야 한다. 또한 다양한 놀이기구와 아울러 휴게시설, 식당, 오락실, 선물코너, 스낵바, 미니골프장, 공연장 등 다양한 제반 시설이 갖추어져야 한다. 또한 방문객이 재삼 이용할 수 있도록 만들기 위해서는 시설을 계속 개량 및 보완함과 동시에 새로운 시설을 도입하여야 한다.

아시아 지역에는 테마공원의 개념이 늦게 도입됐지만 확산 속도는 빨라 1995년 자료에 의하면 세계 20대 테마공원에는 6개가 아시아에 있고 그 중 2개가 한국에 위치하고 있다(〈표 5-2〉 세계 20대 테마 공원 List). 또한 공원 건립시 추세가 대형 쇼핑몰과 같이 놀이공원이 위치하고 있어 놀이공원 자체는 이익을 못 내지만 쇼핑몰이 큰 수익을 올리는 경우가 많이 있다. 또한 놀이공원산업은 '규모의 경제'가 뚜렷하게 적용되는 산업으로 엄청난 규모의 초기투자와 적은 운영비용이 드는 것이 일반적인 추세이다. 그러나 동물원을 함께 운영할 경우는 동물의 사육 및 관리 비용이 커 이익을 보는 경우는 극히 찾아보기 힘들다. 또한 계절별 주요 페스티벌 행사 진행이 테마공원의 특성이라고 할 수 있다.

월트 디즈니

디즈니랜드는 세계적으로 가장 대표적인 테마공원이다. 1955년에 캘리포니아 애나하임에 디즈니랜드가 설립되면서 놀이공원산업에 일대 혁신을 일으키며 미국뿐만 아니라 세계의 놀이공원시장을 독점하다시피 점유하게 되었다. 그들은 단순한 놀이

〈표 5-2〉 세계 20대 테마공원 List(World Travel Guide, 1995)

순 위	공원명	방문객 (단위 : 백만 명)
1	동경 디즈니랜드, 동경, 일본	15.800
2	디즈니랜드, 캘리포니아, 미국	14.100
3	월트 디즈니 매직왕국, 플로리다, 미국	12.900
4	유로 디즈니랜드, 프랑스	10.700
5	월트 디즈니세계, 플로리다, 미국	10.700
6	월트 디즈니의 디즈니 MGM 스튜디오, 플로리다, 미국	9.500
7	유니버셜 스튜디오, 플로리다, 미국	8.000
8	용인 자연농원, 한국	7.300
9	밸랙 풀 놀이 비치, 영국	7.200
10	요코하마 하께이지마 씨 파라다이스, 일본	6.000
11	롯데월드, 서울, 한국	5.000
12	플로리다 씨월드, 올랜도, 미국	4.950
13	유니버셜 스튜디오, HOLLYWOOD, 미국	4.700
14	6 깃발의 대모험, 뉴저지, 미국	4.000
15	HUIS TEN BOSCH, 사세보, 일본	3.830
16	BUSCH GARDEN, 플로리다, 미국	3.800
17	캘리포니아 씨월드, 샌디에고, 미국	3.750
18	나가시마 온천랜드, 일본	3.627
19	도시마엔 놀이공원, 동경, 일본	3.583
20	Cedar Point, Ohio, 미국	3.500

시설을 갖춘 기존의 공원형식에서 탈피하여 본격적인 테마공원 형태를 갖추어 온 가족이 즐길 수 있는 곳으로 '지상에서 가장 행복한 장소의 건설'이라는 캐치 프레이즈 아래 공원이 설계되었다. 그 결과 시설비용은 타 공원과 별 차이가 없으면서 많은 방문객이 찾아들고 오래 머물면서 많은 돈을 쓰는 결과를 낳게 되었다. 그리하여 디즈니를 다녀간 방문객은 '친절과 청결의 디즈니'라는 강한 인상을 가지게 되었다.

초기 디즈니랜드는 약 20만평 부지 위에 연간 300만 명의 고객을 유치할 수 있는 규모로 설립되었고, 1971년에는 두번째 디즈니 테마공원이 플로리다 올랜도에 설될 정도로 그 수요는 폭발적이었다. 올랜도 디즈니공원의 경우 3개의 테마로 구성되었는데 45가지의 특색있는 볼거리를 제공하는 'MAGIC KINGDOM', 영화를 주제로 한 13개의 테마관이 있는 '디즈니 MGM-STUDIO', 14개의 미래교육관 및 세계 각 나라를 소개하는 'EPCOT CENTER' 등등 그 설비비용은 미화 30억 불이 소요되는 대규모 프로젝트였다.

디즈니의 국제적 성공은 시설의 테마성에도 있지만 '디즈니식 친절'을 앞세운 그들만의 경영방식에 있었다. 즉, 서비스를 생산하여 판매하는 회사로서 경영의 주체가 일선 종업원이다. 이런 친절이 나올 수 있는 몇 가지 특징은 우선 종업원들에게 철저한 주인의식을 심어주는 것인데, 그 예로 '종업원'이라는 용어 대신 '호스트'로, 채용됐다는 말 대신 '쇼의 배역을 맡았다'는 식의 일상의 관행적인 사내용어를 바꾸고, 채용에서 재교육까지 체계적이고 일관성 있는 프로그램을 통해 특유의 서비스 문화를 개발, 발전시켜 왔다.

그리하여 디즈니의 서비스를 단면적으로 보여주는 예로 바닥에 떨어진 휴지조각을 치우는 데 걸리는 평균시간은 4초 미만이며, 드넓은 주차장에서 고객이 자신의 차를 찾지 못하는 손님이 있을 경우 종업원이 직접 자신의 차를 이용하여 주차장을 샅샅이 뒤지는 친절을 베푼다는 사실은 널리 알려져 있다. 경영진들 또한 종업원들의 친절은 충분한 동기가 부여될 때 가능함을 깨닫고 최상의 복지정책을 펴고 있는데 여러 가지 인센티브는 제공하고 있다. 그 중 가장 특징적인 것은 크리스마스 기간 중 오직 종업원과 그 가족을 위한 디즈니랜드가 개장되는데, 이 행사기간 중에는 경영진들이 제복을 입고 서비스를 하는 데 마이클 아이너스 회장도 손수 만든 햄버거를 그의 종업원에게 판매한다. 이때 종업원은 고객이 되어 시설물을 이용하면서 불편함을 스스로 찾아 개선한다.

디즈니는 이러한 테마공원의 개념을 국제적으로 확장시켜 '동경 디즈니'와 '유로디즈니'를 개장하였다. 1983년 동경 디즈니가 개장된 이래로 1991년 한 해 동안 1,600만 명이 다녀갔으며 총수입도 미화 10억 달러를 거두는 성공적인 사업이 되었다. 동경 디즈니는 "오리엔탈랜드"라는 회사에서 소유권을 가지며 동경 디즈니에 의해 운영되었다. 월트 디즈니사가 공원을 구성하고 그 시설과 운영에 특허권을 가져 전체 시설물 이용수익의 10%와 식음료 수입의 5%를 가지게 되어 있다. 전통적으로 디즈니사는 그들의 사업 타당성조사에 따라 직접개입이나 투자없이는 협력관계의 제휴를 회피하고 있다.

동경 디즈니의 성공에 잇달아 유로 디즈니가 프랑스에 설립되었는데 독일, 스페인 등 유럽 여러 나라의 지정학적 위치를 고려하여 선정되었다. 디즈니사측이 49%의 지분을 가지고 유로 디즈니 SCA라는 별도 독립법인이 나머지 51%의 소유권을 가진 관계로 디즈니의 통제가 상대적으로 약해지면서 고용과 이직률 및 서비스 측면에서 기존에 디즈니사가 경험하지 못했던 문제점들이 속속 발생하고 있다.

관광 및 레저산업

국제시장

그동안 Y이사는 에버랜드 사업계획을 거시적 관점에 주력하여 국제시장의 동향이나 흐름분석이 사업구상의 가장 우선되는 요소라는 확신을 갖고 그 타당성분석을 해왔다.

"세계관광산업을 분석한 자료를 봐 주십시오. 우리가 국제적 테마공원을 건립하는 계획에 있어 전체시장규모가 과연 얼마나 되는지부터 검토해 보아야 할 것으로 믿습니다. 통계자료에 의하면 전 세계 관광시장규모는 약 미화 3,000억불 정도로 추산되고 있습니다. 물론 이 수치는 순수관광부터 업무여행까지 포함되어 있습니다만, 업무여행(Business Trip)하는 사람이 여가를 이용하여 관광할 수 있는 여지가 충분히 있으므로 잠재고객에 포함해야 될 것입니다. 국제관광은 최근 40여 년 간 지속적인 성장세를 유지해 오고 있습니다([그림 5-5] 국제관광인구 추이변화). 1950년대에 국제관광자 수는 불과 2천 5백만 명 수준이었습니다만 이것이 43년이 지난 1993년에는 5억 명 선을 넘어 약 20배의 증가를 보여주었습니다. 이러한 증가추이를 10년 단위로 나누어 살펴보면, 1950년에서 1960년 사이에는 연평균 10.6%의 높은 성장률을 보여 주었으며, 1960년대에는 9.1%, 1970년대에는 5.7%, 1980년대에는 4.8%, 1990년에서 1993년 사이에는 3.0%를 보였습니다. 비록 최근 들어 증가추세가 둔화되고는 있으나 계속적인 성장세를 나타냅니다. 특히, 1993년의 경우를 살펴보면 세계인구를 약 55억 명으로 추산할 때, 세계인구의 10% 가량이 국제관광경험이 있음을 보여주고 있고 1993년의 국제관광수입인 3천4십억 달러는 당해년도 세계수출 총액의 약 8%에 이르는 액수이므로 상당히 발전적인 산업으로 보여 집니다."

이런 설명을 통하여 허 대표와 동료 임원들의 시선을 모은 Y이사는 준비해온 자료설명을 통하여 상세하게 시장분석을 해 나갔다.

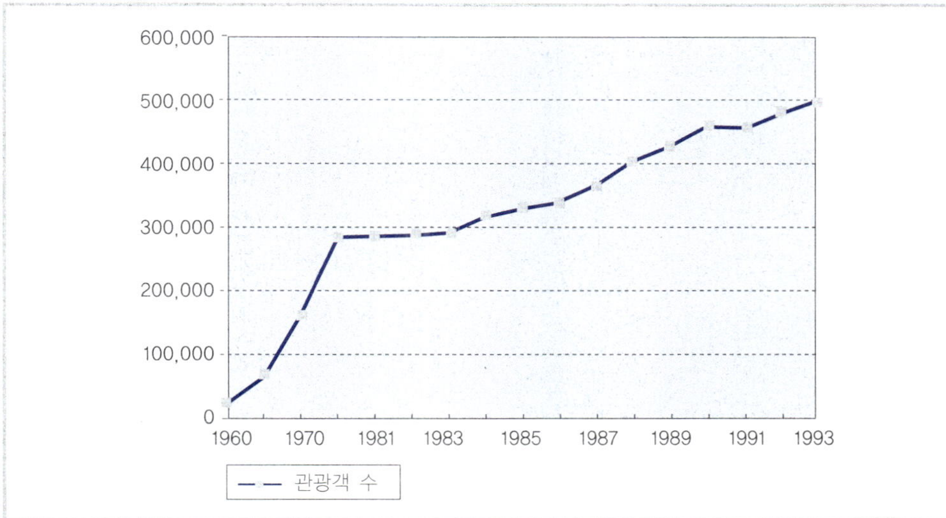

[그림 5-5] 국제관광인구 추이변화(단위 : 천 명)

자료 : World Tourism Organization, 1994.

"세계를 크게 6개 지역으로 나누어 국제관광현황을 좀더 구체적으로 살펴보면, 1992년을 기준으로 하여 유럽지역이 약 2억 9천 명의 국제관광객을 유치했으며 시장점유율에 있어서 1위를 차지했습니다. 60% 이상의 점유율을 기록한 유럽에 이어 미주지역이 점유율 21%로 2위를 기록했고 이어서 동아시아 · 태평양지역이 6천 1백만 명의 국제관광자를 유치했으며 점유율에 있어서 12.73%를 기록했습니다. 그러나 최근 1980년부터 1992년까지의 연평균 증가율에 있어서는 동아시아 · 태평양지역이 9.36%를 기록했으며 타 지역들과 비교해 가장 빠른 증가세를 보여주고 있습니다. 반면에 시장점유율에 있어서 1위를 기록한 유럽지역은 최근의 연평균 증가율이 3.6%로 중동지역 다음으로 낮은 증가율을 보여 주었습니다.

국내시장을 살펴보면 한국을 방문하는 외국관광객 중 구미방문객이 차지하는 비중은 아시아 방문객 다음으로 2위를 차지하였고 미주와 구주를 합친 방한 외래 관광객은 전체의 20%를 웃돌고 있습니다. 미주고객의 대부분은 미국으로부터 오는 방문객들로서 미국인이 방한외래객 중에서 차지하는 비중은 전체의 10%를 약간 밑돌아 일본 다음으로 한국으로의 관광객 송출국 2위 자리를 지키고 있는 실정입니다. 구주고객은 영국, 독일, 프랑스로부터 오는 외래객들이 주종을 이루고 있으며 구주 전체를 하나의 고객으로 보면 방한외래객 전체의 10% 안팎의 비율을 나타내고 있는 것을 볼 수 있습니다.

목적별 입국현황을 보면 관광, 상용, 방문 · 시찰, 공용, 회의참가 등이 있는데 관광목적으로 방한하는 미주로부터의 외래여행자들(34%)의 비율이 구주로부터 오는 동일목적의 여행자들(22%)이 차지하는 비율보다 높은 것으로 나타나고 개별여행과 단체여행 중 개별여행을 선호하는 경향이 있는 것을 알 수 있습니다. 또한 구주나 유럽으로부터 오는 관광객이 전체 외래객 평균체재일수(5.2일)를 훨씬 상회하고 있으며 일본(4.4일), 대만(4.1일) 등 인접국가보다 상당히 높은 평균체재일수를 보임을 알 수 있습니다. 그러므로 이런 자료들은 우리가 가져가야 할 마스터 플랜의 전체 규모를 설정하는 중요한 지표가 될 수 있다고 봅니다."

국내시장

K이사는 조금 다른 견해를 보였다.

"물론 세계시장 분석도 중요합니다만 지금 시점에 있어서는 큰 도움이 되지 않는다고 봅니다. 관광 특히나 레저문화는 선진외국이 훨씬 발달되어 있고 좋은 시설이 많다고 봅니다. 아시다시피 미국이나 유럽, 일본에 이미 디즈니랜드가 설립되어 있고 그 규모나 시설면에서 우리와는 비교도 안될 정도로 잘 되어 있어 우리 자연농원이 외국인들에게 큰 관심을 끌지는 의문입니다. 또한 외국인이 국내방문시 놀이시설보다는 역사적 유적지에 더 많은 관심을 보일 줄로 압니다. 저 자신의 경우를 생각해 봐도 외국여행시 역사적 사건이나 유서 깊은 곳에 관심이 있거든요. 그래서 무엇보다 국내시장을 공략하는 것이 선결과제라고 봅니다."

K이사는 철저한 국내시장의 분석이 결국 마스터 플랜의 타당성을 검토하는 가장 핵심이라고 믿고 아래와 같이 분석하였다.

인 구

국내시장은 크게 세 지역으로 나누어 설명될 수 있다. 첫째 지역은 경기(한강 이남), 서울 중심지, 대전, 충북의 절반, 그리고 충남의 절반이 포함된다. 서울은 정치, 경제, 사회면에서 가장 중요한 지역으로 1990년에 인구가 1,061만 명에 달하는 국내에서 가장 인구가 많은 지역이다. 서울의 인구가 1994년에는 1,117만 명, 2000년도까지는 1,200만 명에 이를 것으로 추정된다. 따라서 대체적으로 이 지역의 1990년도 전체 인구수는 1,752만 명이고 1994년도에는 1,922만 명으로 2000년도까지는 2,016만 명으로 증가할 것으로 본다. 이 수치에 의하면 이 지역에서는 매년 2.4%의 인구 증가율을 보여주었다. 이러한 증가율은 1995년에서 2000년 사이는 1.0%로 감소될 것으로 추정되지만 인구 수는 2,016만을 넘어설 것이다.

두 번째 지역으로는 경기(한강 이북), 강원, 부산, 인천, 대구, 충북의 절반, 충남의 절반 등 일곱 개의 시 · 도 구역이 있고 1990년 인구 수가 1,312만 명에 달했다. 이 지역은 매년 1.4%의 증가율을 보여 1994년에는 대략 1,385만 명, 2000년까지는 1,468만 명에 이를 것으로 보고 있다.

세 번째 지역은 앞의 지역보다는 좀 적지만 전체적으로 6개 시 · 도 구역으로 나뉘며 광주, 전남, 전북, 경북 및 경남지역으로 인구 수가 1,276만 명에 달했다. 이 지역은 현 자연농원 이용객의 약 5%에 불과하며 인구의 이동이 시골에서 도시로 빠져나가는 추세에 따라 인구가 줄 것으로 보인다. 결과적으로 용인 자연농원의 전체 시장규모는 2000년까지는 4,712만 명에 이를 것으로 추정된다.

가계 수입 분배

국민의 소득수준과 레저문화의 발달은 상관관계가 있다. 국내 가구당 한달 평균 수입이 1987년 833,400원에서 1991년에는 1,920,300원으로 증가해 매년 23.4%의 증가율을 보여주었다. 1991년부터 1994년까지 15%의 증가율로 예측해 볼 때 1994년 한달 평균 가계 수입은 2,784,000원으로 추정된다. 이 수치는 세계적으로 국민 총 소득 증가율을 훨씬 넘는 것으로 지금까지의 추세에서 볼 때, 2000년까지는 1994년 수입의 두 배가 될 것으로 보여진다.

여행 동태

'91년의 경우 우리나라 국민의 56.6%, 즉 전체국민 중 두 명당 한 명은 당일관광여행을 다녀온 것으로 나타났다. 또한 숙박관광에 있어서도 전체 국민의 다섯 명 중 두 명은 숙박관광을 다녀온 것으로 조사된 바 있으며 굳이 통계수치를 참조하지 않더라도 주말, 연휴기간, 여름 휴가철에 경험하는 고속도로, 국도 등의 도로교통 혼잡이나 관광지를 향한 인파를 통해 국민 관광여행이 우리 생활의 일부분이 되고 있음을 알 수 있다. 한편 해외관광의 경우 '89년 1월 1일 해외여행을 전면 자유화함에 따라 내국인의 해외여행 출국자는 '89년에 전년대비 67.3%의 급격한 증가추세를 보인 이래 지금까지 높은 신장세를 보이고 있다.

테마공원으로의 진입장벽

R이사는 자연농원의 마스터 플랜건이 처음 검토되었을 때부터 장기적이고 점진적인 추진을 주장하였다.

"우리는 이 사업계획을 신중히 검토해 볼 필요가 있습니다. 이 자연농원 사업계획의 추진에 있어 여러 가지 난관과 장애요인이 있습니다. 아무리 시장전망이 좋다고 하더라도 현재의 우리 내부여건과 주위환경이 안정되어 있지 않다면 대규모의 투자는 큰 위험을 수반한다는 사실을 인식해야 할 것으로 압니다."

R이사의 주장은 아래와 같았다.

불투명한 투자성

우선, 지난 3년간 용인 자연농원의 이익과 손실 보고서를 살펴보면 이자 비용을 제한 후 거의 수지가 엇비슷할 정도였다. 이자 비용을 제하기 전에는 총 실제 수입의 약 5% 내지 10%의 이익이 있었다. 이것은 아주 저조한 수치이다. 여기에는 여러 가지 요인이 있겠지만 우선 용인 자연농원이 일년 내내 운영을 하다보니 운영 비용이 많이 들고, 둘째 동물 사육비가 상당히 비싸다는 점을 들 수 있다. 또한 민간기업 차원에서의 개발은 개발단계에서 민간기업의 투자를 유발하는 '인센티브'정책이 부족하기 때문에 투자의욕을 잃게 해왔던 것이 사실이다. 예를 들면 유원지사업 등 레저사업은 개발초기에 막대한 투자비용이 소요되기 때문에 지역의 교통, 통신 등을 포함한 기반시설 조성 외에도 정책적 배려가 있어야 민간기업이 적극적으로 투자에 나설 수 있을 것인데 그렇지 못한 실정이었다. 즉, 우리나라의 특별경제구역인 수출자유지역(마산, 이리 등)에서는 소득세, 법인세, 기술소득세, 재산세 등을 5년간 면제 후 3년간 50% 면제, 수출은 부가세 면제 등의 조세감면 및 지원제도를 통하여 산업활성화를 도모하고 있다. 그러나 관광산업에 있어서는 조세측면에서 법인세, 소득세, 등록세, 재산세 등의 감면이 없으며 관광지나 유원지에 필요한 유기시설 등의 경우 관세감면 등의 혜택이 전혀 없는 실정이다. 또한 골프장의 경우 종토세 측면에서 분리과세를 실시하지 않아 대부분의 골프장들이 세금부과에 의해 사업에 어려움을 겪고 있는 게 사실이다.

정부의 규제

현 정부시책은 대기업의 서비스 소모성 산업 진출을 꺼려하고 있다. 전통적으로 부존자원이 부족한 국내의 현실에서 외국과의 경쟁에서 생존할 수 있는 방법으로서 제조설비의 투자나 첨단기술 관련사업 위주의 장려정책을 추진해 온 바, 서비스나 관광사업의 정부 정책은 극히 소극적이고 미진하였다. '88년 올림픽 개최 후 관광자원개발의 중요성이 부각되고 국민소득의 증가로 여가선용을 위한 놀이문화의 소요가 급증함에 따라 점진적으로 레저산업의 규제완화를 시행하고는 있으나 그 업무처리는 상당히 느린 수준이었다. 특히 수도권 지역의 그린벨트정책은 더욱 강화되어 대단위 위락시설의 설립은 엄격히 규제되고 있는 실정이었다. 예를 들어 관광진흥법 자체가 관광을 진흥하는 법이 아닌 관광규제를 위한 법이고 법규측면에서는 관광법이 하위법의 개념으로 자리잡고 있어 행정절차 및 인 · 허가 업무에서 많은 시간과 비용이 발생하게 된다. 현재 우리나라에서 관광개발과 관리운영에 직접적으로 영향을 미치는 법규는 관광개발에 국토건설종합계획법, 국토이용관리법, 지방자치법, 환경보전법 등 48개, 시설관리운영에 공연법, 공중위생업법, 유기장업법, 관세법, 건축법 등 18개의 관련법이 있다.

물론 자연농원의 경우는 벌써 오래전 시설확충을 위한 용지확보가 되어 있었고 개발에 관한 허가도 받아 놓은 상태라 사업을 확장하기 위한 용지확보의 용이성이나 사업 허가는 신설사업을 추진하는 경우보다는 상당히 유리한 편이었다. 그러나 그 이외에도 시설물에 관한 안전시설이나 환경문제에 관련하여 폐수 및 쓰레기 처리에는 엄격한 규제를 하고 있어 자연히 제반 시설을 확보하고 관리하기 위한 큰 규모의 부가적 투자가 요구되었다.

이에 반해, 위락시설의 요금규제는 상당히 까다로와 초기의 대단위 투자규모와는 상관없이 물가안정을 위한 공공요금인상 억제정책이 적용되고 있었다. 그 이외에도 중앙정부와 지방정부와의 업무분할로 양쪽을 상대하는 데는 여러 가지 어려움이 있었다. 즉, 위락시설의 신설 및 확충사업 허가권은 중앙정부에서 관장하고 허가가 난 후의 시설운영에 관한 것은 지방정부의 소관이었다. 이에 대 정부업무시 양쪽의 업무 이원화가 완전하지 않아 초래되는 관공서 업무의 중복과 비일관성은 회사측의 큰 어려움으로 남아 있었다.

지역주민의 반발

지역주민의 반발이 또 다른 큰 장벽이었다. 용인 일대는 예로부터 벼/밭농사가 주민들의 주업이었다. 그러나 용인 자연농원이 들어서고 산지를 평지로 깎아내고 시멘트와 아스팔트가 흙을 덮어 버림으로써 특히 장마철 우량이 많은 때는 과거에 경험하지 못했던 경지의 침수현상으로 농사를 망치기가 일쑤였다. 또한 계속적으로 늘어나는 관광객으로 이 일대 지역은 교통체증이 심해 지역주민의 일상생활을 불편하게 했을 뿐 아니라 특히 지역내 위급상황 발생시 교통의 마비로 낭패를 보는 경우가 종종 발생하였다. 또한 지역경제에도 물류비용을 증가시키는 문제가 파생적으로 발생하여 주민들의 불만이 고조되고 있던 때여서 지역주민들로부터 중앙개발의 사업확장에 대한 긍정적 반응을 기대하기는 힘들었다.

이상의 사항을 설명한 R이사는 기본적으로 자연농원 새 사업계획이 전혀 가망성이 없다고는 보지 않으나 여러 정황을 고려해 볼 때 충분한 시간을 가지고 진행하자는 쪽이었다.

국내 경쟁업체

이때 Y이사가 R이사를 가로막고 나섰다.

> "어떤 사업이건 투자와 확장에는 그 시기가 중요하다고 봅니다. 장애물이 있다 하여 그 투자시기를 놓치거나 늦추어 경쟁사에게 선점권을 내어 준다면 경쟁우위를 갖기는 힘들다고 봅니다. 특히 외국사들에게 국내시장이 개방되고 경쟁업체가 투자에 서두르고 있는 이때 과감한 투자와 경영혁신 없이는 현재의 시장점유를 유지하기도 힘들다고 봅니다."

Y이사는 R이사의 의견에 대하여 전략적 투자의 중요성을 강조하며 경쟁사와의 비교설명을 하였다.

> "우리는 리조트 및 놀이공원사업에 있어 국내에서는 선구자 역할을 하였으며 그 경영 노하우를 가졌다고 봅니다. 특히 국내시장은 경쟁업체에 비해 분명한 경쟁적 우위에 있다고 봅니다. 마케팅 측면에서 경쟁사들을 분석해 보았습니다."

용인 자연농원을 포함해 서울지역에만 6개의 오락/놀이공원이 있다(〈표 5-3〉 경쟁사 고객추이변화). 이들 중 단지 롯데월드와 서울랜드만이 시설이나 규모면에서 용인 자연농원과 견줄만한 오락/놀이시설을 갖고 있는 실정이다. 또한 두 경쟁업체 모두

〈표 5-3〉 경쟁사 고객추이변화(1990～1993, 단위 : 천 명)

구 분	1990	1991	1992	1993	평균성장률
용인자연농원	3,786	4,300	4,810	5,113	25%
롯데월드	4,578	4,529	4,605	4,476	- 2%
서울랜드	2,198	2,819	2,834	2,648	21%
드림랜드	971	1,319	1,236	1,325	37%
어린이대공원	2,107	2,334	2,263	2,159	3%

〈표 5-4〉 경쟁사 고객 1인당 지출액 비교(단위 : 원)

지출 범례	자연농원	롯데월드	서울랜드
입장료/놀이기구	6,667	7,279	6,494
식음료	2,874	2,017	1,804
기 타	996	1,319	722
	10,537	10,615	9,020

서울지역에 위치하며 보다 경쟁시장에 가깝게 인접해 있다(〈표 5-4〉 경쟁사 고객 1인당 지출액 비교).

롯데월드

1989년 7월 '동양의 디즈니랜드'라는 대대적인 선전과 국민의 관심 속에서 개장되었다. 시설 규모는 용지면적 약 15만 평방미터, 전체 바닥면적은 60만 평방미터, 총 사업비는 약 1조 원이 투입된 거대한 돔 형식으로 옥내형 오락공원, 롯데월드 테마파크 등으로 구성되어 있다. 또한 공원을 둘러싸듯이 롯데백화점(12층 건물)을 비롯하여 쇼핑몰, 동양 최대의 면세점, 한국 최초의 대량판매점 새나라슈퍼 등의 시설을 갖추었다. 그리고 제1급 호텔, 실내수영장과 헬스클럽, 볼링장 등의 스포츠시설, 역사민속관, 영화관, 거대한 옥내 스케이트 링크 등으로 서울 지역의 새로운 놀이 및 쇼핑문화를 창출하여 연간 약 450만 명이 이용했다.

롯데월드는 서울 시내에 위치한 관계로 교통이 편리하여 다른 공원들과 마찬가지로 가족 중심의 공원이면서 부모를 동반하지 않고도 어린이들이 즐길 수 있는 장점이 있고, 일반쇼핑시설과 복합되어 있어 쇼핑과 놀이를 함께 즐길 수 있다는 또 다른 장점이 있다. 무엇보다도 특이할 만한 장점은 대부분의 놀이 기구가 실내에 있기 때문에

〈표 5-5〉 경쟁사 월별 고객분포 현황

월	자연농원	롯데월드	서울랜드
1월	641,315	617,862	220,007
2월	158,781	390,175	92,645
3월	190,635	290,379	114,902
4월	884,390	379,969	378,200
5월	951,917	363,078	459,977
6월	801,142	240,966	171,108
7월	219,557	405,726	182,473
8월	392,498	645,157	413,082
9월	192,590	225,787	184,262
10월	350,990	322,986	302,414
11월	98,526	213,935	54,821
12월	270,454	380,838	74,622
총 계	5;112,732	4,476,858	2,648,513

사계절이 뚜렷한 우리나라의 잦은 날씨변화의 영향을 적게 받으므로 이용자가 매달 고르게 분포되는 반면에 가장 혹심한 날씨를 맞는 월(실내는 기후조절이 가능)과 학교 방학기간이 일치하는 1월과 8월에는 평월의 두 배에 달하는 성황을 맞는다(〈표 5-5〉 경쟁사 월별 고객분포 현황). 그러나 대부분의 시설을 내부에 설치하는 관계로 확장공간의 부족, 오염된 공기, 엄청난 실내시설의 유지비 부담 등에 기인하여 현재의 이용자수는 늘지도 줄지도 않고 정착이 된 듯하다. 또한 용인자연농원이나 서울랜드에 비해 입장권이나 시설이용료가 다소 높다. 식음료 판매는 다른 공원과 비슷한 매출을 올리고 있다. 또한 롯데월드는 동양 최대의 실내주차공간을 확보하고 있으나 늘어나는 고객으로 증축이 필요한 형편이다.

롯데월드의 마케팅전략은 서울 시내 한가운데 위치한 점을 살려 직장인들이나 연인들이 일과 후에도 와서 즐길 수 있다는 장점을 십분 살리며, 특히 국내 최대규모의 쇼핑시설을 갖추고 있으므로 이 잠재적 고객을 흡수하는 데 초점을 맞추고 있다.

특히 공간협소로 인하여 현재는 시설확충에 제한을 받고 있으므로 현재 위치의 길 건너편에 이미 확보한 용지에 110층 이상의 세계최고 높이의 호텔건립과 SEA-WORLD라는 또다른 테마파크 건립의 계획을 끝내고 이미 시행에 들어간 상태라 2005년경 완공 시에는 오락공원 업계에 새로운 돌풍을 일으킬 전망이다.

서울랜드

서울랜드는 현재 260만 명의 방문객이 찾고 있다. 서울대공원의 이용객 증가와 대공원내 놀이시설의 부족이 1980년초 서울랜드 탄생의 시초였다. 설립 당시는 시정부 소유였으나 관리운영상의 어려움 및 타경쟁업체 대비 경쟁력의 약화로 공원의 운영을 한덕개발주식회사에서 맡게 되었고 1988년부터 한덕측에서 17년간 관리운영한 후 2005년 서울시에 다시 기부체납하게 되어 있다. 그리하여 1995년의 경영계획에는 시설 내 호텔건립 및 복합 리조트타운 건립도 포함되어 있다.

현 놀이시설은 눈에 띄는 새로운 놀이기구와 공연이 부족하여 시장점유가 더 늘고 있지 않는 상태이나 지하철이 운행되고 있어 교통이 편리하고 국내 제일의 동식물공원시설을 옆에 두고 있어 가족의 휴식공간과 어린이들의 산 교육장으로 좋은 장소로서 각광받고 있다. 특히 기후가 따스한 봄철에는 가장 성황을 이루며, 학교가 방학을 하는 8월에 두 번째로 성황을 이룬다. 또한 현재 지방정부에서 경영하는 관계로 입장료나 시설이용료가 다른 민간공원에 비해 싸다. 주차시설은 충분히 확보하지 못하고 있어 극심한 주차난을 겪고 있으며 대중교통 이용을 위한 홍보에 열을 올리고 있다.

특히 그들의 전략은 동·식물원을 찾는 고객의 흡수와 도시생활에 찌든 시민들에게 대중교통을 이용하여서도 자연을 만끽할 수 있다는데 마케팅 초점을 맞추고 있으며 젊은 연인들에게 로맨스를 느끼게 하는 공간이라고 회사측에서는 강조한다. 또한 서울랜드가 스키시설 등 겨울철 놀이시설이 구비되어 있지 않아 고객이 떨어지는 것을 막기 위해 작년부터 산타크로스 축제라는 그들의 특성에 맞는 공연과 프로그램을 개발하여 큰 반응을 얻으면서 겨울철 고객확보에 대비하고 있다.

마스터 플랜의 현안 문제

3시간여 동안 지속된 회의는 결론없이 오후로 넘어 갔다. 오후 토의는 주로 현안문제가 다루어졌는데 대략 다음과 같이 정리되었다.

재무 현안

테마공원은 장소와 규모에 따라 투자의 규모에서 큰 차이가 있으나 대략 500억 원에서 3조 원 이상 투입되는 대규모의 초기투자가 필요한데 공원을 계획하고 있는 부지의 지가가 총 투자비에 큰 영향을 미친다. 일반적으로 테마공원은 설비가 들어서야 할 공간만 5만평 정도가 필요하며 전체 공원 조경을 위해서는 백만평 이상의 부지가 필요하다. 디즈니월드와 같은 테마공원은 3천만평 이상이다. 한편 전체 투자규모에서 볼 때 부지 구입비가 50% 정도이며 유기시설 구입도 적게는 수 천만 원에서 수십억까지 호가하여 그 비용이 전체 투자액의 20~30% 정도에 달한다. 또한 테마공원의 생명이 한번 방문한 고객을 다시 찾게 하는 것이므로 전체 공원시설의 계속적인 대체와 보완이 불가피해서 높은 유지관리비가 소요되는 관계로 운영자금이 총 투자액의 20~30%를 차지한다.

입장료(전체 수입의 60%) 및 상품판매가는 현 용인 자연농원의 주 수입원이라 중요한 정책결정 사안이다. 용인 자연농원의 현재 가격 정책은 이용자에게 여러 선택권을 준다. 즉, 입장료만 구입하고 그들이 원하는 놀이기구의 표를 따로 구입하는 방식, "BIG 5" 표를 구입해 입장권과 더불어 5가지 좋아하는 놀이기구 이용권을 얻는 방식, 혹은 자유이용권을 구입해 입장 및 전체 놀이기구 이용권을 얻는 방식들이다. 또한 연 회원권 구입도 가능하다. 주요 놀이기구 이용권은 1,700원에서 3,200원으로 이 가격은 자유이용권을 구입하지 않을 경우 1인당 지출비면에서 상당히 비싼 편이다. 1993년에는 이용자 중 24.3%만이 위에서 언급한 세 가지 종류의 놀이시설 이용권 중 하나를 택했으며 나머지 75%는 입장권만 구입하고 놀이기구 이용권을 따로 구입하는 쪽을 택했다. 일반입장권 이용자의 경우 하루 동안 평균 3.3번의 놀이기구를 이용하는 반면 자유이용권 방문객의 경우 평균 10.8번의 이용을 했다. 따라서 수입원을 늘이기 위한 대안으로서 대부분이 일반입장권을 이용하고 있으므로 입장료를 올리든지, 혹은 자유이용권의 가격을 낮추어 많은 이용자가 이용하게 하는 방법이 있을 수 있다. 물론 자유이용권자가 많을 경우 대기시간은 늘어나겠지만 디즈니의 평균 대기시간 55분에 비해 현 자연농원은 30분 미만이다. 또 다른 대안으로는 기존의 가격을 유지하면서 이용자들의 지체시간을 최대한 늘리는 전략으로 갈 수 있다. 그러나 문제는 지체하는 이용자의 절대숫자가 늘어나게 되면 주차시설 문제가 부수적으로 발생된다.

추가적으로, 기타 제반시설의 규모나 유치문제이다. 수입차원에서 보면 오락실 운영, 상품, 식사 및 음료판매는 전체수입의 35%를 차지할 정도로 큰 수입원천이다. 그러므로 그 수익성을 감안할 때 제반시설의 규모나 운영이 다각적으로 검토되어야 한다. 예를 들어 오락실 운영은 주로 학생이나 젊은 성인들이 이용하고 있으며 1993년 기준 20억의 수입을 올렸으나 그 설비의 효율성은 낮아 인기있는 오락기계에만 편중되어 거의 이용되지 않고 있는 기구들이 태반이었다. 식사 및 음료시설은 147억의 매출을 올렸으나 비능률적으로 운용되어 음식의 질이나 공간의 재조정이 요구되고 있었다. 상품판매는 1990년 이후 꾸준히 증가하여 1993년에는 50억 이상의 실적을 올렸다. 특히 직영상점은 매년 26%의 매출신장을 보인 반면 수수료 상점은 매년 250%의 매출신장을 보였다.

마케팅 현안

현 자연농원의 일별 월별 고객의 이용 분포는 상당히 불안정적이었다. 전체 방문객수는 지난 10년간 매년 평균 22%로 놀라울 정도의 증가율을 보였다. 1984년에는 170만 명에서 1993년에는 510만 명에 달했다. 이런 큰 증가는 1988년 눈썰매장 개발이 가져온 결과였다. 이 눈썰매장을 개장했을 때 이용자 수가 급격히 늘었으며 이곳의 수용 능력은 현재 최고에 달해 있다. 또한 고객의 60% 이상이 4개월(1월 – 눈/학교방학, 4월, 5월, 6월 – 좋은 기후/축제)에 집중되어 있다. 또 하나의 편중 문제점은 가장 몰리는 달 뿐만 아니라 일년 내내 나타나는 매주의 분포도이다. 보통 방문객의 약 30% 정도가 매주 일요일에 몰리는 추세를 보이고 있다.

전통적으로 놀이공원을 찾는 방문객은 어린이, 청소년, 젊은 성인들이 주류를 이루었으나 최근 그 고객의 폭이 넓어져 가족단위, 기업의 단체와 노년관람객의 비율이 급신장하였다. 이런 다양한 계층과 고객을 상대하기 위해서는 각각의 고객층에 맞는 시설을 갖추고 행사 프로그램을 준비하여야 한다. 또한 계절별, 주야간의 행사 및 조경을 차별화한 마케팅 정책이 필요하다. 그러므로 가족그룹, 어린이 및 청소년그룹, 직장그룹, 야간개장 및 외국관람객의 5가지로 세분화된 마케팅정책이 필요하다. 부가적으로, 테마공원은 광고비용이 총매출의 약 10% 정도를 차지하는데 TV, 라디오, 신문, 전화번호부, 백화점, 잡지, 전단이 주로 이용된다. 대부분의 대규모 테마공원은 방문객이 흥분하고 즐거워하는 모습을 카메라에 잡아 TV광고를 내는 것이 가장 효율적인 광고수단으로 인식되고 있다.

기술 현안

비록 사내에 테마공원의 개념이 소개되고 그 경영에 관하여 장기간 벤치마킹(BENCHMARKING)을 하였으나 실질적인 공원의 경영에 관한 노하우는 거의 없었으므로 어떻게 공원을 설계(lay-out)하고 운영해야 할지가 미지수였다. 공원의 설계 및 놀이시설의 제작 및 보급의 대부분은 일본, 이탈리아, 독일, 미국 등 외국의 몇몇 업체들이 세계시장을 점유하고 있으며 소규모나 낮은 난이도의 시설물만 국내업체가 제작 · 보급하고 있는 실정이다(〈표 5-6〉 주요 유기시설 제작업체 현황). 국제적으로도 놀이기구의 전체 시장수요가 크지 않으며 더우기 시설물의 안전성 측면에서도 이미 오랜 설치 및 운영경험이 많은 기존업체에게 맡길 수밖에 없으므로 놀이기구의 선택과 가격협상에 있어 시설을 구매하고자 하는 측이 불리한 실정이었다. 더욱이 운영면에 있어서도 디즈니랜드와 같이 테마공원운영의 높은 경영 노하우를 가진 업체는 산업내 다른 업체와도 제휴를 하지 않고 있었다. 다른 테마공원도 마찬가지여서 결국 타업체의 벤치마킹을 통해 스스로 독자적인 운영방식을 갖추어야 할 실정이었다.

〈표 5-6〉 주요 유기시설 제작업체 현황

업 체	주요 제작	
일본	센세이	Theme 타운제작, 제트열차, 후룸라이드, 우주선 모형
	도고	헬리 싸이클, 제트열차
미국	CHANCE	관람기차
	ARROW	환상특급, 제트열차
	SHOWSCAN	우주 시뮬레이션, 영상
이태리	SDC	Theme 타운 제작
	ZAMPELLA	관람비행선 및 차체 제작
독일	HUSS	회전목마 및 디스코물 제작
	WEIGAND	특수 썰매장 제작
오트레일리아	DOPPELMYER	리프트 제작
영국	FLIGHT AVIONICS	정글 모험 등 Theme 타운 제작
한국	매이쇼	단순한 놀이기구 제작
	태명전자	단순한 놀이기구 제작

운영 현안

첫째, 테마공원이 가지는 독특한 고객서비스 제공의 문제이다. 서비스산업 중에서도 특히 놀이공원은 찾아오는 이용자들에게 즐거움과 진정한 휴식을 제공해야 하는 업종으로 임직원의 서비스정신이 철저해야 한다. 다른 경쟁업체에 비해 자연농원의 고객서비스는 좋다는 평을 받고 있긴 하지만 놀이공원산업이 국내에서 그 역사가 짧고 미미하여 아직도 임직원은 놀이공원사업에서 요구되는 초일류 서비스가 무엇인지 제대로 개념이 잡혀있지 않는 실정이다. 더우기 급증하는 방문객 수로 인하여 각각의 직원에게 몰려오는 문의와 항의를 다 처리하지 못하다 보니 자연히 서비스의 질은 저하되고 있었다. 또한 방문객이 사용하고 간 자리에는 쓰레기가 쌓이고 오물이 버려져 이용자들로 하여금 눈살을 찌푸리게 만들었으며, 미아발생 및 장애자시설의 미비 등으로 고객불만의 소리가 커져만 갔다.

둘째, 인력확보와 임직원의 교육문제이다. 앞에서도 언급이 있었지만 업종의 특성상 계절별로 방문고객의 수가 큰 차이를 보이므로 정규사원의 모집이 힘든 실정이었다. 그러므로 봄과 여름의 고객이 많이 모이는 계절에는 비정규직 사원을 활용하는 것이 효율적이었다. 현 중앙개발은 위락공원에서 근무하는 것이 젊은 유휴 노동력, 특히나 여성에게는 상당히 매력적인 직업으로 인식되어 입사경쟁률이 치열함에 따라, 양적으로는 인력확보에 큰 어려움이 없으나 비 정규사원의 서비스에 대한 효율을 올리기 위한 교육프로그램의 개발과 비용부담에 어려움이 뒤따랐다. 특히나 서비스와 관련한 획기적인 교육프로그램의 개발과 테마공원의 전문관리자의 확보가 시급한 상황이었다. 현 자연농원의 서비스 수준은 국내정상이기는 하지만 세계적 테마공원의 설립을 위해서는 디즈니랜드 이상의 고객서비스 제공이 필수적이므로 임직원의 철저한 서비스 교육이 필요하다. 한편, 자연농원에서 근무하는 직원들은 업무의 특성상 많은 사람들을 상대해야 할 뿐만 아니라 서서 근무해야 하므로 종업원을 위한 휴식공간의 특별한 배려와 투자가 요구되었다.

셋째, 극심한 교통체증 문제의 해결이다. 현 전국적 교통문제와 연관되어 서울지역의 교통난은 심각한 수준에 있다. 특히 주말 이동인구의 증가로 영동고속도로의 체증은 더욱 급증하고 있는데 서울서 자연농원까지 왕복이동시간이 4~8시간 이상 소요되는 현상을 보여 왔다. 지금까지 진입로 도로확장 등 대규모의 재원을 투입하고 있으나 여전히 교통체증은 풀리지 않아 이용자들로 하여금 상당한 불편을 초래할 뿐만 아니라 용인지역의 산업이나 주민에게 물류비용 및 이동에 큰 불편을 주고 있다.

또한 주차문제를 들 수 있는데 현재 용인 자연농원의 주차장이 충분하다고 보여지고 있지만 사람이 많이 몰릴 때는 심한 체증을 보인다. 현재는 단지 7,736대를 수용할 수 있는 공간을 갖고 있는데 이것은 1차 1대당 4인 탑승 기준으로 볼 때 3만천 명을 수용하는 규모다. 그리고 하루에 1.7대가 교체한다고 할 때 최고조로 몰리는 날에는 5만 2천 명을 수용할 수 있고, 이것이 현재의 수용력이다. 만약 이용자가 증가하거나 이용자의 지체시간이 늘어나거나 혹은 공원의 장소가 늘어날 경우에는 주차 수용력도 따라서 즉시 추가 확보되어야 할 형편이다. 특히 향후 추진될 마스터플랜에 중요하게 고려되어야 할 사항이 바로 주차문제이다.

마지막으로, 동물원의 운영이 큰 골치로 부각되었다. 단순지 동물원의 운영면만 본다면 그 규모가 다른 일반 동물원보다 작아 찾는 관광객이 적고(공원이용자의 40%만이 동물원 구경에 참가) 다른 시설의 관리비에 비해 동물사육비가 아주 높으며 전문사육사를 채용하기도 힘든 실정이어서 시설의 대폭적인 확장 · 보완하든지 아니면 없애버리는 단호한 정책변화가 있어야 할 실정이었다.

21세기의 비전

이러한 여러 현안문제를 안고 1조 원 이상의 투자가 요구되는 자연농원 마스터플랜의 수립은 난항을 거듭하고 있었다. 기존 자연농원의 명성과 기업이념을 바탕으로 '21세기 초일류 체재형 복합 리조트 타운 건립'이라는 새로운 기업 이미지로의 탈바꿈은 전 임직원의 가슴을 벅차게 했다. 새롭게 단장된 Theme Park 및 워터파크, 골프장, 호텔, 마운틴 리조트 등등의 초일류 시설을 갖추고 중국, 일본, 러시아, 동남아를 잇는 명실공히 세계적인 '체재형 복합리조트타운' 계획은 사업계획의 규모만큼이나 많은 걸림돌이 산재해 있었다.

허 대표의 입장에서 볼 때, 각 이사들이 제시하는 자료와 의견들이 그 나름대로 충분한 설득력을 가지고 있었으므로 장기사업계획안에 대한 종합적인 의사결정을 내린다는 것은 무척 힘든 일이었다. 하지만 몇 개월 동안 지속된 사업계획검토를 더 이상 지체할 수 없었으므로 이번 회의동안 어떻게든 결정을 내리고자 진지한 토론은 밤이 지새도록 계속되었다.

토의질문

01 1994년 당시의 전반적인 경영 상황을 분석해 볼 때, 당신은 자연농원이 경쟁력이 있다고 보는가? 체계적인 접근(SWOT분석)을 통하여 당신의 논리를 설명하시오. (2페이지 이내)

02 자연농원이 새로운 도약을 위해 테마공원으로 거듭나기 위해서는 우선적으로 레저산업 자체에 대한 분석(산업매력도 분석)이 있어야 할 것이다. 당신이 중앙개발의 대표이사라면 여러 이사들이 나름대로 조사해 온 보고내용을 검토해 볼 때, 과연 레저산업에 뛰어드는 것을 결정하겠는가? (2~3페이지 이내)

03 '체재형 복합 리조트 타운' 건립건이 당신에게 주어졌다면 어떻게 업의 개념을 정의하고 이를 전개해 나가겠는가? 즉 비전과 전략을 수립하시오. (2페이지 이내)

04 각 현안문제에 대한 계획이나 해결방안을 수립하시오. (2페이지 이내)
(사례에서 구할 수 없는 정보는 인터뷰나 외부자료를 이용하시오.)

경영사례 2 모바일 생태계 : ICT산업의 변화

1. ICT산업의 등장

최근 통신시장은 디지털 컨버전스의 급속한 진전과 애플이나 구글 등의 비통신 기업이 주도하는 혁신 및 개방에 따라 전통적 통신 사업에서 정보통신 기술(ICT: Information and Communications Technology)을 포괄하는 생태계로 발전하고 있다.

특히, 스마트폰의 확산과 애플, 구글 등의 비통신 기업이 주도하는 개방과 혁신에 따라 전통적 통신 사업이 ICT를 포괄하는 ICT 생태계로 발전하고 있다. 특히 모바일 인터넷 분야는 가치사슬 전 영역의 가치가 확대되고 새롭게 창출되는 부가가치의 중심이 기존의 네트워크 · 전송 부문에서 단말 · 플랫폼, 콘텐츠 · 애플리케이션 및 IT 융합 서비스 부문으로 이동하고 있다. 이렇게 시장 환경이 변화하는 가운데 경쟁도 글로벌 경쟁, 생태계 경쟁으로 그 양상이 확대되고 있으나 글로벌 기업들의 플랫폼 선점과 고도의 생태계 발전 전략이 이루어지고 있다.

생태계란 과거 단일 기업 또는 수직적 공급 구조를 설명하기 위해 제안되었던 가치사슬 개념을 대체한 것으로 Fransman의 ELM 6계층 생태계 모형 등이 주요한 연구 성과로 알려져 있다. 이후 ICT 생태계를 구성하는 주요 요소로 콘텐츠(C), 플랫폼(P), 네트워크(N), 디바이스(D) 등 네 가지 부문이 주목받기 시작했으며, 이들 간의 수평적 협력으로 인한 혁신이 ICT 발전의 핵심이 되었다.

ICT 시장은 생태계 관점에서 볼 때 최초의 수직적 생태계로부터 타 산업과의 융합을 주요 현상으로 하는 융합형 생태계로, 또한 콘텐츠, 터미널의 발달로 C-P-N-D의 유기적 협력을 강조하는 스마트 생태계로 변하였다. 스마트 생태계에서는 네트워크뿐만 아니라 콘텐츠, 터미널 부문에서도 플랫폼으로서의 경쟁적 병목이 발생할 수 있음을 보여주고 있다. 이에 따라 운영체제, 앱스토어 등 다양한 비즈니스 모델이 등장하여 생태계의 주도권을 놓고 경쟁하고 있다.

C-P-N-D 생태계

C-P-N-D(Contents-Platform-Network-Device) ICCT(Information, Communication, Contents Technology) 생태계란 양쪽 끝에 콘텐츠(C) 생산자와 이용자가 위치하고, 그 사이에 중간 매개자로 콘텐츠(C) - 플랫폼(P) - 네트워크(N) - 디바이스(D or T)가 존재하는 수평적 사슬로 구성된 생태 시스템으로 보고 있다.

콘텐츠(Contents)란 원래 서적, 논문 등의 내용이나 목차를 일컫는 말이었지만, 현재는 각종 유무선 통신망을 통해 제공되는 디지털 정보를 통칭하는 말로 자주 쓰이며, 예를 들어 인터넷이나 PC통신 등을 통해 제공되는 각종 프로그램이나 정보 내용물, CD-ROM 등에 담긴 영화나 음악, 게임 소프트웨어 등이 모두 이에 속한다.

플랫폼(Platform)이란 광범위한 범위로 소프트웨어적인 것과 하드웨어적인 것을 합친 것을 말하는데, 컴퓨터 시스템의 기본이 되는 특정 프로세서 모델과 하나의 컴퓨터 시스템을 바탕으로 하는 운영체제를 말한다. 예를 들어 MS-Windows, APPLE의 Mac OS, 그리고 UNIX와 LINUX 등이며 일반적으로 '기차역'을 떠올릴 수 있다. 오늘날 컴퓨터 OS뿐만 아니라 다양한 모바일 기기의 OS도 플랫폼이며, 그 외에도 Open API기반의 플랫폼으로 페이스북, 트위터, 페이팔, 포스퀘어 등이 있으며, 최근 우리가 즐겨 사용하는 SNS(Social Network Services)들은 소셜미디어를 넘어서 플랫폼으로 성장하고 있다.

또 다른 예를 들면, iOS 같은 애플의 독자적 운영체제와 아이폰, 아이패드 같은 하드웨어적인 기계를 합쳐 놓은 것으로 탁자나 책상이라고 볼 수 있다. 즉 플랫폼이란 탁자 위에 아이폰, 아이패드 등의 디바이스와 단말기 내의 iOS, 스토어 등의 소프트웨어들이 모두 올려져 있는 것이다.

네트워크(Network)란 통신분야에서는 단말기 등을 접속하기 위해 사용되는 단말기기, 선로 및 교환기 등으로 구성되는 전송매체를 말하며, 현재 전기통신망으로서는 전화망, 디지털 데이터 교환망, 팩시밀리 통신망, 비디오텍스 통신망 등의 개별망으로 구축되어 왔지만, 오늘날 이러한 통신망을 통합한 디지털 통신망으로 발전하고 있다.

디바이스(Device)란 일반적으로 어떤 목적을 위해 설계된 기계나 장치를 의미하며, 주변장치, 단말기, 그리고 터미널(Terminal) 등과 같은 하드웨어적 기계를 말한다. 예를 들어 컴퓨터PC(각종 컴퓨터 장치도 포함), 태블릿PC, 스마트폰(애플의 아이폰, 아이패드 등), IPTV 등이다.

따라서 ICT 생태계는 통신과 컴퓨터 제조 및 SW 등 소수의 대기업과 콘텐츠 개발 및 공급 등 다수의 창의적인 개인 및 중소기업, 그리고 소비자가 수직적 통합과 수평적 연계를 통하여 형성하는 거대한 환경이다. 웹 2.0시대에는 이용자인 소비자가 동시에 콘텐츠 생산자인 프로슈머로서 생태계 구축의 중심에 자리잡게 되었다.

모바일 혁명 이후 생태계

과거 음성통화 및 SMS를 중심으로 형성된 이동통신 시장에 2009년 후반 스마트폰이 도입되면서 '모바일 혁명'이라 불리는 지각변동이 발생하고 있다.

모바일 혁명 이후, 이동통신 시장은 음성통화 중심, 네트워크 주도, 수직적 가치사슬 및 폐쇄적 공급 구조를 그 특징으로 하는 과거의 모델에서 모바일 데이터 중심, 다양한 플레이어 주도, 수평적 가치 네트워크 및 개방적 공급 구조를 가진 새로운 모델로 진화하고 있음을 알 수 있다.

모바일 플레이어들 간의 협력과 공생(symbiotic cooperation)이 산업 발전과 혁신의 핵심 키워드로 부각됨에 따라 생태계(ecosystem)가 새로운 이동통신 시장을 설명하기 위한 개념으로 도입되었다.

2. ICT산업의 생태계

ICT 플랫폼 생태계 모델

생태계는 과거에 하나의 지배적 사업자(dominant player)에 의해 주도되는 수직적 공급체제에서 분업화된 생산자들의 직렬 구조를 설명하기 위해 사용되었던 가치사슬(value chain)이란 개념으로부터 발전하였다. 특히, 비즈니스 분야에서 생태계라는 용어는 1993년에 James Moore가 처음 사용하였으며, 한 기업이 보완적 관계에 있는 다른 기업과의 협력을 통해 혁신을 창출한다는 공진화(co-evolution)의 개념에서 도출하고 있다.

ICT 생태계의 패러다임이 플랫폼을 중심으로 전환되고 있다. 애플, 구글, 페이스북과 같은 플랫폼 기업들이 ICT 생태계의 중심축이 되어 변화를 주도하고 있다. Lombard(2008)와 Fransman(2010)과 같은 기존 연구에서는 플랫폼은 ICT 생태계를 구성하는 요인 중에 하나로만 묘사하고 있다. 즉, 플랫폼을 디바이스나 네트워크 서비스 제공자와 같은 수준에서 다루고 있는 것이다. 따라서 플랫폼 중심의 ICT 생태계를 설명하는 데는 다소 부족한 점이 있다.

ICT 생태계는 플랫폼을 중심으로 하는 생태계 간의 경쟁이라고 설명한다. 즉, ICT 생태계가 플랫폼을 기반으로 조성되어 생태계의 진화가 플랫폼 간의 경쟁을 통해 이루어진다는 것이다. 플랫폼 기반 생태계는 플랫폼과 모듈, 인터페이스 그리고 외부 환경으로 구성된다. [그림 5-6]과 같이 외부 환경요인과 상호작용하며 플랫폼을 중심으로 서로 분리된 판의 생태계가 경쟁하는 형태이다.

플랫폼 생태계에서 플랫폼을 중심으로 상호 경쟁하게 된다. 모바일에서 iOS와 안드로이드라는 운영체제를 중심으로 개별 생태계 판을 형성해 서로 경쟁하는 것이다.

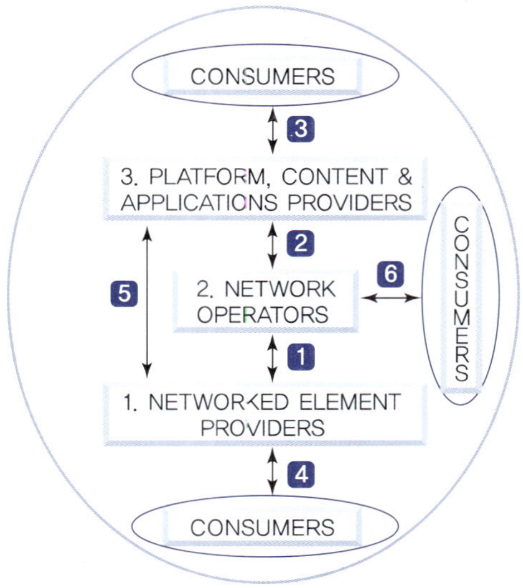

[그림 5-6] ICT 생태계 모델

이는 플랫폼 간의 경쟁이고, 생태계 간의 경쟁이다. 개별 플랫폼 생태계에는 하나의 플랫폼과 다중 모듈이 존재하며, 인터페이스를 통해 서로 연결된다.

ICT 플랫폼 생태계 유형

ICT 플랫폼 생태계는 콘텐츠(C), 플랫폼(P), 네트워크(N), 단말기(T)로 구분되며, 수직과 수평이라는 두 가지 유형의 경쟁이 존재한다고 하였다. 첫 번째 유형은 플랫폼을 중심으로 수직적으로 묶이는 것으로, 여기서는 플랫폼 경쟁이 일어난다. 애플 생태계, 안드로이드 생태계라 불리는 것들이 이에 해당한다. 이들 생태계 안에서는 서로 협력하는 가치사슬의 연합군을 이루지만 다른 플랫폼 생태계와는 경쟁을 한다. 두 번째 유형은 산업 간 경계를 기준으로 구분된 것으로, 산업 간 경쟁이 나타난다. 스마트폰 생태계, 스마트 TV 생태계와 같이 각 산업 간에는 주도권을 잡기 위한 경쟁이 이루어지고 있다. [그림 5-7]은 수직과 수평적 생태계에 따른 경쟁 유형을 보여준다. ICT 플랫폼 생태계는 이러한 생태계 내외의 경쟁과 협력을 통해 발전하게 된다.

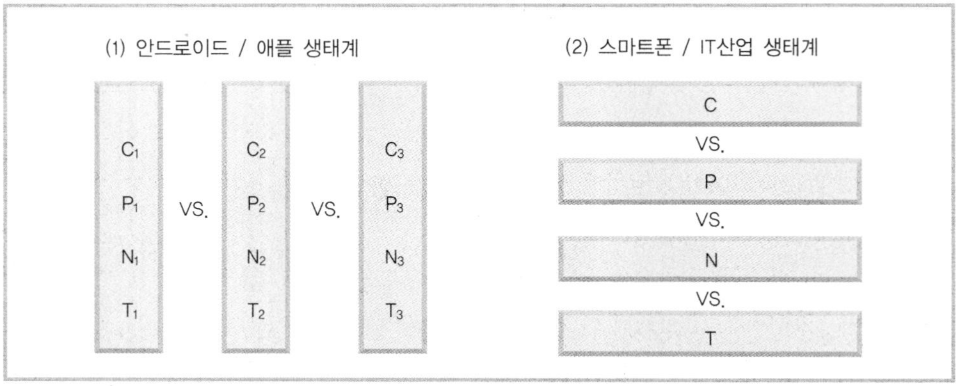

[그림 5-7] 스마트폰의 생태계 모형

3. 글로벌 플레이어들의 ICT 산업의 생태계전략

글로벌 IT 시장이 모바일 생태계로 재편됨에 따라, 해외 주요 IT 기업들의 생태계 경쟁이 과거에 비해 치열해지고 있다. 이는 생태계의 각 부문에서 성과를 거둔 글로벌 IT 기업들이 부문 간의 유기적 관계가 보다 긴밀해지고 있는 IT 시장에서 주도권을 확보하기 위해 타 부문으로 영역을 확장하면서 기업 간 충돌 지점이 증가하고 있기 때문으로 풀이된다.

대표적인 글로벌 플레이어들인 구글, 애플, 마이크로소프트, 아마존 등 주요 IT 기업은 기본적으로 본래의 주력 분야에 대한 경쟁력을 강화하는 노력을 경주하고 있으며, 이를 바탕으로 스마트 모바일 시대에 대비하고 있다.

이들이 추진하는 수직통합은 자원에 대한 직접적 통제로 비즈니스의 안정성을 확보하고 거래비용을 감소시켜 규모의 경제를 실현하기 위함이며, 글로벌 IT 기업들의 수직통합은 업체 간 경쟁을 심화시켜 경쟁 업체 간 분쟁이 증가하는 양상도 보이고 있다.

구글

검색, 광고를 주력으로 하는 구글은 기존의 서비스를 보완 · 강화하기 위한 목적으로 M&A를 가장 적극적으로 활용하고 있다.

Google™

구글이 2009, 2010년에는 주로 검색, SNS, 광고,

모바일 플랫폼(안드로이드), 클라우드 등의 분야에서 M&A를 추진했다면, 2011년엔 미디어 콘텐츠 관련 기술 보유 업체에 관심을 보이고 있다.

애플

애플은 앱스토어를 통한 모바일 애플리케이션 시장의 창출과 아이폰, 아이패드 등 혁신적인 기기의 도입으로 스마트 모바일 생태계의 출현을 주도하고 있다. 단말기 제조가 주력 사업인 애플은 주로 경쟁 기업에 의존하던 하드웨어 기술을 직접 보유하려는 목적에서 M&A를 이용하고 있다. 새로운 수직적 통합을 위해, 애플은 Poly9, Placebase와 같은 디지털 지도 및 위치기반 서비스 관련 기술 보유기업에 대한 관심을 보이고 있는데, 이 기업들에 대한 M&A를 통해 애플 제품에 기본적으로 탑재되어 있는 Google Maps을 향후 자체 기술로 개발한 서비스로 대체할 의도가 있는 것으로 판단할 수 있다.

또한 CPU 부문에서 P.A. Semi, Intrinsity 등을 인수함으로써 서비스 및 제조 기술 분야에서 수직통합을 통해 기술을 내재화하여 삼성, 인텔에 대한 의존을 줄이기 위해 노력도 하고 있다.

한편, Quattro Wireless 인수는 모바일 광고 플랫폼으로 구글에 대항하기 위한 것으로 풀이된다.

마이크로소프트

Microsoft

데스크탑 운영체제 Windows를 통해 세계 IT 시장을 석권한 마이크로소프트는 운영체제와 오피스를 주력 상품으로 이윤을 창출한 소프트웨어기업이다. 과거에는 주력 분야의 역량을 강화하기 위해 M&A를 통해 핵심 기술을 내재화하였던 능력을 보유하고 있다(1987년 Forethought를 인수하여 MS Powerpoint를 개발하고, 2000년 Visio를 인수하여 MS Visio를 개발).

마이크로소프트는 모바일 플랫폼 시장에서의 대응이 늦어 iOS와 안드로이드에 시장을 선점당하고 아직까지는 모바일에서 큰 성과를 거두지 못하고 있는 실정이다.

마이크로소프트는 기업용 서비스, 클라우드 및 Xbox360 등 엔터테인먼트 부문과

의료정보 부문(Sentillion, Rosetta Biosoftware 인수)에서 새로운 시장기회를 모색하고 있다.

특히, 마이크로소프트는 최근 창립 이래 최대 규모인 $85억에 인터넷 전화 회사인 Skype를 인수하였는데, 이는 모바일 시장에서의 부진한 성과를 만회하기 위한 노력으로 보인다.

아마존

아마존은 온라인 유통을 주력으로 하는 글로벌 IT 기업으로, 초기에는 online bookstore였으나, 점차 DVD, CD, MP3 다운로드, SW, 게임, 의류, 완구, 가구 등으로 품목을 확대하고 있다. 최근에는 아마존 앱스토어와 킨들 및 클라우드 사업을 강화함으로써 디지털 콘텐츠 플랫폼으로서의 입지를 강화하고자 한다.

아마존은 온라인 쇼핑몰로서의 입지를 강화하고 특히 유럽 시장으로의 확대를 위해 The Book Depository를 인수하였으며, 독특한 사업 방식으로 다수의 고객을 확보하고 있는 온라인 쇼핑몰들을 인수하는 등 사업확장을 서두르고 있다.

특히, Woot, Quidsi, BuyVIP, Zappos 등의 해당 쇼핑몰이 가진 충성고객의 이탈을 막기 위해 브랜드 가치를 인정하고, 기존의 아마존과 통합하지 않고 그대로 운영하는 전략을 채택하는 치밀함도 보이고 있다.

아마존은 클라우드 드라이버와 클라우드 플레이어를 통해 클라우드 서비스를 통한 디지털 콘텐츠 서비스의 확장을 시도하며, 아마존의 전자책 단말기인 킨들의 사업을 강화함과 동시에 향후 아마존 태블릿 PC의 출시도 준비하고 있어 ICT 생태계의 새로운 강자로 떠오를 전망이다.

4. 한국기업들의 ICT 산업의 생태계전략

현재의 ICT 시장은 폐쇄적 · 수직적 생태계에서 개방적 · 수평적 생태계로 진화하고 있으며, 시장의 글로벌화가 진전되어 전통적인 네트워크 사업자 외에 콘텐츠, 단말기 부문에서 특히 해외 사업자의 시장 영향력이 증대되고 있는 상황이다.

급변하는 ICT생태계의 환경에서 글로벌 ICT 사업자들은 플랫폼 경쟁에서 유리한 위치를 선점하기 위해 콘텐츠, 애플리케이션, 단말기 및 서비스 부문에서 치열하게 경쟁하고 있으며, 이는 특허 확보를 위한 M&A나 수직결합을 통한 기술의 내재화 등으로 다양하게 나타나고 있다.

이처럼 글로벌 플레이어들의 치열한 경쟁전략 하에서 ICT 생태계 변화에 따른 국내 기업의 전략적 포지셔닝(strategic positioning)의 목표는 경쟁 우위에 있는 부문의 역량 강화를 바탕으로 플랫폼 경쟁에 참여하여 실현 가능한 영역에서 플랫폼 지위를 획득하는 데 있다.

우리나라 ICT의 네트워크 인프라는 세계 최고 수준이며, 단말기 제조업 부문에서 세계적인 경쟁력을 갖추고 있는 등 주로 하드웨어 부문에서 강점을 보이고 있다. 반면, 스마트 생태계에서 핵심적인 부분이라 할 수 있는 콘텐츠 및 소프트웨어 부문에서는 세계 수준과 비교해 매우 취약한 경쟁력을 갖춘 것으로 파악되고 있다.

생태계 관점에서 우리나라 ICT를 혁신시키기 위해서는 1) 수평적 생태계 조성, 2) 경쟁우위 산업 부문에 대한 경쟁력 유지, 3) 취약 부문의 성장 및 발전을 통한 생태계 균형 발전이라는 세 가지 차원에서 점검할 필요가 있다.

생태계의 수평화는 혁신을 위한 환경 조성에 가장 근본적인 요소로, 이를 위해서는 지배적 대형 사업자와 소형 협력사 간의 고질적인 불공정 거래의 관행을 개선시키는 것이 가장 중요하고 시급한 사안일 것이다.

우리나라의 단말기 제조업은 반도체, 디스플레이 등 ICT 핵심 부품 산업의 세계적 경쟁력을 바탕으로 비교우위에 있다. 이러한 하드웨어의 경쟁력은 운영체제 플랫폼의 주도권을 가지고 있는 해외 글로벌 사업자에 대하여 강력한 교섭력으로 작용할 수 있으며, 소프트웨어 부문이 취약한 우리나라 ICT의 현실을 감안할 때 하드웨어 경쟁력을 바탕으로 글로벌 플랫폼 사업자와 협력체제를 강화하는 것이 비즈니스 차원에서 최선의 선택이 될 수 있다.

소프트웨어 부문에서의 경쟁력 강화를 통한 생태계 균형 발전은 향후 ICT 시장에서 소프트웨어 부문의 중요성과 성장가능성으로 미루어 보아 장기적 관점에서 반드시 중점적으로 간주해야 할 요소이다. 다만, 현재 우리나라의 소프트웨어 부문에서의 기술경쟁력 및 시장 규모가 글로벌 시장에서의 선진국에 비해 뒤처지고 있는 현실을 고려하여 제도적 지원이 뒷받침될 필요가 있다.

규모가 작은 소프트웨어 기업들의 비즈니스를 활성화시키기 위해 M&A에 따른 청산소득금액에 대한 세율을 인하하거나, 초기단계에서의 기업 투자를 촉진하기 위해 엔젤 투자에 대한 세제 지원책을 마련하는 일, 그리고 인터넷 벤처 기업의 인력난 해소를 위한 제도적 지원을 하는 것은 소프트웨어산업의 육성에 도움이 될 것이다.

토의질문

01 모바일 혁명 이후 ICT 생태계가 왜 중요한가?

02 ICT 생태계에서 C – P – N – D의 요소는 무엇이며 왜 중요한가?

03 글로벌 플레이어들의 ICT 생태계 전략을 비교해 보시오.

04 한국의 ICT 산업의 전략적 포지셔닝 전략은 무엇인가?

chapter 06

경쟁우위전략

chapter

06 경쟁우위전략

제1절 경쟁자 분석

산업의 매력도는 경쟁사들의 행동패턴에 따라 자사의 전략적 행동에 영향을 받을 수 있으므로 경쟁사에 대한 체계적인 분석이 필요하다. 일반적으로 경쟁사 분석을 위해서는 다음과 같은 요인들을 평가하여 경쟁사에 대응전략을 연구하여야 할 것이다.

1. 경쟁자의 전략

우선, 경쟁사의 현재 전략(current strategy)을 파악하는 것이다. 즉, 경쟁사가 현재 어떠한 전략으로 경쟁하고 있으며, 목표에 비하여 충분한 성과를 거두고 있는가를 파악하는 것이다.

둘째, 경쟁사의 향후 목표(future objective)를 파악하는 것이다. 즉, 경쟁사의 향후 목표와 미래의 열망은 무엇인가를 찾아내는 것이며, 어디에 역점사업을 펼치고 있는가를 파악하는 것이다.

셋째, 경쟁사의 자원과 능력(resources and capability)을 파악하는 것이다. 즉, 경쟁사의 주요 강 · 약점을 찾아내어 경쟁사가 가지고 있는 핵심역량과 취약부문을 파악하는 것이다.

넷째, 경쟁사의 기본 가정(basic assumptions)을 파악하는 것이다. 즉, 경쟁사가 산업 및 자사에 대하여 갖고 있는 기본 사업철학과 비전을 파악하는 것이다.

2. 경쟁자 분석을 위한 정보원

경쟁사 분석을 체계적으로 하기 위해서는 다양한 형태의 정보가 필요하다. 1차적으로는 각종 문헌 자료를 조사할 필요가 있으나 보다 구체적인 현장정보를 수집하기 위해서는 [그림 6-1]과 같은 정보를 입수할 수 있다.

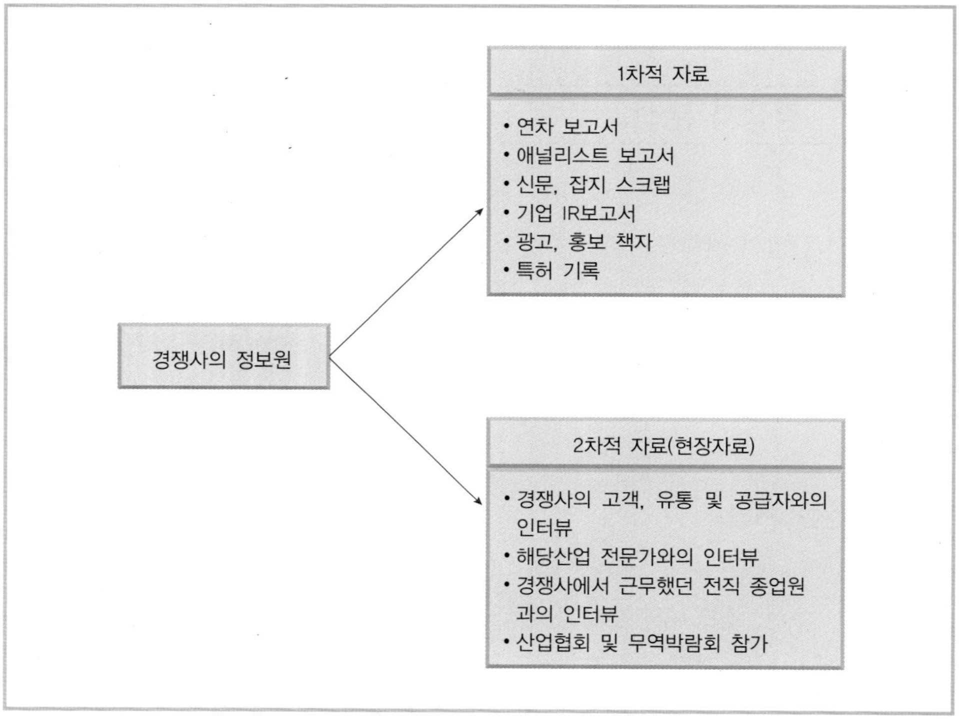

[그림 6-1] 경쟁사 분석을 위한 정보원

제2절 경쟁과 협력

1. 경쟁의 의미

우리는 흔히 경쟁자들은 모두 적이고 제거대상이라고 생각한다. 따라서 대부분의 경영자들은 경쟁기업이 존재하는 것을 불리하다고 생각하며 경쟁을 귀찮은 것이라고 여긴다. 그러나 경쟁이 과연 나쁘기만 한 것인가? 경쟁자는 분명히 위협적인 존재이지만 그렇다고 반드시 자사에게 나쁜 영향만 미치는 것은 아니다. 올바른 경쟁자가 존재함으로써 우리 회사의 경쟁적 위치가 오히려 강화될 수도 있다(조동성 · 이광현, 경쟁에서 이기는 길, 1992).

올바른 경쟁자가 존재함으로써 자사의 경쟁적 위치가 더 강화될 수도 있는 것이다. 이로운 경쟁자는 산업구조를 개선시키며, 자사의 경쟁우위를 증가시켜주지만, 해로운 경쟁자는 우리가 속한 산업구조를 파괴시켜 산업전체가 공멸할 수도 있는 것이다.

이처럼 경쟁은 기업에게 무조건 나쁜 것이 아니라 좋은 경쟁자(good competitor)의 존재는 기업에게 다양한 이점을 제공할 수 있다.

첫째, 경쟁사의 존재는 자사를 차별화 할 수 있는 비교대상의 기준을 제공한다.

둘째, 경쟁사의 존재는 새로운 기술을 산업의 표준으로 확립하는 데 도움이 될 수 있다.

셋째, 경쟁사의 존재는 또 다른 신규업체의 진입을 저지할 수 있다.

넷째, 경쟁사의 존재는 새로운 시장의 창조 및 산업전체의 수요를 증대하는 데 기여할 수 있다.

다섯째, 경쟁사의 존재는 경기변동에 따른 일시적 초과수요를 흡수함으로써 설비가동률을 보다 효율적으로 관리할 수 있다.

여섯째, 경쟁사의 존재는 자사의 경영성과를 계속적으로 개선하도록 촉구하는 자극제 역할을 한다.

2. 코피티션의 개념

코피티션(coopetition)은 영어의 competition과 cooperation의 합성어로서 기업간 관계를 경쟁과 협력의 동시적 관계로 파악하는 개념이다. 기업들은 제한된 사업영역을 두고 치열한 경쟁을 하지만 경우에 따라서는 전체시장을 육성하기 위한 상호 협력도 필요하다. 예를 들어 이동통신 서비스산업에서 SK텔레콤, 한국통신, LG텔레콤 등은 치열한 경쟁을 벌이고 있지만 또한 공동으로 보조금 제도를 도입하여 시장확장에 상호 협력하는 관계에 있다. 이와 같이 기업들은 공동의 가치를 창조하기 위해서 상호 WIN-WIN의 협조관계를 구축하고 한정된 가치를 배분하는 과정에서는 경쟁관계에 있다고 볼 수 있다.

이처럼 코피티션은 이와 같은 기업간 경쟁과 협력의 동시적 관계를 파악하여 가치를 극대화할 수 있는 윈-윈 전략을 모색하는 중요한 분석틀을 제공한다.

제3절 경쟁우위전략 사례

경영사례 1 코카콜라 vs. 펩시

콜라는 성분만 놓고 보면 99%의 설탕물과 1%의 '비밀성분'을 섞은 음료에 불과하지만 그 이상의 문화적 의미를 지닌 상품이다. 미국에서 탄생해 자유무역의 확산과 더불어 세계로 뻗어나갔다는 점에서 '자본주의의 상징'으로도 통한다. 세계 콜라시장을 장악하고 있는 코카콜라컴퍼니와 펩시콜라는 기업 간 경쟁의 역사를 얘기할 때 빼놓을 수 없다.

'콜라'를 전 세계적 코드로 접목시킨 가장 큰 원동력은 콜라계의 양대 산맥 코카콜라와 펩시의 무한 경쟁이다. 전 세계 콜라시장을 장악하고 있는 두 라이벌 업체의 경쟁은 총성 없는 마케팅 전쟁의 대표적 사례로 손꼽힌다. 라디오, TV, 인터넷으로 이어지는 매스미디어의 변화 속에서도 충성도 높은 소비자들은 콜라 광고를 보며 입맛을 다시다 결국 주머니 속 동전을 투자했고, 시간이 흐를수록 단순 광고를 벗어나 스포츠 분야와 연예 분야를 넘나드는 감성 마케팅을 펼치며 광고 역사를 바꾸어나간 두 업체의 대결은 어느새 100년을 훌쩍 넘겼다. 코카콜라사와 펩시사는 미국 내에서 전 업종을 통틀어 가장 치열한 경쟁을 벌이고 있다는 평을 얻고 있는 라이벌 회사이다. 두 회사는 청량음료를 주종으로 한다는 점에서는 똑같지만 기업의 성격은 정반대다. 코카콜라의 경우 음료 외의 업종에는 거의 손을 대지 않고 있는 데 반해 펩시는 콜라 외에도 패스트푸드, 레스토랑업종 등에 폭넓게 진출해 있다.

1. 코카콜라의 시작

코카콜라는 1886년 조지아주 아틀란타의 약사로 일하던 John Pemberton에 의해 설립되었다. 15차례의 실험 끝에 이 독특한 음료를 완성했는데, 그는 코카와 콜라를 섞고 그 외에 10여 개의 다른 성분인 당류, 캬라멜 색소, 산미료, 향료, 탄산수 따위를 첨가했다. 콜라는 처음엔 청량음료가 아닌 소화제로 판매했다. 코카콜라를 만들었지만 자신이 만든 발명품의 진가를 알아보지 못한 그는 2년 후 제조 및 판매에 관한 권리를 콜라의 잠재력을 예감한 챈들러라는 사업가에게 넘기게 되었고 챈들러가 그 권리를 사들이고 1893년 코카콜라를 상표명으로 등록함으로써 콜라의 본격적인 역사는 시작된다. 그는 지역신문에 게재한 최초의 광고에서 자신의 제품을 이렇게 소개했다. "향긋하고 시원해 마음을 유쾌하게 하며 기운이 넘치게 합니다! 이 탄산음료에는 신비한 코카잎과 유명한 콜라 열매 성분이 들어 있습니다!" 이 광고문구가 세계적인 콜라로 성장하는 기틀을 마련하였다.

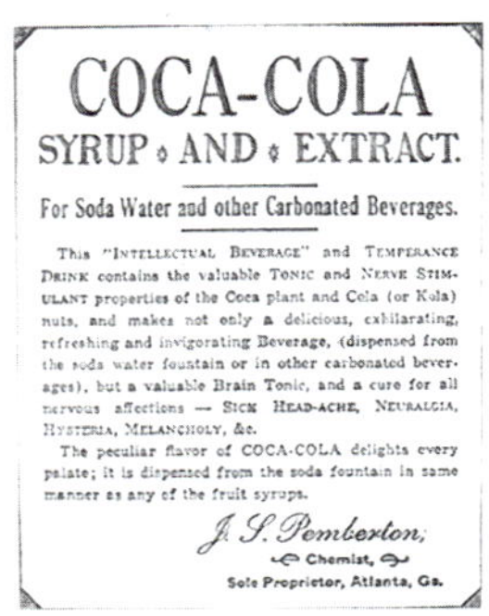

[초창기 코카콜라의 광고]

코카나무의 잎과 열매. 남북전쟁 직후인 1860년대부터 1880년대까지는 코카의 잎에서 추출한 코카인의 인기가 대단했다. 이 시기 코카콜라는 주성분이 코카와 관련이 있다고 광고함으로써 사람들의 호기심을 끌었다. 〈출처 : (cc) Darina at en.wikipedia.org〉

코카 열매 성분이 들어 있으며 두통을 낫게 하고, 무기력을 방지하는 데 효과적인 '기능성 음료'로서의 효능을 강조하고 있다.

1886년 5월 29일자 〈애틀랜타 저널〉에 낸 최초의 광고는 "코카콜라! 향긋하고 시원하고 마음을 유쾌하게 하며 기운이 넘치게 한다! 이 탄산수 매장의 새로운 인기 음료에는 신비한 코카의 잎과 유명한 콜라 열매의 성분이 들어 있습니다."라고 주장했다. 처음엔 주성분이 코카와 관련이 있다는 걸 인정했으나, 나중엔 점점 의문시되는 코카인과의 연계를 차단하기 위해 '코카콜라'는 단순히 어조가 좋아서 붙인 이름이라는 점을 강조했다. 코카콜라의 약효 성분에 대한 소문이 나자 코카콜라 측은 이를 강하게 부정하고 나섰지만 실은 이게 판매 촉진에 큰 기여를 했다.

이후 코카콜라의 대대적인 성공의 열쇠는 광고였다. 1850년 최초의 광고대행사인 미국신문광고대행사가 출현할 때부터 '광고 게시판(billboards)'이란 용어가 처음 사용되었지만, 이때의 광고 대행은 단순 대리 업무에 지나지 않았다. 현대적인 의미로 최초의 광고대행사는 1869년 필라델피아에서 창립된 '아이어 앤 선(N. W. Ayer & Sons)'이다. 광고대행사들이 생겨나 상호 경쟁하면서 광고도 점점 공격적으로 바뀌어갔으며, 이를 잘 보여준 것이 바로 코카콜라 광고다.

코카콜라사는 1920년대에 발효된 금주법에 의해 술 판매가 전면적으로 금지되면서 비약적인 성장을 맞게 된다. 또 1920년대부터 겨울철 매출을 더욱 늘리기 위해 산타클로스가 코카콜라를 마셔대는 그 유명한 '산타클로스 마케팅'을 시작한다. 원래 산타클로스 이미지의 원조는 1822년 미국 신학자인 클레멘트 클라크 무어(Clement Clarke Moore, 1779~1863)가 자신들의 딸들을 위해 쓴 '성 니콜라스의 방문'이라는 시(詩)이지만, 크리스마스라고 하면 곧장 산타클로스가 연상되게끔 산타클로스의 대중화에 결정적인 기여를 한 건 바로 코카콜라사의 산타클로스 마케팅이다.

2. 펩시콜라의 등장

펩시콜라를 만든 사람도 약사다. 1898년 미국 노스캐롤라이나주에서 약국을 하던 칼랩 브래드햄(1867~1934)은 콜라 열매와 바닐라 등을 원료로 소화불량 치료약의 일종인 '브래드의 음료'를 제조해 판매하기 시작했다. 펩시콜라라는 이름도 소화효소의 일종인 '펩신'에서 따온 것이다. '펩시'라는 이름은 'dyspepsia'에서 'pepsi'를 가져오면서 'pep'이라는 단어가 "원기, 기력"이라는 뜻이 있음을 감안해 붙여진 것이었다. 그러나 펩시콜라는 처음엔 코카콜라의 적수가 되질 못했으며, 실질적인 라이벌 관계는 1930년대부터 시작되었다.

3. 코카콜라의 전성기

코카콜라는 1928년 제9회 암스테르담 올림픽과 1930년 제1회 월드컵부터 후원을 시작해 이후 거의 매번 공식 후원사가 되었으며, 제2차 세계대전 때 유럽을 비롯한 전 세계로 진출함으로써 급성장하였다. 코카콜라사는 특히 진주만 폭격 이후 노골적으로 애국심을 자극하는 광고 공세를 폈다. 전투기에서 콜라를 쥔 손이 튀어나오는 가운데 "미국에 위기 도래. 미국인은 준비 태세를 갖추지 않으면 안 된다."고 노래를 부르는 식이었다. 어린이들을 대상으로 10센트에 판매한 '전투기 시리즈' 팸플릿도 대인기를 누렸다.

제2차 세계대전 중 미군 병사들에게 코카콜라는 거의 종교적인 음료였다. 특히 드와이트 아이젠하워(Dwight D. Eisenhower, 1890~1969)를 비롯한 장군들이 코카콜라의 열성 신도였다. 1943년 6월 19일 아이젠하워 사령관은 워싱턴에 "코카콜라 300만 병을 보내달라"는 전보를 쳤다. 한여름이 되자 미군 병사들이 마신 코카콜라는 800만 병에 달했고, 연말에는 7,500만 병을 넘어섰다. 병사 1인당 1주일에 두 병씩 마신 셈이었다. 미 육군은 코카콜라 사원을 후대해 이들에게 '기술고문'이라는 준(準)군인 지위를 부여했기 때문에 코카콜라 직원이면 어느 군부대건 무사통과할 수 있었다. 이들은 병사들에게 '코카콜라 대령'이라 불리며 큰 인기를 누렸다.

코카콜라사는 군인들의 코카콜라 사랑을 애국심과 연결시켜 광고함으로써 코카콜라를 '미국의 상징'으로 만들었다. 코카콜라사는 1948년부터는 코카를 전혀 넣지 않은 코카콜라를 만들었다. 1950년 코카콜라는 전 미국 청량음료 시장의 50%를 점유했으며, 1960년엔 분당 4만 병, 1993년엔 전 세계적으로 1초당 4만 병이 소비되었다.

이렇듯, 코카콜라의 성공은 잘록한 허리 모양의 특허 받은 병이 가지는 심미성과 단순하지만 기억에 남는 필기체 로고의 힘, 그리고 한결같은 맛이 이루어낸 결과였다.

4. 라이벌 전쟁의 시작

라이벌 기업의 대결은 흥미진진하면서도 당사자인 기업들은 서로가 진땀이 나며 때로는 피를 말리는 전쟁을 하게 된다. 역대 라이벌 기업의 best 10을 살펴보면, 나이키와 리복, HP와 IBM 그리고 포드와 GM 등 많은 라이벌 기업들의 열전이 있었

〈표 6-1〉 역대 최고의 라이벌 기업 10

순위	라이벌 기업
1	코카콜라 vs. 펩시
2	포드 vs. GM
3	토머스 에디슨 vs. 나콜라 테슬라
4	AT&T vs. MCI
5	나이키 vs. 리복
6	게이츠 vs. 잡스
7	베니스 vs. 제노바
8	HP vs. IBM
9	에어버스 vs. 보잉
10	유니언퍼시픽 vs. 센트럴퍼시픽

지만, 그 가운데 100년 콜라전쟁을 벌인 코카콜라와 펩시의 라이벌 전쟁이 단연 돋보인다.

(1) 본격적인 대결구도

두 기업의 본격적인 대결구도는 아이러니하게도 코카콜라의 판단착오에서부터 비롯되었다. 코카콜라보다 12년 늦게 등장한 펩시콜라는 제1차 세계대전 전까지 미국 25개 주에 보틀링 공장을 두는 등 시장에 안착하는 듯했다. 하지만 1920년 선물계약을 통해 고가에 매입한 설탕 현물시세가 폭락하면서 엄청난 손실을 보고 도산 위기에 처했다. 브래드햄은 1922년 코카콜라에 인수를 제안했지만, 코카콜라는 빈사상태인 이 매물에 관심을 보이지 않았다. 결국 1923년 파산한 펩시콜라는 다른 투자자들에게 경영권이 넘어갔고, 1931년 또다시 코카콜라에 매각을 제의했지만 아무런 답을 듣지 못했다.

더 이상 잃을 게 없던 펩시콜라는 '반값 작전'을 들고 나왔다. 1934년 12온스들이 펩시를 6온스짜리 코카콜라와 같은 가격인 5센트에 판 것이다. 당시 극심한 경제대공황을 겪고 있던 미국에서 12온스(360㎖)짜리 병에 담긴 펩시콜라는 6.5온스(192.23㎖)짜리 병에 담긴 코카콜라와 똑같은 5센트에 팔리기 시작하면서 미국 소비자들의 폭발적 호응을 얻어냈고 당시 46% 점유율로 1위를 지키던 코카콜라를 위협하는 수준인 14%의 점유율로 2위 업체로 올라서는 데 성공했다. 당시 코카콜라 점유율은 46% 수준으로 압도적이었지만 펩시는 2위 사업자로 자리매김하는 모멘텀을 만드는 데 성공했다.

두 기업의 대결은 경쟁과 모방의 연속이라고 불린다. 코카콜라가 미국시장에서 점유율을 잠식해 들어오는 펩시콜라로부터 시장 점유율을 지킬 수 있었던 것은 제2차 세계대전의 발발이라는 역사적 비극 때문이었다.

두 기업의 초기 역사에서 위기가 곧 기회라는 마케팅 철칙이 연상되는 건 바로 이 때문이다. 제2차 세계대전 당시 미국 정부의 요청에 의해 군복을 착용한 모든 남자들은 코카콜라를 단지 5센트에 제공받을 수 있게 한 마케팅 전략은 참전 군인들의 플라시보효과(의사가 환자에게 가짜 약을 투여하면서 진짜 약이라고 하면 환자의 좋아질 것이라고 생각하는 믿음 때문에 병이 낫는 현상)와 더불어 코카콜라가 전 국민적인 브랜드로 인정받는 계기가 되었다. 이는 종전 이후까지 이어져 코카콜라는 해외 시장 개척에 있어서도 절대적인 우위를 차지하며 특히 유럽과 아시아 시장을 석권했다.

(2) 펩시의 반격

1950년대가 되자 펩시콜라는 코카콜라 마케팅 간부였던 알프레드 스틸을 새로운 CEO로 맞이하며 슈퍼마켓을 통한 판매에 초점을 맞춘 "Beat Coke(타도! 코카콜라)"전략으로 26온스(750㎖) 병 콜라를 출시하여 가족단위의 소비시장을 개척했다. 저렴한 이미지를 벗어나 젊은 소비자를 공략하기 위해 'Pepsi Generation(펩시 세대)' 캠페인을 실시한 것은 도날드 켄달이 새로운 CEO로 부임한 1963년부터였다.

고급스러웠던 코카콜라의 이미지에 대항하기 위한 펩시의 노력은 오토바이, 헬리콥터, 스포츠카를 동원한 강렬한 광고 이미지를 구현함으로써 5배 차이로 뒤지고 있었던 점유율을 3배 차이로 좁히게 될 만큼 성공을 거두었다.

이쯤 되자 코카콜라는 브랜드 이미지의 노후화를 우려해 1955년 26온스 병 판매에 돌입하며 펩시의 도전에 대응하기 시작했다.

하지만 펩시콜라의 결정적 한방은 블라인드 테스트 방식을 도입한 비교광고인 '펩시 챌린지'였다. 1973년 이 회사는 이른바 '코크 신봉자'라 불리는 코카콜라의 열성 소비자들을 모아 눈을 가린 뒤 코카콜라와 펩시콜라를 맛보게 했다. 참가자 중 상당수는 "펩시가 더 맛있다"고 손을 들었고, 펩시콜라는 이 장면을 그대로 TV 광고에 내보냈다. 지금은 비교광고가 많이 확산됐지만 당시엔 상당히 낯선 기법이었다. 펩시 챌린지 캠페인은 공전의 히트를 기록하면서 미국 내 시장점유율을 끌어올리는 데 성공했다. 이 장면이 TV를 통해 전파를 탄 뒤 공전의 히트를 기록하면서 펩시는 닥터 페퍼에게서 2인자 자리를 가져옴과 동시에 코카콜라를 위협할 수 있었다.

(3) 코카콜라의 판단착오

공격적인 마케팅을 감행하는 펩시의 위협을 체감한 코카콜라는 1980년대에 이르러 1982년 '다이어트 코크'를 시작으로 1985년 '뉴 코크'를 출시하기에 이르렀지만, '다이어트 코크'의 성공과 달리 자신들이 99년 동안 지켜오던 전통적인 코카콜라 제조 공식의 변화를 발표하며 야심차게 내놓은 '뉴 코크'는 역사상 가장 큰 마케팅 실패 사례로 손꼽힌다. 소비자들은 충성스런 클래식 마니아였고, 펩시와 다를 바 없는 새로운 콜라는 김 빠진 음료수에 불과했기 때문이다. 결국 6개월 후 코카콜라는 코카콜라 클래식이라는 이름으로 오리지널 복구에 나선 뒤 지금까지 전통적인 제조법을 퍼스트 브랜드로 유지하게 됐다.

코카콜라는 두 달 반 뒤에 기존 제품 판매 재개 결정을 내린다. 그러자 판매량은 금세 예전 수준을 회복했고, 뉴 코크 개발비를 뛰어넘는 수준의 광고효과를 거뒀다는 평가도 받았다.

(4) 펩시의 2등 탈피전략

만년 2인자 '펩시'는 탄산음료 비중을 낮추고 과일주스나 시리얼 등 건강 음료를 강화하는 전략으로 선회하기 시작했다. 건강에 좋지 않은 탄산음료를 기피하는 소비자가 늘어나는 추세를 감안한 것이었다.

펩시는 '콜라'로서는 도저히 코카콜라를 누를 수 없다는 사실과 사람들의 입맛이 점점 웰빙화되고 있다는 사실에 착안해 발빠르게 제품 다각화를 추진했다. 1990년대 후반 당시는 세계적으로 '웰빙(well-being)' 바람이 불었고, 그는 탄산음료 시장의 한계를 예측했다. 당시 전략기획과 구조조정 업무를 도맡아 온 인드라 누이는 '건강음료'와 '식품'으로 사업 분야를 넓히자고 강력하게 주장했다. KFC, 피자헛, 타코벨의 분할 매각에도 앞장섰다. 결국 이들 외식업체를 찾는 소비자들은 원하든 원하지 않든 펩시콜라를 마시게 됐고, 어느덧 그 맛에 익숙해졌다. 펩시는 여기서 머물지 않고 주스 생산업체 트로피카나(Tropicana) 인수를 주도했다.

펩시는 아침에 마실 수 있는 음료를 개발하기 위해 당시 최고의 주스 브랜드였던 트로피카나를 1998년에 인수했다. "사실 콜라를 아침에 마시긴 그렇잖아요. 그래서 아침에 마실 수 있는 음료가 필요했어요. 당시 트로피카나가 최고의 주스 브랜드였어요" 그는 말했다. 이후에도 펩시가 코카콜라를 제치게 된 또 한번의 결정적인 일은 2001년 이온음료 '게토레이' 생산업체인 퀘이커 오츠(Quaker oats) 인수였다. 그녀는 2001년 퀘이커 오츠를 인수하기 위해 절에 다녀가기도 했다. "펩시코로서는 회사의 운명을 바꿀 만한 것이었죠. 그래서 신께도 도움을 받아야겠다 싶었어요. 그래서 절에 갔습니다." 그녀의 말처럼 회사의 운명은 바뀌었다.

결과는 대성공이었으며, 2004년 펩시코의 전체 매출은 292억 달러로 코카콜라컴퍼니(219억 달러)를 처음 앞질렀다. 2005년부터는 시가총액과 순이익도 코카콜라를 넘어섰다. 하지만 펩시콜라가 시야를 넓히는 동안 음료시장 내에서 코카콜라의 아성은 훨씬 더 견고해졌다. 인터브랜드가 평가한 코카콜라의 브랜드가치는 719억 달러로, 전 세계 모든 브랜드 가운데 1위를 지키게 되었다.

몇 년 전까지 사람들은 코카콜라와 펩시는 전통의 라이벌이지만 그래도 코카콜라가 한 수 위라고 생각했다. 그도 그럴 것이 1886년 창립돼 120년째가 된 코카콜라가 12년 뒤인 1898년 태어난 펩시보다 전통에서 앞섰기 때문이다. 인드라 누이는 만년 2등이던 펩시를 업계 1등으로 만드는 데 가장 크게 공헌한 인물로 꼽힌다. 콜라 판매 증가세가 다소 둔화됐을 당시, 건강 신드롬이 일 때마다 나타나는 일시적 현상으로 넘길 수도 있었다. 적어도 코카콜라는 그렇게 생각했다. 1982년 이른바 '다이어트 콜라'를 출시한 이후로 코카콜라는 이렇다 할 대응책을 찾지 않았다. 역시 콜라가 비난의 표적이 됐다고 주력 상품인 콜라를 포기할 수는 없는 노릇이었다. 콜라뿐이 아니다. 매출과 영업이익의 절반 이상을 차지하는 프리토레이 스낵 생산을 중단한다는 것은 자살 행위나 마찬가지였다. 프리토레이는 소금이 함유된 과자 시장의 60%를 차지하고 있었다.

하지만 펩시는 코카콜라처럼 남의 일로 방관하지 않았다. 오히려 웰빙 열풍이 몰고 온 위기를 기회로 삼아 돌파구를 찾으려 했다. 건강음료 시장에서 새 입지를 구축하기 위해 대대적인 공세를 편 것이다. 제품 구성을 지방과 설탕, 나트륨 함유율이 낮고 칼슘처럼 몸에 좋은 성분 함유율이 높은 과자와 음료로 재조정했다. 이 때문에 제조원가가 올라 제품 가격 인상이 불가피했지만 충분히 시장성이 있다고 판단했다. 건강에 좋으면 비싸도 좋다는 사람이 점차 늘고 있다고 확신한 것이다.

펩시는 건강에 좋은 성분을 보강해 기존 제품을 개선했다. 콜레스테롤 · 심장병과 관련 있는 것으로 추정되는 지방산을 제거한 새로운 도리토스 · 치토스 · 토스티토스 제품을 시장에 내놓았다. 여기에 과일 주스, 이온 음료, 생수 등 건강에 좋다는 음료를 잇따라 출시했다. 그 결과 펩시의 탄산음료 비중은 20%대로 줄어들었다. 펩시는 더 이상 콜라 브랜드가 아니었다. 반면 그때까지도 코카콜라의 탄산음료 비중은 80%에 육박했다. 펩시의 이런 변신이 처음부터 호응을 얻은 것은 아니다. 새로 출시한 식품이 건강에 해롭지 않다는 펩시의 광고를 100% 믿어줄 소비자도 없었지만, 펩시가 쏟아내는 새 음료와 과자가 정말로 건강에 해롭지 않다고 누가 장담할 수 있었겠는가.

펩시는 자체적으로 제품이 건강에 유해한지 검사해 합격하면 '스마트 스폿(Smart Spot)'이란 스티커를 붙여 소비자에게 믿어달라고 호소했다. 시간이 지나면서 적어도 펩시의 이미지가 긍정적으로 바뀐 것만큼은 분명했다. 사실상 아무것도 하지 않은 코카콜라와 비교하면 확실히 그랬다. 코카콜라는 변화에 두려움이 있었거나 아니면 변화하지 않고도 오랫동안 누려 온 영화를 유지할 수 있을 것으로 낙관하고 있었다. 펩시가 발 빠르게 사업을 다각화하는 것을 뻔히 지켜보면서도 이렇다 할 사업 아이템을 내놓지 못했다. 다른 식품이나 소비재 쪽으로 사업영역을 확장할 충분한 자금(적어도 50억 달러)을 가지고 있었는데도 말이다. 96년 펩시가 사업 다각화 전략을 내놓자 당시 코카콜라의 회장은 "더 이상 펩시를 신경 쓰지 않아도 되겠다"고 선언했다.

여기다 설상가상으로, 펩시가 웰빙브랜드이미지를 강화하는 동안 코카콜라에서는 하루가 멀다 하고 사건이 속출했다. 미국에서 회계부정 스캔들에 휘말리는가 하면, 유럽에선 독점 관련 소송으로 곤욕을 치르기도 했다. 콜롬비아 공장에서는 노동자를 탄압했다는 비난을 받고, 인도 공장에서는 환경을 오염시켜 물의를 빚기도 했다. 콜라 원액 가격을 인상하려는 남미 협력업체들과의 갈등도 끊이질 않았다. 모든 것이 변화보다는 기존의 관행을 고수하려는 경영 마인드에서 비롯된 것이다. 반면, 인도 일부 주에서 '농약 콜라' 파동으로 두 회사가 이미지에 타격을 입고 있는 가운데 펩시는 인도 여성을 대표로 내세우며 한발 빨리 대응하고 있다. 한번은 코카콜라 임원 여비서가 "코카콜라 맛의 비밀을 팔겠다"는 제의를 해오자, 오히려 펩시가 코카콜라 측에 이 사실을 통보해 줌으로써 이젠 여유 있는 모습까지 보여주고 있다.

마케팅면에서도 1960년대부터 시작한 '펩시 세대' 캠페인은 큰 효과를 봤다. 자신이 형이 아니라 동생이라는 위치를 마케팅에 적극 활용, 코카콜라를 낡고 보수적인 것으로 몰아붙이고 자신은 영원한 새로운 세대로 자리매김한 것이다. 펩시는 코카콜라와 나이 차가 고작 7년밖에 안 나는데도 엄청난 세대 차이가 있는 것처럼 보이게 했다. 10대의 반항적 이미지를 담기 위해 젊은 시절의 마이클 잭슨 · 라이오넬 리치 · 마돈나 등을 광고에 등장시켰다. 이와 같은 '브랜드 포지셔닝(brand positioning)'을 통해 미래에 주고객층을 형성할 청소년에게 자사제품을 집중적으로 홍보했다.

1970년대 중반 TV를 통해 내보낸 광고도 코카콜라를 추격하는 데 주효했다. 눈을 가리고 콜라를 마시던 사람이 눈가리개를 벗으며 "어~펩시잖아!"를 외치게 하는 장면이었다. 입소문이나 이벤트로 인지도를 높이는 '버즈(buzz) 마케팅'을 사용해 8년만에 30%포인트 나던 시장점유율 차이를 10%포인트까지 좁히는 데 성공했다. 펩시가 코카콜라를 이긴 비결은 '확실한 2등' 전략에서도 찾을 수 있다. 펩시는 코카콜라와 양강 구도를 만들기 위한 전략을 구사했다. 2위 자리를 뺏거나 노리는 만만찮은 경쟁사들을 확실하게 따돌리기 위해 가격을 파격적으로 인하한 것이다. 심지어 절반으로 떨어뜨리기까지 했다. 이는 두 가지 효과를 가져왔다. 닥터페퍼나 로열 크라운 같은 경쟁업체들은 펩시와 경쟁하려면 어쩔 수 없이 가격을 내려야 했고, 그 과정에서 경쟁력을 잃어갔다. 이들 업체가 체력이 소진한 것을 확인한 후, 펩시는 다시 가격을 정상화했다. 아주 짧은 기간에 3위 이하 업체들을 저만치 따돌리고, 펩시는 코카콜라와 함께 쌍벽을 이루는 위치에 오를 수 있었다.

(5) 코카콜라의 펩시콜라의 상생의 방안 도출

1990년대에 이르러 두 업체는 모두 위기에 봉착한다. 미국 내 콜라 판매량은 정체되고 세계적인 경제위기가 닥쳐오면서 과도한 투자는 낮은 효율성으로 돌아오는 악순환이 시작된 것이다. 이로 인해 두 기업은 공히 새로운 성장 가능성이 있는 중국, 인도, 동유럽 국가 등의 해외시장으로 눈을 돌렸다. 펩시는 중동과 동남아시아에서 성장 가능성을 봤고, 코카콜라는 서유럽과 라틴아메리카시장을 석권했다. 이 과정에서 재정적으로는 실패했을지언정 두 기업은 국제 소비량의 미래 성장 가능성을 예견했고, 위기를 기회로 삼는 특유의 마케팅 전략을 고수했다.

흥미로운 것은 두 기업이 모두 콜라를 포기하지 않으면서도 미래 시장 점유율이 탄산음료 이외의 음료로 일정 부분 이동할 것을 예상하여 꾸준히 대체 음료 브랜드로 트로피카나, 게토레이(이상 펩시), 미닛 메이드, 파워에이드(이상 코카콜라) 등의 음료를 내놓았다는 점이다.

또한 21세기 들어 콜라 시장이 다시금 안정세로 돌아서자, 두 기업은 새롭게 부상하고 있는 건강음료 시장으로도 눈을 돌려 사업을 확장시켜 나가고 있다.

펩시는 인드라 누이 회장이 "펩시는 종합 음료 회사"라고 선언한 것을 필두로 콜라 전쟁의 수위를 점점 낮춰가고 있고, 코카콜라 역시 같은 생각을 하고 있는 것으로 보여진다. 코카콜라와 펩시 두 회사의 판매량은 아직도 콜라가 절대적 비중을 차지하지만 1990년대 후반 이후 두 기업의 성장은 무탄산음료의 성공적인 마케팅과 판매의 힘이 컸기 때문이다(1999년 기준, 무탄산음료의 경우 펩시는 80% 이상, 그리고 코카콜라는 100% 이상 성장).

펩시의 前 CEO인 로저 엔리코는 두 회사의 관계를 두고 "경쟁은 피 없이 계속적으로 치루는 전쟁으로 여겨졌다. 코카콜라가 없었다면 펩시는 경쟁자들 사이에서 고된 시간을 보냈을 것이고 코카콜라의 성공 역시 펩시의 공헌이 컸다고 본다"고 표현했다. 비록 1990년대 이후 동반성장의 길을 위협받은 적은 있었지만 두 기업의 라이벌 관계는 엔리코의 말처럼 한동안은 계속될 것으로 보인다.

토의질문

01 제 2차 세계대전 당시에 코카콜라의 애국심에 소구한 전략은 왜 성공할 수 있었는가?

02 존 스컬리의 '펩시 챌린저' 캠페인의 특징과 그 광고가 가져다 준 결과는?

03 코카콜라의 '다이어트 코크'는 왜 실패하였는가?

04 1960년 이후 펩시와 코카콜라의 콜라전쟁을 요약해 보시오.

05 향후 코카콜라와 펩시의 상생을 위해 필요한 것은 무엇인가?

경영사례 2 브라우저 전쟁

브라우저 전쟁(Browser Wars)은 웹 브라우저 시장에서 웹 브라우저들이 점유율 경쟁을 하는 것을 말한다. 1차 브라우저 전쟁은 1990년대 후반에 마이크로소프트의 인터넷 익스플로러와 넷스케이프 두 브라우저 간 경쟁을 지칭하였고, 넷스케이프가 거의 몰락하고 인터넷 익스플로러가 웹 브라우저 시장을 독점하게 되었다. 2차 브라우저 전쟁은 2003년 이후, 모질라 파이어폭스, 구글 크롬, 사파리, 오페라와 같은 신흥 브라우저와 인터넷 익스플로러 간 경쟁을 말한다.

〈표 6-2〉 브라우저의 역사

- 1991년 최초의 웹 브라우저 출현
- 1993년 Mosaic 브라우저 (무료, 오픈 소스)
- 1994년 Netscape 브라우저 (상용 제품) 출시
- 1995년 Internet Explorer 출시 **(1차 브라우저 전쟁)**
- 1996년 Opera 브라우저 발표
- 1998년 Netscape 다이, 오픈 소스인 Mozilla 브라우저 나옴.
- 2002년 IE 브라우저 95% 점유율
- 2003년 Apple 사 Safari 브라우저 발표
- 2004년 Firefox 1.0 발표 **(2차 브라우저 전쟁)**
- 2006년 IE 7 출시(IE 6을 2001년 출시, Firefox 인기를 얻자 IE 7 업그레이드)
- 2008년 ~ 현재 구글 크롬 발표로 브라우저 전쟁 더욱 격렬해짐

1. 1차 브라우저 전쟁

(1) 넷스케이프의 태동

인터넷 역사에서 1989년은 특별한 의미를 갖는 해이다. 이 해 스위스 제네바의 유럽입자물리학연구소(CERN)에 근무하고 있던 '팀 버너스 리(Timothy John Berners Lee)'가 동료 연구원들 간의 정보공유를 도와줄 목적으로 하이퍼텍스트 시스템을 제안한 것이다. 버너스 리는 자신이 만든 시스템에 월드와이드웹(WWW)이란 제법 그럴듯한 이름을 붙였다. 지금은 인터넷과 동

의어로 통할 정도로 널리 퍼져 있는 월드와이드웹은 이처럼 미국이 아니라 유럽에서 첫걸음을 내디뎠다.

하지만 정작 인터넷 혁명의 불꽃이 본격적으로 타오른 것은 그로부터 3년 뒤인 1992년이었다. 주인공은 그 무렵 21세에 불과했던 마크 앤드리슨이란 일리노이대학 재학생이었다. 당시 일리노이대학의 국립슈퍼컴퓨팅응용센터(NCSA)에서 고성능 컴퓨터들을 위한 코드를 짜는 아르바이트를 했던 앤드리슨은 인터넷을 좀 더 대중적인 공간으로 만들 수 있는 방법이 없을까를 고민하기 시작했다. 앤드리슨은 3년 전 팀 버너스 리가 고안해 낸 웹을 마음껏 항해할 수 있는 브라우저를 하나 만들고 '모자이크(Mosaic)'라는 이름을 붙였다. 모자이크는 월드와이드웹을 위해 만들어진 최초의 그래픽 브라우저였다. 하지만 이때까지만 해도 한 대학생의 소박한 발명품이 전 세계를 뒤바꿔 놓을 인터넷 혁명의 시발점이 될 것이란 사실을 눈치 챈 사람은 그다지 많지 않았다.

앤드리슨은 모자이크를 만든 뒤 인터넷에서 공짜로 다운받아 쓸 수 있도록 했다. '프리웨어(freeware)'로 뿌렸던 것이다. 그 이전까지 힘들게 인터넷을 이용했던 많은 사람들에게 모자이크는 구세주나 다름없었다. 복잡한 명령어를 몰라도 쉽게 인터넷을 이용할 수 있었기 때문이다. 이런 장점 덕분에 모자이크는 인터넷에 공개되자마자 순식간에 이용자 수가 100만 명을 넘어섰다. 모자이크가 인기를 누리자 덩달아 인터넷 이용자 수도 폭발적으로 늘어났다. 기초적인 컴퓨터 실력만 있으면 누구나 인터넷을 맘껏 이용할 수 있어지자 '월드와이드웹 세상'이 열리기 시작한 것이다. 최초의 그래픽 기반 브라우저였던 모자이크는 수많은 컴맹, 넷맹들에게 인터넷 세상의 새로운 모습을 보여 주었다.

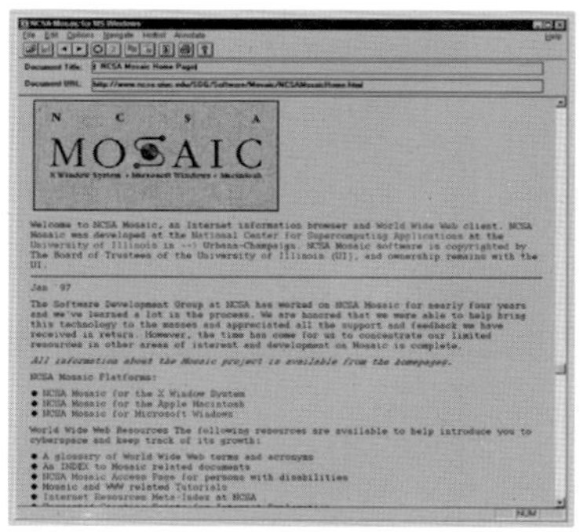

하지만 모자이크가 인기를 누릴수록 개발자인 마크 앤드리슨의 입지는 약해지기 시작했다. NCSA의 관리팀이 모자이크 돌풍을 주목하기 시작한 때문이다. 이들은 모자이크를 더 발전시키기 위해선 좀 더 체계적인 관리가 필요하다는 판단을 내렸다. 이런 결정은 곧바로 마크 앤드리슨을 비롯한 개발진들을 모자이크에서 떼어 내는 작업으로 이어졌다. 더 이상 모자이크 개발 작업에 관여하지 말라는 명령을 내린 것이다. NCSA의 이런 지시에 대해 모자이크 개발팀도 호락 호락 물러서지는 않았다. 지시를 무시하고 독자적으로 행동하기로 결정한 것이다. 그러자 NCSA의 관리팀들도 마크 앤드리슨을 비롯한 모자이크 개발자들을 무시하기 시작했다. 당연히 앤드리슨은 NCSA의 이런 처사에 강하게 분노했다.

1993년 12월 일리노이대학을 졸업한 마크 앤드리슨은 자신이 만든 모자이크를 토대로 사업을 하고 싶었다. 그는 무작정 실리콘밸리로 향했다. NCSA에서 일하면서 학교 측에 적지 않은 상처를 입었던 그는 자신의 힘으로 뭔가 거창한 것을 만들어내보란 듯이 복수하고 싶은 마음도 있었다. 하지만 그에게는 돈이 없었다. 게다가 그때까지만 해도 그는 벤처캐피털이 무엇인지도 잘 몰랐다. 아이디어 하나만으로 수백만 달러를 끌어모을 수 있는 시대는 아직은 먼 얘기였던 것이다. 실리콘밸리 역시 아직은 인터넷 혁명을 기반으로 한 닷컴 붐의 꿈도 꾸지 못하던 시기였다.

그 무렵 실리콘밸리에 또 한 사람이 방황을 하고 있었다. 실리콘그래픽스란 그래픽 전문회사의 설립자로 큰 성공을 거둔 짐 클라크란 인물이었다. 훗날 벤처투자의 대표적인 성공 사례로 꼽히게 되는 짐 클라크 역시 이 무렵에는 그냥 돈을 조금 번 평범한 사업가일 뿐이었다. 짐 클라크는 그 무렵 실리콘그래픽스에서 손을 뗀 뒤 이윤배당을 둘러싸고 한바탕 분쟁이 벌어지자 비정한 비즈니스 세계에 환멸을 느끼고 참신한 아이디어를 갖고 있는 인물을 찾던 참이었다.

마크 앤드리슨과 짐 클라크의 만남은 1990년대 후반 실리콘밸리를 강타한 닷컴 붐의 전형적인 모델이었다. 참신한 아이디어를 갖고 있던 마크 앤드리슨과 여유 자금을 소유하고 있던 짐 클라크는 환상의 조합이었다. 우여곡절 끝에 짐 클라크를 만난 앤드리슨은 '모자이크 킬러'를 만들고 싶다고 털어놨다. 자신이 밤을 새워 가며 만들었던 모자이크를 독식해 버린 데 대한 반감 때문이었다. 그 무렵 앤드리슨은 일리노이대학 NCSA에 대한 감정이 최악에 달한 상태였다. 실리콘그래픽스 이후 적당한 투자처를 찾고 있던 짐 클라크 역시 야생마 같은 마크 앤드리슨의 패기와 열정을 높게 평가했다. 이렇게 의기투합한 둘은 정말로 '모자이크 킬러'가 될 만한 브라우저를 만들었다. 바로 '모질라(Mozilla)'였다.

'모질라'는 출시되자마자 선풍적인 인기를 누렸다. 앤드리슨이 일리노이대학에서 만든 모자이크를 무색케 할 정도였다. 이런 상황에 고무된 클라크와 앤드리슨은 곧바로 회사를 설립했다. 처음 이들은 회사 이름을 모자이크 커뮤니케이션으로 정했다. 하지만 NCSA로부터 법적인 항의가 들어오자 고심 끝에 회사명을 '넷스케이프(Netscape)'로 바꾸었다. 그리고 곧바로 1994년 10월 첫 번째 브라우저인 넷스케이프 내비게이터를 출시했다. 상용 브라우저로는 사실상 첫 제품이었던 넷스케이프 내비게이터가 몰고 온 바람은 엄청났다. 무료 배포되자마자 순식간에 사용자 수가 200만 명을 돌파하면서 초기 인터넷 혁명의 진원지가 됐다.

(2) 윈도우 95와 MS의 인터넷 익스플로러

넷스케이프가 시장에서 폭발적인 인기를 누리고 있을 무렵 마이크로소프트는 윈도95 버전을 준비하고 있었다. 윈도 3.0을 내놓으면서 운영체제시장을 완전 장악했던 마이크로소프트로선 한 단계 도약할 채비를 하고 있었던 것이다. 하지만 상황은 윈도 3.0 개방 당시와는 많이 달라져 있었다. 그 사이에 인터넷이란 변수가 생겨 버렸던 것이다. 마이크로소프트로서는 윈도95를 개발하면서 인터넷 환경을 외면할 수 없었다. 처음 윈도95 개발 작업을 시작할 때만 해도 고려조차 하지 않았던 웹 브라우저가 순식간에 거대한 산처럼 자신을 가로막고 있었던 것이다. 그러다 보니 마이크로소프트는 넷스케이프를 의식하지 않을 수 없었다. 실제로 마이크로소프트는 1994년 하반기부터 넷스케이프와 부쩍 자주 만났다. 이들은 새롭게 개발할 윈도95상에서 넷스케이프의 브라우저가 좀 더 자연스럽게 돌아가도록 하기 위해 논의를 시작했다. 마이크로소프트는 넷스케이프 내비게이터의 소스 코드를 알고 싶어 했다.

당시 넷스케이프는 세상 무서운 것 없을 정도로 잘 나갈 때였다. 거침없이 몸집을 키워 나가던 넷스케이프는 그 무렵 짐 박스데일(Jim Barksdale)을 최고경영자로 영입한 상태였다. 창업자인 짐 클라크와 최고경영자를 맡고 있던 짐 박스데일은 넷스케이프 내비게이터의 소스 코드를 보여 달라는 마이크로소프트의 요구를 탐탁지 않게 받아들였다. 수많은 PC업체들을 쥐락펴락하는 마이크로소프트였지만, 그 무렵 막 열리기 시작한 인터넷시대의 주역으로 떠오른 넷스케이프와 대면한 자리에서는 자신들 마음대로 분위기를 주도해 나갈 수는 없었다.

게다가 이 무렵 마이크로소프트 내부에서도 인터넷 전략 부재를 지적하는 목소리들이 적지 않았다. 빌 게이츠가 마이크로소프트를 새로운 영역으로 이끄는 데 실패했다는 지적이었던 셈이다. 넷스케이프가 브라우저 시장에서 절대강자로 떠오를수록 빌 게이츠의 부담감은 더 컸을 것이다. 빌 게이츠 뿐 아니라 대다수의 마이크로소프트 고위간부들은 넷스케이프를 경계심을 갖고 주시하고 있었다. 운영체제시장 독점의 장애요소로 받아들였던 것이다. 마이크로소프트가 자체 브라우저 개발을 진지하게 고려한 것도 이런 상황과 무관하지 않다.

어쩌면 빌 게이츠는 넷스케이프를 보면서 자신이 무너뜨린 IBM을 떠올렸을지도 모른다. 마이크로소프트가 이렇게 성공할 수 있었던 것은 IBM으로부터 많은 것을 가져 온 덕분이라는 사실을 잘 알고 있는 빌 게이츠로서는 넷스케이프에서 PC시장에 막 활성화되던 무렵의 마이크로소프트를 되새겼을 수도 있다. 변혁의 시기에 잘못된 결정을 내렸다가는 IBM과 같은 처지가 될 수도 있다는 위협을 느꼈는지도 모를 일이다.

이런 위기감을 갖고 있던 마이크로소프트는 1995년 들어 5개월가량 넷스케이프와 협상을 계속했다. 이때만 해도 마이크로소프트는 브라우저 시장에서 넷스케이프를 밀어내기보다는 서로 공존하는 방안을 찾는 쪽에 주력했다. 하지만 시간이 흐를수록 빌 게이츠는 넷스케이프와 웹 브라우저 시장을 좀 더 심각하게 바라보기 시작했다. 실제로 빌 게이츠는 1995년 5월 26일 '인터넷 물결(The Internet Tidal Wave)'이란 제목의 메모를 통해 "(인터넷은) 1981년 IBM PC가 도입된 이래 가장 중요한 발전"이라고 지적하고 있다. 이 메모의 이어지는 내용은 빌 게이츠가 그 당시 넷스케이프를 얼마나 심각하게 받아들이고 있었는지를 적나라하게 보여 준다.

빌 게이츠는 넷스케이프가 급부상하는 모습을 보면서 인터넷 사업의 가능성에 눈을 뜬 것으로 보인다. 빌 게이츠는 골드러시 때 가장 큰 성공을 거둔 사람들은 금광을 발견한 사람들이 아니라 바로 기반 설비를 제공했던 사람들이라는 말을 하곤 했다. 마이크로소프트가 1995년 들어 자체 웹 브라우저 개발 쪽으로 입장 선회를 한 것도 빌 게이츠의 이런 깨달음과 무관하지 않았을 것이다. 빌 게이츠의 이런 열망은 그해 8월 발표된 윈도95에서 그대로 드러났다. 마이크로소프트는 윈도95를 내놓으면서 자체 웹 브라우저인 인터넷 익스플로러를 함께 제공했기 때문이다.

(3) 1차 브라우저 전쟁과 반독점 경쟁

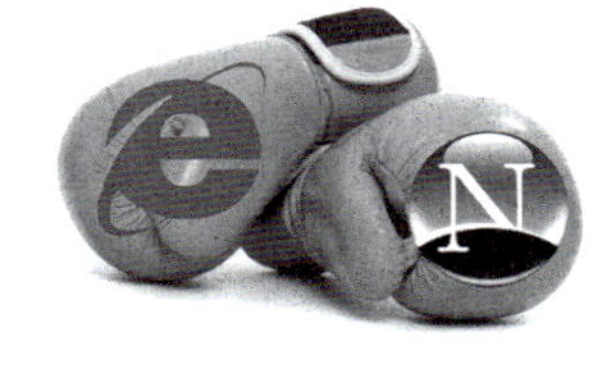

윈도95와 함께 인터넷 익스플로러가 시장에 나왔지만 넷스케이프는 여전히 웹 브라우저 시장에서 강세를 유지했다. 윈도95에서 넷스케이프 브라우저가 자연스럽게 작동하지 않도록 방해 작업을 했음에도 불구하고 넷스케이프의 위세는 좀처럼 수그러들 줄 몰랐다. 결국 1995년 12월 들어 빌 게이츠는 초강수를 들고 나왔다. 바로 '끼워 팔기'로 알려진 인터넷 익스플로러 무료배포 정책을 들고 나온 것이었다. 이에 따라 1996년 10월 이후 발매된 익스플로러는 윈도95

와 함께 제공됐다. 또 윈도98 버전부터는 아예 운영체제에 통합됐다. 일부러 넷스케이프를 깔지 않는 한 인터넷을 할 때는 기본적으로 마이크로소프트의 브라우저를 이용하게끔 만들었던 것이다.

마이크로소프트가 넷스케이프를 쫓아내기 위해 단순히 끼워 팔기 전략만을 사용한 것은 아니었다. 그들이 소프트웨어 시장에서의 위치를 이용해 기업들에게 압력을 행사했다는 소문이 나돌기 시작했다. 때로는 무자비할 정도로 강하게 몰아치면서 넷스케이프를 고립시키기도 했다. 넷스케이프 CEO를 역임했던 짐 박스데일은 나중에 반독점 재판 과정에서 휴렛패커드(HP)와 넷스케이프가 공동 상품 출시 계약을 발표한 직후 게이츠와 발머가 HP에 전화를 걸어 화를 낸 적이 있다고 증언하기도 했다. 빌 게이츠는 1995년에 배포한 '새로운 물결'이란 제목의 자료를 통해 "넷스케이프와 제휴를 고려하는 기업들을 손봐 주라"고 재촉했다는 주장도 있다.

실제로 그 뒤 반독점 재판 과정에서 빌 게이츠의 위협 행위가 속속 드러났다. 특히 빌 게이츠는 컴팩이 자사 컴퓨터의 기본 웹 브라우저를 넷스케이프로 변경하려고 하자 강하게 위협한 것으로 알려지고 있다. 마이크로소프트의 윈도 운영체제를 포기할 수 없는 입장이었던 컴팩 역시 이 같은 위협에 굴복했다. 이는 휴렛패커드나 AOL도 마찬가지였다. 이 과정에서 마이크로소프트는 기본 웹 브라우저로 익스플로러를 채택하는 일부 회사들에 대해 보조금을 제공하기도 했다.

끼워 팔기를 통해 소비자들을 공략하는 한편으로 컴퓨터 업체들을 협박하는 마이크로소프트의 전략은 놀라울 만큼 막강한 위력을 과시했다. 넷스케이프의 영향력이 걷잡을 수 없이 떨어지기 시작한 것이다. 실제로 1996년 4분기 5,850만 달러였던 넷스케이프의 수익은 1997년 4분기에는 1,850만 달러까지 떨어졌다. 불과 1년 사이에 68퍼센트나 감소한 것이다. 상황이 이렇게 되자 넷스케이프는 300명가량을 감원하는 강도 높은 구조조정 작업을 하지 않을 수 없었다. 주식 가치 역시 최고가의 80퍼센트까지 떨어지면서 끝없는 나락을 경험했다.

1998년이 되자 넷스케이프는 웹 브라우저 사업에서 전혀 수익을 내지 못하는 상황으로 내몰렸다. 그리고 그해 여름, 드디어 웹 브라우저 시장에서 익스플로러 점유율이 44퍼센트까지 늘어나면서 42퍼센트에 머문 넷스케이프 내비게이터를 앞질렀다. 결국 넷스케이프는 웹 브라우저의 프로그래밍 소스 코드까지 모든 것을 일반인들에게 공개하면서 사실상 이 시장에서 사라져 갔다. 넷스케이프로서는 마이크로소프트와 맞선 대가를 톡톡히 치른 셈이었다. 실제로 화려하게 모습을 드러냈다가 불과 삼사 년 만에 비참하게 시장에서 쫓겨 나간 넷스케이프의 사례는 이후 마이크로소프트와 빌 게이츠에게 '폭군' 이미지를 심어 주는 데 중요한 역할을 했다. 물론 넷스케이프 이외에도 노벨, 리얼네트웍스 등 많은 기업들이 마이크로소프트의 파상공세를 견뎌 내지 못하고 뒷전으로 물러났다. 하지만 그 어느 기업의 사례도 넷스케이프 퇴출만큼 시장에서 큰 파장을 불러일으키지는 못했다.

마이크로소프트와 넷스케이프 간의 웹 브라우저 전쟁은 시대의 패러다임을 누가 잡을 것이냐는 힘겨루기였다. 그리고 그 싸움에서 마이크로소프트는 '운영체제'라는 재래무기를 앞세워 웹 브라우저란 새로운 영토를 손에 넣는 데 성공했다. 웹 브라우저 시장이 한창 열릴 무렵 회사 전체가 위기의식에 사로잡혔던 마이크로소프트 입장에선 넷스케이프와 벌인 브라우저 전쟁에서의 승리가 그만큼 절박했다. 이 전쟁에서 승리하면서 빌 게이츠는 자신의 분신이나 다름없는 마이크로소프트가 인터넷시대에도 여전히 강자로 군림할 수 있을 것이란 자신감을 얻었을 것이다.

물론 그 대가도 적지는 않았다. 이때부터 마이크로소프트를 이끌고 있는 빌 게이츠는 '공공의 적'으로 완전히 자리를 굳혔다. '마이크로소프트 효과'라는 말도 자리를 잡기 시작했다. 일단 어떤 업체가 새로운 소프트웨어나 기술을 앞세워 시장을 장악하더라도 마이크로소프트가 뛰어들면 곧바로 몰락한다는 의미를 담은 말이었다. 그만큼 빌 게이츠의 이미지는 최악으로 치달았다. 또 실제로 당시 빌 게이츠는 시장의 질서를 무시한 정책 결정을 하는 경우도 적지 않았다.

2. 2차 브라우저 전쟁(2006년~)

'동토의 왕국'처럼 견고한 독점 체제가 지속돼 왔던 브라우저 시장에 반란의 총성이 울리고 있다. '브라우저 원조' 넷스케이프가 지난 1999년 마이크로소프트(MS)의 공세를 견디지 못하고 처참하게 몰락한 뒤 브라우저 시장에는 더 이상 경쟁이란 말을 찾을 수 없었다. '브라우저=익스플로러'란 등식이 절대 진리로 통했다.

마이크로소프트의 인터넷 익스플로러가 윈도우 기본 웹 브라우저로 정착하기 시작한 것은 과거 윈도우 98이 사용되던 시기 즈음이었다. 그때부터 우리나라 대부분의 웹페이지도 이 인터넷 익스플로러를 기준으로 개발되어 지금까지 이어오고 있다.

(1) 10년간의 MS의 아성이 흔들리기 시작함

MS가 브라우저 시장을 장악하고 난 뒤, 웹표준은 시간이 가면서 MS표준이 되어가고 있었다. 웹서비스들이 인터넷 익스플로러에 최적화할수록 다른 브라우저에서는 아예 UI가 변질될 때가 많아졌다. ActiveX가 기존의 MINE TYPE까지 고쳐가며 설치해야 되었던 Plug-In 프로그램을 쉽게 웹과 연결하도록 만든 건 사실이지만, 일부에서 보안적으로 취약한 것을 악용하여 많은 악성 프로그램이나 악성코드들이 난무하기 시작했고, 컴퓨터는 과도한 플러그인의 설치를 통해 느려지기 시작했다.

그러나, 2006년에는 점점 줄어드는 익스플로러 사용자가 눈에 보이기 시작했다. 2005년에는 90%에 달한 사용자가 2007년에는 70% 대로 떨어지기 시작한 것이다.

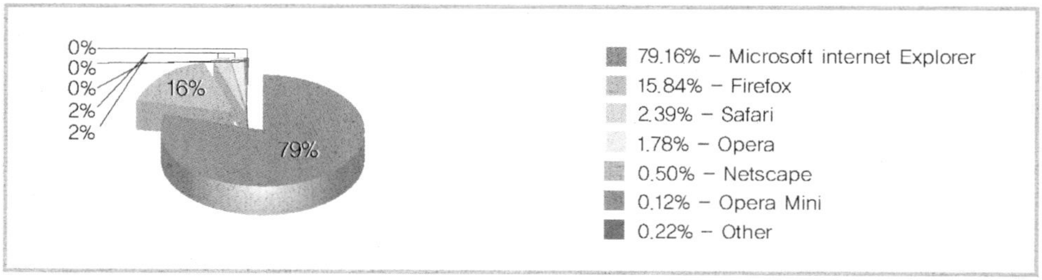

결국 5년 만에 익스플로러7로 업그레이드한다. 그후, 2008년에는 구글의 크롬이 출시되면서 웹브라우저 선택의 폭이 더욱 넓어졌다.

2010년 2월 웹브라우저의 통계를 살펴보면 익스플로러가 여전히 선두에 있지만 사용자 비율은 61.58%로 예전의 영광에 비하면 초라해졌다. MS의 야심작이라 할 IE 8조차도 큰 힘을 발휘하지 못하였다.

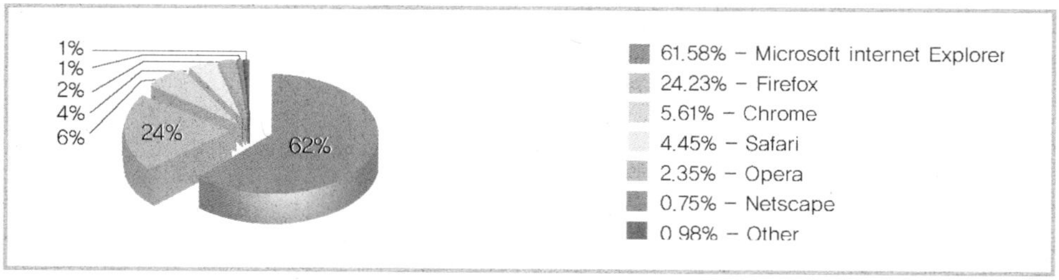

이처럼 과거 넷스케이프와의 전쟁에서 승리한 IE가 90%에 육박하는 점유율로 승승장구하다 파이어폭스, 크롬, 사파리, 오페라 등의 출시로 2010년 2월에는 62%까지 떨어지는 상황에 이르렀다. 웹브라우저 선택의 폭도 넓어졌으니 '인터넷=익스플로러'라는 공식은 사라지는 듯하다.

이에 따라, 웹표준의 목소리가 증가해오고 있다. 여러 국가들에서도 더 이상 MS의 〈끼워팔기〉를 쳐다보고만 있지 않다. 유럽의 많은 국가들에서는 더 이상 Windows O/S에 기본으로 인터넷 익스플로러를 탑재하지 못하도록 하고 있으며, Windows Media Player, MSN Messenger까지 O/S에 더 이상 끼워팔기 할 수 없도록 저지하기 시작했다.

브라우저 독점공급이 끝나면서 이용자들도 서서히 다른 브라우저를 찾기 시작했고, 파이어폭스의 시장점유율이 8:2까지 증가하고 있다. 약 10년 만에 다시 웹브라우저 전쟁이 시작되기 시작하고 있다.

(2) 웹브라우저 전쟁의 시작

넷스케이프의 몰락 이후 한동안 웹브라우저 시장은 IE가 거의 독점에 가까운 점유율을 보이며 시장을 장악하고 있었다. 게다가 사실 이 기간 동안 기술적인 혁신도 거의 없었다. 그런 상태가 오랜 기간 지속되다가 넷스케이프의 소스코드를 이어 받은 오픈소스 소프트웨어인 파이어폭스가 나오면서 시장이 변화하기 시작했다.

그러나 최근에는 인터넷 익스플로러를 대체할 수 있는 웹 브라우저가 점점 각광을 받고 있는데, 가장 대표적인 것으로 모질라의 파이어폭스(FireFox), 구글의 크롬(Chrome), 애플의 사파리(Safari) 등을 들 수 있다.

① 파이어폭스

인터넷 익스플로러의 가장 강력한 경쟁 상대는 모질라의 파이어폭스다. 이 파이어폭스는 실행 속도나 안정성 면에서 인터넷 익스플로러를 압도한다. 글자와 그림만 있는 웹페이지라면 인터넷 익스플로러보다 빠른 로딩 속도를 보여 외국에서는 이미 파이어폭스의 사용률이 크게 증가하고 있다.

파이어폭스는 전체 웹브라우저 시장 점유율의 20% 정도를 차지하면서 어느 정도 성공한 듯 보인다. 하지만 파이어폭스의 시장 점유율은 주로 유럽 지역의 반MS 감정에 의지한 것으로 실제 북미지역에서 파이어폭스 점유율은 미미한 편이다.

② 크롬

2008년 9월 2일은 인터넷 역사에 길이 남을 만한 날로 기억될지도 모른다. 그동안 웹브라우저 시장에서 독보적인 위치에 있던 MS의 '인터넷 익스플로러'에 구글이 '크롬'으로 공개적인 도전장을 내민 날이기 때문이다.

구글 크롬은 공교롭게도 파이어폭스와 같이 넷스케이프의 소스 코드를 이어 받은 오픈 소프트웨어를 기반으로 개발되었다. 주요 기능도 오픈 소프트웨어 기술을 차용하였으며 전 세계 개발자가 구글 크롬의 기술을 활용해 자신만의 브라우저를 손쉽게 개발할 수 있도록 하고 있다.

전 세계 점유율 3위인 구글의 크롬도 떠오르는 신흥 강자다. 파이어폭스에 버금가는 실행 속도와 깔끔한 디자인이 잘 어우러져 인터넷 익스플로러에 실증을 느낀 사용자들의 관심을 받고 있다.

③ 사파리

위 브라우저들에 비해 아주 미약한 세력이지만, 나름대로 마니아 노선을 구축하고 있는 애플의 사파리도 있다. Mac과 아이폰을 만드는 애플이 선보인 윈도우용 웹 브라우저인데, 항상 탁월한 제품 디자인으로 각광을 받는 회사답게 '디자인' 하나만은 확실히 눈에 띈다.

웹페이지 로딩 속도도 파이어폭스나 크롬과 비슷하며, 무엇보다 독특한 팝업창 돌출 모양이나 웹페이지 내 텍스트 상자의 크기를 변경할 수 있는 등의 부수적 기능은 사용자의 시선을 끌고 있다.

브라우저 종류	특징 및 장·단점
인터넷 익스플로러 (Internet Explorer)	• 마이크로소프트의 윈도우 운영체제 설치 시 자동으로 설치되는 브라우저로, 국내에서 가장 많이 사용되는 브라우저 • 장점 : AcitveX를 지원해 인터넷뱅킹, 쇼핑 등에서 사용가능. GPU 지원 • 단점 : 윈도우에서만 사용 가능. 느린 속도, 웹 표준 지원이 낮음. ActiveX 충돌 등으로 프로그램 종료가 잦은 편
파이어폭스(Firefox)	• 오랫동안 오픈소스로 개발되어 온 개방형 브라우저 • 장점 : 다양한 운영체제 환경에서 사용 가능. 뛰어난 웹 표준 지원, 탭 브라우징 및 많은 확장 부가기능 사용 가능 • 단점 : 초기 구동 속도가 느림
크롬(Chrome)	• 구글에서 개발 중인 브라우저로, 2개월에 한번씩 업그레이드 중 • 장점 : 다양한 운영체제 환경에서 사용 가능. 뛰어난 웹 표준 지원, 탭 브라우징 및 많은 확장 부가기능 사용 가능 • 단점 : 메모리 사용량이 많음
오페라(Opera)	• 오페라사에서 개발 중인 브라우저 • 장점 : 웹 표준을 가장 빠르게 적용하며, 웹 표준을 가장 많이 구현하는 브라우저. 오페라 위젯 사용 가능. 다양한 통합 기능 제공 • 단점 : 상대적으로 낮은 인지도

(3) 웹브라우저 전쟁의 관전 포인트

1차 브라우저 전쟁과 지금 2차 브라우저 전쟁의 경쟁 구도의 차이점은 뭘까?

예전 잘 나가던 넷스케이프는 상용 업체로서 웹 브라우저를 판매했고 MS는 인터넷에서 웹 브라우저라는 플랫폼이 가져올 위협에 위기의식을 느꼈다. 때문에 운영 체제에 무료로 끼워 팔기를 하거나 과도한 비표준 기술들을 탑재하면서 상대방을 압살하는 경쟁 방식을 택했다. 그것은 회사로서 생존해야 할 넷스케이프도 마찬가지였다.

이들간 경쟁에서 발생한 피해는 고스란히 양쪽 비표준 기술들을 고려해서 개발해야 했던 웹 사이트 제작자와 브라우저 선택권을 제약 받은 사용자 모두에게 돌아갔다. 특히, 브라우저 전쟁 이후 IE의 독점 기간 동안 브라우저 경쟁이 없어져 웹 기술의 발전에 따른 이용 경험을 저해 받은 사용자의 피해는 말할 것도 없다.

2차 브라우저 전쟁의 경쟁 구도가 1차 브라우저 전쟁과 다른 점은 바로 상용 소프트웨어와 무상 소프트웨어의 경쟁 구도라는 점이다. 파이어폭스는 소스 코드가 공개된 완전한 무료 소프트웨어이기 때문에 이를 만드는 사람들은 경제적 이익보다는 사용자의 이익을 대변한다. 따라서 다른 상용 브라우저보다 여러 가지 이해관계를 떠나서 진취적인 기능들을 탑재할 수 있다. 과거 모질라 플랫폼으로 개발되었던 넷스케이프 7.0은 AOL의 광고를 위해 사용자에게 유용한 기능이었던 팝업 차단 기능을 빼는 실수를 범한 적도 있다.

IE7의 대부분의 기능이 파이어폭스에 있는 것을 그대로 벤치마킹한 것만 보더라도 새로운 경쟁 구도가 가지는 장점을 잘 설명해 준다. 특히 이미 독점 체제를 굳히는 마이크로소프트가 느끼는 위기의식은 과거에 비해 훨씬 적은데다 잠재적인 경쟁자가 아니므로 마이크로소프트에도 장기적으로 이득이 된다.

① 웹 표준에 기초한 보편적 기술 경쟁 구도

파이어폭스의 장점 중에 하나는 넷스케이프와 IE의 경쟁에서 빚어진 비 표준의 유물을 과감하게 벗어 던지고 웹 표준을 적극적으로 지원하고 있다는 점이다. 이는 2000년부터 구조와 표현을 분리하여 웹이 최초로 지향하던 웹 페이지 개발 방식을 주창해온 웹 표준 프로젝트(Web Standards Project)의 주장과 이에 따른 웹 사이트 구축 트렌드와 맥을 같이 하고 있다. 파이어폭스뿐만 아니라 오페라나 사파리 브라우저도 웹 표준 호환 기능을 대폭 업그레이드 해 왔다.

이런 기류를 인지했는지 IE7에서도 표준 모드에서는 다른 브라우저와 같이 동작하도록 웹 표준에 관련된 꽤 많은 버그를 고쳤다. 마이크로소프트가 자사의 렌더링 엔진에 손을 본 것은 수년 만의 일로 기억되기도 한다.

과거 브라우저 전쟁을 경험했던 국내 웹 개발자들 일부는 지원해야 할 브라우저 종류가 늘어남에 따라 앞으로 개발을 할 때 모든 브라우저를 고려해야 하기 때문에 몇 배의 노력이 들 것이라는 걱정을 하고 있는 것으로 안다. 그러나, 모든 브라우저에서 지정하는 웹 표준 모드는 상위 호환성(Forward Compatibility)을 보장해 주기 때문에 그런 걱정을 하지 않아도 된다. 오히려 새로운 브라우저 시장에 의해 능력을 스킬업 할 수 있는 보편적인 기술셋이 마련됐다는 점에서 웹 디자이너나 UI 개발자에게 새로운 커리어 패스를 열어 주는 계기가 될 것이다.

브라우저 제조사의 입장에서도 이미 XHTML2, DOM3, SVG, XFORM, ECMAScript 2.0 등 표준 모드에서 지원해야 할 웹 표준들이 산더미같이 쌓여 있고, 과거와 같은 비 표준 경쟁은 인터넷 산업 전체에 도움이 안 될 뿐만 아니라 브라우저 시장을 넓히는데도 한계가 따른다는 사실을 모두 인지하고 있다.

오히려 정체기에 들어선 표준 기구인 W3C를 견제하기 위해 모질라, 오페라, 애플 등 브라우저 제조사들이 주축으로 HTML을 확장하여 좀 더 풍부한 사용자 경험을 제공하려는 목적으로 WHATWG를 만들어 누구나 참여할 수 있는 개방형 표준을 제정하려는 건전한 움직임도 존재할 정도가 되었다.

② 이제는 플랫폼 경쟁이다.

과거 넷스케이프에 대한 마이크로소프트의 위기감은 매우 컸었다. 인터넷이 빠르게 도입되자 웹 브라우저에서 모든 것이 이루어질 것처럼 예측했기 때문이다. 넷스케이프조차도 자사의 소프트웨어 플랫폼에서 인터넷의 모든 것이 이루어질 줄 알았다. 따라서 자사 소프트웨어에 자체 기술로 플러그인(NSPlugin)을 올리고 비 표준 기술들을 도입하고 그뿐만 아니라 웹 서버 시장까지 공략함으로써 자신들의 인터넷에 대한 소프트웨어 플랫폼 장악력을 높이려 했다. 그러나, 소프트웨어 플랫폼에 대해 잘 아는 마이크로소프트의 철저한 공격에 무기력하게 당했다.

닷컴 붐이 꺼진 후에 초고속 인터넷의 발전과 일반 다수 사용자의 참여로 인터넷과 웹이 가장 활발하게 일어나고 있는 현재 시점에 와서야 플랫폼으로 웹이 무엇인지 깨닫기 시작했다. 바로 인터넷 플랫폼의 진정한 의미는 데이터 플랫폼이며, 사람들이 쉽고 가벼운 기술로 자신의 데이터를 자유롭게 조작할 수 있는 환경을 열어 주는 것이 바로 웹에 적합한 플랫폼의 모습이라는 것이다. 이를 웹2.0으로 정의하고 이런 개념을 제대로 이용했던 구글, 아마존, 이베이를 웹2.0 기업으로 인정받는 세상이 도래한 것이다.

컴퓨팅 환경의 역사가 말해 주듯 좋은 기술 플랫폼이란 사람들로 하여금 쉽게 사용하도록 열어 주고 함께 이용하게 함으로써 궁극적으로 그 과실을 서로 나누는 것이다. 60년대 터미널을 이용하게 한 메인 프레임 기업들이 그랬고, 80년대 PC를 만든 IBM이 그랬다. 90년대 소프트웨어 플랫폼을 장악한 MS가 그렇고 2000년대 웹을 장악한 웹2.0 기업들이 그렇다.

파이어폭스가 주목 받는 이유 중 가장 큰 것이 바로 확장 기능(Extensions)이다. 확장 기능은 XML과 CSS 그리고 자바 스크립트를 이해하는 사람들이면 누구나 만들 수 있는 플랫폼을 제공한다. 파이어폭스는 쉬운 웹 언어로 브라우저 기능 업그레이드나 설정 변경을 원하는 대로 할 수 있는 플랫폼을 제공했다. 혹자는 IE7과 파이어폭스 2.0의 기능을 비교하기도 하는데, IE7의 모든 기능은 파이어폭스 확장 기능으로 모두 충족되거나 충족할 수 있다.

파이어폭스의 이러한 플랫폼 전략은 브라우저 제조사들에게 좋은 영향을 끼쳤다. 사파리 브라우저를 기반으로 매킨토시의 대시보드와 오페라의 위젯형 서비스가 도입되었고, IE에서도 부가 기능(Add on) 사이트를 대대적으로 홍보하고 나섰다.

항상 인터넷이 연결되어 있는 상태에서 데스크톱과 인터넷을 연결하는 모든 통로로서 웹 브라우저 플랫폼 구상이 현실화되고 있는 것이다. 그 동안 우리에게 강점으로만 부상했던 초고속 인터넷이 이미 전 세계적으로 보편화된 현 시점에서 제 2의 웹 브라우저 전쟁이 벌어지기 시작한 현재에서 우리가 생각해야 할 것들은 과연 무엇인가? 이것이 미래의 비즈니스를 지배할 것이다.

한편, '21세기 브라우저 전쟁'의 핵심 코드는 '탈PC'로 요약할 수 있다. 유비쿼터스 시대인 만큼, 모바일이 브라우저 전쟁의 뜨거운 격전지가 되고 있으며, 특히 휴대 인터넷이 커다란 주목을 끌고 있다.

토의질문

01 넷스케이프의 초기 성공요인은 무엇인가?

02 마이크로소프트의 끼워팔기 전략의 요체는 무엇인가?

03 2차 브라우저 전쟁의 서막을 알리는 파이어폭스와 크롬의 경쟁력은 무엇인가?

04 향후 2차 브라우저 전쟁에서 최후의 승리를 위해서 필요한 경쟁우위는 무엇인가?

경영사례 3 경쟁사 간 합작경영 : 삼성 vs. 코닝사

1. 들어가며

세계 시장점유율 27%, 누적 판매량 1억 제곱피트 초과(1제곱피트는 0.029제곱미터), 연간 판매량 5,000만 제곱피트의 세계 제 1위의 TFT-LCD(박막 트랜지스터 액정 표시장치)의 기판유리업체. 이것이 삼성코닝정밀유리(SCP : Samsung Corning Precision)이다. 이는 지난 1995년 창립하여 실제 제품 출시를 시작한 1996년 12월 이래 약 5년 5개월 만에 달성한 놀랄 만한 성과이다. 어떻게 이처럼 짧은 기간에 이러한 커다란 성과를 만들어 낼 수 있었던 것일까? 그 원동력은 무엇이며 어떤 차별적인 프로세스를 가지고 있는가? 이러한 프로세스는 어떻게 시작되었으며, 어떤 과정을 통해 발전해 왔는가? 한계나 문제점은 없었는가? 과연 그 핵심요인이나 프로세스를 다른 합작이나 협력관계에 적용 가능하도록 일반화할 수 있을 것인가? 특히, SCP가 이룩해 낸 성과는 삼성과 코닝이라는 전혀 이질적인 기업철학, 문화, 그리고 조직 프로세스를 가진 두 기업이 결합하여 만들어 낸 것이기에 더욱 그 경영 노하우가 궁금하지 않을 수 없다.

이에 본 사례연구는 SCP의 설립 및 성장과정을 살펴 보고 삼성과 코닝 양사의

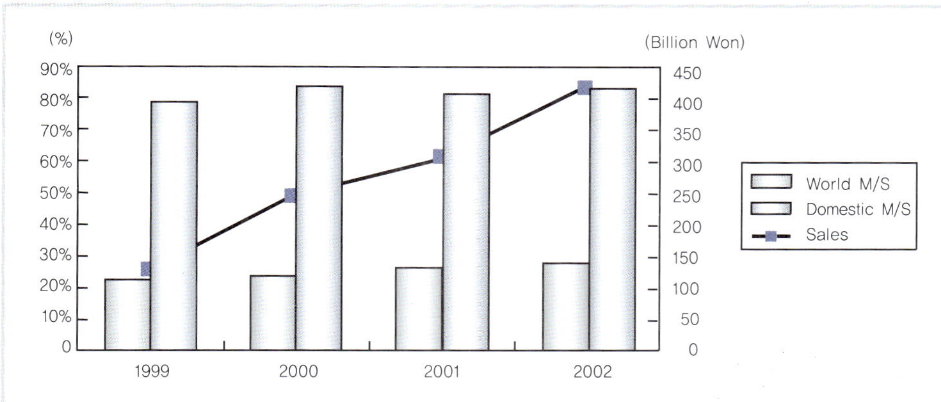

[그림 6-2] SCP 매출성장 및 시장점유율

효율적인 합작경영의 핵심요인과 현 상황에서의 한계와 문제점 등을 면밀히 파악하고자 하였다. 이를 통해 보다 나은 파트너 관계 정립을 위한 발전방향을 모색하는 것이 주목적이라 하겠다. 또한, 성공적인 합작경영을 위한 General Model을 개발하여 향후 유사업무 추진시 합작경영의 기본지침서로 활용하고자 한다.

2. 삼성코닝 정밀유리(SCP : Samsung Corning Precision)

SCP의 태동

1980년대 후반부터 빠르게 진전된 영상정보산업의 발전에 따라 보다 가볍고 공간을 적게 차지하면서 휴대화가 가능하고 품질이 우수한 디스플레이에 대한 요구가 급속히 증가하였다. 그에 따라 평판 디스플레이의 개발이 가속화되었으며 이 가운데서도 액티브 매트릭스 액정 디스플레이(AM LCD : Active Matrix Liquid Crystal Display) 기술이 가장 유망한 것으로 평가되면서 일본을 비롯한 세계 유수의 업체들은 AM LCD 개발에 총력을 기울였다.

이런 과정에서 1988년 첨단 광통신제품과 유리제품의 선두주자인 미국 코닝사는 향후 평판 디스플레이 시장 및 기술 전망을 심도 깊게 검토한 결과, AM LCD용 기판유리 시장이 급속히 확대될 것이며 그 품질요구 수준도 점차 엄격해질 것으로 판단하였다. 이에 이 첨단사업의 파트너로 삼성을 지목하고 당시 삼성과 코닝의 합작기업이었던 삼성코닝㈜에 신 Fusion공법 공동개발을 공식 제의하게 된다. 기존 Fusion

공법은 1960년대 개발되어 안경용 렌즈, 자동차 유리 등을 만드는 데 이용되었지만, Float 공법이 나옴에 따라 가격경쟁력의 하락으로 점차 사용되지 않게 되었다. 삼성코닝은 미 코닝사의 이러한 제의를 면밀히 검토한 결과 Fusion 유리사업의 성장성을 주목하고 동시에 삼성코닝이 21세기 세계적인 종합소재업체로 성장할 수 있는 바탕이 될 것으로 판단하였다. 삼성코닝이 흔쾌히 이 제의를 수락함으로써 당시 국내 최대의 해외공동연구개발 프로젝트가 출범하게 되었다.

이렇게 시작된 합작투자를 통해 신 Fusion공법 공동개발을 위한 별도의 연구개발법인을 설립하기로 합의하고 1989년 8월 신 Fusion공법 공동개발계약을 체결한다. 공동개발계약은, 삼성코닝이 국내 독점 제조판매권을 가지며 미 코닝에 5%의 기술로열티를 지불하는 것을 기본골격으로 하였다. 이리하여 1989년 12월, 본격적인 연구를 위해 미 코닝의 무알카리 기판유리 생산공장이 있는 켄터키주 해로스버그에 미 코닝과 삼성코닝의 머리글자를 합성한 코삼(CORSAM) 유리기술 연구개발센터가 설립되는데, 당시 이 합작법인의 총 자산은 4,000만 달러로, 삼성코닝이 현금 2,000만 달러, 미 코닝이 기술, 부지 및 각종 부대시설 이용권 등의 무형자산 2,000만 달러를 제공하였다. 삼성코닝에서는 이헌식 팀장을 비롯하여 5명(박원규, 송윤구, 이수봉, 남신우, 김상권)의 각 분야별 기술자로 구성된 Fusion 프로젝트 팀이 구성되었는데, 초기 5개월여 간은 모르는 것이 너무 많아서 하나하나 배우면서 일을 해 나가야 했으므로 밤을 세우기가 일쑤였다고 한다. 여러 가지 우여곡절 끝에 정부와 미국 코닝으로부터의 사업승인을 얻어내어 Fusion 프로젝트 팀이 마침내 미국으로 파견되었으며 미 코닝사에서는 Mike Welch, Dan Nolet 등 14명의 개발인력이 투입되었다.

당시 신 Fusion공법의 주요 개발목표는 생산성 향상(450lb/hr 700lb/hr), 품질 향상(두께 0.7mm), 투자비 절감의 세 가지로, 대폭적인 원가절감과 품질 향상을 통해 거래선의 요구조건에 부응하며 동시에 잠재적인 경쟁사에 대해 가격 및 품질면의 우위를 지속적으로 확보하기 위한 것이었다. 특히 이 공동개발은 일반적인 실험용 설비를 사용하는 것이 아니라 처음부터 양산규모로 시작하여 개발성공이 곧 양산으로 이어지도록 되어 있었다.

그러나 일은 처음부터 순조롭지 않았다. 당시 삼성코닝은 박판유리 제조공법인 FUSION 생산공법을 보유하고 있지 않았기에 이를 최단시일내에 이해하는 것은 거의 불가능해 보였다. 기존 공정에 들어가 직접 일해 보고, 팀원 모두가 3조로 나뉘어 24시간 교대근무를 하여 가며 최선을 다하였다. 미 코닝사측 임직원들은 이런 삼성측 파견자들의 열성적인 태도에 대체로 우호적이었으나 일본 코닝(CORNING JAPAN)이 보유하고 있던 박판유리가공기술에 대해서는 삼성측 파견자들의 접근을 엄격히 제한하였다. 그러나 삼성측으로서는 Fusion 사업을 하는 데 있어 일본 코닝에서 파견된 두 명의 기술자로부터 유리 가공에 대한 핵심기술 자료와 지식에 관해 도움을 받아내는 것이 절실하였다. 그래서 당시 삼성측의 파견팀은 이들 일본 코닝의 파견자들에게 상호 자료공유를 통한 시너지 효과, 공동개발의 이점, 그리고 양사 모두 코닝의 가족회사(Family Company)임을 강조하면서 설득과 회유를 시도하였으나 여의치 않자, 저녁에 몰래 사무실로 들어가 자료를 훔쳐보며 기술을 습득하다가 발각되어 한 바탕 큰 소동이 벌어지는 아찔한 사건들도 많았다. 이런 우여곡절을 거치면서 코삼연구센터는 1990년 초부터 본격적인 연구에 돌입하였다.

이렇게 연구에 활기를 띠기 시작한 코삼 연구센터의 신 Fusion공법 개발은 예기치 못한 난관에 부딪히게 된다. 즉 유리 가공의 획기적인 몇 가지 새로운 개념을 도입하다 보니 원료를 투입하여 유리를 용융하는 과정에서 AM LCD용 기판유리로 사용할 만한 균질한 용해가 이루어지지 않았다. 특히 유리 중에 다량의 기포가 발생하는 결과가 초래되어 설비의 개선 보완을 위해 추가로 수백만 달러가 소요되고 일정 또한 6개월 이상 지연되었다. 그러나 1990년 말 2차 가동실험의 실시 결과 역시 그다지 좋지 않았다. 박판유리의 생산은 가능한 정도였으나 개발목표에 크게 미흡하여 도저히 예상한 개발목표의 달성이 어렵다는 결론에 도달하였던 것이다. 때문에 또다시 용해로 불을 끄고 설비를 교체하는 3차 가동실험 계획을 수립할 수밖에 없었다. 이렇게 두 차례 설비를 교체하고 보완하는 동안 삼성코닝측에서 투자한 2,000만 달러를 모두 소진하였고, 추가 연구를 위해서는 새롭게 증자를 해야 하는 상황에 이르게 되었다. 그러나 이런 상황에 더욱 당황한 것은 미 코닝보다는 삼성이었으며, 경영층에서는 추가증자에 대해 매우 부정적이었다. 또한 한국 정부의 입장에서도 이 분야가 국가 전략산업이 아니었으므로 연구개발 성격의 사업에 대규모 해외투자를 추가로 승인하는 것을 달가워하는 분위기가 아니었다. 이런 어려운 상황에서 결국 미 코닝사가 추가자금을 투입하기로 결정하였다. 투입방식은 코삼(Corsam) 법인의 삼성코닝측 50%의 자산을 미 코닝에 되파는 형식을 취하였다.

이리하여 1991년 중반, 연구진은 공정의 재설계를 완료하고 3차 가동실험을 한 결과 신 Fusion공법을 통한 가능성이 나타나기 시작했다. 생산성 향상에 있어서는 유리의 용해 및 성형 능력을 약 60% 향상시켰고, 기존 설비에 비해 생산성을 약 200%

향상시키는 개발목표를 달성하였다. 또한 유리의 품질수준을 1989년 개발 전에 비해 획기적으로 향상시켜 품질향상에 있어서도 개발목표를 초과달성하였다. 다만 투자비 절감에 있어서는 당초의 개발목표를 달성하지 못하였으나 여러 가지 개선 및 생산성 향상으로 단위 설비투자비를 상당히 감소시킬 수 있었다. 개발을 시작한 지 2년 만에 신 Fusion 공법의 개발에 성공한 것이었다. 1991년 말 신 Fusion 유리의 개발이 완료됨에 따라 코삼 연구센터의 업무는 사실상 종결되었다.

이리하여 삼성코닝은 미 코닝과의 공동개발을 통해 세계 최첨단 정밀박판유리 제조공법을 자체적으로 개발, 확보하는 결과를 얻었으며, 2년 여에 걸친 개발기간 동안 여러 가지 용해 및 성형 실험을 함으로써 많은 공정 노하우와 기술을 축적하게 되었다. 또한 그 동안의 주력사업이던 TV 브라운관 유리에 이어 영상 디스플레이의 핵심소재를 사업화함으로써 국내 평판디스플레이 산업의 발전에 기여할 길을 열었을 뿐 아니라, 해외에서의 연구개발경험을 축적함에 따라 국제화에 새로운 발걸음을 내딛게 되었다.

1992년 3월 코삼에서 철수한 연구진은 바로 삼성코닝 연구소 내에 Fusion 팀을 신설하고 신 Fusion 유리 사업화에 착수하기 시작하기 시작하였다. 그러나 1992년 당시 국내에는 TFT-LCD가 생산되지 않았기에 무알카리 유리기판에 대한 국내 수요가 거의 없었다. 그러다 보니 그 동안 고생 끝에 개발한 신 Fusion 공법의 활용은 보류될 수밖에 없는 답답한 실정이었다. 그러나 그런 상황에서도 미 코닝측은 삼성과의 코삼 프로젝트가 끝나고 난 후에도 계속적인 기술개발을 하고 있었기에 삼성코닝은 미 코닝사와의 정보교류 창구를 유지하였다.

1993년에 들면서 드디어 기다리던 때가 왔다. 삼성전자를 위시한 국내 업체들이 TFT-LCD 생산에 돌입하면서 국내에서의 TFT-LCD용 유리기판의 수요가 빠른 속도로 성장하기 시작했던 것이다. 이리하여 1993년 11월 삼성은 효율적인 신 Fusion 유리 사업추진을 위한 별도의 합작법인 설립에 대한 미 코닝사의 요구를 받아들여 TFT-LCD용 유리기판을 생산하는 별도 법인 설립 작업에 착수하였다. 이리하여 1994년 본격적인 합작법인 설립 및 사업계획 수립에 착수해 1995년 4월 법인설립등기를 마치면서 TFT-LCD용 기판유리 메이커인 "삼성코닝정밀유리주식회사"가 탄생하게 되었다.

TFT-LCD의 시장성장과 원판제조 기술

① TFT-LCD의 시장성장

TFT-LCD(박막 트랜지스터 액정 표시창)는 Thin Film Transistor-Liquid Crystal Display의 약어로 전자계산기, 손목시계에 적용한 제1세대 제품에서 전자번역기, 게임기, 가전기기, 측정기기에 적용한 제2세대를 지나 현재 고도 정보화 사회에 대응한 각종 OA기기나 뉴미디어기기로의 적용을 목적으로 하는 제3세대로 접어들고 있다. 액정 표시장치는 1968년 G. H. Heilmeier에 의해 개발된 이래 30여 년 동안 꾸준히 발전 성장하여 최근 약 200억 달러의 시장 규모에까지 이르렀다. LCD는 저소비전력의 장점을 살려 개인용 정보 디스플레이를 중심으로 VFD, LED, ELD, PDP와 경합하면서 확고한 자리를 차지해 나가고 있다. 더욱이 CRT에 비해 시인성이 우수하고 같은 소비전력으로 30~40% 정도가 더 큰 화면을 구동할 수 있다. 또 발열량도 작아 CRT에서는 가능하지 않은 휴대용 디스플레이 소자도 실현되게 되었다.

미시간 주립대학 디스플레이센터의 조사에 따르면, 전 세계적으로 2001년에는 대략 200억 달러, 2002년에는 250억 달러 규모의 LCD Monitor 시장이 조성되었고, 그 중에서 컴퓨터 스크린이 58%를 차지하였다. 1995년에 들면서 LCD 패널 시장은 과당경쟁과 초과시설투자 등에 의해 초유의 어려움을 겪게 되자 경쟁사들은 대형제품의 개발 및 생산에 주력하는 전략으로 선회하였다. 그러나 이 역시도 시장여건이 뒷받침되지 못하는 실정으로, 전반적으로 제품의 크기는 점점 커지고 해상도도 높아지는 반면 그런 기술적 진보만큼 가격이 급격히 떨어져 업계에 큰 타격을 주고 있다. 예를 들어, 15인치 데스크탑용 LCD 모니터의 경우 1995년에는 2,000달러에 팔렸으나

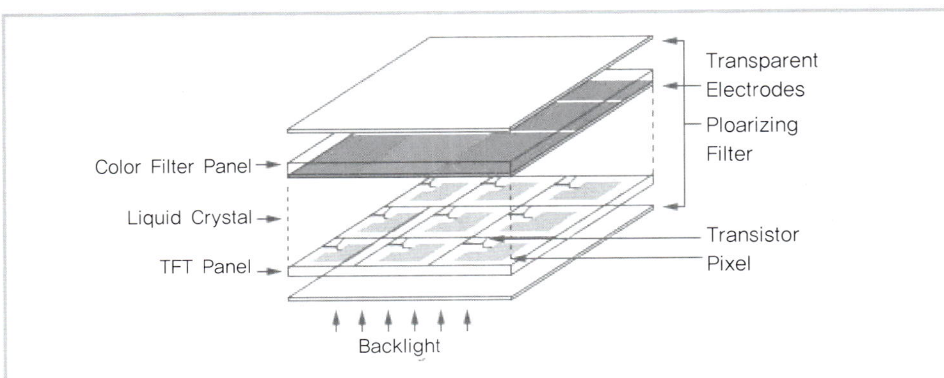

[그림 6-3] TFT-LCD의 원리

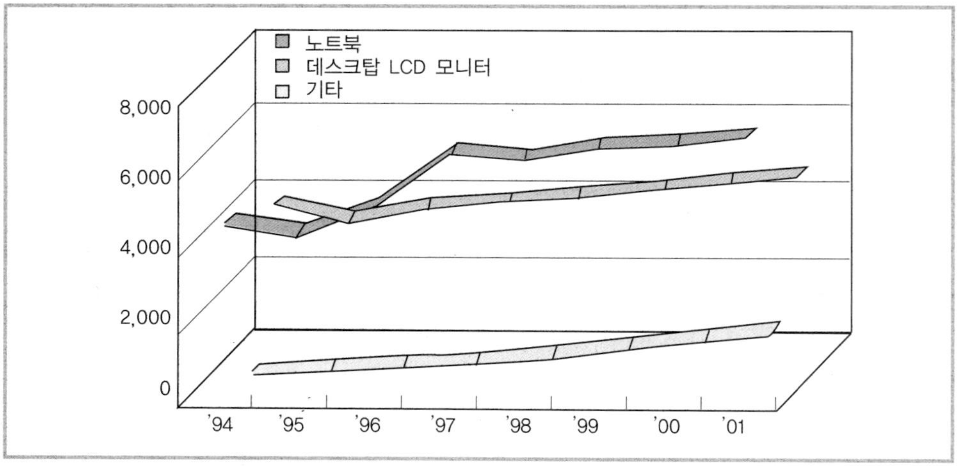

[그림 6-4] LCD분야별 시장규모

2000년에는 500달러로 하락하였고, 2002년에는 200달러 이하로 팔리고 있다. 그러나 평판 디스플레이 시장규모는 지속적으로 성장하여 2001년 이미 250억 달러를 돌파하였고 2005년에는 650억 달러를 넘어설 것으로 예측되고 있다. 세계 주요 연구기관은 특히 2005년까지는 TFT-LCD가 디스플레이 시장을 주도하고 PDP와 유기EL이 빠른 속도로 추격하는 양상을 보일 것으로 예측하고 있다.

한편 TFT-LCD 패널을 생산하는 국가는 대만, 일본, 한국 3국으로서 한국에 LG-필립스, 삼성, Hydis 3개 업체가 있고 일본에 Sharp, Hitachi, NEC, Toshiba, Pioneer 등의 회사와 대만에 AUO, CPT, Hannstar, CMO, Quanta 등의 업체가 있다. 삼성과 bLG-필립스가 39%의 점유율을 가지고 세계시장을 주도하고 있고, 대만업체는 후발생산업자로서 저가정책을 펼치며 꾸준히 세계시장점유율을 높이고 있는 실정이다.

② TFT-LCD 원판유리 및 제조기술

TFT-LCD 기판유리로 사용되는 유리는 aluminosilicate와 유사한 조성을 가지며, 저밀도, 고내열성, 내구성, 내화학성, 우수한 기계적 특성 등 까다로운 조건을 만족시켜야 하기 때문에 망목형성 원소의 함유량이 높다(SiO2, Al2O3, B2O3). 또 유리에 알칼리 원소가 포함되어 있으면 칩의 부식이 쉽게 일어나기 때문에 알칼리 원소를 함유하지 않아야 한다(0.1% 이하). 때문에 원료를 용융하기 위한 용융온도가 일반적인 평판유리보다 훨씬 높고, 이로 인해 용해로의 수명이 짧으며, 이를 보완하기 위해

〈표 6-3〉 유리조성의 유형별 특성

구 분	Sodallime	TV 전면유리	Borosilicate	TFT-LCD 기판
밀도(g/cm^3)		2.79	2.76	2.54
열팽창계수	93.5	98.5	46.5	37.8
연화점		702	845	973
서냉점		520	640	718
왜곡점		478	590	663

〈표 6-4〉 TFT-LCD 기판유리 공법의 특성 비교

공 법	내 용	그 림
Fusion 공법	용융된 유리물이 양면으로 넘쳐 흐른 다음 다시 융합(Fusion)되어 아래로 인장됨으로써 평판유리가 만들어진다. 이 방법은 유리제조시 유리 표면에 공기 이외에 어떠한 물질도 접촉하지 않는 유일한 공법으로, 표면을 연마하지 않고서도 최고의 표면 품질을 구현할 수 있다. 또한 박판유리 생산에도 기타 공법보다 유연하게 대처할 수 있는 특성을 갖고 있기 때문에, TFT-LCD 기판유리를 생산하기에 가장 경쟁력 있고 우수한 공법이라 할 수 있다.	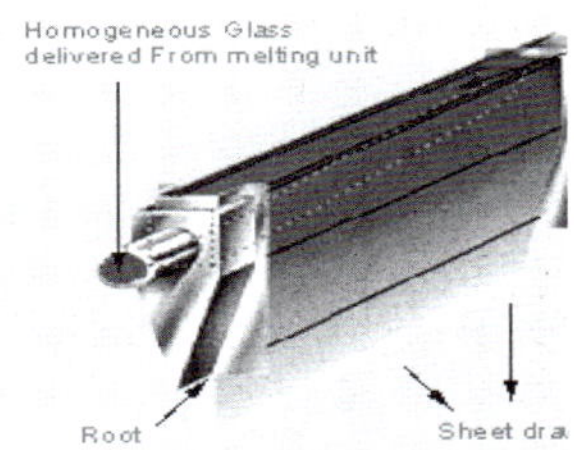 (SCP가 채택하고 있는 공법)
Float 공법	용융주석에 접촉되는 부분이 주석에 의해 오염되기 때문에, TFT-LCD 기판으로 사용하기 위해서는 주석 접촉 부분의 연마가 필요하다. 하지만 Tank 대형화가 용이하여 생산성 향상, cost 하락의 이점이 있으며, 초대형 기판 생산에 유리하다.	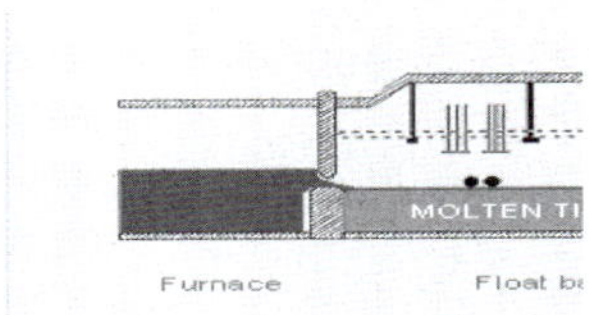
Down draw 공법	아래 방향으로 유리를 성형하여 만드는 방식은 Fusion 공법과 유사하지만 두께 조절을 위해 유리의 양면에 롤러가 접촉되어야 하기 때문에 표면 품질이 좋지 않다. 따라서 TFT-LCD 기판으로 사용하기 위해서는 양면을 정밀연마를 하여야 한다	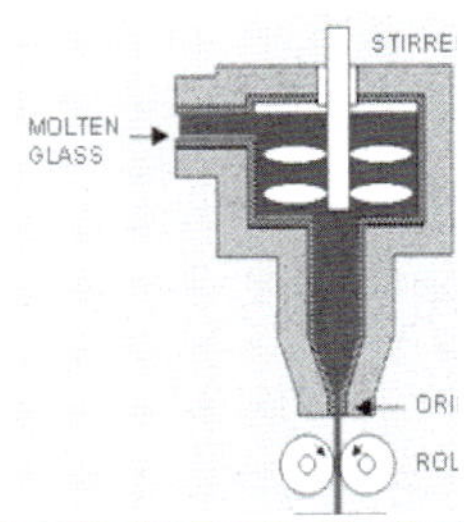

고도의 생산기술이 요구된다.

TFT-LCD 기판용 유리는 우수한 표면품질, 박판 및 우수한 두께 균일성 등 고도의 성형 및 가공기술을 요구한다. 세계적으로 널리 사용되는 제조방법으로는 미 코닝사에서 발명하고 SCP와 공동 발전시킨 Advanced Fusion 공법과 Float 공법, Down draw 공법 등을 손에 꼽을 수 있다.

〈표 6-5〉 TFT-LCD용 유리 생산업체의 capacity, 생산량, 판매량(단위 : MM ft2)

구 분		Capacity	생 산	판 매
Corning	2001	85	83	77
	2002	129	129	120
	성장률	52%	55%	55%
Asahi	2001	42	33	30
	2002	55	55	50
	성장률	32%	69%	67%
NEG	2001	24	23	19
	2002	35	29	30
	성장률	44%	28%	58%
NHT	2001	14	14	14
	2002	21	16	15
	성장률	45%	13%	11%

현재 TFT-LCD 기판유리를 생산하는 업체는 Corning family(미 코닝, 일본 코닝, SCP, 코닝 대만 등)와 Asahi Glass, NEG, NHT로서, 이들 중 Corning family는 신 Fusion 공법을 사용하고 있으며 Asahi Glass는 Float 공법을 채택하고 있다. 생산량 측면에서는 Corning family가 세계 최고의 시장점유율을 차지하지만 단일 site로는 Asahi Glass가 최고의 생산량을 자랑하며 Corning사의 가장 주요한 경쟁자가 되고 있다.

3. 미 코닝사

미국의 코닝사는 1851년 Corning Glass Works사로 출발, 전구용 유리 개발로 사업을 시작하여 약 150년 동안 특질 유리제품 생산 및 판매회사로서 높은 명성을 쌓아왔다. 미 코닝사는 1924년에 단열재용 유리섬유를 개발하였고, 흑백 및 컬러 TV용 유리, 1970년에는 광섬유를, 그리고 1980년에는 TFT-LCD용 유리를 개발하는 등 유리 관련 기술에서 세계 최고의 수준을 자랑하고 있다. 1989년 이후 회사명을 Corning Incorporated로 변경하고 첨단 소재 메이커로 변신하는 데 성공하여 2000년 총 매출액이 71억 달러에 이르는 메이저급 기업으로 성장하였다.

〈표 6-6〉 미 코닝사의 경영실적(단위 : 백만 달러)

구 분	1997	1998	1999	2000	2001
매 출	3,831	3,832	4,741	7,127	6,272
순 이 익	462	421	516	422	-5,498
%	12%	11%	11%	5%	

〈표 6-7〉 코닝사의 사업 구조 및 현황(단위 : 억 달러, %)

구 분	주요 제품	매출액	시장점유율	특기사항
광통신	광통신용 유/케이블	29	35	세계 제1위, 최초개발
	광통신 검사장비	8		
	광 부품, 모듈	5		
	광스위치, 커넥터	2		
디스플레이	LCD용 유리	3	55	세계 제1위, 최초개발
	TV용 유리	3		최초개발
	정밀렌즈	2	70	세계 제1위
특질소재	공해환경제품	4	55	세계 제1위, 최초개발
	과학, 의학 기자재	3		세계 제1위, 최초개발
	반도체용 유리	3		

* 총 3개 분야 10개 주요 생산품목 중 5개 품목이 세계 최초개발품임.

코닝사의 주요 사업은 크게 세 부문으로서, 광섬유/케이블과 광학부품 등을 만드는 Telecommunications 부문과 환경, 생명공학, 반도체용 부품 등을 만드는 Advanced Materials 부문, 그리고 브라운관용 유리와 TFT-LCD용 유리를 만드는 Information Display 부문으로 나뉜다. 미래 핵심사업으로 광Fiber 및 관련 부품사업을 M&A를 통해 집중 육성하고 있다. 이에 따라 이익을 중시하는 경영을 강화하고 있지만, Telecommunications 부문의 사업 악화로 2001년부터 비핵심사업에 대한 매각 및 구조조정을 통해 자구책을 강구하고 있다.

코닝사의 글로벌 전략을 살펴보면, 1960년대 초반 이전까지만 해도 주로 미국 내 시장개척과 해외시장 공략은 단순 수출과 특허협정을 통해 이루어졌으나, 1964년 에모리 호튼 2세(Amory Houghton, Jr.)가 회장에 취임하면서 세계 주요 시장의 제조설비에 대해 주도적인 영향력을 획득하고 이것이 불가능한 지역에서만 수출과 라이센싱을 통해 관리하는 방침으로 선회하였다. 그러나 1980년대에 와서 다른 글로벌 기업들과 마찬가지로 코닝사도 시대 변화에 따른 새로운 압력과 요구를 만족시키기 위해 합작투자회사 설립과 기업인수를 보다 공격적으로 추진하게 된다. 그 이유를 살펴보면, 예를 들어 광섬유 사업의 경우는 대부분의 국가들이 전기통신 시스템을 국영화하고 있었으므로 외국자본의 개입을 선호하지 않았고, 또 중국이나 인도, 독립국가연합과 같은 나라에서는 TV 브라운관과 같이 이미 성숙한 산업에서조차 합작투자를 통해 진출하는 길 밖에 없었다. 게다가 합작이나 제휴를 통해 신상품 개발의 측면에서 시간을 단축하고 연구개발비 부담을 줄일 수 있으며, 또 제조, 마케팅 부분의 전문인력을 보다 쉽게 확보할 수 있다는 점도 큰 매력이었다. 이리하여 코닝사는 합작투자를 단행한 기업 가운데 세계에서 가장 성공한 기업으로 널리 인식되게 되었다.

이러한 전략적 제휴와 합작을 통한 글로벌 경영에 대하여 제임스 호튼(James Houghton) 회장은 "사업 협정 조인식은 물론이거니와 단순히 사업 파트너사 관계자들과 악수를 하는 것 등 사소한 일에도 성실한 태도를 보이는 것이 성공으로 가는 지름길이라 생각하고 진심으로 대했다. 또 파트너와의 관계에서도 장기적인 관점을 가지고 지속적인 관계 유지를 협력의 기본 방향으로 삼고 이를 항상 강조하였다. 그리고 주요 협력 기업들의 최고 경영진과는 반드시 1년에 한두 번씩 모임을 가지고 서로의 전략과 비전이 일치하는지 확인하고 이를 조율하기 위해 지속적으로 진지한 대화를 나누는 것을 경영의 원칙으로 삼았다."라고 하였다. 코닝사는 새로운 합작투자회사의 경영 방식을 굳이 '코닝화'하려 하지 않고 합작기업을 하나의 독립적인 실체로 인정하였다.

그러나 1990년대 들면서 각 사업 부문에서 태동한 새로운 자회사들과 합작회사, 그리고 라이선스 사업의 수가 늘어나자 코닝은 점점 복잡해지는 조직 문제와 씨름하게 된다. 이때부터 코닝은 완전 소유기업과 합작기업의 진화하는 네트워크 개념으로 글로벌 전략을 정리하였고, 이리하여 점차 대부분의 합작회사들에 대한 직접적인 개입에서 물러서기 시작하였다. 경우에 따라서 전략적으로 직접개입이 불가피한 사업의 경우는 합작기업의 상대방 최고 경영진과 공감대를 형성하여 회사설립 초창기에 이사회의 구성원으로 참석하였다가 기업이 어느 정도 궤도에 오르고 나면 자연스럽게 이사직을 사임하고 대신 경영에 관한 조언 등 일정 부분 영향력을 가지는 형식을 취하였다. 이런 과정에서 해당 합작기업의 경영진과 코닝사의 최고 경영진은 보다 가깝고 긴밀한 정보교환과 교류가 가능하였다. 때문에 코닝사의 네트워크 속에서 모든 경영자들은 모든 사업에 연관되며 일정정도 권한을 갖게 되고 상호 지속적으로 관심과 일정 부분 책임을 질 수밖에 없는 구조를 갖추게 된다. 물론, 코닝의 합작회사 경영자들은 사업의 우선순위를 결정하는 데 있어 관계자의 의견을 충분히 고려하지만 스스로의 판단에 따르게 된다.

이후 코닝사의 경영전략은 미래 성장사업 집중화 및 이익중시 경영 강화로 대변할 수 있다. 특히 광 관련 사업에 집중투자가 확대되어 2000년 12월 450만 달러의 Concord 공장 증설과 400만 달러의 Oklahoma City 공장 건설이 승인되었다. 이와 관련하여 광 부품사업에서 미국의 오크 인더스트리사, 네트 옵틱스사, 영국의 브리티시 텔레콤사 광 부품연구소를 인수하였고, 광 Fiber 사업에서 독일의 지멘스 AC의 광 Fiber 사업, BICC사의 광 Fiber 사업을 인수하였다. 또 1999년에는 한국의 삼성전자와 합작하여 삼성코닝마이크로옵틱스사를 설립했다. 이와 함께 기존에 지속적인 수익을 내고 있는 TFT-LCD용 유리부문도 육성하고 있는데 현재 세계 시장점유율 55%를 유지 확대하기 위해 지속적인 노력을 하고 있다. 자동차 공해방지용 세라믹 사업에서도 지속적인 육성책을 펴고 있다. 이러한 투자재원을 마련하기 위해, 성숙시장 사업에서의 신중한 투자 집행 및 비주력사업 분야에서의 과감한 구조조정을 추진 중이다. 그러나 Telecommunications 산업 시장의 침체에 대응하기 위해 광섬유 사업 부문에서 새로운 고객 창출 및 광 부품 사업 부문에서 원가 절감 노력 및 인력 감축을 시도하였지만, 결국 Telecommunications 사업 침체로 인해 많은 어려움을 겪고 있다.

한편 코닝사의 삼성그룹과의 협력은 Display & Science와 Optical Communication의 두 부문에서 삼성코닝, 삼성코닝정밀유리, 그리고 삼성코닝마이크로옵틱스 3개 회사를 통해 이루어지고 있다.

이 중에서 SCP와 관련된 업무는 미 코닝사의 CDT 사업부(Corning Display Technologies)에서 관장하고 있는데, 1997년 이 부문을 맡았던 짐 라믹(Jim Ramich)이 은퇴하고 후임으로 볼라나키스(Volanakis)라는 젊은 경영자가 후임으로 정해진다. CDT 사업부의 짐 라믹 전 사업부장은 정밀유리 사업 분야의 많은 사업적 가치를 신봉했던 사람으로서 15년 이상의 지속적인 투자를 이끌어낸 장본인이었다. 하지만 TFT-LCD 시장의 발전이 늦어지고 수익을 내지 못하자 결국 은퇴하게 되었고, 이에 맞춰 미 코닝사는 정밀유리사업을 과감히 축소하고 대신 광통신 분야로 사업의 중심축을 이동하게 된다.

〈표 6-8〉 삼성 관련 Business 현황(2001년 실적, 단위 : 억 원)

회 사 명	설 립	매 출 액	세전 이익
삼성코닝	1973	11,352	1,170
삼성코닝정밀유리	1996	3,046	1,620
삼성코닝마이크로옵틱스	1999	623	-103

이런 계기로 부임하게 된 신임 볼라나키스 사업부장은 부임하자마자 15년 동안의 적자사업인 정밀유리사업의 효율적인 구조조정 작업에 착수하였다. 뒤에서 설명하겠지만, 1997년 SCP가 추진하였던 2기 용해로 건설 제안이 받아들여지지 않았던 이유가 여기에 있다. 이후 볼라나키스는 미국, 일본, 그리고 한국의 SCP를 통폐합할 것을 주장하였으나 SCP의 강력한 반발로 무산되는 해프닝도 발생하게 된다. 삼성과 관련된 조직도는 다음과 같다.

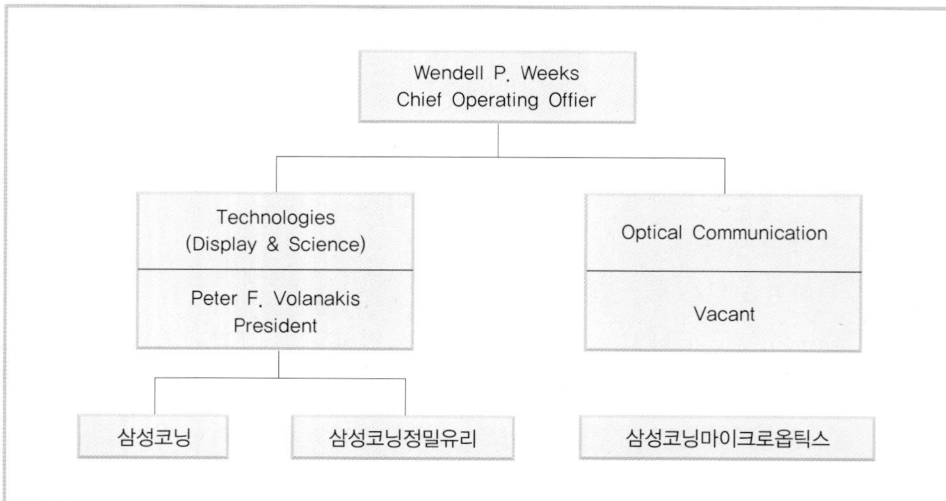

[그림 6-5] 삼성 Business 관련 조직도

4. SCP의 성장

1995년 5월 삼성코닝정밀유리는 창립기념식을 갖고 곧바로 신 Fusion 공법을 활용한 TFT-LCD용 기판유리 제조공장 착공에 들어갔다. 공장 건설이 한창이던 겨울 변변한 사무실 하나없이 임시 가설막사에서 업무를 보았지만 차세대 디스플레이의 핵심인 박막 트랜지스터 액정 디스플레이(TFT-LCD)용 유리를 최초로 국산화한다는 자부심으로 24명 전 임직원이 한마음으로 움직였다. 그러나 신규사업에 도전한다는 것은 의지로만 되는 것이 아니었다. 많은 문제들이 앞을 가로막았는데, 당시 공장 설립에서 가장 큰 이슈가 되었던 것은 용해로 탱크의 크기에 대한 의견차였다. 미 코닝은 700파운드 용량의 용해로 설치를 요구한 데 반해 SCP는 520파운드 용량을 주장하였고 의사결정상의 난관에 부딪혔던 것이다. 결국 양사의 경영회의(ECM : Executive Committee Meeting)를 통해 미 코닝측이 SCP의 상황을 충분히 인식하여 520파운드 크기의 용해로가 결정되고 마침내 1996년 9월 가공라인이 돌아가면서 제품생산이 시작되었다. 그러나 좋아할 틈도 없이 곧 또 다른 문제에 봉착하게 되었는데, 사업타당성 조사 결과, TFT-LCD용 유리기판 사업은 하나의 용해로로는 규모의 경제가 나오지 않아 두 번째 탱크 건조가 시급하다는 결론에 도달하였던 것이다. 특히 당시 국내 수요가 이미 용해로 하나의 생산량을 넘어서고 있어 두 번째 용해로 건설을 더 이상 미룰 수가 없었다. 그러나 이번에는 미 코닝사가 강력한 의지를 밝히면서 용해로 2기 건설을 반대하여 추진하지 못하는 사태가 발생하였다. 당시 미 코닝사는 미국 내 TFT-LCD용 유리기판의 재고가 남아 한국에 수출하고자 했던 것이다. SCP가 미 코닝으로부터 원판유리를 제조원가로 수입하게 된 것으로 용해로 건설은 무산되었으나 가공라인 2기와 3기가 추가로 증설되었다.

이렇게 생산의 안정성을 확보해 나가던 중 1997년 12월 IMF 사태를 맞게 되면서 SCP는 위기에 직면하게 된다. 당시 삼성전자나 LG-필립스와 같은 국내 주요 구매기업의 사업 재조정 및 설비투자 삭감 등은 SCP의 매출 성장 둔화로 이어졌다. 특히 SCP는 초기 투자비가 높은 사업적 특성으로 인해 당시 부채비율이 3,000%에 육박하였고 주로 단자사 자금을 끌어 쓰고 있던 터라 일부 금리는 40%에 달하는 등 금리 부담이 심각하였다. 이러한 재정적 부담으로 인해 SCP는 공정거래위원회로부터 퇴출 대상 업체로 지정되는 등 위기상황에 처하게 되었다.

1998년 당시 SCP로서는 급박하게 돌아가는 재무상황의 해결이 최급선무였다. IMF로 인한 단자사의 연쇄도산으로 추가 자금지원을 도저히 기대할 수 없었고, 더욱이 삼성그룹 자체의 재정적 어려움이 가중되던 상황에서 TFT-LCD용 유리기판 시장이 크게 주목받지 못했던 시기였으므로 상대적으로 그룹 내 입지가 미미하였던 터라 그룹의 자금지원을 받는다는 것도 현실적으로 어려운 일이었다. SCP로서 기대할 곳은 미 코닝밖에 없었다. 당시 삼성 내 미코닝에 대한 이미지는 그다지 좋지 않아 주주로서 배당만 챙기는 이기적인 집단이라는 편견이 팽배하였다. 그러나 미 코닝사의 반응은 예상과 전혀 달랐다. 미 코닝사는 적극적인 자세로 대응해 왔다. 당시 150억 원의 초기 필요자금과 추가적으로 170억 원의 운영자금을 합해 총 320억 원의 자금 확보를 위해 삼성코닝이 가지고 있는 전환사채를 보통주로 전환하고 지분율 유지를 위한 미 코닝사의 증자를 실시하였다. 여기에 그치지 않고 미 코닝사는 유리원판 대금 및 로열티 지불을 한시적으로 연기해 주었으며 추가 차관을 제공하는 등 합작 파트너로서 최선의 모습을 보여주었다. 이러한 미 코닝의 행동은 크게 두 가지에서 기인하였는데, 첫째로 창업 이래 제2의 전성시대를 맞고 있던 미 코닝의 투자여력이 충분했고, 그런 상황에서 한국에 합작 벤처를 만든 지 1년 만에 IMF라는 외부적 환경요인으로 인해 중단될 것에 대한 우려가 컸기 때문이다. 둘째로는 삼성그룹에 대한 깊은 신뢰가 있었기 때문이다. 외환위기로 힘든 상태에 있지만, 삼성의 사업구성이나 핵심역량을 분석해 볼 때 결코 좌초될 기업이 아니라는 확신이 바탕이 되어 과감한 지원을 결정했다고 볼 수 있다. 이런 일련의 조치들로 인해 SCP의 자본금은 64억에서 240억으로 증가하였고 이후 SCP는 자금난을 해소하고 부채비율을 265%로 낮추는 데 성공하였다.

IMF 체제에서도 SCP는 계속 성장하여 1998년 말 총매출 680억, 순이익 87억의 성과로 내외부적으로 안정적 기반을 다지는 중요한 계기를 마련하였다. 사실 그때까지만 하여도 미 코닝사 경영진이나 주주들에게 TFT-LCD 유리사업과 SCP는 마치 밑빠진 독과 같은 존재였다. 무한정 투자를 계속하고도 가시적인 성과를 내놓지 못하는 문제사업 정도로 간주되었던 것이다. 그러나 SCP의 빠른 성장에 미 코닝사의 주주들은 새로운 시각으로 보았으며 일부에서는 오히려 미 코닝의 핵심기술 및 노하우를 너무 빨리 넘긴 것 아니냐는 우려의 목소리가 나올 정도로 SCP는 관심과 경계의 대상이 되었다. 이런 경영성과는 곧바로 미 코닝사의 추가증자를 낳았고 오히려 미 코닝사에서 두번째 용해로 건설을 서두르는 결과로 나타났다. 특히 1998년 말 대만의 TFT-LCD업체들이 이 사업에 뛰어들겠다는 발표가 있자, 미 코닝사와 SCP 간에 대만시장 공동진출을 위한 실무팀이 만들어질 정도로 SCP를 대하는 미 코닝사의 태도에 변화가 보이기 시작하였다.

1999년에 와서는 미 코닝과 SCP 간에 보다 실질적인 커뮤니케이션의 개선이 나타나기 시작했다. 1999년 들면서 설비투자 확대에 따른 공급과잉으로 TFT-LCD 시장 성장이 둔화되었음에도 불구하고 SCP는 생산과 품질의 안정성을 확보하면서 오히려 매출 및 수익성이 급성장하여 흑자폭이 더욱 커졌다. 이러다 보니 SCP 수익의 50%에 해당하는 코닝사 지분은 1998년도 미 코닝사의 CDT 사업부에서 낸 흑자규모에 맞먹을 정도였다. 또 생산 및 품질수준과 매출 성장에서 일본 코닝이 10년 만에 이룬 성과를 SCP는 단 3년여 만에 이루었고, 원가 측면에서도 이미 미 코닝사를 앞지르는 결과가 초래되었다. 이런 SCP의 성과는 일본 코닝에도 충격을 주어 SCP가 그 짧은 기간 동안 성장하는 사이 과연 일본 코닝은 무엇을 하였는가하는 내부 반성과 압력이 거세지면서 SCP와의 선의의 경쟁 무드가 형성되었다.

SCP로서는 큰 발전이 아닐 수 없었다. 그 동안 미 코닝이나 일본 코닝의 입장에서는 상호업무 교류나 협력보다는 일방적으로 가르쳐야 하는 상황으로 SCP를 바라보았기 때문에 현실적으로 대등한 관계에서의 업무진행이 어려울 수밖에 없었다. 그러나 1999년부터 이미 SCP의 생산공정과 관련된 많은 부분이 미국이나 일본을 앞질렀기 때문에 SCP를 상호학습이 가능한 파트너로 인식하기 시작했던 것이다. 사실 이때부터 미 코닝사는 "한국을 세계시장의 원판 기지화"하는 전략을 수립하였고, 당시 SCP도 용해로 설립기술 및 원천기술을 보유하고 있지 않았기에 이런 계기를 통해 미 코닝사로부터 원천기술 및 용해로 설립기술 이전이 좀 더 용이할 것이라고 판단, 이를 환영하였다. 이리하여 1999년 중장기 증설계획에 따라 용해로 3기와 가공라인 3기 등을 추가로 증설할 계획을 수립하고 2000년 완공하였다. 이 기간 동안 투입된 막대한 투자비는 미 코닝사와 SCP의 협의에 따라 그 동안 내부 유보된 수익으로 보충하였고 다만 금융권 차입만이 약간 있었을 뿐이다. 이 중장기 계획에는 사실 미 코닝사의 결단이 컸다. 그러나 미 코닝사가 이러한 결단을 내리기까지는 SCP의 생산성 및 원가 경쟁력과 열린 경영을 통한 신뢰가 결정적인 요인으로 작용하였다.

이런 무드가 계속 이어져 SCP는 1999년에 제2공장을 준비하기 시작했다. 구미 공장에는 더 이상 가공라인 및 용해로를 건설할 수 있는 공간이 없었기 때문에 추가 부지를 물색하던 중 삼성전자가 이미 확보를 해놓고 공단개발 중에 있었던 아산의 땅을 매입하여 제2 공장을 설립하게 되었던 것이다. 2000년 1월 두 번째 용해로가 완공되고 연이어 6월과 8월에 세번째, 네번째 용해로가 완공되어 가동되기 시작했다. 그러나 2000년도 4/4분기에 TFT-LCD용 기판유리의 공급이 다시 초과됨에 따라 2001년도 1/4분기에는 생산량이 줄어드는 상황이 발생했다. 당시 일본코닝의 가동률이 50% 정도인데 반해 SCP는 80%를 상회하였는데 그 이유는 LG-필립스와, 삼성전자가 원가 경쟁력을 확보하여 일본 경쟁업체와의 시장점유율의 갭이 더 벌어졌던 것이다. 이러다 보니 시장여건의 어려움에도 불구하고 SCP는 2000년에 더욱 성장하여 매출액은 1999년 대비 75% 성장을 보였으며 세계시장점유율은 27%에 달하였다.

2001년에 들면서 시장 상황은 크게 나빠졌다. SCP는 1999년의 증설계획에 따라 용해로 6기를 완공한 상태였으나 TFT-LCD 산업 특유의 이른바 "크리스탈 사이클"로 인한 공급과잉으로 시장성장이 둔화되다 보니 증설된 1기의 용해로를 가동하지 못하고 있었다. 이런 상황의 돌파를 위해 SCP는 새로운 혁신의 필요성을 느끼고 양적인 성장보다는 질적인 성장을 전략으로 방향을 잡고 대대적인 6시그마 운동의 전개를 통한 조직문화 혁신과 품질경영을 도입하게 된다. 그런 과정에서 8월 이후 시장은 다시 급성장 무드로 반전되었고 SCP의 생산 시설에 대한 투자는 빛을 발하기 시작하였다.

특히 주목할 만한 일은 2001년부터 SCP와 미 코닝 간의 Two-Way Communication이 본격적으로 이루어지기 시작했다는 사실이다. 이런 변화의 원인은 우선 세계 주요 TFT-LCD 생산업체가 한국, 일본, 대만에 있다는 것이다. 즉, 미국과 유럽에는

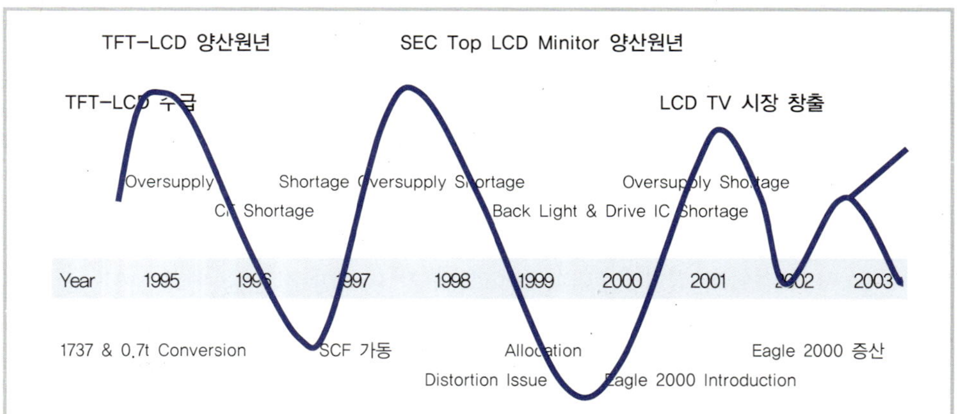

[그림 6-6] 크리스탈 사이클

TFT-LCD 시장이 없었기 때문에 다른 사업 부문과는 달리 생산에서 영업까지 대부분의 경영활동이 일본과 한국을 중심으로 전개되어야 했으므로 이곳에서의 생산과 시장정보의 상호교환은 미 코닝에게는 필수적이었다. 특히 SCP는 세계 제 1~2위의 TFT-LCD 생산업체(삼성전자, LG-필립스)를 주 고객으로 확보하고 있었기 때문에 시장정보 및 경쟁사에 대한 정보수집에서 다른 어떤 지역보다 용이하였고, 무엇보다 시장의 즉각적인 변화에 신속히 반응할 수 있다는 큰 장점을 가지고 있었다. 또한 SCP의 생산성이 여타 지역의 코닝 패밀리보다 월등히 높아 공정 및 제조 기술에서 미국이나 일본 이상의 노하우를 확보했다는 인식이 확산되면서 상호교류가 보다 활발하게 이루어지기 시작했다. 물론 이런 과정은 자생적으로 이루어졌다기보다는 각종 최고경영자회의 등 기회가 있을 때마다 미 코닝의 경영층을 설득하고 인식시킨 SCP 최고경영층의 각별한 노력과 초창기 마땅한 정보교류 창구가 없는 가운데에서도 양사 실무진들의 비공식적인 경로를 통한 정보교류 노력의 산물이었다.

5. SCP 합작경영의 진화과정 : 정보교류협의체를 중심으로

정보교류협의체

창립 6여 년 만에 세계 제1위의 TFT-LCD 기판유리 업체로 발전한 SCP의 성장 중심에는 Corning Family-미 코닝(CI), 일본 코닝(CJKK), 코닝 대만(CDTT), 삼성코닝정밀유리(SCP)-의 '정보교류협의체(Information & Technology Sharing System)'가 있었다. 정보교류협의체란 Corning Family 내 글로벌 시너지를 통한 효율극대화를 위해 기술, 생산, 경영지원, 마케팅 등 모든 부문의 생산현장 직원에서부터 최고경영자에 이르기까지 전 임직원이 참여하는 총체적인, 코닝사 특유의 정보교류 프로세스이다. 1995년 초창기 SCP와 미 코닝사의 공식적인 협의체는 단 하나에서 시작하여 1999년에 10개, 2002년에는 15개가 운영될 정도로 그 수가 급격히 늘어났으며, 앞으로 지속적으로 늘어날 전망이다. SCP의 초창기 협의체는 주로 생산공정 운영노하우 및 기술부분 중심으로 이루어지다가 1999년 이후부터 경영지원 및 마케팅 분야로 점차 그 범위가 확대되었다.

[그림 6-8]에서 보는 바와 같이 공식적인 협의체 이외에도 미국, 일본, 대만 등의 여타 Coring Family 내 정보교류를 위한 Counterpart 담당자가 정해져 있어 전

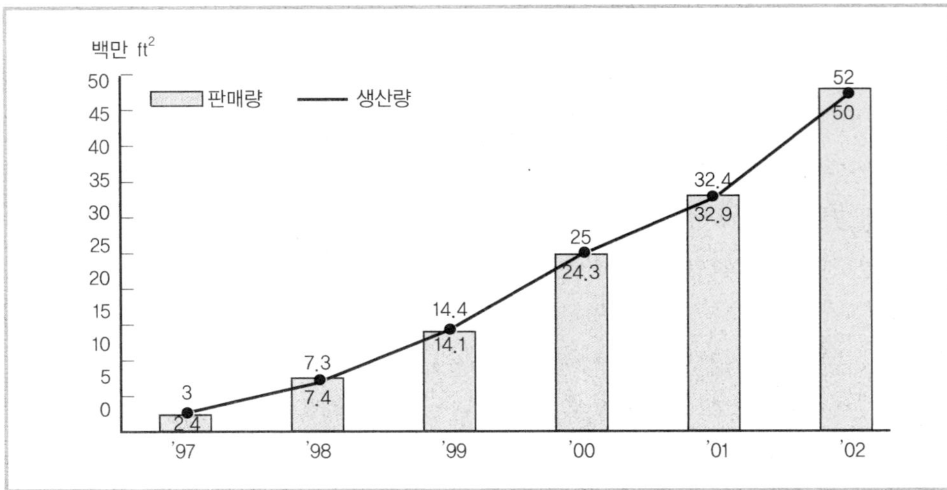

[그림 6-7] SCP의 판매 및 생산량

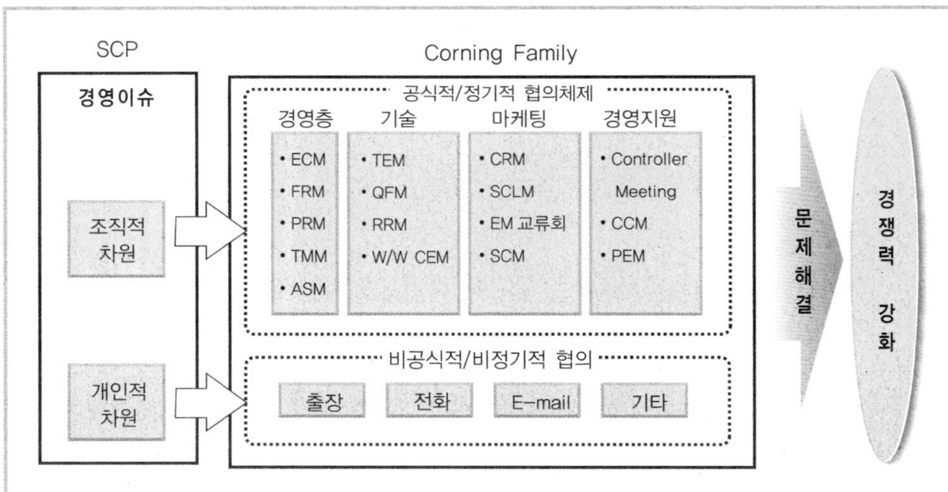

[그림 6-8] SCP 정보 및 기술 공유 프로세스

* 위의 그림의 TEM은 Melting/Forming TEM과 Finishing TEM을 뜻함.

임직원들이 업무상에서 발생하는 각종 현안문제는 물론이거니와 기술 및 시장추이 변화 등의 각종 정보를 상호 공유할 수 있다. 보다 구체적으로 설명하자면, SCP와 Corning Family 양측 간의 정보교류는 조직적 차원과 개인적 차원에서 동시에 이루어지고 있는 것이다. 즉, 경영이슈가 발생하면, 조직적 차원에서는 경영, 기술, 마케팅, 경영지원 등의 공식적이고 정기적인 협의체를 통해 문제 해결을 위한 접근이 이루어지고 개인적 차원에서는 미리 정해져 있는 코닝측 정보 교류자와 전화, 화상회의, E-mail, 출장 등을 통해 시급성을 다투는 현안문제를 해결하는 체계적이고 제도적인 장치를 갖추어 경쟁력을 강화하는 시스템을 운영하고 있다. 각 분야에서 활발히 운영되고 있는 공식적인 정보교류협의체를 요약하면 〈표 6-9〉와 같다.

정보교류협의체의 성공요인

양사의 정보교류협의체를 통해 성공적인 Two-Way Communication이 가능할 수 있었던 것은 크게 다음의 [그림 6-9]의 네 가지 핵심요인으로 정리해 볼 수 있다.

- **상호 보완적인 경쟁력의 확보** : 두 회사 간에는 일치된 이해와 상호 필요로 하는 분야에서 각자 제공해 줄 수 있는 세계 최고의 경쟁력을 보유하고 있었다. 우선 미 코닝의 경우, 세계 최고의 유리가공 및 원천기술을 확보하고 있었을 뿐 아니라 세계적인 유통망을 통한 최고의 서비스를 제공하고 있었으므로 삼성측으로서는 이 사업 분야의 진출을 위해서 코닝사야말로 필수불가결의 파트너였던 셈이다. 또 SCP의 경우도 TFT-LCD 산업 내 세계 제1, 2위의 업체를 주고객사로 확보하고 있어 안정적인 물량공급과 고객사 정보확보가 가능하였고 삼성그룹의 시너지 효과로 인한 세계 최고 수준의 양산기술 및 공정관리능력을 가지고 있었다는 점 등에서 미 코닝사측으로서도 아시아시장 진출을 위한 가장 적합한 파트너였던 것이다.

  그리고 두 파트너 간의 이질적인 기업철학과 문화적 차이가 기업운영에 상호보완적인 역할을 하였다. SCP의 경우 삼성그룹의 영향을 받아 공격적이고 사세확장적인 경영전략을 선호하는 반면, 미 코닝은 보수적이고 안전 위주의 철저한 이익 지향적(profit-oriented)인 기업문화를 가지고 있었다. 때문에 삼성의 확장 지향적인 철학은 보수적이고 조심성 많은 미 코닝이 놓칠 수 있었던 사업기회를 포착하도록 추진하는 원동력이 되었던 반면, 미 코닝의 보수적인 철학은 SCP의 수익성과 안정성 확보의 중요성과 기반을 잡는 데 주요한 역할을 해왔다.

  이렇듯 상호보완적인 양사의 경쟁력은 위험요소를 줄이고 빠르게 성장할 수 있는 원천이 되었다.

〈표 6-9〉 SCP 정보교류협의체와 주요 이슈

구 분	이 름	주요 의제
경영층 회의	ECM	• 5개년 재무, 장기 투자계획 및 사업전략 • 해당년 실적 리뷰, 차년도 budget 확정
	Financial Review Meeting Pre-Review Meeting	• 5개년 계획/손익 자료/재무계획 리뷰 • ECM Agenda 사전 협의
	Top Management Meeting	• 매월 경영현안에 관한 협의
	AnnualStrategy Meeting	• 매년 가을 ECM 기간 중 중장기 전략 협의
기술 부문 회의	Melting/Forming Technology Exchange Meeting	• 용해/성형 기술 리뷰 • 용해/성형 실적 리뷰 • 용해/성형 기술개발 현황 리뷰
	Finishing Technology Exchange Meeting	• 가공 기술 및 실적리뷰 • 가공 기술개발 현황 리뷰
	Quality Feedback Meeting	• 각 site별 품질 실적/계획 리뷰 • 소비자 품질 이슈사항 협의 • 각 site별 품질 규격과 공정품질 개선사항 공유
	WorldWide Customer Engineer Meeting	• 고객 기술동향 및 경쟁사 대응 품질전략 공유 • Road map C Revision
	Roadmap Review Meeting	• Road map A/B 협의
마케팅 부문 회의	Senior Commercial Leader Meeting	• 지역별 시장 리뷰 • 대 경쟁사 및 거래선 전략 • 중장기 판매 계획/전략 협의
	Commercial Review Meeting	• W/W 시장 리뷰 • 판매실적 및 전망, 판가 협의 • 거래선/경쟁사 동향 리뷰
	End Market 교류회	• End-Market 정보 교류
경영지원 회의	SCM	• 각 지역별 수급현황 분석 및 공동 대응
	Purchasing Exchange Meeting	• 각 site의 자재별 구매단가/거래처 정보 공유 • 주요 자재 공동구매 전략 수립
	Cost Comparison Meeting	• 각 site의 원가 비교 및 분석 • 관리 관련 주요 현안 논의
	Controller Meeting	• CDT의 재무 전략 협의 • 각 site별 주요 재무 현안 리뷰

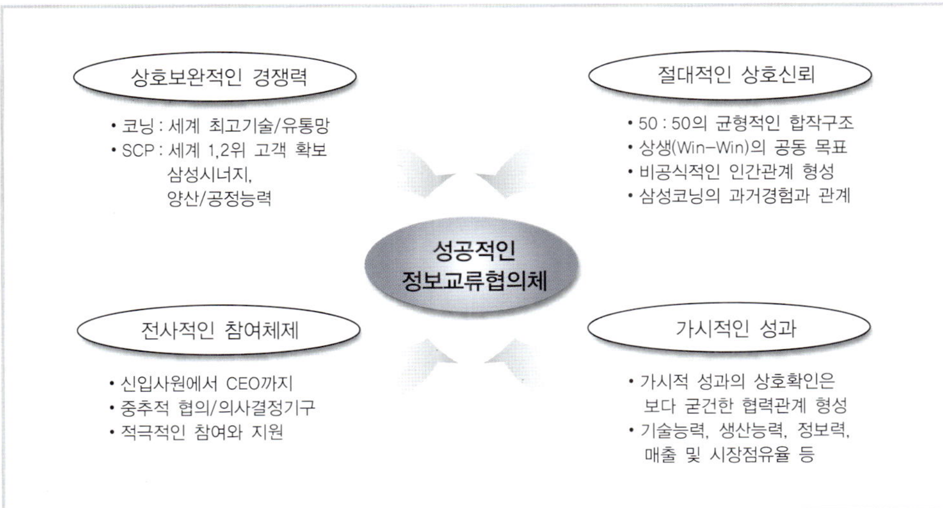

[그림 6-9] 성공적인 정보교류협의체 운영의 4대 핵심요인

- **전사적인 참여체제의 구축** : Two-Way Communication이 성공할 수 있었던 또 다른 요인은 이러한 정보교류 협의체를 전사적인 참여체제로 구축하였다는 것이다. 단순히 합작경영을 위해 양사의 일부 관계자들만이 참여하는 형식적인 협의기구가 아닌 신입사원부터 최고경영자에 이르기까지 명실공히 전 임직원이 참여하는, 합작경영의 핵심적인 협의 및 의사결정 기구로 정착시켰다는 것이다. 즉, 양사의 구성원이라면 누구라도 파트너사와 교류할 Counterpart가 정해져 있고, 그들과의 비공식적인 접촉과 동시에 정기적인 협의체를 통해 자신의 업무에서 발생하는 문제를 해결하는 것을 당연하게 인식하도록 만들었다는 것이다. 특히 이러한 협의체에 중간 간부나 실무진만이 참여하는 것이 아니라 최고경영진들도 ECM 등을 통해 주요 의사결정을 함으로써 부하직원들에게는 보다 적극적으로 참여하게 만드는 촉매제로서의 역할을 하였다.
- **절대적인 상호신뢰** : Two-Way Communication 가능하였던 또 다른 핵심요인은 철저한 상호신뢰 위에 정보교류협의체가 운영되었다는 것이다. 이러한 상호신뢰는 다음의 몇 가지 사실에서 그 요인을 찾아볼 수 있다. 첫째, 균형잡힌 합작구조가 상호신뢰를 가능하게 하였다. 양사가 50 : 50이라는 동등한 지분을 소유함으로써 상호의사를 존중하고 책임을 함께하는 관계형성이 가능하였던 것이다. 일방적이

거나 불공평함을 초래할 수 있는 지분구조를 없애고 동등지분을 가짐으로써 원천적으로 주요 의사결정은 대등한 관계에서 협의하여 해결하는 체제가 가능하였다. 둘째, 양사가 공동의 목표를 가지고 있었다. 단기적인 이익보다는 중장기적 비전과 성장을 통한 상생(Win-Win)경영을 목표로 하여 합작회사의 성장과정에서 발생할 수 있는 문제점이나 잡음을 상대방의 입장에서 포용해나갔던 것이다. 때문에 자칫 합작경영에서 상호신뢰의 근본적인 위협이 될 수도 있는 양사의 이질적인 기업문화나 전략적 차이점도 상호보완적인 경쟁력으로 활용될 수 있었다. 셋째, 양사 임직원들의 개별적이고 비공식적인 인간관계의 형성이 상호신뢰의 중요한 촉매제 역할을 하였다. 양사의 임직원들은 Counterpart 협력자들과 오랜 기간 자주 전화나 E-mail을 주고 받음으로써 서로에게 익숙해지게 되었고, 또한 상호방문시 자신의 집으로 초대한다거나 이국적 문화체험을 할 수 있도록 세심하게 배려함으로써 단순히 업무적인 관계가 아닌 인간적인 관계형성이 신뢰경영에 큰공헌을 하였다. 넷째, 파트너와의 과거경험 및 유대관계가 신뢰경영에 큰 영향을 끼쳤다. 삼성코닝에서의 성공적인 합작경영의 경험이 SCP사의 신뢰경영에서 커다란 도움이 되었던 것이다.

- **가시적인 성과의 확인** : 마지막으로 합작 파트너간 가시적인 성과와 결과를 확인해줌으로써 정보교류 협의체가 성공할 수 있었다. 즉 기술능력, 생산능력, 매출, 시장점유율 등 객관적이고 가시적으로 확인할 수 있는 성과를 보여주는 것은 합작 파트너에게 협력의 당위성과 그 관계를 더욱 공고히 하는 매우 중요하고도 효율적인 수단인 것이다. 실질적으로 1999년 이후 SCP 매출의 가시적인 성장이 나타나고, 특히 수율, 원가, 공정관리 등에서 미 코닝이나 일본 코닝에 비해 경쟁력이 월등히 높아지자 코닝측에서는 이를 학습하기 위해 보다 적극적인 자세로 정보교류를 원하였던 것이 사실이다. 또한 삼성전자 등 세계시장을 선도하는 고객사의 생산 및 마케팅 정보공유의 필요성이 더욱 높아짐에 따라 SCP와 여타 Corning Family와의 정보공유의 범위나 속도가 더욱 빠르게 확산되었다고 볼 수 있다. 그러므로 성공적인 합작경영을 위해서는 합작 파트너로서의 차별적인 자질과 성과를 가시적으로 보여줄 필요성이 있고 이는 합작 및 협력관계를 더욱 공공히 할 수 있다는 것이다.

정보교류협의체 리뷰

이제 이러한 각각의 협의체들이 어떠한 배경을 통해 만들어지게 되었고 그 진화과정에서의 핵심요인과 현안 과제들이 무엇인지 살펴보기로 하자. 초창기 SCP의 대부분의 업무가 미 코닝측과의 정보교류보다는 일방적으로 '생산 및 공정운영의 기술지도'를 받는 수준에 불과하였으므로 쌍방 간의 정보교류는 현실적으로 힘들었다. 그러나 [그림 6-10]에서와 같이, 1999년 이후 SCP의 매출성장과 함께 생산공정 능력의 놀라운 성장은 미 코닝과의 전사적인 정보교류가 활성화되는 중요한 기폭제로서의 역할을 하게 된다.

① 경영층 협의체

• ECM(Executive Committee Meeting) : ECM은 가장 구속력 있고 중요한 협의체로서 삼성측과 미 코닝사의 최고경영자 간에 신규사업 및 배당, 대규모 투자 등 중장기계획과 현안에 대해 정기적으로 협의하여 운영하는 것을 목적으로 한다. ECM은 미 코닝사 특유의 효율적인 글로벌 합작경영을 위해 세계 공통적으로 활용하는 경영참여와 관리수단으로, 삼성코닝사의 경우도 이미 1973년 설립되면서 ECM을 운영해 오고 있다. 1년에 두 번 5월과 11월에 열리는데, 5월 회의에 열리는 Spring-

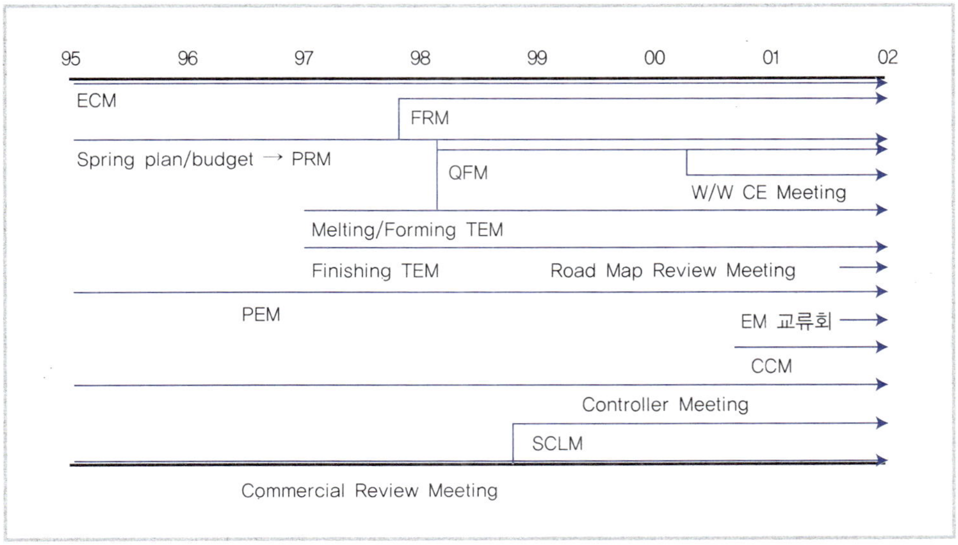

[그림 6-10] SCP 정보류협의체 진화과정

ECM은 주로 미 뉴욕주의 코닝사에서 열리고, 11월의 Fall-ECM은 미코닝과 SCP가 돌아가면서 개최하는데 양사가 합의한 장소에서 열린다. ECM에는 SCP의 대표이사 및 임원들과 미 코닝측의 CDT 사업부의 사장, General manager, Finance director, Controller, Marketing senior manager, CFO와 코닝측 변호사가 참석하게 된다. Spring-ECM과 Fall-ECM은 각각 다른 토의주제로 운영되는데, Spring- ECM의 경우 5개년 사업계획에 따른 시장환경, 판매, 생산, 투자, 증설, 재무 등과 관련된 중장기 이슈에 대해 논의하여 사업계획을 수립하는 반면, Fall-ECM에서는 당해년도 실적을 리뷰하고, 차년도 예산, 배당금액 확정 및 5개년 계획에 따른 사업의 진척 정도를 확인하는 작업이 주로 이루어진다. 그러다 보니 자연스럽게 Spring-ECM에서는 중장기 사업계획에 초점이 맞춰지고, Fall-ECM에서는 재무분야에 초점이 맞춰져 있다.

ECM의 발전과정을 살펴보면, 1998년까지 SCP는 실질적으로 마케팅 기능 없이 코닝측에서 제공한 기술을 바탕으로 운영되는 생산판매 법인이다 보니 ECM의 회의성격도 주주총회 성격이 강하여 SCP의 생산진척도 및 공정안정성에 관하여 코닝측에 보고하는 방식으로 회의운영이 이루어졌고, 그 과정에서 코닝측의 일방적인 요구가 빈번하였다. 그 예로 1997년도 ECM 회의에서 300만 달러의 세후 이익달성을 주장한 코닝측의 요구에 당시 시장상황을 고려할 때 무리라고 판단한 SCP가 170만 달러를 제의하자 코닝측은 "이것은 주주로서의 명령이다. 300만 달러의 실적을 올려라."라고 하였다는 일화는 당시 ECM 회의운영의 단면을 보여준다. 그러나 1998년도 이후 수율 및 원가 등 생산뿐만 아니라 현장관리 부분에서도 일본코닝에 비해 SCP가 월등히 좋은 성과를 보이게 되고, 이러한 결과가 일시적인 현상이 아닌 SCP 전 임직원들이 일구어낸 땀의 결과임을 미 코닝사측에서 차츰 인식하게 되었다. 그 결과로서 2000년에 미 코닝사는 대만진출시에 SCP의 생산 및 현장관리 기술과 노하우를 접목시키기 위해 SCP가 대만의 코닝기지에 원판을 공급할 것을 요구한다. 이로써 SCP를 단순한 아시아지역 생산기지가 아닌 사업 파트너로 인식한 구체적인 일들이 일어나기 시작하였다. 특히 2000년 이후 삼성전자와 LG-필립스가 TFT-LCD 시장의 1, 2위 업체로 부상하여 전 세계 시장의 약 40%를 점유하면서 TFT-LCD 시장선도자로서의 역할을 하고 있었기에 전략적인 측면에서도 한국시장은 매우 중요하였다. 이런 상황이다 보니 미 코닝사의 CDT 사업부에서 SCP 비중은 자연히 커졌고, 특히 글로벌 마케팅 전략을 수립하는 데 SCP의 생산능력과 시장정보가 결정적이었다. 즉, 미 코닝사의 입장에서는 한국시장이 마케팅 전략 수립의 근원지로 인식되었고, 이것이 ECM 회의의 주요의제로 반영되면서 최근 ECM 회의는 주주총회의 성격에서 더욱 벗어나 전략협의체로서의 기능과 성격으로 전환되게 된 것이다.

ECM 회의운영을 살펴보면 총 3일에 걸쳐 진행되는데, 첫째 날 오전에는 pre-ECM이라 하여 ECM에서 논의될 영업, 생산, 재무성과 및 이슈들에 대해 사전적으로 최종 협의하는 과정을 거치게 된다. ECM의 본회의에서 미코닝측과 SCP 간에 생길 수 있는 이견을 최종적으로 좁히는 과정이라 볼 수 있다. 첫날 오후는 별도의 공식적인 일정 없이 양사 참여진들이 함께 골프 등을 통해 친목을 다지는 시간을 갖는다. 둘째 날은 삼성코닝과 미 코닝사와의 회의진행으로 SCP로서는 공식적인 일정이 없으나 비공식적으로 평상시 알고 싶었던 내용들, 예를 들면 미 코닝측에서 최근 진행하고 있는 프로젝트의 경과에 관해 담당자들과 미팅을 통해 정보를 교류하게 된다. 그리고 마지막 셋째 날은 미 코닝측과 SCP 간의 현안 및 중장기적인 이슈들에 대해 깊이 있는 의견교환 및 의사결정이 이루어짐으로써 모든 ECM 회의가 마무리된다. 그 동안의 ECM을 통한 주요 합의결과를 살펴보면 다음의 〈표 6-10〉과 같다.

추가적으로, 2002년부터는 SCP가 ECM에서 다루지 못하는 전략적인 문제를 토론할 수 있는 회의를 Fall-ECM 기간 중에 가지자고 제안하여 Annual Strategic

〈표 6-10〉 연도별 ECM 합의사항

구분	Spring-ECM	Fall-ECM
1998	KF-2 증설 추진건에 대해 Fall-ECM에서 추후 협의하기로 함.	2000년 10월에 새 탱크를 가동하기로 하고 CI에서 부족한 물량만큼 원판을 공급하기로 함.
1999	KF-2, 3, 4를 증설하기로 함.	KF-5, 6을 조기에 증설하고 제2공장은 W/W 수급 및 경쟁사 동향을 감안하여 확정 제안하기로 함.
2000	CI에서 수요에 앞선 증설원칙을 제안하나 SCP 검토를 요망함.	장기 증설계획 확정
2001	SCP가 연간 1,800만ft^2 구매 보장을 요구했으나 CI측에서 보장하기는 곤란하지만 유휴설비로 인한 조업중단 부담을 공유하기로 함.	가격인하 문제를 논의하고 연말에 추후 논의 진행하기로 함.

Meeting을 신설하게 되었다. 이 회의에서는 SCP와 CDT의 중장기적인 성장전략 및 시장전략 등에 대해서 논의할 예정이다.

- PRM(Pre-Review Meeting) : 이 협의체는 효율적인 ECM 회의를 위한 사전 협의체이다. 3일 간의 ECM 회의에서 생산, 재무, 마케팅, 5개년 사업계획 등 경영 전반의 이슈들을 광범위하게 다루어 논의하고 결정을 하는 것이 현실적으로 힘들게 되자 ECM 회의 전 미리 SCP와 미 코닝의 관계자들이 사전에 합의해야 할 중요한 이슈를 선정하고, 대략적인 합의점을 도출할 필요가 생기면서 1995년 ECM 회의가 만들어짐과 동시에 PRM을 운영하게 되었다. 각 ECM 회의가 시작되기 2주 전에 SCP의 사장과 임원/경영기획그룹장이 참석하는 이 회의에서는 ECM 회의에서 이슈화 될 사항들을 미리 선정하고 이를 미 코닝측의 Marketing 및 Finance Manager에게 통보하여 확정하게 된다. SCP와 미 코닝측과 의견 차이가 많이 나는 이슈들에 대해서는 실무진들이 사전에 조율하게 된다.
- FRM(Financial Review Meeting) : FRM은 PRM을 위한 투자 및 재무부문의 준비 협의체로서, 1998년 SCP의 제의로 만들어졌다. ECM 회의 2주 전에 실시하는 PRM 회의에서 양사의 경영 전반에 관한 모든 이슈들을 사전 조율하다 보니 상대적으로 그 중요도가 높은 투자 및 재무 분야에 관한 논의가 충분히 이루어지지 못해 의사결정의 합의를 도출하는 데 시간적으로 무리가 따랐고 종종 ECM 회의가 시작될 때까지도 양측의 견해가 조율되지 못하는 경우가 발생되자 양사가 FRM의 필요성을 공감하면서 신설되게 되었다. FRM은 CDT Controller와 SCP의 경영 기획 그룹장, 관리과장 등이 참여하여 SCP의 영업/생산/투자/재무전략을 사전 리뷰하고 미 코닝사의 CDT 사업부 Controller와 SCP의 경영기획그룹장은 양사 경영층에 협의사항을 보고 조정하는 역할을 한다.

이상과 같이 PRM은 FRM을 통해, ECM은 PRM을 통해 효율적인 운영이 가능해지면서 이러한 일련의 협의체는 양사의 경영층 및 지원그룹 간의 긴밀하고 효과적인 정보교류를 실질적으로 가능케 함으로써 양사 합작기업 경영활동의 중심적인 협의체로 위치를 확보하였다.

- TMM(Top Management Meeting) : TMM은 매월 Issue가 되고 있는 현안의 해결을 위한 양사의 최고경영자 간의 협의체로서, 2001년 SCP의 제의로 만들어졌다. ECM과 같은 다른 최고경영자 간의 회의가 없는 달에 실시하는 TMM회의에서는 양사의 경영 전반의 관한 주요 이슈들에 대해 SCP와 CDT의 최고경영진들이 해결방

안을 숙의하고 그 진척도를 점검하게 된다. TFT-LCD 산업의 급팽창과 한국시장의 상대적 중요도가 높아져 SCP의 경영환경은 급격하게 변화하게 되었고 Corning Family 간의 긴밀한 협의가 필요하다는 것에 공감하게 되면서 신설하였다. TMM에는 SCP의 사장 및 임원과 CDT측의 사업본부장, 마케팅 담당, Controller 등이 참석하여 이슈를 분석하고 대응전략을 논의하게 된다.

② 기술 부분 협의체

기술 부분의 협의체들도 ECM 회의에서 PRM이나 재무관련 협의체가 파생된 것처럼 초기 Melting/Forming TEM과 Finishing TEM에서 QFM과 W/W CE Meeting이 추가로 신설되었고, 이렇게 만들어진 협의체들은 초창기와 비교해 볼 때 해를 거듭할수록 회의의 빈도, 협의내용, 참여 인원수 등에서 놀랄 정도의 수준으로 성장하였다.

- Melting/Forming TEM(Technology Exchange Meeting) : 이 협의체는 Corning Family 내 각 지역 공장의 용해/성형 공정 기술상의 문제점을 점검하고 개발된 기술을 공유하기 위한 목적으로 운영되는 것이다. 1996년 SCP는 미 코닝사의 용해 / 성형 / 가공공정 기술을 흡수하기 위한 수단으로 활용하고자 양사의 기술 책임자들이 참여하는 Melting/Forming TEM과 Finishing TEM을 제안하였다. SCP의 이러한 제안에 미 코닝사의 반응은 'No'였다. 초창기 SCP가 자체적인 용해 / 성형 / 가공공정 기술 및 유지보수 기술을 보유하고 있지 않았기에 코닝사 입장에서는 쌍방 간의 협체라기보다는 일방적인 기술전수밖에는 이루어지지 않는다는 판단 아래 이 협의체의 설립 제안을 거절하였던 것이다. 그러나 시간이 흐르면서 미 코닝사는 SCP를 한국의 주요 생산기지로 키울 필요를 느꼈고, 특히 SCP가 제의하는 Melting/ Forming

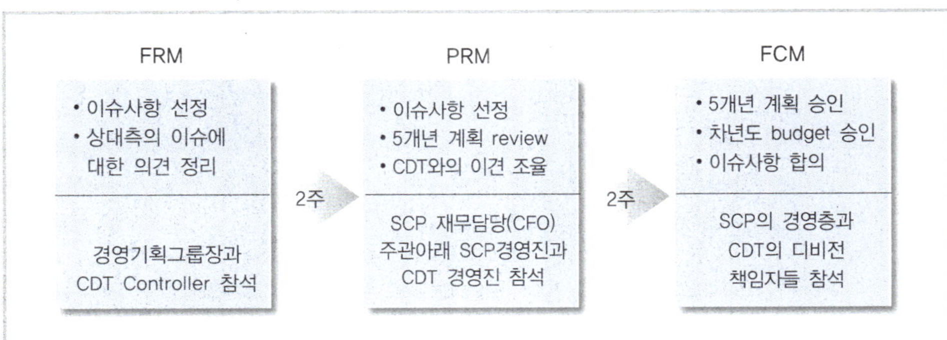

[그림 6-11] 경영층 협의체

TEM은 미 코닝사의 원천기술에 대한 전수가 아니었으므로 차츰 긍정적으로 받아들여지게 되었다. 특히 양사의 합작계약서에 용해/성형 기술에 대한 이전이 포함되어 있었기 때문에 이 협의체의 탄생은 불가피했다.

이리하여 1997년부터 미 코닝, 일본 코닝, 그리고 SCP의 용해/성형 부분 엔지니어 및 기술책임자와 관리자가 참여하는 Melting/Forming TEM이 시작되었다. 1997년 초창기에는 주로 생산 실적을 비교 발표하는 것에 초점이 맞춰졌지만, 1998년부터 SCP의 수율 및 원가 부분이 일본 코닝에 비해 더 나은 성과를 내기 시작하면서 미 코닝과 일본 코닝은 SCP의 엔지니어들을 파트너로 보기 시작하였고, 본격적인 공정개선, 원가절감 등을 위한 현안문제를 주요 이슈로 회의가 진행되게 되었다. 특히 1999년 이후 SCP의 수율 및 원가가 미국이나 일본 코닝 공장에 비해 월등히 높은 성과를 보이자, 이를 벤치마킹하기 위해 미국과 일본 코닝사, 그리고 코닝 대만 등의 엔지니어들로 구성된 방문단이 수차례 SCP 공장을 다녀가기도 하였다. 이러한 일련의 과정을 거치며 Melting/Forming TEM은 초기 SCP의 교육적인 성격에서 상호 공장간 생산성을 극대화하기 위한 교류회의 성격으로 변모하였다. TEM을 통해 Corning Family 간에 많은 기술적 교류성과가 있었는데, 그 중 용해된 유리를 절삭기로 끌어내리는 pulling roll의 수명을 크게 늘려 원가절감 및 수율을 높이는 기술을 교류한 것이 SCP의 대표적인 성과이다.

TEM은 미국, 일본, 한국에서 차례로 번갈아가며 열리는데, 매년 가을 총 3일에 걸쳐 진행되어 왔으며 2002년부터 매년 봄 미국에서 2회, 아시아 지역에서 1회 진행하는 것으로 변경되었다. 회의 첫째 날은 Melting/Forming 부분의 연간의 생산 실적을 점검하고 둘째날은 최근 진행 중인 기술개발 및 생산공정상의 이슈사항 등을 공유협의한다. 마지막 셋째 날은 이틀 동안 개괄적으로 토론한 이슈들에 대해 Melting 부분과 Forming 부분으로 나누어 보다 심도 깊게 토론하고 주요 의사결정을 하게 된다. 그 동안 TEM의 주요 이슈들을 정리해 보면 〈표 6－11〉과 같다.

• Finishing TEM(Technology Exchange Meeting) : Finishing TEM은 연 2회씩 열리며 1997년 3월에 처음으로 시작된 가공공정 부문의 협의체이다. 미국, 일본, 한국 등 각 지역공장의 생산/기술팀장이 참석하여 가공기술 성과 및 개발 프로젝트를 점검한다. SCP는 1996년도에 Melting/Forming TEM을 제안하면서 함께 Finishing TEM도 제안하였지만 역시 거절당했다. 더욱이 양사의 합작계약서에 용해, 성형 기술 전수 및 도입에 관한 내용은 명시되어 있었으나 가공기술에 대해서는 어떠한 언급도 없었기에

〈표 6-11〉 연도별 Melting/Forming TEM 주요 이슈

구 분	주요 의제	비 고
1998	• Distortion/Stress • Cost reduction	Quality feedback 논의
1999	• Pulling Roll 개선안 • Vertical Stress	
2000	• Fusion optimization and stress • Pulling roll 2차 개선안	
2002	• Tank Life • Melter Stability • Quality/Attribute Priority 업데이트	

더욱 Finishing TEM을 추진하기가 어려웠다. 이런 상황이다 보니 삼성코닝에서 SCP로 옮겨온 엔지니어의 노하우에 의지하여 가공공정을 수행할 수밖에 없었는데, 1997년 본격적인 생산을 앞두고 있던 SCP로서는 다급한 실정이었다. 당시 미 코닝사도 용해/성형공정만 운영하였기 때문에 이 가공공정 부문의 노하우나 기술은 일본 코닝이 보유하고 있었다. 하지만 일본 코닝은 SCP와 직접적인 연관이 없었기에 매우 비협조적이었다. 그럼에도 불구하고 SCP는 삼성코닝 시절부터 알고 지내던 일본 코닝의 엔지니어를 통해 가공기술을 습득하기 시작했다. 그러나 이러한 비공식적인 채널을 통해 습득한 가공기술은 단순히 가공공정 장비 및 기계고장을 조치하는 방법 정도의 한계를 벗어나지 못하였다. 때문에 SCP가 일본 코닝의 가공기술을 전수받기 위해서는 미 코닝의 도움이 절실하였다. 이에 SCP의 관계자들은 미 코닝 관계자들을 설득해 나갔다. 즉, 자칫 가공기술 이전이 제대로 이루어지지 않아 TFT-LCD용 유리기판 양산시 높은 불량률에 따른 치명적인 경쟁력 상실로 이어져, SCP를 아시아의 주요 생산기지로 양성하려는 미 코닝의 정책은 실패할 수도 있음을 강조하면서 미 코닝의 역할을 강조하였고, 이런 SCP의 요구를 미 코닝측이 수용하면서 Finishing TEM이 만들어지게 되었다.

초창기 이 협의체 역시도 Melting/Forming TEM과 마찬가지로 교류회 성격보다는 SCP 엔지니어들에게 가공기술을 전수하는 형태로 운영되었다. 하지만 1998년 이후 SCP는 일본 코닝으로부터 이전한 기술과 삼성 특유의 양산공정관리능력을 접목시켰고 이에 따라 가공공정수율이 급격히 좋아져, 1999년에는 오히려 일본코닝의 수율을 앞지르게 되었다. 이러한 사실에 놀란 미국과 일본의 코닝사 엔지니어들은

SCP와의 가공공정 개선 및 개발을 위한 정보교류회에 보다 적극적으로 임하게 되었다. 그 결과 2000년에는 가공공정에서 대형 Glass 검사 방법 및 자동검사 기기의 상호기술 교류가 이루어졌는데, SCP도 이를 도입하여 생산성을 더욱 높였다. 또한 각 지역간 가공공정 기술을 높이려는 선의의 경쟁이 생겨 생산 효율성의 시너지 효과가 나타나기 시작하였다. 이후 2001년에는 이 교류회에 참석하는 인원이 50여 명에 이를 정도로 그 규모가 급격히 커졌고, SCP가 이 협의체를 선도적으로 이끌고 있다.

이 회의의 운영을 살펴보면 다른 협의체와 마찬가지로 3일에 걸쳐 열리는데, 현안 이슈사항이 많을 경우에는 4일로 연장되기도 한다. 첫째날에는 각 site의 가공기술파트의 조직 및 성과의 개략적인 리뷰와 환영 파티가 있고, 둘째 날에는 최근 가공기술파트에서의 이슈 사항을 논의한다. 마지막 날에는 Melting/Forming TEM처럼 각 부분별로 Washing, Clean, Cutting 세 그룹으로 나뉘어 첫째, 둘째 날에 나온 이슈들에 대해 심도 있게 리뷰한다. 그 동안 이 협의체를 통해 많은 기술적 공유가 Corning Family 간에 이루어졌지만 연도별 주요 이슈는 다음과 같다. 다른 어떤 교류회보다 활성화되어 있지만, 문제점이 전혀 없는 것은 아니다. 즉, 회의의 규모가 크고 다루어지는 이슈가 많다 보니 개별 이슈에 대한 심도깊은 회의가 이루어지기 어렵고 각 지역별 성과 및 기술을 발표하는 정도에 국한되고 있다는 것이 문제점으로 앞으로 풀어나가야 할 숙제이기도 하다.

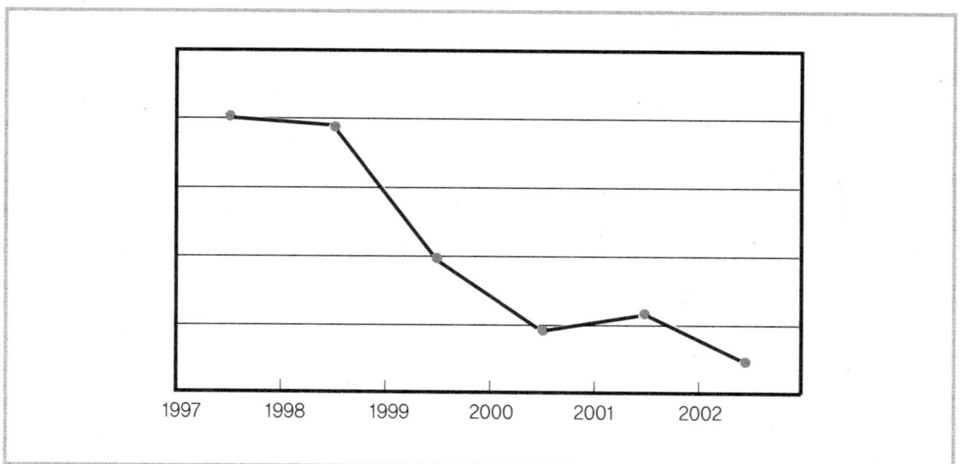

[그림 6-12] SCP의 Finishing Loss 개선 현황

〈표 6-12〉 연도별 Finishing TEM 주요 이슈

구 분	주요 의제	
	전 기	후 기
1998	• 3.5세대용 유리의 효율적인 검사 • 일본 경쟁사 분석	
1999	• 자동 검사장치 적용 기술 검토 • One Step Wash 기술 검토 및 선정 • Particle 감소방안 분석	• in-line washer 구성, 세정 결점 원인 • One Step Wash 기술 검토 • 자동검사기 생산실적 리뷰
2000	• 4세대 기판 생산 계획 리뷰 • 엣지(edge) 감소 활동 리뷰 • 대형기판의 자동화검사 방안 리뷰	• 주요 생산설비 고장 리뷰 • 자동 엣지 검사 리뷰 • EOC 로봇 시스템 리뷰
2001	• 각 site의 소비자 이슈 업데이트 • 새로운 가공공정 리뷰	

• QFM(Quality Feedback Meeting) : 기술부문의 또 다른 주요 협의체로 QFM이 있는데, 1998년 가을부터 시작된 협의체로서 각사의 품질부서장 및 관련 엔지니어들과 미 코닝 CDT 사업부의 Engineer Division Manager가 참석하여 양사의 품질 실적/계획을 점검하고, 주요 고객사(세계 TFT-LCD 모니터 생산업체)들의 현안 이슈 및 품질규격을 파악함과 동시에 품질개선 노력 및 방법들을 공유한다.

Melting/Forming TEM과 Finishing TEM에서 2~3시간의 시간을 할애받아 품질에 대해 얘기하게 된 것이 QFM의 효시인데, 1997년 당시 생산 부문에서 distortion 문제와 미 코닝사로부터 수입한 원판 품질 문제로 인해 QFM에 대한 욕구가 생겨나기 시작했던 것이다. Distortion 현상이란 TFT-LCD용 유리를 고객사들이 각자의 모니터 생산 사이즈로 절삭하는 과정에서 절삭 후 유리의 사이즈가 줄어들거나 늘어나는 현상을 말한다. 당시 삼성전자와 LG-필립스에 납품한 SCP의 제품에 대해 유리의 distortion 현상이 일어난다는 클레임이 제기되면서 시급한 해결이 요구되었던 것이다. 당시 TFT-LCD용 유리 distortion의 허용 가능 범위는 2마이크론까지였는데 SCP의 제품은 심하게는 10마이크론까지 변형되는 경우도 생겼다. 미 코닝사에서는 이 distortion 현상을 이미 예견하고 있었으나 그 동안 고객사들이 문제삼지 않았기 때문에 큰 주의를 기울이지 않았던 것이다. 그러나 한국에서 이런 문제가 실제로 발생되자 이와 유사한 상황이 다른 시장에서도 일어날 가능성이 있다고 판단하여 이 문제점을 해결하기 위한 연구의 필요성에 공감하면서 QFM의

결성에 적극적으로 나서게 되었던 것이다. 또한 1997년 당시 SCP는 용해로를 1개만 운영하고 있었고, 대신 부족한 원판을 미 코닝으로부터 수입가공해 판매하고 있던 차에 수입원판의 품질이 균질하지 못해 많은 불량이 나오자 이를 해결하는 것도 시급한 상황이었다. 이에 1998년 가을 미국, 일본, 한국의 품질관련 매니저와 엔지니어들이 참여하는 품질교류회를 시작하였던 것이다.

1999년 봄부터 품질교류회가 활기를 띠기 시작하였는데, 초창기 품질교류회 역시도 다른 기술교류회와 마찬가지로 SCP로서는 미 코닝과 일본 코닝으로부터 일방적인 교육의 성격이 강했다. 그러나 2000년에 들면서 SCP의 용해 및 가공공정의 생산성이 크게 발전하고 특히 SCP가 주고객으로 하는 삼성전자와 LG-필립스 등 한국기업이 세계 제1, 2위의 TFT-LCD 생산업체로 부상하자 QFM도 SCP가 주도해 나가기 시작하였다. 당시 일본 코닝은 일본 기업들 특유의 배타성 때문에 NEG 및 Asahi Glass와 같은 고객사의 생산정보를 구하기가 쉽지 않던 반면, SCP는 삼성전자와는 수직 계열화로 생산정보가 상호 공유되어 있었고, LG-필립스에서도 타사 유리 제품 사양 및 품질정보를 제공받을 수 있었다. 뿐만 아니라 그들을 통해 경쟁사 품질 데이터를 확보할 수 있는 유일의 업체이다 보니 자연스럽게 미 코닝이나 일본 코닝에서는 SCP와의 정보교류에 적극적일 수밖에 없게 된 것이다. 초창기 8명으로 시작되었으나 2001년 3월 이후부터는 영업 및 생산 파트도 참석하면서 30여 명이 함께하는 대규모 협의체로 성장하였다.

QFM은 현재 분기별로 열리며 2~3일 간에 걸쳐 운영되고 있다. 첫째 날 오전에는 일반적인 품질조직 상황 및 QFM에서 다루어질 이슈들에 대해 대략적으로 언급하고 오후부터 경쟁사를 포함한 소비자 품질 이슈사항에 대해 각 site별로 발표가 있게 된다. 그리고 둘째 날부터 Melting/Forming/Finishing 부분에서 품질과 관련된 공정상의 개선 사항을 토의하고 마지막으로 신제품의 품질에 대한 각 사의 대응 방안과 이후 미팅에서 어떠한 이슈사항을 뽑을지 결정한다. 다른 협의체에 비해 늦게 출발하였으나 빠르게 발전되고 있는 협의체로서 지난 2년 간의 주요 논의이슈는 〈표 6-13〉과 같다. QFM에서 얻을 수 있었던 주요성과를 살펴보면, 첫째, 원판규격/제품규격을 표준화 하였고, 둘째, 고객사들의 주요 현안이슈를 공유하여 사전에 고객사에서 발생할 수 있는 품질상의 문제를 예방할 수 있었으며, 셋째, 이미 일어난 품질상의 문제에 공동으로 대응하여 Corning Family의 전체 세계 시장점유율을 늘리는 데 큰 기여를 했다는 것이다. 하지만 QEM 역시도 몇 가지 문제점을

〈표 6-13〉 연도별 QFM 주요 이슈

구 분	Melting/Forming Part	Finishing Part	Customer Quality
2001	• Body defect • Full sheet Monitoring System	• Inspection method with height	• New Product Eagle 2000, Competitors
2002	• Thickness specification of 0.5mm Glass • Increasing Packing Quality for Full Sheet		• Customer quality feedback including competitor • Quality Activity Review

갖고 있다. 즉, 각 지역별 공장에서의 품질 요구사항이 다르기 때문에 개선의 현안 또는 잠재문제에 대한 개선 우선순위를 조정하는 것이 중요한 쟁점으로 떠올랐던 것이다. SCP의 입장에서는 SCP의 요구를 최우선적으로 반영하고 싶지만 코닝 CDT 사업부 전체 차원에서 조정하다 보면 SCP의 요구가 우선 순위에서 뒤로 처지는 경우가 종종 발생하기도 한다. 또 QFM의 참석자가 많아져 각 이슈별 발표 이후 추가 토론이 충분히 이루어지지 못한다는 점도 아쉬움으로 남아 있다.

• W/WCE Meeting(World Wide Commercial Engineer/Customer Engineer Meeting) : CE Meeting은 AE(Application Engineering) Meeting이라고도 불리는데, 기술적인 품질과 관련된 소비자들의 불만사항을 검토하여 해당부서로 넘겨 즉각적으로 해결하기 위한 품질관련 협의체이다. 원래 이 부문은 QFM에서 논의되었으나 점점 대고객 품질문제가 중요한 문제로 부각되면서 품질관련 기술자들의 별도의 협의체에 대한 필요성이 높아짐에 따라 2001년브터 QFM에서 분리되어 정식협의체로 운영되기 시작하였다.

이 협의체의 주요 목적은 각 지역별 소비자의 품질요구사항이 다르기에 이런 요구사항을 반영하고 고객 기술동향 정보 공유, Road Map C Revision, 주요 고객 이슈 개선 및 Asahi Glass 등과 같은 대경쟁사 대응 품질전략을 공유하는 것에 있다. 사실 이 협의체가 결성되기 전에는 각 지역별 요구사항이 제대로 반영되지 않았는데, 이후 각 지역별 품질 요구사항이 즉각적으로 반영되어 새로운 기술개발이 효율적으로 진행되고 있다. SCP의 경우 이 협의체를 통해 새로운 품질 이슈를 신제품개발에 반영시킬 수 있는 창구로 활용하고 있다. 또한 각 지역별 고객의 요구사항 및 현안 문제를 공유함으로써 개선방향의 수립 및 선행관리가 가능해졌고, 각 공장별

best practice를 벤치마킹하여 적용하고 있다. 현재 이 협의체는 하루에 걸쳐 운영되는데 오전에는 소비자 이슈 및 정보를 발표하여 공유하고, 오후에는 Road Map C 및 엔지니어링 프로그램 개발에 관한 토의를 주로 한다. 운영된 지 1년밖에 되지 않았음에도 불구하고 참석자가 10여 명에 이를 정도로 많은 관심 속에 큰 협의체로 발전하고 있다.

- Road Map Review Meeting : Road map이란 1999년부터 미 코닝사 CDT 사업부에서 장래에 소비자들이 추구하는 품질 및 기술수준에 부응하기 위해 세운 중장기 목표기술 및 품질수준과 이를 달성하기 위한 일종의 마스트플랜이다. 최근 몇 년 간 미 코닝사 전체에서 Innovation Effectiveness Process라 하여 Road Map, Project Portfolio 및 Innovation Process를 추진함으로써 기술전략 및 과제발굴(Road Map), 과제선정(Project Portfolio)과 과제진행관리(Innovatino Process)를 강조함에 따라 CDT 분야에서도 기존 Road Map A, B, C만 관리하다 2000년 말부터 D와 E 분야를 추가로 설정하여 관리하고 이 Road Map을 매년 수정 보완하면서 미래를 대비하고 있었다.

1999년에 만들어진 RoadMap에는 Commercial Leader Meeting 등 품질관련 회의를 통해 국내 소비자의 품질 스펙이 RoadMap C에 반영되어 있었다. SCP의 경우도 2000년부터 자체적으로 'Korea Road Map A, B, C'를 만들어 운영하고 있는데, Korea Road Map과 CDT의 Road Map과의 연계를 통해 CDT와의 협력강화를 위한 공동설계의 필요성을 느끼고 있었다. 또한 2000년 이후 한국시장의 성장과 함께 여타 Corning Family에 비해 SCP가 비교우위를 가지면서 역할분담 차원에서 한국시장 특성을 잘 반영한 Road Map이 필요하게 된 것이다. 이리하여 양측의 기술 Road Map을 비교 점검할 뿐만 아니라 정보공유를 위한 협의체가 필요하게 되었고 기술 Road Map A, B, C, D, E의 협의를 위해 미국, 일본, 대만, 그리고 SCP의 마케팅, 기술담당자들이 2002년 3월부터 Road Map Review Meeting을 구성하여 운영하고 있다.

이 회의는 현재 하루 일정으로 운영되는데 Road Map A, B, C, D, E 각각의 담당자를 두고 분야별로 분기별 업데이트한 내용으로 SCP 내부회의를 하고 이를 바탕으로 CDT와는 3월과 9월에 회의를 진행한다. 현재 이 협의체는 시행된 지 1년밖에 안 되어 특별한 문제점은 아직 노출되지 않았지만, 단지 A, B, C, D, E 각 부문별로 상호 다른 협의체 및 연락 채널을 가지고 있기에 전체 미팅의 신선도가 떨어지는

〈표 6-14〉 Road Map 세부내용

구 분	세 부 내 용
Road Map 'A'	시장에 관한 내용으로 TFT-LCD 시장에서 요구되는 유리기판 사이즈와 용도가 어떻게 변할 것인지를 파악하여 향후시장 예측
Road Map 'B'	TFT-LCD 시장변화에 따라 요구되는 상품의 생산을 위해 어떻게 product line을 구성할지에 대한 내용
Road Map 'C'	A와 B에 의해 요구되는 품질
Road Map 'D'	C의 품질수준을 만족시키기 위해 요구되는 기술의 수준
Road Map 'E'	C와 D를 충족하기 위한 프로그램 작성

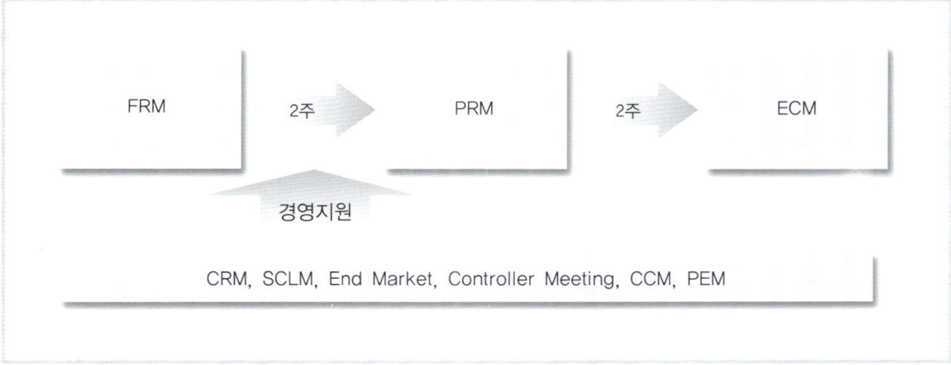

[그림 6-13] SCP의 경영지원 부문 협의체의 구조

점이 있다. 그럼에도 불구하고 한국 거래선의 요구사항을 Road Map에 반영할 수 있고 이 로드맵을 통해 CDT의 기술개발에서 우선순위를 확보할 수 있다.

③ 경영지원 부분 협의체

경영지원 부분의 협의체는 대부분 ECM과 연관되어 생긴 것들이다. CRM, SCLM, End Market 협의체는 기존의 정보공유뿐 아니라 Spring-ECM에서 보다 효율적이고 실질적인 5개년 계획을 수립하는 데 중요한 역할을 담당하고 있다. Controller Meeting과 CCM은 FRM을 운영하는 동안 SCP의 높은 수율 및 원가경쟁력에 놀란 코닝 측에서 이를 공유하고자 하는 취지에서 기존의 협의체에 SCP를 참여토록 한 경우이므로 이 또한 ECM의 영향이 컸다고 볼 수 있다. 이러한 회의를 통해 수집된 정보들은 최종적으로 Spring-ECM의 5개년 계획수립에 활용되고 있으므로 이들 협의체는 단순한 정보교류회라기보다 SCP와 CDT의 경쟁력을 높이는 주요한 전략 수단이라 할 수 있다.

- CRM(Commercial Review Meeting) : CRM은 세계시장 동향과 판매실적 및 전망협의, 판가협의, 거래선/경쟁사 동향을 리뷰하기 위해 SCP와 미 코닝만이 참석하는 협의체이다. 미 코닝의 commercial manager와 product line manager, SCP의 마케팅 담당자와 영업팀장이 참석하게 된다. 1995년 SCP 설립 이후 비정기적으로 이슈가 있을 경우 열리는 회의였으나, 1997년 봄부터 정기적으로 실시하게 되었다.

  CRM 초창기에는 오직 SCP가 주요 판매실적 및 마케팅 현안을 보고하는 식으로 정보가 코닝측으로 일방적으로 흘러가는 One-Way Communication 방식으로 진행되었으나, 2000년부터 삼성전자와 LG-필립스와 같은 세계 제1, 2위의 고객사의 마케팅 및 경쟁사 정보를 확보하고 있는 SCP의 commercial 조직에 대한 미 코닝측의 관심이 자연히 집중되었다. 때문에 2001년부터는 격월에 한 번씩 회의를 하였고 이후 2002년부터는 6주에 한 번씩 회의가 열릴 정도로 그 빈도가 증가하여 정보교환이 많아졌다. 이렇게 빈번한 CRM을 통해 자연스럽게 양측 간의 글로벌 이슈가 제기되면서 SCP와 코닝은 글로벌 시장동향에 대한 상호정보를 수집하여 서로의 이해도가 높아지고 뿐만 아니라 매 6주씩 얼굴을 맞대고 현안문제들을 논의하다 보니 거래선에 대한 feedback이 빨라져 고객만족도가 올라가는 일석이조의 효과를 거두게 되었다.

- SCLM(Senior Commercial Leadership Meeting) : SCLM은 일본코닝과 CDT 간에 기존에 운영되고 있던 협의체로서 SCP는 1998년부터 이 회의에 참석하게 되었다. 이 협의체에는 분기에 한 번씩 Corning Family의 영업팀장 및 Commercial Leader가 참석하여 지역별 시장동향 및 대 경쟁사 및 거래선 전략, 중장기 5개년 판매계획 및 전략(제품전략, 시장점유율 목표, 판가전략) 등을 공유하고 있다. 즉, 주로 각 지역의 영업 상황, 경쟁사 동향과 각 지역별 품질이슈에 대해 공유하는데, 의사결정은 없고 정보공유에 주된 목적이 있다.

  1999년까지 마케팅 분야의 정보공유에 대한 미 코닝사 CDT 사업부의 폐쇄적인 경향으로 인해 미 코닝측 마케팅 담당자는 일본, 한국, 대만의 담당자들과 1:1 회의를 통해 마케팅, 시장 및 경쟁사 동향에 대해 정보를 독점적으로 수집하였다. 그러나 미 코닝이 대만시장에 진출하면서 경쟁력 확보를 위해 일본이나 한국과의 긴밀한 시장 및 마케팅 정보 교류가 더욱 절실해지면서 결국 2000년부터 지역별 정보에 대한 전원 공유의 성격으로 바뀌게 된 것이다. 그러나 최근까지도 가격정보, 일본과 대만의 거래선 상황과 같은 중요한 이슈는 토의되지 못하고, 대 경쟁사 영업전략과 같은 기본적인 부분만 공유되고 있는 실정이다.

- Financial Managers Meeting : 1년에 2회 개최를 기본으로 하는 재무관리자 회의에서는 미 코닝 CDT 사업부의 Controller와 각 지역별 재무관리자(SCP의 그룹재무기획 그룹장)가 모여 Corning Family 전반의 재무전략을 협의하고 CDT 사업부 각 지역별 주요 재무지침 및 현안을 점검한다. 사실 2000년 이전까지만 해도 일본, 대만을 포함한 미 코닝 CDT사업부의 Controller meeting이다 보니 SCP는 참여할 수가 없었다. 그러나 SCP가 지속적으로 참여를 요구하여 2001년부터 단순 참관의 조건으로 참여하게 되었다. 이후 더욱 개방적으로 운영되면서 현재는 미 코닝 임직원들의 개별 MBO Review까지도 열람할 수 있게 되었을 뿐만 아니라 각 지역별 재무전략 및 목표도 공유할 수 있게 됨에 따라 SCP로서는 재무전략 수립시 보다 신속하고 효과적으로 미 코닝에 대응할 수 있게 되었다.

  이 회의는 총 2일에 걸쳐 진행되는데 첫째 날 오전에는 각 site의 조직 변경 및 사업장 변동상황 등을 발표하고 오후에는 사업 목표, 사업장간 현안, 원가절감 프로그램 리뷰, Training Program 등을 발표한다. 그리고 둘째 날에는 전날 발표한 사항들에 대하여 리뷰하고 그것들을 협의하여 오후에는 협의사항을 발표하고 Action Plan을 수립하는 것으로 마무리한다.

- CCM(Cost Comparison Meeting) : CCM은 각 지역별 원가 비교분석 및 관리에 관한 주요 현안들을 논의하기 위한 협의체이다. 2001년 1월에 시작되어 매년 1월과 7월에 개최되며, 2002년 1월 회의부터는 대만 코닝이 참석하기 시작하였다. 이 회의에는 각 site의 관리 담당자와 SCP의 경영기획그룹에서 참가하며 상호 원가에 대한 벤치마킹을 하는 형식으로 진행되는데 각 지역의 원가절감 프로그램을 소개하고 그 방법을 논의한다.

  사실상 이 협의체는 FRM 회의 동안 SCP의 budget을 검토하던 과정에서 SCP의 원가 부분이 여타 지역에 비해 월등히 나은 것으로 드러나면서 일본, 미국, 그리고 대만 코닝에서 SCP를 벤치마킹하고자 하는 취지에서 만들어졌다. 때문에 다른 여러 협의체의 경우와는 반대로 코닝측이 SCP를 학습하는 모양새를 갖추고 있다.

  이 회의는 총 2일에 걸쳐 진행되고 첫째 날 오전에는 조직 변경 및 사업장 변동상황을 점검하고 오후에는 용해/성형 파트의 원가비교를 하게 된다. 그리고 둘째 날 오전에는 가공 파트의 원가비교를 하고 오후에는 각 site의 성과를 발표한 후 이에 대한

Q&A를 통해 학습한 후 적용을 위한 Action Plan을 수립하는 방식으로 진행된다. 주로 참석하는 대상자는 재무관리 부문의 과장급으로 Controller Meeting의 구성원보다는 한 직급 아래의 관련자들이 참여하여 이후 정보를 교환하는 방식을 취한다.

- PEM(Purchasing Exchange Meeting) : 가장 최근에 만들어진 협의체로서 Corning Family 내 구매관리자 및 담당자가 모여 각 지역의 자재 구매단가/거래처 정보를 교환하고 주요 자재의 공동구매 전략을 수립한다. 이 분야의 회의도 1995년부터 이슈가 있을 경우 비정기적으로 실시되었으나, 이후 Corning Family 내 상호 원가 문제가 얽혀 많은 자재 구매에 있어 상호보완적으로 이용할 필요성이 더욱 대두되면서 SCP의 구매부가 정례화할 것을 요청하여 2002년 5월에 공식화되었다.

  PEM이 만들어지기 전 비정기 모임이었을 때는 주로 단순 구매단가/거래처 정보 교환 등에 그쳤으나, 이후 전략적인 측면이 강해져 각 지역에서 개발한 원자재 판매업체를 비교하고 가장 우수한 업체를 선정하여 공동구매를 하는 Global Sourcing을 통해 cost down을 꾀하였다. 그 외에도 각 지역별 사업장과 관련한 구매시장, 구매업체, 구매가격정보를 서로 교환/공유하고 있다. 그러나 아직까지 코닝측과 SCP의 IT 전산망이 다른 이유로 인해 글로벌 IT 네트워크를 통한 공동대응은 이루어지지 않고 있다.

- SCM(Supply Chain Management) Meeting : SCM Meeting은 각 지역의 SCM 및 적정재고 유지를 논의하기 위한 협의체로서 2000년 3월부터 시작되었다. 각 지역의 물량생산 측면에서 보면 SCP가 6개, 일본 코닝이 7개, 코닝 대만이 7개의 가공라인을 보유하고 있어 대등한 위치에 있으므로, Corning Family 전체의 수급 상황을 고려해 볼 때 자칫 생산 효율성이 떨어질 가능성이 있다고 판단하여 미 코닝측에서 주선하게 되었다. 이 회의는 분기별로 한 번씩 각 지역별로 돌아가면서 열리는데 작년까지 2일 간 운영되다가 2002년 10월 회의부터 3일 간 운영하기로 결정되었다. 주요 참석자는 미 코닝, 일본 코닝, 코닝 대만, 그리고 SCP의 각 local supply manager들과 전체 SCM을 총괄하는 미 코닝 CDT 사업부의 supply chain manager, 그리고 SCP와 CDT의 마케팅 담당자가 참석한다. 이외에도 SCM 참석자는 적게는 12명에서 많게는 20명 정도에 이르는데, 매 이슈에 따라 구매 및 영업 부문의 관련자들이 참석하게 된다. 초기에 SCM 회의에서의 주제는 원판의 수급에만 국한되어 있었지만, 이후 3회 회의부터 완제품의 공급까지 주제가 확대되었고, 4회 회의부터 구매담당자 및 마케팅 담당자들도 참가하게 되었다.

〈표 6-15〉 SCM의 주요 이슈

구 분	1차	2차	3차
2001	• Supply Chain Training /Skill Development • Supply Chain project update and discussion	• W/W 원판수출/수입계획 • W/W 원판 제고 계획 • Location별 Supply Chain Update	• Supply Chain Strategy Review • World-wide supply chain plan process • Roughcut finishing capa
2002	• Supply Chain Strategy Review • New Product/ Project • March melt-Finishing plan review	• Supply Chain Strategy Review • Finishing/Melt Plan	

첫째 날은 주로 코닝의 business strategy 발표, World-wide 이슈와 중장기 운영 리뷰 및 전체적인 성과에 대한 발표가 이루어지고, 둘째 날은 각 지역별 사업운영 현황 및 각 지역공장의 개발 및 탱크 운영상의 문제, 수급, 영업상의 변화를 논의하며, 마지막 날에는 다음 회의의 의제 선정을 하는 것으로 마무리된다. 또한 이 SCM 회의를 하고 난 후 전화를 이용하여 한 달에 한 번씩 Corning Family간 SCM 비교 컨퍼런스를 하는데, 이때 본 SCM 회의에서 결정된 사항을 매달 반영하여 World-wide Melting 계획을 조정한다. 이후 이 조정 결과를 미 코닝 CDT 사업부의 supply chain manager에게 보내 최종적으로 World-wide Melting 계획에 반영하여 이를 바탕으로 각 지역별 SCM을 수행하게 된다. 그 동안의 SCM 회의의 주요 이슈를 정리하면 〈표 6-15〉와 같다.

SCP는 이 회의 운영으로 여러 가지 이점을 얻었지만 그 중 가장 대표적인 것은 고객사에 생산공급 차질시 부족분을 다른 지역의 공장으로부터 충당할 수가 있어 고객사와 안정적인 거래관계를 유지할 수 있었다는 것이다. 이는 Corning Family 내 생산물량 정보를 공유하여 체계적이고 치밀하게 관리한 결과라고 볼 수 있다. 하지만 최근 TFT-LCD용 유리시장의 급성장으로 원판공급의 절대량이 부족한 실정이기 때문에 각 지역간 영업전략상의 이유를 들어 종종 지역간 생산정보 공유가 잘 되지 않는 경우도 발생하고 있다.

• End Market **교류회** : PEM과 함께 가장 최근에 설립된 교류회로서 2002년 4월에 시작되었다. 주요 논의 이슈는 End-market의 정보공유로서, TFT-LCD용 유리기판 산업은 결국 노트북, 모니터, 가전 등의 시장과 직접적으로 연결되어 있기에 이

최종제품 시장에 대한 정보수집과 면밀한 검토가 필수적인 것이었다. 이에 SCP의 제의에 따라 Corning Family 내 각 지역 시장분석 담당자들이 참석하여 1년에 2회씩 모이는 공식 교류회를 만들게 된 것이다. SCLM과 CRM이 기판유리 제품의 영업에 관한 사항을 중심적으로 토의한다면, 이 교류회는 노트북 시장과 모니터 시장 같은 End-market을 주된 토의 대상으로 하고 있기 때문에 SCP로서는 보다 포괄적이고 근본적인 마케팅 교류체라고 볼 수 있다.

이 교류회에서는 고객사의 정보수집에 보다 유리한 입장에 있는 SCP가 상대적으로 주도적 역할을 하고 있으나 종합적으로 End-Market을 분석하는 데 있어 서로가 부족한 부문에서 보완적인 능력과 역할을 하고 있어 시너지 효과를 내고 있다. 특히 기술 Road Map 개발에 중요한 역할을 하고 있어 향후 더욱 확대 운영될 계획이다.

6. SCP 합작경영의 발전모델

경영환경에의 도전과 위기

현재 SCP는 미 코닝사의 한국시장 진출을 위한 교두보이자 삼성전자의 TFT-LCD 사업을 위한 안정적인 유리기판 공급업체라는 양사의 전략적 목적에 맞게 그 역할을 다 하면서 세계 1위의 TFT-LCD 유리기판 업체로서 건실하게 성장해 왔다. 그러나 최근 SCP는 과거와는 다른 새로운 경영환경에의 도전을 받으면서 위기의식과 함께 SCP 합작경영의 새로운 분수령을 맞고 있다.

이러한 경영환경의 새로운 도전들은 과연 무엇인가? 첫째, TFT-LCD 유리업계가 무한경쟁 체제로 돌입하였다는 사실을 들 수 있다. 1996년 이후 노트북 수요가 증가하면서 TFT-LCD용 유리기판 산업이 본격적으로 발달하게 되었는데, 지난 5~6년간은 시장 참여자가 많지 않았고 경쟁의 개념이 없어 국내에서 거의 독점적 지위를 가졌다고 볼 수 있다. 그 동안 TFT-LCD 산업의 발달이 급격히 이루어졌기 때문에 TFT- LCD용 유리기판의 공급부족 현상이 일어나 생산만 하면 팔렸던 시기였다. 그러나 점차 TFT-LCD 시장이 컴퓨터 모니터 분야뿐만 아니라 TV 부분까지 확장되어 TFT-LCD 시장 팽창이 예상되면서 독일의 Schott사가 2003년 하반기에 Tank 가동 및 국내 공급을 추진하는 등 많은 신규업체들이 TFT-LCD 시장에 뛰어들 조짐을 보이고 있다. 때문에 미래에는 가격, 기술, 품질 등 전 부문에 걸친 무한경쟁이 펼쳐질 것이고, 결국 산업의 수익성은 현재와 비교하여 현격히 저하될 것이 자명하다. 특히 이런 과정에서 중국, 대만 등 값싼 노동력을 기반으로 하는 경쟁국이 성장하게 된다면 SCP로서는 현재의 산업 내 지위를 유지하기 위해서 더 많은 생산과 기술부문에 대한 투자가 요구될 것이다.

둘째, 유리기판의 가격하락을 들 수 있다. 최근 TFT-LCD 업계의 가격경쟁이 본격화되면서 삼성전자나 LG-필립스로부터의 유리기판의 가격인하 요청이 쇄도하고 있는 실정이다. 더욱이 Asahi Glass, NEG 등 일본 경쟁사들이 국내 시장점유율 확대를 위해 SCP보다 낮은 가격으로 시장공략에 나서고 있어 가격경쟁은 더욱 심화되고 있는 상황이다. 게다가 TFT-LCD용 유리기판은 엔화로 결제되고 있어 일본경제의 장기침체가 예상되고 있는 상황에서 엔화 대비 원화 강세는 SCP의 가격경쟁력을 더욱 약화시키고 있는 실정이다. 이런 가격하락은 이미 2001년 초부터 나타나기 시작했는데, SCP는 원가절감 노력을 통해 경쟁우위를 지켜가고 있다. 그러나 이제 원가절감 노력도 한계에 다다르고 있기에 더 이상 가격이 하락했을 경우 SCP의 수익성은 악화될 수밖에 없으며 향후 현재의 M/S를 유지하기 위해서는 가격인하 전략을 택할 수밖에 없는 상황으로 가고 있는 것이다.

셋째, 기존 생산방식의 한계와 투자위험을 들 수 있다. TFT-LCD용 유리기판 산업이 급성장하면서 시장의 선도기업들은 TFT-LCD를 가전 분야에 적용한 대형 신제품 개발에 박차를 가하고 있다. 예를 들어, 삼성전자는 54인치 TFT-LCD TV의 개발을 성공하였는데 이의 양산을 위해서는 GEN7용 유리기판를 생산해야 한다. 그러나 현재 SCP의 공정으로서는 GEN7용 유리를 생산하는 것이 불가능하다는 것이다. 우수한 기계적 강도가 요구되는 TFT-LCD TV에는 현재보다 훨씬 두꺼운 유리기판이 장착되어야 하는데, SCP의 신 Fusion 공법은 두꺼운 TFT-LCD용 유리기판을 생산하는 데 있어 Asahi Glass와 같은 경쟁사가 이용하고 있는 Float 방식보다 불리하다는 것이다. 이러한 시장조짐을 간파한 Asahi Glass와 같은 경쟁사는 이미 LCD TV용 대형기판 시장을 겨냥해 60t급 용해로를 건설하기 시작하였다. SCP의 경량유리인 EAGLE2000의 경우 NEG와 Asahi Glass의 제품에 비해 Stress와 Sag면에서 열위에 있으며, 수율도 기존 제품보다 낮고, 용해로 보수도 SCP의 기존 제품인 1737제품에 비해 자주 해야 하기에 원가상승이 불가피하다. 더욱이 NEG와 AGC에서 EAGLE2000에 대응할 수 있는 경쟁 시제품을 개발 완료한 상태라 SCP의 EGALE2000이 갖고 있던 프리미엄이 사라지면서 고가정책에 대한 수정이 불가피하게 되었다. 그렇다고 경쟁사들보다 먼저 경쟁우위를 점하기 위해 대형기판 유리를 생산할 수 있는 공정을 추가 증설하는 것도 쉬운 문제는 아니다. 왜냐하면 엄청난 규모의 투자재원을 조달해야 하는 사업으로서 예상치 못한 시장상황 급변시 가동률 저하로 인해 대규모 무수익 자산 발생 가능성이 존재하는 등 투자 Risk가 높기 때문이다.

넷째, 대체기술의 위협을 들 수 있다. 현재 TFT-LCD용 기판은 전부 유리로 만들어지고 있다. 그러나 유리 대체기판과 TFT-LCD 대체 신소재 연구개발 활동이 활발히 전개되고 있어 곧 대체상품 출현이 가시화될 전망이다. 그 중 대표적인 대체재인 플라스틱 기판은 소형제품의 경우 2~3년 내에 상용화가 가능할 것으로 예상된다. 또한 PDP, OLED, FED 등 다수의 대체 경쟁상품이 등장함에 따라 TFT- LCD를 대체할 수 있는 제품과 치열한 경쟁이 예상된다. 소형제품의 경우 OLED의 기술발전과 장점으로 LCD 시장을 급속히 잠식할 것으로 보이며, 대형제품의 경우 PDP 기술의 발전으로 원가 및 기술경쟁력에서 우위가 점쳐지고 있다. 따라서 10인치 이하 제품군에서는 OLED와 TFT-LCD가 30인치 이상 제품군에서는 PDP, CRT, TFT-LCD가 서로 접전을 벌일 것으로 예상된다. 결국 이러한 제품환경은 제품의 Life-cycle을 단축시킬 수 있는데, 과거 CRT모니터 도입에서 성숙기까지 약 30년이 걸렸지만 LCD는 이보다 훨씬 짧아질 것으로 보인다. 때문에 TFT-LCD용 유리기판만으로는 사업성을 오래 영위하기가 힘들 것이라는 것 역시 또 하나의 중요한 환경적 도전이다.

이상에서와 같이 SCP는 과거와는 전혀 다른 새로운 경영환경의 위기를 맞이하고 있다. 그러므로 이 시점에서 SCP는 기존 업의 Concept을 새롭게 정립할 필요성이 대두된다. 사실상 미 코닝사의 입장에서는 AM-LCD 유리기판 사업의 한국시장 진출을 위한 교두보로서 SCP의 설립이 필요하였다면, 삼성은 차세대 주력사업이었던 TFT-LCD 사업을 위한 안정적인 유리기판의 확보를 위해 SCP의 설립이 절실하였던 것이다. 이에 양사는 그 동안의 SCP 합작경영을 통해 Win-Win의 전략으로 상호목표를 충실하게 달성하고 있다고 본다. 그러나 최근 시장 및 경영환경이 변화하면서 상호의 목표달성을 위한 접근방법의 수정이 불가피해졌다. 즉, 상호이익을 증진한다는 일관된 전략방향 아래에서 보다 진전된 협력관계의 형성이 절실해졌다는 것이다. 구체적으로 미 코닝의 입장에서는 단순히 한국시장 진출의 교두보정도가 아닌 글로벌 시장개척을 위한 Worldwide Partner로서 SCP와의 관계형성이 필요해졌고, 삼성으로서는 TFT-LCD 제품의 부품공급 업체가 아닌 삼성전자의 신소재를 담당하는 그룹의 핵심 Member로서 SCP가 자리매김되어야 한다는 것이다. 이러한 보다 확대된 양사의 전략변화와 인식의 전환이야말로 SCP 합작경영 성공의 열쇠이다.

새로운 전략방향의 재정립

새로운 업의 개념 재정립을 통한 합작경영의 발전모형은 무엇인가? 크게 기존사업과 미래사업을 나누어 접근할 필요가 있다. 즉, SCP의 기존사업 경쟁력 강화를 위해 양사가 향후 가져야 할 전략적 방향과 실천적인 대안을 기존사업 부문에서 고려해 볼 수 있고, 미래사업 부문에서는 보다 중장기적인 측면에서 양사가 이상적으로 추구해야 할 모습을 그려 보고 그런 모습을 구체화하기 위한 방안들을 고민하는 것으로 나누어 합작경영의 발전방안 모색할 수 있다. 그리고 이처럼 재정립된 발전방향을 바탕으로 갖추어 나가야 할 내부역량을 정리해 볼 수 있을 것이다.

① 기존사업 부문

앞서 설명하였듯이 현재 SCP는 경영환경 변화에 따른 중요한 분수령에 서 있다. TFT-LCD 시장이 컴퓨터 모니터 제품에서 대형 TV로 확대되고 그 적용이 가속화되면서 투시광 및 기판유리의 두께 문제가 가시화되고 있고, 경쟁사와의 가격 및 품질격차가 점점 줄어들고 있다. 뿐만 아니라 시장성장을 낙관하고 거대 자본과 기술력으로 속속 뛰어들고 있는 신규 업체들의 위협 등으로 SCP는 전략방향의 수정이 불가피한 상황을 맞고 있다. 따라서 다음과 같은 합작경영의 발전방향을 모색할 필요가 있다.

첫째, 기술적인 측면에서 공동개발을 통한 시너지의 극대화이다. 무한경쟁 상황과 급변하는 고객의 요구에 부합하기 위해서 SCP는 기술개발 중심의 회사를 지향할 수밖에 없으며, 향후 연구개발 부문이 가장 중요한 경쟁무기가 될 것이다. 이런 측면에서

〈표 6-16〉 TFT-LCD용 유리기판 대체재

구 분	개발회사	내 용
저온다결정 Si-TFT	소니	저온다결정 Si-TFT를 플라스틱 기판에 전사(박형, 경량으로 깨지지 않음)
LCD용 방습 플라스틱 기판	바이텍스	수분차단용 세라믹층을 증착한 후 고분자물질로 보호 코팅
휘는 액정 Display	도시바	다결정 실리콘 TFT를 0.4t 얇은 유리기판에 형성하고 플라스틱을 접합하여 곡면화
플라스틱 액정패널	NEC 등 10개사	휴대기기 대상의 플라스틱 액정패널 기판 요소기술을 10개사 공동 개발 중

본다면, 분명 SCP는 다른 어떤 경쟁사보다 유리한 고지를 점하고 있다. 세계 제1, 2위의 TFT-LCD 업체를 주고객으로 확보하고 있으므로 빠르고 정확한 시장정보를 획득할 수 있어 효율적인 기술 및 신상품개발에 집중할 수 있는 것이다. 그러므로 현 시점에서 미 코닝사와의 기술개발 협력을 강화하는 것이 무엇보다 절실하며, 그것이야말로 양사가 시너지 효과를 극대화하여 변화하는 경영환경에 적극적으로 대처하는 Win-Win 전략이라고 본다.

둘째, 사업적인 측면에서 글로벌 시장의 공동개척이다. TFT-LCD 시장은 미국 및 유럽뿐만 아니라 향후 중국 및 개도국으로 빠르게 확대 형성될 것으로 예상된다. 이런 글로벌 시장에서의 핵심 경쟁력은 제품기획 선점을 통한 브랜드 및 제품 인지도를 확보하는 것이므로 해외시장 진출 및 개척에서 SCP와 미 코닝의 합작진출이 보다 효과적이라고 본다. 그러나 현재 SCP는 미 코닝과의 계약조건으로 인해 해외진출을 제약받고 있는 상황이므로 양사는 보다 대승적인 차원에서 현 계약조건의 획기적인 전환을 통해 공격적이고 적극적인 해외시장 공동개척이 필요하다.

셋째, 대체재 측면에서 미래트랜드 분석을 위한 Coring-SEC-SCP의 공동대응이다. 기술의 진보가 가속화되면서 많은 대체기술들의 위협이 본격화되고 있을 뿐만 아니라 전혀 예상하지 못했던 완전히 다른 기술로 인한 시장대체의 가능성이 높은 상황에서 SCP는 원천기술을 가지고 있는 생산자와 고객접점에 있는 업체와 함께 보다 심도깊고 광범위한 대체기술의 분석 및 미래 트랜드에 대한 연구를 필요로 한다. 즉, 미 코닝, 삼성전자, 그리고 SCP가 공동으로 참여하는 활동을 강화하여 미 코닝의 "product oriented perspective"에 삼성전자의 "customer oriented perspective"를 결합하여 대응할 필요가 있는 것이다. 이러한 활동은 3사는 TFT-LCD 사업에서의 생존과 발전을 위해 3사가 공존할 수밖에 없다는 인식을 확산시키는 계기로 활용될 수 있으며 완전히 새로운 차원의 시너지를 창출할 수 있을 것으로 사려된다.

② 미래사업 부문

미래사업 부문은 보다 중장기적인 합작경영의 발전전략에 관한 것으로 SCP가 향후 5년 혹은 10년 후에 무엇을 먹고 살 것인가 하는 문제와 직결된다. 그것은 미래 Seeds에 관한 문제이다. 이런 관점에서 볼 때, SCP의 미래사업 방향은 "Downstream"보다는 "Upstream" 쪽에서 자원의 선택과 집중을 필요로 한다. 즉, 미 코닝의 소재 기술력을 바탕으로 최종제품을 생산하는 삼성전자의 많은 공정과 기술들을 SCP로 이전하여 새로운 제품과 부가가치를 창출할 필요가 있는 것이다. 보다 구체적으로 살펴보면, 최근 삼성전자는 TFT-LCD 사업에서 세계 최고수준의 원가경쟁력을 확보하기 위해 현재 200~300여 개에 달하는 AM LCD 제품의 부품수를 1/10 수준인 20~30여 개로 줄인다는 계획 아래 대규모의 과감한 투자전략을 세워놓고 있다. 이럴 경우 유사부품들의 통폐합이 이루어질 것이고, 자연스럽게 반도체 및 TFT-LCD 공정기술의 많은 부분이 부품 및 소재회사로 이전될 가능성이 높아진다. 만일 SCP가 지금보다 부가가치가 큰 후공정 부품을 공급하게 된다면 현재와는 전혀 다른 사업 부문으로 전개가 가능할 것이다. 이러한 가능성에 대비하기 위해서라도 더욱이 미 코닝과 SCP는 기술개발 및 신사업 개발의 상호공유를 통해 여타 관련 응용 분야에 적용할 수 있는 기술능력을 확보해야 한다. 그러므로 미 코닝과 SCP는 이러한 미래사업에 대한 전략방향을 상호공유하여 대응할 필요성이 있다.

내부 경쟁력 확보를 위한 과제

이상과 같이 급변하는 경영환경에서 기존 사업과 미래사업의 경쟁력을 확보하고자 하는 양사의 보다 발전된 합작경영의 전략방향을 추구하기 위해서는 기본적으로 SCP의 내부 경쟁력 확보가 최우선 과제이다. 이를 위해서는 글로벌 차원에서의 핵심인재 확보 및 양성, 환경변화에 대한 대응능력 축적, 벤처형 조직 구축과 운영, 끊임없는 혁신 프로세스와 인프라 구축, 그리고 기업문화 정착 등의 구체적인 실천방안을 제시할 수 있다.

① 글로벌 차원에서의 핵심인재 확보 및 양성

우선 불확실한 미래에 대응하기 위해서는 핵심기술인력 확보와 양성이 시급한데, 글로벌 차원에서의 핵심인재 Pool을 구축하고 이들 중에서 필수인력을 선발하는 것이 내부경쟁력 강화의 출발점일 것이다. 이를 위해서 이 분야의 글로벌 시장에서 인정받는 인력들의 동향을 파악하고 평소에 네트워크 구축이 필요하다. 또한 글로벌 수준의 우수인력에 대해서는 기존 인사틀에서 벗어난 파격적인 대우가 따라야 하는데, 선전기업과 대등한 혹은 그 이상의 연봉이 제시되어야 한다. 즉, 내부 형평성이나 예산제약과 같은 단기적인 시각에서 접근할 것이 아니라 장기투자로 핵심인재 확보에 접근할 수 있는 내부의 인식전환이 필요한 것이다. 이와 더불어 핵심인재를 키워주는 조직 분위기가 구비되어야 한다. '뒷다리 잡기식' 기업문화에서 핵심인재의 활약을 응원하고 지원하는 문화로 바뀌어야 하며, 또 그들의 능력에 걸맞는 도전적인 업무와 기회를 부여해야하고 그 성과에 대해서는 충분하게 보상하는 제도가 구비되어야 할 것이다. 더불어 이러한 조직 내 스타들이 비핵심인력에게도 동기부여가 될 수 있도록 업적과 능력이 있으면 기존 인력에서 핵심인력군으로 편입될 수 있다는 인식을 심어줌과 동시에 공식루트화를 고려해 볼 수도 있다.

② 환경변화에 대한 대응능력의 축적

SCP와 같이 성장기에 있는 산업은 성숙기에 접어든 산업과는 달리 내부의 경영역량보다는 외부의 환경요인에 더욱 큰 영향을 받을 수 있으므로 환경변화에 적절한 대처가 무엇보다 중요하다. 이를 위해서는 미래 예측을 위한 기획기능의 강화가 필요한데, 예를 들어 시나리오 경영을 통해 회사의 가상적인 시나리오를 만들고 그에 대해 철저히 대비하는 것이 중요하다. 또한 동시에 조기경보체제(Early Warning System) 구축을 통해 미래시장 동향을 상시적으로 파악, 확인하여 경영에 반영하는 경영시스템의 확보가 절실하다. SCP의 경우 미 코닝사와의 '시장동향교류협의회'를 통해 이미 일부 이런 기능을 가지고 있지만 보다 확대되고 심화된 역할 및 기능을 조직 내부에 확보해야 할 것이다.

③ 벤처형 조직 구축과 운영

빠르게 변화하는 TFT-LCD 경영환경에 적응하기 위해서는 유연성과 신속성이 요구되므로 벤처형 조직설계와 운영이 SCP의 경쟁력을 배가시키는 또 다른 실천방안이 될 수 있다. 즉, SCP 내 각각의 사업부 내지는 팀 단위를 마치 벤처기업처럼 운영하여 관리계층을 축소하고 신속한 의사결정이 가능하도록 하며 수평적 조직운영을 통한 업무의 효율성과 완결성을 높이는 것이다. 또 규정이나 규칙 등 공식화된 통제보다는 가치관 및 비전 공유를 통한 자율적인 통제로 조직의 유연성과 신속성을 높일 수 있다. 아울러 아웃소싱, 다운사이징, 분사경영, 전략적 제휴 등을 통해 조직의 비핵심부문을 과감히 덜어내고 고객의 요구에 부합하도록 내부 전문화에 자원의 선택과 집중이 필요하다.

④ 상시화된 혁신 프로세스 및 조직문화 구축

내부 경쟁력 강화를 위한 SCP의 또 다른 실천사항은 지속적인 혁신을 위해 상시화된 프로세스와 인프라를 구축하여야 한다는 것이다. 최근 SCP는 1조 매출 시대를 대비하여 경영 프로세스의 혁신적인 기반 조성을 계획하고 추진 중인데, 전략적 의사결정 프로세스, R&D 프로세스의 선진화, 그리고 적기 주문 및 배달시스템 구축을 위해서 크게 CBA, CRD, CSM, SSN, IT 5개의 축을 기본 골격으로 한 경영혁신 인프라 구축을 계획하고 있다. 예를 들어, IT 부문의 선진화 프로젝트는 삼성 SDS를 통해 추진되고 있는데, 현재의 기본적인 IT 시스템을 선진사 수준으로 업그레이드하기 위해 고객관리, 물류관리, 경영정보 시스템 등 혁신적인 최첨단 수준의 시스템을 2004년까지 구축할 계획이다.

혁신적이고 도전적인 기업문화 정착이 필수적이다. 여기에 다음과 같은 몇 가지 핵심사항이 포함되어야 하는데, 첫째, 위기의식의 형성이 무엇보다 중요하며 이런 위기위식은 경영환경에 대한 명확한 이해로부터 출발해야 한다는 것이다. 경쟁환경, 시장위치, 기술추세 등과 같은 외부환경과 조직구조, 시스템, 조직 문화, 성과 등과 같은 내부환경을 정확히 이해할 때, 조직이 현재 어디에 있는지 그리고 어디로 가야 하는지에 대해 정확한 방향을 잡을 수 있기 때문이다. 둘째, 구성원들 간의 변화에 대한 공통된 시각과 참여의 분위기가 마련되면 강력한 혁신주도 그룹을 형성해야 한다는 것이다. 대개의 경우 변화의 초기에는 작은 조직이나 큰 조직 모두 셋에서 다섯 명 정도의 사람들로 혁신주도 그룹이 형성되고 이들로 하여금 지속적인 조직 변화의 바람을 일으키도록 해야 한다. 셋째, 구성원들에게 동기부여를 위한 도전적이고 명확한 목표를 제시해야 한다는 것이다. 특히 이런 목표 및 비전 제시를 위해 경영층은 모든 의사소통 채널을 활용하여야 하며 중요한 것은 경영자들 스스로가 새로운 조직문화의 살아있는 심볼이 되어 행동으로 비전을 전파해야 한다는 것이다. 넷째, 구성원들의 적극적인 참여를 위해 아래로의 권한위양과 조직 내 신뢰를 유지하는 것 역시 중요한 요인이다. 다섯째, 혁신과정 중에 가시적인 단기목표가 없다면 활력을 잃을 위험이 있으므로 단기적이고 가시적인 성과를 보여주는 것이 매우 중요하다. 마지막으로, 혁신이 회사의 문화에 깊이 정착하도록 만들어야 한다는 것이다. 즉, 조직의 혁신을 막는 가장 어려운 장애는 조직의 시스템이나 구조가 아니라 사람으로서, 혁신의 실체는 바로 구성원 개개인의 혁신이다. 그러므로 사람들의 열정, 마음, 습관, 다시 말해 회사의 '소프트웨어'를 근본적으로 변하게 할 수 있는 새로운 행위를 SCP의 규범과 가치로 정착시켜야 하는 것이다.

결론적으로, SCP 합작경영의 발전모형은 급변하는 글로벌 경영환경으로 인한 새로운 도전을 맞이하면서 양사가 상호 Win-Win하기 위해서는 현재의 상호보완적인

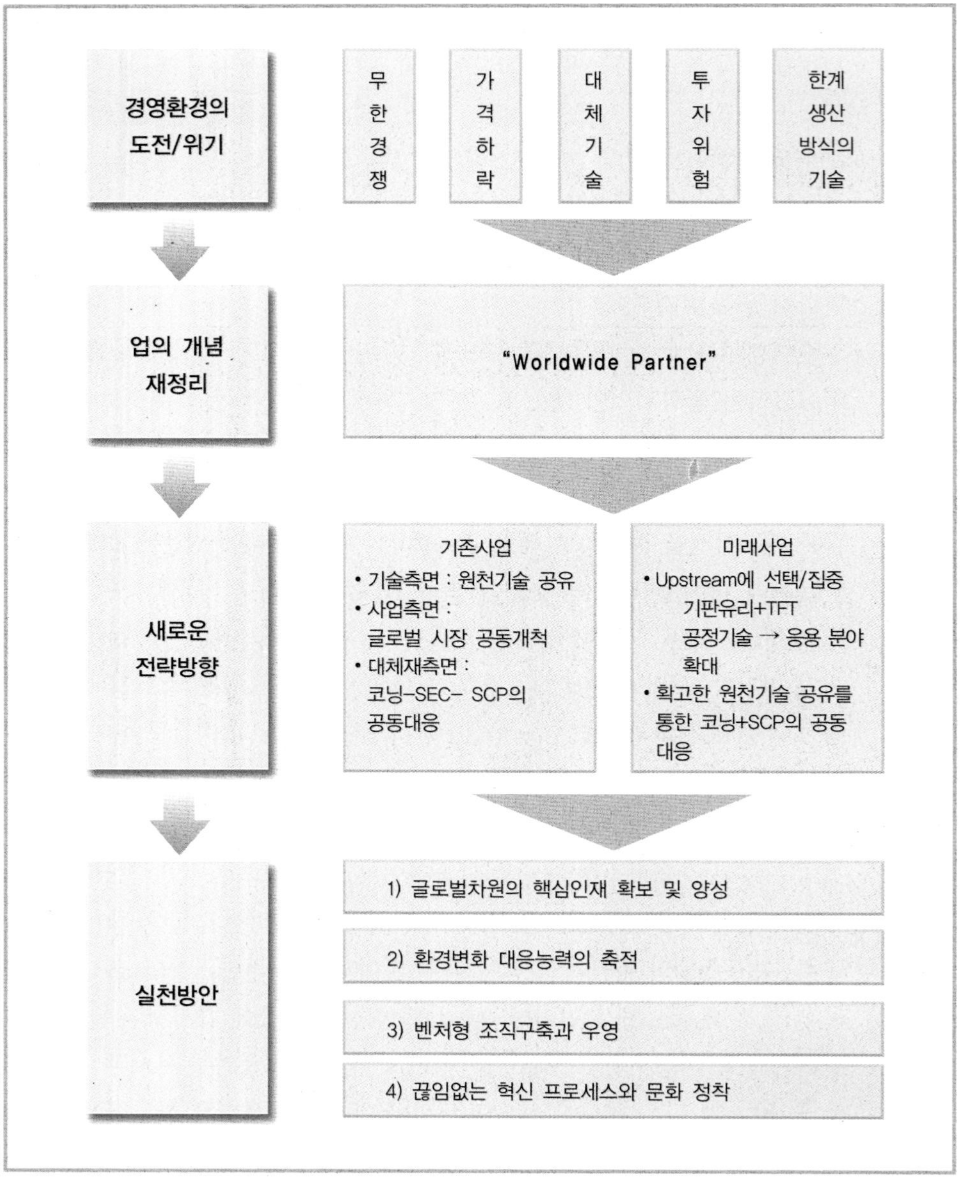

[그림 6-14] SCP의 경영 프로세스의 혁신 기반 조성 계획

기능을 충족하기 위한 업의 개념을 뛰어넘어 글로벌 시장공략을 위한 "Worldwide Partner"라는 업 개념의 재정립이 필요해졌고, 이에 따라 기존사업과 미래사업에 대한 새로운 전략방향의 수정이 불가피하며, 이를 달성하기 위해서는 SCP 내부의 경쟁

력 강화가 무엇보다도 시급한 시점이라는 것이다. 이상에서 살펴본 내용을 정리하면 다음과 같은 발전모델로 제시될 수 있다.

7. 결 론

1990년대 이후 글로벌 경제가 본격화되고 경영환경이 무한경쟁 체제로 빠르게 이전되면서 합작경영이나 전략적 제휴가 급성장하였음에도 불구하고, 성공적인 합작경영의 사례를 찾아보기는 무척 힘든 것이 사실이다. 그 주된 이유를 살펴보면, 실제 성공적인 합작경영 사례가 거의 없다는 것도 문제이지만 설사 있다손 치더라도 기업 측의 정보공개 기피로 인해 피상적인 요인분석 정도에 그쳐 그 구체적인 전개과정과 핵심요인들을 파악하기가 더욱 어려웠기 때문이다. 그런 측면에서 본다면, 분명 삼성코닝정밀유리(SCP)의 합작경영 사례는 정보의 공개측면이나 혹은 그 동안 있어 왔던 많은 국내기업의 해외합작 사례와는 차별적인 전략과 프로세스를 보여준다. 미 코닝과 삼성이라는 전혀 이질적인 기업문화와 경영철학이 결합된 SCP는 신뢰와 협력을 바탕으로 상호보완적인 상승작용을 통해 어려운 고비를 넘기면서 성장하여 왔다. 삼성의 진취적인 기업문화 및 성장 중심의 경영철학과 보수적이면서도 철저하게 수익성 위주의 경영활동을 수행하는 미 코닝의 기업문화와 경영철학이 상호배타적이면서 충돌하지 아니하고 보완적으로 작용했기에 가능하였던 일이다. 또 삼성의 우수한 관리능력, 제조 및 공정관리기술의 강점과 미 코닝사의 원천이 되는 핵심기술과 오랫동안의 사업경험이 상호결합하여 시너지 효과를 실현한 것이 오늘날의 경영성과를 이룬 데 밑거름이 되었다. 물론 양사는 현재 이제껏 겪어 왔던 시련들보다 훨씬 많은 미래의 도전들에 직면해 있다. 그러나 지금까지 그렇게 해 왔듯이 양사는 이를 슬기롭게 극복할 것이라는 데 의심할 여지가 없다.

본 사례연구는 많은 한계점을 가지고 있다. SCP의 관점에서 정보교류협의체를 중심으로 합작경영의 성장과정과 향후 발전방향을 살펴보다 보니 경영자의 리더십, 삼성그룹의 전폭적인 지원, 그리고 미 코닝의 신뢰를 바탕으로 한 일관된 합작경영의 철학 등을 비중있게 다루지 못하였다. 특히 제한된 자료 및 인터뷰를 바탕으로 좁은 지면에 담다보니 SCP의 성장과정에서 발생하였던 임직원들의 무수한 인내와 노력을 제대로 표현하지 못했음도 아쉬운 사실이다. 향후 이러한 문제점들을 보완한 추가적인 사례연구가 계속 진행되기를 희망한다.

단지 이러한 사례연구를 통해 SCP와 미 코닝과의 합작경영의 지나간 과정을 살펴보고, 미흡한 연구이나마 향후 보다 진전된 합작경영의 초석이 되기를 간절히 바라며 양사의 무궁한 발전을 기원한다.

토의질문

01 삼성코닝정밀유리(SCP)의 성공적인 합작경영의 결정요인을 멕킨지의 7S 관점에서 분석하시오.

02 삼성코닝정밀유리가 현재 직면하고 있는 도전들에 대한 해결방안을 제시하시오.

03 삼성코닝정밀유리 사례를 통해 합작경영이 성공하기 위해 일반화 모델을 제시하시오.

chapter 07

시장과 제품전략

chapter

07 시장과 제품전략

제1절 시장에 대한 통찰력의 원천

1. 사업의 통찰력

새로운 시장을 창조하기 위해서는 미래에 대한 통찰력이 있어야 한다. 미래 사업에 대한 통찰력은 우선 고객 – 기술 – 경영시스템에 대한 깊은 이해를 바탕으로 사업환경의 불연속적인 변화에 주의하여야 한다. 둘째, 사업에 대한 통찰력은 미래에 대한 예측보다는 미래를 창조하려는 인간의 상상력에 기반을 두고 있다. 상상력은 기존사고의 고정관념을 타파하는 것에서부터 출발한다. 셋째, 사업에 대한 통찰력은 사업 전반에 대한 깊은 이해와 미래의 가능한 모습을 상정하고 이를 현실화하기 위한 각종 방안들을 고민하는 과정에서 출발한다.

2. 신제품의 개발

1) 신제품 개발과정

신제품 개발과정은 아이디어의 개발단계(idea generation)와 상업화단계(commercialization)로 나누어 볼 수 있다. 첫째, 아이디어 개발단계에서는 제품의 개념을 잡기 위해 다양한 아이디어가 검토된다. 예를 들어 디즈니와 3M, SONY와 같은 혁신적인 기업들은 1년에 3,000개 이상의 다양한 아이디어를 검토한다고 한다. 이와 같이 수많은 아이디어를 도출하기 위해서는 창의적인 조직분위기가 요구된다.

둘째, 상업화 단계에서는 제품의 컨셉을 확정하고 엄격한 일정계획에 따라 제품개발과정이 이루어진다. 상업화 단계에서는 각 프로세스별 세부적인 목표의 설정과 엄격한 일정관리 및 부서 간 긴밀한 협조와 조정이 요구된다.

2) 아이디어 퍼넬의 구축

아이디어 퍼넬(idea funnel)이란 아이디어의 정보수집과정이 깔때기 모양처럼 단계가 상승함에 따라 보다 더 양질의 내용으로 걸러져야 한다는 의미로서 사용된다.

그리하여 초기 아이디어의 창출 및 제품 컨셉의 개발단계에서는 가능한 많은 아이디어가 수집될 수 있도록 아이디어의 퍼넬을 넓게 잡을 필요가 있다. 그리하여 주요 단계별로 엄격한 스크린 과정을 통하여 소수의 개발 프로젝트를 선정하고 이에 대한 집중적인 투자를 통해 신제품 개발의 성공 확률을 높일 수 있다.

제2절 시장조사에 의한 마케팅전략의 개발

1. STP(Segmentation-Targeting-Positioning)전략의 의의

The Portable MBA in Marketing에 따르면 STP는 "from mass marketing to one to one with the Customer"로 정의된다.

STP는 기존의 매스 마케팅, 즉 대량생산과 대중 마케팅 체제의 종언을 고하는 것이라 할 수 있다. 과거와 달리 경쟁제품이 많아졌고 신속하게 진입할 수 있는 시대가 됨에 따라 매스 마케팅은 종언을 고하게 되고, 마케팅의 목표가 점차 개별 고객을 찾고, 그들과의 장기적 관계를 유지할 수 있도록 고급 데이터베이스 마케팅을 활용하는 것이 목표가 되고 있다.

대중 고객을 작은 그룹으로 쪼개면 쪼갤수록, 회사의 상품을 좀 더 고객의 니즈와 선호에 맞출 수 있다는 것이 STP전략의 기본 가정이다.

그러나 현실적으로는 이렇게 고객군을 쪼개고, 거기에 맞춰 상품을 생산 판매하는 것이 비용-효익 측면에서 항상 바람직한 것은 아니다. 즉 어느 정도 선까지 고객을 분류할 것이냐 하는 것이 현실적인 과제가 되는 것이다.

물론 컴퓨터 데이터베이스 기술의 발달로, 좀 더 좁게 고객과 상품, 그리고 촉진활동을 하는 것이 점차적으로 가능해지고 있다. 모든 고객들은 전부 다른 구매습관을 가지고 있다. 그러나 이들을 전부 개개인의 하나로 봐서 마케팅을 할 수는 없다. 따라서 이들을 성별, 종교, 나이, 구매습관, 소득, 심리적 특징 등으로 나눠서 관찰할 수밖에 없다. 그것이 바로 시장세분화가 필요한 이유이다.

현실적으로 이렇게 나눠진 모든 소규모 그룹에 다 맞출 수는 없다. 그 중에서 다른 것들에 비해 좀 더 매력적인 그룹을 찾아서 그 그룹에 집중화할 수밖에 없다. 이것이 바로 타겟팅(targeting)의 기본이 된다.

기업들은 시장조사를 통해 몇몇 고객 세분시장들이 밝혀지면, 경영자는 그 가운데 어떤 세분시장을 공략할지 결정해야 한다. 기업은 좀 더 뛰어난 점화력(firepower)을 가져다주는 세분 시장을 표적으로 삼아야 한다. 각 세분시장에서 자신의 경쟁역량과 성공 필요조건들을 비교 검토해 보면 목표 시장을 더욱 지혜롭게 선택할 수 있다.

그런 다음 기업은 자신이 제공하는 제품이나 서비스의 핵심혜택들을 표적 고객에게 알리기 위하여 자사의 상품을 포지셔닝해야 한다.

예를 들어 볼보(Volvo)는 그러한 포지셔닝을 자동차 디자인, 테스트, 광고들을 통해 강화시켰다. 포지셔닝이란 상품의 핵심혜택과 차별화를 고객의 마음속에 심기 위한 노력이다.

핵심혜택 이외에도 판매자들은 잠재적 구매자들이 자사브랜드의 상품을 사야 하는 추가적인 이유를 제시한다. 어떤 브랜드는 한 개의 중심속성이나 혜택으로만 포지셔닝되지 않고 더욱 충분한 포지셔닝을 수행한다. 이렇듯 충분한 포지셔닝을 고객을 위한 가치제안(value proposition)이라고 한다. 이것은 "왜 내가 당신 브랜드의 상품을 사야 하는가?"라는 고객의 질문에 대한 답변이 된다. 볼보의 가치제안에는 안정성뿐만 아니라 넓은 실내공간, 내구성, 스타일, 그리고 이러한 여러 효용들에 비추어 볼 때 합리적으로 여겨지는 가격이 포함되었다.

2. STP전략의 개발

최근 3M이 전 세계 100개 기업을 대상으로 조사한 "오늘날 가장 중요한 마케팅 역량이 무엇인가"에 대한 질문에 90% 이상이 소비자의 니즈를 파악하여 세분화, 포지셔닝을 하는 것이라고 답했다. 두 번째는 브랜드 전략, 세 번째는 소비자에 대한 통찰력이 중요하다고 답했다.

이는 결국 소비자에 대한 이해를 바탕으로 한 적합한 마케팅전략과 브랜드에 대한 확고한 정책이 뒷받침되지 않고는 성공을 담보하기 어렵다는 가장 기본적인 결론에 도달하게 된다.

최근 3M이 전 세계 100개 기업을 대상으로 조사한 "오늘날 가장 중요한 마케팅 역량이 무엇인가" 마케팅전략하면, 크게 STP전략과 4P로 이야기되는 마케팅믹스 전략 두 가지로 대별할 수 있다.

오늘은 마케팅전략의 큰 축을 이루고 있는 S(Segmentation)－T(Targeting)－P(positioning)의 전략은 어떻게 개발하여야 하는가?

STP 개념을 최초로 밝힌 학자는 마케팅 분야의 최고권위자인 필립 코틀러(Philip Kotler) 교수이다. 필립 코틀러는 마케팅 경영관리 과정을 다음의 5단계 과정으로 보고 있다.

∴ R－STP－MM－I－C

① R = 조사(research)－시장조사 등
② STP = 시장세분화(Segmentation), 표적시장 설정(Targeting), 포지셔닝(Positioning)
③ MM = 마케팅 믹스(4P, 즉 Product, Price, Place, Promotion)
④ I = 실행(Implementation)
⑤ C = 통제(Control)－피드백을 얻고, 결과를 평가하며, STP전략이나 마케팅믹스 전술을 수정 또는 개선

코틀러에 의하면 효과적인 마케팅은 조사로부터 출발한다. 시장을 조사하면 각기 다른 욕구를 가진 소비자들로 구성된, 서로 다른 세분시장들(S)이 드러난다. 기업은 자신들이 경쟁자보다 탁월하게 충족시킬 수 있는 세분시장을 설정(T)하는 것이 현명하다. 기업은 각 표적시장별로 상품을 포지셔닝(P)하여, 자사상품이 경쟁상품과 어떻게 다른가 하는 것을 알림으로서 STP전략이 완성된다.

첫째, 시장 세분화는 상이한 제품이나 마케팅믹스를 원하리라고 생각되는 독특한 구매자 집단을 확인, 규명하고 세부적으로 설명하는 것이다. 이 단계에서는 시장세분화의 여러 상이한 수준과 유형을 연구한다. 시장세분화는 기업이 정확하고도 치밀한 마케팅을 증대시키기 위해 행하는 노력을 나타내는 것이다. 광고매체와 유통경로가 널리 보급됨으로써 "모든 것에 잘 맞는 한 가지 규격"의 마케팅을 실행하기가 어렵

게 되었다. 대부분의 기업들은 대량마케팅 대신 네 가지 수준, 즉 세분시장, 적소시장, 지역시장, 개인별 시장 중 한 가지 수준에서 미시마케팅으로 전향하고 있다. 또한 세분시장은 여러 방법으로 형성될 수 있는데 한 가지 방법은 선호성 세분시장을 확인하는 것이다. 그 결과 동질적 선호성, 분산적 선호성, 군집적 선호성과 같은 세 가지 상이한 유형이 제시될 수 있다.

둘째, 시장표적화는 세분시장 중에서 진출할 하나 또는 그 이상의 세분시장을 선정하는 것이다. 기업이 세분시장의 기회를 확인/규명한 후, 이제 그 기업은 ① 얼마나 많은 세분시장을 제공하고, ② 어떤 세분시장으로 표적할 것인가를 결정해야 한다. 상이한 세분 시장들을 평가하기 위해서 기업은 두 가지 요인, 즉 세분시장의 전반적인 매력성과 기업의 목표와 재원을 살펴보아야 한다.

셋째, 포지셔닝이란 1970년대 초에 잭 트라우트(Jack Trout)와 앨 리스(Al Ries)는 Industrial marketing과 그 후의 Advertising Age(1972년)에 발표한 논문에서 그 개념을 도입하였다. 그 개념은 그 후 확대, 수정, 응용되어 현재는 광고전략개발의 가장 기본적인 방법의 하나로 되었다.

포지셔닝이란 시장지위정립이라고 번역할 수 있으며 광고가 소비자의 마음(mind) 속에서 제품의 위치(position)를 결정하기 위해 사용되는 것 또는 제품이 시장에서 소비자에 의해 경쟁제품에 비하여 지각되는 방법을 말하는 것이다. 한 제품의 시장지위(position)란 제품이 기업 내의 다른 제품 또는 경쟁제품에 비하여 소비자의 마음 속에 투영되는 이미지라고 할 수 있다.

이러한 포지셔닝 광고의 주된 전제는 다음과 같다. 즉, 오늘날 사회는 과도 커뮤니케이션(over communication)사회이므로 광고가 성공하기 위해서는 소비자의 마음속에 전문영역(niche)을 창출해야 한다. 이러한 전문영역 또는 시장지위는 제품의 강점과 약점에 의하여 뿐만 아니라 제품이 경쟁상품과 상이한 정도에 의하여도 창출된다.

소비자의 마음이 흡수하고 처리할 수 있는 정보량에는 한계가 있기 때문에 단순한 광고활동만으로는 제품을 두드러지게 할 수 없다. 인간의 마음은 선별적이며 종전의 경험과 양립하지 않는 정보는 여과시킨다. 따라서 유리한 위치를 얻기 위해서는 경쟁제품에 대한 자사제품의 관계가 확립되어야 한다.

포지셔닝의 특징과 기능은 다음과 같다.

첫째, 마케팅 기능들을 조정하는 데 도움이 되는 통합기능을 갖는다. 즉 마케팅에 있어서 포지셔닝의 가치는 세분화, 차별화, 표적시장의 선정, 촉진과 같은 다른 전략들을 효과적인 마케팅 프로그램으로 통합하는 일을 도와주는 데 있다.

둘째, 포지셔닝 전략이 마케팅의 모든 대상에 적용될 수 있다는 점이다. 즉 포지셔닝은 개별상표로부터 전체 국가에 이르기까지 다양한 대상에게 성공적으로 적용되어 왔다.

셋째, 지각상의 실체(reality)를 다루고 있다는 점이다. 소비자는 제품의 실제적-물리적 특성을 근거로 하거나 또는 촉진노력을 통하여 기업이 창출한 무형의 이미지를 근거로 하여 그 제품에 관한 포지션을 형성한다.

제3절 시장과 제품전략 사례

경영사례 1 홍진크라운(HJC) : 세계 헬멧시장의 제패

1. 들어가며

"안산시 반월공단에 위치한 섬유업체 D사는 지난 90년대 중반만 해도 2,000만 달러 수출탑을 받는 등 앞날이 유망한 중소기업이었다. 하지만 최근 몇 년 사이 하늘 높은 줄 모르고 치솟는 임금과 매출감소가 겹치면서 지난 3월 결국 부도를 냈다. 이 회사가 부도난 후 인근 공장들 사이에 '중국행' 바람이 거세게 불었다. 같은 공단 내 위치한 철강재 생산업체인 A산업은 D사가 부도난 다음달인 올 4월 모든 설비를 뜯어 중국으로 고스란히 옮겨갔다. 또 전기재료를 생산하는 S전기 역시 올 들어 중국 생산량을 늘리면서 경기 안산공장을 폐쇄하고 설비를 중국으로 이전하기로 했다. A사와 S사의 중국이전을 지켜본 인근의 제조업 공장들도 연이어 공장을 정리하고 중국행을 선택했거나 현재 추진하면서 반월공단내 공장 매물이 월 10여건에 달하고 있는 실정이다. 반월공단에 입주해 공업용 드릴을 만드는 T사의 K모 대표는 '경영실적은 갈수록 악화되는 데 월급 올려달라고 파업하는 노조를 끌어안고 같이 일할 수 있는 제조업자가 누가 있겠냐'고 반문했다."

-2003. 11. 14 파이낸셜 뉴스 중에서-

세계화의 등장과 함께 무한경쟁시대의 도래는 기업들의 진보와 도태를 좌우하는 하나의 원인으로 작용하고 있다. 이에 국내 산업은 세계시장에서 존립의 위협을 받고 있으며 경쟁력 확보라는 과제에 직면해 있다. 저임금, 저물가를 기저로 불고 있는 made in China의 공세에 주춤하고 있는 국내 제조업체들은 임금, 물가, 노사문제, 각종 규제에 시름하고 있다. 이러한 현실은 국내 업체들을 보다 나은 경영여건이 갖추어져 있는 해외로 발길을 돌리게 하여 산업공동화를 초래하고 있는 실정이다. 또한 산업기반을 흔들며 나아가 국가경쟁력 악화라는 폐해를 양산하고 있다. 이러한 상황에서 국내 산업 전반에 불거지고 있는 이슈 중 단연 눈에 띄는 것은 제조업체 생산거점의 해외이전이라 할 수 있다. 1990년대 접어들며 제조업체의 국내 생산기피 현상은 급격히 증가하게 되었고 생산거점의 해외 추격국으로의 이전은 국부의 해외유출, 기술력의 노출, 국내 공장폐쇄 및 실업난 양산, 지역경제기반 붕괴라는 부작용을 낳고 있다. 일례로 국내 기업들의 중국 이전 현상은 신 시장확보와 가격경쟁력 확보를 위해 최근 붐을 형성하고 있으며, 이는 국내 산업공동화를 조장하고 있다. 이러한 상황이 지속될 경우 국내 제조업체 생존을 담보로 국내 경기침체가 장기화할 가능성을 배제할 수 없다.

'세계 헬멧시장 점유율 1위, 브랜드 인지도 1위' HJC 앞에 따라다니는 관용어구이다. 1971년 설립 이후 독자적 기술개발과 역량확보로 세계 패권을 거머쥔 순수 토종 제조업체 HJC의 성공은 국내에 생산거점을 두고 이뤄낸 것으로서 국내 산업에 강력한 메시지를 주고 있다. 뛰어난 기술력과 차별화된 마케팅전략으로 성장 일로를 걷고 있는 HJC는 지난 30년 동안 오토바이 헬멧을 제작해 오며 공히 세계적 명품 헬멧 제조기업으로 현재 일반용 · 경기용 · 산악용 오토바이 헬멧, 스노우 모빌 헬멧 등을 생산하고 있다. 현재 세계시장 점유율 15%를 차지하며 글로벌 일류로 인정받기까지는 제품의 다양화 강화, 시장 다변화 강화, 그리고 특유의 유통망 구축 등의 피나는 노력이 있었다. 수많은 제조업체들이 해외로 속속 이전 또는 이전계획을 갖고 있는 상황에서 국내에 그 생산거점을 두고 수출을 통한 수익창출을 입증한 비즈니스 모델이라는 평가를 받고 있다.

1971년 창립하여 실제 헬멧 제품 출시를 시작한 1974년 이래 약 30년 만에 세계를 탈환한 HJC. 그 신화의 근원은 무엇이며 후발주자로서 세계 시장 점유율 1위에 오를 수 있었던 경쟁력은 어디서 오는 것일까? 위기나 한계는 없는가? 과연 성공요인이나 프로세스를 다른 국내 생산거점기업에 적용 가능하도록 일반화할 수 있는가? 이러한 명제를 증명해 가며 열악한 환경 하에 국내 생산을 포기하고 해외로 발길을 돌리려는 제조업체들에게 신화창조의 노하우와 가능성을 열어줄 수 있을 것이다.

본 사례연구는 HJC의 설립 및 성장과정을 살펴보고, HJC가 국내 생산거점기업으로 성장한 핵심요인과 차별화된 해외진출전략, 경쟁우위의 원천 등을 면밀히 파악하고자 한다. 이를 통해 국내 생산거점의 가능성과 발전방향을 모색하는 것이 주 목적이라 하겠다. 또한, HJC의 발전과정과 그들만의 차별적 전략, 그리고 미래 도전과제들을 분석함으로써 국내생산거점 성공모델로 개발하여 향후 유사업무 추진 시 기본지침서로 활용하고자 한다.

2. HJC의 설립과 발전과정

1) 회사개요

HJC는 오토바이 헬멧 분야에서 세계 최고의 점유율과 품질로써 정상을 굳건히 지키고 있는 한국의 중소기업이다. HJC는 각 국가에서 요구하는 품질테스트를 통과하기 위해 그에 필요한 장비를 보유하고 있으며, 진출하기에 앞서 철저한 품질테스트를 통해 세계 제일의 품질이라는 이미지를 유지하고 있다. HJC는 진보된 기술과 경쟁력 있는 가격, 최상의 품질수준을 고객에게 제공하고 있으며, 오토바이 헬멧 메이커로써 세계적인 명성을 확보하고 있다.

HJC는 국내외, 자타공인 오토바이 헬멧 기술력 확보로 세계 40여 국가로 수출하고 있다. 품질관리를 위해 SNEll, ECE, JIS 등 세계의 유명 안전규격 획득과 함께 첨단검사 장비를 설치하고 생산 LOT별 파괴검사 등을 실시해 제품출하와 품질관리 과정을 통해 일궈낸 성과인 것이다.

1971년 홍진기업으로 출발한 HJC는 서울헬멧이라는 회사에 헬멧을 만드는 데 필요한 내장제(봉제품)을 만들어 납품하던 것이 전신이 되었다. 그러다 1974년 서울헬멧을 인수하여 사명을 '크라운'으로 고쳐 제조 및 판매에 나서기 시작했다. 1992년부터 북미시장 점유율 1위를 지속적으로 유지하고 있으며, 2003년 수출액 6,200만 달러(약 740억 원), 연간 수요 1,000만 개에 달하는 세계 헬멧시장에서 점유율 22%라는 놀라운 실적을 나타내고 있다.

시장점유율 순위로 보면 지난 1993년 이후 12년째 1위를 고수하고 있다. 세계 오

〈표 7-1〉 HJC 주요 연혁

1971	주식회사 홍진기업 창립
1974	서울헬멧 인수, 상표: 크라운
1982	공장 이전(경기도 용인시 이동면 서리: 현 공장)
1984	시범공장 지도업체 선정(공업진흥청)
1986	HJC 브랜드로 미국시장 진출
1987	미국법인 설립 법인전환(주) 홍진크라운
1992	북미시장 점유율 1위(현재까지 연속 1위)
1994	사무실 및 공장 증축(540평)
1996	홍진 물류센터 증축(300평)
1997	중국법인 설립
1999	소사장제도 운영 제3공장 준공(2,300평)
2000	물류센타 자동화 설비 도입 제4공장 준공(520평)
2001	김대중대통령 방문 유럽법인 설립(프랑스) 전산 ERP시스템 개발완료/운영
2002	해외조형물 완성(세계에서 제일 큰 헬멧) 복지관 증축(체육관 150평) 홍진연구소 준공/(주)HJC로 상호변경

토바이 업계의 가장 권위 있는 전문지로 통하는 "월간 모터사이클"에 따르면 'HJC'는 현재 미국과 캐나다를 아우르는 북미시장에서 소비자가 선호하는 최고 브랜드이기도 하다. HJC의 세계시장점유율은 2001년에는 12%, 2002년에는 15%, 2003년 22%로 12년째 1위를 차지하고 있다.

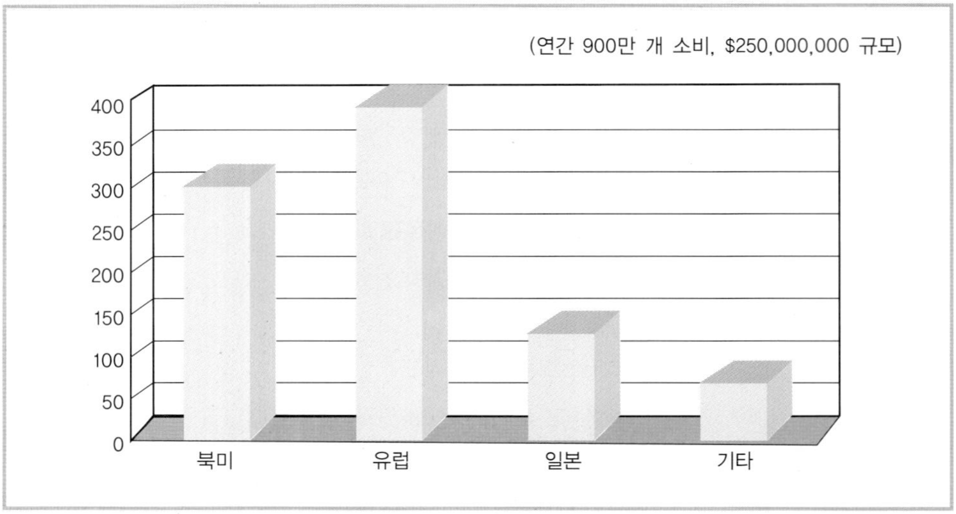

[그림 7-1] 세계 헬멧 시장규모(2000년, 단위 : 개)

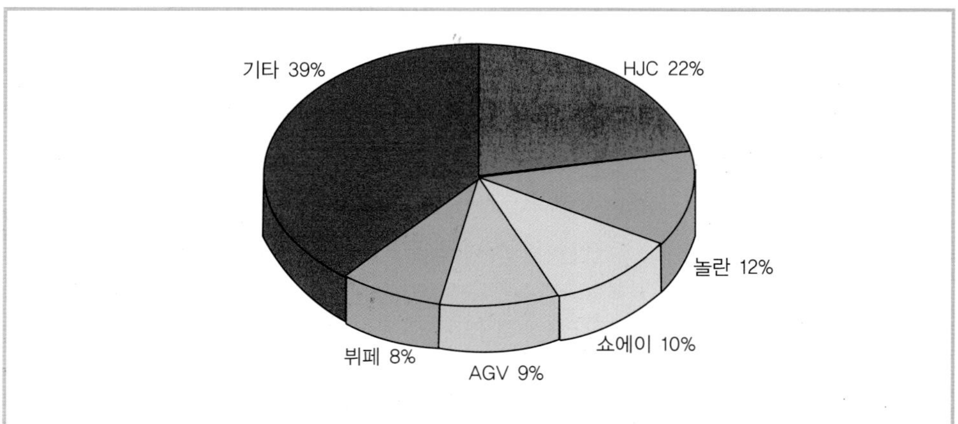

[그림 7-2] 2003년 세계시장점유율 현황

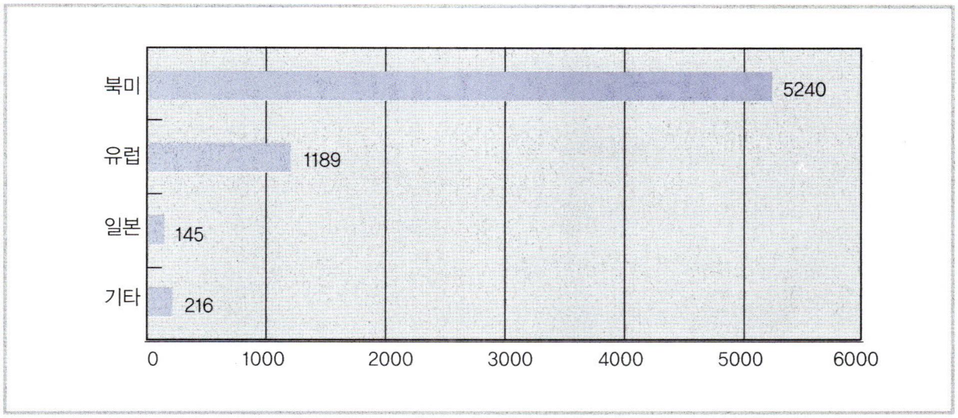

[그림 7-3] 2003년 HJC 국가별 수출 현황 (단위 : 1만US달러)

2) HJC 조직 및 현황

HJC는 경기도 용인시 소재의 본사 및 공장, 연구소를 비롯하여 2개의 판매법인과 1개의 제조법인을 두고 있으며, 총 6개 본부로 구성되어 있다. 관리본부는 인사관리 업무를 담당하는 '총무인사팀', 재무관리 업무를 담당하는 '재무회계팀', 전산관리 및 HJC 사이트 운영기획 등을 담당하는 '전산정보팀', 자재를 담당하는 '자재팀'으로 그 업무분담이 이뤄져 있다.

즉, 관리본부는 전반적인 인적자원관리 및 재무관리 업무를 수행하고 있으며 영업기획과 실제적인 영업 업무를 수행하고 있는 영업관리본부를 비롯하여 품질본부는 HJC 제품 품질을 관리하는 업무를 맡고 있다. 생산본부는 HJC 헬멧을 직접적으로 생산하는 설비와 생산 업무 전체를 수행하고 있다. 개발본부는 HJC 헬멧의 디자인을 주로 개발하는 업무를 수행하고 있다. 기술연구소는 HJC의 새로운 제품 및 기술을 개발하는 업무를 수행하고 있다.

HJC는 현재까지 안정적인 재무구조를 확보하고 있다. 1999년 57.92%에 달했던 부채비율이 2003년에는 19.88%로 줄어들면서 재무구조가 개선되었다. 1999년 매출 618억 원에서 2003년 1,022억 원으로 높아졌으며, 2003년 당기순이익 108억 원으로 높은 성장성과 수익성을 보였고, 최근 5년 동안 727억이 넘는 영업이익을 달성하고 있다.

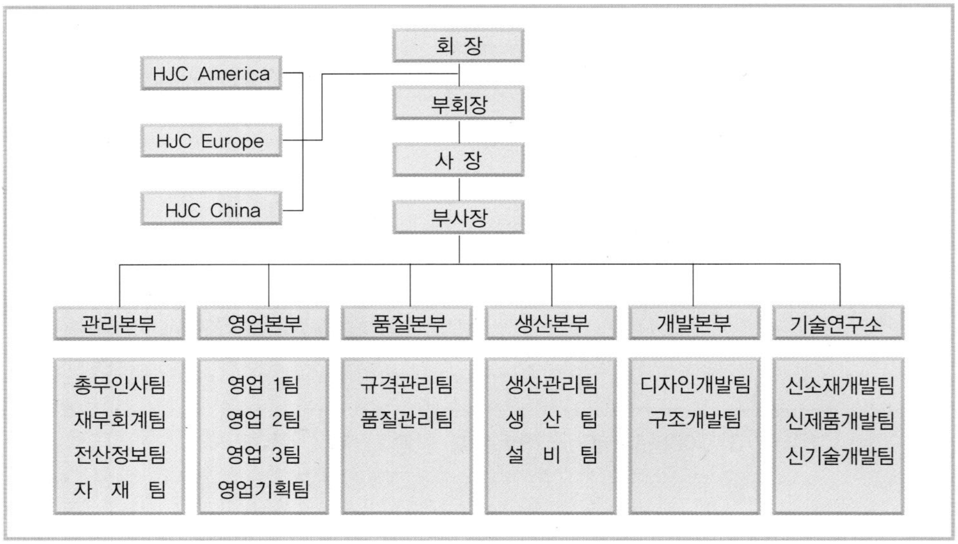

[그림 7-4] HJC 조직도

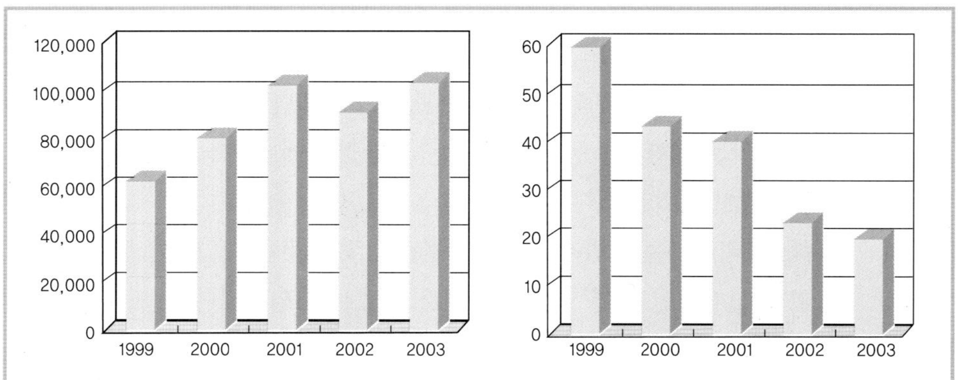

[그림 7-5] HJC 매출 현황(백만원)과 부채비율(%)

3) CEO 홍완기

충남 논산 광석면의 가난한 농가 7형제 중 장남으로 태어난 홍완기 HJC 회장은 어떤 기계든지 뜯어보고 그 원리를 깨우치며 유년시절을 보냈다. 가난에서 벗어나기 위한 홍 회장의 노력은 특별한 기술이나 자본이 없이 돈벌이가 될 만한 아이디어 구상에 이른다. 상고 졸업 후 서울로 올라온 그는 2년간 우유 배달과 막노동을 하며 대학 등록금을 마련했고, 이과와 문과의 중간 위치에서 제품 개발과 기업 경영을 함께 배울 수 있겠다는 판단 하에 한양대 공업경영학과에 진학하게 된다.

아이디어를 상업화하면 성공할 수 있다는 그의 오랜 신념은 군 복무시절의 한 일화에 잘 나타난다. 공군 PX에 근무하던 그는 라면이 잘 팔리는 데 착안, 끓이면 떡국이 되는 인스턴트 떡국을 라면 대체용으로 개발해 재미를 봤다. 제대한 후에는 누르면 한 개가 되지만 펴면 서너 개가 되는 다목적 컵 일명 '도레미컵'이라 불리는 일회용 컵 사업을 시작했다. 홍회장의 이러한 번득이는 아이디어는 헬멧 회사 경영에도 유감없이 발휘된다. '80년대 국내에서 엄청난 히트를 기록했던 바람이 들어가는 헬멧에서 최근의 세계 최초 '조립식 고가도로' 발명까지 한 분야를 끊임없이 연구하고 관심을 가지면 아이디어가 자연히 떠오른다는 홍완기 회장. 항상 젊은이보다 더 새로운 것을 연구하는 천성을 가진 기업가다.

4) 세계 1위 기업도 위험과 힘든 과정이 있었다

신념 하나로 뭉친 그였지만, 현재의 세계 정상의 자리에 오르기까지 험난한 길을 거쳐야 했다. 헬멧 내피사업 초기의 목숨을 구재한 것만으로도 감사해야 했던 공장 화재, 91년 무방비상태로 당한 수해 등은 HJC를 좌절의 수렁으로 몰고 갔다. 그러나 전사원의 정신력은 위기의 회사를 구해내는 데 빛을 발했다. 한 달여 간 자진 휴일과 휴가를 반납하는 등 구성원의 열정은 최소 5개월로 예상되던 복구기간을 1개월로 단축시키며 꺼져가는 촛불이 회생하듯 재기의 발판을 마련해 냈다.

세계화가 급속히 진행되던 1990년대 HJC는 수출만이 살 길이라는 신념과 함께 미국 시장에 그 첫발을 내딛게 되었다. 미국에서 서서히 뿌리를 내릴 무렵 HJC는 또 하나의 프로젝트를 극비리에 추진하고 있었다. 세계최초의 헬멧으로 오토바이 여행자들이 운행 도중에 서로 이야기를 나눌 수 있게 하는 획기적인 발명품이었다. 기능은 헬멧에 레시버와 마이크 장치를 한 채터박스(Chatter Box)를 장착하여 서로 교신을 할 수 있고 FM방송도 들을 수 있게 설계했다. 이와 같은 혁명적 프로젝트가 완성단계에 다다랐지만 예상 밖의 품질상의 이슈가 제기되었다. 테스트 결과 빠른 속도로 달려갈 때 잡음이 생긴다는 것이었다. 난관을 타개하기 위해 홍완기 회장과 그의 막내 동생은 캐나디안 로키의 써드밸리로 향했다. 세계 최고를 자랑하는 스키장으로 가파른 지세가 무선통신 헬멧 시험장으로 최적이라는 결론을 내렸기 때문이었다. 그러나 예상치 못한 사고가 터졌다. 테스트 도중 스키장의 침엽수를 들이받고 막내가 사망해버린 것이다. 헬멧 사업을 하다 사랑하는 동생까지 잃었다는 생각에 홍 회장은 한동안 헬멧은 쳐다보기도 싫었다고 한다.

그 해 미국 인디애나 주 인디애나폴리스에서 모터쇼가 열렸는데 미국의 6백CC급 모터사이클 선수인 아론 예트가 시합 중 넘어지는 사고가 발생했다. 몇 바퀴나 구르고 부딪힌 예트의 생명에는 지장이 없었다. 경기 종료 후 기자들은 1위 선수 인터뷰 대신 그에게 몰려들어 카메라와 마이크를 들이댔다. “이 헬멧이 내 생명을 구했습니다. 이 헬멧 덕분에 2차전에 나갈 수 있었습니다.” 그는 HJC헬멧을 치켜들며 자랑스럽게 말했다. 이는 미국 전역에 방송사화되었고, 이를 계기로 HJC는 유명 브랜드의 대열에 올라서기에 이른다.

3. HJC의 성공요인

1) CEO의 몰입과 리더십

홍완기 회장은 다양한 기능의 오토바이 헬멧은 물론, 조립식 고가도로, 충격흡수 가드레일, 이동식 욕조까지 개발한 아이디어맨이다. 작지만 강한 기업. HJC의 오토바이 헬멧이 세계 최고에 등극하기까지는 홍 회장의 과감한 연구 · 개발 투자 끝에 결실을 맺은 기술력에 있다. 300여 명의 직원 중 40여 명이 연구 · 개발 인력풀로 가동되는 것을 비롯하여 해마다 매출액의 10%가 연구 · 개발비로 쓰여진다. ‘연구는 곧 경쟁력’이라는 홍완기 회장의 경영철학은 홍진연구소 설립이라는 결과물로 나타났다. 또한 지난해 11월19일 창립 30주년 행사에서 공표한 ‘비전 2011’의 출발점이기도 하다.

> “매출액이 100억 원이던 1991년 창립 20주년 기념식에서 직원들에게 ‘10년 후 30주년에는 1,000억 원의 매출을 올려 세계 3위 안에 들자’고 다짐했습니다. 결국 1,000억 원을 돌파한 것은 물론, 목표를 뛰어넘어 세계 1위에 올랐고, 중국에도 공장을 지었습니다. 그래서 지난해 30주년 때는 ‘비전 2011’을 발표해 10년 후의 목표를 세웠습니다. 현재는 세계 1위 제품이 한 개지만 그때까지는 다섯 개로 늘리고, 매출액도 5,000억 원으로 키우자는 것이죠.”

홍완기 회장은 연구소 설립을 계기로 우수한 연구 · 개발 인력을 확충할 계획이다. 아울러 오토바이 헬멧 외에 두형보조기(어린이의 머리 모양을 예쁘게 키우기 위해 헬멧처럼 씌우는 것), 자동차 경주용 헬멧, 목 보호대, 조립식 고가도로 등에서도 세계 1위 제품을 생산하려면 연구 · 개발비도 대폭 늘려야 한다는 설명이다.

홍회장은 사업초기 직원들과 밤낮을 가리지 않고 일본 제품의 장 · 단점을 비교 분석했다. 똑같이 만들어보고 다시 부수면서 일본 제품이 세계를 석권한 이유가 무엇인지 파악하고 무엇을 가감하면 더 나은 제품이 될지 고민했다. 몇 년간 신상품 준비에 매달리던 홍 회장은 1986년, 마침내 까다로운 미국 품질규격에 통과해 수출을 시작했다.

HJC헬멧은 그저 매출액이 많아 세계 1위 제품이 된 것이 아니다. 품질에서도 자타가 인정하는 세계 1위라는 데서 홍진의 우수한 기술력이 돋보인다. HJC의 내수용 제품도 국내에서 가장 고가로 팔린다. 경주용, 스트리트용(오픈 페이스, 하프 헬멧, 풀 헬멧), 오프로드용 헬멧의 평균 소매가는 20만원선. 그러나 똑같은 제품을 북미시장에 수출할 때는 30% 정도 비싸게 값을 매겨 250~270달러를 받는다. 울며 겨자먹기로 덤핑 수출하는 국내 제품이 부지기수인 실정에 이는 가히 파격적인 일이라 할 만하다. 홍진이 초기부터 북미지역 유명 업체들의 주문자 상표 부착방식 생산(OEM) 제의를 뿌리치고 고정 딜러를 통해 자사 브랜드의 고가 수출전략을 감행했기에 가능한 일이다.

북미나 유럽시장에는 개당 300달러가 넘는 브랜드도 있어 HJC는 가격면에선 중고가 제품으로 통한다. 오랜 전통의 놀란이나 쇼에이가 최고가 제품이지만 HJC는 가격 대비 성능이 가장 뛰어난 것으로 인정받아 레이서들이 즐겨 찾는 인기 제품이 됐다.

2) '우리 힘으로 세계 제일'

봉제공장을 운영하던 그는 헬멧을 생산하는 '크라운'이란 회사에 헬멧 내피를 납품하게 됐다. 그 회사가 만든 헬멧을 지방으로 판매하는 일까지 맡으면서 헬멧에 관심을 갖게 됐다. 그러던 중 크라운사가 재정난에 빠지자 이 회사를 인수하기로 결심했다.

"무엇보다 오토바이 헬멧이 사람의 생명을 보호하는 물건이라 이걸 만들면 보람도 클 것이라 여겼고, 금속과 봉제의 결합, 인체공학적인 설계와 디자인이 필요한 일이라 도전할 만한 가치가 있다고 봤습니다."

'세계적인 제품, 우리도 한번 전 세계에서 1위를 하는 제품을 만들어 보자'라는 결의와 함께 헬멧제조 사업은 CEO인 그의 아이디어 경연장이 되었다. 소리가 잘 들리라고 여닫이 귀마개를 단 헬멧에서부터 여닫는 고글, 쓰기 쉽게 하려고 머리 뒤쪽에 끈을 붙인 헬멧 등이 소비자들로부터 크게 인기를 끌었다.

헬멧사업을 시작한 지 6년 만에 국내시장에서의 1위 등극은 공장에서 직원들과 함께 밤을 새우고 부인이 날라준 아침밥을 먹으며 연구에 매달린 결과였다. 그러나 HJC는 여기에 안주할 수 없었다. 세계 일류는 아니었기 때문이었다.

"저는 외국에 나갔을 때 한국 사람 만나는 건 하나도 반갑지 않아요. 대신 한국 제품을 만나면 그렇게 기분이 좋을 수가 없어요. 특히 그 물건이 진열대 중앙, 눈에 제일 잘 띄는 곳에 있으면 저녁을 굶어도 웃으면서 잠이 듭니다."

일류를 향해 요구되는 가장 근본적 문제는 직원들의 의욕을 돋우는 일이었다. 사장 혼자 아무리 세계 1등을 부르짖어도 직원들이 따라주지 않으면 소용없는 일이었기에 그는 틈날 때마다 직원들과 대화를 나눈다.

"우리 선수가 일본 선수와 권투나 축구할 때 꼭 이기라고 응원하지 않느냐, 그런데 왜 운동만 일본에 이겨야 하느냐, 우리도 품질에서 일본을 눌러 보자, 일본을 이기면 세계 1위다. 제가 얼마나 1등 제품을 부르짖었는지 직원들이 거의 최면상태가 됐나 봐요. 1982년 지금의 용인공장으로 이전했을 때 표어를 공모했는데 '내 손으로 세계 제일' '피땀 흘려 세계 제일' 등 70% 이상에 '세계 제일'이란 말이 들어갔어요. 그래서 그때부터 지금까지 우리 회사의 캐치프레이즈는 '우리 힘으로 세계 제일'입니다."

3) 차별화된 해외 마케팅

HJC의 주요 진출시장은 미국, 유럽, 중국 및 동남아시아, 중남미 지역 등으로 나누어 볼 수 있다. 진출하려는 시장의 소득수준에 따라 각기 다른 기준에 의한 세분화를 시행하고 있으며, 시장의 규모가 큰 미국보다 소득수준을 고려하여 향후 유럽지역에서의 시장 점유율 1위를 목표로 하고 있다. 소득수준에 따라 시장을 지리적으로 세분화하고 그 지역마다의 소비자 수준을 반영하여 북미에서는 과거 중저가제품을 공략하였으나, 최근에서는 고가제품으로 제품군이 이동을 하고 있다.

유럽에서는 고가제품을 중심으로 판매하고 있으며, 중남미 또는 아시아에서는 중저가제품을 주고 판매하고 있다. 초기의 미국시장 진입시 고객의 브랜드 인지도가

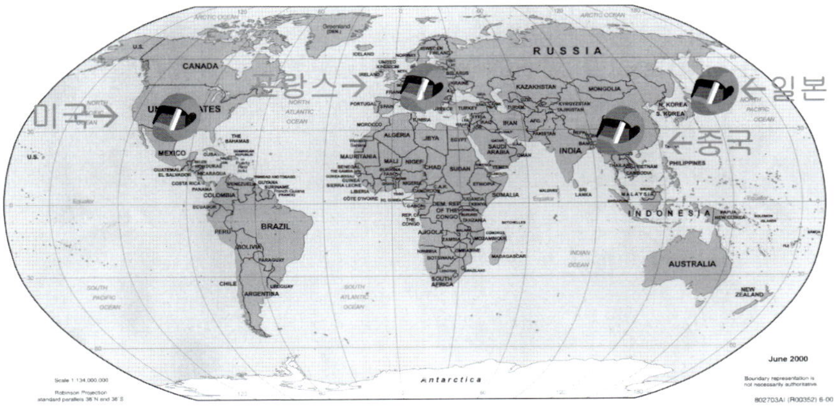

낮은 상태에서 시장 점유율을 위하여 낮은 가격으로 시장진입을 하였다.

HJC가 미국시장에 진입하기 전에 이미 일본의 SHOEI와 ARAI사 제품이 들어와 있는 상태였다. 그렇기에 HJC는 낮은 가격에 고품질로 승부할 수밖에 없는 상황이었다. 또한 세계제일이 되겠다는 장기전략 하에 좋은 이미지 구축에 성공하고 나서는 고가와 저가제품의 틈새시장을 고품질 중가전략으로 시장공략에 성공을 거두게 되었다.

홍진크라운은 아래표의 직접수출의 형태를 보이고 있다.

수출경로의 주요 유형

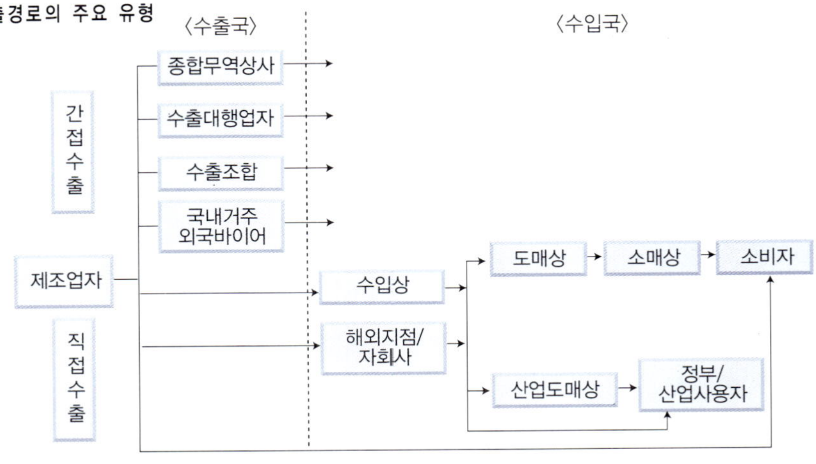

독자브랜드 런칭

HJC는 절대적으로 해외 수출에 의존하는 기업이다. 전체 영업 이익 중에 내수는 10% 이내이며 수출이 90% 이상을 차지하는 기업으로 헬멧을 통한 해외시장의 진출을 위해 처음부터 OEM이 아닌 독자적인 브랜드를 통해 해외시장에 진출하였다.

독특한 유통망 정립

여러 유통업체를 통한 유통업체끼리의 제살 깎아먹기 식 경쟁으로 발생할 수 있는 유통 시장의 혼란을 막고 대륙별(미국제외) 유통 담당자를 한곳만 선정하여 유통업체의 수익성을 확보해 주어 유통업체 스스로가 영업에 적극적일 수 있게 동기부여 프로세스를 정립하였다. HJC가 초기 미국시장에 진출할 때 고유브랜드로 다른 국가의 경쟁업체들과 경쟁하기 위하여 그들과는 다른 판매 전략을 수립했다. (주)HJC는 미국시장에서는 도매상들의 역할이 매우 중요하다는 점을 간파하고, 시장을 3등분(서부, 중부, 동부) 한 뒤, 각 지역에서 유망하다고 판단되는 하나의 도매상만 선택하여 그들에게만 제품을 공급했다.

현지 도매상과의 우호적인 관계형성

직판망을 구축하기에 자금력이 부족했던 HJC는 '판매대리인' 제도를 활용했다. 제조 · 수출업체를 대신해 도 · 소매상에 제품을 파는 판매대리인들은 독자적으로 활동하며 실적에 따라 5~10%의 수수료를 받는다. 제조업체가 수입상을 거쳐 유통업체, 도 · 소매상에 물품을 공급하는 전통적인 유통과정에서 수입상과 중간유통 과정을 건너뛰기 때문에 20~30%의 원가절감효과를 가진다. 시간이 지나면서 HJC 헬멧이 품질의 우수성과 모델의 패션성으로 인해 소비자들에게 호응을 받기 시작하자 많은 바이어들이 접근해 왔다. 그러나 HJC는 장기적인 안목으로 기존 도매상들과의 거래관계를 유지했다. 이러한 시도는 장기적으로 좋은 결과를 가져왔는데, HJC의 성장과 함께 거래 상대인 바이어 회사들도 실적이 점점 좋아져 마치 전속 도매상의 형태를 띠게 됐다. 바이어들도 초기에는 일본 및 미국의 다른 헬멧 제조업체들의 제품도 취급하였지만 점차 모든 관계들을 끊고 HJC와의 거래만을 유지하게 되었다.

4) 디자인으로 승부한다

생명과 직결된 헬멧 제조는 업의 성격상 품질추구 노력은 필수 요건이다. 그렇기 때문에 보편화된 기술력 하나만으로는 더 이상 모방 불가능한 경쟁우위가 지속될 수 없다. 이러한 상황타개책으로 고안된 것이 소비자 특성분석에 따른 디자인 역량강화였다. 기술력 및 해외진출 전략과 더불어 다양한 디자인 개발은 HJC가 세계 1위 업체가 될 수 있었던 또 하나의 핵심요인이다. 사용하지 않는 헬멧은 실내 장식용으로 이용하는 등 오토바이 헬멧은 오토바이 매니아라면 2~3개는 가지고 있는 품목이다. 헬멧의 패션화가 진행되면서 소비자들은 품질은 기본이란 생각과 함께 디자인과 외관을 구매결정기준으로 삼기 시작하였다. 디자인은 견고한 기능성 못지않게 구매 시 고려하는 매우 중요한 요인인 것이다.

HJC의 헬멧은 기본적으로 유체역학적으로 공기저항을 덜 받을 수 있도록 디자인되어 있다. 다른 헬멧보다 시야도 훨씬 넓어 사용자 안전성을 극대화 했으며 헬멧 내부의 탁한 공기가 빨리 배출될 수 있도록 특수 설계되어 있을 뿐 아니라, 화려한 색상은 오토바이의 스피디한 감각을 좀 더 활동적이고 역동적인 이미지를 표현하면서 매니아들의 이목을 집중시키고 있다.

HJC는 야마하, 혼다, 스즈키, 할리데이비슨 등 세계 주요 오토바이 색상에 맞춰 다양한 색상의 제품을 시판했다. 이와 더불어 세계 여러 지역의 표준 머리모양과 크기를 분석해 다양한 모양의 제품을 내놓고 있다. 제품 구상에서 제작까지 공급자들의 아이디어를 반영해 소비자가 원하는 힐멧 유형을 파악하고 이를 적극적으로 제품에 반영하여 현재 약 30여 개 모델을 생산하고 있다. 흥미로운 사실은 30여 개 모델에 불과하지만 실제 생산되는 제품 종류는 28,000개에 달한다는 것이다. 일단 모델별로 작은 사이즈(XXS)부터 가장 큰 사이즈(XXX)까지 8가지를 생산하고 각 모델과 사이즈 별로 8가지 다른 색상의 제품이 저작되고 있다. 여기에 보통 6가지의 그래픽을 고려한다면 디자인상의 조합을 실로 엄청나다고 할 수 있다. 다품종 소량생산은 고객의 까다롭고 급변하는 니즈를 신속히 충족시키는 원동력이자 HJC의 세계 1위에의 자부심인 것이다.

5) 독특한 stakeholder와의 관계구축

"기업이 어느 정도 성장하면 해외 마케팅이나 수출업무, 브랜드 관리 등 보다 복잡한 분야에서 '젊은 피(인재)'를 필요로 합니다. 그런데 회사의 초창기 멤버들이 기업의 상층부를 계속 장악하고 있으면 새로운 인재들이 마음껏 일하기가 힘들죠. 그렇다고 여전히 제조와 관리에서 유능한 개국 공신들을 떨쳐버릴 수는 없기 때문에 소사장제도를 도입하게 됐습니다."

홍완기 회장은 용인 HJC본사 건너편에 약 3천5백평의 부지를 마련, 이곳에 공장과 생산설비를 갖추고 12명의 간부들을 소사장으로 독립시켰다. 이들에게 부품생산 및 일부 공정을 맡겨서 반제품을 납품받았다. "제품과 회사에 대해 누구보다 잘 알고 있는 소사장들과의 협력관계구축은 실로 놀라운 생산성 향상으로 이어졌다."며 "간부들이 모두 나름대로 작은 업체의 주인이 되고 보니 원가절감과 인력수급면에서 효율성이 높아졌다."며 홍 회장은 당시의 상황을 회고했다.

6) 상호신뢰로 묶여진 구성원

노조가 없는 홍진크라운은 이전에 공익광고에 출연했을 정도로 노사가 협력회사로 잘 알려져 있다. 경영자가 이익만을 추구하고 직원들에게 일만 할 것을 요구한다면 그 조직의 와해는 불 보듯 당연한 일이라는 것이 HJC 홍완기 회장의 인력관리 상의 확고한 생각이다. 누구보다 열심히 일한다는 생각으로 모범을 보였다.

1993년에는 사원아파트(사원아파트 : 22가구 사원주택 지원)를 지었고, 1999년에는 맞벌이 사원들의 손을 덜어주기 위해 '홍진 어린이집'을 열었다. 직원들에게 주택구입 자금은 물론, 지급기준에 의하여 자녀들이 중, 고, 대학을 졸업할 때까지 학자금을 지원하고 있다. 뿐만 아니라 사내식당, 체력 단련장, 통근버스 운행, 차량보조금 지원 등 대기업 못지않은 복지를 자랑한다.

무엇보다 세계 최고의 상품을 만든다는 자부심과 긍지를 직원들과 함께 공유한 것이 가장 큰 비결이다. 사원복지에 대한 투자도 직원들이 자랑할 만한 회사로 그만큼의 대우를 해주겠다는 의미다. 이런 노사화합의 분위기는 회사가 위급할 때마다 빛을 발해 위기상황에서 회사를 구해내는 원동력이 되었다. 공장에 불이 나거나 공장이 물에 잠기는 재해를 당한 적도 있었다. 그 때 바이어들은 납기준수에 의심을 품었지만 불철주야 생산한 끝에 1달 만에 제품을 납품하고 바이어들과 신뢰를 지킬 수 있었다. 이것이 바로 노사화합에서 오는 HJC의 저력인 것이다.

HJC는 직원들에게 비전을 제시하고 그 비전을 이루기 위해 함께 노력하는 것이 "노사공존의 해법"이라고 강조한다. 그의 비전은 세계 1위 제품을 만드는 것이었고, 그 약속을 지켜준 사원들에게 공을 돌렸다. 홍완기 회장은 "저희는 무차입경영을 하고 있습니다. 내년에는 상장(上場)도 할 계획입니다. 오래 전부터 상장요건을 갖췄지만, 주인을 많이 모시면 피곤할 거라는 생각에 상장하지 않았죠. 그러나 회사 지분의 20%를 사원에게 나눠주겠다는 약속을 지키기 위해 상장을 하기로 한 겁니다. 이미 올 초에 사원주주조합에 5억 원을 내놓았어요."라고 말했다.

이렇듯 HJC는 사원들의 질 높은 삶의 추구를 위해 가족의 건강, 자녀교육, 주택마련, 여가생활 등 회사차원에서 적극적으로 지원하고 있으며 보다 높은 종업원만족의 복리후생 서비스를 지원하고자 노력하고 있다.

7) 과감한 R&D 투자

경기도 용인시에 위치한 (주)HJC 본사 품질 실험실에서는 매일 총성이 울린다. 시속 500km 속도로 날아가는 납 탄알이 오토바이 헬멧 투명 창에 날아가 부딪치는 것이다. 테스트를 위해 발사한 총알은 투명 창을 뚫지 못하고 흔적만 남긴다. 이것은 세계에서 가장 까다로운 오토바이 헬멧 규격인 스넬(SNELL) 테스트 과정 중 하나이다.

기술개발에 대한 집념은 HJC가 세계 1위의 업체로 올라서는데 가장 중요한 요인이다. HJC는 자체브랜드와 관련해 특허 26건, 실용신안 31건, 의장 45건, 상표 76건을 보유할 정도로 기술개발에 전력하고 있으며, 2개월마다 현지 바이어들과의 개발회의를 통해 정보를 신속하게 수집하여 신제품을 개발하고 있다. 또한 HJC는 품질관리를 위해 SNELL, ECE, JIS 등 세계의 유명 안전규격을 거의 획득했으며 첨단 검사 장비를 설치하고 생산 LOT별 파괴검사 등을 실시해 제품 출하와 품질관리 과정을 철저히 관리하고 있다. 세계 시장을 진출하는 데 있어 진출 시장의 품질에 대한 규정이 다르기 때문에 시장 진출에 앞서 국가별 테스트는 필수적이라 할 수 있다. HJC는 각 국가에서 요구하는 품질 테스트를 통과하기 위해 그에 필요한 장비를 보유하고 있으며, 각국 시장 진출에 앞서 철저한 품질 테스트를 통해 'HJC = 세계 제일 품질'이라는 이미지를 유지하고 있다.

HJC는 전체 매출의 10%를 연구개발에 투자하고 있다. 현재 전체 직원 310명 가운데 연구개발 인력이 40여 명 수준이다. 생산직 근로자가 많은 제조업체라는 것을 감안하면 연구 인력 비중이 매우 높다는 사실을 알 수 있다. 보통 회사 매출이 늘어나면 매출액 대비 연구개발 비용이 줄어들지만 HJC에서는 통하지 않는다. 지난 99년 매출이 618억 원일 때 회사는 매출의 7% 정도를 연구개발에 투자하여 단기이익을 쫓는 것이 아니라 다가올 변화에 대비한 2단계 도약을 준비했던 것이다.

외부충격으로부터 사람의 머리를 보호하는 도구인 헬멧은 원료에서 완제품까지 수백여 단계의 공정을 거쳐야 하는 첨단 과학기술의 결정체다. (주)HJC는 KS(한국공업규격) 마크는 물론 까다롭기로 이름난 미국과 유럽 및 일본을 비롯해 세계 각국의 공업규격을 획득한 기술력을 보유하고 있다. 기술수준에서 HJC는 쟁쟁한 세계의 경쟁자들을 물리치고 자타가 공인하는 세계 1위인 것이다.

HJC 제품의 안정성과 품질은 제품 덕택에 목숨을 건진 소비자가 보내오는 감사편지에서도 입증되고 있다. 남아프리카에 거주하는 그레함 한나는 바퀴가 16개나 되는 대형 트럭이 자기 머리 위로 지나갔지만 HJC의 헬멧을 쓰고 있어 살아났다며 보내온 편지는 기술, 품질력 1위 HJC역사에 회자되고 있다. 머리와 가슴 위로 거대한 트럭바퀴가 지나갔지만 헬멧이 트럭무게를 이겨낸 것이다. 덕분에 갈비뼈가 부러졌지만 머리는 멀쩡했다며 전 세계 모든 오토바이 잡지와 인터넷 사이트에 알리겠다는 말도 잊지 않았다.

〈표 7-2〉 규격인증 획득 현황

1984	DOT(미국 연방 교통성) 헬멧 규격 인증 획득 - FMVSS NO.218
1986	KS G7001(한국 산업규격) 인증 획득
1987	SNELL M-85(미국 스넬 재단) 규격 인증 획득
1990	NF(프랑스 공업규격) 인증 획득
1991	SNELL M-90(미국 스넬 재단) 규격 인증 획득 ECE R22.03 E14(유럽공동체 규격) 인증 획득 - 스위스 - BAP인증기관
1992	AS 1698(호주 헬멧 규격) 인증 획득 - StandardsMark 표시업체 등록 OMK(독일모터 스포츠협회) 등록
1993	ECE R22.03 E13(유럽공동체 규격) 인증 획득 - 룩셈부르크
1994	JIS T8133(일본공업규격표시) 인증 획득 MFJ(일본모터 스포츠 협회) 등록 SG(제품안전) 마크표시 공장 등록 SG(제품안전) 협회 등록

1995	AS1609(호주 면규격) 인증 획득 - StandardsMark 표시업체 등록 NBR 7471(브라질 규격) 인증 획득 ECE R22.04 E14(유럽공동체 규격) 인증 획득 - 스위스 - BAP인증기관 SNELL M-95(미국 스넬 재단) 규격 인증 획득
1996	NF-PLUS(프랑스 공업 규격) 인증 획득
1997	BS4110(영국 산업 규격) 인증 획득 - Kite mark 표시(헬멧, 면)
1998	ISO9001(한국품질인증센타) 인증 획득
2000	ECE R22.05 E9(유럽공동체 규격) 인증 획득 - 스페인 - MINER 인증기관 SNELL M2000(미국 스넬 재단) 규격 인증 획득
2001	ECE R22.05 E1(유럽공동체 규격) 인증 획득 - 독일 - KBA 인증기관
2002	ISO 14000 환경인증 획득(스위스 ZURICH 인증원) TUV ISO9001/TUV RTL(유럽도로교통법) 인증 획득

4. 왜 생산거점을 해외로 이전하지 않았나

HJC는 날로 각박해지는 국내 제조업 환경에도 불구하고 여타 중소기업과 달리 생산거점을 해외로 이전하지 않았다.

첫째, 핵심기술의 블랙박스화이다.

생산거점을 해외로 이전한다면, 기술의 발전 속도가 둔해지고 기술의 해외 유출문제가 발생하여 국내산업의 장기적 침체현상이 발생한다. 예를 들어 중국에 회사를 이전한다면, 넓은 시장과 값싼 노동력을 얻을 수 있는 반면 제품 제조과정에서의 핵심기술 유출을 수반하게 된다. 핵심기술이 유출되면 시장에 저가유사품이 난립하게 될 것이고 의도하지 않은 무상 기술이전을 야기하게 된다. 결국 이는 그 동안의 투자를 물거품으로 만들어 장기적으로 경영위협 요인으로 되돌아오게 될 것이다. 이러한 이유로 HJC는 국내공장에서 제품을 생산함으로써 기술이 국외로 유출되지 않게 국내 블랙박스화 하였다.

둘째, 국내 고용창출의 대한 남다른 기업가정신이다.

생산거점을 이전하게 되면 그만큼 국내 산업에서 요구되는 인력규모는 줄어들게 될 것이고 이는 곧 국내실업률 증가로 이어진다. 현재 실업률 3.5%는 일용직, 실업 포기 인구를 포함하면 실질 실업률이 약15%로 예상된다. 이는 경제활동인구 3,000만 중 450만이 실업에 처해 있거나 일용직으로 구분되는 심각한 상황인 것이다. 국내의 공장이 옮겨가면 공장과 최소 인원 5%만이 같이 해외로 나간다. 따라서 95%의 인력은 실업상태가 된다는 것이다. 산업공동화의 등장은 국내 일자리감소를 야기하고 나아가 국가 경쟁력 저하를 불러올 것이다.

셋째, 원가우위가 아닌 차별화에의 승부수이다.

끊임없는 연구개발(R&D)은 신제품개발과 함께 제품차별화를 이끌어내어 고가정책을 가능하게 한다. 즉, 고부가가치 제품의 생산과 공장의 자동화로 높은 인건비 등 국내 생산에서 오는 불리함을 상쇄시킬 수 있다. 이러한 논리 하에 HJC는 원가경쟁을 하지 않고, 제품의 질과 차별화로 세계시장을 겨냥한다.

5. HJC의 생산거점을 기반으로 한 Inside-out전략의 Value Chain

HJC의 생산활동과 연계되는 보조활동은 기획, 인사, 기술개발, 구매 등 4가지로 나누어진다. 첫 번째는 기획부문이다. 이 부문은 HJC의 생산활동 중, 비전을 제시함으로써 향후의 나아갈 방향을 설정하는 보조활동 부문이다. 두 번째는 HJC의 인사

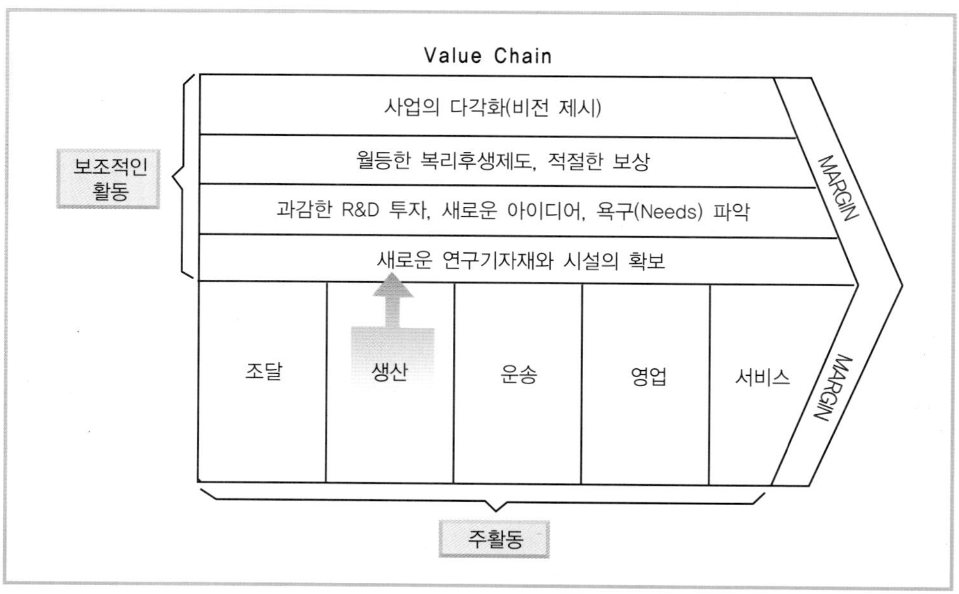

부문이다. 이 부문은 HJC의 근무조건을 개선하고, 직원들의 복리후생과, 노력의 적절한 보상을 담당하는 보조활동 부문이다.

세 번째는 기술개발이다. 이 부문은 HJC의 가장 핵심적인 보조활동 부문이다. 새로운 제품을 위해 소비시장조사(Needs)와 신제품을 만들기 위한 과감한 투자를 하는 보조활동 부문이다. 네 번째는 구매부문이다. 이 부문은 생산활동이 원활하게 이루어질 수 있도록 연구장비나 기자재를 구입하는 보조활동 부문이다. 위의 각각의 단계가 서로 상호작용이 이루어져서, 생산활동을 보다 효율적으로 만들어주는 보조활동 부문이다. 이런 활동을 통해서 기업의 모든 부문의 가치가 높아지는 것을 말한다.

6. HJC 미래도전과 대응전략

1) 미래도전과 위기

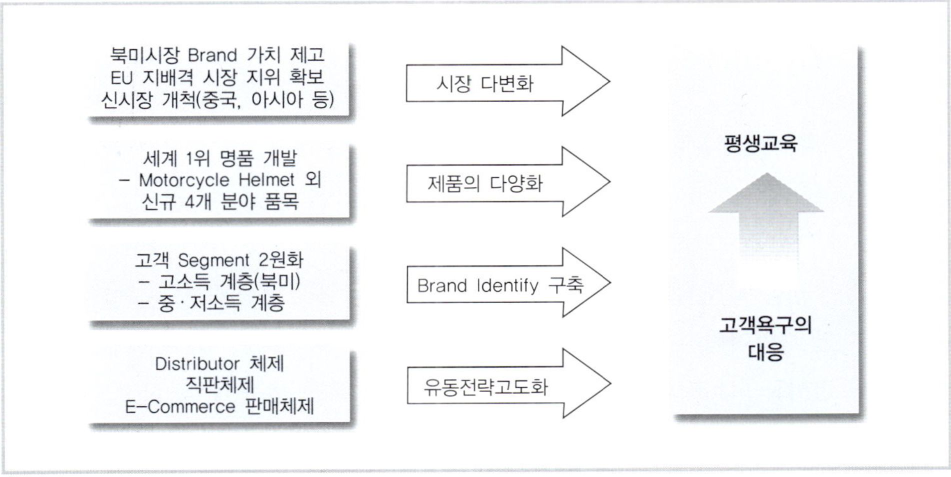

[그림 7-6] HJC 향후 핵심사업방향

위 그림은 HJC의 장기적인 계획을 보여주고 있다. HJC의 도약을 위한 새로운 도전에 대해 하나씩 살펴보고 향후 전망을 타진해보자.

첫째, 시장 다변화이다.

HJC는 이미 미국시장에서는 안정적으로 정착하였고, 미국에서의 성공을 기반으로 유럽과 중국을 포함한 아시아 시장으로의 시장확대 선상에 놓여 있다. 미국시장에서의 브랜드 인지도를 바탕으로 북미 시장에서의 지속적인 브랜드 관리로 세계일류 브랜드로서의 가치를 더욱 확고히 하는 한편, 중국 등 신규 시장개척에 나서는 것이다. 한편 유럽시장은 각종 모터사이클 대회 후원 등으로 품질의 우수성과 더불어 인지도를 드높이고 있어 신 시장창출의 기반으로 작용할 것으로 보인다.

현 시점에서 구축해온 이미지와 성과들을 지속적으로 유지함과 동시에 신 영역개발이 HJC의 과제이다. 과거의 저가격, 저품질로 여겨지던 중국 제품은 시장개방, 선진기술의 수용 등을 통해 대외 경쟁력을 쌓아갔고 현재 그 품질은 무시할 수 없는 수준까지 높아졌다. 향후 수 년 안에 중국제품은 HJC의 경쟁자로 부상하게 될지도 모른다. HJC가 생산하는 헬멧시장은 중국시장 진출과 함께 중국산 저가제품의 공세에 대한 대처가 주요 이슈로 등장하였다. 현재 HJC는 중국 업체들의 추격을 뿌리치기 위해 다양한 노력을 기울이고 있다. 중국 법인을 설립하여, 저가제품을 위한 가격경쟁력 유지에 힘쓰고 있으며, 또한 자동화와 연구개발비 지출 확대 등으로 장기적으로 중국업체를 품질 면에서 현격한 격차를 벌리기 위해 총력을 다하고 있다. 이와 같은 노력은 10억이 넘는 거대 중국시장에의 성공적인 진출을 위한 교두보가 될 것으로 내다보고 있다.

둘째, 제품의 다양화이다.

HJC는 신규 사업 진출에 있어서도 오토바이 헬멧과 연관성을 바탕으로 모터사이클 의상, 장갑, 부츠와 같은 모터사이클 액세서리 등 각종 관련 제품 시장 등으로의 진출을 고려해야 한다. 이는 지금껏 HJC가 프로모션을 해온 모터사이클 대회를 통한 기업이미지를 통해 진출에 용이할 것으로 판단되며 이러한 이미지를 더욱 강화하면서도 모터사이클 관련 제품의 시장 규모가 제일 큰 유럽 시장으로의 진출도 함께 시도할 수 있을 것이다. 예를 들어, 우리에게는 생소한 '하인게이케'라는 업체는 유럽이나 미국, 일본에서 의류를 중심으로 한 모터사이클 관련 액세서리 브랜드 중 가장 영향력 있는 업체로 평가받는다. 독일에만도 74개의 대형매장을 가지고 있으며, 프랑스나 영국 등에도 상당한 수의 하인게리케 샵을 두고 있다. 신규시장의 진출을 위해 유럽 내 최고의 모터사이클 관련제품 유통업체인 하인게리케와 같은 선두유통업체들과의 합작을 통하여 신 시장진출을 고려해 볼 만하다. 또한 HJC가 프로모션 중인 익스트림 스포츠용 헬멧사업도 적극적으로 진출할 수 있다. 익스트림 스포츠는 인라인스케이트, 스케이트보드, 스노우보드, 모터사이클링 등 각종 극한의 모험을 즐기는 스포츠를 말하는 것으로, 안전성의 문제로 인해 헬멧 등을 항상 착용하도록 한다. 현재 국내에서만 100만이 넘는 팬이 존재하며, 앞으로 익스트림 스포츠를 즐기는 인구가 더욱 많아질 것으로 예상된다. 이러한 세계적 트렌드를 감안한다면, 사업의 성공 가능성은 크다고 전망되며 익스트림 게임이 더욱 일반화된 해외시장에서는 그 마켓이 국내보다 몇 배는 더 크다고 볼 수 있다. 전 세계 규모로 개최되는 익스트림 스포츠 대회가 열리고 있고 대중화되어 있어 유럽, 호주, 일본, 미국의 익스트림 스포츠 헬멧 수요를 예측한 제품영역 확대는 또 하나의 기회로 다가오고 있다.

셋째, Brand Identity 강화이다.

세계 시장에서의 고품질을 인정받아 왔음에도 중저가로 제품을 공급하여 합리적인 가격과 고품질을 바탕으로 성장, 세계 1위의 기업이 될 수 있었다. 그러나 단계적인 고가시장으로의 진출을 준비해야 한다. 세계 정상의 HJC 브랜드 이미지를 바탕으로 상대적으로 경쟁기업에 비해 열세로 꼽히던 고가시장을 겨냥한 제품개발의 필요성이 대두되고 있는 것이다. 이미 HJC는 오토바이를 운전하면서 서로 교신을 할 수 있는 기능을 갖춘 최첨단 기술의 헬멧을 개발할 수 있는 역량을 갖추었다. 이와 더불어 지금까지 해왔던 일반 헬멧 제조기술에 바이오 기술을 접목시켜서 신소재를 통한 지속적인 품질개선에 노력, 기술력을 바탕으로 고가임에도 불구하고 소비자의 구매를 유도할 수 있는 매력적인 제품을 출시함으로써 지속적으로 수익을 창출할 수 있어야 할 것이다. '할리 데이비슨'이 '명품' 오토바이로 불리듯이 HJC 또한 브랜드 인지도를 바탕으로 고가제품을 출시한다면 이미 안정성과 품질이 입증된 미국시장에서의 성과를 거둘 수 있을 것이다.

넷째, 유통채널의 다변화이다.

지금까지 HJC의 유통체제는 주로 지역별 Distributor를 두고 판매하는 방식이었다. 물론 직판체제도 있지만 미국을 중심으로 전 세계 시장을 대상으로 사업을 운영하는 만큼 Distributor 체제를 운영하는 것이 일반적이었다. 앞으로 HJC는 기존의 유통채널 관리와 함께 인터넷을 이용한 E-Commerce를 또 하나의 유통채널로 추가할 계획이다. IT발전과 함께 태동된 전자상거래는 무엇보다 HJC가 전 세계를 대상으로 사업을 하는 회사인 만큼 인터넷 채널은 잠재 고객을 확보하고 해외 바이어들과의 거래 편의성을 높이는 등 여러 가지 역할을 할 것으로 기대된다.

HJC의 미래도전은 과거와는 다른 새로운 경영환경에 대한 위기의식과 함께 발전을 위한 분수령을 맞고 있다. 이러한 경영환경의 새로운 도전은 과연 무엇인가? 현재 HJC의 가장 큰 위협은 중국이다. 특히, 미국의 오토바이 헬멧시장에서 중국의 부상은 상당한 위기의식을 가지게 하고 있다. 미국의 연간 오토바이 헬멧 수입시장 규모는 2001년도 수량기준으로 160억 개, 금액기준으로 6,700만 7천 달러에 이르고 있다. 2002년도 8월말 수량기준으로는 전년 동기대비 약 30%가 감소한 112만 8천 개, 금액으로는 15%가 감소한 5,756만 3천 달러가 수입되고 있다. 전반적인 미국의 경기악화로 오토바이의 구매감소에 영향을 받아온 보완제인 헬멧도 격감을 보이고 있다. 그러나 이러한 격감 가운데서도 중국은 새로운 마케팅전략을 구사해 경기를 피해하고 있다. 헬멧 수입규모가 한국은 수량기준으로는 과거 몇 년간 줄곧 1위권을 유지해 왔으나 금액기준으로는 일본에 뒤져 2위권을 유지하고 있었으나, 2002년도에 와서 일본을 완전히 제치고 금액과 수량 모두에서 1위권을 확보하고 있다. 그러나 한국의 1위권 견지도 새로운 마케팅전략 부재시 중국에 빼앗길 위기에 놓여 있다. 미국의 오토바이 헬멧시장의 국별 시장 점유율(수량기준)을 비교하면 한국, 중국, 대만이 각각 38%, 31%, 13%를 점유해 이들 3국이 시장을 석권하고 있으며, 특기한 사항은 중국의 시장점유율이 최근에 와서 급증세를 보이고 있는데 2000년만 하더라도 중국의 시장점유율이 17% 선에 그쳤으나 최근 2년만에 거의 2배에 달하는 시장점유율을 확보하고 있다. 특히 중국은 20002년도 수출증가율이 27%나 증가세를 보이고 있는 데 반해, 한국은 3% 정도 감소를 보이고 있어 이런 추세면 1위권을 중국에 내어줄 것으로 보인다. 중국은 대량 오더를 잡기 위해 규모가 큰 수입상이나 딜러들을 선호하는 여타 경쟁국업체들과는 달리 곧바로 1,200개의 미국의 오토바이 판매점을 직접 접촉해 이들을 대상으로 마케팅을 하고 있다. 중국은 이러한 직판체제로 한국의 HJC, 일본의 Shoie 등 경쟁업체를 상대하고 있다. 앞으로 미국시장에서 지속적으로 중국이 성장하게 된다면 HJC로서는 현재의 산업 내 지위를 유지하기 위해서 더 많은 생산과 기술부분에 대한 투자가 요구될 것이다.

한편 경쟁사의 용이한 모방가능성 또한 당면이슈로 등장하였다. 헬멧제조에는 고도의 기술력이 필요하지만, 대만이나 중국이 국가적 차원에서 기술 및 자금을 지원할 경우 강력한 신규진입자로 대두될 가능성이 있다. 특히 대체제의 위협 측면에서 볼 때, 디자인이나 품질에 있어서 손쉽게 모방이 가능하다. 최근 중국의 제품들이 HJC 제품의 디자인을 모방하여 저가에 판매하는 상황이 발생하고 있다. HJC가 신제품을 출시한지 한달이 지나면 복제품을 1/3 가격으로 출시하고 있다. 특히 지난해 HJC는 처음으로 회사 성장세가 주춤했는데, 이것은 결국 중국업체들의 카피제품 때문이었다. 이런 상황은 이미 2000년 초부터 나타나기 시작하였는데, HJC는 연구개발에 따른 기술력으로 경쟁우위를 지켜가고 있다. 그러나 언제까지 기술력에만 근거한 경쟁우위가 향후 현재의 M/S를 유지하기 위해서는 다른 차별화된 전략을 택할 수 밖에 없는 상황으로 가고 있는 것이다.

2) 경쟁력 확보를 위한 과제

글로벌 차원의 인재 육성 및 확보

미래 경영환경에 대한 분석과 기술의 발전 추세를 선도할 수 있는 인재가 매우 절실하다. 특히 HJC는 현재 다양한 새로운 시장을 개척하고, 기술력을 선도할 수 있어야 하는 상황에 처해 있다. 따라서 현재 글로벌 시장 개척을 위한 미래 경영기획과 기술 발전을 선도할 수 있는 전문기술 인력이 필요한 상황이다.

글로벌 네트워크의 구축

미래 경영환경의 급변에 따라 과거와 같은 체제로는 향후 기업의 생존이 불가능하게 되었다. 과거와 같은 폐쇄된 내부의 시장과 자원에 의존하는 것으로는 경쟁력을 확보하고 운영을 효율화하는 것이 어렵게 되었다. 따라서 경계를 넘어 사람과 자원, 지식이 자유롭게 이동하는 open system 지향이 필수적이다. HJC는 소사장제도를 도입함으로써 자율 경영단위를 세분화시킴으로써 책임의 명료화, 의사결정의 단순화를 유도하고 있다. 핵심역량에 기반은 둔 전략적 네트워크를 재구성해야 한다. 이종 및 동종업계 네트워크를 활용하여 win-win 할 수 있는 체제를 구축해야 한다.

혁신지향적인 조직 프로세스 정립

경영자가 어떤 주관을 갖고 어떻게 꾸려 나가느냐에 따라 조직의 생명과 진로는 크게 달라진다. 따라서 관리 중심의 조직문화를 혁신중심의 조직문화로 바꾸기 위해서는 혁신에 대한 최고경영자의 단호한 결단과 의지표명이 무엇보다 선행되어야 한다. 혁신에 대한 최고경영자의 결연한 의지표명을 현실로 구현하려면 조직 구성원들이 혁신에 대한 공통된 철학과 언어를 공유하고 혁신을 성취하기 위해 각자가 자기 역할을 감당할 수 있도록 교육시켜야 한다. 교육 없이는 종업원을 비용 유발 요인에서 진정한 인적 자산으로 바꿀 수 없다. 경영자의 결의와 종업원 교육은 모두 실천을 위한 것이다. 혁신에 대한 최고경영자의 철학을 모두가 공유하고 이를 실행에 옮기기 위한 교육이 뒷받침되고 나면 구체적인 혁신 프로젝트들을 실행에 옮겨야 한다.

미국 잡지 '모터사이클 인더스트리 매거진'은 2002년 12월 '올해 최고의 인기 헬멧'으로 (주)HJC의 헬멧을 꼽았다. 220명의 미국 상인들에게 설문조사한 결과 (주)HJC의 브랜드인 'HJC' 헬멧이 2위 일본 '쇼에이'(13%)를 제치고 1위(56%)를 차지했다. 이제 HJC는 마지막 시장인 세계 고급 헬멧시장을 겨냥하고 있다. 비록 미국에서 HJC에게 선두자리를 내주었지만 세계적으로 가장 까다롭고 요구가 많은 소비자가 일본인들이고 그곳에는 미쯔비시 쇼웨이가 버티고 있다. 솔직히 고급형에 국한한다면 HJC가 쇼웨이의 고급제품보다 품질과 디자인 면에서 경쟁력이 있다고는 말할 수가 없는 상황이다. 따라서 HJC가 진정으로 세계기업으로 거듭나기 위해서는 앞으로 많은 노력들이 필요하다. 세계 초일류 기업으로 거듭난 HJC의 행보에 귀추를 주목해 본다.

토의질문

01 HJC의 핵심역량을 도출하시오.

02 HJC의 시장 및 제품전략을 요약하시오.

03 HJC의 현안문제를 해결할 수 있는 나름의 방법을 제시하시오.

경영사례 2 유니클로의 SPA 시장 창출

유니클로는 '유니크, 클로징 웨어 하우스(Unique, Clothing Wearhouse)'의 약자로 '독특하고 다양한 의류창고'라는 뜻이다. 야나이 다다시 사장이 일본의 GAP을 꿈꾸며 1984년 히로시마에 1호점을 개장하며 탄생했다. 1991년에 'Fast Retailing'으로 회사명을 변경, '패스트푸드의 완전 시스템화한 형태를 패션 산업에서 확립하고 캐주얼의 스탠다드를 스스로 만든다.'는 제조 소매업 'SPA'를 선언했다.

'FAST RETAILING'은 1963년 야나이 다다시 사장이 아버지로부터 물려받은 신사복 매장을 캐주얼 의류사업으로 전환시킨 것으로 시작되었다. '패스트 리테일링'은 2005년을 시작으로 해외 의류업체들을 인수하기 시작하여 현재는 UNIQLO를 비롯한 Comptoir des Cotonniers, Princesse tam.tam, Theory, J Brand, G.U 등의 자회사를 가지고 있다. 전 세계적인 불황으로 기업들이 악전고투하던 시기에도 '패스트 리테일링'의 2009년 매출은 전년 대비 두 자릿수 성장을 기록하고 있다.

1. 기업연혁

1949년 현 유니클로 회장 야나이 다다시의 아버지가 야마구치 현 우베 시에 개인회사 '맨즈 숍 오고리 상사'를 창업한 이래, 야나이 다다시 사장 하의 Fast Retailing의 성장은 4가지 단계로 구분된다.

(1) 단계 I(1984~1990) : 캐주얼 의류 매장

이 단계에서 야나이는 1984년 6월, 히로시마에 유니클로 1호점을 개점함으로써 아버지로 물려받은 신사복 매장을 캐주얼 의류매장으로 바꾸었다. 젊은 시절, 유럽과 미국을 여행하던 야나이는 Gap, Benetton, Next 등과 같은 외국 캐주얼 의류 체인에 감명을 받고 일본에서 캐주얼 사업의 전망을 확신하였다. 그는 'Help Yourself'의 컨셉을 유니클로 매장에 도입함으로써 높은 매출을 이루었고 교외지역을 중점으

로 유니클로 매장을 오픈했다.

그러나 유니클로가 캐주얼 의류 소매점으로 성공했음에도 불구하고, 야나이 사장은 홍콩 여행에서 지오다노의 창업자 지미 라이를 만남으로써 SPA방식에 대해 영감을 받았고, 그의 방식을 수용하게 된다.

(2) 단계 2(1991~1997) : 리저널 체인

1991년 야나이는 상호를 Fast Retailing으로 바꾸었다. 또한 임대료가 낮으면서도 고객들의 접근이 보장된 교외의 주요 도로에 매장을 위치시켜 유니클로를 리저널 체인으로 매장 가속화를 실시했다. 그 결과 1994년 히로시마 증권거래소에 상장하였고, 1997년에는 도쿄 증권거래소 제2부에 상장하였다. 그러나 유니클로의 진정한 SPA브랜드화를 위한 노력의 일환인 뉴욕 디자인회사 설립과 아동복과 같은 다른 의류사업으로의 진출은 그리 오래가지 못하였다.

(3) 단계 3(1998~2003) : 도심형 매장

유니클로는 이러한 위기를 도쿄 하라주쿠에 도심형 매장의 개설과 '플리스 캠페인'을 통해 탈피한다. 다양한 색상의 플리스 자켓을 1,900엔에 판매함으로써 기존의 '싸고 조잡한' 유니클로의 이미지를 '저렴하지만 좋은 품질'로 바꾸었다.

FR은 1999년 도쿄 증권거래소 제 1부 종목에 지정되었고, 플리스 붐의 결과로 FR은 역사상 가장 높은 수치인 2001년 매출 4,190억 엔과 1,030억 엔의 경상이익을 기록했다. 그러나 영국과 중국으로의 진출, 그리고 신선제품사업으로의 새로운 도전은 실패로 끝났다.

(4) 단계 4(2004~현재) : 국제 경쟁

유니클로는 2004년 미국의 어포더블 럭셔리(감당할 수 있는 가격의 명품) 브랜드인 시어리(Theory)를 운영하는 (주)링크 인터내셔널(현 (주)링크 시어리 홀딩스)에 출자함으로써 미국진출의 발판을 마련했고, 2005년 Comptoir des contonniers의 경영권을 취득, 2006년에는 Princesse tam.tam의 지분을 매입하였다. 또한 2005년에는 한국의 롯데쇼핑, 2008년에는 싱가포르의 Wing Tai Retail과 같이 해외지역의 대형 유통회사와 조인트 벤처를 맺으면서 해외진출을 이룩하였다.

2004년에는 유니클로 사상 첫 대형매장(500평 이상 규모)인 유니클로 신사이바시점을 개장한 것을 시작으로, 뉴욕 소호, 도쿄 치토세다이, 한국 명동, 도쿄 신주쿠, 파리, 도쿄 긴자, 상하이, 도쿄 시부야 등에 플래그십 스토어를 개장하였다. 2007년에는 도레이 인더스트리사와 공동으로 개발한 히트텍을 출시, 2010년 F/W시즌에

연도	내 용
1949년	• 야나이 다다시의 아버지가 야마구치 현 우베 시에 개인회사 '맨즈 숍 오고리상사'를 창업
1972년	• 야나이 다다시 '오고리상사'에 입사, 이사로 취임
1984년	• 유니클로 1호점(유니클로 후쿠토마치점, 1991년 폐점)을 히로시마 현 히로시마 시에 출점
1988년	• 모든 지점에 POS시스템을 도입
1991년	• '오고리상사(주)'에서 (주)패스트 리테일링으로 상호를 변경 • 본격적인 SPA선언
1992년	• 모든 매장을 유니클로로 명칭변경, 직영점 50개를 넘어섬
1994년	• 히로시마 증권거래소에 상장
1997년	• 직영점 100개 돌파, 도쿄 증권거래소 제2부에 상장
1998년	• 유니클로의 '플리스 캠페인' 시작 • 수도권 첫 도심형 매장인 유니클로 하라주쿠점(도쿄 도 시부야 구)을 개설
2001년	• 영국 런던에 1호점 출점
2002년	• 중국 상하이에 유니클로 출점
2004년	• 미국에 디자인 자회사 유니클로 Design Studio, New York, Inc.를 설립
2005년	• 서울 명동, 뉴욕 소호, 홍콩 침사추이에 출점 • 키즈 · 전문점 유니클로키즈를 출점 • 지주회사 체제로 이행
2006년	• 저가 캐주얼 브랜드점 '지유' G.U.를 운영하는 '(주)지유'를 설립 • 도레이(주)와 전략적 파트너십 구축을 목적으로 업무제휴 • 미국 뉴욕에 유니클로 첫 글로벌 플래그십 스토어 - 유니클로 소호 뉴욕점(3,300m^2 규모)을 개설
2007년	• 일본 최대 유니클로 대형점 '고베하버랜드점(3,300m^2 규모)을 개설 • 동일본 최대급 유니클로 세타가야치토세다이점(도쿄 도 3,300m^2 규모)을 개설 • '히트텍 캠페인' 성공
2008년	• '지유', '원존', '뷰 컴퍼니' 3사의 경영을 통합하여 'GOV 리테일링'을 설립
2009년	• 질 샌더와 유니클로 상품에 관한 디자인 컨설팅 계약을 체결

전 세계에서 8,000만 장이 팔리면서 '히트텍 캠페인'이 선풍적인 인기를 끌었다. 2009년에는 독일 디자이너인 질 샌더와 디자인 컨설팅을 통해 '+J' 브랜드를 출시하였다. 현재 유니클로는 스페인의 ZARA, 스웨덴의 H&M과 치열한 경쟁을 하고 있다.

2. SPA 브랜드 분석

1) SPA브랜드의 개념

SPA란 미국의 캐주얼 의류 전문점 GAP이 1980년대 후반에 새로운 비즈니스 모델을 제시하며 쓴 신조어다. 'Specialty store retailer of Private label Apparel'의 약자로 전문점(Speciality retailer), 자사 상표(Private label), 의류(Apparel)의 첫 글자를 따서 만든 합성어이다. SPA브랜드는 생산단가와 유통비용을 줄이기 위해 자사의 기획브랜드 상품을 직접 제조하여 유통까지 하는 전문 소매점으로 기획, 생산, 유통, 판매에 이르기까지 모든 과정을 회사가 자체적으로 담당하고, 생산된 물건을 그 회사의 자체 브랜드 이름으로 판매한다. 따라서 옷을 생산하기 위해서는 대형 인프라 구축과 판매매장, 유통망이 확보되어야 한다. 또한 SPA 브랜드는 소비자의 라이프스타일을 정확하게 파악하여 짧은 주기로 이를 즉시 반영하여 상품을 기획하며, 본사에서 직접 매장을 관리하여 재고를 철저하게 파악하고 관리하여 과잉공급을 방지한다. 결국 SPA란 좋은 품질의 제품을 저렴한 가격에 공급할 수 있도록 중간상인 단계를 없앤 제조업과 유통업의 통합체를 말한다.

이러한 SPA브랜드는 백화점 등의 고비용 유통을 피해 대형 직영매장을 운영하여 판매비용을 절감시킴으로써 싼 가격에 상품을 공급하고, 동시에 소비자의 요구를 정확하고 빠르게 캐치하여 상품에 반영시키는 새로운 형태의 유통업체를 특징으로 한다. 고객수요와 시장상황에 따라 1~2주 만에 다품종 대량공급이 가능하므로 따라서 SPA브랜드를 '패스트패션'이라고 부르기도 한다.

대표적인 SPA 브랜드로는 GAP 이외에도 ZARA, H&M, UNIQLO, SPAO, FOREVER 21, 망고 등이 있다. 유니클로는 1980년대 후반부터 GAP의 비즈니스 모델을 목표로 정하고, 10년 넘게 시행착오를 겪으면서 일본 최초로 SPA를 실현하였다.

2) SPA브랜드 종류분석

SPA브랜드는 상품 공급의 주체에 따라 리테일형 SPA와 메이커형SPA로 나눌 수 있다.

어느 경우든 한 가지 형태를 고수하는 형태는 드물며, 유통환경과 시대흐름, 국가적 특징에 따라 진화된 형태가 되어가고 있다. 따라서 현재 SPA는 100% 자사 기획, 제조, 판매형태가 아닌 혼합된 SPA로서 존재하고 있다.

(1) 리테일형 SPA

리테일형 SPA브랜드는 상품 판매 업무를 담당하는 유통업체에서 상품을 직접 개발하여 판매하는 형태를 말한다. 대표적인 브랜드로 GAP, 지오다노 등이 있다. 자국 내에서는 20%만 생산하고 나머지는 해외 각국에서 아웃소싱을 하는 형태이다. 이러한 리테일형 SPA브랜드의 장점은 아웃소싱을 통해 원활한 현금흐름을 확보할 수 있고, 공급업체와의 전략적 제휴를 통한 상품 퀄리티 확보가 가능하다는 것이다. 그러나 아웃소싱에 지나치게 의존하여 소비자의 니즈에 발 빠른 대응이 힘들다는 것이다.

(2) 메이커형 SPA

메이커형 SPA브랜드는 제조업체가 생산한 상품을 직접 판매하기 위해 매장을 운영하는 형태를 말한다. 대표적인 브랜드로 Zara, H&M, 유니클로 등이 있다. 브랜드의 각 나라에서 70% 정도를 생산하고 30%를 해외에서 아웃소싱하는 형태로 리테일형 브랜드와는 반대의 개념이다. 이러한 메이커형 SPA브랜드의 장점은 유통비용을 절감하고, 신속한 대처가 가능하며 재고를 최소화시킬 수 있다는 점이다. 또한 판매동향과 소비자의 니즈파악이 용이하다. 그러나 초기투자비용이 높고, 많은 인력 소유에 대한 부담감, 원부자재에 대한 재고문제 등은 단점으로 볼 수 있다.

3. 경쟁자 분석

1) Zara

(1) 개요 및 연혁

자라(Zara)는 스페인에 기반을 둔 인디텍스(Inditex) 그룹의 패션의류 브랜드이며, 제조업에서 출발한 세계 유일의 SPA 브랜드이다. Zara의 창업자인 '아만시오 오르테가'는 1963년 여성용 잠옷이나 속옷을 만드는 공장을 세웠고, 1970년대에 대형 거래처 중 한 곳이 주문을 취소하자 이 재고를 처분하기 위해 개설한 가게가 Zara 1호점이 되었다. 1985년 인디텍스라는 이름의 지주회사를 설립하고, 1980년대 들어 스페인 전역에 매장을 확대하기 시작했다. 1981년에는 마드리드, 1983년에는 바르셀로나에 진출하여 1980년대 후반에는 스페인 전역에 총 78개의 매장을 갖추었다. 1989년에는 뉴욕, 1990년에는 파리에 진출하여 해외 진출을 시작하였다. 인디텍스는 해외 진출과 더불어 Zara와 다른 고객층을 개척하기 위해 몇몇 브랜드를 사들이거나 자체적으로 새로운 브랜드를 론칭했다. 현재 자라와 더불어 폴&베어, 스트라디바리우스, 베르슈카, 자라홈, 마시모 두티, 버시카, 오이쇼의 8개 브랜드를 갖고 있다(2012년 기준). 인디텍스는 1990년대 후반 들어서 적극적으로 해외 시장 진출을 추진하며 연간 20%대의 성장을 이어나갔다. 현재 전 세계 86개국에 총 6,009개의 매장을 두고 있고(2012년 기준), 해외 지역에서의 매출이 80퍼센트에 달하는 국제적 브랜드이다. 2009년에는 매출 면에서 GAP을 제치고 SPA 브랜드 기업 중 세계 1위에 올랐다.

(2) 특징

① 수직적 통합

생산을 비롯한 많은 기능을 본사가 있는 아르테익소에 집중하여 '디자인-생산과정-유통'의 수직계열화를 이루었다. 공장, 물류 센터 등을 자사의 자산으로 보유. 회사가 수직적 통합 방식을 이루고 있기 때문에 상품 개발부터 판매까지 걸리는 시간을 최대한 줄일 수 있어 조직의 유연성을 갖추어 고객의 니즈를 빠르게 만족시켜 줄 수 있다는 장점이 있다. Zara는 디자인을 결정해 매장에 진열하기까지 14일이 걸린다.

인디텍스 그룹의 생산 과정 중 절반 정도는 스페인, 포르투갈, 모로코, 그 외 다른 인접 유럽국가에서 이루어져 있고, 납품업체들과 견고한 협력관계를 유지하고 있다.

Zara는 본사에 있는 3,000명의 디자이너와 본사 주변에 있는 11곳의 자사 공장, 그리고 인접 지역에 위치한 50만 제곱미터 규모의 완전 자동화 물류 시스템을 갖춘 물류 센터 등을 가지고 있다. 매주 수요일과 토요일에 상품을 각국의 점포별로 구분해 그 다음 주 목요일과 일요일 아침에 전 세계에 출고시키고 있다. 생산과 물류의 자체 처리는 빠른 속도뿐만 아니라 생산을 모두 외부에 의뢰했을 경우에 발생할 수 있는 품질분량 및 납품지연 등과 같은 문제점을 예방할 수 있다는 장점이 있다.

② 매장의 정보를 상품 기획에 직접 반영

전 세계 매장마다 마련되어 있는 POS(Point-of-sales)시스템을 통해 수집된 자료는 본사에 전달되어 제품의 디자인, 제작, 매장별 맞춤 공급을 가능하게 한다. Zara의 디자이너들은 패션 잡지나 영화, 콘서트 등 여러 가지 소스를 참고해 작업하지만, 각 매장의 POS 데이터와 스토어 매니저가 PDA를 통해 수시로 보고하는 현장의 고객 의견을 더욱 중요하게 생각한다. 그뿐만 아니라 각 매장에서는 가게 문을 닫은 후, 고객이 옷을 입어 보고나서 구매하지 않은 상품을 모아 검토하여, 고객이 상품을 구매하지 않은 이유를 평가한다. Zara의 매장은 단순히 제품을 판매하는 장소가 아니라 소비자의 욕구와 트렌드를 파악하고 반응하는 수단이다.

③ 다품종 소량생산 방식 – 상품의 절반은 고객의 동향을 살피면서 투입

Zara는 다품종 소량생산의 원칙을 고수하고 있다. 한 품목당 10만~35만 개 정도 생산하며, 잘 팔리는 것이 확인될 때 생산을 늘리는 식으로 보충한다. 수정이 필요하다고 판단되면 고칠 것은 고쳐 매장에 내놓는다. 잘 팔리지 않는 상품은 생산을 중단하고 다음 상품 개발에 전념한다. 일부 인기 있는 상품을 소량 생산하여, 상품에 희소가치를 더하고 고객의 구매 의욕을 더욱 자극하는 전략을 사용하기도 한다. 다품종 소량생산 방식은 재고를 최대한 줄이고, 세일로 인해 발생하는 수익성 악화를 최소화할 수 있고, 디자인이 실패했을 경우 위기관리 방법의 하나가 될 수도 있다.

Zara는 봄과 여름, 가을과 겨울 두 시즌으로 나누어 판매하는데, 시즌 초기에 투입할 상품 중 사전에 결정하는 물량은 전체 목표량의 50%에 불과하다. 나머지 50%는 시장 동향이나 고객의 반응을 관찰하면서 추가로 투입하는 것이 가능하기 때문이다.

보통 의류업계는 평균 80%의 상품을 시즌 전에 결정해 투입한다는 것과 비교해볼 때 Zara가 상당히 유연하다는 것을 알 수 있다.

(3) 유니클로 vs Zara

① Zara는 유니클로에 비해 설정 가격이 높다.

② Zara의 상품 개발 속도는 유니클로와 비교도 안 될 정도로 빠르다. Zara는 디자인부터 제품 출시까지 14일이 걸리지만 유니클로는 상품 판매 1년 전부터 수요를 예상하여 계획적으로 생산 · 판매하는 형태를 취한다. Zara는 패션성과 스피드를 양립시키기 위해 수직적 통합 방식을 이용한다. 공장 인건비를 줄이는 것보다 스피드를 더 중시하면서 이익을 창출한다. 유니클로는 노동집약적 산업인 의류 제조업체에서 높은 이익률을 올리기 위해 중국, 동남아시아 등 임금이 싼 지역의 공장에서 상품을 제조한다. 유니클로는 '보유하지 않는 경영'의 방식을 취하며, 기업 자체가 고정자산을 소유하지 않음으로써 고정비를 변동비로 전환해 매출이나 경기의 파동에 유연하게 대응할 수 있고, 매출이 절반으로 준다고 해도 공장의 생산량이나 종업원 수를 감축하면 다시금 이익을 낼 수 있다는 장점을 가지고 있고, 최근 기업 경영 방식의 주류이다.

③ 생산 방식의 차이

Zara는 연간 1만 종이 넘는 다양한 상품을 발매하는 다품종 소량 생산 방식을 사용한다. 그에 따라 재고가 거의 존재하지 않는다. 따라서 가격 할인의 영향이 전체 매출의 10% 정도에 지나지 않는다. 하지만 유니클로는 품목 수가 Zara의 10분의 1 이하이고(연간 1000종) 상품 판매 1년 전부터 수요를 예상하여 계획적으로 생산 · 판매하는 형태를 취하고 있으므로 재고와의 전쟁을 치뤄야 한다는 어려움이 있다.

- 가장 트렌디한 제품을 저렴한 가격에 전 세계로 유통하고 있는 자라의 성공비결은 초고속 생산, 물류, 매장 운영 체계 구축 및 최신 트렌드를 반영한 신상품을 일주일에 두 번씩 전 세계 점포에 투입하는 Value Chain에 있다. 특히 판매현장과 본사, 사내 생산 공장을 실시간으로 연결한 네트워크는 자라의 최대 경쟁 무기이다.
- 디자인과 생산의 긴밀한 협업을 가능하게 하는 지리적 근접성, 그리고 협업문화를 통해 이룩한 수직 계열화는 자라가 가지고 있는 최대 장점이다.

2) H&M

(1) 개요 및 연혁

H&M(Hennes and Mauritz)은 1974년 스웨덴에서 Hennes(hers라는 의미)라는 이름으로 처음 문을 열었으며, '품질이 좋은 옷을 저렴한 가격에 제공한다'는 설립 취지 아래 유럽에서 특히 젊은 소비층인 10대와 20대의 사랑을 받고 있다. 2010년 세계적인 컨설팅회사 인터브랜드에서 발표한 100대 브랜드 중 21위이며 패션브랜드 중에서 루이비통의 뒤를 이어 2위를 차지하였다. H&M은 일종의 멀티브랜드로 여성복과 남성복, 캐주얼과 정장, 유아복과 아동복, 임산복, 화장품과 액세서리를 총괄한다. H&M 그룹은 H&M과 더불어 H&M Home(인테리어 소품), COS, Monki, Weekday, Cheap Monday, & other Stories의 브랜드를 가지고 있고, 전 세계 40여 개국에 진출하여, 2,800여 거의 매장을 가지고 있다.

H&M은 모든 생산품을 아웃소싱하며, 1990년에 반 이상의 생산품을 해외로 수출하였다. 주로 북유럽에 초점을 맞춘 신속한 유통망 덕분에 경쟁 의류 브랜드인 Zara나 Mango에 비해 더 저렴한 가격대의 트렌디한 디자인으로 소비층을 사로잡고 있다. 제품은 대부분 중국이나 동남 아시아, 터키와 동유럽에서 주문자 부착상표(OEM)로 제작되고 있다. 매출액과 매장 숫자에서는 몇 년 사이 세계적으로 유명한 의류기업인 Benetton과 Esprit을 따라 잡았다.

(2) 특징

① H&M의 특징은 SPA 브랜드답게 매일 새롭게 업데이트 되는 제품과 저렴한 가격, 다양한 디자인을 들 수 있다.

② 셀러브리티 마케팅뿐만 아니라 하이브랜드의 아티스트와 콜라보레이션으로 유명하다. 샤넬의 칼라거펠트, 랑방의 알버엘바즈, 스텔라 메카트니, 소니아 리키엘, 마틴마르지엘라까지 수많은 나라를 대표하는 디자이너들과의 협업을 통한 새로운 컬렉션으로 많은 주목을 받았다.

③ H&M에서 젊고 재능있는 디자이너를 발굴하고자 디자인어워드 2013을 개최했다.

④ 매장에 헌옷을 가져오면 할인 쿠폰을 주고, 헌옷은 H&M 지정 자선단체에 기부하는 CONSCIOUS 캠페인을 운영하여, 환경과 미래를 생각하는 기업의 이미지를 추구한다.

(3) 유니클로와의 비교

유니클로는 주로 가족 단위의 고객과 실용성을 추구하는 젊은층을 주로 공략하고, H&M은 패션에 민감한 20~30대 남녀 고객들이 주 타겟층이다.

유니클로는 캐주얼 베이직으로 실용성을 추구하며, H&M은 최신 유행상품을 신속히 제공한다.

3) GAP

(1) 개요 및 연혁

미국 샌프란시스코에서 1969년에 설립된 청바지 회사 GAP은 1986년 처음으로 SPA란 개념을 도입시킨 의류 브랜드이다. 1987년 1월, GAP의 피셔 회장이 결산 보고에서 새로운 산업 체제를 정의하면서 생긴 SPA는 유통 환경과 시대적 흐름, 국가적 특성에 따라 좀더 진화된 형태로 탈바꿈하는, 새로운 의류 업계의 트렌드로 떠오르게 한 계기가 되었다. SPA를 처음으로 도입한 GAP은 미국 본사를 중심으로 제품의 90%는 해외로 아웃소싱 되는 형식으로 운영된다.

GAP은 1980년대 후반부터 1990년대 초반에 걸쳐 급격히 인기가 치솟았다. 이 때는 미국이 불황에 허덕이던 시기와 겹치는데, 그 당시 GAP의 캐주얼 의류품은 '미국의 국민 의복'이라고 일컬을 만큼 인기가 대단했다.

GAP의 약진을 이끌어낸 주역은 1980년대 전반 GAP 사장이고 그 후 CEO가 된 미키 드렉슬러였다. 그는 고객의 취향을 읽어내고 유행을 만들어내는 데 탁월한 능력을 가지고 있었고, 그의 능력은 GAP 급성장의 원동력이 되었다. 당시 값싼 청바지 판매 회사에 불과했던 GAP을 SPA 기업으로 전환시켜 캐주얼 의류의 일인자 자리까지 끌어올렸다. TV광고를 통해 기업이미지를 향상시키는데도 노력했다.

1990년부터 1999년까지 10년 동안 매출은 19억 3,000만 달러에서 여섯 배인 116억 3,000만 달러로 뛰었고, 영업 이익률도 지속적으로 10%를 넘겼다. 2000년 1월에는 영국의 넥스트를 제치고 SPA 브랜드 업계 세계 1위의 매출을 이룩했다.

하지만 2000년부터 하락세로 들어서며 매장 매출이 하락하였고, 2002년 1월의 영업 이익률은 2.2%까지 떨어졌다. 이러한 하락세를 해결하기 위해 드렉슬러 사장 겸 CEO를 해고하고, 당시 디즈니 그룹의 임원이던 폴 프렉슬러를 CEO에 임명하였지만, 하락세를 막을 수 없었다. 결국 2009년 1월 매출 부문에서 인디텍스에 SPA 브랜드 1위 자리를 내주었다.

(2) GAP의 쇠퇴 이유

① 생산의 아웃소싱

생산을 해외 공장에 맡기면, 리드 타임(제품 하나를 생산하는 데 소요되는 시간)이 길어지기 때문에 판매 시점보다 수개월이나 앞서 고객의 취향을 예측해야 하는 위험을 가지고 있을 수밖에 없다. 불량 재고가 많이 쌓이면 어쩔 수 없이 할인 판매를 하게 되고, 이익률 또한 낮아지게 되는데, GAP의 경우 몇 년 동안 매장이 떠안고 있는 불량 재고를 판매해왔고 이익률이 급격히 낮아지게 되었다.

② 원 맨 경영

GAP은 드렉슬러를 CEO로 원 맨 경영 체제로 이루어지고 있었다. 원 맨 경영이란 경영자 스스로가 모든 것을 판단하고 결정하는 방식이다. 2000년대 들어 드렉슬러의 예측이 빗나가기 시작하면서 GAP의 실적이 떨어지게 되었다고 분석했다. 원 맨 경영은 잘 나갈 때는 최대의 효과를 발휘하지만, 매너리즘에 빠지기 쉽다는 단점이 있다.

유니클로는 GAP과 같이 대부분을 아웃소싱하고 있으며 야나이 회장에 의해 원 맨 경영 방식으로 운영되고 있다. 하지만 계속해서 적은 종류의 상품만을 가지고 어림짐작한 수치로 발주하는 비즈니스 모델을 고집하고, 언젠가 야나이 회장의 센스가 시장에서 통하지 않는 날이 오게 되면 제2의 GAP으로 전락할 수 있다. 유니클로는 GAP을 타산지석 삼아 지속적으로 성장해나가기 위해 노력해야 한다.

4) 경쟁자 비교

구 분	H&M	ZARA	GAP	UNIQLO
고객 연령(세)	15~30	25~40	25~45	20~60
패션 스타일	Young Fashion	Urban, affluent fashion	Broad range	Basic
가격정책	Lower mass market	Upper mass market	Mass market	Lower mass market
평균 매장 크기	1,250평방미터	510평방미터	1,150평방미터	710평방미터
광고	large	none	large	large
디자이너 콜라보레이션	활발	없음	거의 없음	활발
아웃소싱 비율	67%	33%	27%	100%

4. 유니클로 STP 분석

1) Segmentation & Targeting

(1) 행동적 변수

① 구매 시점

저가격을 내세운 SPA 제품이기 때문에 대부분의 소비자들이 물건을 살 생각이 없이 잠깐 들러서 물건을 사거나, 기본 아이템이 부족할 때 물건을 사기 위해 이용한다고 파악하였다. 즉, 유니클로 제품은 저관여 제품에 가깝다고 판단된다. 따라서 습관적 구매를 하는 소비자들을 Targeting했다고 추정할 수 있다.

② 소비자가 추구하는 편익

유니클로는 가격이 낮으나 다양한 기능성 제품을 갖고 있다. 따라서 저가격 고품질을 선호하는 소비자층을 Targeting했음을 추정할 수 있다.

③ 제품사용경험

유니클로의 TV광고는 유니클로에 대해 모르는 사람에게는 광고 효과가 거의 없다고 느껴질 정도로 그들의 제품이나 브랜드가 크게 부각되지 않는다. 이것을 통해 우리는 유니클로가 기존에 유니클로의 제품을 사용 경험이 있는 소비자를 Targeting하여 Promotion을 진행하였음을 알 수 있다.

(2) 인구통계학적 변수

① 나이

유니클로는 색이 다양하고, 디자인 면에서 단순하고 누구나 입을 수 있는 옷을 판매하는 점에서 전 연령층을 Targeting한다고 볼 수 있다.

② 성별

성별 간 제품을 달리 출시하지만, 기업 내의 제품이 어느 한 성별쪽으로 치우치지 않기 때문에 남녀 구분없이 Targeting했다고 볼 수 있다.

③ 소득

제품의 가격 자체가 중저가이기 때문에 스득수준이 중산층 혹은 그 이하로 판단되지만, 베이직한 제품, 기본 제품들이 주류를 이루고 있기 때문에, 소득수준이 높은 소비층도 Target으로 잡고 있을 것이라고 판단된다.

2) Positioning

유니클로는 지속적인 광고 노출로 다른 SPA 업체들에 비해 월등히 높은 인지도를 자랑하고 있다. 또한 매장이 많기 때문에 접근성이 높고, 가격은 경쟁사에 비해 낮다. 또한 디자인적 측면, 기능적 측면, 창의적 측면(콜라보레이션 등)에서 다른 업체들보다 우위를 점하고 있다. 그러나 Promotion, 특히 TV광고를 통해서 우리는 이 많은 기준들 중 유니클로의 핵심 Positioning 기준은 저렴한 가격과 디자인, 기능, 창의적 측면이 포함된 기능이라는 것을 추정할 수 있다.

3) 유니클로 4P

Product	Price
1. 저가격 고품질의 제품 2. 제품 차별화 전략 3. 전략적 파트너십을 통한 원재료 확보 4. 제품의 감독을 위한 품질감독프로젝트	1. 아웃소싱을 통한 저가 정책 2. 소품종 대량생산을 통한 생산원가절감 3. 재고의 부담을 줄이기 위해 묶음 상품 판매
Place	**Promotion**
1. SCM과 TCM을 이용한 생산시스템 2. 교외와 도심의 상권 확보 3. 매장운영의 표준화	1. 광고전략 2. 매장 디스플레이 3. 콜라보레이션 마케팅

(1) Product

① 기업의 경영 혁신적인 노력과 저가격 고품질의 제품

유니클로는 '넌에이지, 유니섹스 캐주얼웨어'라는 컨셉으로 패션성도 갖춘 고품질의 베이직 캐주얼을 최저가격으로 고객에게 제공하고 있다. 덧붙여 말하자면 유니클로는 유행에 민감한 스타일을 내놓기보다는 트렌드에 민감하지 않은, 언제 입어도 한때 유행에 흔들리지 않는 단순하고 깔끔한 스트리트 레벨이 특징이라고 할 수 있다. 어떤 옷과 맞춰 입어야 할지 고민하지 않고, 언제 어떤 옷과도 매치되는 옷을 만드는 게 바로 유니클로의 전략이다.

② 제품 차별화 전략

유니클로는 자사의 제품을 '흉내낼 수 없는 상품'으로 '유니클로=폴라플리스'라고 하여 폴라플리스는 유니클로에서 사 입어야 한다고 차별화 전략을 내세웠다. 유니클로는 한때 여성고객을 중심으로 고객 이탈이 심화되면서 매출이 전년 동기 대비 1/3 수준에 머물기도 했었다. 그들은 이러한 문제를 타개하기 위해 국내외 유수의 디자이너를 투입하여 상품개발에 들어갔는데 여성 팬츠와 캐시미어 스웨터 등 여성 지향의 히트 상품을 개발 3년 만에 다시 수익을 남기는 구조로 전환시키는 데 성공한 바 있다.

③ **전략적 파트너십을 통한 원재료 확보**

유니클로의 주력상품은 티셔츠 종류와 청바지, 면바지이다. 특히 자사의 티셔츠제품을 UT라 명칭하고 세계의 디자이너들과 함께 연간 500스타일 이상의 티셔츠를 기획하고 있는데 특이한 점은 전문인의 디자이너가 아닌 영화배우, 뮤지션, 모델 등의 아티스트들도 디자인에 참여하고 있다는 점이다. 유니클로는 옷의 품질을 결정하는데 있어서 소재가 차지하는 비중이 높아 옷 만들기는 소재에서 시작된다고 주장할 정도로 소재에 주력하고 있다. 또한 지속적인 상품 공급을 위해서는 안정적인 소재 확보가 필수적이라고 생각하여 시장이나 업계로부터 수집한 정보를 바탕으로 R&D센터, 상품기획, 소재기획, 중국 생산 공장이 연계하여 소재를 개발 · 공급하고 있다. 또한 소재 제조업체와의 전략적 제휴에 의해 신소재 개발에도 적극적으로 힘쓰고 있다. 예로 도레이 주식회사와의 전략적 파트너십을 들 수 있다. 이 파트너십을 통해 기능성이 뛰어난 신소재의 활발한 개발이 기대되고 있다.

④ **장인(匠人) 프로젝트**

유니클로의 중국 생산 공장은 상하이 근교의 핑후시 부근을 중심으로 중국 연해부에 산재해 있다. 매해 유니클로는 3억만 점에 이르는 의류제품을 중국에서 생산해 수입해오고 있고, 한국, 홍콩, 일본시장의 확장에 따라 수입량은 앞으로 더욱 늘어날 전망이다.

'중국에서 생산하는 제품은 품질이 좋지 않다'는 고정관념을 벗어나기 위해 유니클로는 관리 매뉴얼의 점검 항목 50여 개를 설정해두고, 이를 조금이라도 충족하지 못하면 즉석해서 시정할 수 있도록 해 왔다. 그러나 생산 공장과 품목의 증가에 따라 품질관리도 생산체제에 맞게 강화되어야 했고 여기서 탄생하게 된 것이 바로 '장인(匠人)프로젝트'이다.

이 프로젝트의 주요 내용은 '짜기', '직포', '염색', '봉제' 등의 각 분야에서 경험 30년 이상의 베테랑 기술자 고문 팀을 조직하여 중국에 파견, 철저하고 끊임없이 품질관리를 하며, 젊은 중국인 기술자에게 기술을 전수하여 차세대 기술자를 육성한다는 데 있다. 유니클로는 중국의 생산체제 강화가 품질저하로 연결되지 않도록 중국에 대한 기술 이전을 단호하게 실행하고 있으며 이는 싸고 질 좋은 유니클로의 의류로 나타나고 있다고 해도 과언이 아니다.

유니클로 제품

- 플리스

유니클로가 일본 내에 급속히 퍼지게 된 것은 유니클로의 플리스 재킷의 대히트 때문이었다. 플리스는 얇은데도 보온성이 좋고, 특유의 재질이 부드럽기 때문에 몸을 포근하게 감싸준다는 장점이 있다. 또한 여러 가지 디자인으로 스타일까지 잡아주고 있어서 많은 사람들의 사랑을 받고 있다. 요즘은 재킷뿐만 아니라 손에 끼는 워머, 셔츠, 장갑, 양말까지 다양한 스타일로 인기를 끌고 있다.

- 히트텍

유니클로는 플리스의 성공에 힘입어 테크놀러지 웨어에 대한 시도를 지속적으로 진행하였고, 그 결과 토레이사의 첨단 기술과 유니클로의 패션을 융합해 히트텍이라는 테크놀로지 이너웨어를 생산하였다. 보통 발열기능의 옷은 겉옷이 아닌 속옷이라는 인식이 많았는데, 히트텍은 흡습발열 기능에 스타일을 더하였다. 그래서 겨울철 레이어드를 통해 겉옷으로 입을 수 있게 했고 사람들의 인식을 뒤바꿔 놓았다. 히트텍은 2007년 일본에서 약 2,000만 장 판매라는 경이로운 실적을 이루어 내며 제품력을 인정받았고, 2008년 유니클로가 글로벌 브랜드 선포를 함과 동시에 글로벌 전략상품으로 히트텍을 선정한 결과 7개국에서 약 1억 장 이상의 판매고를 올렸다고 한다.

(2) Price

① 아웃소싱을 통한 저가정책

유니클로는 전 세계의 유명 제조업체와 직접 연결해 최고의 소재를 합리적인 가격으로 구입하여, 제품의 대부분을 중국을 비롯한 아시아 지역에서 위치한 70여 개의 공장에서 직접 생산하고 디자인 봉제 가공 등 모든 라인을 직접 관여한다. 결국 경영, 디자인, MD, 마케팅, 유통 등의 업무를 본사에서 100% 컨트롤 하고 중국에서 저가로 생산함에 따라 비용절감 효과를 보고, 또한 공장설비, 공장노동력, 물류설비, 점포설비 등의 고정자산은 되도록 보유하지 않고 아웃소싱으로 자본효율을 높여 제품가격을 더욱 낮출 수 있다.

② 소품종 대량생산을 통한 생산원가절감 & 재고의 부담을 줄이기 위해 묶음 상품 판매

한 품목을 대량생산함으로써 생산원가를 낮춰 상대적으로 싼 가격에 출시할 수 있고, 출시한 제품을 모두 판매하여 재고를 남기지 않는다. 잘 안 팔리는 아이템은 '1 + 1' 행사나 수시할인 코너를 마련해 소진시켜 재고비용을 제로(0)로 만든다. 이는 철저한 수요예측과 계획생산, 판매 시스템을 통해 이룰 수 있었던 유니클로의 성공 요인 중 하나라고 할 수 있다.

(3) Place

① SCM과 TCM을 이용한 효율적인 생산 시스템

유니클로는 중국 공장과의 다이렉트 커뮤니케이션을 깊이 있게 하고, 중국-분사의 정보 시스템의 정비를 위해 단품 대량생산에 의한 SCM체체를 확립하였다. SCM은 고객이 원하는 상품을 적량 적시 매장 앞에 갖추기 위해 판매와 생산을 연동시키는 시스템을 말한다. 그러나 SCM만을 활용할 경우 상품의 재고가 발생할 수가 있어, SCM의 리스크를 극복하기 위해 유니클로가 구축한 시스템이 바로 TCM이다.

TCM은 본사를 기점으로 점포와 공장을 온라인 시스템으로 연결하여 실시간 정보관리를 가능하게 하는 시스템을 말한다. 이때 디자인과 계획은 일본에서 기획하고 생산은 중국에서 하게 되는데, 매장에서의 재고 등을 중국 현지 공장에 실시간으로 보고되어 또 다시 발주하는 낭비를 최소화 하는 생산 시스템을 갖추고 있다. TCM과 SCM의 활용으로 유니클로는 QR이 가능하고 재고도 막을 수 있어 매우 효율적인 유통시스템을 갖추고 있다고 할 수 있다.

② 교외와 도심의 상권 확보

유니클로는 초기에는 교외를 중심으로 상권을 전개하였다. 의류 구입처가 없는 교외의 주택지에서 손쉽게 접근할 수 있는 패스트푸드 형태의 매장을 개설하여 감각적인 캐주얼 의류를 선보이면서 새로운 형태의 마켓을 창조하였다. 낮은 가격과 부담 없는 인터내셔널 캐주얼이라는 컨셉으로 교외의 상권을 장악한 유니클로는 점점 교외 상권이 활성화되고 경쟁이 치열해지면서 1998년부터 유통의 중심을 교외에서 도심으로 옮기기 시작하고 폭발적인 신장세를 기록하였다. 이는 교외와 도심, 양쪽의 상권을 확보할 수 있는 계기가 되었으며, 어디서나 접할 수 있는 의류라는 이미지의 시장에도 한몫을 하였다.

(4) Promotion

① 공격적인 광고전략, 매장 디스플레이

유니클로는 도심에 출점을 진행하면서 1999년 나이키의 'JUST DO IT' CF로 유명한 미국 광고대행사 와이덴&케네디(W&K)와 제휴를 맺고, 대대적인 TV광고와 함께 전단지 광고, 신문의 전면광고도 함께 병행하였다. 유니클로는 폭넓은 고객층을 대상으로 하고 있기 때문에 광고에 어려움이 있었다고 한다. 그러나 유니클로만의 특유의 개별고객 광고와 저비용으로 효율성 있게 광고를 하기 위해서 자신 있는 단품으로 상품을 압축하고, 상품의 구매층을 전망한 후, 그 구매층에 맞는 광고 전략을 세워 나갔다.

실제 유니클로가 지금의 자리에 올 수 있었던 히트상품인 '스트레치 팬츠'와 '폴라플리스'는 W&K사의 이미지 광고를 통해 싸구려 이미지를 벗고 저렴하지만 좋은 제품을 공급하는 회사라는 이미지를 만들었다.

브랜드 네임이 유니크한 오리지널 의류를 판매하는 창고임에 맞추어 유니클로의 매장은 창고 같은 형태를 이루고 있다. 바구니를 들고 갖고 싶은 상품을 골라 계산대로 가는 일종의 셀프 셀렉션 스타일 판매방식이다. 저렴한 가격의 의류를 판매하지만 그 이상의 값어치가 느껴지는 점포, 상품, 집기, 진열, VMD를 융합해 기존의 값싼 이미지에서 탈피하고 새로운 가치를 창조하였다. 또한 디스플레이와 진열을 유기적으로 연동하고 셀프 셀렉션으로 판매할 수 있는 VMD 시스템을 확충하는 등 고객의 편의에도 초점을 맞추고 있다.

② 콜라보레이션 마케팅

유니클로는 다양한 문화를 만나 볼 수 있는 UT를 제작하고 있다. 이미 2011년의 UT는 높은 감각의 디자이너와 해외 유수 패션브랜드는 물론 일본의 애니메이션 및 영화 등과 손잡아 다양한 라인업을 선보이고 있다. UT 라인업에 이슈가 되는 콜라보레이션이 진행되었는데, 2월 빅뱅과 유니클로의 합작 유니클로 빅뱅UT 시리즈는 남녀 기본 반팔 티셔츠와 스웨터 집업 등 다양한 종류에 화려한 컬러를 사용하고, 빅뱅을 상징하는 로

고를 새겼다. 그 결과 빅뱅의 화려한 컬러와 유니클로 특유의 심플한 옷이 만나 완벽한 콜라보레이션 성공작을 만들어 냈다. 특히 빅뱅 콜라보 티셔츠 발매를 기념하기 위해서 하라주쿠에 위치한 유니클로의 외관과 실내 인테리어를 빅뱅 스타일로 꾸미고 매장 3개 층 중 한 층 전체를 빅뱅 콜라보 상품을 판매하는 파격적인 프로모션을 진행하였다. 그 결과 일부 매장에서는 완판되었고, 빅뱅 유니클로 UT 시리즈는 역대 아이템 중 단일 최고판매량을 기록했다.

5. 유니클로 성공전략

(1) 파트너형 수직 계열화

유니클로는 기획에서 생산까지 직접 담당하는 수직 계열화 체제, 즉 SPA체제를 구축하였다. 그러나 유니클로의 수직적 통합은 'make'형, 자체공장 체제가 아닌 '파트너'형, 즉 전략적 제휴 체제로 볼 수 있다. 전체 생산의 90%를 담당하는 중국을 중심으로 약 70개사의 파트너와 거래를 하고 있는데, 이들을 장기간 함께하는 파트너로 인식하고 적극적인 기술지원과 철저한 품질관리를 통해 100만 단위로 대량 생산되는 상품에 대해서도 높은 품질을 유지하고 있다. 기술적 부분은 일본 섬유산업에서 30년 이상의 경험을 가진 기술자 집단인 유니클로 '마스터팀'이 담당하며, 방적, 방직, 직포, 염색, 봉제, 마무리, 출하에 이르기까지 공정관리 전반에 걸친 기술을 파트너 공장에 전수하고 있다. 아울러 상하이, 심천, 호치민 등 주요 생산거점의 생산관리사무소에 주재하는 170여 명의 유니클로 생산관리담당자가 매주 공장에 가서 품질을 체크한다. 수직적으로 계열화된 기업 구조 속에서 이른바 '토털 프로듀서'를 지향하는 것도 패스트 패션의 근간이 되는 빠른 의사결정과 소비자 욕구 반영을 가능하게 해준다. 토털 프로듀서란 가치사슬 전 과정의 담당자들이 함께 모여 의사결정을 하는 시스템을 말한다.

(2) 소품종 대량생산

유니클로의 특징적 전략 중의 하나는 기본형 위주의 소품종을 대량으로 생산한다는 점이다. 소품종 대량생산 전략은 생산비가 저렴한 중국을 생산기지로 활용하는 전략과 함께 저가격전략을 가능하게 하는 중요한 기반이 된다. 규모의 경제와 저렴한 인건비가 생산원가 절감의 중심축인 셈이고 원자재도 전량 구매하여 파트너 공장에 공급함으로써 소재 원가절감도 꾀하고 있다. 시즌별로 '캠페인 상품'을 정해 집중 판매하는 전략을 구사하고 있는데 여름에 폴로티 · 프린트 티셔츠, 봄 · 가을에는 니트 · 가디건, 겨울엔 히트텍 · 플리스 재킷 · 다운점퍼 등을 내세우고 있다. 판매 아이템은 매년 비슷하며 그해 트렌드에 맞춰 소재, 색상, 디자인을 조금씩 바꾸는 식으로 개발비를 최소화하고 있으며 더불어 소매가를 낮게 유지할 수 있는 것은 최신의 유행에 기반해 상품 계획을 크게 바꾸지 않으므로 가능한 것이다. 즉, 공장의 생산 용량을 미리 확보하고 트렌디한 아이템을 기존계획의 큰 변동없이 꾸준히 생산함으로써 기타 비용을 줄일 수 있는 것이다.

(3) 1승9패 전략

'1승9패'는 야나이 회장이 2003년 출간한 책 이름이자 본인의 경영철학이기도 하다. 아홉 번 실패해도 한 번 크게 성공하면 모두 회복하고 남는다는 것인데 야나이 회장은 경영자가 연전연승한다는 것은 새로운 것을 시도하지 않았다는 것을 의미한다고 말한다. 다만 실패를 실패로 거듭하는 것이 아니라 다음 성공의 열쇠로 삼아야 한다는 점을 강조하고 있으며 실패했을 때 빨리 인정하고 냉정히 그 원인을 분석해 성공의 밑거름으로 삼는 것이 중요하다는 것을 강조한다. '사양산업'이라는 부정적 인식 속에서 유니클로를 탄생시킨 배경이나 업태, 상품, 매장 등에 새로운 시도를 끊임없이 이어가는 유니클로의 성장 배경에는 야나이 회장의 이러한 도전의식이 깔려 있다. 의류제조 및 유통 사업을 통해 비교적 단기간에 일본 최고 부자 위치에 오른 배경이기도 하다.

(4) 소재개발

'싸고 좋은' 옷의 '빠른' 공급에 필수적인 품질 좋은 소재의 안정적 확보를 위해 소재개발에도 주력하고 있다. 유니클로는 R&D, 상품기획팀, 소재기획팀, 생산공장이 연계되어 소재를 개발 · 공급하는 전략을 추진한다. 신소재 개발은 소재 제조업체와의 전략적 제휴를 통해 이루어지는데, 도레이 주식회사와의 전략적 파트너십이 대표적 예다. 이 제휴를 통해 개발된 발열 보온 소재 '히트테크(Heattech)'는 기능성이 뛰어난 히트작으로 꼽히고 있다. 이 소재를 활용한 보온내의 히트테크는 출시 후 1년간 일본에서 2,800만 매가 팔리는 경이적인 기록을 가지고 있다.

(5) 추가생산 · 재고란 없다

유니클로는 한 품종을 대량생산하되 출시한 제품은 모두 팔아치우는 것으로 유명하다. 유니클로가 한 품목을 100만 장 이상 생산하면서도 재고를 남기지 않는 것은 철저한 수요예측에다 계획생산 · 판매 시스템에 탁월한 노하우를 가지고 있기 때문이다. 한 품목당 30～45일 정도 판매기간을 정해놓고 하루 단위로 세밀하게 목표 판매치를 설정하여 '완전판매'한다. 인기 품목이라도 이 기간이 지나면 더 만들지 않고 신상품으로 대체한다. 만약 잘 안팔리는 제품이 있다면 1+1행사나 수시할인 코너를 마련해 소진시켜 재고비용을 '0'로 만든다. 추가생산이 없다는 점은 소비자들에게는 새로운 브랜드 이미지가 생겨난다. 바로 '유니클로에서 좋은 제품을 놓치면 다시는 기회가 없다'는 인식이 뿌리 박히는 것. 이는 다음 제품의 판매에 영향을 미친다. '유니클로에 신상품이 나왔다'고 선전하면 곧 '다팔리면 더 이상 살 기회가 없다'는 반응이 나오고 일단 사든 사지 않든 우선 매장에 들러야 마음이 편해진다는 이야기이다. 유니클로의 이러한 전략은 기존의 판매생산에 대한 원칙도 무너뜨리고 있는데, 원래 잘팔리는 상품이 있다면 더 찍어서 파는 것이 정석인데 유니클로는 이러한 상식을 무너뜨리는 방식으로 오히려 브랜드 전략을 강화하고 있다.

(6) 품질은 백화점급, 가격은 시장급(글로벌 분업, 원가절감, 품질관리 철저)

불황기에 소비자들은 가격이 싸더라도 싸구려 티가 나지 않는 고품질제품을 선호한다. '품질은 백화점급, 가격은 시장급'인 유니클로가 더욱 각광받는 이유이기도 하다. 티셔츠 9,900～1만 9,900원, 니트 · 가디건 2만 9,900～3만 9,900원, 청바지 4만 9,900원 등 '착한' 가격덕에 10만 원 안팎이면 2～3가지 살 수 있다. 유니클로 마니아들은 '단순히 싸기만 한 게 아니라 소재 · 패턴 · 바느질 상태 등 품질 면에서도 흠잡을 데가 없다'고 입을 모은다.

(7) 로고를 숨긴다(어린이부터 젊은 층, 가정주부, 노인까지 10～80대가 모두 고객)

'언제 어디서든 누구나 쉽게 입는 생필품 같은 옷'이 유니클로가 표방하는 전략. 이는 로고를 드러내지 않기에 가능하다는 분석이다. '폴로' '갭' 등 유명 캐주얼 브랜드들이 로고로 차별화를 꾀하지만 유니클로는 겉만 봐선 구별이 안 된다. 일반 브랜드들은 연령대가 맞지 않으면 구입하기 부담스럽지만 유니클로는 모든 연령층이 소화할 수 있고 매일 입어도 티나지 않는다는 점을 강조한다. 그래서 유니클로 고객들은 마트에서 생필품을 구입하듯 같은 디자인의 셔츠, 가디건, 니트 등을 색상별로 여러 벌씩 산다. 이런 다량 구매는 폭발적인 매출 신장을 끌어내는 밑바탕이 된다.

(8) 유니클로의 사무실엔 4가지가 없다.

① 개인 책상이 없다

직원들 개인 책상 사무실엔 4~5명이 함께 둘러 앉을 수 있는 라운드 테이블이 여기저기 놓여져 있을 뿐이다. 직원들은 아침에 출근하면 사무실 입구에 있는 사물함에서 자기 사무용품을 챙겨 들고 빈자리를 찾아 앉는다. 전화는 유선전화 대신 자신 고유번호가 있는 사내용 PCS휴대폰을 이용. 회의가 필요한 경우 참석자들이 한 테이블에 앉아서 각자 일하다가 수시로 구수회의를 하기도 한다. 프로젝트성 일이 많은 만큼 유연하고 빠르게 일처리를 하도록 하기 위한 아이디어이다.

② 회의실에 의자가 없다

회의를 모두 서서 하라는 얘기. 서서 회의를 하다보면 앉아서 할 때보다 빨리 끝난다. 오래 서 있으면 피곤하니까. 대부분 회의는 10분 내에 끝나는 게 보통이다. 핵심만 빨리 짚고, 각자 할 얘기만 하고 끝낸다. 쓸데없이 회의를 길게 하지 말라는 의미이다.

③ 업무 중 대화가 없다

유니클로 회사의 사무실에서는 회의나 전화통화 외에 옆자리 동료와 얘기를 주고받는 경우가 거의 없다. 사무실 한켠에 독서실처럼 칸막이 책상이 놓여 있는 '집중업무실'에선 특히 그렇다. 이곳에 들어가 일할 때는 아무도 말을 걸지 않는 게 규칙이다. 휴대폰도 끄고 들어가야 한다. 사무실에선 업무에만 집중할 수밖에 없는 분위기이다.

④ 오후 7시 이후 조명이 없다

모든 직원은 7시 이전에 반드시 퇴근해야 한다. 오후 7시에 사무실 조명을 끄는 것은 절대 야근을 하지 말라는 조치다. 낮에 열심히 해서 업무를 빨리 끝내고 퇴근도 빨리 하라는 의미이다.

6. 향후 전망

FAST RETAILING 그룹의 유니클로는 현재 다른 SPA브랜드(ZARA, H&M, GAP)에 비해서 규모나 매출 면에서 뒤처지는 편이다. 하지만 기업은 상당히 성장하고 있는 상황이고 아직 개척하지 않은 시장이 많으므로 그러한 시장을 개척한다면 앞으로의 성장가능성이 매우 높은 기업이라고 할 수 있다. 그리고 현재까지 사용되고 있는 다양한 전략과 광고들을 잘 활용하고 SPA브랜드들의 장점인 빠른 대응이 가능하다는 점을 이용해서 고객들의 욕구를 잘 파악해서 시장에 대응한다면 앞으로도 Yanai가 2020년까지 목표로 하는 5조 엔 달성에 한 발짝 다가갈 수 있을 것이다.

참고문헌

1. 서적

『야나시 다다이 유니클로 이야기』, 가와시마 고타로, 비즈니스 북스

『1승 9패 유니클로 처럼』, 김성호, 위즈덤북스

『 유니클로제국의 빛과 그림자』, 요코다 마스오, 서울문화사

『 왜 유니클로만 팔리는가』, 가와시마 고타로, 오늘의 책

2. 웹사이트

http://www.fastretailing.com

http://www.uniqlo.com

http://www.zara.com

http://www.hm.com/kr

http://www.gap.com

3. 기타

Harvard Business School Case

http://www.nocutnews.co.kr/Show.asp?IDX=2461978

http://www.edaily.co.kr/news/NewsRead.edy?SCD=JC21&newsid=01295606599730968&DCD=A00302&OutLnkChk=Y

http://news.mk.co.kr/newsRead.php?year=2012&no=172117

http://news.mk.co.kr/newsRead.php?year=2013&no=229862

http://www.edaily.co.kr/news/NewsRead.edy?SCD=JC21&newsid=02597766596348304&DCD=A00302&OutLnkChk=Y

http://stylem.mt.co.kr/styview.php?no=2011030309125422366&type=1

토의질문

01 유니클로의 성공요인은 무엇인가?

02 SPA브랜드의 특징은 무엇인가?

03 유니클로가 경쟁사인 ZARA, H&M 그리고 GAP과의 차이점은 무엇인가?

04 유니클로의 STP전략을 분석하시오.

05 향후 유니클로가 지속적인 경쟁우위를 위해 필요한 것은 무엇인가?

경영사례 3 농심라면의 중국시장 STP전략

농심은 라면, 스낵 등을 생산·판매하는 식품 전문 업체로서 1965년 9월 18일에 설립된 이래 국민들의 사랑과 성원을 바탕으로 국내 식품업계에서 정상의 자리를 차지하고 있다. 최근 정보화와 세계화를 추구하면서 식품산업을 바탕으로 회사의 역량을 최대한 발휘하고, 토탈적인 생활 문화와 서비스를 제공하여 대내외 고객의 건강과 삶의 기쁨을 창조하는 기업이 되고자 최선의 노력을 다하고 있다.

농심은 국내 라면 시장의 최강자로서 70%를 상회하는 압도적인 시장점유율을 확보하고 있다. 주력사업인 라면, 스낵 외에도 삼다수, 웰치 주스를 비롯한 음료사업에 진출했으며, 무균밥, 만두, 햄 등 가공식품 분야로 최근 활발히 사업 영역을 확장해 나가고 있다.

농심은 회사 설립과 동시에 자체 연구소를 설립, 지속적으로 신제품 개발에 주력했으며, 현재도 100여 명의 석·박사들에 의해 연구활동이 이루어지고 있다.

농심의 또 다른 강점은 원가경쟁력이다. 월등한 시장점유율을 근간으로 농심은 안성, 구미에 완전히 자동화된 생산라인을 보유하고 있다. 또한, 중국 현지에 수프 원료를 생산할 수 있는 현지 공장을 건설하여 상대적으로 낮은 가격에 수프 원료를 조달(임가공)하고 있다. 한편 농심은 성공적인 국내 사업을 발판으로 자사 브랜드의 세계화에 적극적으로 나서고 있다.

농심은 자체 브랜드의 라면과 스낵을 중심으로 세계 80여 국가에 수출하고 있으며, 보다 장기적인 안목으로 주변국가의 식문화를 연구해 왔다. 이미 중국에는 상해, 청도, 심양에 현지 법인을 설립하였고, 북경, 광주, 도쿄에 3개의 현지 사무소를 운영하고 있다. 판매 수량을 기준으로 세계 최대의 라면 시장으로 평가되는 중국 시장에서 농심은 대도시를 중심으로 이미 3~4위권의 브랜드 인지도를 확보하였으며, 2005년은 중국 사업의 흑자 원년이 될 것으로 기대되고 있다. 북미지역에서는 LA, 뉴욕, 토론토 등에 지사 및 사무소를 두고 매운맛의 원조로서 시장의 발판을 굳혀 나가고 있으며, 최근에는 미국 사업을 본격화하기 위해 현지 공장을 건설하고 있다. 일본지역에서는 5개 주요도시에 판매거점을 확보하고 현지 영업을 확대해 나가고 있다.

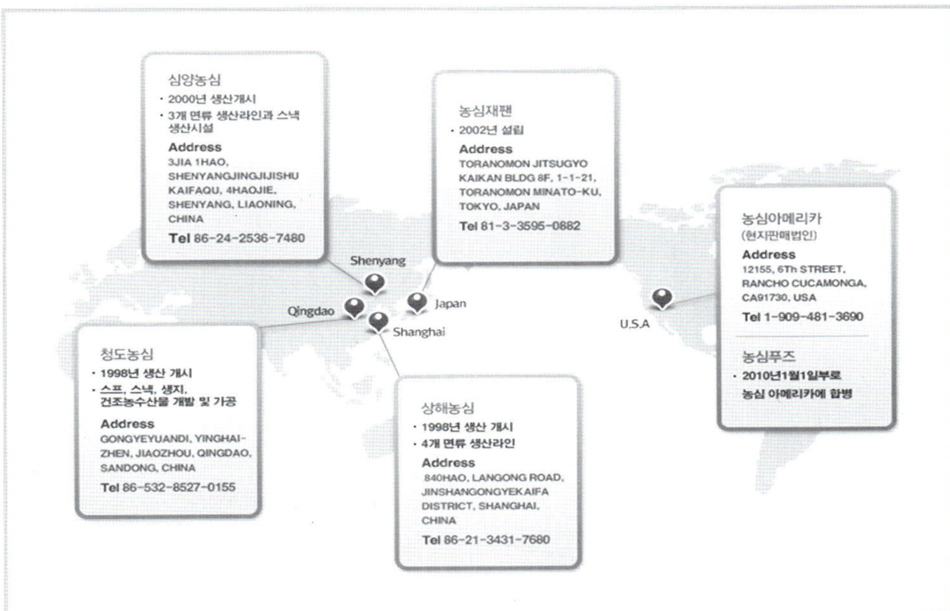

본 사례는 농심이 소비재 생산, 판매사업의 중국진출과 관련하여 대표적인 식품부분에 진출하여 성공적으로 브랜드를 정착시킨 농심라면의 사례를 통하여 중국의 소비재 생산, 판매사업에 진출하고자 하는 기업들의 좋은 모범을 보여주고 있다.

1. 국내 라면시장의 포화상태

1960년대 초부터 꾸준한 성장세를 보였던 한국의 면류시장이 90년대부터 (−)의 성장을 보이기 시작하였다. 농심라면은 그 당시 면류시장에서 높은 시장점유율을 유지하고 있어 안정적인 시장유지는 가능하였으나 국내시장이 포화상태에 이르게 되자 더 이상 성장기회를 국내에서 얻기는 쉽지 않다고 판단, 장기적 성장을 위해 해외시장의 진출기회를 모색하게 되었다.

반면 1980년대 후반에 형성되기 시작한 중국의 라면시장은 소비규모가 1990년 14억식에서 1996년 151억식으로 급격히 늘어나고 있었다. 반면에 일인당 소비량은 한국, 대만, 홍콩, 일본에 훨씬 못미치는 초기의 라면시장이 형성되어 있는 상태였다.

이처럼 거대한 소비인구와 지속적인 경제성장에 따른 개인소득 증가, 낮은 1인당 라면 소비량 등으로 볼 때 중국의 라면시장은 엄청난 매력적인 시장임에 틀림이 없었다. 비록 중국의 소비자 유통이 체계화되어 있지 않고 상거래의 관행이 정착되지 못

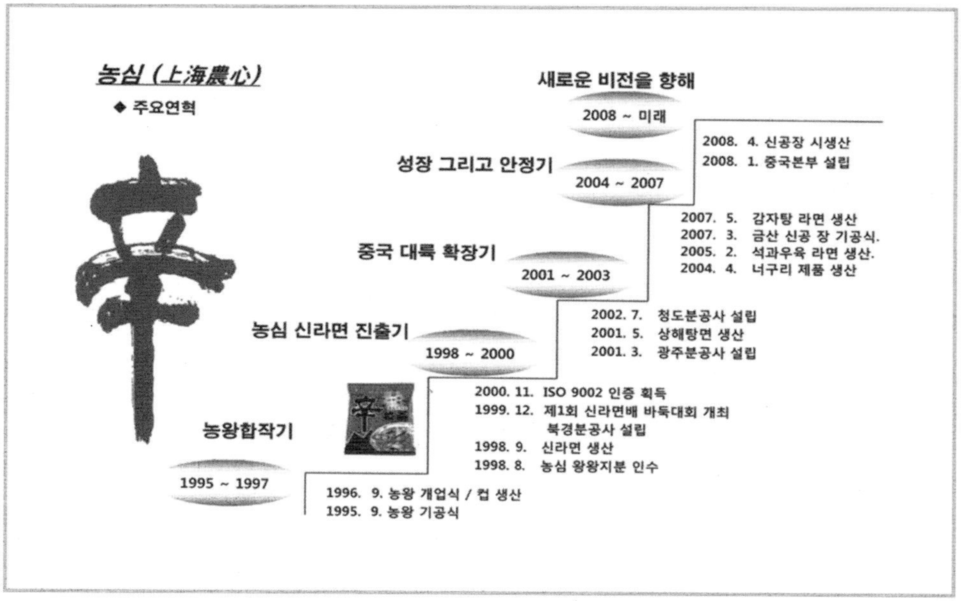

하다는 단점이 존재하기는 하였지만 농심의 입장에서는 중국시장의 선점을 위하여 이 같은 기회를 놓칠 수 없는 중요한 시기였다.

2. 중국시장의 STP 전략

(1) Segmentation

중국은 13억이라는 세계 제1의 인구를 가진 나라이다. 이 막대한 인구 모두를 대상으로 마케팅을 한다면 기업으로서는 감당하기 힘든 막대한 자금과 시간, 노력이 필요하다. 따라서 어떠한 기업이 중국에 진출하려면 중국이란 나라를 지역별이든 나이별이든 계층별이든 세분화가 있어야 한다. 시장을 세분화하는 방법은 여러 가지가 있겠으나 가장 손쉽게는 연령과 세대에 의해 '신세대층', '중장년층' 및 '노년층'의 3가지 집단으로 나누어 볼 수 있다. 신세대층은 변화에 가장 민감하고 혁신적인 소비성향을 보이는 계층이며, 청장년층은 변화에 적응하며 빠른 현대화 소비 경향을 보인다. 또한 60세 이상의 노년 소비층은 그 숫자가 매년 증가하는 추세이며, 개인 소득의 증가로 미래의 새로운 소비 주체로 부각할 가능성이 크다. 각 계층별 변화의 양상은 다음과 같다.

① 소비문화를 선도하는 신세대층

현재 중국 소비의 주류는 18~35세의 청장년층으로 볼 수 있다. 하지만 주목해야 할 것은 시간이 지남에 따라 지금의 신세대층이 점차 소비의 주류로 부상하고 있다는 점이다. 이들 신세대층은 기성세대와는 판이하게 다른 성장 배경 속에서 자라왔다. 70년대 후반 이후에 출생한 이들은 문화대혁명과 같은 비극적인 역사를 겪지 않았으며, 개혁 · 개방의 단 과실만을 맛보며 성장해왔기 때문에 소비 성향이나 라이프스타일 등이 기존 세대보다 훨씬 선진화되어 있는 것이 사실이다. 여기에 더해서 76년부터 시행된 정부의 산아제한 정책으로 인해 형제가 없이 귀하게만 자란 '소황제'의 기질은 기성세대의 근면 검소함과 대비되는 특성으로 볼 수 있다. 조사에 의하면 북경의 일반 가정에서는 가구 지출의 약 66%가 자녀에게 집중되고 있는 것으로 나타났으며, 현재까지도 도시 가구 지출의 50~70%가 이 '소황제'를 위한 소비에 쓰여지고 있다. 이러한 현상은 신세대층의 소비 행태에 그대로 반영되고 있다. 몇 년 전 '북경 자전거'라는 영화가 있었는데 그 영화를 보면 한 청소년이 자신이 원하는 고급 자전거를 구입하기 위해 아무 죄책감 없이 부모의 돈을 훔치는 장면이 나온다. 이것은 자신이 원하는 것은 꼭 손에 넣어야 한다는 중국 신세대층의 소비 심리를 단적으로 보여준 것이다. 이들의 소비 행위는 더 이상 필요한 것을 구매하는 차원이 아니라 자신과 가족의 삶을 질을 높이고, 소비 행위 자체를 즐기는 수단으로 바뀌고 있다.

② **실질적 소비의 주체, 중장년층**

기본적으로 구매력을 갖춘 중장년층이 중요한 소비 주체임은 두말할 나위가 없다. 이들은 20여 년에 걸친 경제 개혁을 이끌어 낸 주인공이며, 소비의 주체이다. 또한 이들은 다시 몇 가지의 세분 집단으로 나누어 볼 수 있다. 온포족, 소강족 등 상대적으로 소득이 낮은 계층은 소비의 성향이 매우 보수적이며 안정적 생활을 지향한다. 반면 소득이 높은 개인 사업가, 외국 기업 종사자, 전문직, 연예인 등의 계층은 서구 문화를 추구하며 상당히 소비 지향적인 성향을 보인다.

③ **미래의 소비자, 노년층**

1996년을 기준으로 중국의 60세 이상 노년층은 이미 1억 1천만 명을 넘어섰으며, 2001년에는 약 1억 3천만 명에 달할 것으로 보인다. 또한 정부가 9월 9일을 '경로의 날'로 제정하고 노인 복지법 등을 개정하는 등, 최근에는 노년층의 사회적 지위도 상승하고 있다.

(2) Targeting

농심 신라면은 소비경향이 크고 안정적인 생활을 하는 소득이 높은 소비자층과 소비력이 강한 신세대를 타깃으로 잡았다. 즉 신라면은 13억 중국 인구 중 6%인 7,800만 명에 이르는 고소득층을 겨냥한다. 그 중에서도 농심은 상하이 라면시장만을 선택한다. 상하이 인구는 1,700만 명이다. 중국에서 가장 소득이 높은 지역이다. 동시에 현대적 유통시장이 가장 발달해 있다. 일반적으로 시장점유율 6%면 시장에서 간신히 살아남는 군소업체에 불과하다. 하지만 막대한 인구를 가진 중국시장이기에 비록 6%이기는 하지만 확실한 타깃 마케팅을 할 수 있고 많은 수익을 올릴 수 있는 것이다.

① **지역변수** : 중국 상하이 지역

② **인구통계학적 변수**

- 사회계층 : 상하이의 중상류층

• 소득 : 중산층 이상의 일정 소득 이상의 가정
• 나이 : 18～35세 신세대층

③ **행동적 변수** : 경제성보다는 보다 좋은 품질의 제품을 선호

(3) Positioning

똑같은 제품, 똑같은 품질, 똑같은 성능을 가지고 경쟁사와 판매경쟁을 한다면 그 제품의 판매는 쉽지 않을 것이다. 그러나 자사 제품이 경쟁사 제품보다 우수하거나 다른 용도가 있다면(제품의 차별화 : Differentiation) 판매가 용이하게 될 것이다. 따라서, 시장 세분화를 통해 자사와 경쟁사의 제품력과 품질, 가격 등을 비교하여, 자사의 강점을 차별화하여 Positioning하는 전략은 중요한 마케팅 요소임에 틀림없다.

농심은 신라면은 다른 라면과 달리 매운맛을 강조했고, 첫째 경영목표인 고급이미지 심기에 일단 성공했다는 평가를 받고 있다. 소득 수준이 높은 상류층을 집중 공략한 것이 주효했다고 보여진다.

고소득층을 겨냥한 농심 신라면은 고품질 전략을 시행하였다. 처음 농심 신라면의 진출 도시가 상하이인 것도 상하이가 중국의 도시 중 고소득층이 가장 두텁기 때문이었다. 농심은 모든 제품에서 넘버원(No.1) 브랜드 전략을 지향하고 있다. 넘버원 브랜드 전략을 고수하는 것은 유통업체들과 긴밀한 협력체제를 구축할 수 있기 때문이다. 잘 팔리는 제품은 유통업체에도 이익이 되는 만큼 유통업체 스스로 판매를 늘리려고 애쓴다는 설명이다. 넘버원 제품의 확대가 불황을 이기는 비결인 것이다. 상하이 시장에서도 주요 공략 대상을 대형 할인매장으로 제한했다. 중국에서 월마트나 까르푸 같은 할인매장은 단순한 슈퍼마켓 이상으로 의미가 있다. 중류층 이상이 쇼핑하는 장소로 시장에서 오피니언 리더 구실을 한다. 할인매장에서 잘 팔리는 제품은 구전효과가 만만치 않다. 덧붙여 중국 내의 '한국 브랜드인지도' 식품 면에서는 농심이 1위를 차지하는 쾌거를 이뤘다. 또 다른 이유도 있다. 흔히 중국에서 외상 거래는 판매 대금을 뜯기는 지름길이라고 한다. 아니면 외상매출금 회수 때문에 대리점에 끌려 다니는 사례도 적지 않다. 대형 할인매장은 다르다. 대부분 다국적기업이 운영하고 중국 할인매장도 대기업들이 운영한다. 상하이에는 현재 대형 할인매장이 28개 있다. 농심은 현재 할인점, 연쇄점, 대리점 영업을 한다. 할인점과 연쇄점은 외상거래 위주다. 매출채권 회수기간은 평균 40일 정도다. 반면 대리점은 아직 철저한 현

S	라면을 구입하는 소비자들의 개성, 소득수준, 라이프 스타일, 직업, 교육수준의 요인에 따라 시장을 세분화
T	새로운 문물에 거부감을 드러내지 않는 신세대와 실질적인 구매력이 있고 안정적인 소비를 하는 고소득층을 공략, 고소득층이 발달되어 있으며 새로운 제품에 대한 거부감이 별로 없는 편인 대도시로 지역을 공략
P	뛰어난 기술력으로 고급화를 구축하여 고급브랜드라고 생각할 수 있도록 하고 타겟, 개방적인 고소득층이기에 가격에 중점

금 거래다. 먼저 대금을 갖고 와야 제품을 공급한다. 농심은 상하이 한 곳에만 집중적으로 공략하면서 유통망을 완벽하게 장악할 수 있었다. 상하이를 10개 지역으로 분류해 대리점, 연쇄점, 할인점에 대한 모든 자료를 철저하게 분석해 유통 전산망을 구축해 놓았다. 상하이 유통중심지인 구베이 까르푸 매장 인스턴트식품진열대에는 농심 신라면이 가장 눈에 띄는 좋은 위치를 차지하고 있다. 베이징 국제무역전시센터 옆에 있는 까르푸 매장도 마찬가지다. 슈퍼마켓에서 가장 좋은 진열 위치를 차지한다는 것은 그만큼 잘 팔리는 제품이라는 의미다.

3. 농심의 상하이 지역 진출

농심이 중국진출을 고민하던 1994년 당시는 한국의 식품회사들은 대부분 동북 3성인 길림, 흑룡강, 요녕 지역에 진출하였다. 그 이유는 그곳에 거주하는 조선족 동포를 통하여 한국 상품에 대한 인지도가 비교적 잘 형성되어 있어 쉽게 접근이 가능했고 판매를 할 수 있었기 때문이다.

그 당시 농심이 생산하는 라면도 이미 보따리상 혹은 수출형태로 상당량이 동북지방에서 소비되고 있어서 동북지역의 진입은 거점확보가 용이하고 물류비 절약, 단기간 내 판매량 증가 가능성 등 긍정적인 요인이 많았다. 그럼에도 불구하고 동북지역을 포기하고 중국의 심장이라 할 수 있는 상하이 지역을 선택한 것은 농심의 전략적 선택이었고 해외시장에서 농심라면의 신라면 브랜드를 알릴 수 있는 계기가 되었다.

제품생산과 소비지에 따라 선호를 달리하는 중국 소비자들에게는 최고의 소비도시로서 상하이 제품이라는 것이 큰 매력을 가진다. 이처럼 고급 소비재는 상하이에서 승부해야 한다. 상하이에서 성공한 브랜드는 전국적으로 확대하기 쉬우나 지방에서 성공한 브랜드는 전국적으로 판매하기가 쉽지 않다. 이러한 전략적 이유에서 농심은 상하이를 포기할 수 없었고 상하이에 공장을 설립하기로 결정하였다.

4. 농심의 합작투자의 실패와 직접투자를 통한 진출

중국의 관세는 1992년 평균관세율이 43.2%에서 점차 낮아져 1999년 이후 16.78% 수준으로 떨어지기는 했으나, 완제품과 소비제품의 관세율은 여전히 매우 높아서 심한 관세장벽이 구축되어 있는 상황이었다. 1995년 중국 진출 시의 관세율도 매우 높은 수준이었다. 또한 중국 라면 시장은 1,800여 개 업체가 치열하게 경쟁하는 시장이어서 관세로 인해 제품 원가가 올라갈 경우 신라면의 경쟁력은 낮아질 수밖에 없었다. 중국은 외국기업 투자 장려 정책으로 인해 각종 제도가 잘 정비되어 있는 편이었다. 저렴한 노동력과 값싼 원재료 확보가 용이하다는 것도 매력으로 작용했다. 또 라면의 신선도 유지기한이 생산 일에서 4개월 이내여서 수출보다는 현지에서 생산하는 것이 더 유리했다. 이러한 이우들로 인해 농심은 중국에 투자를 하기로 결정했다.

농심은 중국 진출 시 위험도가 적은 합작투자로 시작, 자생력을 갖춘 후 직접투자로 전환하는 전략을 선택하였다. 광활한 중국 영토를 커버할 유통망도 부재했고, 단시간 내 중국 국민의 기호를 파악한다는 것도 어려웠기 때문에 중국 현지 시장에 대한 지식을 가진 합작파트너와 협력하는 방식을 선택한 것이다. 파트너는 대만의 왕왕이라는 기업이었다. 이 회사는 이미 전국적인 유통망을 갖고 있었는데, 농심은 이를 통해 신라면을 유통시켜 유통비용을 절감하고자 했던 것이다. 한편 왕왕 측에서는 제과부문에서 라면으로 업종을 확대하고자 했는데, 대만 1위 업체인 팅이가 캉스푸 상표로 이미 진출해 있어 이를 따라잡기 위해 중국시장에 전략적으로 접근할 필요가 있었다. 이 때문에 1994년 왕왕 측에서 먼저 농심에 상하이 합작공장 설립을 건의하였고, 1995년 양사는 '상해농심왕왕식품 유한공사'를 설립해 중국에 진출하게 된다. 농심과 왕왕은 각각 50:50의 지분을 가지고, 생산은 농심 측이, 판매는 왕왕 측이 맡게 되었다.

그러나 농심과 왕왕의 합작은 오래 가지 못했는데, 그 이유는 양측이 동등한 지분을 갖고 모든 의사결정에 있어서 각자 기업의 이익을 추구하다 보니 경영상 충돌이 잦았기 때문이다. 결국 농심은 왕왕의 지분을 인수하여 100% 단독투자를 하게 된다. 농심이 단독투자를 선택한데에는 다음과 같은 이유가 있었다. 첫째, 1995년 진출 당시보다 중국시장에 대한 시장 지식을 쌓아 자신감을 갖게 되었고, 둘째, 단독투자를 해야 농심의 핵심역량 중 하나인 라면 수프 및 면발을 만드는 기술의 유출을 방지할 수 있었으며, 셋째, 단독투자 법인형태여야 한국의 본사와 유기적으로 연결되어 빠르게 성장하는 중국시장에 대한 신속한 의사결정을 내릴 수 있었기 때문이다. 단독투자로 전환한 뒤 농심이라는 회사 이름을 앞세운 광고와 홍보 활동을 펼친 결과, 이 회사는 훗날 제과 시장에 진출할 때도 유리한 입장에 설 수 있었다.

중국 진출 당시 업계에서는 우려의 목소리가 적지 않았다. 중국인의 입맛과 한국인의 입맛이 다르고, 이미 대만 업체들이 생산하는 저가 라면이 시장을 장악하고 있었기 때문이다. 중국인의 입맛에 맞는 라면을 개발할까도 생각했지만, 그런 것들은 중국인들이 가장 잘 만들기 때문에 우리는 우리 입맛으로 승부해야 한다고 결정을 내리고, 가장 자신 있어 하는 제품인 '신라면'을 전면에 내세우게 된다.

당시 중국의 라면 시장은 가격대 별로 크게 양분화되어 있었는데, 중가 시장은 쇠퇴하고 1.8위안 이상의 고가와 저가 시장으로 양분되는 양상을 보였고, 시장에서는 빠른 경제성장으로 중국 소비자들의 가처분 소득도 빠르게 증가하여 고품질 고가격 상품의 수요가 증가하는 상황이었다. 결국 농심은 고가 시장을 목표시장으로 삼게 된다. 즉 13억 중국 인구 중 6%인 7,800만 명에 이르는 고소득층을 겨냥하여 대도시의 1,000위안 이상 소득을 올리는 중산층을 대상으로 제품을 판매하기로 한 것이다. 이 계층의 특성은 품질을 중시한다는 것이다. 농심은 이 때문에 고품질을 고수하기로 하고, 신라면의 품질을 한국과 같은 수준으로 유지하는 등 맛과 품질 관리에 노력을 기울였다.

당시 농심은 한국시장에서 검증된 맛과 품질을 가지고 있었으며, 제품 생산에 관해 축적된 노하우가 있었다. 또한 장기간 주변 국가들의 식문화에 대해 연구해 왔으며, 식품제조에 대한 여러 지적재산권을 확보하고 있었다. 반면 농심이 주력제품으로 택한 신라면의 매운 맛을 중국인들은 전통적으로 즐기지 않았고, 이들이 주로 소비하는 제품이 봉지면이 아닌 용기면이라는 것, 이미 대만 업체들이 시장을 선점하고 있었다는 것, 그리고 다양한 먹거리가 발달하여 새로운 라면이 침투할 수 있는 여지가 적을지도 모른다는 점에서 불리점을 안고 있었다.

농심에서는 중국 소비자에게 매운 라면이야말로 진정한 라면이라는 것과 라면은 끓여먹는 것이라는 인식을 심어주기 위해, 진출 초기에 매출액의 절반 정도를 광고에 쏟아 부었다. 인쇄광고와 TV 및 시내버스를 활용한 옥외광고를 통해 라면은 끓여먹어야 제 맛이라는 캠페인을 전개했다. 농심의 첫 번째 TV 광고는 부자가 출연하여 아버지가 "라면은 어떻게 먹어야 맛있지?"라고 물으면 아들은 "당연히 끓여먹어야 맛있죠."라고 답하는 단순한 내용이었는데, 이를 통해 라면의 조리방법이 조금씩 바뀌기 시작했다. 또 시식행사를 통해 소비자들의 선입견을 바꾸는 데 주력했다. 매운 맛에 익숙하지 않은 중국인에게 신라면의 맛은 화끈한 맛이었으나, 한 번 매운 맛에 빠지면 계속 찾게 된다는 것에 주목한 것이다. 이 때문에 사천성 출신의 덩샤오핑이 즐겨쓰던 말인 "매운 것을 먹지 못하면 남자가 아니다"라는 슬로건을 담은 광고를 상해와 북경 시내버스 광고판에 대대적으로 실었다. 이러한 인식 전환 노력으로 인해 농심은 중국 라면시장에서 가진 약점들을 차별화라는 장점으로 전환함으로써 신라면 고유의 이미지를 각인시켰다. 이러한 신라면의 마케팅 노력으로 인해 전체 고급 라면 시장에서는 방편면 대신 라면이라는 이름이 일반 명사로 쓰이고 있다.

농심은 또한 브랜드 인지도 상승을 위한 노력을 계속하고 있는데, 중국인들에게 인기가 많은 이창호 9단이 참가하는 '농심 신라면배 세계바둑 최강전'의 개최가 그 대표적인 예이다. 이러한 노력으로 인해 중국 전체 라면시장에서 농심이 차지하는 비율은 2%밖에 되지 않음에도 불구하고, 신라면은 상해 지역 라면 브랜드 지명도 3위로 인지도가 상승 중이며, 고가 라면이라는 이미지가 정착되고 있다. 현재 농심은 1.8위안 이상의 고급면 중 봉지면 시장을 40% 정도 차지하고 있는 것으로 파악된다.

농심은 1996년 9월 상해에 첫 번째 해외공장을 설립하여 라면을 생산하기 시작했다. 이 회사가 첫 번째 진출지로 상해를 선택한 이유는 다음과 같다. 신라면의 경우 가격이 상당히 높은 편이어서 법인 소재지는 인구통계학적으로 중산층 이상의 일정 소득을 유지하는 사람들이 많은 지역이어야 했고, 소비자 행태적으로도 가격 민감도가 작고 고품질을 선호하는 사람들이 많은 지역이어야 했다. 여러 도시가 후보에 올랐지만 소비력과 생산유통을 위한 기본시설 구비 수준 등을 고려할 때 상해가 가장 적합한 곳이었다. 진출 당시 상해에는 약 1,700만 명의 인구가 거주하고 있었으며, 중국 내에서 현대적 유통이 가장 발달해 있었다. 상해 공장은 대지 1만평, 연건평 4,300평에 라면제조설비 4라인을 설치하여 연간 4억 개 이상의 생산 능력을 갖추고 있다.

한편 상해공장에서의 판매가 본 궤도에 이름에 따라 청도와 심양에도 생산 라인을 설립했다. 1998년 청도에 제 2의 농수산물 가공 및 수프생산 공장을 완공한 데 이어, 2000년 11월에 중국 심양에 라면과 스낵 공장을 설립하였다. 심양 공장에서는 새우깡, 양파링, 쫄병스낵 등이 생산된다. 최근에는 이 두 공장의 비중이 점차 확대되고 있다.

5. 농심의 향후 전략

13억이라는 세계 최대 인구와 문화의 유사성, 한류 붐 등으로 성장 가능성이 가장 기대되는 중국은 해외사업의 첫 관문이다. 중국에 이미 진출한 국내 식품·외식 기업들은 올해를 분기점으로 삼아 중국 사업 확장을 위한 총력전을 벌일 계획이어서 어느 때보다 치열한 격전이 예고되고 있다. 중국, 그중에서도 세계 유수 기업들의 본·지사가 밀집돼 있는 상하이는 글로벌 입맛을 잡을 수 있는 테스트베드이기도 하다.

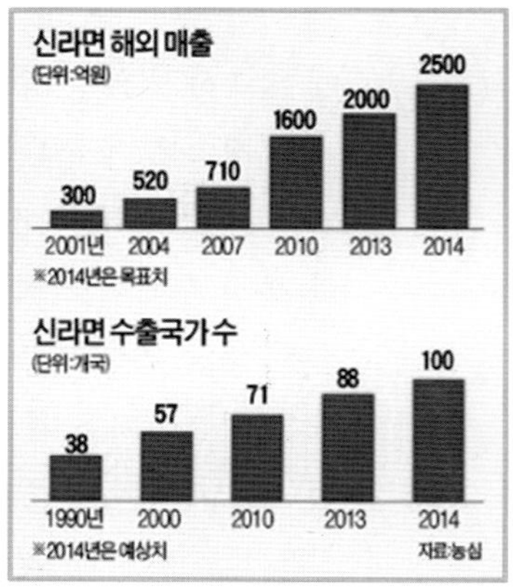

토의질문

01 농심라면의 중국진출 배경은 무엇인가?

02 농심이 중국의 동북지역이 아닌 상하지 지역을 선택한 이유는 무엇인가?

03 농심의 중국시장의 STP전략을 분석하시오.

04 향후 농심라면이 중국시장에서 지속적인 경쟁우위를 위해 필요한 것은 무엇인가?

chapter 08

경영혁신

chapter

08 경영혁신

제1절 경영혁신의 의의

1. 경영혁신의 개념

조직은 시간선상에서 변천해 가기 때문에 우리는 조직을 동태적인 현상이라고 부른다. 조직은 끊임없이 변동하는 환경의 도전을 받기 때문에 그것을 극복하거나 또는 거기에 적응하는 노력을 부단히 경주하지 않으면 스스로 정체되거나 위축 또는 사멸하는 운명에 빠질 수 있다. 시간의 흐름에 따른 조직의 우연적 변화가 조직에 유리하게 전개될 가능성도 없지는 않다. 그러나 대부분의 경우 조직의 의식적이고 작위적인 변동노력이 없으면 조직의 변동방향은 유리하게 전개되지 않는다.

그러므로 조직의 목표달성을 보다 촉진시키기 위해서는 그것의 자연적이고 우연적인 대응에만 떠맡길 것이 아니라 보다 바람직한 방향으로의 변화를 의식적 · 계획적으로 추진하고 인도할 필요가 있다. 특히 현대조직사회가 처한 환경은 날이 갈수록 급변하며 격동하는 장으로 변모해 가고 있다. 즉 행정조직의 규모의 확대, 기술의 변화, 조직구성원의 변화 등의 요인은 의식적인 조직변동노력을 촉구하는 압력을 가중시키고 있다. 지난 1960년대 이래로 조직의 의식적인 변동노력에 관한 많은 문헌이 쏟아져 나온 것은 바로 이러한 혁신의 문제에 집중하기 때문이다.

경영혁신이라는 단어는 경영과 혁신이라는 두 단어의 합성어이다. 우선 각각의 낱말이 지니는 본래 의미를 살펴보면 경영이란 사전적 활동, 현장 활동, 사후적 활동으로 구성되어 있으며 사후적 활동은 다음 경영의 사전적 활동에 대한 기초가 된다. 이러한 의미에서 경영이란 여러 가지 경영요소가 수평적으로 분화된 활동이 아니라 동태적으로 결합된 과정이다.

한 마디로 경영혁신이란 조직의 목적을 달성하기 위하여 새로운 생각이나 방법으로 기존 업무를 다시 계획하고 실천하고 평가하는 것이다.

환경은 끊임없이 변화하고 생물들은 이 변화하는 환경에 적응하는 능력을 가지고 있다. 만일 환경에 적응하지 못하는 생물이 있다면 그 생물은 더 이상 살아남지 못할 것이다. 생물뿐만 아니라 기업도 마찬가지다. 변화하는 환경에 살아남기 위해서는 자기혁신을 끊임없이 해야 한다. 우리나라 대기업이 줄줄이 부도가 나는 것도 자기혁신이 부족했기 때문이다.

2. 조직혁신의 개념

변화(change)란 용어는 변화의 방향, 즉 그것이 바람직하냐 그렇지 못하냐에 관계없이 중립적인 개념으로 사용되는 것인데, 이에 대해 혁신(innovation)이나 개혁(reform)이라는 용어는 바람직한 방향의 변화를 계획적 · 의도적으로 달성하고자 하는 개념으로 보통 사용된다. 여기서 다루고자 하는 혁신의 개념은 바로 후자의 개념인 바람직한 방향의 개혁을 의미한다. 이렇게 볼 때 조직혁신(organizational innovation)이란 '조직이 바람직한 방향을 설정하고 그러한 방향으로의 의도적 · 계획적인 변화를 유도하기 위하여 새로운 아이디어(idea) 등을 창출하여 이를 도입 · 실천함으로써 조직을 보다 바람직한 상태로 전환시키는 관리작용'이라고 정의할 수 있으며 조직은 부단히 변동하는 환경 속에서 존재하는 동태적 체제이므로 조직이 변화하는 환경을 극복하지 않으면 조직은 스스로 자멸에 빠지게 된다.

시스템적 관점에서 본 조직혁신(organization innovation)이란 조직과 환경 간의 정보교환을 통해 조직 그 자체가 스스로 조직의 시스템을 재조정하는 것을 의미한다. '조직과 환경 간의 정보교환'이란 주고 받는 정보의 내용과 교환시스템을 전제로 한다. 환경이 기업에 주는 정보는 기술의 변화 동향, 고객 욕구의 변화, 산업구조의 변화 등 다양하다. 기업이 환경에 주는 정보는 기업의 가치철학(경영 이념) 및 가치 있는 제품과 서비스이다. 교환시스템은 '등가 교환시스템'으로서, 기업환경이 '우리는 이렇게 변화하고 있습니다'라고 하면 기업은 '우리는 귀하의 변화에 발맞추어 이러한 철학으로 이러한 제품과 서비스를 제공할 것입니다'라고 응답하는 것을 말한다.

이러한 교환시스템은 교환의 속도 측면에서 빠를수록, 빈도 측면에서 많을수록 잘 작동된다고 할 수 있다. 즉, 정보교환의 빈도가 많을수록 정보의 '정확성'이 높아지고 정보교환의 속도가 빠를수록 환경의 변화(고객 욕구 변화 등)에 대한 대응의 '신속성'이 보장되는 것이다.

그렇다면 정보교환의 정확성과 신속성은 어떻게 확보되는가? 그것은 조직의 시스템을 재조정하여 확보될 수 있다. 조직시스템을 재조정한다는 것은 물류시스템, 생산시스템, 인적자원관리시스템, 영업활동시스템 등을 재조정한다는 의미이다.

그런데 최근의 기업 환경은 변화 속도가 빠르고 변화의 폭도 다양하다. 따라서 환경과의 정보교환의 정확성과 신속성을 높이기 위해서는 '끊임없는' 정보교환을 통한 '지속적인' 조직시스템의 재조정이 필요하다. 이를테면 올해 혁신하고 5년 후에 혁신하는 것이 아니라 상반기에 혁신하고 하반기에 혁신해야 하는 것이다.

조직혁신의 특징은 다음과 같다.

① 조직혁신은 계획적이며 목적 지향적인 성격을 가지고 있다.
② 조직혁신은 조직 내적 요인과 조직 외적 요인, 즉 환경적 요인이 복합적으로 작용하는 동태적 과정(dynamic process)이다.
③ 조직혁신은 인위적으로 현상유지를 타파하는 행동과정이므로 거의 언제나 현상유지적 세력의 저항을 다소간에 받기 마련이다. 따라서 저항의 원인과 양태를 진단하고 거기에 대처하여야 한다.
④ 조직 내외의 여건은 부단하게 변동하면서 조직 개혁의 필요를 창출하므로 조직 개혁은 다발적이고 지속적인 현상이다.
⑤ 조직은 구조적 · 기술적 · 형태적 측면의 개혁에 중점을 두며 조직구성원의 형태, 가치관의 변화를 모색하는 조직발전(organization development ; OD)이 중요한 전략이 된다.

제2절 경영혁신의 접근방법

1. 경영혁신 접근방법의 의의

혁신이란 "새로운 것"을 의미한다. 슘퍼터는 신결합이라는 말을 사용했다. 슘퍼터는 기존 방식에서 출발하여 점진적인 변화를 통해 지속적인 개선에는 큰 가치를 두지 않는다. 전통적인 대량생산체제의 목표는 생산성 향상이었다. 표준화를 통한 생산성 증대로 인하여 기업들은 시장점유율을 높일 수 있으며 가격경쟁으로 이윤을 향유할 수 있다. 이러한 세계는 혁신을 창출하는 경영풍토로는 적합하지 않다. 혁신적 경영풍토의 조성을 위해서는 다음과 같은 조건이 필요하다.

첫째, 새로운 아이디어를 이끌어 낼 수 있는 창조성
둘째, 참가자가 다양하게 행동할 수 있는 자율성
셋째, 정형화된 관성을 파괴할 수 있는 유연성

경영혁신이란 조직의 목적을 달성하기 위하여 새로운 생각이나 방법으로 기존업무를 다시 계획하고 실천하고 평가하는 것이다.

요컨대 경영혁신은 새로운 제품이나 서비스, 새로운 생산공정기술, 새로운 구조나 관리시스템, 조직구성원을 변화시키는 새로운 계획이나 프로그램을 의도적으로 실행함으로써 기업의 중요한 부분을 본질적으로 변화시키는 것을 의미한다.

2. 경영혁신 기법

1) 고객만족경영(Consumer Satisfaction Management : CSM)

고객이 제품 또는 서비스에 대해 기대하는 것 이상으로 충족시켜 고객을 감동시킴으로써, 다시 그 제품이나 서비스를 찾도록 만드는 것이다. 고객만족이 이익 창출을 위한 가장 중요한 수단이 된다고 보고 모든 경영활동을 이에 집중한다. 따라서 이 기법은 단순히 시장점유율을 늘리거나 원가절감이란 단기적인 목표보다 장기적인 관점에서 고객의 만족을 통한 수익구조를 만드는 데 목적이 있다.

2) 기업이미지 통합(Corporate Identity : CI)

기업이미지를 그 기업의 비전과 독특한 문화에 걸맞게 통합하는 기법이다. 환경 속에서 기업의 정체성을 확보해 기업의 사회적 역할과 기업과 종업원 사이의 공통 목표, 기업의 비전을 명확히 하는 데 목적이 있다. 기업비전과 사업구조에 맞춰 새로운 기업문화를 만들 때 중요하게 쓰여지는 기법이다.

3) 다운사이징(Downsizing : DS)

통상 다운사이징은 비즈니스 다운사이징을 가르킨다. 비즈니스 다운사이징은 필요 없는 인원과 경비를 줄여 낭비 조직을 제거하는 것이 목표다. 팀제, 명예퇴직, 성과보수체계 등이 구체적인 실현방법이다. 한편 정보 시스템 다운사이징은 근거리 통신망(LAN)을 이용한 기업의 전산화를 통해 네트워크상에서 정보를 처리하는 형태로 바꾸는 것을 말한다.

4) 리엔지니어링(Re-engineering)

비용, 품질, 서비스, 속도와 같은 기업의 핵심적 성과에서 극적인 향상을 이루기 위해 기업 업무 프로세스를 기본적으로 다시 생각하고 근본적으로 재설계하는 것을 말하는 것으로서 미국 MIT 대학의 마이클 해머교수가 수년 간의 비즈니스 컨설팅을 통해 창안해낸 것으로 1990년 '하버드 비즈니스리뷰지'에 이 개념을 처음 소개함으로써 전세계 기업의 경영혁신 운동에 새장을 열게 되었다.

5) 벤치마킹

벤치마킹이란 어느 특정한 분야에서 우수한 상대를 찾아 성과 차이를 확인하고, 이를 극복하기 위해 그들의 뛰어난 운영 프로세스를 배우면서 부단히 자기 혁신을 추구하는 기법을 말한다.

6) 리스트럭처링

리스트럭처링이란 시스템이나 조직을 새로운 방향으로 조정하는 것을 의미하는 것으로, 기업차원에서는 일반적으로 사업구조의 재구축, 즉 사업의 통폐합, 재편,

철수, 특정부문의 분리, 독립, 기존사업분야의 포기, 또는 새로운 사업분야의 개척 등, 사업구조에 있어서의 리뉴얼(renewal)을 말하며, 넓은 의미로는 타기업의 흡수합병, 글로벌화의 실천에 따르는 구조적 변화 및 새로운 조직문화의 창조 등도 포함하는 개념으로 사용되기도 한다.

모든 기업들이 리스트럭처링을 해야 하지만 특히 대기업과 다각화 참여 기업, 다품종 생산 기업은 가장 먼저 리스트럭처링을 심각하게 고려해 보아야 한다. 미국 GE사의 잭 웰치 회장이 취임하면서 가장 먼저 1등 또는 2등 할 수 있는 사업을 빼고 나머지는 모두 정리한 것이 좋은 예이다.

7) TQM

품질 개선은 기업의 생존의 문제다. 품질에 대해서도 여러 가지 잘못된 인식이 있다. 품질을 기능적인 면으로만 생각하는 경우가 대부분이다. 그러나 진정한 품질은 기능에 있는 것이 아니라 고객만족 달성 여부에 있다는 것을 간과해서는 안 된다. 기능을 만족시키는 품질이 아니라 감성을 만족시키는 품질이어야 한다. 또 생산공정에서의 품질이 아니라 디자인에서부터 그 후 모든 공정에서의 품질이어야 한다. 품질만족의 대상에 대해서도 인식이 바뀌어야 한다.

과거에는 최종 소비자만을 만족 대상으로 삼고, 내부 고객과 협력업체는 희생시키는 경우가 많았다. 그러나 지금은 그래서는 지속적인 품질만족은 이룰 수가 없다. 최종소비자와 내부 고객, 협력업체를 동시에 만족시킴으로써 장기적이고 근본적인 품질만족이 되는 것이다.

제3절 경영혁신 사례

경영사례 1 이스트만 코닥의 혁신실패

1. 혁신의 대명사 코닥

'오랫동안 기억하고 싶은 아름다운 순간'을 일컬어 '코닥순간(Kodak Moment)'이라고 한다. 카메라가 처음 등장하고부터 디지털 카메라가 보편화되기 이전까지 필름 카메라로 이미지를 캡쳐하는 것이 일반적이었던 시절, 한 세기에 걸쳐 이스트만 코닥(Eastman Kodak)의 'Kodak Moment'의 역사는 지속될 것으로 보았다.

1885년 코닥이 사진 · 필름을 개발하기 전까지 사진촬영은 전문 사진사들만의 업무였다. 커다란 사진기는 작동 방법도 복잡했고 사진을 찍을 때마다 무거운 유리 인화판을 바꿔야 했기에 사진 촬영은 거의 중노동에 가까웠다. 이에 착안한 코닥은 표적시장을 사진 전문가에서 일반 대중으로 바꾸었으며 나아가 일반인이 간편하게 사진 촬영을 할 수 있도록 사진 필름을 개발해 유티 인화판을 대체하였다. 여기에 그치지 않고 그들은 '브라우니'라는 카메라를 개발해 25달러 하던 사진기 가격을 파격적으로 1달러로 낮추어 1970년대 말까지 세계 사진관련 시정을 거의 석권하였다. 이처럼 표적시장을 바꾸어 비즈니스 모델을 혁신한 그들의 과감한 결단은 감탄을 자아내게 한다.

이런 가운데,

'코닥, 수 주 내 파산보호신청'

월스트리트저널(WSJ)의 기사는 우리 눈을 의심케 한다. 설립 131년을 맞은 코닥의 종말을 알리는 기사였다

월스트리트저널(WSJ)의 기사는 1970년대에서 1980년대의 코닥을 이렇게 회상한다.

1967년부터 이 회사에서 근무하다 은퇴한 로버트 세인브록(64)은 "당시 코닥은 현재의 애플이나 구글 같은 회사였다"며 사내 대학은 젊은 인재로 넘쳐났고 점심시간에

는 강당에 모여 영화를 보거나 농구를 즐겼다고 회상했다. 당시 미국에선 오랫동안 기록하고 싶은 순간을 코닥의 순간(Kodak moment)이라고 부르기도 하였다. 카메라 필름이 곧 코닥이라는 등식이 당연하게 받아들여지던 시대였다. 1976년 미국 필름 시장의 시장 점유율 90%가 코닥이었다.

이스트만 코닥은 미국 법원에 파산보호를 신청한데 이어 최근에 디지털 카메라 사업에서 철수하기로 결정함에 따라 많은 사람들이 다시금 코닥에 주목하게 되었다.

그런데 어쩌다가 파산이라는 암초를 코닥은 맞게 되었을까? 이처럼 100년간 주력 사업에 집중해서 시장을 선도해 온 코닥에게 도대체 무슨 일이 일어난 것일까?

이스트만 코닥의 시작

아마추어 사진가 였던 이스트만 코닥이 24살이 되던 해에 휴가를 계획하던 중, 동료로부터 여행을 기록으로 남기는 것이 어떻겠냐는 제안을 받고 습판방식과 관련된 모든 소품과 함께 사진 장비를 구입하게 된다. 그 당시 카메라는 전자레인지만큼 크고 무거운 삼각대가 필요했고 전체 장비를 다 챙기고 나니 "짐을 말 한마리에 실을 분량"이었으며 이러한 장비를 사용하여 사진을 찍는 방법을 배우는 데 5달러가 들게 됨을 알게 된다.

그리하여 그는 여행을 가지는 않았으나 사진에 흥미가 생겨서 사진 촬영에서 현상에 이르기까지 복잡한 과정을 간단하게 만들 수 있는 방법을 찾게 됨으로써 카메라의 역사가 시작된다.

> "버튼만 누르세요. 나머지는 저희가 알아서 하겠습니다."
> (You press the button, we do the rest.)

라는 슬로건을 내밀고 1888년, 조지 이스트만은 소비자들에게 간단한 최초 카메라를 출시하게 되며, 이렇게 함으로써, 번거롭고 복잡한 사진 촬영을 누구나 쉽게 할 수 있는 일로 바꾸어 놓는 계기를 만들었다.

1880년 이전만 하더라도 사진의 인화지를 뽑기 위해서는 그때마다 축축한 화학물질을 플레이트 위에 코팅시켜야 하였다. 사진 기술자인 조지 이스트만(George Eastman)은 코팅된 건판을 만들 수 있는 기계를 개발하였고, 1880년 로체스터에 회사를 설립하여 이들 건판을 판매하였다. 1901년 법인이 되었다.

일회용 카메라와 디지털 카메라, 사진 필름, 인화지, 건판, 디지털 스캐터, 디지털 데이터 저장 장치, 복사기, 전문 사진가용 장비 등을 생산했다. 이렇듯, 1880년에 설립된 이스트만 코닥(Eastman Kodak Company)은 세계 최초의 롤 필름 개발을 필두로 사진기와 인화지 등 수많은 사진 관련 제품을 쏟아냈고 거대한 필름 시장의 뜨거운 경쟁 가운데에서도 선두주자의 자리를 굳건히 지켜 왔었다.

> "역사는 나선형으로 진행한다. 한 시대가 그 전 시대로, 또는 그 전의 문제로 되돌아가곤 한다는 뜻이다. 포도주 병의 코르크 마개가 빙글빙글 돌아가면서 천천히 위로 올라가는 것처럼 역사도 이전 시대로 돌아가는 듯 하지만 사실은 수준이 점점 올라가는 것이다. 마찬가지로 우리는 아주 낮은 수준의 개인 기업가에서 탈피해 경영자로, 거기서 한 단계 높은 수준의 기업가정신으로 올라가는 중이다. 따라서 우리 시대의 기업가는 새로운 능력을 더 많이 획득해야 한다. 이 모든 능력은 본질적으로 혁신, 즉 이노베이션과 관련되어 있다. 그리고 이러한 능력은 회사나 정부, 비영리단체 같은 경영조직 안에서, 그리고 그런 경영조직을 통해서 발휘된다."

이렇듯, 코닥의 혁신은 새로운 능력을 더 많이 획득해서 경영조직을 통해 발현되는 이노베이션 중심 기업이었다.

코닥은 1888년 조지 이스트만이 창업한 이래 미국과 전 세계 가정에서 친근한 브랜드로 명성을 쌓아왔다. 1900년 내놓은 '브라우니'라는 1달러짜리 카메라로 인기를 끌었고 1935년 처음으로 컬러필름 '코다크롬'을 내놓았다. 1969년 인류가 달에 착륙하는 장면을 찍은 것도 코닥 카메라였다.

코닥이 최초로 개발한 휴대용 카메라는 사진을 대중화해 관련 산업의 폭발적인 성장을 이끌었다. 코닥은 풍부한 원천기술을 바탕으로 필름 시장에서 수십 년 동안 사실상의 독점 시대를 구가했다. 황금기의 필름 사업은 코닥에는 수익이 마르지 않는 효자 사업이었다. 이에 따라 1981년 코닥의 매출은 100억 달러를 돌파하기도 하였다.

이처럼 코닥의 사업영역은 단순히 필름 및 아날로그 카메라에만 한정되어 있지 않았다. "버튼만 누르세요. 나머지는 저희가 알아서 하겠습니다."라는 광고문구처럼 코닥은 설립 이후 꾸준히 사진 및 영상 관련 산업 전반에 걸쳐 다양한 제품과 서비스로 사업을 확장해 나갔다. 게다가 코닥은 조지 이스트만이 회사를 창업했을 당시부터 임직원을 위한 다양한 복지 제도와 폭넓은 기부 활동 등 상당히 앞선 기업철학을 바탕으로 경영되어 왔다.

2. 100년 이상의 역사를 가진 장수기업 코닥은 왜 무너졌는가?

시장 환경의 근본적 변화

오늘날 카메라의 형태가 Digital photographic으로 전환되면서 60년대부터 필름 카메라와 필름을 통해 거대 기업으로 성장한 코닥은 위기를 맞게 된다.

그러나 우리가 생각하는 단순한 상식수준에서 코닥이 위기를 맞은 것은 아니다. 쉽게 말해 코닥이 디지털 포토그래픽을 무시했기 때문이 아니라 그 위험성을 심각하게 받아들이지 않았기 때문이라고 볼 수 있다.

"발전 가능성이 있지만, 이 기술을 상용화하면 우리 사업이 어려워지니 놔둡시다."

1975년에 세계 최초로 디지털 카메라를 개발한 코닥 경영진이 내린 결정이다. 세계 필름 시장의 3분의 2를 장악하고 있던 코닥은 디지털 카메라의 발전 가능성을 발견하고도 변화를 거부하고 현실에 안주하는 선택을 했다.

그리하여 코닥은 디지털 카메라 사업은 아직은 때가 아니라는 판단을 하고 계속 필름 사업에 치중하게 된다. 그 당시 코닥의 필름, 화학품, 인화 사업은 이윤이 60%에 달한 반면 디지털 관련 사업은 이윤이 15%에 지나지 않은 것도 그 이유가 된다. 그러나 디지털 사업에서는 필름과 사진 인쇄로 창출되는 지속적인 수익을 기대할 수도 없다는 것을 쉽게 인식하지 못하였다.

실제 코닥은 80년대부터 디지털 카메라 개발을 위해 천문학적 돈을 연구에 쏟아붇는다. 오늘날 디지털 카메라에서 입력되는 화상을 컴퓨터 파일화시키는 CCD기술에 대해서도 코닥이 원천기술을 보유하고 있었다. 코닥이 디지털 포토그래픽으로 인해서 위기를 맞았다는 것은 이해하기 어려운 상식일 수 있다. 그러나 코닥은 80년대 후반 디지털 포토그래픽과 케미컬 포토그래픽(필름사업)을 두고서 심각한 고민에 빠진다. 80년대 코닥은 이 시장에서 전 세계를 지배하고 있었고 후지 등의 몇몇 경쟁자가 출몰하였으나 시장 잠재성에 대해서는 의심하지 않았다. 결국 코닥의 사업 포커스는 케미컬 포토그래픽에 맞춰지게 되었고 동시에 디지털 기술에 관한 발전도 지속시켰다. 단, 여기서 코닥이 실수한 것은 자신들이 가진 장점을 포기하지 않기 위해서 디지털 포토그래픽에 자신들의 필름 산업을 연관시키고자 하였다. 카메라가 디지털화 되더라도 코닥이 가지고 있는 전국 필름 현상소와 필름 판매, 그리고 부수적인 카메라 원자재까지도 이러한 표준을 자신의 규모의 경제로 밀어 붙이려고 했다 그러나 실패로 끝나고 말았다.

소비자들이 찍은 사진을 그냥 지워버리거나 인쇄하지 않는 세상이 올 것이라고 예측하지 못한 것도 코닥의 패착이다. 1990년대까지 소비자들은 코닥의 필름으로 사진을 찍은 뒤 코닥의 인화센터에서 사진을 인화했다. 그러나 필름이 필요 없는 디지털 카메라가 보급되면서 소비자들은 코닥의 필름을 사용하지 않고 사진을 찍기 시작했으며 찍은 사진의 극히 일부만 인화하기 시작했다.

코닥은 2001년 오포토(ofoto)라는 사진 공유 사이트를 인수했다. 하지만 주로 온라인에 기반한 사진 인화 주문 사이트로만 활용했다.

성공의 함정

경영자들이 예상하지 못한 성공을 쉽게 수용하지 못하는 이유는 또 있다. 우리는 어떤 현상이 오랫동안 지속되면 그것이 '정상적'이고, 앞으로도 '영원히' 지속될 것이라고 믿는다. 그래서 우리가 자연법칙이라고 간주해 온 것과 모순되는 것이 나타나면 그것이 무엇이든 불합리하고 건전하지 않은 것, 비정상적인 것으로 판단하고 거부하는 것이다.

1975년 코닥이 처음 개발한 세계 최초의 디지털 카메라, 토스터만큼 크고 사진 한 장을 기록하는 데는 23초가 걸렸다. 코닥은 사진기를 싸게 파는 대신 필름을 비싸게 팔아 수익을 남기는 사업 모델로 성장했다. 이윤이 많이 남는 필름에 치중하면서 카메라와 같은 장치보다는 필름에 강한 면모를 보인 뼛속까지 필름 기업이었다. 1990년대 중반부터 디지털 이미지 그룹으로 거듭나려는 전략을 폈지만 근본적으로는 필름을 토대로 디지털에 발만 담그는 전략을 고수했다.

1990년대 후반 디지털 카메라가 확산되면서 시작된 전면승부에서 코닥은 맥을 추지 못하게 되었으며, 뒤늦게 디지털 시장에 진출하는 바람에 일찍부터 디지털 시장을 대비한 캐논과 니콘 등에 밀리게 된다.

경쟁사들인 캐논과 니콘 제품의 디지털 카메라는 예쁘고 깜찍함에 비해 코닥의 디지털 카메라는 디자인이 투박했고, 적목 현상 없애기, 얼굴 인식 등 일본 기업의 디지털 카메라에 있는 다양한 기술도 찾아볼 수 없었다. 따라서 코닥은 결국 구식 필름 카메라 만드는 기업이라는 이미지를 바꾸지 못했다.

이러한 코닥의 행보를 설명하는 이론은 많다. 스탠퍼드대 경영대학원의 제임스 마치 교수는 이를 '근시안적 학습과 성공의 덫'으로 표현했다. 기존 성공 공식이 더는 통하지 않는 불연속적이고 역량파괴적 환경 변화가 일어나면 기업은 갑작스레 붕괴한다는 것이다. 런던 비즈니스 스쿨 도널드 설 교수의 '활동적 타성(Active Inertia)' 이론에 따르면 잘나가는 기업일수록 시장의 변화를 무시하고 과거 성공의 발자취나 방식을 그대로 답습하는 성향을 보인다.

와해성 기술의 인식실패

역설적이게도 세계 최초의 디지털 카메라를 만든 곳은 코닥이었다. 그러나 1975년 연구소에서 개발된 이 신기술에 대한 코닥 임원진의 반응은 싸늘했다.

"좋기는 한데 아무에게도 얘기하지 마세요." 개발 초기 단계였던 디지털 카메라 기술은 당시의 아날로그 사진 기술에 비해 형편없는 수준이었고 무엇보다도 필름이 필요 없는 카메라였다. 필름으로 돈을 버는 코닥에 디지털 카메라는 회사의 존재 자체를 부정하는 기술이었던 셈이다.

결국 코닥은 다른 기업이 디지털 카메라를 내놓기 시작한 1994년에서야 부랴부랴 디지털 시장에 진출했다. 하지만 일찍부터 디지털 시대에 대비한 캐논과 니콘 등에 밀렸다. 코닥의 디지털 카메라는 예쁘고 깜찍한 다른 제품에 비해 디자인이 투박했고 적목 현상 없애기, 얼굴 인식 등 다른 업체 디지털 카메라에 있는 다양한 기능도 없었다. 1991년 190억 달러에 이르던 매출은 2010년 72억 달러로 추락했고 1990년대 후반~2000년대 후반 10년 동안 코닥의 주식 가치는 75%나 떨어졌다.

코닥은 하버드대 경영대학원 클레이턴 크리스텐슨 교수가 저서 '혁신가의 딜레마'에서 지적한 대로 선도 기업이 후발 기업에 밀려 시장지배력을 상실한 전형적인 사례이다. 코닥은 그들이 잘 만들고 대다수의 소비자가 사용하고 있는 필름을 더 잘 만드는 데 집착했다. 디지털 카메라 기술이 기존 고객이 요구하는 수준에는 미치지 못하지만 전혀 다른 기능을 요구하는 새로운 고객이 원하는 와해성 기술이라는 사실을 간과했다.

계속된 전략의 부재

코닥은 2001년도 ofoto라는 사진 공유 사이트를 인수하여 온라인에 기반을 둔 사업을 사행하지만 이를 사진 공유 사이트로 키우기보다는 단순히 소비자가 사진 인화를 주문하는 사이트로 활용하는 데 그쳤다. 만약에 코닥이 미래를 내다보고 이 사이트를 플리커(Flickr)와 같은 사진 공유 소셜네트워크서비스(SNS)로 키웠다면 아마 미래의 코닥은 새로운 생태계를 만들 수도 있었을 것이다.

또한 2005년에는 코닥이 세계 최초의 Wi-Fi 기능이 있는 디지털 카메라를 출시하게 된다. 이는 당시로는 혁신적인 제품으로 소비자들이 찍은 사진을 e메일로 전송하거나 인터넷에 올려 공유하려는 성향을 파악한 것이다. 그러나 코닥은 이 또한 카메라가 잘 팔리지 않자 사업을 재빨리 접어버리게 된다.

코닥은 필름산업에 대한 대안으로 1980년대와 90년대에 화학, 화장실 청소기, 건강검진장비 등을 시도해보기도 하다가 2000년대 후반부에는 CEO인 안토니오 페레즈의 지휘 하에 소비자 및 상업용 프린터에 집중하기로 결정했다.

코닥은 2007년 잉크젯 프린터 사업을 주력으로 키우겠다고 선언한다. HP 등 대부분의 프린터 업체들은 프린터를 싸게 파는 대신 잉크를 비싸게 팔아 이윤을 남기고 있었는 데 반해 코닥은 프린터의 가격을 올리는 대신 잉크를 절반 가격에 팔겠다고 발표했다.

이 전략도 실패로 돌아갔다. 소비자들은 초기에 프린터를 살 때의 가격에 집착하지, 프린터를 소유하는 동안 들어가는 총소유비용은 잘 따지지 않았다. 거의 모든 휴대전화에 카메라가 들어가면서 어렵게 디지털 카메라 시장에 안착한 코닥은 다시 한 번 고배를 마셔야 했다.

3. 코닥의 영광의 뒤안길

이스트만 코닥은 급속한 디지털 혁명의 물결 앞에 이런 영광은 빛을 잃고 말았다. 1990년대 들어 디지털 카메라가 일반화되자 코닥의 필름 매출은 급락하기 시작했기 때문이다.

코닥은 디지털 사진기술조차도 가장 먼저 고안했음에도 니콘, 소니, 캐논 등 경쟁사들에 시장을 내주고 내리막길을 걷기 시작했다. 2000~2003년에는 시장 점유율이 추락하면서 극심한 경영난이 찾아왔다. 이 기간 수익은 70%나 줄었다. 2005년 이후 코닥은 단 한 번만 빼고 매년 적자에 허덕였다.

한때 14만5천 명에 이르던 직원 수는 현재 1만7,000명으로 줄었다. 15년 전 310억 달러에 이르던 기업가치도 1억5천만 달러로 바닥까지 떨어졌다.

뉴욕대학 스턴비즈니스스쿨의 로버트 샐러먼 교수는 "필름 산업이 쇠퇴하는 동안 코닥은 디지털 세상으로 도약할 기회를 여러 차례 놓쳤다"고 말했다.

그는 "코닥은 디지털 환경이 미칠 충격을 과소평가하는 실수를 저질렀다"고 분석했다.

지금으로부터 80년 전인 1932년 '이스트만 코닥'의 창시자 조지 이스트만은 권총자살로 여든이 가까운 삶을 마치면서 이런 유서를 남기었다.

> "내가 할 일은 끝났다. 뭘 더 기다리겠나?"

마치 이 유언은 코닥의 미래를 알리는 예언서처럼 들린다.

이들이 할 일은 거의 끝나 보인다. 이익이 나지 않는 신규 사업과 엄청난 퇴직자 연금 및 건강 보험 비용이 인수조차 꺼리게 하는 악재로 남았다. 코닥은 향후에도 '천덕꾸러기'로 남을 공산이 크다.

토의질문

01 코닥의 사례를 통해 와해성 기술과 존속성 기술을 비교해보자.

02 코닥의 실패요인을 분석해보자.

03 코닥의 성공의 함정은 어디에서 비롯되었으며 성공함정에서 빠져나오기 위해서는 어떠한 노력이 필요하는가?.

04 향후 코닥의 회생방안이 있다면 그 사업전략은 무엇인가?

경영사례 2 Change Management : SK텔레콤 미래경영연구원

1. Intro

2004년 3월 22일 오전 9시 본사 16층 임원 회의실에서 열린 전략회의에 참석한 김신배 사장과 임원들의 눈은 최근 경영환경에 대한 프리젠테이션에 집중되어 있었다. 전략기획부문장인 H상무가 말문을 열었다.

"알다시피, 현재 우리 SK텔레콤이 처한 환경이 그리 좋지 못합니다. 번호이동성 제도의 시행으로 KTF와 LG텔레콤으로 가입자가 이동하고 있으며, 3월말 현재 무려 66만 명이 떠나게 되어 시장점유율도 무려 1.1%가 하락하게 되었습니다. 또한, 신규 비즈니스인 위성 DMB, 금융, 홈네트워크 등도 추진이 부진한 상황이며, 특히, 위성 DMB는 정부의 규제가 매우 심각한 상황입니다. 최근 몇 년간 우리 SK텔레콤의 지속적인 market leadership 확보를 위한 많은 시도들을 해왔고, 어느 정도 성과도 거두게 되었습니다. 하지만, 이제 우리는 미래의 새로운 성장동력을 발굴하여 성공적으로 추진해야 할 상황입니다. 오늘 우리가 이런 부분들에 대해 토의해 봅시다."(Appendix 1. 번호이동성제도 시행 후 시장수요)

전략기획부문장인 H상무의 말이 끝나자, 경청하고 있던 K사장이 옆에 있던 P상무에게 질문을 던졌다.

"P상무, 그동안 창사 20주년에 발표할 신가치경영의 준비로 수고가 많았습니다. 알다시피, 우리의 현재 상황은 매우 어려운 것이 사실입니다. 그동안 이런 환경에 대비해 미래경영연구원에서 많은 고민을 해왔었고, 회사에 많은 대안을 제시해 주었던 P상무는 현재상황을 어떻게 생각하는지 얘기를 듣고 싶습니다."

P상무는 다음과 같이 답변을 하였다.

"그동안 우리는 convergence 환경에 직면하여 미래경영시스템을 연구하였고, 미래 리더를 발굴 및 육성하였으며, 미래 구성원들의 역량강화 확보를 통해 끊임없는 미래 준비를 해왔습니다. 또한 그동안 신가치경영 준비를 위한 피나는 노력들을 해왔으나, 최근 환경변화가 예상보다 불리한 상황으로 치닫고 있기 때문에 각 부문들과 어떻게 대처할 것인지를 협의하여 별도로 보고 드리겠습니다."

오전 내내 계속된 전략회의를 마치고, 오후 늦게 경기도 이천의 도드람산에 위치한 미래경영연구원으로 돌아온 P상무의 얼굴에는 피곤함과 고민들로 가득하였다. 현 상황 속에서 어떻게 SK텔레콤 변화추진의 방향을 설정해야 할 것인가? 우리의 역할은 무엇이고 어떻게 달라져야 하는가? 의자에 깊숙이 앉은 P상무가 조용히 눈을 감자 지금껏 SK텔레콤의 미래를 준비하고 변화를 추진했던 지난 몇 년 간의 기억들이 주마등처럼 밀려왔다.

2. Convergence 환경의 도래

1) Biz 환경의 강력한 이슈

세계 IT업계는 '90년대 중반 이후 유례없는 호황을 누리고 있었다. 대부분의 IT 관련 기업들이 동 기간 중 두 자리수의 매출성장을 기록했고, 수많은 벤처기업들이 등장하였다. IT산업의 호황은 나스닥 지수의 급등을 가져오게 되었고, '90년대 후반부터 시작된 IT산업의 붐으로 나스닥은 '98년을 기해 급성장하여 2000년 상반기에는 최정점에 이르는 상황이었다. 이러한 IT산업의 호황은 우선 인터넷으로 대표될 수 있는 정보혁명이 IT산업 수요를 급격하게 확대시킨 점, 또한 IT 호황이 '96년 미국의 통신법 개정으로 통신사업의 규제완화(deregulation)에 영향을 받게 됨으로써 통신망의 질과 공급이 획기적으로 개선된 점 등이 주된 원인이었다. 그 이외에도 미국의 장기적인 경제호황이나 풍부한 자금공급이 IT산업의 성장 원인으로 지적되곤 하였다. 이들 요인들이 '90년대 중반을 기점으로 상호작용을 일으키며, IT산업의 본격적인 성장을 이끌게 되었고, 이후 IT산업의 고속 성장과 함께 우리 사회에 가장 널리 퍼진 용어 중 하나가 convergence로써, 비즈니스의 중요한 화두로 자리잡게 되었다.

Convergence는 서로 다른 기술 또는 제품들이 유사화 혹은 복합화 되면서 기존 시장 영역 간의 경계가 불분명해지는 현상을 의미한다. 이것은 발생하는 수준에 따라 4가지로 발생한다. 구체적으로, 기술발전에 의해 상이한 기술로부터 유사한 가치가 제공되는 Technology convergence, 기술융합에 따른 새로운 offering의 출시 및 고객 수용이 확산되는 Offering convergence, 제품 및 서비스의 유사화 및 복합화에 따라 사업영역의 경계가 중첩되는 Business convergence, 산업 간의 경계가

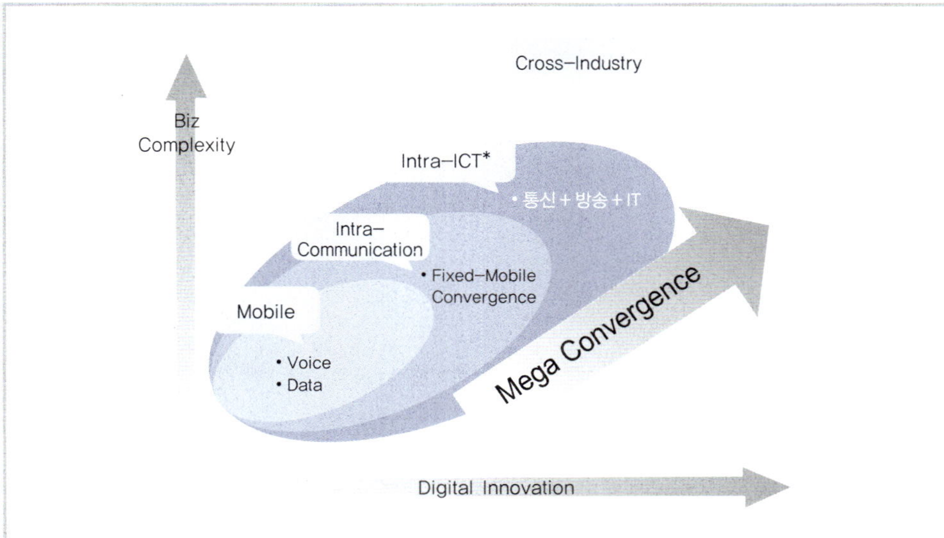

[그림 8-1] convergence의 추이

허물어짐에 따라 전통적인 산업구분의 재조정이 이루어지는 Industry convergence로 전개되고 있었다. 특히, IT가 타 산업에 영향을 확대해 가면서 산업의 convergence가 비즈니스에서 강력한 이슈가 되고 있는 상황이었고, 통신 · 금융 융합 측면에서 볼 때 모바일 뱅킹 및 증권거래, 통신 · 방송 융합 측면에서 위성 DMB, 통신 · 유통 융합 측면에서 모바일 쇼핑 및 물류관리 등을 그 예로 들 수 있다.

특히, 이러한 convergence는 기술과 고객, 규제, 그리고 기업의 변화에 의해 발생하고 있었다. 구체적으로 기술은 convergence를 가능하게 만드는 도우미의 역할을 담당하고 있었다. 기술발전의 역사와 convergence의 변천사가 동일선 상에서 성립되는 것도 이러한 결과에 기인하고 있으며, 또한 기술은 convergence가 발생되는 영역으로써, 그리고 기술을 통해 구현된 convergence를 서비스, 시장, 그리고 산업수준으로 확산시키는 기폭제(initiator)의 역할을 담당하게 되며, 산업간 영역구분을 모호하게 만들어 내기도 하였다. 예를 들어 카메라폰에서 찍을 수 있는 화소가 100만 단위를 넘어감에 따라 기존에 우리가 사용하던 일반적인 디지털 카메라와 기능이 동일하게 됨에 따라 고객은 같은 값이면, 정보전달의 이동성과 언제 어디서든 e-Mail로 보낼 수 있는 카메라 폰을 선호하게 되었다.

두 번째로, 고객은 convergence화 된 상품과 서비스를 수용하는 시장의 역할을

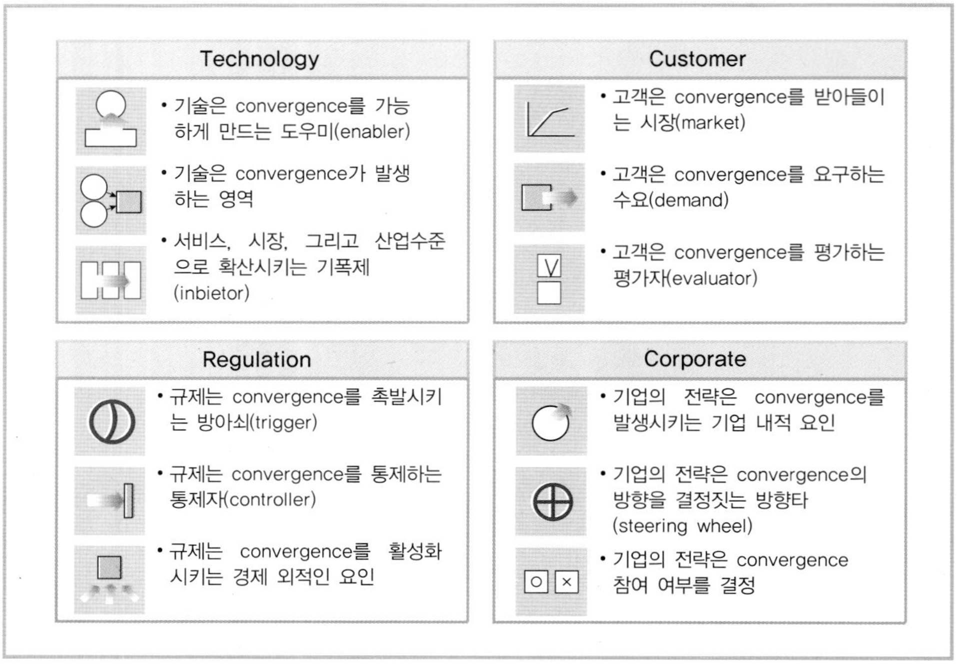

[그림 8-2] convergence를 주도하는 동인

담당함과 동시에 convergence를 요구하는 수요자의 역할을 하며, 또한 고객은 convergence화 된 상품과 서비스를 사용하고 이를 평가하는 평가자의 역할도 하고 있었다. 그리고 고객의 혁신 수용성 증대는 기업들로 하여금 더욱 복합적인 상품과 서비스의 개발을 가속화시켰고, 시장 내에서 빠른 확산을 가능하게 하여 기업이나 시장으로 하여금 지속적으로 convergence 혁신을 요구하는 변혁의 주체가 되었다.

세 번째로, 규제이다. 규제는 convergence에서 상품과 서비스의 융합과 복합을 촉발시키는 방아쇠의 역할을 하며, convergence를 통제하는 통제자의 역할을 하고 있었다. 예를 들어 방송과 통신의 융합에서 통신위원회와 방송위원회는 양자의 이해관계를 조율하고 어느 방향으로 발전할 것인가를 판가름하는 통제자의 역할도 하며, 고객지향적이고 시장이 효율적으로 발전할 수 있도록 하는 중재자의 역할도 담당하곤 하였다. 이러한 규제는 역으로 convergence를 활성화시키는 경제 외적인 요인이 되기도 하는데, 이것은 공정경쟁 촉진을 위한 소비자의 이익보호라는 기본적인 틀 하에서 세부적인 규제사항의 완화로 이어지기 때문이었다.

마지막으로 기업에 있어서 convergence는 새로운 비즈니스 전략으로서 의미가 있었다. 시장에서 새로운 변화는 기업에 새로운 성장기회를 제공함과 동시에 시장변화를 주도하지 못하는 기업은 쇠락할 수밖에 없으며, 따라서 기업전략은 convergence를 발생시키는 기업내적 요인이 되었고, 전략과 제휴를 통해 convergence의 방향을 결정짓는 방향타(steering wheel)의 역할을 하며, convergence 참여 여부를 결정짓는 잣대의 역할을 하고 있었다.

2) 이동통신과 convergence

이러한 convergence가 가장 활발하게 이루어지고 있는 분야가 바로 이동통신이었다. '내 손 안의 작은 세상'으로 표현되는 휴대폰은 이러한 convergence를 통한 변화의 움직임 중에서도 가장 핵심에 위치하고 있었다. 과거에는 음성통화가 휴대폰의 주 사용 목적이었지만 휴대성과 개인성을 확보한 기기의 특성과 고객의 요구가 맞물리면서 휴대폰은 더 이상 단순한 의사소통 기구에 머물지 않고 있었다. 100만 화소급 이상의 디지털 카메라, 게임기, 캠코더, TV 수신기, 네비게이터, MP3, 무전기, 메신저까지 내장된 똑똑한 휴대폰이 속속 등장하고 있는 것은 그 좋은 예라고 할 수 있었다. 또한, 이동통신망도 네트워크 convergence를 주도하고 있었으며, CDMA2000-1x 등 고속 통신망이 정비되면서 음성뿐만 아니라 데이터, 방송 등의 다양한 미디어들이 하나의 네트워크를 통해 사용자에게 전달하는 것이 가능해졌다. 그러나 이동통신이 convergence에서 주목을 받는 가장 큰 이유는 산업의 convergence를 주도하고 있기 때문이었다. convergence가 본격화되면서 이제는 과거와 달리 모든 기업이 잠재적인 경쟁대상이 되는 새로운 경쟁구도가 등장하게 되었고, 특히 가치사슬상의 다른 단계 혹은 다른 산업으로부터의 신규진입에 의해 산업 내 경쟁 심화와 타산업 간의 경쟁관계가 발생하는 상황이 되었다.

최근 이동통신시장에 'convergence(융합)' 바람이 거세게 불고 있으며, 특히 이동통신시장에서 방송 · 금융 · 홈네트워크 · 텔레매틱스 등의 융합 서비스가 새로운 화두로 떠오르자, 이에 대한 관련 업체들의 제휴나 조기 사업화를 통한 시장선점이 중요한 상황이 되었다.

convergence 환경이 도래하면서 방송과 통신의 융합이 발생하였고, 특히 위성 DMB는 이동전호와 동일한 코드분할다중(Code Division Multiplexing : CDM) 기술을 채택, 일반 이동전화기능을 구현하면서 방송서비스가 가능한 통신과 방송의 대표적인 융·복합 상품으로 이동통신시장에 강력한 영향력을 미치고 있었다. 현재 이동통신업계에서 SK텔레콤은 위성 DMB의 주체 사업자이면서 이동통신 지배적 시장사업자로서 강력한 영향력을 갖고 있는 반면, KFT와 LG텔레콤은 아직 위성 DMB 단말기 개발 계획도 없는 상황이었다. 앞으로 위성 DMB와 관련한 많은 이슈들이 제기될 것이다. 특히, 위성 DMB 단말기 보조금 지급 문제가 발생할 가능성이 높으며, 현재 위성 DMB는 통신이 아닌 방송사업자로 분류되어 있어 사업자가 보조금을 지불해도 법적으로 문제될 것이 없기 때문에 방송 및 통신관련법에 대한 재점검이 요구되고 있는 상황이었다.

최근 convergence 환경에서 이동통신과 금융의 융합이 산업계의 주목을 받는 상황이 되었다. 이동통신이 금융산업과 융합 및 경쟁이 가능한 것은 몇 가지 이유가 있기 때문이었다. 휴대폰은 사용자가 24시간 휴대하기 때문에 '시간' 산업인 금융서비스에 아주 적합하며, 또한 이동통신서비스는 고객을 Lock-in하는 효과가 크다는 장점을 토대로 이동통신업체들이 본격적으로 금융서비스 분야에 진입하고 있는 상황이 되었다. 이동통신업체들은 통화료를 통해 수익을 올리는 것이 가능하기 때문에 수수료에 의존하는 금융에 비해 보다 자유롭게 가격설정이 가능하다는 장점도 가지고 있었다. 현재 이동통신사와 은행들이 휴대전화 금융(모바일 뱅킹) 시장을 둘러싸고 경쟁적으로 제휴 관계를 맺고 있었다. SK텔레콤은 우리·하나·신한·조흥 등 4개 은행과 양해각서(MOU)를 체결하고, 서비스 시작을 준비하고 있었고, KTF도 역시 국민은행과 '뱅크온' 서비스를 공동으로 실시하기로 하였으며, LG텔레콤과 국민은행의 '뱅크온' 서비스 가입자는 출범 3개월 만에 25만 명에 달하는 상황이었다. 결국 convergence 환경은 이동통신과 금융의 융합을 발생시켰고, 이동통신업체 간 경쟁관계의 심화와 금융업계와의 경쟁관계를 점차 가속화 시켰다(Appendix 2. 3월 사업자별 Mobile Bank 개통 현황).

'홈 네트워크 서비스' 현재 웬만한 사람은 한번쯤은 들어봤을 정도로 보편화한 개념이 되었다. 홈 네트워크는 어느새 우리 삶에서 일상이 되어 버렸다. 가까이는 리모콘을 이용해 제어하는 TV도 적외선데이터전송기술(IrDA)을 이용한 홈 네트워크의 시초라 할 수 있다. 최근에는 휴대전화에도 이 기능을 적용해 휴대전화 하나를 가지고도 TV, 오디어, 에어컨 등 가전기기들을 제어할 수 있게 되었다. 그러나 홈 네트워크 서비스는 단순한 가전기기 원격조정에 머무르지 않는다. 홈 네트워크 서비스는 사람이 없어도 집을 지켜주고, 외출했다가 집에 들어오기 전 냉난방시설을 작동해

쾌적한 환경을 조성하며, 자동으로 음악이나 조명을 설정해서 거주인을 출근시간에 맞게 깨워주기도 한다. 또한 몸에 이상기운이 느껴질 때 병원에 갈 필요없이 시스템 작동으로 담당의사와 연결돼 건강체크도 하며, 간단한 처방도 받을 수가 있다. 이렇게 우리 일상을 확 뒤바꿀 수 있는 기술이 바로 홈 네트워크 기술이며, 그만큼 사업잠재력이 크기 때문에 국내 통신, 전자, 건설 등 홈 네트워크 사업과 맞물린 다양한 분야 업체들이 이 사업에 컨소시업 혹은 단독으로 뛰어들고 있었고, 이 중 가장 활발한 활동을 보이는 곳은 SK텔레콤 컨소시엄과 KT 컨소시엄이었다. SK텔레콤은 '디지털 홈 시범사업 컨소시엄'을 구성하고 홈 네트워크 사업을 본격적으로 시작했으며, 통신사업자인 하나로통신을 비롯해 LG전자, 대우 일렉트로닉스 등 총 39개 업체가 참여하고 있었다. KT는 국내 통신사업의 선두주자로 2003년 12월부터 홈 네트워크 시범사업에 착수했고, 통신업체인 KT · KTF를 비롯해 KBS · MBC 등 총 44개의 기관 · 업체가 참여하는 상황이었다. 결국, convergence 환경은 이동통신시장에 홈 네트워크서비스라는 새로운 개념 정립과 더불어 무한경쟁에 돌입하게 되는 상황을 초래하였다.

본격적인 convergence는 이동통신에 또 하나의 융합을 발생시켰는데, 바로 텔레

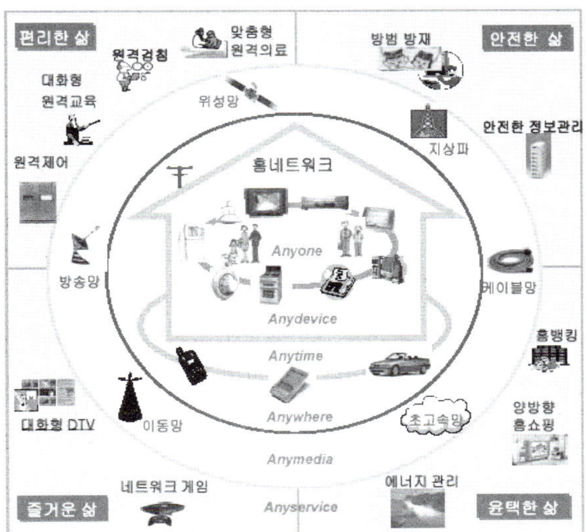

[그림 8-3] 디지털 홈 개념도

매틱스였다. 텔레매틱스는 차량 · 항공 · 선박 등 운송장비에 내장된 컴퓨터와 무선통신기술, 위성항법장치, 인터넷에서 문자신호와 음성신호를 바꾸는 기술 등에 의해 정보를 주고 받을 수 있는 무선데이터 서비스를 일컫는 말이다. 특히 자동차 텔레매틱스 서비스는 이동통신기술과 위치추적기술을 자동차에 접목하여 차량사고나 도난감지, 운전경로 안내, 교통 및 생활정보, 게임 등을 운전자에게 실시간으로 제공하고 있었다. 이 서비스는 자동차가 주행 중에 고장나면 무선통신으로 서비스센터에 연결되고, 운전석 앞의 컴퓨터 모니터를 통해 이메일을 받아보거나 도로지도를 볼 수 있다. 또한, 모니터를 통해 컴퓨터게임을 즐길 수도 있고, 엔진 속에 내장된 컴퓨터는 자동차 주요 부분의 상태를 기록하고 있어 언제든지 정비사에게 정확한 고장위치와 원인을 알려 줄 수 있었다. SK텔레콤은 2002년 3월 휴대폰에 내비게이션키트를 장착해 사용하는 '네이트 드라이브' 서비스를 출시하면서 텔레매틱스 시장에 진출했고, 이후 2003년 8월에 개인휴대단말기(PDA)타입 서비스를, 9월부터는 임베디드 타입의 서비스를 제공하고 있었다. KTF는 삼성화재 자동차 보험가입자를 대상으로 '애니넷'이라는 텔레매틱스 서비스를 제공하고 있었고, LG텔레콤은 현대 · 기아 자동차, 한국 IBM, LG전자, 현대 오토넷 등이 참여하는 텔레매틱스 협력체의 일원이었다. '자동차+이동통신'은 이른바 '윈-윈'이 가능한 convergence이다. 자동차업계로선 포화상태에 이른 선진국 시장에서 통신시장을 갖춘 고기능 차로 수요 진작을 노릴 수 있었고, 이통업체로선 '없던 시장'인 자동차의 통신 시장에 무혈입성이 가능한 상황이었기 때문이었다. 이는 convergence 환경이 이동통신산업에 경쟁의 심화와 더불어 기회도 제공해 준다는 것이었다.

3. 변화의 갈림길에 선 SK텔레콤

이동통신산업을 중심으로 한 convergence의 중심에는 SK텔레콤이 자리잡고 있었다. 국내 이동통신서비스는 1984년 본격 서비스를 시작한 이래 1990년대 중반부터 급속도로 성장하여 마침내 2003년 6월 전 국민의 약 75%에 이르는 3,316만 명의 가입자를 확보하게 되었고, 그 가운데에 SK텔레콤은 2001년 신세기통신을 합병하면서 국내 시장의 50%를 점유하며 국내 대표 이동통신사업자로서의 위상을 정립하였다. 그러나 2001년 이후 이동통신서비스 시장이 초반의 성장 일로에서 벗어나 성숙단계로 접어들면서 성장속도가 둔화되었다. 이러한 둔화는 SK텔레콤을 다수의 가입자에 수익기반을 둔 음성서비스에서의 이익 실현이라는 기본 비즈니스 모델을 지속할 수 없는 상황으로 몰아가고 있었다. 2001년 말 위기에 직면한 SK텔레콤은 당시의 상황을 극복할 돌파구가 필요했고, 조직 내부에서도 Biz convergence 환경 하에서 영속적인 Leadership 확보의 시급성에 대한 목소리가 높아지고 있었다.

2001년 12월 어느날, 임원송년회 준비가 한창이던 와중에 P상무가 P사장으로부터 긴급호출을 받고 황급히 사장실로 발걸음을 재촉했다. 그동안 P사장을 가장 가까운 곳에서 모셔왔던 P상무는 서둘러 문을 열고 들어왔다. P사장은 창밖을 바라보고 있었다.

P사장은 경기고 졸업 후 서울대 농대 3학년 시절 미국 보스턴대 경제학과로 유학을 떠나 석 · 박사 학위를 받은 후 귀국, 선경그룹 경영기획실 과장으로 직장생활을 시작했다. 1994년 한국이동통신(현 SK텔레콤) 경영기획실장으로 취임한 이래 기조실장, 사장실장, 부사장 등을 거쳐 2000년 12월 SKT 사장에 올랐다. 신세기통신 합병, 무선 인터넷 사업 등을 이끌며 SK텔레콤 성장의 견인차 역할을 했다.

P상무는 과거 민영화 프로젝트 TFT, 1996년 사장실 현장경영팀, 1999년 인력관리실 인재연구원, 2001년 기획조정실 사업전략팀 등을 두루 거치면서 조직 및 인사 업무에 밝았고, 특히 신규 사업과 확장사업의 구상 등 기획업무에 남다른 공적을 올렸다. 누구보다 SK텔레콤의 속사정을 훤히 알고 있으며 상당히 도전적이고 외향적인 성격의 소유자로 상사의 의중을 알고 신속하고 매끄럽게 업무처리를 하는 능력을 인정받아 P사장의 두터운 신임을 받고 있었다(Appendix 3. 인재연구원 직무 역할).

고개를 돌리고 P상무를 본 P사장은 부드럽지만 강한 어조로 "어, P상무 왔어! 거기 자리에 좀 앉아. 내가 할 말이 있어서 그래."라며 말문을 열었다.

"내가 사장에 취임하고 1년 동안 영업과 관련된 일에 시간을 다 보낸 것 같네. 현안에만 치중하여 시간을 보내다 보니, 최근 나를 짓누르는 것이 과연 내가 SK텔레콤의 CEO로 해야 할 일이 무엇인가에 대하여 심각한 고민을 하고 있던 참이었어. 내가 내린 결론은 지금 당장의 어떤 매출을 올려 외형을 키우는 것도 중요하지만, 그런 부분은 부문 장들에게 권한을 위임하여 그 사람들이 책임을 지고 가야 할 일이고, 정말 CEO가 해야 할 일은 SK텔레콤이 5년 후, 10년 후 지금과 같이 market leadership을 갖는 그런 회사로 계속 살아남을 수 있는 기반과 역량을 만들어 놓는 것이라 보네. 이제까지 SK텔레콤의 성장동력이었던 voice market이 점차 성숙단계에 들어서면서 경영성과를 내는 데 상당한 기여를 하여 왔지만, 이 상태로 5년~10년 후 언젠가는 포화상태가 될 것이고, 그렇다면 대안은 분명 data communication market일 테고, 그러면 준비를 이제 막 시작한 우리로서는 앞으로 전개될 상황이 더욱 험난하고 예측불허일 것이라는 것은 분명한 사실이라고 보네. 또한 환경적 측면에서도 디지털 convergence가 우리가 예측하는 것보다 훨씬 빠르게 진행되고 있으며, 통신과 convergence될 수 있는 방송, 금융 등 모든 분야가 망라되고 있는 추세 아닌가? 지금 시점에서 이러한 준비를 철저히 하지 않으면 우리는 시장에서의 leadership은 물론이거니와 생존마저도 위협받을 것으로 보네. 따라서 우리가 이러한 영역을 먼저 개척하다 보면 향후 5년, 10년후 SK텔레콤은 SK엔터테인먼트 혹은 SK파이낸스 등 전혀 다른 비즈니스를 하고 있을지도 모를 일이야. 따라서 우리는 기존 텔레콤 중심의 단일 비즈니스 기업에서 그런 convergence와 유비쿼터스 환경을 리드할 수 있는 사업영역으로 빨리 진출하여 multi-business 체계로 빨리 전환해야 한다는 생각에 매일 밤잠을 설치고 있네."

P사장은 거침없이 자신의 생각을 P상무에게 설명해 갔다.

"자네는 나의 이런 고민에 충분히 공감할 줄 아네. 해서 내가 생각해 본 것이 있는데, 이러한 미래 준비를 전담하여 지속적으로 추진할 수 있는 조직이 필요할 것 같아. 내 생각은 현재의 인재연구원을 확대 개편해서 미래를 준비하는 곳으로 바꾸었으면 좋겠어. 만약 그게 시간이 좀 걸린다면 우선 우리의 인재 육성체계나 교육만이라도 급하게 바꾸어 보고 싶어. 그럴려면 무엇을 어떻게 해야 하는지, 조직은 어떻게 가지고 가는 것이 좋은지, 그리고 팀장 이상은 누구를 선발하는 것이 좋은지에 대해서 안을 만들어서 이따 저녁 먹고 밤 12시에라도 나하고 만나서 이야기 좀 합시다."

묵묵히 듣고 있던 P상무는 P사장의 말이 끝나자 조심스럽게 말문을 열었다.

"사장님, 꼭 별도의 조직을 만들어야 합니까? 너무 짧은 기간 내에 갑작스럽게 변화를 추진하게 된다면 임직원들과의 공감대 형성이 이루어지지 않을 가능성이 있습니다. 또한 미래 준비 프로젝트 추진 시 기존 전략부서와 충돌할 가능성이 있습니다. 노조에서도 많은 인력을 교육시킨 후 내보내려는 의도가 있다고 오해할 수 있기 때문에 이런 것들을 고려하면서 차근차근 추진할 필요가 있다고 생각합니다."

P사장은 이런 P상무의 견해에 다름과 같이 별도 조직의 필요성을 피력하였다.

"현재 라인부서들은 단기과제를 가지고 있는 부서들이네. 그래서 라인부서는 중장기적인 과제에 대해 준비하고 싶어도 해결하기 벅찬 상황이네. 앞으로 5년~10년 후 장기적인 것들을 소화할 여유가 없고, 또한 획기적이고 근본적인 변화를 위한 아이디어를 내기가 어렵다네. 그래서 내 생각으로는 라인에서 떨어진 별도의 조직을 만들어 앞으로 다가

올 미래를 준비하기 위해 전념할 수 있는 조직을 만들어서 미래를 준비하고 대응하고자 하는 것이네."

이날의 갑작스런 P사장과의 회동과 P상무에게 넘겨준 한 장의 메모는 향후 SK텔레콤의 convergence 환경에 대응한 새로운 변화추진의 시발점이었다.

4. 변화추진 전담조직, 미래경영연구원 태동

2002년 1월, P상무는 Y상무와 같이 'SK텔레콤의 미래를 준비하는 전담조직' 운영안의 기초를 잡고 P사장과 구체적인 인력선발을 위해 협의에 들어갔다. 새로운 조직의 인선작업은 빠르게 진행되었으며 파격적으로 단행되었다. 소위 조직의 M/P/R/S 분야별로 가장 핵심인력을 선발한데다가 근무지는 경기도 이천으로 결정되었다. 선발된 구성원들은 막연한 불안감으로 분위기가 술렁거리기 시작했다.

Y상무는 과거 1984년 한국통신 전남지사 근무를 시작하여, 선경그룹 경영기획실, SK텔레콤 서부지사장을 거치면서 입사 시부터 줄곧 한국통신과 선경, 그리고 SK텔레콤을 고루 거칠 정도로 누구보다 속사정을 훤히 꿰고 있다. 직원들의 어려움을 두루두루 살피는 인간애와 따뜻함을 지녔으며, 차분한 성격의 소유자로 내실 위주의 관리통이었다.

2002년 1월 17일, 이천의 미래경영연구원에서는 P사장 외 48명의 구성원이 1차 Workshop을 개최하여 미래경영연구원의 비전과 미션, 그리고 기본운영계획 수립을 하기 위한 토론을 실시했다.

미래경영연구원 관련 자료들을 들여다 보고 있던 P사장은 왜 조직을 현업담당자로 구성하였는지에 대한 설명으로 말문을 열었다.

"왜 이 부서 저 부서에서 사람을 뽑아왔을까? 하고 궁금증이 많은 것으로 아는데, 우리 회사의 전체 모습과 니즈를 파악하기 위해서 그렇게 한 겁니다. 만약 특정부서에서 뽑아왔다면 바뀔 게 없다고 봅니다. 여러분들은 모든 부서와 조직의 대표라고 할 수 있습니다. 앞으로 여러분들께서 인재를 키우는 것이 우리 회사의 가장 큰 자본이 될 것이라고 봅니다. 연구원으로 일하다가 복귀하셔도 여러분들이 막중한 일을 하셔야 합니다. 자기개발을 확실히 하셔야 하고, 현업에서 Facilitation해야 하고 변화를 추진해야 합니다."

Y상무가 기다렸다는 듯이 말을 이어나갔다.

"우리가 Core 비즈니스에 대해서 잘하고 있다는 것은 타업체에 비해서 약간 잘하고 있을 뿐이지 정말 단골고객을 계속 끌어갈 수 있는지 불확실합니다. 과연 우리가 우리의 미래를 위해 무엇을 준비하고 있는가? 하고 묻는다면 쉽게 답할 수 없다는 것이지요. 그리고 이것이 얼마나 중요한 것인지 정말로 뼈저리게 인식한 사람은 거의 없다고 생각합니다."

P상무는 미래경영연구원의 역할에 대해 생각할 수 있는 단서를 던졌다.

"미래의 Vision 2010을 달성하는데 세 가지의 Core Competency를 설정해 놓았는데, 이 세 가지를 확보하기 위해서는 하나의 흐름을 갖고 확고하게 추진할 만한 기능이 필요한데, 라인조직에서 이것을 해줄 것을 기대하기는 힘들다고 생각합니다. 우리가 미래를 준비하면서 세 가지 Competency를 확보하기 위해서 어떻게 할 것인가 고민하고, 생각하고, 구체화시키는 것이 우리의 일이 되지 않을까 생각해 보았습니다."(Appendix 4. 'VISION2010' 설명)

이렇게 시작된 1차 Workshop은 구성원들 간의 미래경영원의 존재이유와 역할에 대한 P사장의 비전과 철학을 구성원과 철저히 공유하는 자리였다. 곧이어 2차 workshop이 2002년 1월 21일에 열리게 되었고 미래경영연구원의 기본운영계획을 준비해 나갔다. 1차 때와는 달리 Center별로 CFM 14명, CFL 7명, CFC 18명으로 그룹이 구성되었으며, Workshop의 모든 일정이 Center별로 이루어지며, Center별로 미션을 수립하고, 프로젝트 계획을 수립하며, 기본운영계획을 검토하고 전체 미래경영연구원 기본운영계획의 방향과 단계적 발전계획을 수립해 갔다. 특히, P사장이 강조한 것은 미래경영연구원의 하드웨어적인 측면보다는 일하는 방식과 자체의 조직문화를 어떻게 만들어 갈 것인가에 대한 깊은 고민을 주문하였다. 특히 구성원과 회사가 같이 공유할 수 있는 비전을 만들어 주기를 주문하였다.

이렇게 하여 2차 W/S에서는 미래경영연구원의 기본운영계획을 센터별로 세우게 되었고 이제 전체적인 계획을 토론하고 확정하는 과정만이 남게 되었다. 1월 28일의 3차 Workshop은 명실공히 1차, 2차 workshop의 결과물을 통합하여 미래경영연구원 기본운영계획을 토의하여 확정하게 되었다. 이 자리에서 P사장은 미래경영연구원의 비전과 미션, 그리고 해야 할 일들에 대하여 청사진이 될 수 있는 중요한 제안을 하였다.

"구성원들이 자발적으로 학습하고 변화할 수 있도록 하는 것이 가장 효율적인 Change Management(이하 CM)라고 생각합니다. 미래경영연구원은 CM을 실천하고 실행할 수 있는 Tool을 개발해서 전체 구성원들을 변화추진할 수 있도록 해야 하고, 우리가 어떤 조직으로 어떤 경영 Tool로, 어떤 직급체계를 가져가야 할 것인가를 포함하는 변화추진입니다. 여러분의 미션은 회사의 CM에 불을 지필 수 있게 Tool을 개발하고, 그 프로그램에 참여하는 사람에게 피드백하고, 현업에 돌아가서 변화추진을 하는 일로써, 새로운 패러다임의 사람이 될 수 있게 지속적으로 연구하고, 개발한 Tool을 가지고 비전을 갖고 Facilitator로서의 역할을 함양시키는 것입니다."

이렇게 하여 2월 말까지 2개월간 미래경영연구원의 전 구성원이 참여하여 밤낮없이 고민한 결과, 미래경영연구원의 Vision/Mission은 물론이거니와 운영체제 및 기본운영계획을 완성하게 되었다.

미래경영연구원의 조직구조는 매우 독창적이었는데, 초기에는 총 3개의 센터(Management, Leadership, Competency)와 내 · 외부 전문가로 운영되는 연구위원실로 되어 있었다.

미래경영시스템 R&D의 산실 역할을 맡은 CFM(Center for Future Management)은 사업간 융합(Biz convergence) 환경에서의 리더십 확보를 위한 핵심경영요소를 도출하고 회사의 변화 방향성을 기획하는 역할 및 미래사업에 대비한 경영 시스템, 인적자원 전략을 연구하는 업무를 담당하였다. 즉, SK텔레콤의 현 수준을 분석해서 미

[그림 8-4] 미래경영연구원 조직도(2002년 당시)

래사업 수행을 위해 어떠한 인프라들이 필요한지를 준비하는 곳이었다. 성공적이었던 기존의 성장을 능가하는 제2의 성장을 위한 성장엔진을 만드는 것이 미래경영연구원의 목표이었으므로 CFM이 경영과 관련한 환경분석을 통해 이러한 성장엔진을 확보/강화하기 위한 방향을 제시해야 하는 임무가 주어진 것이었다. 해외 MBA, 국내연구기관 출신, HR 전문가 등 다양한 경력의 사람들로 구성된 CFM은 개인적인 업무 이외에도 매주 화, 금요일에는 자체 세미나, Workshop을 통해 더 나은 연구결과를 추구하고 있었다. P상무가 CFM을 맡게 되었다. P상무는 CFM의 운영방침을 다음과 같이 설명하였다.

> "변화 필요성에 대한 전사적인 공감과 동참입니다. 미래경영연구원의 중점 추진 사안들은 연구원 단독으로 만들어 낼 수 없는 것입니다. 전 사원 및 관련 구성원들과 함께 토론하고 협력할 때 비로소 설득력을 가질 수 있고, '나도 참여했다'는 마인드가 형성될 때 실행단계에서 힘을 얻을 수 있겠지요. 나는 이것이 가능하도록 지원하고 격려하는 데 많은 시간을 할애하였습니다."

미래경영연구원의 2층에 위치하였던 CFL(Center for Future Leadership)과 CFC (Center for Future Competency)는 서부지사장을 역임하였던 Y상무가 맡게 되었다.

CFL은 미래사업을 이끌어 갈 리더를 어떻게 선발할 것이며 리더에게 필요한 역량은 무엇인가를 연구하고, 관련 프로그램을 개발 실행에 집중하였다. 개인의 리더십뿐만 아니라 미래사업에 필요한 핵심 요소들이 잘 구현될 수 있는 유연한 조직 발전 방안도 함께 연구하며 기업조직의 입체적 진단(As-is 분석)을 통해 업무의 효율성을 극대화시킬 수 있는 조직 활성화 프로그램을 제공하는 것을 1차 목표로 삼고 있었다. 특히, CFL 업무가 팀 구성원 모두에게 적절하게 배분되어 있었을 뿐만 아니라 업무 추진에 있어서도 서로 토론하고 협력하는 탄력적인 모습을 유지하였다.

CFC는 핵심사업, 신규사업, 글로벌 비즈니스 등에서 필요한 구성원들의 역량을 강화시키는 곳이었다. CFL이 관리자를 대상으로 한다면 이곳은 주로 일반 구성원의 개인 역량강화를 목표로 하고 있었다. CFC는 다가올 시대에 꼭 필요한 'Multi talent' 육성을 통해 핵심사업의 역량을 높이고, 또한 新사업, 新시장, 글로벌 개발을 위해 요구되는 역량을 기획 및 프로그래밍하고 있다. BR(Business Relations) 교육체계를 확립하고 이와 관련한 프로그램을 개발 및 운영하는 것도 주요한 업무였다.

한편, Y상무는 실제로 'Interactive'와 'fun'의 가치를 교육현장에 강조하였는데, 이것은 교육 담당자들에게 교육 내용이나 운영에 관한 의사결정 권한을 대폭 이양시키고, 맡긴 일의 결과에 대한 책임은 전적으로 자신이 지도록 하는 것이었다. 또한 교육 참가자들도 적극적인 자세로 임하며, 재미있게 프로그램에 참여함으로써 실력을 향상시키고자 하는 것이었다. 미래경영연구원의 비전과 미션을 확립하는 과정에서도 이러한 의사결정과정은 철저히 지켜져 원장, 상무에서부터 일반 연구원들에 이르기까지 회의나 세미나에서의 발언은 직위나 직책에 상관없이 동등한 무게를 가지게 하였다. 또한 이러한 구성원들의 자발적인 참여와 논의가 만들어 낸 의사결정이 한 사람의 뛰어난 생각이 만들어 낸 것보다 더 큰 실행력을 담보할 수 있다는 것을 실천하였던 것이다.

"쉽게 말해 직원들이 신나게 웃고 재미를 느끼는 동안 자신도 모르게 실력과 경쟁력을 얻고 갈 수 있도록 하는 거죠."

5. Convergence 환경에 대한 변화추진

1) SK텔레콤 변화추진의 역사

SK텔레콤은 과거부터 지속적인 경영혁신을 통해 모바일산업에서의 리더십을 확보하여 왔으며, 경영혁신의 역사는 한국이동통신(현 SK텔레콤)이 선경에 인수되어 민영화되는 시점에서부터 시작되었다.

1994년 9월 1일 한국이동통신은 경쟁력강화 특별위원회를 구성하였다. 경쟁력강화특위는 회사의 서비스 품질을 세계일류수준으로 높이기 위해 전사적 차원의 경영개선이 절실하다고 보고 이를 위해 구성한 사내 TFT였다. 당시 TFT는 선경출신 임직원과 한국이동통신 출신 임직원이 함께 참여하여 구성되었고, 이후 한국이동통신 조직혁신의 큰 틀을 잡고 추진하는 배경이 되었다.

1995년 2월 11일 경쟁력강화특위 활동의 종합적인 결과로 새로운 장기발전전략인 MOVE21이 선포되었다. MOVE21은 전사적 경영혁신과 의식개혁을 위해 선포되었고, 이후 비전이자 조직혁신의 기본방향과 전략으로서 기능을 수행하게 되었다.

1996년 선경경영관리체계(SKMS)와 SUPEX를 추진하였다. 기업문화 측면에서 SKMS/SUPEX 추구를 전파하기 위해 전 사원을 대상으로 매년 SKMS/SUPEX 추구를 실시하였다. 전사적으로 SKMS/SUPEX 추진 상황을 관리하기 위해 사장실에 SUPEX 추진팀을 두었다. 또한, SKMS/SUPEX 추구라는 기업문화를 정착시키기 위한 경영기법으로 캔미팅이란 제도를 도입하였다. 1997년 3월 한국이동통신은 SKMS/SUPEX 추구라는 기업문화와 비전을 실천한다는 뜻에서 SK텔레콤으로 변경하고 전사적인 CI 변경을 단행했다.

2004년 현재까지 ERP 프로젝트를 추진하고 있으며, 2000년에는 'Vision2010'을 선포하였다. Vision21 선포는 민영화 직후인 지난 '95년 2월 21세기를 향한 경영목표 등을 담은 MOVE21 이후 두 번째로 향후 10년 간의 도약 추진을 목표로 한 SK텔레콤의 비전경영 선포였다.

SK텔레콤은 이러한 지속적인 경영혁신으로 모바일 산업에서 리더십을 확보하였으나 convergence 및 Mega Player와의 무한경쟁이 전개될 것으로 예상되는 환경변화에 대응하여 SUPEX2000 달성을 위해서는 기업 재창조적인 혁신노력이 필요한 상황이었다.

미래경영연구원은 민영화 이후 시작된 경영혁신노력의 연장선상에 있으며, 기업 재창조적인 새로운 경영혁신을 위해 미래경영연구원이 탄생하게 되었고, 향후 SK텔레콤 변화 추진의 Contents 개발과 Process를 제공하는 역할을 수행해야 했다.

2) 변화추진 방향제시를 위한 연구 수행

2002년 초 SK텔레콤은 convergence 환경에서 자사의 우위를 극대화하고 변화에 대한 적절한 대응을 통해 지속적인 성장 동력과 리더십을 확보하기 위한 전사차원의 노력이 필요한 상황이었다. 따라서 convergence 환경 하에서 SK텔레콤의 Market leadership 확보를 위한 미래의 핵심 경영요소를 도출하고, 요소별 적응능력 진단을 통해 미래 변화 방향성을 제시하는 것이 필요하였고, 그러한 역할을 미래경영연구원이 해야만 했다.

2002년 3월, SK텔레콤의 기업재창조를 위한 미래경영 니즈 발굴 및 인프라 발굴 프로세스를 통해 총 7가지의 과제를 도출하였는데, 구체적으로는 ① 미래경영패러다임과 핵심경영요소 연구, ② 미래경영시스템 발전방안 연구, ③ HR전략 및 시스템 발전방안 연구, ④ 조직 발전방안 연구, ⑤ Leader 육성, ⑥ Core, New & Global Biz Competence 강화, ⑦ IHC로 되어 있었다. CFM에서는 미래 핵심경영요소 및 경영시스템 도출, 전사 HR전략 및 체계 등을 연구하였고, 이 연구결과를 토대로 CFL에서는 미래 Leader를 발굴하고 육성하는 프로그램을 개발하여 시행하였고, CFC에서는 일반 구성원들의 미래 경쟁력 강화를 위한 프로그램을 개발하여 시행하였다.

(1) 미래핵심경영요소 도출

먼저 CFM에서는 포괄적인 산업군을 대상으로 이동통신과의 convergence 가능성이 높은 산업을 분석한 결과 9개의 주요 산업군이 도출되었고, 이 9개의 주요 산업군을 다시 평가하여 convergence 가능성이 매우 높은 Commerce, Finance, Media, Solution, Communication의 5개 주요 사업군에 신규사업을 추진할 수 있게 되었다. SK텔레콤은 미래 convergence 가능성이 높은 신규사업 분야에서 Commerce 분야에서는 새로운 전방위적인 유통채널을 확보하여 선도적인 Commerce players로서 입지를 구축하고, Finance 분야에서는 모바일과 온라인을 기반으로 한 새로운 credit과 banking사업을 통해 혁신적인 금융서비스 사업자로 자리매김해야 할 필요가 있었다. 또한, Media 분야에서는 convergence에 의한 통신·방송 융합에 있어 선도적인 미디어 사업자로 도약하며, Solution 분야에서는 다양한 산업과 고객에 특화된 total 모바일 솔루션을 지향하며, 마지막으로 Communication 분야에서는 고객의 평가와 상호간 서비스 제공을 통해 주도적인 사업자로서 입지를 구축해야 할 필요가 있었다.

이후 도출된 5가지 신규사업을 추진하기 위해 요구되는 역량을 분석하기 위해 당시 SK텔레콤의 마케팅부문, 서비스생산부문, 연구개발부문, 지원부문 등의 M/P/R/S 조직 역량의 미래 신규사업에 대한 준비성을 평가하여 미래의 M/P/R/S 변화방향을 설정하였다. 이를 토대로 SK텔레콤 전사차원의 변화원칙으로 사업 다각화에 대한 효과적인 지원과 To-Be Model을 신속하고 체계적으로 이행하며, 이를 위해 기존 자산과 역량을 효과적으로 관리하고, 전사 차원의 접근 4가지를 도출하였다. 이러한 SK텔레콤 전사차원의 변화원칙을 기초로 CFM에서는 전사 차원의 역량을 통합하고 시너지를 촉진하는 조직을 구축하며, 이것을 지원하기 위한 전사 통합 경영 시스템을 구축했고, Multi biz 사업전략을 지원하기 위한 talent 포트폴리오를 구성하고 관리하기 위한 실행방안들을 도출하였다.

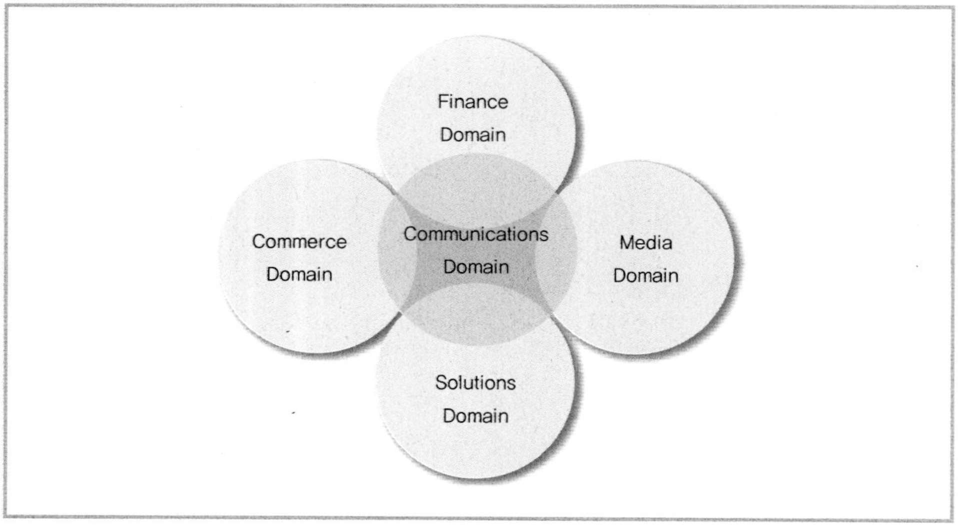

[그림 8-5] convergence 가능성이 높은 사업군

또한, CFM에서는 SK텔레콤의 핵심 Biz dynamics를 분석하여 convergence 환경에서 기업의 성공요인을 도출하였다. SK텔레콤의 핵심 Biz는 Network과 Internet으로 구성되어 있었고, 향후 Network 측면에서는 선두사업자의 위상약화의 위협이 있는 성숙기 무선네트워크 사업에서 혁신적인 가치창출을 위해서 고객관계를 강화하고 네트워크의 진화와 통합을 선도해야 하며, 모바일/on-line/off-line 간의 연계강화가 예상되는 인터넷사업에서 multi-platform 성공을 위해 고객 니즈와 모바일 특성을 결합한 서비스개발 및 제반 플랫폼 기술을 확보해야 한다는 분석결과가 도출되었다.

이러한 연구결과와 함께 SK텔레콤 조직 구성원들에게 변화 공감대를 확산하고 자발적인 변화실천방안을 수립하였고, 현업과 함께 전사차원에서 상호 의사소통이 실제로 진행되었다. SK텔레콤 구성원들의 공감대를 형성하고, 미래 준비를 위한 변화를 실천하도록 한 노력들은 결국 구성원들의 역량을 하나로 결집시키는 토대가 되었다.

(2) 새로운 리더 육성 프로그램 LIP

유비쿼터스/convergence 환경 하에서 SK텔레콤의 필요역량이 무엇이며, 어떻게 준비해야 하는가에 대한 CFM의 연구결과를 토대로, 미래 리더의 발굴 및 육성을 위해 추진된 것이 바로 CFL에서 진행된 LIP 프로그램이었다. LIP 프로그램은 부/차장 중 인사고과 우수자 20여 명을 대상으로 2000년 3월에 1차 교육을 실시했다. 교육의 목적은 회사의 미래 변화를 선도하고 실천하는 Change Leader로서 필요한 자질을 함양시켜 미래 SK텔레콤의 성장을 주도해 나가는 인재를 양성하는 것을 목적으로 하고 있었다. 교육과정은 Fun, New & Interactive하게 설계하여 운영하고, 전 과정을 통해 개인별 역량에 대한 입체적 평가를 도입하여 학습자의 자부심이 고취되도록 구성되었다. LIP 평가는 Leadership과 Biz Perspective로 구분되어 실행되었고, 평가결과는 Leadership Clinic Program의 기초자료, 리더 발굴을 위한 기초 자료, Action Learning 과제 수행 결과물 현업으로 적용 검토를 위해 활용되었다.

(3) 구성원 역량 강화 프로그램(MBA)

CFC에서는 신규사업 진출과 핵심사업의 성공적인 수행을 위한 구성원의 새로운 역량강화를 위해 국내·외 MBA프로그램을 추진하였다. 국내 MBA프로그램은 2002년 10월 성균관대 경영전문대학원에서 실시되었는데, 차장, 과장, 대리 중 최근 2년 연속 인사고과가 우수한 사원이 지원할 수 있었다. 1년에 30명을 선발하며, 경영학의 일반이론을 중심으로 하되, 인터넷 마케팅, 브랜드 마케팅, 서비스 마케팅, e-CRM 등 마케팅 분야에 특화된 과목이 개설된 것이 특징이었다. 졸업을 하기 위해서는 소정의 졸업학점을 이수하고, TOEIC 850점 이상을 받아야 했다. 2002년은 Global MBA프로그램을 준비하는 시기였고, 대상자를 선발까지만 이루어졌고, 프로그램이 아직 실행되지는 않은 상황이었다. 대상 직급은 차장~대리였고, 1년에 30명을 선발하며, 교육기간은 2년 이내였다. 선발인원에는 MBA가 아닌 법률, 회계, 전략, 기술 등 전문분야 해외 석사과정 대상자로 포함되었다.

당시 convergence 환경 하에서 SKT 변화추진과 관련하여, LIP와 국내 MBA프로그램은 매우 중요한 의미가 있었다. 먼저, SKT가 변화추진을 시작하면서 현업부문 구성원들의 직접적인 변화를 일으키는 토대가 되었고, LIP와 국내 MBA프로그램은 과거와 달리 미래경영연구원에서 교육대상자를 선발하여 의무적으로 시행함으로써 SKT 교육시스템에 획기적인 변화를 일으켰다. 또한, SK텔레콤의 변화추진을 위한 미래리더 육성과 구성원들의 역량을 강화하기 위한 시작이었다는 점에서 큰 의미가 있었다.

이렇게 추진된 SK텔레콤의 노력은 2003년이 접어들면서 그 성과의 열매가 조금씩 맺혀 나갔다. 즉, convergence 환경에서 SK텔레콤의 미래필요역량을 규명하고, 새로운 비즈니스 기회 탐구, 전사 조직, HR, 경영시스템의 To-be 도출, M/P/R/S별 세

부필요역량 정의 등을 통해 변화추진의 큰 방향성을 정립했다는 내부적인 평가가 나오기 시작했다. 아울러 SKT가 그동안 얼마나 미래를 위해 준비가 부족했는가에 대한 자기반성도 미래경영연구원을 통해 철저히 인식하게 되었다는 목소리가 높아졌다. 또한, 미래리더 육성체계가 수립되어 SKT 구성원의 역량수준을 진단하고 향후 뉴비즈니스환경에서 구성원 역량을 확보하고 강화할 수 있는 돌파구가 마련되었다는 것이었다.

6. 사회문화 패러다임 변화에 직면한 SK텔레콤

2003년 초 조직이나 경영시스템 등에 대한 변화 실행계획 마련 시 미처 고려하지 못했던 극심한 환경변화가 SK텔레콤을 가로막았다. 당시 개인의 다양화된 가치추구는 다원화 · 개성화 사회로의 이양과 함께 젊은이들의 붉은 악마나 노사모와 같은 참여의식과 집단적인 의사표현의 급격한 증가를 야기하였다. 한편, 사회구조가 선진국형으로 변모하면서 사회정보화 또한 탄력을 받기 시작하였다. 형평과 분배가 중요시되는 등 정치 · 경제적 변화는 경영의 투명성과 공정경쟁환경 조성의 필요성을 불러일으켰다. 기존에 비해 유연화하는 노동시장 구조 또한 경영환경 변화의 일면이었다. 국내의 사회 · 경제 · 정치적 환경변화와 함께 진행되어오던 세계화는 글로벌 스탠다드 설정을 요청했다. 또한 형성되기 시작한 convergence 환경 하에서 절대적 강자도, 절대적 약자도 존재하지 않았으므로 SK텔레콤의 통신시장에서의 확보된 경쟁우위는 convergence 시장에서의 선두주자로 자리매김하는 데 있어 막강한 이점이었다. 그러나 경쟁국도가 복합적이고 다면적인 구조로 전환되면서 섣불리 행보를 옮길 수 없는 상황에 직면하게 되었다.

이러한 convergence 환경과 패러다임의 변화는 SK텔레콤의 변화추진이 미래 필요역량 규명과 확보에 초점을 맞춘 것에 한계를 드러내며 위기 상황을 발생하게 되었고, 기존의 방향과 다른 변화추진이 불가피하게 만들게 되는 상황에 처하게 되었다. 당시 SK텔레콤은 Biz 측면에서 시장이 성숙단계에 이르고 규제환경이 악화되면서 수익의 정체가 심화되면서 그동안 이동통신 선두 사업자로서 위상이 악화될 우려가 있었기에 성장동력 확보를 위한 새로운 Biz Model이 시급한 상황이었다. SK텔레콤은 새로운 Biz Model을 수립하여 추진하고 있었지만, 성공적인 수행을 위해서는 Multi-biz 수행 역량의 사전 확보 및 다양한 이해 관계자와의 우호적 관계 정립이

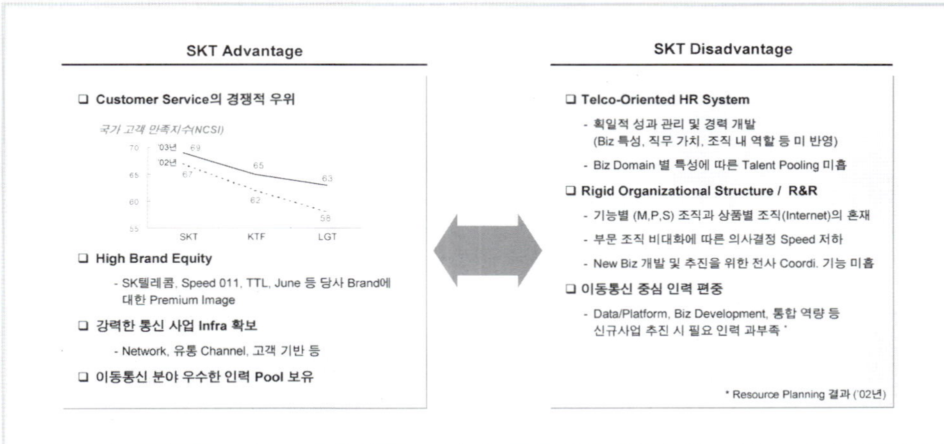

[그림 8-6] SKT 장·단점

매우 필요한 상황이었다.

R&C 측면에서 SK텔레콤은 고객서비스, 브랜드 가치 등에서 높은 경쟁력을 보유하고 있으나 기존 시스템 및 역량이 텔레콤 위주로 편중되어 이에 대한 근본적인 혁신이 요구되고 있는 상황이었다. 즉, 텔레콤 중심의 획일적인 HR시스템이 존재하고 있었고, 고정된 조직 구조와 이동통신 중심의 인력이 편중되어 있어서 신규사업에 진출할 때 필요한 인력이 매우 부족한 상황이었다.

SK텔레콤은 자사 중심적 사고와 타성에 따른 관료적 분위기 등으로 미래사업 전략 추진에 있어 심각한 어려움에 직면하고 있었다. SK텔레콤 구성원들은 이동통신 시장의 성공에 안주해 도전의식이 많이 결여되어 있었고, 변화의 필요성에 대한 인식이 매우 낮았다. 또한 과거의 가치나 업무 습관을 답습하는 경향이 많았고, 자율적으로 문제를 해결할 수 있는 능력이 약화되었다. 조직분위기는 관료적이고 형식적인 분위기로 있었고, 부문 간 또는 부서 간 협조도 매우 부족한 상황이었다.

SK텔레콤 중심적 사고가 형성되면서, 독점적이고 오만하고 이익만 챙기는 자기중심적인 기업이라는 부정적인 인식이 널리 퍼지게 되었다. 결과적으로 이것은 SK텔레콤에 대한 부정적인 인식을 확산시키게 됨으로써 전반적인 Relationship을 약화시키게 되었다. 특히, 6R 측면에서 SK텔레콤에 대한 견제 및 부정적 이미지가 커지게 되었고, convergence산업으로 진출하는 데에 있어서 재계의 견제가 가시화되고 있었다. 특히 Relationship 측면에서 SK텔레콤에 불공평한 이슈들로 2002년 5월

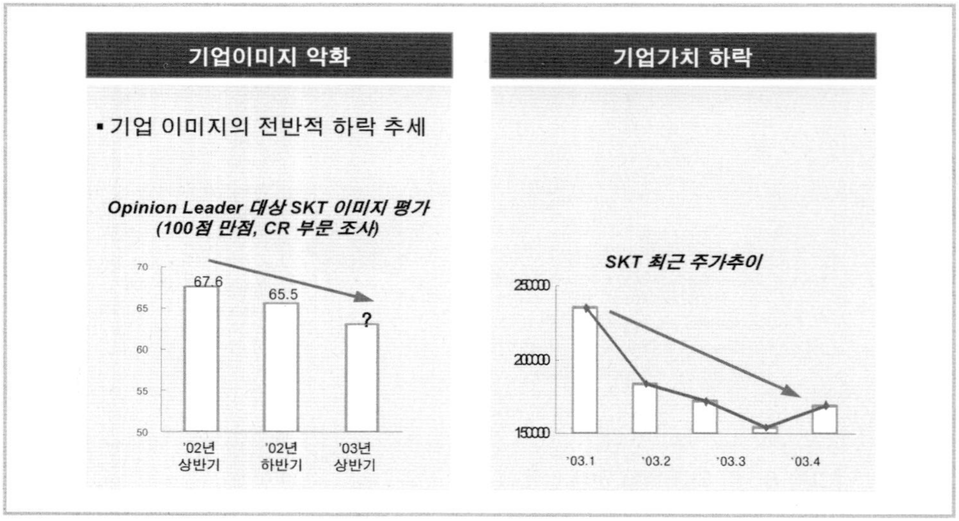

[그림 8-7] SK텔레콤 기업이미지와 기업가치 하락

KT 지분인수관련, 2002년 10월 영업정지, 2003년 1월 010 식별번호 통합 등이 제기되고 있는 상황이었다.

당시 SK텔레콤 중심적 사고와 외부환경 변화에 유연하게 대처하지 못한 조직분위기에 기인해서 새로운 성장엔진 확보와 기업가치 극대화를 저해하는 많은 징후들이 나타나고 있었다. 그러한 징후로 SKT 기업 이미지가 악화되고 있었고, 그에 따라 시장에서 SK텔레콤에 대한 기업가치가 하락하는 현상이 발생하였다. 또한 SK텔레콤은 신용카드나 방송 등 convergence Biz 관련 신규사업에 대한 정부의 규제를 강하게 받고 있는 상황이 되었다.

결국 SK텔레콤은 외부환경 변화와 조직내부의 변화로 인해서 전사적 변화추진의 방향정립과 실행이 어려운 상황이었다. SK텔레콤이 위기에 빠지자, 당시 P사장은 "우리가 지금 미래를 얘기하고 있지만, 이제 당장의 생존에 확신을 가질 수가 없다. 지금 사회문화 패러다임의 변화가 급작스럽게 바뀌고 있는데, 도대체 나는 CEO로서 뭘 해야 하는지, 잠이 안 온다. 우리가 이제까지 기술면에서만 봤는데, 지금 변화는 그것가지고는 부족한 것 같고, 사회문화 패러다임 변화, 국내 정치, 경제, 사회 정책 등의 code를 정확히 읽어내고 거기에 맞춰서 우리가 변해가야 하는 준비를 해야 되겠다."고 하면서 시급한 현안에 대한 SK텔레콤 전사차원의 변화추진 계획과 실행을 강조하였고, CFM 센터장인 P상무는 미래경영연구원이 SK텔레콤의 보다 강력한 미래역량을 확보하기 위한 방안을 찾기 위해서 고심하고 있었다.

7. 재도약하는 SK텔레콤 변화 추진

1) 새로운 변화추진 실행

SK텔레콤은 급격한 사회/문화적 패러다임 변화 및 convergence/유비쿼터스 환경하에서 새로운 도약을 위한 전사적인 기업 재창조가 매우 시급한 상황이며, Biz convergence Leadership 확보와 사회문화 패러다임 변화에 대응하기 위한 기업 재창조적인 변화추진이 미래경영연구원을 중심으로 SK텔레콤 전사차원에서 실행되어야 했다.

2003년 2월 SK텔레콤의 새로운 전사 변화추진의 실행을 위해 먼저 시급한 중단기적인 현안의 해결을 위한 3차에 걸친 임원세미나가 개최되었고, 이를 통해 임원들의 사회문화 패러다임 변화 등 외부환경 변화에 대한 공유와 더불어 고객중심의 변화추진 방향성 정립과 전사 10대 변화과제가 도출되는 성과가 있었다. 이후 2003년 3월 미래경영연구원 구성원을 중심으로 새로운 기업혁신전략 추진이 시작되어, 4월에는 외부 자문 교수단이 참여해서 기업 재창조 전략이 수립되었다. 이후 30대 전략과제를 도출하여 과제별로 미래경영연구원과 현업이 함께 W/G를 구성하여 전사부문이 모여서 밤낮으로 연구하여 Action Plan을 수립하였고, 드디어 2003년 7월 SK텔레콤의 새로운 기업혁신전략이 현업으로 실행되었다.

이렇게 추진된 혁신전략은 SK텔레콤의 이윤극대화라 추구라는 단기적인 경제논리를 넘어 사회로부터 신뢰와 존경을 받을 수 있는 기업으로 거듭날 수 있도록 사회적 역할과 책임을 획기적으로 강화하는 한편, 회사경영의 핵심요소인 고객, 주주, 구성원 가치 극대화의 선순환을 이룸으로써 장기적으로 총체적인 기업가치를 극대화해 나간다는 계획이었다.

또한, SK텔레콤 기업 재창조를 위한 기본 전략 이슈를 반영해 도출한 30대 전략과제의 주요 내용은 다음과 같다. 기업지배측면에서는 전사적 · 전략적 이슈에 대한 의사결정권한을 갖는 Executive Committee 설립 및 운영, Biz 전략차원에서는 사회문화 환경변화로 기업의 사회적 역할과 책임을 리드하는 대표적 기업으로 자리매김하기 위한 전사 전략 수립과 convergence 환경에서 성공적인 Multi Biz 수행을 위해 필요한 시장지향적인 R&D 시스템 구축 및 최적의 Solution 확보체제 구축 등이 도출되었다. 또한, Operation 시스템 측면에서 집단 소송제 등 IR 이슈에 대한 근본

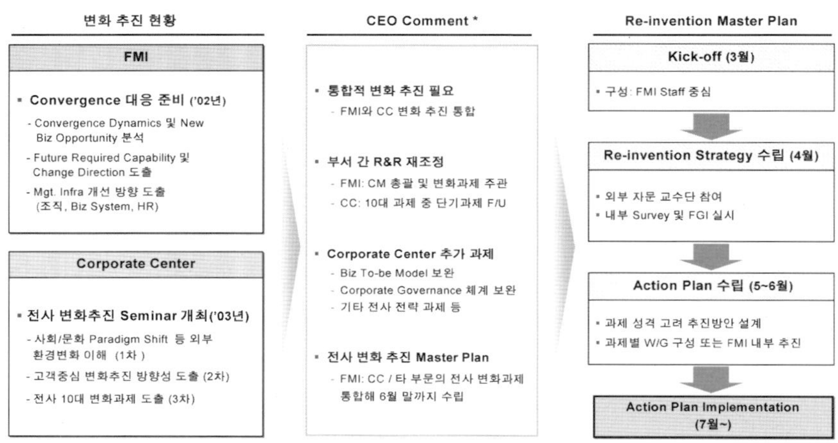

[그림 8-8] 변화추진 경과

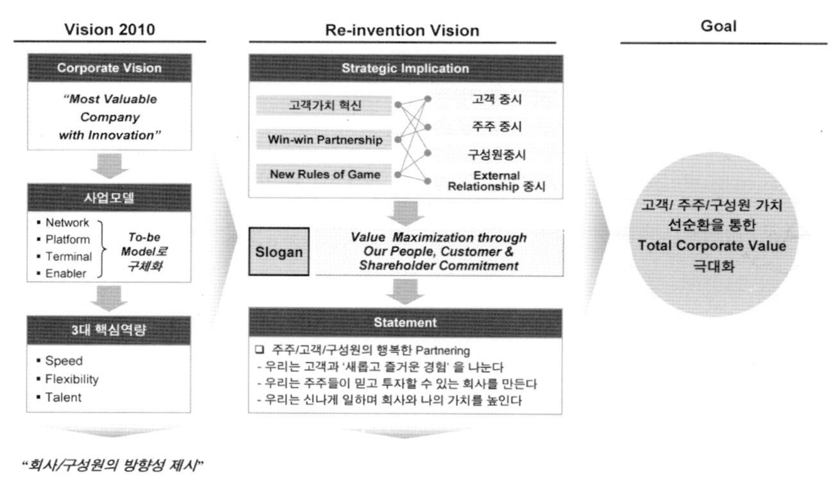

[그림 8-9] 변화추진의 Vision과 Goal

적인 해결을 위해 사전적 IR체계 구축, 정부정책에 대한 사전적 BR체계 구축, Biz 파트너와의 협력적 BR체계 구축 등이 도출되었다. HR 측면에서는 convergence 역량

강화를 위해 Talent 유형별 CDP 구축, 가치창출에 기초한 성과관리 및 보상체계 재정립 등이 있었다. 또한 혁신적/개방적인 기업문화 구축의 과제는 실제로 회의시간 30분 · 1page 보고서, 보고실명제 등을 통한 업무 프로세스 개선의 노력들이었다.

당시 SK텔레콤의 새로운 기업혁신전략은 구성원들의 피나는 노력의 결과였고, 또한 시급한 중단기 현안 문제를 해결하기 위한 새로운 변화추진이라는 중요한 의미가 있었다. 특히 미래경영연구원과 현업 구성원들은 자신들의 역량을 이 프로젝트에 몰입하였고, 이러한 열정을 가지게 한 임원들의 피나는 노력들이 있었다. 미래경영연구원에서 새벽까지 함께 토론하고 맥주도 한잔 같이 하면서 SK텔레콤 구성원들의 마음속에는 이미 변화에 대한 의식과 열정으로 가득차게 되었다. 또한 시급한 현안에 대한 해결방안으로 새로운 기업혁신전략이 일단 현업에 실행되기 시작하면서 변화가 전사차원으로 급격하게 확산되는 계기가 되었다.

2) 구성원 역량 강화 프로그램의 확대

SK텔레콤의 미래 필요역량 규명과 역량 강화를 위한 프로그램을 확대해야 할 필요가 있었다. 먼저 국내MBA 프로그램은 작년 성균관대 경영대학원에 이어 2003년 4월 한양대 경영대학원에서 실시하였다. 1년에 40명을 선발하며 경영학의 일반이론을 중심으로 하되 기술분야의 과목이 개설된 것이 특징이었다. 졸업을 위해서는 소정의 졸업학점을 이수하고, 프로젝트 수행이 졸업논문 대체로 되어 있었다.

또한, SK텔레콤은 Global Standard를 갖춘 미래 인재 육성을 위해 Global AMP (Advanced Management Program)를 제도화하여 운영하였다. 부/차장 중 매년 10명(부장, 차장 총원의 2% 수준)을 선발하여 운영했다. 교육기간은 4개월 정도이고, 대상자를 1/4분기에 선발하여 연 2~3회로 분할하여 교육 프로그램에 참가하도록 하였다. 대상자 선정은 LIP 우수자/부문장 추천을 하면, 인력관리실에서 Leader 성장가능성을 심의하여 최고경영자가 종합판단하여 최종 승인하는 과정으로 되어 있었다. 2003년에는 미국과 유럽의 대학 프로그램에 참가하고 향후 일본, 중국 등의 우수 교육 프로그램을 개발하여 교육 참여 국가를 다양화할 계획이다.

SK텔레콤은 회사의 To-be Model에 따라 향후 전개될 New Biz를 성공적으로 수행하기 위하여 필요역량을 찾아내고, 이에 따른 사내 육성역량의 탐색 및 보유수준 점검을 통해 전략적으로 부족한 역량에 대한 역량강화 프로그램이 필요하였다. 그래서 추진된 것이 convergence 상품/판매기획, 차세대 Network/Platform, Media, Finance 등과 관련된 역량 확보 프로그램이었다. 전체 교육인원 201명, 18차에 걸친 교육이었지만, 아직까지 금융과정은 대상자 선발 문제로 미실시되었고, Biz Development 과정은 자체 교육이 적합하다고 판단되어 미실시되었다.

SK텔레콤 변화추진에 있어서 조직구성원 역량강화 프로그램 확대는 매우 중요하였다. SK텔레콤이 convergence 환경에서 사업간 영역이 파괴되고 융·복합화로 인한 새로운 Biz 출현과 경쟁구도 전개되고 있는 상황에서, 세계화 진전에 따라 Global Standard가 절실히 필요했다. 또한 SK텔레콤은 To-be Model의 실현을 위해 신규사업 진출과 핵심사업의 성공적 수행을 위한 새로운 역량강화는 필수적이었다. 따라서 2003년 진행된 구성원 역량 강화 프로그램은 SK텔레콤 변화추진의 핵심인 구성원의 미래역량을 규명하고 강화시켰다는 큰 의미가 있었다.

3) SK텔레콤 중장기 변화방향 설정

2003년 10월이 되자 SK텔레콤은 그동안 시급한 중단기 현안과제 중심의 변화추진을 토대로, 창사 20주년을 맞아 새로운 10년을 준비할 수 있도록 근본적이고 구조적인 관점에서 미래 경영환경에 대한 중장기 전망을 통해 핵심 경영 이슈를 발굴/분석하고, 전사차원에서 SK텔레콤의 새로운 미래창조를 위한 변화추진의 방향정립과 실행 등이 미래경영연구원에 요구되는 상황이었다.

2003년 10월 29일 오전 10시 미래경영연구원에서는 제2차 원내 세미나가 열리고 있었다. P상무의 추진배경 설명으로 시작되었다.

> "현재 외부경영환경은 Biz convergence와 사회/문화 패러다임 변화 등 미래 경영환경에 대한 불확실성과 복잡성 증대로 체계적인 연구의 필요성이 증대되고 있습니다. 또한 내부적으로는 그동안 변화추진을 통한 기반조성이 이루어졌으나, 창사 20주년을 맞이해 중장기적인 차원의 새로운 미래 청사진의 제시와 새로운 변화추진이 필요한 상황입니다. 우리는 미래 역량강화를 위한 변화추진 조직으로서 단기간내 상당한 Output을 창출하였으나, 현재 업무추진 등 제반 측면에서 많은 해결이 필요한 과제들이 있습니다. 따라서 원내외 환경변화를 반영해 SK텔레콤의 미래 경영 Think Tank로서 확고한 위상 정립 및 독자적 생존 기반 확보를 위해서 이 자리에 모인 것입니다."

P상무의 말이 끝나자 CFM의 실무그룹 리더인 K부장이 뒤를 이었다.

> "우리는 SK텔레콤의 변화방향성 수립과 시급성 높은 중/단기 현안과제 중심의 세부 실행계획 수립 및 실행 지원을 했고, 또한 미래 필요역량 준비를 위한 역량 강화 프로그램의 개발 및 시범 운영을 통하여 새로운 성장동력 확보를 위한 변화추진기반을 확보한 성과를 거두었습니다. 그러나 이제는 원내외 환경변화를 반영해 기존 강점을 강화하고 부족한 부분을 보완해 업무추진, 조직구조 및 운영, 인력 운영 등 제반 측면에서 새로운 방향수립이 필요한 시점입니다."

이 세미나가 끝난 후 구성원들은 SK텔레콤 변화추진에 있어서 이제 새로운 전기를 맞이하게 되었고, 본격적인 중/장기 변화추진 방향 설정이 필요하다는 것을 모두가 공감하게 되었다. 이후 중/장기 변화추진의 방향을 설정하고 실행하기 위한 준비로써 4차에 걸친 세미나가 추진되었다.

먼저 2003년 12월 1~2일, 임직원 250명이 참석한 가운데 미래경영환경 전망 세미나가 열렸다. 이번 세미나의 목적은 현재 추진되고 있는 Change Management를 보완 및 심화하고, SK텔레콤의 미래 중장기 경영환경에 대한 체계적인 분석과 인사이트 확보를 위해 마련된 것이었다. 세미나에서는 피터 슈왈츠 GBN 회장과 노무라 종합연구소 무라카미 데루야쓰 이사장 등을 비롯해 한양대학교 공성진 교수, 한국경제연구원 좌승희 원장 등 미래학의 권위자라고 할 수 있는 국내외 석학들이 초청강사로 초빙되었다. 향후 기업 경영활동에 핵심적인 영향을 미칠 동인을 전망하고 이에 따른 기업의 준비 과제들을 소개한 피터 슈왈츠 교수의 강연과 유비쿼터스 환경에서의 구체적인 서비스 모델에 대한 전망을 통해 SK텔레콤의 대응방안을 집중 토의했던 무라카미 데루야쓰 이사장의 강연은 참석자들이 높은 호응을 얻기도 했다. 강연이 끝난 후 이어진 패널토의에서는 참석자들의 날카로운 질문과 적절한 대답들이 오가며 강의 못지 않은 시간이 되었다. 당시 참석한 초청강사와 패널들은 세미나를 연 것에 대해 높은 평가를 내렸으며 진지하고 구체적인 토론이 오가는 모습에 깊은 인상을 받았다고 소감을 밝히기도 했다. 한편 세미나 이틀째인 2일에는 임원에서부터 일반 사원까지 직급을 망라해 구성된 소그룹 미팅이 진행되었는데 앞으로의 10년을 함께 고민하는 자유로운 의견교환이 이뤄져 강연의 내용을 한층 심화하는 계기를 만들었다.

결국 1~4차에 걸친 세미나의 결과 미래환경 변화에 대한 조망을 통해 향후 변화추진의 필요성과 미래 핵심경영 이슈를 도출하였고, 미래 핵심 경영 이슈별 전망 및 시사점을 도출하였고, 미래 경영환경 분석을 토대로 도출된 SK텔레콤의 중장기 전략과제 변화방향이 수립되었고, 마지막으로 향후 변화방향에 대한 Master Plan이 수립되었다.

8. New CEO의 등장과 신가치경영 선포

2004년 3월 16일 신임 K사장이 공식 취임식을 가졌다. 삼성그룹 비서실 등에 근무하다가 1995년 P사장(당시 전무)의 제안에 따라 SK텔레콤 사업전략담당 이사로 옮겨온 이후 수도권지사 사장, 신세기통신 정보시스템실장 등을 거쳐 전략기획부문장으로 일해 왔다.

경기고, 서울대, KAIST, 그리고 미국 펜실베니아 대학원에서 MBA를 취득한 수재로 논리적이고 치밀한 성격으로 탁월한 업무능력을 발휘하였다. 특히 2000년 신세기통신 합병 및 2002년 하나로통신 외자유치건을 성공적으로 마무리하는 등 혁혁한 공을 세웠다. K사장 역시도 SK텔레콤 CEO 아카데미를 통해 차기 CEO로서 육성되어온 대표적인 인물이기도 하였다. 사장 취임이 있은 후 K사장이 시행한 첫 번째 일이 조직에 새로운 바람을 불러일으키고 새로운 도약을 위한 '신가치경영'의 선포였다.(Appendix 5. CEO 아카데미 운영계획)

"우리 회사는 지난 20년간 구성원 여러분의 헌신적인 노력과 지속적인 경영혁신을 바탕으로 국내에서는 물론 세계에서도 인정받는 최고의 이동통신회사로 성장했습니다. 그러나 최근 정치/경제, 사회/문화 전반의 급격한 환경변화와 디지털 기술발전에 따른 convergence/유비쿼터스 패러다임의 확산으로 인해 더 이상 과거의 성공이 미래를 보장하지 못하는 불확실하고 불투명한 경영환경이 전개되고 있습니다. 또한 국가와 산업을 초월하는 무한경쟁시대의 도래, 기업의 사회적 역할과 책임에 대한 요구 증대는 우리에게 새로운 도전과제로 제기되고 있습니다. 이제 이러한 도전은 성장의 갈림길에서 우리의 선택을 요구하고 있습니다. 신가치경영은 SKMS/SUPEX 추구를 기반으로 전사적으로 추진해온 Change Management를 보다 심화하여 향후 새로운 10년을 준비하기 위해 마련한 변화와 혁신의 전략이며, 미래를 준비하고 도약하기 위한 우리의 결집된 의지입니다. 이를 통해 우리는 궁극적으로 우리의 비전인 'Most Valuable Company'를 실현해 나갈 것입니다. 이러한 신가치경영은 지속가능한 생존기반 구축과 가치혁신을 통한 성장 추구, 그리고 미래성장기회선점이라는 3대 추진원칙을 기반으로, 고객/주주/구성원 가치의 선순환적 극대화, 외부 파트너와의 Win-Win관계 구축, 유기적이고 효율적인 경영 인프라 구축이라는 3대 중점 추진방향으로 지속적이고 체계적으로 추진해 나갈 것입니다."

신가치경영은 기본적으로 그동안 변화추진의 성과를 기반으로 중장기적으로 종합화한 새로운 기업비전이었으며, 주요 내용은 이러하였다. 첫째, convergence와 글로벌, 유비쿼터스 사업의 신성장 모델을 적극 발굴해 새로운 총체적 유비쿼터스 서비스 시장을 창출, 미래 10년의 새로운 성장기반을 확고히 마련하는 것이었다. 둘째, 이사회 중심의 기업경영과 주주의 경영참여 기반을 더욱 확대하는 투명경영을 통해 신뢰를 바탕으로 한 주주가치를 적극 제고한다는 것이었다. 셋째, 구성원들이 MVP로 성장할 수 있도록 다양한 리더십 프로그램과 역량 개발 기회를 마련하는 등 인재 육성을 위한 투자와 지원을 아끼지 않는다는 것이었다. 넷째, 새로운 사업 분야에서 시너지를 창출할 수 있도록 다양한 분야의 비즈니스 파트너들과 협력/제휴를 확대해 나갈 것이며, 이들과의 Win-Win관계 구축을 통해 신뢰와 상생의 파트너십을 적극 추진한다는 것이었고, 다섯째, 복지재단 설립과 사회봉사단 활동 등 사회공헌활동을 활성화하고 윤리경영을 실천하는 등 기업시민으로서 사회적 역할과 책임을 적극 수행한다는 것이었다. 마지막으로, 과감한 권한위임을 통해 조직의 효율성을 높이고 신속한 의사결정이 이루어지도록 할 것이며, Flat한 조직운영과 효율적, 효과적 커뮤니케이션과 Coordination을 토대로 조직과 기업문화를 혁신, Speed 경영을 실천한다는 내용이었다.

9. 새로운 SK텔레콤 변화추진을 위하여

조용히 눈을 뜬 P상무는 다음날 오전 회의에서 진행할 최근 경영환경에 대한 분석과 대응방안 수립을 위해 무엇이 필요한지 검토하기 시작했다.

2004년 1월부터 시행된 번호이동성 제도는 SK텔레콤에게 부정적인 상황을 초래하고 있었다. 현재 6개월 단위로 SKT → KTF → LGT 고객을 대상을 순차적인 적용되기 시작했는데, 3월까지 번호이동성제도와 010 통합번호로 무려 66만 명이 SKT를 떠나는 상황이 되었고, 이로 인해 지난 해 말 54.3%였던 시장점유율도 3월 말 기준 53.2%로 1.1%가 떨어지는 상황이 되었다. 이런 상황에서 KFT와 LG텔레콤은 SK텔레콤이 합병 인가조건에 어긋나는 불공정행위를 자행하고 있다며 시장점유율을 50% 미만으로 제한해 달라는 건의서를 정통부에 제출하는 등 불리한 상황으로 치닫고 있었고, 이에 따라 이동통신분야에서 선두주자인 SK텔레콤에 대한 경쟁의 불길이 나날이 치솟고 있는 상황이었다.

또한, 현재 SK텔레콤의 신규사업인 위성 DMB, 홈 네트워크 등의 추진이 부진한 상황에 처해 있으며, 자회사인 KTF와 함께 강력한 유·무선 통합 인프라를 갖춘 KT와 치열한 주도권 경쟁은 불가피한 상황이 되었다. SK텔레콤이 3월 13일 위성 DMB 위성체를 먼저 발사해 기선을 제압했지만 KT가 기존 무궁화 위성 등을 통한 조기 서비스를 추진하고 있었다. 신규사업 추진의 부진을 딛고 경쟁력을 확보하는 것이 SK텔레콤의 시급한 이슈로 떠올랐다.

유·무선을 막론하고 포화상태에 이른 통신시장도 SK텔레콤이 넘어야 할 산이다. 이동전화 가입자가 전체 경제활동인구에 육박하는 3,400만 명에 이르러 음성부문 매출이 정체되고 있는 상황이다. SK텔레콤은 이중 1,800만 명의 가입자를 확보하고 있는 상황 속에서 이를 더 늘리기는 힘든 상황이다. 국내시장은 이미 포화상태에 들어섰고, 현재 연간 50만~80만 대에 불과한 휴대폰 신규수요를 이동통신 3사가 나눠먹는 상황이 되었고, 설상가상으로 SK텔레콤의 분기별 영업이익도 계속해서 감소하고 있는 상황이었다.

특히 P상무는 신임 K사장 취임 이후 미래경영연구원 임원으로써 새로운 위상정립과 앞으로의 역할, 그리고 미래경영연구원 구성원들의 불안 및 동요도 해결해야 할 과제로 안고 있는 상황이었다.

2002년부터 미래경영연구원은 convergence 환경 하에서 Market Leadership 확보를 위한 SK텔레콤 변화추진의 방향성 정립, CM의 추진, 신가치경영선포 등의 성과를 거두었지만, 최근 경영환경과 관련하여 번호이동성제도로 인한 가입자 감소와 신규사업의 추진 부진 등이 해결해야 할 과제로 남아있는 가운데, P상무는 현 상황에서 현업과 함께 어떻게 대응해야 하며, 앞으로 신가치경영의 방향과 추진을 어떻게 이끌고 나아가야 할지가 풀리지 않는 숙제로 남아 있었다.

[Appendix 1] 번호이동성제도 시행 후 시장수요

구 분			'03년 월평균	'04년 01월	2월	3월
SK텔레콤	신규	010	307,348	382,420	422,816	405,199
		번호이동	0	0	0	0
	해지	일반	114,735	92,833	103,591	107,046
		번호이동	0	305,108	185,343	215,696
		직권	101,482	1,513	71,778	1,747
	M/S			53.77%	53.26%	52.68%
KTF	신규	010	218,016	375,181	329,066	356,003
		번호이동	0	204,080	103,374	112,377
	해지	일반	161,510	170,312	167,304	193,746
		번호이동	0	0	0	0
		직권	47,423	43,647	19,902	35,056
	M/S			31.76%	32.06%	32.26%
LG텔레콤	신규	010	118,232	149,737	218,435	276,537
		번호이동	0	101,026	81,969	103,319
	해지	일반	90,676	152,685	114,382	121,694
		번호이동	0	0	0	0
		직권	23,665	12,568	49,361	43,757
	M/S			14.47%	14.68%	15.07%

[Appendix 2] 3월 사업자별 Mobile Bank 개통 현황

구 분	SK텔레콤(MBank)				KTF(K-Bank)				LG텔레콤(Bank ON)			
	입점 지점수	신규	기변	합계	입점 지점수	신규	기변	합계	입점 지점수	신규	기변	합계
3.2(화)		790	399	1,189		4,000	2,000	6,000		9,500	500	10,000
3.3(수)		506	353	859								
3.4(목)	718	486	387	873	989				1,090			
3.5(금)		540	421	961		총 1,500건				신규판매비율 95%		
3.6(토)~7(일)		238	162	400								
3.8(월)		599	474	1,073		3,946	2,608	6,554		16,600	900	17,500
3.9(화)		481	464	945								
3.10(수)		453	469	922								
3.11(목)	1,276	546	507	1,053	989	총 1,310건			1,090	신규판매비율 95%		
3.12(금)		547	503	1,050								
3.13(토)~14(일)		375	436	811								
3.15(월)		650	976	1,626		3,970	2,080	6,050		16,600	900	17,500
3.16(화)		619	979	1,598								
3.17(수)		667	1,040	1,707								
3.18(목)	1,276	820	982	1,802	983	총 1,210건			1,090	신규판매비율 95%		
3.19(금)		1,199	1,260	2,459								
3.20(토)~21(일)		842	1,161	2,003								
3.22(월)		922	1,274	2,196						3,250	190	3,440
3.23(화)		830	1,336	2,166						2,755	145	2,900
3.24(수)		799	1,471	2,270		3,700	2,100	5,800		2,346	123	2,469
3.25(목)	1,308	1,093	1,498	2,591	983				1,090	1,900	100	2,000
3.26(금)		1,287	1,806	3,093						12,900	100	13,000
3.27(토)~28(일)		1,595	2,167	3,762		총 1,160건				신규판매비율 95%		
3.29(월)		1,759	2,819	4,578		900	600	1,500		2,600	100	2,700
3.30(화)	1,481	1,890	3,440	5,330	983 +162	800	410	1,210	1,090	2,300	100	2,400
3.31(수)		2,247	3,799	6,046		1,100	550	1,650		2,300	100	2,400
합계		22,780	30,583	53,363		18,416	10,348	28,764		73,051	3,258	76,309

[Appendix 3] 인재연구원 직무 역할

부서명	직 무	Duty		비 고
인재 연구원	인력 개발	• 인력육성 전략수립 및 실행 • 전사 교육과정 체계 관리 • 교육훈련 종합계획 • 교육과정 운영/평가교육정보 관리 • 교육훈련제도 개선 • 가상교육시스템(VLS) 구축 · 운영 • 교육훈련정보시스템(T&EIS) 관리 • 직업능력개발사업 고용보험 정산 관리 • 사내강사 양성 · 운영 • SKMS 실천/SUPEX추구 교육 • SUPEX Leader · Champion, HIPO 교육 • SRMD 및 AMP 과정 운영 • 사원학자금 관리 • IT 교육과정 개발/운영		인력기획팀/ 정보 기술원에서 이관
	사옥 관리	• 사무환경 지원 • 사옥비용 관리 • 시설 관리	• 교육시설 및 사옥 관리 • 사옥 운영 유지계획 • 시설 운용(공조/전력 등)	
	일반 지원	• 직영식당 관리 • 편의시설 관리	• 차량 관리 • 행사 관리	

[Appendix 4] 'VISION2010' 설명

구 분	내 용
'VISION2010'	SK텔레콤의 기존사업의 확고한 경쟁력 유지, 신규사업의 성공적 목표달성과 변화관리의 효과적인 추진을 위해 3대 핵심역량(Speed, Flexibility, Talent)의 강화를 토대로 향후 10년 동안의 도약을 목표로 'Most Valuable Company with Innovation'를 실현해 나가기 위한 비전.
Speed	변화하기 전에 신속히 변화한다.
Flexibility	변화에 즉각적으로 순응한다.
Talent	변화를 감지하고 최적의 대응방안을 도출하는 것은 사람이다.

[Appendix 5] CEO 아카데미 운영계획

<table>
<tr><td>To-be</td><td colspan="2">Convergence 환경 하에서 회사의 미래 Biz.를 주도할 수 있는 리더십을 갖춘 CEO를 발굴/양성하는 場</td></tr>
<tr><td rowspan="3">학습 목표</td><td>Lecture Series</td><td>• SK텔레콤의 Biz. 경쟁력 강화를 위해 전략/인사, Telecom 기술 등 핵심적인 5개 영역에 대한 역량 강화
※ 개인별 취약 영역에 대한 선택 및 학습 수행</td></tr>
<tr><td>Lab.</td><td>• Convergence Possibility가 높은 산업분야 및 새로운 문화코드에 대한 이해도 향상
• New Biz. Paradigm 이해
※ 임원과 교수의 공동연구 수행</td></tr>
<tr><td>IA Paper</td><td>• Lecture Series와 Lab.에서 얻은 지식을 바탕으로 new Biz.에 대한 Project를 수행함
※ Cell 단위로 운영</td></tr>
<tr><td rowspan="3">운영 개요</td><td>Lecture Series</td><td>• 기초(개론 중심) 및 심화과정(특정 Topic 중심)으로 이원화된 강좌
• 참가자의 개인 특성을 고려한 차별화된 수강체계 운영
– 신임임원 : 자신이 전공을 제외한 기초강좌 5units, 심화강좌 또는 세미나 2units, 교양강좌 1units 수강
– 기존임원 : 자유선택에 의해 7units, 교양강좌 1units 수강
※ 개인별 최소 수강 units은 12units('03년) → 8units로 축소</td></tr>
<tr><td>Lab.</td><td>• 4개 산업 선정 : Finance, Media, Entertainment & Contents, Commerce
• 분과구성 : 개인별 욕구 고려하여 20명 내외로 구성
• Lab 활동 시기 : 4,6,8월 월 1회(3주차 금/토요일)
• 운영방법 : 분과단위 자율적인 Lab 활동 기획/운영
교수 1인당 1개의 분과 session을 개발/운영
• 주요활동 : 관련 사업 분야 전문가 특강, case study, 현장체험</td></tr>
<tr><td>IA Paper</td><td>• 주제선정 : 임원 개인별 희망 연구 주제 제출 후 분과당 7개 내외
• Cell구성 : 선정된 주제별로 동일분과내 3~4명의 임원으로 구성
• Cell단위의 자율적인 연구 및 과제수행</td></tr>
</table>

토의질문

01 미래경영연구원이 '경영혁신'의 중심에 선 배경과 이유를 설명하시오.

02 미래경영연구원의 주요 역할과 기능은 무엇인가?

03 경영혁신을 추진함에 있어 미래경영연구원의 한계와 그 극복방안은 무엇인가?

chapter 09

기업구조조정과 인수합병

chapter

09 기업구조조정과 인수합병

제1절 구조조정의 의의

1. 구조조정의 개념

국제 경제환경이 급변하면서 세계 경제 간에 "Restructuring" 바람이 거세게 불고 있다. 기업은 급변하는 기업환경 하에서 살아남기 위해 끊임없이 변화하여야 한다. 1990년대 들어 일본 산업계를 중심으로 21세기를 대비한 경영전략으로 자리잡아가고 있는 "Restructuring"은 주력산업이라도 채산성이 맞지 않으면 과감하게 버리는 혁신적인 형태를 보이고 있다는 점에서 특히 주목할 만하다. 1997년 IMF 이후 우리나라에서 가장 많이 회자되었던 말은 구조조정일 것이다. 우리나라의 기업들은 IMF 체제 하에서는 생존하기 위하여, IMF를 벗어난 이후에는 기업이 계속 성장하기 위하여 구조조정을 계속 하고 있는 것이다. 외환위기 이후 국내기업들은 불확실한 거시경제적 환경과 도산의 위험 속에서 사업 · 재무 · 의사결정체제 등 경영구조 전반에 걸친 급격한 구조조정을 경험하였다. 특히 국내기업들의 구조조정은 IMF가 요구하는 구조개혁 프로그램과 정부의 대기업정책이라는 외적변수가 제약조건으로 작용했다는 점에서 미국이나 일본 등 선진국에서의 기업구조조정과 차별화된다. 구조조정이 기업의 전략적 선택보다는 정부의 구조개혁 일정에 따라 진행되었기 때문에 부채비율 200%, 계열사 수 축소, 사외이사 선임 등 정부가 설정한 정책목표변수의 달성 여부가 곧 구조조정의 성과로 간주되는 경향이 확산되었다

구조조정이라는 용어의 영어식 표현으로 가장 널리 사용되는 단어는 "Restructuring"이다. 이 단어가 경제 · 경영 분야에서 쓰이기 시작한 것은 1981년 레이건이 대통령으로 취임하여 공급 중심의 경제정책을 채택하면서부터이다. 이 정책은 공급

을 늘려 물가를 낮춤으로써 수요를 촉진하자는 것이었다. 특히 소득세를 떨어뜨려 기업으로 하여금 이익을 더 많이 유보케 하고 이것으로 생산시설에 투자하도록 유보이익을 생산하는 데 투자하지 않고 증권시장으로 가서 단기 투기적이고 약탈적인 M&A를 시작했다. 이처럼 정부에서 전혀 예측하지 못했던 불상사가 생기게 됨에 따라 이러한 약탈적 M&A의 대상이 되는 회사는 이를 방어할 대안을 찾아 나섰다. 이러한 과정에서 일부 기업들은 일부러 은행차입을 늘려 부채비율을 증가시키고 불필요한 부동산을 구매함으로써 재무구조를 나쁘게 만드는 방법을 찾아냈으니 그래야 약탈적 M&A의 타깃으로부터 벗어날 수 있기 때문이다. 여기에서 소위 재무구조조정이라는 표현이 생겨났다.

2. 구조조정의 종류와 수순

구조조정이란 '모든 시스템과 모든 조직을 변화시키는 것'을 의미한다. 따라서 보여지는 모든 사회현상이 다 시스템이고 조직이며, 이 모든 것이 구조조정의 대상이라고 할 수 있다. 우선 손익계산서를 살펴보면, 경영자의 성과는 기업이 얼마나 큰 이익 또는 손해를 냈느냐에 의해 판가름난다. 여기에서 손해를 줄이거나 이익을 극대화하기 위한 노력이 손익구조조정이고, 그 중에서 비용항목을 변화시키는 것이 비용구조조정이다. 조직도표에서도 구조조정이 일어나는데, 인력구조조정은 채용규모 축소, 임금삭감, 재교육, 전환 배치, 계열사 파견, 명예퇴직, 정리해고 등을 통해 이루어진다. 다음으로 팀제를 도입하거나 유사한 부, 과를 통폐합함으로써 조직의 효율성을 높이고, 사장과 사원 사이의 의사결정단계를 7~8단계에서 3~4단계로 줄이는 조직구조 재설계가 일어나는데, 이것이 조직구조조정이다. 여러 제품 중에 매출을 신장시키고 이익을 낼 부문과 전망이 어두운 부문을 구분해 제품 포트폴리오를 조정하는 것이 제품구조조정이며, 수출입, 현재생산, 판매 등의 방법을 써서 무차별적으로 진출하던 해외시장 중에서 특화할 지역과 포기할 지역을 선택하는 것이 시장구조조정이다.

제2절 인수합병

1. 인수합병의 의의

인수합병(引受合併, M&A, mergers and acquisitions)은 인수와 합병을 아울러 부르는 말이다. '인수'는 하나의 기업이 다른 기업의 경영권을 얻는 것이고, '합병'은 둘 이상의 기업들이 하나의 기업으로 합쳐지는 것을 말한다.

M&A라는 용어는 원래 미국에서 사용하는 Mergers and Acquisitions에서 유래한 것으로 우리말로 직역하면 합병(Mergers) 및 매수(Acquisitions)로서 여러 가지의 방법을 포함하는 다의적인 용어로서 경제적 · 학문적으로 명확히 정의되지는 않으나, 일반적으로 기업의 지배권의 취득을 목적으로 하는 모든 형태의 거래를 총칭하는 것으로서, 개인 또는 단체, 회사가 다른 회사 자산의 소유자가 되거나 경영지배권(control of management)을 획득함으로써 그 회사의 자산에 대한 지배권을 취득하는 하나 또는 수 개의 거래 또는 일련의 거래의 전부를 말한다.

인수합병을 진행하는 근본적 목적은 인수자 입장에서는 기업의 이익과 약점을 극복하고 더 큰 성장 동력을 얻기 위함이고 인수 대상자의 입장에선 더 좋은 환경을 가진 기업에 자신들의 기업을 팔아 안정적인 성장을 이루게 된다.

물론, 이 과정에서 어떤 의미와 가치를 가지고 인수합병의 목적을 수행하느냐에 따라 인수합병의 본질이 달라지기도 한다.

중요한 것은 현재 미국에서는 이런 M&A가 매우 활발하고 M&A를 통해 돈의 흐름이 피라미드 구조의 최상단에서 최하단까지 흘러가며 새로운 산업 성장의 동력 역할을 하고 있다는 사실이다.

IMF 이후 우리나라에서도 세계화로 나아가기 위해서 경쟁력을 키우기 위하여 기업 인수합병(M&A)에 대한 관심도가 높아지게 되었고 실제로 추진중에 있는 기업들도 많이 나타나고 있다. 글로벌 경쟁시대에서 살아남고 나아가 세계 열강들과의 싸움에서 이길 수 있는 가장 효과적인 방법은 무엇일까? 그것은 더 이상 버틸 수 없는 부문은 과감히 버리고, 어느 정도 경쟁력을 보유한 부문은 더욱 집중 · 육성하여 강력한 경쟁력을 보유하는 것이다. 이와 같이 되기 위해 가장 절실한 것은 M&A라고 할 수 있다. 철저히 약육강식 속에서 경쟁력을 키워 더욱 성장할 수 있도록 하는 전략적 방법이 바로 M&A인 것이다.

지구촌 곳곳에서 M&A가 크게 늘어난 데는 몇 가지 이유가 있다. 먼저 경제적 배경으로는 아시아 통화위기의 해소와 자유무역의 확산기조를 들 수 있다. 세계 경제환경이 점차 개선되고 무역자유화가 진전될 것이라는 판단에서 기업들이 앞 다투어 몸집 불리기에 나서게 된 것이다.

2. 기업들이 M&A에 실패하는 이유는?

기업들이 M&A에 실패하는 이유는 무엇인가? 이는 몇 가지 부류로 실패 사례를 살펴볼 수 있다.

첫째는 기업의 인수 가치 평가에 대한 오류이고 둘째는 모기업과의 시너지 확인 미흡, 셋째로는 사업 포트폴리오와 비전에 따른 전략적 인수였는지가 가장 큰 실패 이유일 수 있다.

HP의 경우 모바일 시장의 확장으로 위기감을 느꼈고 새로운 사업 모델 전환을 위해 팜이라는 회사를 인수했지만 이미 모바일 시장은 레드오션(Red-ocean)이 되었고 기존의 모바일 제조사와 애플과 같은 기업이 큰 영향력을 발휘하던 시장이었다.

또한, HP의 사업 방향은 소비재와 서비스, 엔터프라이즈를 넘나들고 있었지만 모바일과는 연관성이 전무한 상태였기 때문에, 오히려 최근 인수한 분석 솔루션 업체인 오토노미 회사의 인수가 더 합리적인 결정이 될 수도 있다. IBM이 걸어서 성공했던 길이라서가 아니라 HP의 사업 분포도와 클라이언트 대상으로 볼 때 정밀하게 분석된 데이터 분석 솔루션 분야와 타깃이 겹치고 시너지도 더 잘 만들어 낼 수 있기 때문이다.

이처럼 단순하게 트렌드에 의존해 기업을 인수하거나 사업 방향 전환을 위해 인수하는 데는 자기 모기업과의 시너지, 타깃, 경험의 역할, 문화적 배려 등을 종합적으로 고려하고 여기에 합리적인 인수합병 비용이 제시될 때 그나마 성공 확률이 높아질 수 있다.

3. 기업 인수합병의 분류

M&A의 형태와 유형은 분류 기준에 따라 여러 가지로 구분할 수 있다. 이러한 M&A는 거래의 형태나 결합형태, 거래의사 등에 따라 다양하게 분류될 수 있다.

이를 구체적으로 살펴보면 거래형태에 따라서는 합병, 인수, 매각으로 구분되며 결합형태에 따라서는 수평적 M&A, 수직적 M&A, 혼합적 M&A로 구분된다.

거래의사에 따라서 M&A는 우호적 M&A와 적대적 M&A로 나뉘어진다. 또한 결제수단으로 구분해 보면 현금인수, 주식인수, 기타인수로 나뉘어지며 결합주체에 따라서는 내국기업 간 M&A, 내국기업의 외국기업에 대한 M&A, 외국기업의 내국기업에 대한 M&A로 구분해 볼 수도 있다.

그런데 결제수단, 교섭방법, 결합주체에 따른 분류는 거래형태나 결합형태 등에 포함되는 작은 기준으로 볼 수 있다. 따라서 여기에서는 거래형태와 결합형태, 그리고 거래의사에 따라 M&A의 종류를 자세히 살펴보도록 한다.

거래형태에 따른 분류

① 합병

합병(merger)은 기업결합의 가장 강력한 법적 형태로 둘 이상의 회사가 결합 또는 통합을 통하여 하나가 되는 것이다. 그 구체적인 방법으로는 흡수합병과 신설합병이 있다. 한 회사는 존속하고 다른 회사는 해산하여 그 주주 및 재산이 존속회사에 포괄적으로 승계되는 것을 흡수합병(merger)이라고 한다. 이에 대해 모든 회사가 해산하고 새로운 회사를 설립하여 해산회사의 주주 및 재산을 신설회사에 승계시키는 것을 신설합병(consolidation)이라고 한다.

합병은 흡수합병과 신설합병 외에도 3각 합병(triangular merger)과 2단계 합병(two-step merger)이 있다. 3각 합병은 모회사가 완전지배하는 자회사를 통해 흡수합병하면서 인수대상기업에게 합병대가로 모회사의 주식을 교부함으로써 모회사와 간접적으로 합병하는 것을 의미한다. 이는 모회사의 합병 주주총회 절차를 회피할 목적으로 이용되는 합병이라고 할 수 있다.

한편 2단계 합병은 공개매수 등을 통해 지배권을 확보한 다음에 2단계에서 합병하는 것이다. 즉, 1단계에서 공개매수를 통해 목표로 삼은 인수대상기업을 인수한 후 2단계에서 흡수합병 내지는 신설합병을 시도하는 것을 의미한다. 따라서 크게 보면 흡수합병이나 신설합병의 변형된 형태라고도 볼 수 있다.

② 기업인수(takeover)

기업인수는 어떤 주주 집단이 다른 주주의 집단으로부터 기업의 지배권을 취득 또는 인수하는 것을 말한다. 기업인수는 기업의 지배권을 취득하는 것을 의미하므로 기업의 취득, 위임장투쟁(proxy contest)을 통한 지배권의 획득과 개인기업화(going private)까지 포함한다. 이 때 위임장투쟁이란 일부 주주집단이 주주총회에서 자신의 의사를 관철하기 위하여 다른 주주들의 의결권을 위임받아 대리 행사하는 것을 말한다. 한편 개인기업화란 공개기업의 대부분의 주식을 소수의 주주가 사들임으로써 사실상의 개인기업으로 만드는 것을 말한다. 이 경우 그 회사의 주식은 증권거래소에서 공개적으로 거래되지 못하고 상장이 폐지된다.

③ 매각

기업매각 또는 처분(divestiture)은 인수나 합병과는 반대로 방만하게 운영되어 오던 사업부문이나 종업원, 부채청산 등을 위하여 기업을 분할한 다음 매각하여 기업구조를 재편성하는 작업을 말한다. 따라서 이와 같은 기업매각 또는 처분을 달리 표현하면 기업구조조정(restructuring)이라고도 볼 수 있다. 여기에는 분리설립, 분할설립, 분리공개, 분리매각 및 완전매각 등이 있다.

거래의사에 따른 분류

M&A는 거래당사자 간의 거래의사 유무에 따라 우호적 M&A와 적대적 M&A로 분류할 수 있다. 우호적 M&A란 인수기업의 제의에 인수대상기업의 경영진이 우호적으로 동의하거나 주주들에게 인수할 것으로 권유하는 M&A를 말한다.

반면에 적대적 M&A는 인수대상기업의 경영진의 동의 없이 강압적 수단으로 주식을 인수하는 것을 말한다. 이는 주로 인수기업의 경영권 획득 목적에 대해서 인수대상기업의 경영진이 경영권 획득 목적에 대해서 인수대상기업의 경영진이 경영권으로 유지하려고 하는 경우 발생한다. 적대적 M&A는 주로 시장에서 주식을 매입하는 방법과 위임장 대결(proxy fight), 주식공개매수(tender offer/take-over bid : TOB) 등의 방법으로 이루어진다.

결합형태에 따른 분류

M&A를 인수기업과 인수대상기업과의 경제적 결합관례를 기준으로 하여 수직적 M&A, 수평적 M&A, 혼합적 M&A로 분류할 수 있다.

이 중 동일한 산업 내에서 생산활동의 단계가 비슷한 기업 간에 이루어지는 M&A를 수평적 M&A라고 한다. 반면에 수직적 M&A는 한 기업의 생산과정이나 판매경로상에서 이전 또는 이후의 단계에 있는 기업을 인수하는 것이다.

한편, 생산이나 판매 면에서 서로 관계가 없는 기업 간의 결합 형태를 혼합적 M&A라고 한다.

4. 기업 인수합병의 방법

협상에 의한 방법

기업의 인수합병에서 가장 널리 사용되고 있는 방법 중의 하나는 협상에 의한 방법이다. 즉 합병 당사 회사의 경영자 또는 대주주가 직접 협상을 벌이고 협상결과에 대하여 주주총회의 승인을 받는 방법이다. 이 방법은 쌍방의 경영자 또는 대주주가 충분할 정도의 기업지배권을 장악하고 있는 경우에 사용된다.

공개매수

이것은 인수합병 대상기업의 주주들에게 그 기업의 주식을 취득하겠다는 의사를 직접 제의하는 것을 말한다. 따라서 먼저 일정기간에 일정한 대가를 지급하고 대상기업의 주식을 매수하겠다는 의사를 주주들에게 공시하고 이것을 대상기업의 주주들이 응해 주면 공개매수가 성공하게 된다. 그러나 우리나라에서는 아직까지 공개매수에 의하여 인수합병이 이루어진 사례가 거의 없다.

일반적으로 협상에 의하여 인수합병이 원만하게 이루어지지 않을 때 공개매수를 택하게 되는 경우가 많으므로 대부분의 공개매수는 적대적 기업인수에 속하게 된다.

LBO(leveraged buyout)

인수자가 대상기업의 자산을 담보로 자산가격의 대부분을 차입하여 대상기업을 인수한 다음 대상기업의 운용으로 얻어지는 현금흐름으로 차입금을 상환하는 방법이다. 이러한 차입에 의한 기업인수에서 차입금으로 조달하는 대금의 비중은 70% 내지 90%에 달한다.

LBO에 의한 기업인수는 일부 주주집단이나 다른 기업에 의해 시도될 수도 있지만 현재의 경영진에 의해 시도될 수 있다. 만약 정보가 비대칭이고 주식의 시장가격이 저평가되어 있는 경우에는 경영자가 분산 소유되어 있는 주식을 인수하여 개인기업화하는 방법으로 LBO를 시도하는 경우가 있다.

지주회사(holding company)

다른 회사의 지배권을 행사할 수 있을 정도의 많은 주식을 소유하고 있는 회사를 지주회사라고 한다. 이 때 지주회사는 기업지배에 필요한 정도의 지분만을 취득하고 다른 기업을 지배함으로써 거대한 기업피라미드를 형성하는 데 유효한 수단으로 사용되고 있다. 우리나라의 경우 재벌의 핵심기업은 스스로의 사업영역을 가지며 다른 기업을 지배하는 지주회사의 성격을 갖는다.

▶ 합작투자(joint venture)

두 개 또는 그 이사의 기업들이 자본을 출자하여 제3의 기업을 인수하거나 설립하는 경우를 말한다. 합작투자는 해외 직접투자의 방법으로 흔히 사용된다.

5. 기업 인수합병 장단점

▶ 기업 인수합병의 장점

① 시너지 효과

합병이란 용어의 대부분은 시너지 효과를 상징한다. 각 독립회사로서 왕성하게 활동하는 기업들이 하나가 됨으로써 기업활동이나 이익 창출면에서 탁월하며 상대적으로 비용은 감소하기 때문이며, 무엇보다도 비즈니스와 다른 비즈니스가 하나가 됨으로써 서로의 강점은 더욱 강화시키고 약점을 보강시킬 수 있는 장점을 보유하게 된다.

② 다양성과 집중성 향상

일반적으로 한 기업이 다른 기업을 인수합병하면 기존에 기업에 없었던 분야가 새로 추가되어 다양한 기업운영이 가능하다. 또한 특정 분야에서는 다른 경쟁기업들이 따라올 수 없을 정도의 막강한 기술과 노하우, 그리고 재원들을 얻을 수 있다. 결국, 인수합병을 통해서 기업 확장과 동시에 기업의 협력방향을 다양화시킬 수 있다.

사업분야가 많아진다는 것은 다양한 사업영역 간의 협력을 이끌어 낼 수도 있고, 원가절감 등의 효과를 누릴 수 있다. 이것은 단순히 1:1의 힘을 얻는 방향을 넘어, 기존에 가지고 있지 않던 사업영역 간의 시너지를 합쳐서 그대로 인수합병을 주도한 회사의 힘으로 편입시킬 수 있는 장점을 갖게 되는 것이다.

▶ 기업 인수합병의 단점

기업합병이 반드시 긍정적인 면만 있는 것은 아니다. 오히려 기업에 악영향을 끼칠 수도 있다.

① 기업문화의 충돌

두 회사가 합쳐지는 것은 두 국가가 합쳐지는 것이나 마찬가지다. 각 기업은 독특한 자신들만의 기업문화가 이미 정착되어 있다. 이 정착된 문화를 하나로 융합시키려고 강제적인 방법을 동원한다면 피인수합병 기업(인수합병 된 기업)의 기존의 임원이나 직원들은 퇴직할 가능성이 매우 높다.

② 기존의 인수합병주도기업과 직원들 간의 불신이나 마찰

피인수합병 기업(인수합병 된 기업)의 임직원이 정정당당하게 실력으로 좋은 직위를 차지할 수 있는데, 인수합병을 주도한 기업의 임직원들은 마치 '굴러온 돌이 박힌 돌 뺀다'는 식으로 받아들일 수 있기 때문이다.

③ 피인수합병 기업의 부실로 인한 기존사업의 침체 현상

좋은 기업인줄 알고 인수합병을 추진했지만 실제 인수합병을 완료한 후 기업이 부실할 수도 있고, 부채가 많은 '빚쟁이 기업'일 수도 있으며, 보유한 기술이 형편없는데 너무 과대평가 되었을 수도 있기 때문이다.

이렇게 되면 인수합병을 주도한 기업으로서 사업을 정상적으로 추진하기 힘들어지며, 오히려 손실을 초래한다는 점에서 매우 위험한 일이 될 수도 있다.

따라서 기업 인수합병을 위해서는 사전에 많은 검토와 조사, 그리고 분석과정이 필요하다. 궁극적으로 모든 조건을 만족하더라도, 기업문화가 합쳐지는 부분은 항상 어려운 숙제로 남을 것이다.

④ 일자리 감소

미국에서 기업합병이 성립된 기업들에서는 앞다투어 일자리 삭감에 나섰다. 특히, 항공사들의 경우가 더욱 심했는데, 미 수송통계국(BTS)에 따르면 미국 항공산업의 일자리 수는 인수 전 대비 2.1% 감소한 56만 3,551개였다. 저가 항공사들은 비용절감이 최우선이라서 직원수도 최소화할 뿐 아니라 급료까지 적게 준다.

최근 "승객이 열 받게 했다"며 비상탈출구로 나가 전 세계의 관심을 끌었던 승무원의 소동도 결국 이런 스트레스에서 비롯됐다. 소동이 벌어진 '제트블루'는 저가 항공업계에서도 급료를 가장 적게 주는 곳으로 유명하며, 정기휴가도 없을 뿐 아니라 다른 항공사들과 달리 노조도 없다.

제3절 구조조정과 인수합병 사례

경영사례 1 CJ그룹 : '웰빙 생활문화기업으로 승부한다!'

1. CJ의 옷갈아 입기

전통적인 설탕과 조미료 전문제조업에서 출발하였던 CJ그룹이 최근 생활문화기업으로 화려하게 변신 중이다.

CJ는 비주력사업의 잇단 매각과 차세대 사업군의 인수&합병(M&A)이 성장의 중요한 동력이다. 1953년 설탕 제조를 시작으로 그동안 국내 식품산업의 선봉역할을 해왔던 CJ는 인터넷 사업에 뛰어들었다. 게다가 극장사업을 하는 CJ CGV와 함께 '인터넷과 엔터테인먼트, 미디어'로 꾸려진 신사업 부문이 CJ그룹의 차세대 성장엔진으로 주목받고 있다.

CJ그룹의 또 다른 성장의 축은 바이오 사업부이다. 바이오 사업부문은 MSG, 핵산 등 고도의 발효 및 정제기술력과 대규모 설비투자가 요구되는 사업으로 내수에 비해 수출이 큰 비중을 차지하고 있다. 그러나 바이오 부분은 급격한 기술발전으로 사업영역이 무한히 확대되고 있는 성장잠재력이 매우 큰 고부가가치 사업으로서 식품부분과 의약부분을 통해 글로벌화를 추진하고 있다.

이렇듯 CJ그룹은 수십 년 동안에 종사해온 사업영역을 포기하고 다른 분야로 옷갈아 입기에 한창이다. CJ가 과연 제일제당이라는 조미료 전문회사에서 여러 사업을 함께 경영하는 종합적인 생활문화 기업으로 다시 태어나기 위해서는 어떠한 위험이 도사리고 있는가?

2. CJ그룹의 주력사업의 변화

1953년~1970년대

CJ는 1953년 삼성그룹의 모태로서 '제일제당'이라는 설탕제조회사로서 출발하였다. 제일제당은 삼성그룹의 제일주의의 인재철학에 근거하여 최초의 설탕생산시설,

최초의 설탕수출이라는 수식어가 붙어 다니면서 성공의 신화를 만들어 나갔다. 1964년에는 '미풍'이라는 조미료 사업에 뛰어들었으며, 1975년 '다시다' 등 생활 소재식품이 잇단 히트를 치기 시작하였다.

1980년 초~1980년대 말

1980년대 초부터 CJ의 변신이 시작되는데, 1984년 제일제당 종합연구소를 설치하며 본격적으로 제약산업을 시작하였으며 신약개발에 본격적으로 뛰어들게 된다. 그 결실로 1986년에는 세계에서 3번째로 항암제인 '알파 인터페론'을 개발하기도 하였다. 이처럼 제약산업으로 다각화를 추진하면서 식품산업에 대한 사업영역을 더욱더 공고히 해나갔다. 1987년에는 '제일냉동식품'을 설립하였으며 같은 해에 기능성 음료식품까지 사업영역을 확대해 나갔다.

1990년대 초~1990년대 말

1990년대 초에는 CJ는 생활화학 사업에도 진출하여 세탁세제, 비누, 화장품, 치약 등 본격적인 문화사업 영역으로 확대를 서두른다. 초기 진입전략은 소비자 민감도가 매우 높은 비누, 화장품, 샴푸 등이었기 때문에 상품의 질을 높이는 데 주력하였다.

1993년 삼성그룹의 주력산업을 위한 신경영 발표 후 CJ는 새로운 길을 걷게 된다. 1993년 삼성그룹으로부터 독립은 CJ로 하여금 자유로운 횡보를 하는 데 날개를 달아주었고, 영화, 단체급식, 외식(빕스), SI, 미디어 사업, 금융 등 단일 기업으로는 유래가 없는 사업 다각화를 이룩한다.

CJ는 이처럼 다각화된 사업부들을 효율적으로 관리하기 위해서는 사업부의 분할을 통한 분사전략을 취하게 된다. 그리고 CJ는 그룹형태로 운영되었으며 일종의 지주회사 역할을 하게 된다.

2000년대 이후

2000년대에는 CJ가 생활문화기업으로의 비전을 선포한다. 특히, 2000년의 39쇼핑을 인수하여 CJ쇼핑으로 진출하였고, 물류 인프라를 위하여 CJ GLS의 영업도 시작하였다. 이런 다각화의 과정에서도 CJ는 사업부의 조정을 위하여 4대 핵심사업군

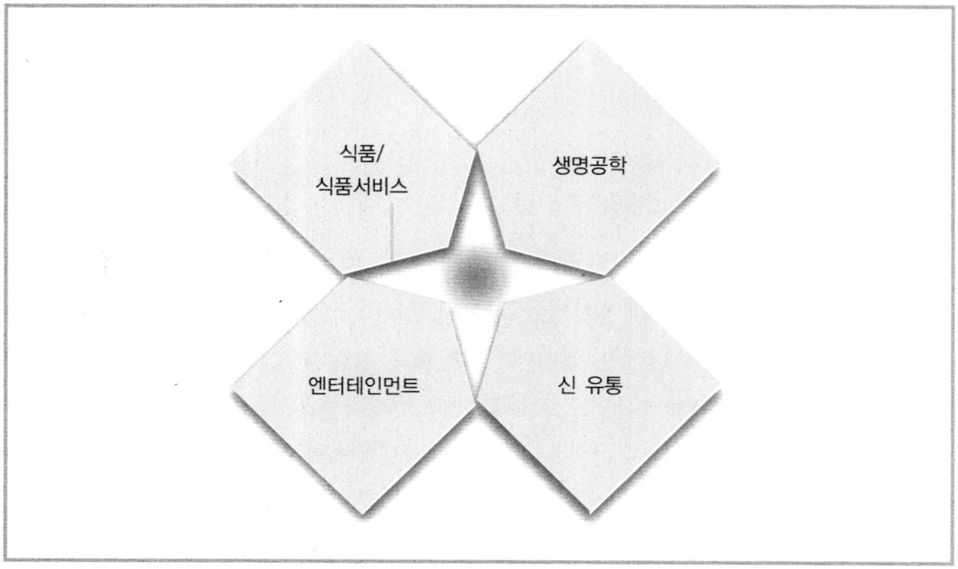

[그림 9-1] CJ의 핵심사업군

으로 재편하여 선택과 집중의 경영을 하였다. CJ그룹의 사업은 기존 식품 부문과 CJ 홈쇼핑으로 대표되는 신유통 부문, 생명공학 및 바이오 부문, 그리고 가장 늦게 성장축을 세운 온라인 엔터테인먼트의 부문이다.

2002년 10월에는 CJ그룹으로 새롭게 출발하면서 50년간 유지해왔던 '제일제당 주식회사'를 'CJ 주식회사'로 변경하였으며 CI 일체화 전략에 따라 39홈쇼핑을 'CJ 홈쇼핑' 등으로 바꾸는 등 이제 CJ가 더 이상 식품원료기업이 아닌 '생활문화기업'으로 변신이 이루어졌음을 알리게 되었다.

3. CJ그룹의 생활문화기업의 야심

온라인 사업 플랫폼 마련

CJ는 온라인 기반 사업으로 CJ몰을 운영하고 있다. 하지만 CJ몰은 CJ홈쇼핑의 한 축으로 분류된다. CJ그룹은 CJ인터넷을 통해 그동안 투자해온 CJ엔터테인먼트(영화), CJ미디어(음악) 등의 문화콘텐츠를 온라인으로 공급하겠다는 구상이다. 예를 들어 CJ인터넷의 온라인 게임 넷마블에 VOD로 영화나 음악을 제공하는 한편 넷마블 가입자가 쌓은 마일리지는 CJ몰, CGV 등에서 이용하도록 한다는 것이다. '콘텐츠

사업으로의 진출'을 의미하는 이같은 구상은 2천 3백만 명에 이르는 넷마블 가입자를 밑바탕으로 한다.

기존 사업 부문도 박차

인터넷이 새로운 성장축이라고 해서 나머지 3개 부문이 소홀해진 것은 아니다. 오히려 M&A를 통해 더욱 강화하고 있다. 그동안 음료, 생수, 화장품, 초고속 인터넷, 제일선물 등 비주력 사업은 대부분 매각됐다. 식품은 2002년 10월 삼양유지사료 인수에 이어 올해 신동방의 전분당 사업도 인수하는 등 공격적인 성장전략을 구가하고 있다. 설탕, 밀가루, 유지, 전분당 등 각 부문별로 시장 지배력을 다지겠다는 복안이다.

제약 및 바이오 부문도 마찬가지다. 백신과 수액 등 주로 종합병원에서 이용하는 치료제를 많이 생산하는 CJ(주)는 최근 제약업계 6위의 한일약품을 인수했다. 일본, 독일 등의 유명 약품과의 라이선싱 및 해외 네트워크가 잘 구축된 한일약품을 통해 국내외 인지도를 높이겠다는 의도다. 기초분야 강화를 위해 지난해 미국에 'CJ PHAMA'라는 뉴욕 사무소를 개설하고 서울대와 '바이오 창업 보육센터'를 공동 건립했다.

CJ그룹 한준상 상무는 "앞으로 '글로벌 넘버원'의 브랜드를 키우는 동시에 식품에 비해 상대적으로 매출 비중이 낮은 인터넷과 바이오 부문을 성장시키는 것이 목표"라고 말하고 있다.

4. CJ의 새로운 코드 '웰빙(Wellbeing)'

웰빙의 코드

CJ그룹은 각 계열사들이 운영하고 있는 사업 모두가 '웰빙'이라고 말한다. 최근 1년 사이에 황금알을 낳는 시장으로 부상한 '웰빙'산업에 대해 CJ는 이미 안테나를 맞추고 준비해온 셈이다. CJ㈜의 햇반이나 쁘띠첼 등 가공식품을 비롯해 팻다운, 컨디션 등 기능성음료, CJ엔터테인먼트의 영화 및 공연사업, CGV 멀티플렉스 극장 등 CJ그룹의 주요 수익원들은 '삶의 질 개선'이라는 웰빙 트렌드에 초점이 맞춰져 있다.

특히 CJ그룹 계열사들은 각 부분간 유기적으로 상호 도움을 주게 돼 있어 시장 트렌드에 더욱 빠르고 민감하게 대처할 수 있다는 게 대체적인 평가다. 이를 바탕으로 CJ㈜는 소재식품을 바탕으로 가공식품을 생산해내고 또 핵산기술을 통해 각종 바이오 산업에 진출할 수 있게 됐다. CJ엔터테인먼트나 미디어, CGV 등도 수직계열을 이루며 영상산업을 주도할 수 있었고 CJ GLS의 물류, CJ홈쇼핑의 유통이 합쳐져 CJ그룹 전체적인 영업 네트워크가 원활하게 선순환하고 있다.

이를 바탕으로 CJ그룹은 생활문화기업으로서 제 2의 도약을 준비하고 있다.

CJ(주)의 웰빙사업 : 소재식품에서 가공식품으로

조미료에서 생명공학으로 CJ그룹의 모태사업인 CJ㈜의 식품소재사업은 제당과 제분, 유지의 이 세 가지 부문이 기틀이었다. 이들 부문은 매년 총 7,000억 원 이상의 매출을 안정적으로 안겨주면서 CJ㈜가 새로운 도전을 할 수 있도록 뒷받침해 줬다.

이에 따라 CJ㈜는 지난 '96년 즉석 상품, 밥시장을 새롭게 형성한 '햇반'을 개발, 탄생시킬 수 있었고 햇반은 지난해 1,000억 원의 매출을 기록하는 효자상품으로 자리잡았다.

또 '후식'이라는 틈새시장을 공략한 '쁘띠첼'은 2002년 매출액 390억 원에서 2003년 430억 원으로 10% 성장을 보였고 2002년 말 출시한 다이어트 음료 '팻다운'은 출시 후 2,000만 병 이상 팔리며 누적 매출액 450억 원으로 CJ㈜ 사상 최단기 최고 매출 기록을 세웠다.

또 기존의 다시다 등 조미료제품과 육가공제품에 대해서도 고급화, 차별화하기 위한 아이디어를 발굴하고 제품에 접목시키기 위한 노력을 지속하고 있다.

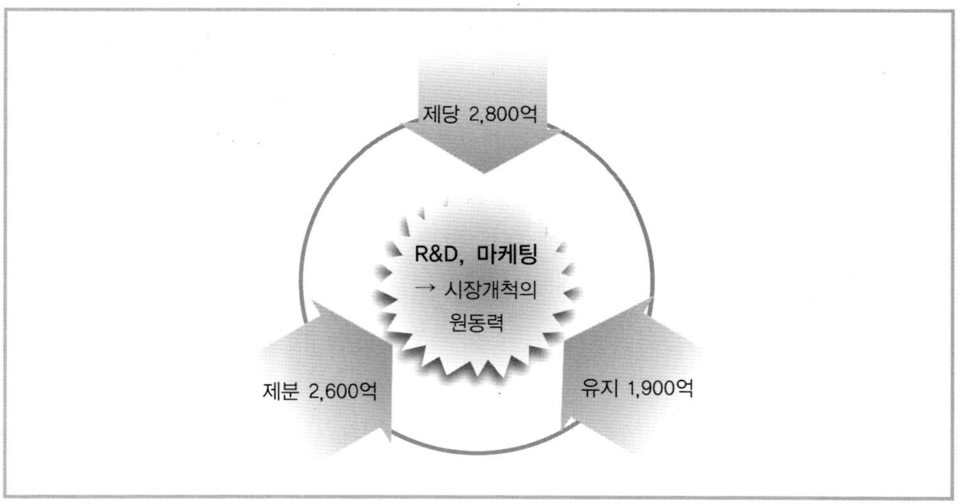

[그림 9-2] CJ 소재식품 연매출액

CJ㈜는 가공식품 부문이 20% 가량 매출증가를 보일 것으로 예상하고 있으며 앞으로 가공식품 부분에서 새로운 카테고리 상품을 개발해 저성장의 소재식품에서 고성장의 가공식품으로 범위를 확대해 나간다는 전략이다.

지난 '63년 국내 최초로 조미료 사업을 시작한 CJ㈜는 '77년 세계에서 두번째로 핵산제품을 생산, 바이오사업의 지평을 열었다. 이와 함께 축산 성장에 도움을 주는 필수 아미노산 중 하나인 라이신과 동물 성장촉진제인 쓰레오닌, 배합사료 등을 개발, 생산하면서 바이오부문을 다져나가고 있다.

CJ 미디어엔터테인먼트 · 신유통

CJ의 미디어 및 엔터테인먼트 부문은 '제작'과 '배급', '상영'까지 산업의 수직계열화 체제를 구축해 놓은 것이 큰 경쟁력으로 작용하고 있다. 또 CJ엔터테인먼트와 CJ CGV의 CEO를 일원화해 양 사업간 시너지를 강화하고 있다.

CJ엔터테인먼트가 지분 50%를 보유하고 있는 멀티플렉스 극장 체인인 CJ CGV는 최근 2~3년간 100%가 넘는 성장세를 보이고 있고 제작 영화의 상영에 대한 안정성을 보장받을 수 있어 CJ그룹 미디어 사업의 기름진 토양으로 자리잡은 상태이다.

CJ엔터테인먼트(049370)의 경우 올해 종합 엔터테인먼트 업체로 선발주자의 입지를 강화한다는 전략이다. 따라서 우수한 컨텐츠를 확보하는 데 주력하기 위해 해외 공동프로젝트를 활성화하고 리스크 관리차원에서 사전 및 사후 시장조사를 철저히 할 방침이다. 아울러 지난해 공연사업을 시작, '캣츠'를 성공적으로 공연했고 올해는 맘마미아 등 5~6편을 확보, 투자를 확대해 공연사업에 뿌리를 내릴 계획이다.

CJ홈쇼핑(035760) 및 CJ GLS를 양축으로 하는 신유통 부문의 경우 점포 위주가 아닌 온라인과 물류를 연결해 경쟁력을 배가할 수 있도록 투자를 확대하고 있다. 특히 지난해 들어 신장세가 둔화된 CJ홈쇼핑은 장기적인 시장 안착에 역점을 두고 신뢰와 고객만족경영, 품질향상 등에 주력하고 있다.

온라인몰에는 역량을 강화해 업계 성장둔화를 극복할 수 있을 것으로 내다보고 있다. 지난해 CJ홈쇼핑이 CJ㈜의 팻다운을 판매해 히트상품 반열에 올려놓았던 것처럼 그룹내 제품 판매로 '윈-윈' 사례를 많이 만들어 나간다는 것도 한 전략이다. CJ GLS의 경우 CJ홈쇼핑과 전자상거래의 매출과 연관되는 것도 같은 맥락이다.

CJ는 '생활문화기업'의 이미지로는 확실히 성공적이었던 것으로 평가된다. 새로운 비전 하에 선택과 집중을 통한 사업확장으로 먹거리(식품), 볼거리(엔터테인먼트), 즐길거리(바이오, 신유통 등) 등 실생활과 관련된 다양한 상품과 서비스를 제공할 수 있게 되었다.

하지만 CJ의 도전은 여기서 끝이 아니라 이제 시작이다!

CJ과 한국의 대표적인 생활문화기업에서 세계적인 다국적인 기업인 P&G나 유니레버와 같은 글로벌 기업과 어깨를 나란히 하기 위해서는 끊임없는 자기혁신과 스피드한 의사결정으로 미래의 불확실성에 대비해야 할 것이다.

과연 국내 식품 제조업의 효시라고 불리는 CJ그룹이 4대 핵심사업을 통해 앞으로 웰빙을 통한 종합생활문화기업으로 변모해 갈 미래가 더욱 주목된다.

참고문헌

- www.cj.net CJ그룹 홈페이지
- www.cj.co.kr CJ 주식회사 홈페이지
- CJ 몸짓 키우기-되는 사업은 사들여 키운다, 동아일보, 2004.7.24
- 구조조정 성과 가시화, 성장세, 사울경제신문, 2004.9.14.
- CJ그룹이 종합 인터넷 기업으로 변신, 경향신문 2004.11.18.

토의질문

01 CJ의 핵심 4대 사업영역을 소개하고 성장 가능성을 평가하시오.

02 CJ의 구조조정의 특징은 무엇인가?

03 웰빙(Well-being)이란 무엇이며 사업영역으로서 웰빙의 가치는 무엇인가?

04 CJ의 음료사업본부와 미디어 사업부분의 웰빙전략을 설명하시오.

경영사례 2 Amazon의 Zappos.com 인수

2009년 7월 22일, 자포스의 최고경영자(CEO)인 토니 셰이는 자신의 트위터에

> "자포스와 아마존이 하나의 기업이 됐으며, 이는 자포스가 아마존에 합병되는 차원이 아닌 자포스의 기업문화, 100% 고용 승계, 100% 독자 경영 등을 약속받은 합리적 결혼이다."

라는 글을 올렸다.

Amazon이 Zappos를 인수한 표면적인 이유는 두 회사의 supply chain에서 중복되는 부분을 제거하면 코스트를 절감하고 이익을 늘릴 수 있다는 점이다. 하지만 두 회사의 supply chain은 서로 다르고 어떤 면에서는 서로 보완적이라고 할 수 있다.

그러나 한편으로는 두 회사 모두 online 비즈니스 회사이면서 공급사슬관리(supply chain management)에 경쟁력을 갖고 있다는 공통점이 있는데, 왜 Amazon은 Zappos를 인수했을까?

1. 생소한 이름인 온라인 신발판매회사 Zappos!

1999년 설립된 자포스는 미국의 온라인 신발과 의류 판매회사다. 특히 온라인 신발 판매는 미국 1위다. 설립 이듬해 160만 달러(18억 원)에 불과했던 이 회사의 매출은 연평균 100%씩 늘어 10년 만에 12억 달러(약 1조3,000억 원)를 돌파했다. 하지만 이 회사는 스스로를 "최고의 온라인 판매 기업"이라고 부르지 않는다. 대신 "최고의 서비스 기업"이라고 부른다. 자포스를 운영하는 토니 셰이 CEO는 자포스를 운영하는 방법에 대하여 아래의 10대 가치를 바탕으로 운영하고 있다.

Zappos 10대 가치

하나, 고객 감동 서비스를 실천하자.
둘, 변화를 수용하고 주도하자.
셋, 재미와 약간의 괴팍함을 추구하자.
넷, 모험심과 창의성, 그리고 열린 마음을 갖자.
다섯, 배움과 성장을 추구하자.
여섯, 커뮤니케이션을 통해 솔직하고 열린 관계를 만들자.
일곱, 확고한 팀워크와 가족애를 갖자.
여덟, 최소한의 것으로 최대한의 효과를 만들자.
아홉, 열정적이고 단호하게 행동하자.
열, 늘 겸손하자.

연도	주요내용
1999년~ 2001년	1999년 닉스윈먼이 가족과 친구들의 투자금 15만 달러로 캘리포니아에서 'shoesite.com'을 설립. 8월부터 토니 셰이가 50만 달러를 투자하면서 경영참여, 스페인어로 신발이라는 의미를 담은 'zappos.com'으로 쇼핑몰 이름 변경, 2000년 토니 셰이가 자포스 인수 및 CEO취임, 2001년 컨택센터 발족
2002년~ 2004년	빠른 배송을 위해 물류센터를 미국 중남부 지방인 켄터키로 옮김 자포스의 첫 자사 브랜드인 RSVP탄생 컨택센터의 우수인재 확보를 위해 본사를 라스베이거스로 이전 (라스베이거스는 미국 내에서 콜센터가 가장 많은 곳으로 인재가 많을 것이라고 판단)
2005년~ 2006년	경영월간지 〈패스트컴퍼니〉가 선정한 '고객 최고상' 수상 및 '패스트50(빠르게 성장하는 50개 유망 기업'에 선정 〈타임〉이 뽑은 '가장 쿨한 웹사이트'에 선정, 아마존의 제프베조스가 인수를 제안하지만 자포스 경영진이 거절함 - 10가지 핵심가치를 문서화하다.
2007년~	연간 매출 10억 달러 돌파 아마존이 12억 달러에 자포스를 인수 아마존의 사상 최고 인수가에 당시 미국언론매체 경악 자포스의 기업문화의 경영진은 아마존 인수 후에도 기존방식대로 운영

행복을 전하는 기업이 되고자 하는 Zappos

Zappos CEO인 토니 셰이는 기업의 핵심 가치를 만들어가는 노력과 고민을 했으며, 그래서 10대 핵심가치를 만들고 이를 확고히 하기 위해 노력한다고 하며 이것이 기업을 이끄는 힘이 되었다.

토니 셰이는 1994년 대학 구내에서 피자 파는 것으로 사업을 시작했으며 이후 1993년 온라인 광고회사인 LinkExchange를 설립했고, 이 회사를 1998년에 마이크로소프트에 2억 달러에 매각해 유명해지기 시작하였다.

재미있는 것은 토니 셰이가 LinkExchange를 매각한 이후 이듬해인 1999년에 Zappos에 몸담게 되는데 그가 창업주로 참여한 것은 아니었다. 1999년 엔젤 투자 기관인 Venture Forges가 Zappos에 투자하게 되는데, 이때 Zappos의 경영문제를 인식하고 새 CEO로 토니 셰이를 추천하게 되었고 취임 이후 오늘날까지 Zappos를 이끌게 되었다.

Zappos의 남다른 서비스 정신

고객에게 행복을 전하는 것을 최우선으로 생각하는 자포스의 철학을 잘 보여주는 일화가 있다. 2007년 7월 7일, 미국의 한 블로그에 게재된 글은 메일에서 메일로 전달돼 수많은 사람을 감동시켰다.

> "나는 얼마 전, 몸이 아픈 어머니를 위해 자포스에서 신발을 구입했다. 그런데 머지않아 어머니는 병세가 악화되어 돌아가셨다. 얼마 뒤 자포스로부터 한 통의 메일을 받았다. 구입한 신발이 잘 맞는지, 마음에 드는지 묻는 메일이었다. 상실감에 빠져 있던 나는 겨우 정신을 차리고 답장을 보냈다. 병든 어머니에게 드리기 위해 구두를 샀던 것인데 어머니가 돌아가셔서 구두 반품 시기를 놓쳤다고. 그러자 곧바로 자포스에서 답장을 보내왔다. 택배 직원을 집으로 보내 반품 처리를 해주겠다며 걱정하지 말라는 내용이었다. 다음날 나는 한 다발의 꽃과 카드를 받았다. 슬픔에 빠진 나를 위로해주기 위한 자포스의 선물이었다. 감동 때문에 눈물이 멈추지 않았다."

Zappos가 유명해진 것은 다른 쇼핑몰들과 차별화된 남다른 서비스 때문이다. 어떤 업체보다 빠르게 배달하되 무료 배송을 원칙으로 하는 점도 남다른 서비스의 하나인데 구매 제품이 맘에 들지 않아 반품할 경우에도 배송비를 추가로 받지 않는다는 것이다.

또, Zappos가 유명한 이유는 단순히 신발만 파는게 아니라 고객에게 감동 체험이란 무형의 가치를 팔고 있기 때문에 유명해졌다. 컨택 센터에서 일하는 직원들을 그들은 이렇게 부른다고 합니다.

"자포니언(Zapponian)"

왜 그들이 직원 스스로를 자포니언이라고 부를까요? 아마 그들의 남다른 서비스 정신 때문이다. 그들은 고객이 원하면 자신의 회사 물건이 아님에도 구매해 배달하는 것으로 유명하다. 그만큼 고객이 감동할 요소가 무엇인지를 알고 이를 실천하는 기업이라는 것을 상징적으로 보여주는 사례이다.

Zappos는 신발이라는 단일 품목을 취급하지만 믿기지 않을 만큼 전문적이어서 온라인 매장에서 1,000개가 넘는 브랜와 이 브랜드가 생산하는 90만 개의 제품을 취급한다. 사실상 전 세계에 유통되는 대부분의 신발 메이커는 다 취급한다는 것을 알 수 있다. 이러한 다양한 품목과 함께 그들은 단골을 만들기 위한 노력을 열심히 해오고 있다. 그들의 단골화 노력의 결과물을 보면 전체 75% 매출이 한 번 이상 구매를 경험한 단골고객에 의해 이루어지며 판매 액수 역시 단골고객에서 높게 나타난다.

그들은 이런 놀라운 매출은 결국 경험한 소비자가 자신의 지인에게 홍보해주는 구전 효과에서 발생한다는 것을 알고 이를 적극 이용하는 마케팅과 지인에게 추천 시 인센티브를 주는 등의 다양한 툴을 활용해 단골을 확보해 나갔다.

Zappos의 유연한 기업문화

Zappos는 신입사원을 뽑으면 4주 동안 회사의 전략, 문화, 고객 관계 등에 관한 훈련을 시킨다. 훈련기간 동안 급여를 전액 지급하며 교육 훈련 후 신입사원들에게 다음과 같이 말한다.

"오늘 업무를 경험했다면 자신과 회사가 맞는지를 파악 후 회사에 남을 것인지를 결정해야 합니다. 설사 남지 않는다고 하더라도 우리는 근무 수당과 함께 1,000달러를 추가로 지불할 것입니다."

한마디로 회사가 자신과 어울리지 않는다고 판단된다면 돈줄테니 나가라고 선전포고하는 것이다. 이들이 이렇게 이야기하는 것은 교육 훈련 직후에 신입사원들에게 Zappos가 자신과 잘 맞는지를 확인시키기 위한 과정으로 교육 훈련하면서 많은 노력과 비용을 들였지만 Zappos가 자신에게 맞지 않다고 생각하는 직원들은 빨리 회사를 그만둘 수 있도록 해야 서로에게 더 좋은 결과를 얻는다고 판단하고 있다.

그리고 Zappos에는 이런 기업 문화를 이끌고 지지하는 최고의 직원들이 있다. 4주 훈련으로 다양한 경험 후 전직원들에 대해 수시로 인터뷰를 통해 문제점을 파악하고, 이를 해결하는 과정을 거치게 된다.

단편적으로 전 세계의 방문자들로 하여금 창고와 일하는 오피스 등을 방문하는 것을 적극적으로 장려하였고, 직원들이 자발적으로 회사에 대해 다양한 소셜미디어 등을 통해 소개할 수 있도록 하였으며 이 과정에 다양한 이벤트 요소를 도입해 직원과 고객을 만족시켜 모두 Zappos의 팬으로 만든 것이다.

이런 자포스의 토니 셰이의 철학, 남다른 서비스 정신, 유연한 기업문화가 아마존의 입장에서는 군침을 돌울 만한 일이 아니겠는가?

2. 아마존의 Zappos 인수

2009년 7월 22일 아마존이 온라인 신발 & 의류 종합 쇼핑몰인 Zappos.com을 인수한다고 발표했을 때, 시장의 반응은 상당히 호의적이었다. 이렇게 평가하는 이유는 양사가 상호간 주식을 교환하고 아마존이 약 9억 2천만 달러를 들여 Zappos를 인수하는 것이 주식시장에서도 좋게 평가되었기 때문이다.

아마존과 Zappos의 비즈니스 마인의 유사성

아마존과 Zappos의 멋진 거래(deal)가 완성될 수 있었던 가장 큰 원인으로는 아마존의 창업자 제프 베조스와 Zappos의 CEO 토니 셰이가 아주 유사한 비즈니스 마인드를 가지고 있었기 때문이다. 두 회사의 M&A를 발표하면서 토니 셰이는 계속 Zappos의 경영진으로 남을 것임을 천명했는데, 이로써 기술 기반 M&A의 벤처 신화들과는 다른 벤처 신화가 창조되었기 때문이다.

두 회사는 2005년도부터 이미 양사 간에 비즈니스 협력을 통한 시너지 효과를 만드는 데 관심을 보이면서 협업에 관한 논의를 해왔기에 서로에 대한 깊이 있는 이해가 가능했고 이것이 결국 성공적인 Deal을 가능하게 했다.

그리고 양측은 상호간의 비즈니스 모델과 각자가 가지고 있는 사내 문화, 그리고 브랜드 가치와 상호 협력에 대해 충분히 오랜 시간 논의를 했으며 최초 논의가 본격적으로 시작된 2009년 2월부터 5월까지 상호간의 전략적인 위치와 재정 부분의 이슈, 그리고 상호 협력 모델에 대해 많은 논의를 거친 것 역시 서로를 이해하는 데 많은 도움이 되었고, M&A를 성공적으로 이끌어 내는 데도 도움이 되었다.

아마존의 인수합병 효과

이 M&A를 통해 아마존은 장기적인 관점에서 시장에서의 경쟁사인 Zappos를 인수함으로써 사업 영역 확장 및 잠재적 경쟁자를 흡수하는 효과를 봄과 동시에 자신들이 운영하고 있던 Non-Media 분야 관련 시장 매출이 약 20% 증대되는 효과도 보게 되었다. 또한 토니 셰이를 비롯한 Zappos의 뛰어난 경영진을, 상대적으로 아마존이 경험이 부족한 영역인 신발과 의류, 액세서리 시장의 리더로 영입함으로써 신규 시장 진출에서 필연적으로 겪게 되는 시행착오를 줄일 수 있음과 동시에 Zappos가 가지고 있는 기업 문화를 아마존에 흡수할 수 있는 방법을 확보할 수 있었다

Zappos의 인수합병 효과

이 M&A를 통해 Zappos의 입장에서는 자신들에게 투자한 벤처 캐피탈 회사 세쿼이야와의 출구 전략에 대해 많은 논의를 하고 있던 상황에서 아마존과의 M&A는 회사의 현금 흐름을 향상시킬 수 있는 전략이었을 뿐 아니라 경영권을 보장받으면서도 추가적인 투자처를 제공해 줄 수 있는 Deal로 판단되었을 것이다. 아울러 토니 셰이는 아마존이 가지고 있는 기술과 자금력, 그리고 운영 능력이 Zappos의 빠른 성장에 더욱 도움이 될 것이라고 판단했을 가능성이 있다.

결국 아마존과 Zappos의 M&A는 두 회사 간의 지속적인 협력을 통해 이후에도 성

공적인 관계를 형성하게 했고, 2011년 미국의 Techcruch.com은 이 M&A Deal을 역사상 가장 성공적인 미국의 디지털 미디어 관련 10대 M&A Deal 중 8위에 선정하기도 했다.

3. 아마존의 Zappos의 협상과정

이번 M&A의 당사자인 아마존과 Zappos 간의 M&A 과정의 협상 노하우는 다음 세 가지로 요약된다.

① 시간을 두고 공동의 이익, 협력에 대해 심도 있는 논의 진행
② 상대방의 가치를 존중하고 이를 제대로 평가하기 위한 노력
③ 전문가의 협조를 받아 협상 진행과정에서 지속적으로 다양한 옵션을 창안

아래에서 구체적으로 살펴보기로 한다.

시간을 두고 공동의 이익, 협력에 대해 심도 있는 논의 진행

아마존이 미국 공정거래위(Securities & Trade Commission)에 합병을 승인받기 위해 제출한 Form S-4의 내용을 살펴보면 아마존과 Zappos 간에 합병 논의가 있기 전에 상호 협력에 대한 논의가 선행되고 있음을 확인할 수 있다.

양측이 처음으로 전략적인 협력 방안에 대해 논의를 처음 시작한 것은 2005년경이었고, 이후에도 오랜 기간 여러 차례 협력 방안에 대해 논의를 했으며, 2008년 3월부터 2009년 7월까지 약 470일이 소요된 본격적인 협상으로 상호간의 전략적인 위치

와 합병을 포함한 다양한 옵션들에 대해 논의가 이루어졌음을 알 수 있다. 이는 일반적인 합병 절차와는 다른 방식으로 평가되는바, 양사가 합병 이후에 운영에 관한 상호간의 장기 경영 전략에 대해 이해를 했기 때문에 가능한 협상이었다.

이번 M&A에서 중요한 Deal은 상당히 오랜 기간 진행된다는 것을 배워야 한다. 논의가 다소 지루하게 진행되더라도 끈기를 갖고 협상에 임하는 것이 필요하며, 그 과정에서도 자신만의 이익을 취하려는 것이 아니라 상대방과의 협업 포인트를 계속 고민하는 자세가 필요하다.

상대방의 가치를 존중하고 이를 제대로 평가하기 위한 노력

Zappos와 아마존은 상호의 비즈니스 모델에 대해 충분한 검토를 한 것으로 알려지고 있고, 특히 아마존의 경우 전체 인수 금액의 66%를 Zappos의 무형자산의 대가로 지불할 만큼 Zappos가 가지고 있는 조직 문화와 브랜드 네임에 대한 이해가 높아 그만한 가치가 있다고 판단한 것으로 보인다.

또한 양사는 협상을 진행하면서 Zappos의 경제적 가치에 대한 충분한 정보를 교환했고, 이를 통해 아마존의 첫 번째 제시 가격인 7억 5천만 불(현금 Offer)이 모건 스탠리가 추정한 Zappos의 추정 가치 6억 5천만~9억 2천만 불의 범위 안에 들어 올 수 있었다.

Zappos의 CEO 토니 셰이는 독특한 비즈니스 마인드를 가진 사람이었다. 그는 아마존이 단순히 돈으로만 유혹하려 했다면 이 M&A를 거절했을 가능성이 높다. 하지만 아마존은 역시 고수였다.

Zappos가 가진 무형적인 가치들에 대해서도 제대로 평가하기 위해 노력했고, 이 과정을 성실히 실행함으로써 토니 셰이의 마음을 움직였던 것이다. 지극히 검소한 삶을 살고 있는 토니 셰이는 결코 돈으로만 움직일 수 없는 대상이었고, 아마존은 이를 정확히 꿰뚫어 보았다.

이번 M&A를 통해 협상을 함에 있어 상대방이 소중하게 여기는 가치가 무엇인지를 면밀히 파악하는 것이 중요함을 알 수 있는 대목이다.

전문가의 협조를 받아 협상 진행과정에서 지속적으로 다양한 옵션을 창안

아마존이 제출한 Form S-4의 내용을 보면 본격적인 협상이 시작되기 이전인 2009년 2월부터 모건 스탠리가 아마존과 Zappos측을 만나면서 다양한 가능성에 대해 논의를 시작하고 있음을 볼 수 있다.

이후 협상이 본격화되는 2009년 4월 Zappos는 모건 스탠리를 M&A에 필요한 주간회사(Financial Adviser)로 선임하고 그 해 5월에 아마존이 Lazard Freres & Co를 주간회사로 선임하면서 M&A의 거래가 본 협상으로 빠르게 진행됐음을 확인할 수 있다.

이 같은 전문가의 조력은 Zappos의 경우 더욱 두드러지게 보이는데, 모건 스탠리는 Zappos의 Outside Invester인 세콰이야 캐피탈과 골드먼 삭스의 Exit Plan에 부합될 수 있는 다양한 종류의 옵션에 대해 조언을 한 것으로 보인다. 이런 과정 속에서 Zappos 내부의 주주들 간에 상충되는 이해관계가 문제되기도 했다.

하지만 모건 스탠리는 각종 상황과 이해관계에서 부각되는 옵션들에 대해 조언을 제공했고, 이를 통해 아마존과의 합병이 최적화된 결과를 이끌어 낼 수 있다는 결론을 Zappos 경영진과 이사회가 얻을 수 있었다.

아직도 한국의 협상과정에서는 '협상전문가'를 투입하지 않고 자체적으로 진행하는 경우가 대부분이다. 하지만 협상은 엄연히 전문적인 영역이다. 다양한 협상경험을 보유하고 있는 협상전문가들이 협상과정에 투입되어 같이 전략을 수립하고 협상이 교착상태에 빠질 때 이를 타개하기 위한 다양한 옵션을 제시하도록 하는 것은 협상의 성공에 중요한 디딤돌이 될 수 있다.

Zappos는 자신만의 독특한 기업문화를 바탕으로 획기적인 성과를 만들어낸 기업으로서 실제 미국 내에서도 많은 이슈를 만들었던 기업이다. 2007년 아마존에서 사상 최고 인수가로 Zappos를 인수할 당시에도 Zappos의 매출액보다 Zappos의 기업문화에 대한 관심이 아마존에서 인수한 가장 큰 배경이었다고 밝히기도 하였다.

4. 아마존의 Zappos의 인수합병 후 미래는?

두 회사 간의 인수합병의 이면에는 Zappos가 전자제품을 판매할 계획이라고 발표했는데, 아마도 이 계획이 Amazon을 자극한 것 같다고 평가하기도 한다. Amazon은 Zappos를 인수함으로써 신속한 supply chain process를 갖고 있으며 서비스 수준이 높은 Zappos와 경쟁할 필요가 없어졌으며, 다른 회사가 Zappos를 인수할 수 있는 위험도 사전에 제거할 수 있게 되었다는 평가이다.

단순히 기존의 M&A처럼 인수를 통해 경쟁을 배제하거나 위험을 차단하는 목적으로 끝날 것인지, 토니 셰이의 경영능력을 잘 결합하여 성공적인 M&A로 평가받을 수 있을지가 궁금해진다.

향후 아마존은 Zappos의 인수를 통해 어떠한 시너지를 창출할 수 있을까? 이것이 아마존이 해결해야 할 과제일 것이다.

토의질문

01 아마존의 입장에서는 왜 Zappos가 매력적인 M&A의 대상이었는가?

02 Zappos의 "Zapponian"의 의미와 독특한 기업문화를 찾아보시오

03 아마존의 Zappos의 인수과정에서 고려한 3가지 전략을 도출하고 성공전략을 찾아보시오.

04 아마존이 Zappos의 인수합병 이후 얻을 수 있는 시너지 효과와 사업영역을 찾아 향후 사업전략을 도출해 보시오.

chapter 10

후발기업의 Catch-up전략

chapter

10

후발기업의 Catch-up전략

제1절 선발기업의 이점

1. 선발기업의 선점효과

시장진입 순서는 통상적으로 시장점유율과 상관관계가 있다. 더욱이 후발업체의 출현은 선발업체를 오히려 도와주는 경우도 많다. 일례로 겔포스가 1회용 액체 위장약 시장을 선점해 시장진입에 성공하자 그 후 후발업체들은 탈시드, 미란타와 같은 동종제품을 내놓으면서 치열한 광고경쟁을 벌인 적이 있다. 그러나 이 싸움은 1위 제품인 겔포스의 매출만 늘려주는 결과를 낳았다. 이런 사례는 무수히 많다. 물먹는 코끼리와 물먹는 공룡은 선발 물먹는 하마의 입지만 더욱 견고하게 해주었다. 그밖에 음료인 '2% 부족할 때'가 그랬고, 새우깡이 그랬다.

기회의 선점 프리미엄은 막강하다. 그런 까닭에 후발업체가 선발업체를 따라잡기 위해서 엄청난 마케팅 자금을 투입하는 경우도 허다하다. 하지만 이것만 가지고 만족할 만한 결과를 얻을 수는 없다. 그보다 중요한 것은 선발업체와의 차별화 전략이나 선발제품의 약점 혹은 불만스러운 점을 해소시켜주는 제품으로 도전하는 전략이다.

농심라면은 그들만의 수프 제조 기술 개발과 지속적인 연구 등을 통해 선발기업 삼양라면을 제치고 부동의 1위 자리를 굳건히 지켜오는 것은 물론, 국내 50대 기술기업으로 인정받고 있다. OB에 밀려 부도까지 났던 크라운맥주가 크라운이라는 이름을 철저히 가리면서 하이트로 이름을 바꾸고 "맥주의 95%를 차지하는 물을 천연암반수로 사용한다"는 평범한 것 같지만, 중요한 광고전략으로 상황을 역전시킨 경우도 있다. 이런 상황들이 후발업체의 경영신화를 만들어 낸다.

2. 인터넷시대의 선점효과

그러나 인터넷 산업의 경우는 사정이 다르다. 최근 인터넷은 기업환경을 급속히 변화시키고 있다. 인터넷이 최근 기업을 둘러싼 환경 변화의 중심에 자리잡고 있다는 사실을 잘 보여주고 있다. 이미 기업들은 인터넷을 적극적으로 활용하고 있다. 하지만 그 성과는 천차만별이다. 온라인 서점 아마존처럼 혜성처럼 등장한 신생기업이 사업의 틀을 새롭게 그려내고 당당히 선두를 지키는가 하면, IBM 같은 거대 기업도 온라인 백화점과 같은 신사업에 진출했다가 실패하기도 한다. 이와 같은 사실이 의미하는 것은 인터넷이라는 새로운 환경이 제시하는 기회와 위협에 어떻게 대응하느냐에 따라 기업의 시장 내 지위는 얼마든지 바뀔 수 있다는 점이다.

인터넷에서는 선발업체들에게 그다지 프리미엄을 주지 않는다. 물론 라이코스의 시가 총액이 3개월 먼저 출발한 야후의 1/8에 불과하다는 예도 있기는 하다. 하지만 그보다는 인터넷을 비교적 뒤늦게 조심성을 가지고 채택한 후발업체들이 오히려 어려움을 겪지 않으며 선발업체들의 실수와 막대한 비용지출의 쓰라린 경험을 피할 수도 있었던 예도 시사하는 바가 크다.

온라인 시장을 주도하고 있는 예스24, 와우북, 알라딘 등의 온라인서점은 오히려 교보문고나 종로서적보다 온라인 사업을 늦게 시작한 후발업체들이다. 그럼에도 불구하고 이들은 국내에서 이들 두 거대 선발업체들을 따라 잡았다. 그 과정에서 공정거래법 등과 관련한 논란이 야기되고 있는 것도 사실이지만 후발업체의 선전에 대한 결과는 소비자들의 만족으로 이어지고 있다.

결국 진입시점보다는 누가 더 혁신적인 비즈니스 모델을 구축하느냐에 따라 인터넷 사업에서의 승부가 결정된다. 인터넷에서는 농심라면과 하이트의 신화가 꾸준히, 더욱 더 많이 만들어질 가능성이 매우 크다. 최근의 '구글(google)'의 신화가 이것을 보여주는 단적인 예일 것이다.

제2절 인터넷시대의 후발기업의 따라잡기

기존의 시장상황에서 자원이 많은 선도기업을 상대해야 하는 대부분의 후발기업으로서는 인터넷이라는 새로운 변수의 출현이 다시 오기 힘든 역전의 기회일 수 있다.

1. 새로운 경쟁 상황

인터넷의 특성은 후발기업이 처한 경쟁상황을 다음과 같이 변화시킨다.

첫째, 고객의 라이프스타일이 변화되고 새로운 니즈가 생겨나 신사업 기회가 발생한다. Yahoo!와 같이 각종 정보 수집의 편리성을 제공하는 업체가 급성장할 수 있는 배경에도 이러한 고객의 변화된 니즈가 있다.

둘째, 고객 접근성 측면에서 사업 참여를 가로막는 진입장벽이 낮아진다. 낮은 비용으로 개별 고객에 대한 도달 가능 범위를 획기적으로 넓혀주는 인터넷 유통 채널망은 자원이 부족한 후발기업의 사업기회를 넓혀준다.

셋째, 유통단계 단축 등 유통혁신을 통한 비용절감분만큼 인하된 가격을 중심으로 가격경쟁이 가속화 되어 기존의 고비용 구조를 가진 상품의 도태가 촉진된다. 현재 인터넷 증권거래 수수료 인하 경쟁도 같은 맥락에서 볼 수 있다.

넷째, 인터넷 채널 상에서는 시간이 흐르면서 1등만이 살아남는 집중화 현상이 더욱 가속화된다. 2년 전 Yahoo!, Excite 등과 인터넷 정보 서비스 업계에서 경쟁하던 20여 경쟁자들 중 겨우 2년이 지난 현재까지 살아남은 업체는 5개 미만에 불과하다. 인터넷상에서 한 번 익숙해진 사이트를 놔두고 낯선 곳으로 옮겨가기란 매우 귀찮은 일이다. 자연히 웹은 집중적 매체가 될 수밖에 없다.

다섯째, 쌍방향 커뮤니케이션을 통한 개별화된 커뮤니케이션이 용이한 인터넷 커뮤니케이션 채널이 생기면서 고객 관계 관리를 통한 Loyalty 제고의 필요성이 커진다. 델의 강력한 1대1 마케팅 역량은 각 고객의 차별적 니즈에 대한 개별적 대응을 통해 성공을 거두고 있다.

여섯째, 인터넷이라는 공유 채널을 통해 기업간 연계의 가능성이 커진다. 기존의 폐쇄적 운영체계와는 다른 개방적 채널이 기업 간의 상호작용을 촉진시키기 때문이다.

2. 인터넷시대의 후발기업의 경쟁전략

이러한 새로운 경쟁상황에서 후발기업이 선택할 수 있는 경쟁전략의 방향은 다음과 같다.

첫째, 기회를 선점하여 유리한 위치에서 경쟁하라.

사업은 고객이 원하는 가치와 그 가치를 제공하는 방법론을 두 축으로 하여 형성된다. 예를 들어 도보로 이동하기에 먼 거리로의 이동 편리성을 제공할 수 있는 사업은 철도사업, 항공사업, 택시사업 등으로 다양하게 존재할 수 있는 것이다.

인터넷의 등장은 사업을 구성하는 두 축에 변화를 초래한다. 먼저 인터넷은 고객의 니즈를 충족시킬 수 있는 새로운 방법론의 출현이라고 볼 수 있다. 동시에 인터넷은 이용 고객들의 니즈를 변화시킨다. 이처럼 인터넷이 사업 구성의 두 축을 변화시키는 것은 결국 다양한 신사업 창출의 기회로 연결된다.

이러한 신사업 기회를 살릴 경우 후발기업은 지금까지와는 완전히 다른 유리한 위치에서 경쟁할 수 있게 된다. 다시 말해 기존 사업의 룰이 미치지 않는 신사업 영역에서 보다 유리한 조건으로 경쟁할 수 있는 것이다. 단 거기에는 한 가지 조건이 전제된다. 후발기업으로서는 이러한 신사업 기회를 선점할 수 있어야 한다. 자원이 부족한 후발기업에게 모방을 통한 성공이란 어려운 일이기 때문이다.

온라인 서점인 아마존, 인터넷 정보 제공 업체인 Yahoo!, Pathfinder 모두 새로운 고객의 니즈를 겨냥한 신 사업을 먼저 시작한 기업이다. 이 때 IBM이 온라인 백화점 사업에서 철수한 원인이 소매 영업의 핵심역량 부족이었듯이 자사의 핵심역량을 무시한 시도는 실패할 확률이 크다. 신사업 기회를 선점하기 위해서는 자사의 핵심역량이 제대로 발휘될 수 있는 범위에서 인터넷 활용의 방향을 모색해야 한다.

인터넷을 통한 신사업 기회를 선점함으로써 고객이 머릿 속에 최초로 떠올리게 되는 위치에 도달한 기업은 엄청난 프리미엄을 얻을 수 있다. Yahoo!가 인터넷 상에서 차지하는 '출입문'과 같은 위치를 보면 알 수 있다. Yahoo!는 시간이 흐를수록 브랜드 이미지가 강화되고 있다. 선점의 효과는 그만큼 크다.

둘째, 사업의 룰을 바꿔 선도기업의 강점을 약점이 되게 하라.

경험에 의하면 우세한 자원을 가진 선도기업의 즉각적 반응을 초래하는 어떤 노력도 성공하기 어렵다. 특히 후발기업이 취하는 조치를 모방할 수 있게 되면 그 결과는 대개 자원이 많은 선도기업이 이기게 된다. 후발기업이 경쟁상의 우위를 점할 수 있으려면 우세한 자원을 가진 선도기업의 반격을 억제할 수 있어야 한다.

델이 인터넷 등의 직판 채널을 통해 컴팩 등 기존 선도기업들을 앞서는 성공을 거두고 있는 이유는 기존 선도기업들이 엄청난 자금을 들여 구축한 유통망을 오히려 약점으로 만드는 데 성공했기 때문이다. 컴팩이 델의 성공에 자극받아 자사의 기존 유통망을 두고서 인터넷 채널을 채택했을 때 기존 유통망에 속해 있던 업체들은 강력하게 반발했고 그것은 당연히 컴팩의 커다란 부담으로 운신의 폭을 제약했던 것이다. 서점시장의 선도기업인 Barnes& Noble이 온라인 서점시장에 뒤늦게 뛰어들어 새로 개통한 인터넷 유통 채널과 기존 유통망 간의 갈등으로 고전하는 것도 같은 맥락이다.

셋째, 지식을 축적하고 고객과의 1대1 관계를 강화하여 고객을 한편으로 만들어라.

인터넷을 통한 고객 접촉의 성패는 고객에 대한 지식의 깊이와 고객과의 신뢰관계 구축 여부에 달려 있다. 아마존이 재구매율을 60%까지 올릴 수 있는 이유도 개별 고객에 대한 최적 대응을 가능케 하는 고객 지식이 데이터베이스화되어 축적, 활용되기 때문이다. FedEx는 홈페이지에 고객이 주문한 상품이 어디쯤 가고 있는지를 추적할 수 있는 시스템 구축으로 고객의 신뢰도를 높이고 있다.

고객과의 1대1 관계 구축의 첫 단계는 고객별 가치평가를 통해 가치있는 고객을 찾아내는 것이다. 모든 고객에게 똑같은 비용과 노력을 기울이는 것은 기존의 매스마케팅과 별로 다를 바가 없다. 중요한 고객들에 대한 집중적 대응이 필요하다. 중요한 고객의 선별을 위해서는 고객의 기본 정보, 선호도 등 관련 정보를 고객과의 모든 접점을 통해 지속적으로 파악해야 한다. 다음에는 선택된 고객들의 다양한 니즈에 대한 대응 프로그램을 개발해야 한다. 그리고 대상 고객별로 접촉을 진행하면서 지속적으로 반응 정보를 수집, 데이터베이스에 축적, 고객 지식을 심화시켜야 한다. 이런 활동이 선 순환의 고리를 형성하게 되면 경쟁상의 우위를 확보할 수 있게 된다.

제3절 Catch-up전략 사례

경영사례 1 현대카드

1. 만년 하위 현대카드에서 무슨 일이 있었는가?

신용카드 업계 최고의 베스트셀러 '현대카드M'이 최근 단일 카드로는 최초로 유효 회원 수 500만 명을 넘어섰다. 500만 회원은 국내 일부 카드사의 전체 회원 수를 넘어서는 수치다. 발급 거절률이 40%가 넘는 현대카드 특유의 엄격한 심사 시스템을 감안하면 현대카드M의 500만 돌파의 의미는 더욱 크다.

카드사의 유동성 위기로 카드 업계 전반에 걸쳐 유동성 확보를 위한 De-marketing(자산 축소)이 한창이었던 2003년 5월 현대카드 M은 탄생했다. 고도의 과학적 분석 끝에 주력 상품인 '현대 M 카드'의 전면 개편이라는 역발상 전략을 선택한 것이다. 즉, 고객의 소비패턴과 라이프스타일에 대한 분석으로 타깃 세분화 작업을 통해 고객의 모든 소비활동에 혜택을 부여할 때 고객의 로열티를 확보함과 동시에 주사용 카드로 만들 수 있다고 판단한 것이다.

그 결과 자동차 구입과 유지 및 보수에 이르기까지 자동차에 관한 모든 서비스를 제공하는 자동차 전문 신용카드라는 점을 강조했던 '현대 M 카드'의 정체성을 깨뜨리고 다중(Multiple) 기능의 신용카드로 재탄생시켰다.

문제는 '네이밍'이었다. 소비자 분석 결과 다양하고 복잡한 메시지보다 알파벳이나 숫자와 같은 간단명료한 기호를 더 잘 인식하고 기억한다는 점에 착안해 소비자들의 라이프스타일을 알파벳에 대입시키는 전략이 채택됐다. 금융권 최초로 알파벳 마케팅이 탄생하는 순간이었다. 또 신용카드 업계 최고의 히트 상품 '현대카드 M'의 질주가 시작되는 순간이었다.

▶ 브랜드 컨셉에 기반한 힘

2. 현대카드 혁신의 시작

정태영 사장의 리더십

정태영 현대카드 사장(51)이 지난 2003년 현대카드에 처음 둥지를 틀었을 때 현대카드의 시장점유율은 1.8%대로 최하위권이었다. 옛 다이너스 카드였던 현대카드는 지난 2001년 현대자동차그룹 계열로 인수됐지만 정 사장이 오기까지 제대로 자리를 잡지 못해 허덕이고 있었다.

설상가상으로 정 사장이 부임한 해인 2003년 이른바 '신용카드 대란'이 닥쳤다. 정 사장은 경쟁 신용카드사들이 자산 부실화와 높은 연체율을 견디지 못하고 그들의 모(母)회사인 은행에 차례로 흡수합병되는 모습을 목격하기도 했다.

"처음 현대카드에 와서 너무 힘들었죠."

정태영 사장이 처음 현대카드에 와서 한 소회이다.

현대카드 변화의 중심에는 정태영 사장이 있다. 업계에서는 한때 카드 디자인으로만 성공한게 아니냐는 비아냥도 있었지만, 그는 혁신적인 경영철학을 가지고 각종 회의를 줄이고 서열주의를 없애는 대신 신속한 의사결정과 통념을 깬 상상력으로 회사를 이끌어 내었다.

정 사장은 스피드 경영에 있어 최대의 장애 요인인 불분명한 지시와 초점 없는 결정, 일방향 커뮤니케이션을 지양해야 한다고 말한다. 실제로 현대카드는 다른 기업과는 조금 다른 소통 방식을 채택하고 있다. 팀장, 부장에게 허가를 받은 뒤 다시 사장에게 전달되는 보수적이고 복잡한 하의상달(下意上達) 체계와 얼음 같은 직장 분위기를 타파해 스피드 경영을 실현하고, 직원들의 아이디어를 최대한 많이 수용하려는 노력을 하고 있다.

현대카드는 업무에 관한 사항의 대부분은 이메일이나 전자결재로 이루어지는데, 평사원이 올린 결재서류가 사장의 결재를 받기까지 걸리는 시간은 평균 10시간 내외라고 한다. 또한 임원실의 벽과 문은 모두 투명한 유리로 돼 있으며 블라인드도 없다. 이는 투명 경영을 상징적으로 보여주는 것이며, 임원과 사원 간의 자유로운 소통

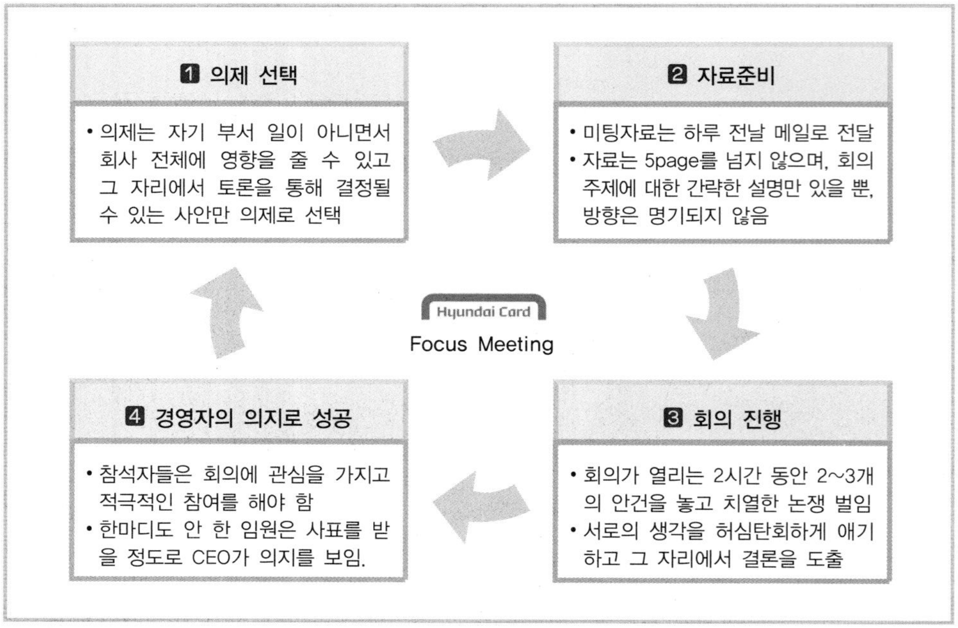

[그림 10-1] 현대카드의 포커스 미팅의 절차

을 유도하기 위한 것은 물론 자연스럽게 서로의 모습을 관찰할 수 있어 근무 태도에 긴장을 늦추지 않는 촉진제 역할을 한다.

그는 업무보고에서 주간회의를 없애고 사장에게 한달에 이메일로 한번 보내며, 사내 게시판을 공유한다. 대신 일주일에 한번 이슈가 되는 사안을 '포커스 미팅'을 통해 의견을 공유한다.

한편, 타운홀(town hall) 미팅을 통해 정태영 사장은 직원들과 얼굴을 마주하고 격의 없이 대화할 수 있는 장을 여는 등 직원들과 끊임없이 소통하는 모습을 보여주고 있다. 이뿐만 아니라 그는 사내 게시판에 '직원들께 보내는 보고서'를 올리고 이메일을 보낸다.

일반적으로는 고개를 갸우뚱할 수 있는 내용이지만 현대카드에서는 다르다. 그의 보고서와 이메일은 부하직원이 업무에 대한 보고서를 상사에게 전하는 것이 전부가 아니라 상사가 하는 일도 직원들이 알아야 한다는 그의 소통 철학을 담았다. 또한 그는 직접 직원들에게 다가가 그들의 이야기를 들어줄 줄 아는 말 그대로 소통형 CEO에 가깝다.

신용카드 시장의 위기

현대카드는 2001년 10월 다이너스카드코리아를 인수해 신용카드 시장에 뛰어들었다. 당시 신용 판매 시장점유율은 약 1.8%에 불과했다. 업계에서는 다이너스카드 인수를 두고 '미친 짓'이라고 수군댈 정도였다. 더구나 2002년부터 급속도로 악화되기 시작한 카드 업계의 신용 위기는 2003년 '카드대란'으로 이어지면서 현대카드는 직격탄을 맞았다. 2003년 한 해에만 전체 카드 업계가 10조 원이 넘는 당기 순손실을 기록했는데 현대카드 역시 적자 규모가 6,000억 원에 달했다.

현대카드의 성공 사례만 놓고 보면 그들이 처음부터 매우 전략적 판단 하에 단계를 밟아온 것처럼 느껴진다.

현대카드 M의 탄생

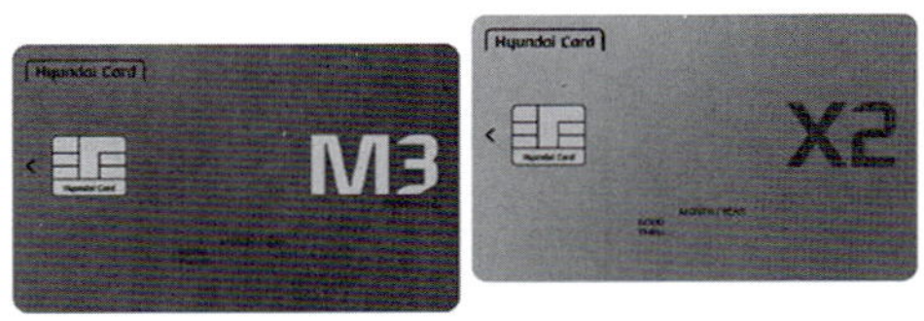

신용카드 시장의 위기상황에서 기존의 카드사들은 유동성을 확보하기 위해 사실상 마케팅을 접고 채권 회수에 온 힘을 기울였다. 하지만 현대카드는 달랐다.

현대카드는 그 어떤 기업보다 전략적이고 논리적인 사고를 하는 집단인 것만은 분명하다. 그러나 결코 모든 답을 알고 움직였던 것은 아니다. 고민의 포인트를 정확히 파악하고 치열하게 돌파구를 모색하고 새로운 시도를 통해 결과를 하나씩 일궈 나가는 일련의 과정을 통해 점진적으로 가치를 확장시켜 왔을 뿐이다.

마치 블록을 쌓듯 아래에서 하나씩 차례로 쌓아 올라갔다. 처음에는 벽돌을 올리는 것이 중요했다. 그러나 하나 둘 벽돌의 개수가 늘어나면서 모양을 잡아가고 큰 그림을 그리게 되었다. 현대카드 브랜드 전략의 큰 기둥은 '차별화'이며 그 원천은 시행착오를 두려워하지 않는 도전정신이었다.

남들이 가지 않는 길, 하지 않는 일을 하기 위해서는 실패를 감내하는 용기가 필요하다.

대부분의 기업이 성공 아니면 실패라는 단 두 개의 선택사항만 갖고 있다. 실패가 두려워 안전지대에 머무는 경우도 많다. 현대카드는 의미 있는 실패는 성공의 다른 이름이라고 생각한다. 실패를 한낱 실패로 폐기처분하지 않고 성공이라는 토양을 기름지게 하는 데 활용할 줄 안다. 성공뿐만 아니라 실패도 반복이 중요하다. 시행착오라는 터널을 지나야만 한 단계 진화할 수 있는 티핑포인트(Tipping point)를 만나게 된다. 자기복제를 통해 가치를 만들어내는 과정이 오늘날 그들을 브랜딩의 귀재로 만들었다.

현대카드는 부실 자산을 정리하고 건전성을 확보하는 것과 함께 카드대란이 수습된 이후의 시장을 선점할 수 있는 전략을 고심했다. 기업의 규모와 업력, 제휴 네트워크 등 무엇 하나 대형 카드사들에 비해 유리한 게 없는 신생 카드사가 경쟁자들과 기업 대 기업으로 부딪친다면 결과는 불 보듯 뻔하다. 기존 카드사 간 경쟁 구도에서 탈피해 상품 간 경쟁 구도를 만드는 전략 수립에 나섰다. 이른바 새로운 경쟁의 룰(rule of game)을 구상한 것이다.

이 같은 전략적 고심 끝에 탄생한 상품이 '현대카드 M'이다. 2003년 5월 출시된 현대카드 M은 '최대 적립처, 최고 적립률'로 대표되는 포인트 마케팅을 전면에 부각하는 한편 국내 최초의 포인트 선지급 후상환 제도인 '세이브 포인트' 등 강력한 신규 서비스를 탑재했다. 또 파격적인 광고와 독특한 디자인으로 소비자들의 시선을 사로잡았다. 현대카드 M은 출시 1년 만에 유효 회원 100만 명을 기록했고 4년 만에 500만 명을 돌파했다. 현대카드는 현대카드 M의 성공으로 주변의 우려를 불식하며 급성장했다.

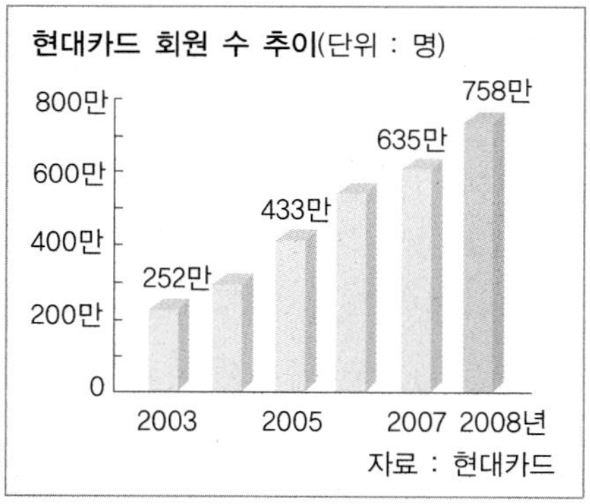

사실 '현대카드 M'이 등장하기 전까지는 국내 신용카드 시장에서 상품별 특화 전략이나 브랜드 포트폴리오 등에 대한 개념 자체를 찾아볼 수 없었다. 각 카드사들이 내놓는 상품은 일반(plain) 카드와 골드(gold), 실버(silver) 카드가 전부였고 프리미엄 카드는 카드 한도가 큰 상품을 뜻했다. 이런 상황에서 현대카드는 '현대카드 M'을 필두로 고객의 라이프스타일에 따른 핵심 혜택을 알파벳에 담아 제공하기 시작했다. 브랜드 포트폴리오 개념을 최초로 도입한 것이다.

영업이익 / 평잔(%)

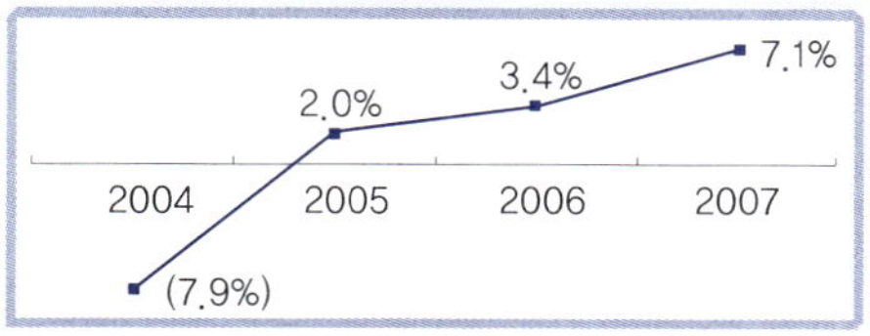

성공적 흑자 전환

- 신용 판매 중심의 전략으로 우량고객 확보에 따른 영업 수익 증가
- 2008년 당기순이익 2,810억 원 기록
  -LG카드에 이어 2위 순위 기록

(단위 : 백만원)

구 분	2007년 3분기	2006년	2005년	2004년
영업수익	812,675	918,765	733,255	587,747
영업비용	631,238	807,351	681,932	802,541
영업이익	181,437	111,414	51,323	(214,794)
영업외수익	14,221	205,638	6,101	10,036
영업외비용	7,677	10,711	9,364	24,429
경상이익	187,987	306,341	48,059	(229,287)

[그림 10-2] 성공적인 현대카드의 흑자전환

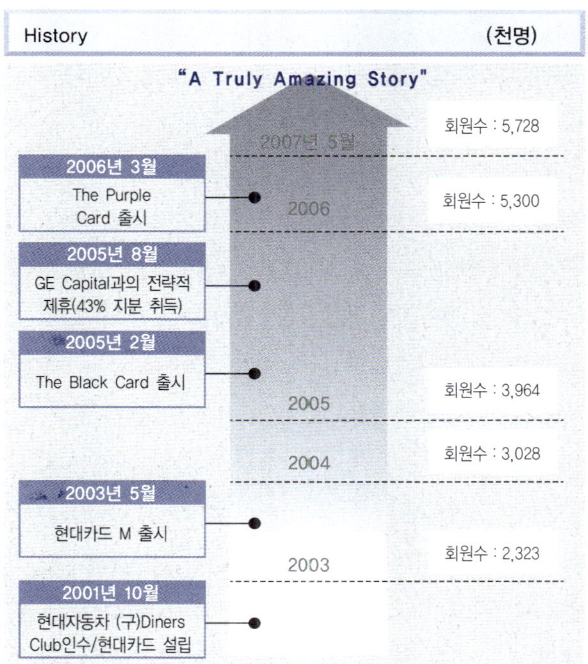

[그림 10-3] 현대카드의 놀랄 만한 스토리

3. 현대카드의 성공요인

고객성향의 과학적인 분석

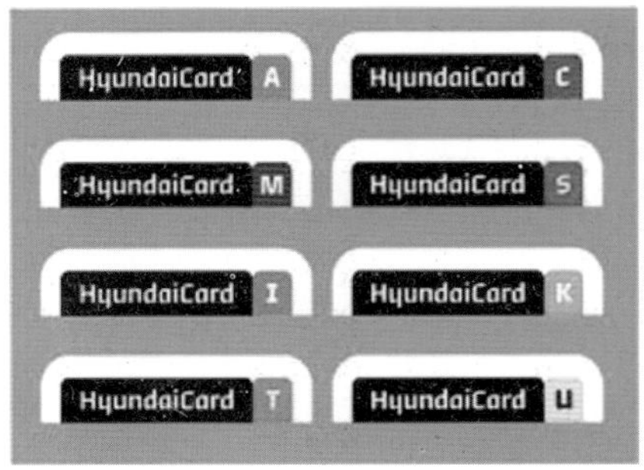

첫 번째는 고객 성향과 시장에 대한 과학적인 분석에 입각한 상품 및 서비스 구성에 있다. 현대카드 M 성공의 1등 공신으로 불리는 '포인트 마케팅'은 우연의 산물이 아니었다. 고객의 소비패턴, 국내외 카드 시장의 트렌드에 대한 과학적인 조사 등 '지독하다' 싶을 정도의 과학적 분석을 통한 결과물이었다. 〈친구〉 〈살인의 추억〉 〈올드보이〉 등 유명 한국 영화 히트작들을 패러디한 광고와 부시 대통령, 고르바초프 전 대통령과 닮은 꼴 모델이 미니스커트를 입고 등장한 광고, 또 투명 카드, 미니 카드 등 화려한 디자인으로 포장된 현대카드 M의 포장지를 열어보면 이처럼 과학이 숨어있는 것이다.

'First in the Market'

두 번째는 'First in the Market' 전략을 들 수 있다. '현대카드 M' 이 신용카드 업계에 남긴 최초 사례는 셀 수 없을 정도다. 현대 · 기아차 구입 시 최고 50만 원까지 포인트로 선지급 해주고 3년간 상환할 수 있도록 하는 '세이브 포인트제도', 브랜드의 확장은 물론 브랜드 전체의 일관성과 인지도를 높여나가고 있는 '알파벳 마케팅', 투명 카드, 미니 카드, 갤러리 카드, 레옹 스탁의 화폐 도안 카드 등 디자인 혁신 등은 가장 널리 알려져 있다.

그러나 '최초' 사례 중 가장 대표적인 것은 개별 브랜드 중심의 마케팅이다. 현대카드 M 출시 당시 다른 카드사들은 자사의 기업 브랜드를 전면에 내세우고 있었다. 즉, 개별 카드의 장점을 부각시키는 것이 아니라 기업의 권위에 의지한 마케팅을 실시하고 있었던 것이다. 이에 반해 현대카드는 카드사별 경쟁이 아니라 개별 브랜드 경쟁으로 게임의 룰을 바꿈으로써 차별화를 시도했다. 강력한 혜택을 바탕으로 '기업'이 아닌 '상품'으로 승부한 전략은 대성공을 거두었고, 이후 카드사들의 개별 브랜드 개발을 촉진하게 된 결정적 계기가 되었다.

Best in the Market

세 번째로는 'Best in the Market' 전략이다. 현대카드의 'Best in the Market' 전략의 특징은 타사와는 차별화된 '방법론'의 승리다. 이자율이나 한도에 의존하던 업계의 고정관념에서 벗어나 카드에 의해 변화되는 라이프스타일을 먼저 고려한 것이다. 현대카드 M의 500만 돌파는 결국 이러한 '방법론적 차별화'의 승리였다.

독창적이고 특별한 고객 서비스

네 번째는 독창적이고 특별한 고객 서비스다. 경제활동인구 1인당 3.9장의 신용카드를 소지하고 있는 현실에서 현대카드는 고객에게 '특별한 경험'을 선사함으로써 차별화를 꾀하고 있다. 슈퍼 매치, 슈퍼 콘서트 등 일련의 '슈퍼 시리즈', 현대카드만의 라이프스타일 서비스로 구성된 PRIVIA, 업계 최초의 파이낸스샵 운영 등이 대표적인 사례다.

Powerhouse로서의 역할

다섯 번째는 앞서 언급한 '특별한 경험'과 관련해 현대카드의 Powerhouse로서의 역할 강화도 빼놓을 수 없는 성공 비결이다.

현대카드는 세계로 눈을 돌려 MoMA(뉴욕현대미술관)와의 독점 제휴, 세계 최고의 가이드북 'ZAGAT'과의 제휴 등 세계적인 브랜드와의 협력을 통해 Powerhouse로서의 역할을 모색하고 있다. 금융권에서 찾아보기 힘든 현대카드만의 네트워킹을 통해 고객에게 차별화되고 독점적인 '특별한 경험'을 제공할 수 있음은 물론이다. 최근 현대카드는 세계적인 미디어 그룹인 'NBC-유니버설'과 각종 협력 분야에 대해 논의하고 있다.

현대카드 M을 필두로 한 알파벳 카드들의 성공 행진은 좀처럼 멈추지 않을 기세다. M포인트의 사용처를 지속적으로 확대해 포인트 사용과 관련해서도 '파격'을 준비 중에 있다. 현대카드만의 '특별한 경험' 시리즈도 지속적으로 제공될 예정이다.

현대카드 관계자는 "매달 수십 종의 신용카드가 탄생하는 카드 시장에서 현대카드 M이 500만 명 이상 회원을 유치하며 수년 간 베스트셀러로 자리 잡고 있는 것은 놀랄 만한 일"이라며 "현대카드 V 등 신상품들도 확실한 경쟁력을 갖춘 서비스로 현대카드 M에 버금가는 알파벳 마케팅의 히트 상품으로 만들어 나갈 것"이라고 밝혔다.

4. 현대카드의 또 다른 도전 : Chapter 2

잘나가는 상황에서 현대카드가 또다시 대변신에 나선 배경은 뭘까?

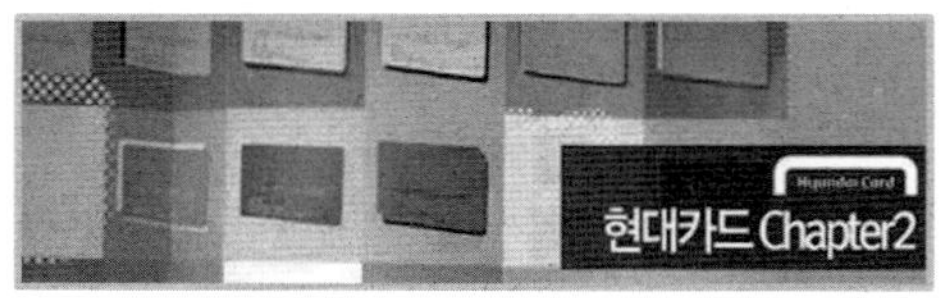

10년의 시간이 흐르면서 시장 환경이 빠르게 변해 갔다는 게 현대카드 측의 설명이다. 카드 업계가 비슷한 혜택을 제공하는 카드가 난립하면서 수익성보다 고객 확보를 위한 경쟁으로 변질됐다는 것이다. 카드 상품의 가장 기본적 수익원인 가맹점 수수료가 수차례 인하되면서 카드 서비스의 재원이 크게 줄어든 것도 영향을 미쳤다. 이러다 보니 카드사들은 수익성 악화를 막기 위해 서비스를 줄이고 고객 혜택을 제한하기 시작했다. 고객들로서도 각 부문별로 카드를 발급받아 사용하다 보니 자주 사용하지도 않는 카드의 발급이 크게 늘어나 사회적 낭비가 심화되는 부작용도 나타났다.

이처럼 부작용이 심화되고 있는데도 대다수 카드사들은 기존의 상품 공식을 고수했다. 여전히 매출(취급액)과 회원 수 위주의 양적 경쟁에만 몰두하고 있다. 그런데다 내수 경기 침체가 길어지고 대출 서비스의 연체율이 지속적으로 상승하면서 리스크가 커져 가는 상태다.

현대카드의 고민은 여기서부터 시작됐다. 910만 명에 이르는 전 고객의 카드 이용 패턴을 정밀하게 분석하고 태스크포스 인력을 4만2,000시간 동안 투입하며 '새로운 길'을 찾았다. 160차례가 넘는 경영진 회의에서 격렬한 토론을 벌이기도 했다.

백 투베이직 : 기본으로 돌아가라!

이 같은 치열한 고민 끝에 내린 결론은 '백 투베이직(Back to Basic)'이다. 카드를 선택하고 이용할 때 고민이나 걱정할 필요가 없는 상품을 만들어야 한다는 결론이었다. 이를 위해 현대카드는 기존 상품 포트폴리오를 전면 개편했다. 새로운 상품

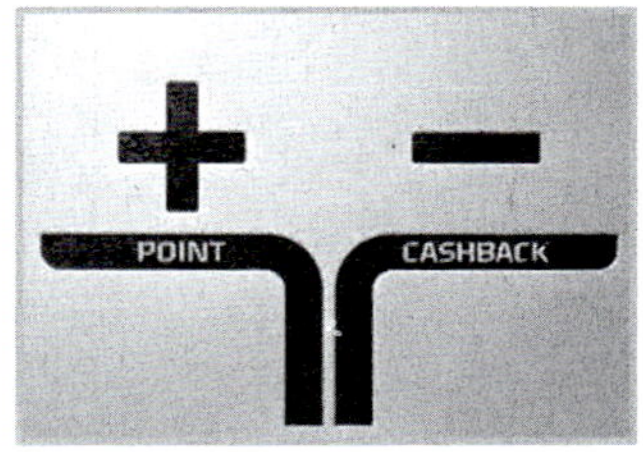

포트폴리오의 핵심은 '포인트'와 '캐시백'을 두 축으로 한 '투 트랙(Two-track) 전략'이다. 특정 사용처에서 정해진 횟수와 한도 내에서만 혜택을 누릴 수 있는 대다수 상품들과 달리 현대카드의 '챕터2' 신상품은 카드 사용처에 상관없이 포인트 적립과 캐시백 혜택을 제공한다.

카드 사용 때 혜택을 제공하면서 내건 각종 제한 조건이 소비자들의 스트레스를 유발한다는 판단 아래 혜택을 카드 사용에 따라 제공하는 리워드(reward : 보상)에 집중한 것이다. 따라서 고객이 카드를 사용할 때 혜택을 누릴 수 있는 가맹점인지, 서비스 횟수나 한도 제한에 걸리는지 등을 복잡하게 따져볼 필요 없이 쓴 만큼 리워드 혜택을 누릴 수 있다.

'원 카드'로서의 경쟁력 탁월

고객 선택권 차원에서도 '챕터2' 상품들은 기존과 대비된다. 기존 상품들은 고객이 선택한 특정 부문에서 혜택을 제공한다. 하지만 혜택은 카드사가 정해 놓은 소수의 영역으로 제한돼 있다. 그마저도 여러 제한조건과 단서 조항이 붙어 있다. 한 번 카드를 선택하면 일반적으로 5년에 달하는 카드 유효기간 동안 서비스가 고정돼 있기 때문에 고객의 라이프스타일이나 소비 트렌드의 변화를 반영하기 힘들었다. 상품 서비스에 고객이 갇히게 되는 '폐쇄형 선택권' 상품이라고 할 수 있다. 이에 비해 '챕터2' 상품들은 카드 사용에 따라 적립되는 포인트와 현금(캐시백)을 훨씬 더 자유롭게 활용할 수 있다는 점이 다르다. 포인트는 전국 2만 곳 이상의 다양한 사용처 중 선택해 사용할 수 있는 데다 캐시백은 현금으로 돌려받아 사용하는 등 더욱 다채롭게 활용할 수 있다. 일종의 '개방형 선택권'을 제공하는 셈이다.

'챕터2' 상품들은 최근 카드 업계의 주요 화두 중 하나인 '원 카드(one card)' 상품으로서의 경쟁력도 탁월하다고 현대카드 관계자는 밝혔다. 이 관계자는 "다른 카드사의 원 카드 상품들은 여러 장의 카드 플레이트에 분산돼 있던 혜택을 한 장에 모아둔 형태로, 각 혜택의 제한조건은 기존 상품과 큰 차이가 없다"고 말했다. '챕터2' 상품들은 카드를 사용하는 가맹점과 상관없이 어디서든 포인트나 캐시백에 집중된 혜택을 누릴 수 있어 원천적으로 한 장의 카드만 있으면 된다. 여러 장의 카드(서비스)에 대한 연회비를 낼 필요도 없고 카드별로 이용 실적 조건을 각각 충족시키지 않아도 된다. 물리적 편의성뿐만 아니라 혜택도 하나로 모은 원 카드 상품인 것이다.

스포츠 경기에서 선수 교체 타이밍은 무척 중요하다. 너무 빨라도 문제고 너무 늦어도 곤란하다. 이는 감독의 몫이다. 기업에서 리뉴얼 제품을 내놓는 것도 타이밍이 관건이다. 이는 최고경영자(CEO)의 몫이다. 정태영 현대카드 사장은 6월 24일 기자간담회에서 "지난 10년 현대카드는 과감하고 끊임없는 혁신을 통해 성공의 역사를 써 왔지만 과거의 성공에 취해 있으면 필연적으로 위기에 빠질 수밖에 없다는 생각으로 새로운 10년을 준비해 왔다"며 "챕터2를 통해 향후 10년도 현대카드가 업계를 리드해 나갈 것"이라고 밝혔다. '챕터1'에서 대형 홈런을 날린 정 사장이 '챕터2'에서 선수 교체를 통해 연타석 홈런을 날릴 수 있을지 궁금하다.

토의질문

01 정태영 사장의 소통의 리더십을 평가해보시오.

02 현대카드의 성공요인을 도출해보시오.

03 현대카드의 조직문화의 특성을 찾아보시오.

04 현대카드의 Chapter 2가 새로운 혁신과 도약을 가져다줄 것인지를 평가해보자.

경영사례 2 G마켓 : '옥션 게 섰거라'

1. G마켓의 탄생

G마켓의 성장세가 매우 놀랍다!

2000년 출범 당시 G마켓은 모회사인 인터파크와 조금 다른 사업 아이디어로 출발했다. 인터파크가 물건을 인터넷상에서 '직접 파는' 온라인 쇼핑몰 개념이었다면 G마켓은 사고 파는 고객들을 온라인상에 '연결시켜 주는' 오픈마켓 사업모델을 채택한 것이다. 개념 자체는 그리 새로운 것이 아니었지만 실제 시스템을 만들어 특허를 받고 수익을 창출할 때까지는 몇 년이 걸렸다. 하지만 G마켓은 이 분야 선두주자로 나섰다.

G마켓은 옥션이 최강자로 군림하고 있던 온라인 마켓 플레이스 시장에 여러 도전자들이 도전하였다가 좌초하였던 상황들을 보고도 1999년 인터파크 사내의 벤처기업 구스닥팀으로 시작하여 2000년에 본격적으로 사업을 시작하였다. 여러 가지 새로운 아이템을 가지고 옥션의 위치를 노렸으나 본격적으로 사업이 성장하기 시작한 것은 2003년 말부터였다. 그 이후 G마켓이라는 사명으로 변경한 후에 "우리들의 목표는 2등이 아니다! 옥션을 누르고 업계 1위를 차지하는 것이다."라는 도전적인 목표를 선포하였다.

2005년 12월 초 업데이트된 네이버 검색어 조회 수에서 옥션을 추월하여 조만간 G마켓이 이마켓플이스 1등으로 등극할 것을 예감하고 있다. G마켓은 11월을 기점으로 검색조회수를 기준 본 순위에서 옥션을 누르고 1위가 되었다. 모니터링 결과에

따르면 2위가 네이버 조회수에서 1위를 추월하면 향후 3개월을 내에 랭키닷컴을 비롯한 순위사이트에서 그 순위가 역전될 가능성이 있는 것으로 평가되고 있다. 그래서 사실상 2005년을 11월을 기준으로 G마켓이 대한민국 인터넷 쇼핑몰에서 1위가 되었다고 할 수 있을 것 같다.

랭키닷컴에서 양 사이트의 순위를 1월과 12월을 각각 비교하면 옥션은 일방문자 기준으로 약 50만 명이 증가한 반면 G마켓은 2.5배 가량 성장한 83만 명이 증가하였다. 이는 마치 2003년도에 네이버가 야후를 1위에서 끌어내리고 선두를 차지한 것과 비교할 수 있는 역사적인 일이라 할 수 있다.

이는 2004년도 인터넷 마케팅에 대한 평가를 하면서 옥션에 대해서 언급한 적이 있다. 옥션이 코스닥에서 상장철회하면서 이베이의 지사로 편입되면서 우려했던 상황이 실제로 나타나고 있는 것으로 보인다.

현재 추세라면 G마켓이 1/4분기 내로 옥션을 여유있게 따돌리고 1위로 될 것으로 예측이 된다. 약간의 변수가 있기는 하다. G마켓이 판매자를 모으는 과정에서 판매자의 규모에 따라 차별을 하고 있는 것이 문제이기는 하지만 1위를 하는 데는 큰 장애물이 되지는 않을 것으로 보인다.

G-마켓이 후발주자로서 어떻게 e-Marketplace시장에서 선두를 탈환하게 되었는가를 살펴보자.

G마켓 회사소개

G-MARKET의 G가 의미하는 것

① Goods Market

– 모든 상품을 가장 편리하고 효율적으로 사고 팔 수 있는 시장.

"거래가 가능한 재화(goods)"를 자유롭게 사고 팔 수 있는 e-market을 모든 사람에게 제공한다.

② Good Market

– 고객만족과 기업의 사회적 책임을 최우선으로 생각하는 시장.

좋은 상품, 좋은 가격, 좋은 서비스를 제공하는 좋은 e-market이다. 그리고 G마켓은 상거래의 원칙과 사회적 규범을 준수하여 타사의 모범이 된다.

③ Green Market

- 생산된 재화의 낭비없는 유통을 구현하는 친환경 시장.

생산된 모든 재화가 낭비없이 필요한 사람 간에 가장 효율적으로 거래될 수 있도록 하여 세상을 보다 푸르게 만들려고 한다.

④ Global Market

- 전 세계 상거래 네트워크의 중심에 서는 글로벌 시장.

전 세계 상거래의 중심이 되는 Global e-market으로 성장할 것이다.

2. e-Marketplace시장

정보통신부는 2005년 '상반기 정보화실태조사'에서 우리나라의 인터넷 이용률은 71.9%, 이용자수는 3,257만 명으로 전년대비 3.7%(190만 명)가 증가했다고 밝혔다. 연령별로는 6~19세의 인터넷 이용률이 97.3%, 20대가 97.2%, 30대는 89.8%에 달했으며, 40대(67.2%)와 50대(34.7%)로 인터넷 이용이 전 연령층으로 확대되고 있는 것으로 나타났다.

인터넷 이용자의 88.9%가 이메일을 보유하고 있으며, 블로그(미니홈피) 이용시간이 점차 늘어가고 있는 것으로 나타났고 인터넷 쇼핑, 인터넷 뱅킹, 주식거래/투자, 유료콘텐츠 이용 등 경제활동 수단으로서의 인터넷의 활용도 일반화되어 가고 있다. 이와 같은 인터넷 이용의 확산 및 정착은 정보사회 초기부터 정부가 의욕적으로 추진한 인터넷 이용 기반 확충 및 고도화 정책 추진과 인터넷 이용 활성화 노력의 성과로 볼 수 있다.

온라인 상에서의 전자 상거래 사이트는 운영방식에 따라 B2C 형태인 쇼핑몰과 C2C 형태인 e-marketplace로 나눌 수 있다. B2C 형태의 사이트는 인터파크, CJ몰, GS숍이 있으며 이들 쇼핑몰은 MD라고 불리는 상품담당자에 의해 선택된 상품을 정해진 가격에 의해 판매하는 방식을 취한다. MD가 선택한 물품을 판매업자로부터 구매하여 소비자에게 판매할 때 정해진 가격에 의해 판매하는 방식이다.

최근 인터넷에서 필요한 물품의 가격을 철저하게 비교한 후 보다 저렴한 쇼핑몰에서 알뜰구매를 하는 인터넷 쇼핑문화로 소비패턴이 바뀌었기 때문에 판매자가 아닌

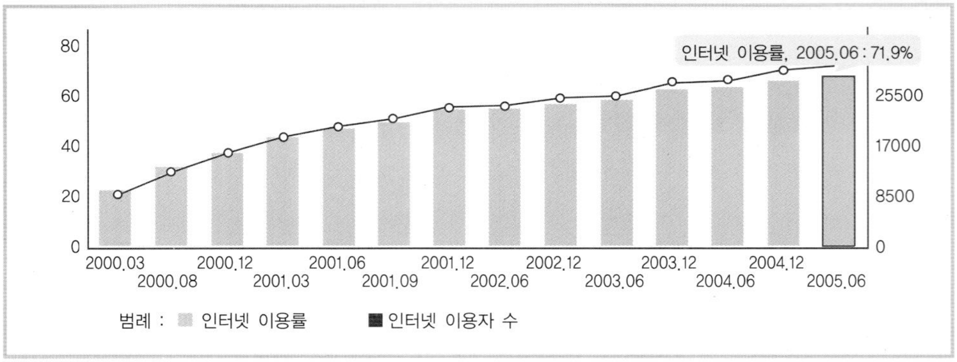

구매자가 가격의 결정권을 쥐고 있는 온라인 마켓플레이스가 일반 쇼핑몰에 비해 지속적인 성장을 하고 있다.

즉, C2C형태의 사이트는 옥션, G마켓, 다음 온켓 등이 있다. 이들 e-marketplace 방식의 사이트는 물건을 판매하고자 하는 불특정 다수의 판매자가 자신들이 판매할 상품을 사이트에 등록하고 이를 판매하는 방식으로 운영된다. 그리고 상품을 등록하거나 실제 판매가 이루어질 때, 판매자에게 일정금액의 수수료를 부과하여 수수료에 의한 수입을 수익원으로 한다.

바야흐로 'e마켓' 대전이 불붙기 시작한 것이다. 상인과 소비자가 직거래하는 e마켓은 최소 비용으로 고액의 수수료 수익을 올릴 수 있는 알짜배기 황금시장으로 떠오르면서 업체들마다 눈독을 들이고 있다. 그간 e마켓의 대명사로 군림해온 옥션과 G마켓 등 인터넷 벤처기업이 주도해온 e마켓 시장에 최근 GS그룹을 필두로 CJ, 현대 등 유통 대기업들이 잇따라 진출을 선언한데 이어, 다음커뮤니케이션과 NHN 등 대형 인터넷 포털도 가세하여 춘추전국 시대를 예고하고 있다.

e마켓은 2005년 거래액 기준으로 3조 원, 내년에는 무려 5조 원대에 이를 것으로 전망돼, 90년대 후반 이마트로 대표되는 할인점의 급부상에 이은 유통시장의 일대 지각변동이 불가피할 전망이다. 이에 유통 대기업들은 e마켓 시장의 성패에 촉각을 곤두세우고 있다. 벌써부터 재계의 서열을 뒤바꾸는 파란까지 점쳐지고 있다.

대기업 중에서 e마켓에 가장 적극적인 구애를 보내는 곳은 GS그룹이다. GS홈쇼핑은 GS이숍 쇼핑몰 내에 몰인몰 형태로 운영해왔던 'GS e스토어'를 별도 사이트로 독립시키며 선전 포고를 했다. '옥션' 등 선발 업체와의 차별성은 '고급화'에 뒀다. 때문에 '누구나 사고 팔 수 있는 온라인 장터'란 e마켓의 본래 개념까지 뒤엎었다. 브랜드 파워를 높이기 위해 '엄선된 판매자 선정'이란 전략을 구사 중이다. 이미 홈쇼핑의 대표 브랜드로 자리잡은 GS홈쇼핑의 노하우를 밑거름으로 e마켓 서비스의 질을 한 단계 업그레이드시키겠다는 설명이다. CJ도 e마켓 시장에 도전장을 내밀었다. 내년 상반기 e마켓을 시범적으로 개통한다는 목표로 삼성 SDS와 공동으로 시스템 구축에 나섰다.

CJ홈쇼핑이나 CJ몰과 완전 분리하여 별도의 운영 체제를 갖춘다는 방침이다. CJ가 e마켓 진출을 선언하면서 그 동안 시장진출을 적극 검토해온 현대, 롯데 등 오프라인 유통 대기업의 참여도 급물살을 탈 전망이다.

이외 대형 홈쇼핑 안의 한 코너로 e마켓을 운영하면서 가능성을 타진하는 대형 홈쇼핑들도 있다. 우리홈쇼핑은 우리닷컴 내에 'We space'라는 e마켓 코너를 운영 중이고, 코리아 홈쇼핑은 '이지켓'을 두고 있다. 회원 50만 명을 확보한 이지켓은 요즘 월 평균 3,4억 원대의 안정된 매출을 올리고 있다.

대형 인터넷 포털도 e마켓 선두 자리를 빼앗기 위한 치열한 경쟁에 돌입했다. 다음커뮤니케이션의 행보가 가장 빠르다. 이니시스에서 지분 90%를 인수한 인터넷 경매사이트 '온켓'과 다음의 기존 온라인 장터인 '다음 오픈마켓'을 통합해 '다음 온켓'을 열었다. NHN도 조만간 e마켓 시장에 진출할 것으로 알려져 있다.

3. G-마켓의 성공요인

▶ 스피드한 의사결정과 합리성의 기업문화

의사결정의 신속성은 상상을 초월한다. G마켓의 직원이 광복절을 기념하기 위해 '우토로(일제에 강제 징용된 조선인들이 일본 국적 취득을 거부하며 살고 있는 곳) 살리기 기금 모금 캠페인'을 벌이자는 아이디어를 들고 사장실로 들어갔을 때, 실행하자는 결정은 10분 만에 내려졌다. 회의 때 제기된 안건은 그 회의에서 결론을 내는 것이 불문율이다. 이처럼 G마켓은 자유로운 아이디어 제시 등을 통해 벤처문화를 통한 자유로운 기업문화를 사내에 깊숙이 전파시켜 놓았다.

구영배 사장의 "속도는 우리 힘"이라고 말한 대목은 G마켓의 힘을 느끼게 하는 대목이다. 특히 사업프로세스에서 G마켓의 시스템 효율화는 이를 뒷받침하고 있다. 의사결정, 운영, 영업, 기술개발 등 전 업무 프로세스를 최대한 자동화학 슬림화하여 하루 7만 건 이상의 거래를 150명의 직원이 관리할 수 있는 시스템을 만들어 내었다.

소비자 중심의 서비스 정책

G마켓은 '소비자가 돈을 벌어야 회사도 성장할 수 있다'라는 마인드로 차별화된 구매자 서비스를 지향하고 있다.

첫째, 흥정하기 및 행운경매제도이다. 흥정하기 서비스는 구매자들이 판매자와 가격협상을 벌일 수 있게 해줌으로써 과거 우리의 시장장터를 재현한 느낌이다. 행운경매는 추첨식 낙찰을 통해 파격적으로 낮은 가격으로 구매할 수 있게 하여 소비자의 충성도를 높이는 효과를 주었다.

둘째, 쇼핑지식 거래소 제도의 도입이다. 이는 쇼핑정보를 제공하고 검증 받은 추천상품을 구입할 수 있게 하는 서비스로 회원들을 전문가로 등록하여 각종 카테고리 상품에 대한 노하우를 제공할 수 있게 해주고 있다.

셋째, 스타샵 제도이다.

스타샵은 이효리, 이윤지, 이유리, 이민혁 등 스타 4명의 컨셉에 맞는 패션상품을 카테고리화 하여 판매하는 서비스이다. 스타샵은 유행의 첨단을 걷는 연예인을 등장시켜 젊은 구매자들의 폭발적인 반응을 일으켰다. 스타숍은 특히, G마켓의 주 고객인 동대문 의류상인 등 소상공인들의 요구에 부응하기 위해 만든 것입니다. 그들은 좋은 물건을 만들어도 좋은 브랜드로 인정받게 할 힘이 없었다. G마켓은 '이효리'라는 스타를 내세워, 그 스타가 가진 힘을 상인들이 활용할 수 있도록 해줌으로써 성공할 수 있었던 것이고, 고객 니즈(needs)를 제대로 읽는 합리성이 성공의 바탕이 된 것이다.

판매자에 대한 배려

G마켓은 저가 수수료 정책을 통하여 이익을 내기보다는 많이 팔도록 하는 정책을 유도한다. 즉 기존의 사이트와는 달리 등록수수료 없이 판매수수료만 내게하여 판매자의 부담을 들어주고 카드대금의 3% 수수료도 G마켓이 부담하여 판매자 중심의 시스템을 만들어 놓았다.

또한 미니샵 제도의 운영을 통하여 판매자의 다양성을 인정해 주고 있다. 미니샵은 일종의 블로그 형식으로 판매자들은 미니샵을 자신이 원하는 대로 꾸미고, 자신의 베스트 상품이나 신상품을 미니샵 안에서 진열을 해서 자신만의 가게를 꾸밀 수 있게 해주고 있다. 이렇듯 판매자는 미니샵을 통하여 자신의 전용몰이라는 일체감과 충성도를 통하여 콘텐츠의 질적인 향상도 가져왔다는 평가를 받고 있다.

한편, G스튜디오를 설치하여 판매자들이 상품등록프로그램에 접속할 때 쉽게 익힐 수 있도록 하여 전문지식이 없어도 쉽게 상품판매가 가능하도록 하는 배려도 하고 있다.

이렇듯 G마켓은 판매자에 대한 아낌없는 지원을 통하여 판매자들이 G마켓을 쉽게 진입할 수 있도록 해주고 있으며, 이는 더 많은 상품이 더 싼 가격에 거래될 수 있게 하는 중요한 요소로 자리잡았다.

4. G-마켓의 미래

G마켓의 성장은 두 가지 결과를 가져 올 것으로 보인다.

첫째, 역시 인터넷은 미국보다 한국이 강하다는 것을 입증하는 것이다. 이는 초고속 인터넷 이용율이 높은 한국의 사용자의 영향임은 두말할 필요도 없다. 한국의 고급 사용자들과 이를 가능하도록 한 인터넷 서비스 인프라가 전자상거래에서 있어서도 한국이 미국보다 앞서고 있음을 입증하게 될 하나의 사건으로 될 것으로 보인다.

둘째, 인터파크-G마켓의 세계적인 전자상거래 전문기업의 탄생을 예고하고 있다. 물론 현재는 G마켓이 인터파크의 자회사이지만 비즈니스의 구조상 G마켓이 인터파크를 돕는 꼴이 되어 G마켓의 지분을 50% 이상(인터파크 약 40%, 인터파크 대표 이기형 사장 약 11%) 보유한 인터파크가 지주회사 형식으로 될 것으로 보인다. 인터넷 백화점 인터파크와 인터넷 마켓플레이스 G마켓의 모양은 이베이보다 훨씬 좋은 구조를 가지게 되며, 이베이의 가장 수익성이 좋은 지사 한국의 옥션을 누른 G마켓의 명성은 그만큼 가치가 있을 것으로 보인다.

G마켓이 옥션을 누르고 1위를 한다면 인터넷 선진국 대한민국은 이제 다음과 같은 인터넷 비즈니스의 명성을 얻어가는 역사를 써나갈 것으로 보인다.

그러나 G마켓에게도 약점도 없지 않다. 너무 빠르다 보니 세밀하게 짚지 못하는 것도 있고, 장기 계획도 부족하다. 류광진(33) e마켓사업본부장은 "우리에게 1년치 사업계획은 없으며, 한 달 내 추진할 업무만 있다"면서 "그러다 보니 추석이나 설·크리스마스 등 시장의 큰 기회를 놓쳐버리는 경우도 있다"고 말했다.

그러나 구영배 사장은 "모든 걸 다 가져갈 수는 없다. 우리가 잘하는 것에만 집중하겠다"고 말했다는 말은 e-marketplace 시장이 얼마나 격전지임을 다시 한번 보여주는 의미있는 이야기일 것이다.

참고문헌

- www.gmarket.co.kr G마켓 홈페이지
- www.auction.co.kr 옥션 홈페이지
- 인터넷 장터, 옥션-G마켓 양대 체제로 전환-머니투데이, 2004.10.
- 국내 인터넷 쇼핑시장 전망 및 분석, KISDI, 2004.5.

토의질문

01 온라인 쇼핑시장과 e-marketplace시장을 비교하고 장·단점을 분석하시오.

02 G마켓의 '옥션 따라잡기'의 가장 중요한 동인은 무엇인가?

03 G마켓의 성공요인을 도출하여 보시오.

04 향후 G마켓이 급변하는 e-marketplace시장에서 지속적 경쟁우위를 가질 수 있는 전략은 무엇인가?

chapter 11

디지털시대와 사회적 관계

chapter

11 디지털시대와 사회적 관계

제1절 사회연결망이론

1. 사회연결망이론

인간은 누구나 다른 사람과의 관계 속에서 살아간다. 가족, 애인, 친구, 직장동료와의 관계는 거의 필연적으로 발생하고, 그들의 대부분은 주변사람과의 관계를 관리하는 데에 많은 시간과 노력을 들인다.

요즘은 인터넷에서 많은 사람들을 만나고, 관심사를 나누며 필요한 정보를 공유한다. 때문에 인터넷은 시공간의 제약을 넘어 인간관계망(human network)을 확장시켜 줄 것이라는 주장들이 나왔었다. 하지만 점차 사람들은 오프라인에서 형성된 동문회나 동호회를 온라인 커뮤니티로 만들기 시작하였고, 다른 사람들에게는 폐쇄적인 형태를 시작했다. 인터넷에서 인간관계가 확장되기보다 기존의 인간관계가 온라인으로 옮겨오면서 더욱 공고해지고 친밀해지는 경향을 나타내게 되었다.

따라서 한 사람의 태도나 행동은 고유의 성향, 의지뿐만 아니라 그 사람이 맺고 있는 관계의 차원에서 분석해 볼 수 있으며 이것이 사회연결망 이론(social network theory)의 기본개념이다. 사회 연결망 분석(Social Network Analysis, SNA)은 사회적 관계(혹은 연결망)에 대한 분석을 통해 사회구조를 연구하는 방법을 말한다.

최근 사회학과 조직학에서 인간관계망, 즈직관계망에 관한 관심이 확산됨에 따라 사회연결망에 대한 학문적 관심이 함께 증대되어 사회이론 및 사회구조, 조직구조분석에 많이 응용되고 있다.

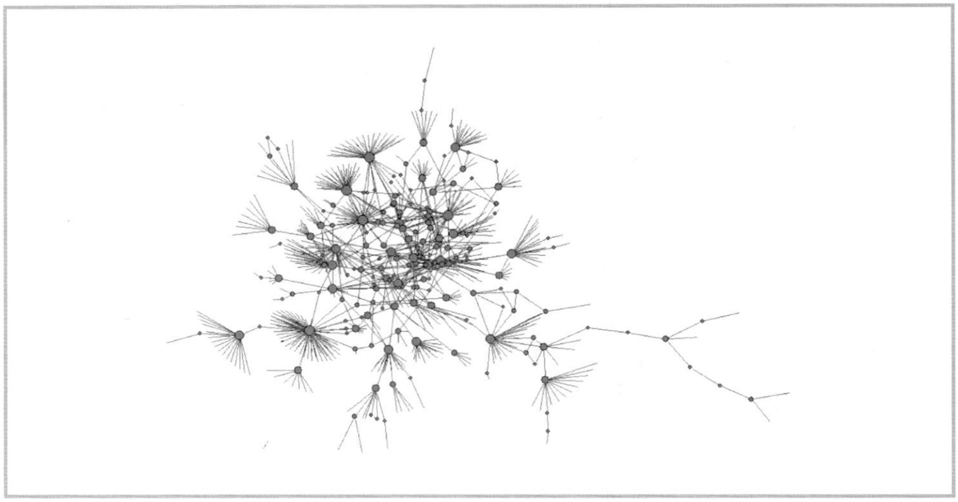

[그림 11-1] 사회연결망의 모형

인간관계망(human network)의 개념과 연구동향 인간관계망(human network)은 사람들 간에 맺고 있는 관계나 구조를 지칭한다. 기존에 사람들과의 관계를 연구한 것은 관계의 형성(initiation)과 갈등(conflict)에 초점을 맞추어 관계 유지(maintenance)에는 비교적 많은 관심을 기울이지 않았다. 일반적으로 인간관계를 유지하는 행위(relational maintenance behaviors)는 "바라는 관계적 지향점을 유지하기 위해 다른 사람들과의 상호관계, 신뢰, 좋아함 등을 포함하는 행동과 활동"을 지칭한다.

따라서 인간 관계망을 살펴볼 때 관계망이 어떻게 형성되는가와 해체되는가를 살펴볼 수 있지만 형성된 관계망을 어떻게 유지하고 있느냐가 관계의 동학을 살펴보는 데 직접적일 수도 있다.

온라인과 오프라인을 중심으로 한 관계망의 유지에 관한 것이다. 최근 온라인을 중심으로 등장한 "쇼셜 네트워크(social network)"는 '인맥 구축', '사회연결망', '지인 네트워크' 등으로 소개되고 있지만 이는 기존에 사회학에서 소개하고 있는 사회연결망 이론에 뿌리를 두고 있다.

일반적으로 사회연결망 이론(social network theory)은 인간이 여러 사람들과 관계를 맺어나가기 때문에 이에 따라 인간 행위와 사회구조의 효과를 설명하려는 것이다. 다시 말하자면, "사회연결망 분석의 특성은 일정한 사람들 사이의 특정한 연계(linkage) 전체의 특성으로 연계에 포함된 사람들의 사회적 행위를 설명하려는 시도"이다.

사회연결망 분석을 통한 연구들 중 가장 주목을 받은 것은 여섯 사람만 거치면 누구든지 소셜 네트워킹의 기본 개념을 소개하면 다음과 같다.

우선, 인터넷에 내 영역을 만들어 놓고 일차적으로 가까운 내 친구들을 끌어모은다. 개인을 중심으로 된 서비스이기 때문에 내 영역에는 내가 가진 사상이나 생각, 일상 등을 솔직하게 기술할 수도 있고 이를 가까운 친구들에게 전파시킬 수 있다

디지털 인맥과 인간관계망(human netwcrk)은 만날 수 있다는 '인간관계 6단계론'이다. 이는 1967년 미국 하버드대학 교수였던 스탠리 밀그램(Stanley Milgram)이 미국 내 임의의 두 사람간의 거리를 알아보고자 한 연구 결과를 바탕으로 성립되었다.

밀그램은 160명 중 42명이 최종 인물까지 편지가 전달되었으며, 평균 5.5(중앙값)명을 거쳤는데 반올림하여 6이라는 숫자로 "여섯 단계의 분리"(six degrees of separation)를 만들었다. 한국의 경우에는 평균 4.6명을 거치면 알게 된다는 결과가 발표되었다. 연줄 관계망으로 이루어진 한국 사회는 사람들 간의 관계가 가까우면서(close), 개인적 신뢰관계로 얽혀져 있다. 이 때문에 외부 사람이 그 관계에 쉽게 참여하지 못하는 장애로 작용한다.

2. 사회연결망이론의 구조

인간관계망을 알아보기 위한 연구는 주로, 편향이 들어가지 않은 타깃(target) 인물을 설정해놓고 무작위 샘플을 통해 그 사람이 타깃 인물에서 편지나 연락을 취할 수 있는 사람들과 연락을 취해서 그 사람에게 도달하는 방식으로 진행된다. 즉, 몇 사람을 거쳐 타깃 인물과 연락이 닿느냐를 살펴보는 것이다.

이 방법의 출발점은 1967년에 미국에서 시도된 스태리 밀그램(Stanly Milgram)의 연구이다. 밀그램은 넓고 다양한 인종이 살고 있는 미국에서도 몇 단계만 거치면 서로 알게 될 것이라고 생각하고 네트워크(Nεtwork) 연구를 시작했다.

한국에서 발견할 수 있는 특징적인 것으로 미국보다 도구적으로 이용되는 인간관계가 많았으며, 보다 넓고 단단한 네트워크를 형성하고 있다고 제시한다. 또한 한국인들은 미국인들에 비해 자신들과 비슷한(성, 연령 등에서) 사람들과 인간관계를 맺어나가는 것으로 나타났다.

사회연결망 이론은 체계 내의 사회적 위치 간에 연계되는 관계를 강조함으로써 사회 전체 구조와 그 구성요소의 체계적인 도안을 묘사하기 위한 강력한 도구를 제공하

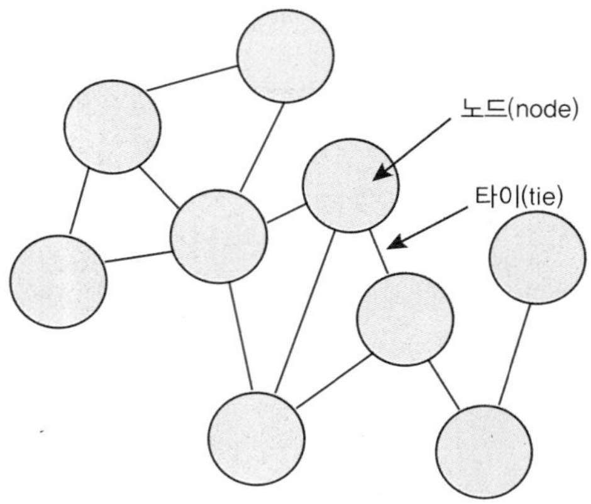

[그림 11-2] 사회연결망의 구조

고 있다. 따라서 사회 전체 구조를 설명하는 능력뿐만 아니라 구조 내의 특정한 요소를 이해할 수 있는 능력의 양면적인 특성을 간직하고 있는 연결망분석을 이해하는 데 가장 기초적인 개념들을 간단히 살펴보면 다음과 같다.

사회연결망은 그림으로 표현할 수 있다. 각 행위자는 동그라미로 표시되며, 각 행위자 간의 연결관계는 선으로 표현된다.

우선 연결망에 관한 일련의 사람, 물건, 혹은 사건들은 행위자 혹은 점(node)으로 불리워지며, 이들은 각각의 속성(attributes)을 내재하고 있음을 의미한다.

각 노드를 연결짓는 선은 타이(tie)라고 불리우는데, 얼마나 많은 노드가 어떤 형태로 타이가 생기는가에 따라서 연결망의 분포는 달라진다. 그리고 이들 행위자 혹은 결점들이 연계하고 있다는 것은 상대방을 선택하거나, 다른 사람으로부터 선택을 받거나 선택을 하든 간에 두 행위자 혹은 두 결점 사이를 직선(directed line)으로 연결하고 있다는 것을 의미한다.

즉, 이와 같은 내용의 결과가 결국에는 가장 기초적으로 직선(directed line)으로 표현되는 데, 이 내용을 이해하기 위하여 각 점들의 세 가지 유형을 구분하는 것이 필요하다. 첫째, 전달자(sender or transmitter)로서 단지 다른 점들에게 선택을 보내기만 하며, 둘째, 수신자(receiver)로서 단지 다른 점들로부터 선택을 받기만 하고, 셋째, 중재자(carrier or mediator)로서 다른 점들로부터 선택을 받거나 보내는 역할을 수행한다.

연결망의 구조적 성격은 가장 기본적으로 연결망의 규모(size), 연결망 밀도(density), 그리고 중심성(centrality) 등에 의해서 설명될 수 있는데 이러한 지표들은 연결망을 이루는 행위자들의 관계유형을 어떻게 요약하는가에 따라서 달라질 수 있다. 다시 말하면 연결망 구조의 분석은 행위자들 사이에서 형성되는 관계 유형의 공통적인 속성을 중심으로 전체 행위자들을 몇 개의 집단으로 구분해내고 이들 하위 집단들 간의 관계를 요약하는 데 동원되는 절차나 방법을 의미한다.

연결망이론에서의 구조와 행위의 이중성은 "속성을 체계적으로 연결"함으로써 보일 수 있다. 이와 같은 분석단위로부터 발생하는 속성의 위계에 대한 정의는 ① 개별적 속성(individual attribute), ② 관계적 속성(relational property), ③ 구성적 성격(configuration)으로 크게 대별하여 살펴볼 수 있다.

첫째, "개별적 속성"(individual attribute)은 분석수준의 제일 낮은 단위속성으로 교육수준이나 나이 등이 여기에 포함된다.

둘째, "관계적 속성"(relational property)을 들 수 있는데, 구조의 미시적 핵(microcosm)이 바로 관계적 속성에 의해 규정된다. 관계적 속성은 두 가지 – 첫째, 'A는 B보다 돈이 많다'에서와 같은 "비교의 관계", 둘째, 'A는 B에 대해 권력을 행사할 수 있다'에서와 같은 "상호작용의 관계" – 로 구분할 수 있는데, 상호작용의 관계성이라는 개념이 바로 발현적 속성의 핵이 된다. 누가 누구와 정치적 연계를 도모하는가? 두 조직 간에 연계가 생기는 이유는 무엇인가?라는 물음에서 종속변수가 바로 관계적 속성의 예가 된다.

마지막으로 관계적 속성들의 총화로 나타나는 "구성적 성격"(configuration)은 전체 연결망체계의 형태를 규정하는 상위적 성격이다. 관계적 속성이 행위자의 의도에 따라 달리 규정될 수 있다면 예컨대, 친구관계의 출현은 친구관계를 형성하는 행위자의 의도에 의해 정해지는 경우, 구성적 성질은 대개의 경우 행위자에 의해 의도되지 않은 결과로 나타난다.

사회연결망이론은 이러한 세 가지 차원의 속성들, 즉 개별적 속성(individual attributes), 관계적 성격(relational Properties); 비교의 관계와 상호작용의 관계, 구성적 성격(configuration)을 위계적으로 연결할 수 있다. 이러한 위계적 연결이 의미하는 바가 바로 구조와 행위의 이중성이다. 간단히 말하면, 사회연결망은 망의 결점(node)의 개별적 속성과 결점을 이어주는 연계와(관계적 성격), 연결망 전체를 묘사하는 구성적 성격을 분석의 기본단위로 하며 이 세 속성을 위계적으로 연결하는 것이다.

결국, 연결망 분석의 가장 중요한 의의는 사람들 간의 관계에서 형성되어 있는 연결망 자체를 통해서 사회의 구조적 성격을 이해할 수 있다는 것과 동시에 연결망의 성격을 통해서 행위 등을 설명할 수 있다는 것이다.

제2절 디지털시대의 휴먼네트워크

1. 디지털시대의 인맥관리

휴대전화는 다른 사람들과 쉽게 연락을 주고 받으면서 연결될 수 있는 좋은 수단임을 강조하고 있다. 그렇다면 인터넷에서는 사람들끼리 어떻게 연결되어 있을까? 인터넷은 사람들이 관계 맺는 양식뿐만 아니라 관계를 유지해 나가는 양식에 큰 변화를 주었다. 인터넷을 통해 편하게 이야기를 주고 받을 수 있는 친구를 찾기도 하지만 친구들끼리 방명록을 쓰면서 서로의 안부를 묻는다. 물론 인터넷은 텍스트(text)만을 통해 커뮤니케이션해야 하는 한계가 있지만 사람들은 이러한 제약을 극복하고 인터넷에서 보다 사람들과 친밀한 관계를 맺으며, 정보를 주고 받으며, 오히려 익명성 때문에 오프라인보다 더 편안한 대화를 나누기도 한다.

많은 학자들은 인터넷에서 젊은 세대들의 관계 맺기 양식에 대한 인터뷰 조사를 토대로, "IT를 통해 젊은 세대들이 보다 폭넓고 열린 관계망을 구축하고 있다"고 지적한다. 주목한 점은 앞서 한국인의 인간관계망 연구에서 밝혔듯이 사람들이 다양한 커뮤니케이션 매체를 통해 다른 사람들과 관계를 맺고, 연결되어 있다는 것이다.

인터뷰 조사에서 한 부분을 발췌하면 다음과 같다.

인터넷을 통해서 더 넓은 대인관계를 가지게 되었고, 채팅이나 그런 걸 통해서 지속적으로... 지금은 MSN이나 싸이월드 미니홈피를 통해서 만나는데...(사람을 만나는 것은) 따로 목적이 있어서 만나기보다는 그냥 사람과 사귀는 게 좋고, 저 같은 경우는 사람을 좋아하니까. 그냥 사람 만나는 게 좋아서 만나는 게 아닐까...(S14, 대학생, 21세, 남) 이제 온라인은 '인간관계'에 주목하고 있다. 온라인에서 맺어지는 관계는 지연, 학연, 혈연이라는 기존의 부정적인 인맥개념을 변화시키고 보다 합리적으로 인간관계를 맺어질 것으로 기대하고 있다.

싸이월드의 '1촌 맺기'와 '파도타기', 하이프랜의 '인맥지수(NQ: Network Quotient)'를 통해 온라인에서 인간관계를 확장할 수 있게 되었다. 이는 온라인 커뮤니티 변화양상을 살펴보면서 과연 온라인이 인간관계망 변화에 어떻게 기여하고 있는지를 알 수 있다.

인터넷이 등장한 이후 많은 인터넷 사이트에 사람들이 몰리고 커뮤니티를 만들었다. 이를 커뮤니티의 규모를 중심으로 나누어 보면 대중(mass) 커뮤니티, 학연 중심의 그룹 커뮤니티, 개인 중심의 인맥 커뮤니티 세 가지로 나누어 볼 수 있다. 이는 온라인에서 사람들 간에 맺는 인간관계망의 크기를 나타내어 주기도 한다. 대중 커뮤니티의 경우 익명성에 바탕으로 많은 사람들이 커뮤니티에서 관심사를 공유하기도 한다.

2. 디지털시대의 온라인 공동체

사람들이 만들어낸 인터넷 카페나 커뮤니티들로 인해 온라인 공동체(online communities)에 대한 관심들이 증대되었다. 사이버 공동체는 학자들에 따라 사이버 공동체(cyber communities), 가상 공동체(virtual communities)라는 말로 언급되기도 한다.

가상 공동체(virtual communities)는 사람들이 오랜시간 동안 공적 토론(public discussions)을 해나가면서 충분하게 개인의 감정을 표출하고 관계를 만들어 나가면서 넷(net)에서 발생하는 사회적 집단(social aggregations)이라고 정의한다.

온라인 공동체 논의에서 주목한 것은 현대사회의 중요한 문제인 공동체 해체를 다시금 회복시켜 줄 수 있는가에 대한 기대감이었다.

아이러브스쿨, 다모임 많은 사람들이 몰리면서 기존의 카페나 커뮤니티와는 달리 아이러브스쿨과 다모임과 같은 커뮤니티는 특정 집단(소집단)의 모임을 중요시 여기는 특징을 보이고 있다.

공간 공유는 인간관계에 중요한 영향을 미치는데 한국의 경우 학창시절 학교에 오래 남아 있는 경우가 많아서 학교 공간 공유의 기억이 많다.

온라인에서 학연 중심의 커뮤니티가 나타난 것은 연줄로 얽힌 사회관계 속에서 어찌보면 당연한 결과인지 모른다. 하지만 아이러브스쿨이나 다모임과 같이 학연을 매개로 한 온라인 커뮤니티는 과거의 향수는 자극했을지언정 이들의 관계를 지속하는 데는 그다지 성공하지 못한 것 같다. 이는 학연을 매개로 한 커뮤니티들이 과거의 정서적 연결망을 토대로 구성되었다는 데 있다. 즉, 커뮤니티 내에서 회원들 간에 연결망 위치 잡기에 실패함으로써 현재의 삶과 연결되고 지속되는 연결망으로는 연결되지 못했기 때문이다.

반면, 개인 중심의 인맥 커뮤니티인 미니홈피는 2003년 말부터 대중적 인기를 얻기 시작하였다. 특히 미니홈피는 "1촌 맺기"를 통해 제한된 사람들 간의 개인화된 커뮤니티 형식을 취하고 있다. 온라인에서 지역, 집단, 성별을 넘어 새로운 형태의 공동체가 나타날 것으로 예측했던 초기와 달리 인터넷이 점차 개인의 영역으로 변화되고 있는 것이다.

초기의 카페, 커뮤니티가 광범위한 관심집단들 사이의 모임이라면, 아이러브스쿨이나 다모임은 특정 학교, 경험 공유의 집단으로 분류된다. 반면 미니홈피는 끼리끼리 문화가 확대된 양식으로 강한 유대(strong tie)를 강화시키고 있다고 보여진다. 또한 다양한 인간관계 속에 자신의 중심 커넥터(connecter)에 위치함으로써 자신을 중심으로 하여 관계가 연결되는 것이 특징이다.

한국에서 나타나는 미니홈피는 블로그의 한 일종으로 볼 수도 있지만 이와는 구별해서 생각해야 한다. 블로그(blog)는 인터넷을 뜻하는 웹(web)과 자료를 뜻하는 로그(log)가 합쳐진 말로 자료를 올리거나 스크랩하여 일기장 형식으로 꾸미는 일종의 개인 미디어라고 볼 수 있다. 반면, 미니홈피는 개인형 홈페이지의 형식으로 운영되면서 사진을 올리거나 관심 주제에 대해 올리면서 친구들과 안부를 주고 받는 내용이 주를 이룬다. 때문에 미니홈피는 블로그라기보다는 개인화된 커뮤니티로 보는 것이 바람직하다.

이런 점에서 인터넷 비즈니스 영역에서 개인형 홈페이지는 자신을 표현하고자 하는 주요 사용자층을 자극하면서 아바타나 장식 아이템, 배경 음악 등을 판매하는 형식으로 수익모델을 잡고 있다.

인터넷은 많은 사람들이 모여 정보와 자신의 관심사를 공유한다고 지적하였다. 인터넷이 사사화되고 기존의 친구나 동료들과 강한 연결을 유지하는 것 외에 자신의 사회적 활동을 위해 온라인에서 인맥을 만들고자 하는 모임들이 생겨나고 있다. 기존의 카페나 커뮤니티 역시 정보와 관심 공유가 대부분이지만 소수의 활발한 사람들만 모여들게 되고 신뢰할 수 없는 정보들이 많았다. 때문에 온라인을 통해 자신의 사회활동에 필요한 신뢰할 수 있는 비즈니스 인맥을 만들려는 것이다.

3. 휴먼네트워크의 중요성

우리가 흔히 말하는 인맥이란 학교 · 직장 등 연고관계, 지역관계 등에 기초해 맺어진 인간관계를 말한다. 그리고 이러한 인맥에 의존해 문제를 해결하려고 하는 사회현상은 우리나라가 가지고 있는 오랜 병폐 중 하나로 인식돼 왔다.

지금까지 우리 사회의 많은 문제가 학연이나 지연 등의 관계를 통해 자신의 문제를 해결하고, 나아가 특혜를 도모한 데서 비롯됐다고 해도 과언이 아닐 것이다. 요즘에는 정치 · 경제적으로 이러한 내용이 불거지면서 이슈화되는 것 또한 사실이다.

사실 우리 사회에서 인맥을 활용하는 것처럼 편리한 것도 없다. 인맥을 동원할 경우 작게는 개인적인 부탁에서, 크게는 사회 이슈가 될만한 비리까지 일사천리로 일이 처리된다거나 최소한 일 처리 속도라도 빨라지는 것을 쉽게 경험할 수 있다. 부정적 어감의 인맥이란 단어에 대한 인식은 인간 상호 간에 맺어지는 권력의 향방에 따라 이뤄지는 구시대의 잔재라 느껴진다. 그러나 비즈니스 또한 사람들 사이에서 생겨나는 크고도 중요한 세상사이다.

제품의 공급과 소비가 모두 사람에 의해 이루어지고 있으며, 시장 정보의 완전한 전달과 습득의 제한으로 인해 소비자와 공급자가 모두 자신에게 적합한 상대방을 끊임없이 찾아나서야 하는 비즈니스 환경에서 사람은 서로의 원하는 바에 대한 정보를 가장 쉽게 전달해 주고, 때로는 비즈니스에 유리한 환경을 만들어 줄 수 있는 중요한 매개체를 찾기 마련이다.

이러한 인맥이란 단어는 영어로 커넥션(connection), 릴레이션십(relationship) 또는 네트워크(network)로 표현되는데 여기어 휴먼네트워크(human network)가 인맥의 중요한 개념이다.

하드웨어 벤더 담당자가 유명 포털업체의 시스템 운영팀장과 미팅을 하려 해도 도무지 약속을 잡을 수 없었던 경우가 있었다. 그는 자기가 아는 모든 휴먼네트워크를 총 동원해 결국 미팅을 성사시켰고, 이를 기회로 큰 프로젝트를 수주했다. 이는 기존에 형성된 끈을 중심으로 청탁을 하는 부정적 어감의 로비형 인맥 확장이 아니라 상대가 원하는 차별적 서비스를 제공하고, 그에 따른 절대적 신뢰관계의 구축을 통해 새로운 관계를 형성한 바람직하고 중요한 휴먼네트워크 형성의 예를 보여준 것이라고 할 수 있다.

이것을 부정적 어감의 '로비형' 인맥 활용이라고 볼 수는 없을 것이다. 이처럼 휴먼네트워크의 중요성은 사회 다방면에서 나타나고 있다. 예컨대 많은 기업들이 해외에 진출하여 새로운 비즈니스를 시작할 때, 현지 합작사나 기존의 마켓 리더와 같은 현지 기업과 제휴를 한다든지, 인터넷 트렌드로 동창회 사이트나 전문 커뮤니티 사이트가 하나의 큰 줄기를 차지하는 것 등을 그 증거로 볼 수 있을 것이다.

특히 성공한 최고경영자(CEO)들에게 자신이 갖고 있는 가장 큰 자산이 무엇이냐고 물어 보면, 많은 사람이 탄탄한 휴먼네트워크를 꼽는다. '사람이 모이는 곳에 돈이 있고, 지식이 있는 곳에서 돈이 나온다'는 말이 있다. 비즈니스에 있어 휴먼네트워크의 중요성을 가장 잘 드러내는 말이라고 할 수 있다.

또 21세기 디지털 인재는 자신만의 휴먼네트워크를 비즈니스에 충분히 활용해 가치를 창출할 수 있어야 한다. 그리고 탄탄한 휴먼네트워크를 만들기 위해 주변 사람들에게 겸손과 신뢰를 통해 긍정적인 영향을 줌으로써 상호간 건설적인 관계를 발전시켜 나가야 한다.

이는 단지 개인에게만 적용되는 것은 아니다. 개인에게 있어서 휴먼네트워크는 기업에도 똑같이 적용된다. 기업도 개인과 마찬가지로 비즈니스 네트워크를 지속적으로 형성해 가야 한다. 기업과 기업간 형성되는 네트워크야말로 적자생존의 경쟁적 논리가 아닌 서로가 함께 살아남는 공생적 비즈니스 파트너십으로 이해되어야 할 것이다.

제3절 사회적 네트워크 사례

경영사례 1 카카오톡 : '한국형 SNS의 선두주자'

1. 카카오톡의 시작

사람과 사람 간의 연결을 지원하는 기능을 가진 모바일 인스턴트 메신저(Mobile Instant Messenger: MIM)가 최근 온라인을 통한 인맥관리서비스인 SNS 기능을 추가하는 동시에 생태계를 형성하고 이러한 생태계의 경쟁력을 결정짓는 플랫폼의 역할까지 포괄하여 진화 및 발전하고 있다. 즉 MIM 본래의 기능을 넘어서 플랫폼으로 진화하고 있는 상황이다.

이 가운데, 스마트폰 대중화와 함께 등장한 모바일 메신저 '카카오톡'은 국내시장에서 사실상 독점적 지위를 확보한 최고의 히트상품이다. 2010년 3월 처음 선보인 이 서비스는 국내 스마트폰 사용자의 95%가 이용할 만큼 폭발적 인기를 끌고 있다. 즉, 스마트폰의 등장으로 데이터 통신 기능의 사용이 늘어나 손쉽게 메시지를 주고받을 수 있는 시스템이 늘어났는데, 그 중 카카오톡이 국내 선점으로 정상에 자리 잡게 된 것이다.

그러나 이석우 대표는

> "카카오톡의 성공 뒤엔 3년간의 뼈아픈 실패가 있었다."며 "사업을 거의 접으려는 순간 스마트폰이 나왔다"고 말했다. 그는 "완벽을 추구하려는 개발자의 말을 듣고 기다리면 타이밍을 놓친다"며 "개발자를 잘 관리하는 것이 중요하다"라고 앱 개발 타이밍의 중요성을 강조하고 있다.

성공의 뒤엔 보이지 않은 눈물이 있는 법인 듯 카카오톡의 성공에도 많은 숨은 이야기가 있다.

혜성처럼 나타나 놀라운 성공을 일군 카카오톡엔 어떤 비결이 있을까?

카카오톡의 태동

최근 스마트폰 사용자가 10명 중에 8명이 넘는 것으로 발표되면서 스마트폰 사용에 있어 필수적인 애플리케이션에 대한 관심도 증가하고 있다. 이렇게 스마트폰 사용자가 늘어나면서 가장 다운을 많이 받은 애플리케이션이 있는데, 바로 카카오톡(KaKaoTalk)이라는 SNS 애플리케이션이다.

국내 모바일 메신저 서비스를 대표하는 카카오톡의 성장 속도는 눈부실 정도다. 넥스젠리서치㈜ 케이벤치 미디어국에 따르면 2010년 3월 서비스를 시작해 1년 만에 1천만 가입자를 돌파하고, 2011년 7월 2천만 명에 이어 그로부터 4달 후인 11월에는 3천만 명, 또다시 넉달 후인 2012년 3월에는 4천만 명을 돌파하고 2014년에 약 1억 4,000만 명을 넘어섰다고 한다.

카카오톡의 핵심은 모바일을 베이스로 하여 가입자와 가입자들의 소셜 네트워크를 기반으로 가치가 증대하는 효과가 일어났으며 또한 이렇게 가입자들이 늘어나면서 가입자들 간의 네트워크가 증대하면서 '망외부성', 즉 '네트워크 외부성(network externality)'이 발생하여 사실상 이러한 소셜 네트워크 애플리케이션 시장에서 카카오톡의 위치는 독보적이었다고 할 수 있다.

카카오톡의 가입자들은 하루 총 26억건의 메신저를 주고 받으며 '문자해'라는 말 대신 '카톡해'라는 신조어가 만들어지고, 이제 카카오톡이 지원되지 않는 스마트폰은 판매조차 되지 않는 등 카카오톡은 이미 '국민 메신저'로 확실한 자리를 잡았다.

〈표 11-1〉 카카오톡의 주요연혁

연도	주요연혁
2010년	12월 카카오톡 선물하기 오픈 9월 ㈜카카오로 사명 변경 8월 카카오톡 안드로이드 앱 출시 3월 카카오톡 아이폰 앱 출시
2011년	11월 이모티콘 서비스 오픈 8월 카카오톡 블랙베리 버전 서비스 시작 7월 카카오재팬(일본 현지 법인) 설립 2월 카카오톡 100개 개선 프로젝트 시작
2012년	11월 다자간 음성채팅서비스 그룹콜 출시 10월 야후! 재팬과 카카오재팬 합작운영 제휴체결 9월 카카오스타일 안드로이드 서비스 시작 7월 게임하기 안드로이드 서비스 시작 6월 초코 결제시스템 도입, 카카오톡 윈도우폰 서비스, 보이스톡 국내 베타 테스트 시작 4월 카카오톡 바다OS 버전 출시 3월 카카오스토리 서비스 시작 2월 보이스톡 서비스 최초 오픈(일본)
2013년	11월 카카오게임 누적 가입자수 4억 돌파 9월 카카오그룹, 카카오뮤직 서비스 시작 7월 카카오톡 가입자 1억, 카카오게임 가입자 3억 돌파 6월 카카오톡 PC버전, 카카오스타일 앱 서비스 시작 5월 카카오홈 오픈 4월 카카오페이지 서비스 시작, 플러스친구홈 출시 3월 스토리플러스 시범서비스 운영 실시 / 카카오톡 PC버전 베타, 카카오플레이스 서비스 시작 2월 카카오앨범, 카카오페이지 페이지에디터 서비스 시작 1월 채팅플러스 서비스 시작
2014년	1월 제휴 파트너사들의 카카오게임 총 매출 1조 원 돌파

2. 카카오톡의 비즈니스 모델의 진화

플랫폼 비즈니스 모델

카카오톡은 2014년 3월 기준 전 세계 카카오톡 누적 가입자 수는 약 1억 4,000만 명. 전 세계 230여 개국에서 한국어를 비롯해 영어, 일어, 스페인어, 중국어, 러시아어 등 총 14개 언어로 카카오톡을 사용 중이다. 그리고 카카오는 이를 기반으로 다양한 서비스를 출시, 연계해 플랫폼으로 만들었다.

모바일과 플랫폼의 중요성이 강조된 지 시간이 많이 흘렀다. 그리고, 국내에서 '모바일 플랫폼'으로 가장 성공적으로 진화한 사례가 '카카오톡'이라는데 반대하는 사람은 많지 않을 것이다.

카카오도 자사의 서비스를 스스로 플랫폼이라 소개한다. 선물하기, 카카오스타일을 묶어 커머스 플랫폼으로, 플러스친구, 스토리플러스(오픈 예정)를 묶어 마케팅 플랫폼으로 소개하고, 카카오페이지와 카카오뮤직을 묶어 콘텐츠 플랫폼이라고 일컫는다. 가장 핫(hot)한 게임하기는 게임 플랫폼이라 언급한다.

2012년 11월 20일, 카카오는 기자간담회를 통해 '스토리플러스', '채팅플러스', '카카오페이지' 등의 새로운 서비스 플랫폼 3종을 공개하였다. 이번에 공개된 내용 중에 업계에서는 '카카오 페이지'에 높은 관심을 보이고 있다. 카카오페이지는 교육,

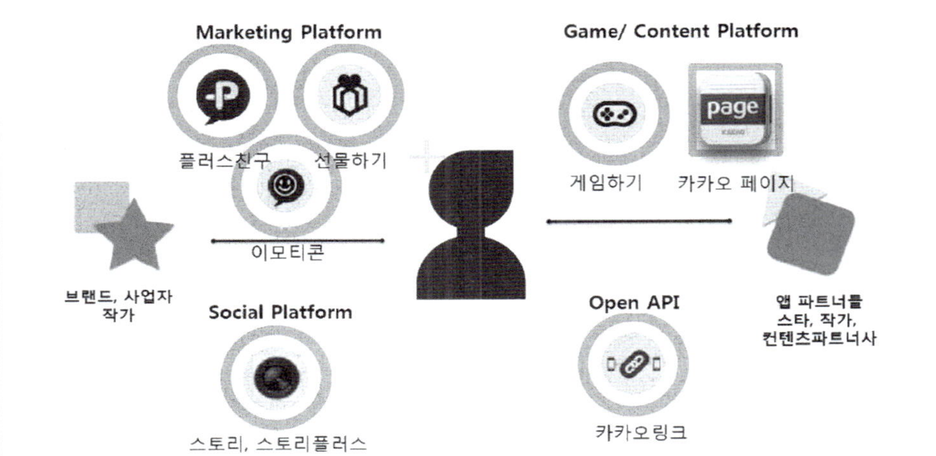

자료 : 카카오(2013)

[그림 11-3] 카카오의 비즈니스 플랫폼 구조

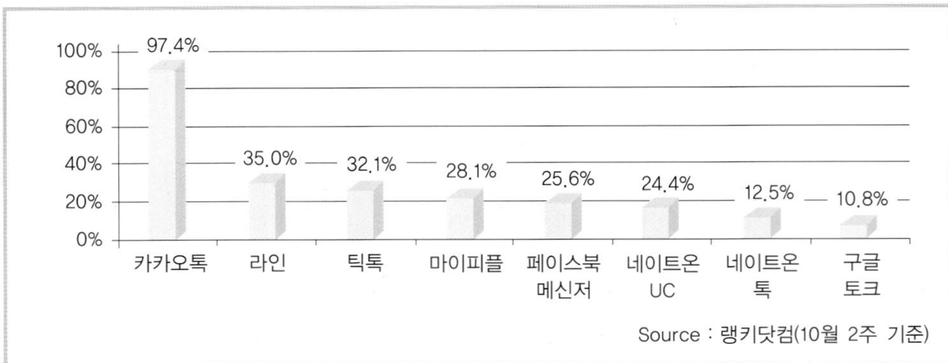

[그림 11-4] MIM 설치 대비 이용률 비교

주) MIM(Mobile Instant Messenger)은 모바일인스탄트 메신저의 약자로 데이터를 기반으로 한 제공방식이며, mVoIP(mobile Voice over IP) 등과 함께, 모바일 단말기를 통한 동영상, 음원스트리밍 등의 서비스를 제공함

음원, 웹툰, 소설 등과 같은 디지털 콘텐츠를 제작하여 판매할 수 있는 유통 플랫폼이다.

카카오톡 이용자는 별도의 모바일앱을 통해 다양한 디지털 콘텐츠를 구매하게 된다. 구매는 카카오의 가상화폐인 '쵸코'를 통해 이루어진다. 판매 수익은 애플과 구글과 같은 플랫폼 사업자들이 30%를 가져가고 나머지 70%를 가지고 카카오 20%, 콘텐츠 생산자가 50%씩 나누게 된다.

카카오톡은 주변의 우려에도 불구하고 우직하게 로드맵을 완성시켜왔다. 그리고, '애니팡'과 '드래곤플라이트' 등과 같은 카카오게임이 성공하면서 플랫폼으로서의 가치를 증명하였다. 2012년 10월의 애니팡의 한달 매출은 100억 원 가량이었고 드래곤플라이트의 최근 일 매출은 약 3억 원가량으로 알려져 있다.

3. 카카오톡의 성공요인

김범수의 새로운 도전

카카오톡의 개발자 김범수 씨는 삼성 SDS를 퇴사하고 게임방을 운영하면서 한게임을 개발하였다. PC방을 돌아다니며 운영 프로그램을 개발하고 바탕화면에 깔아주던 한게임이 대박이 난 것이다. 그리고 네이버와의 합병을 통해서 NHN의 고속성장을 이끌었다. 그러던 그가 갑자기 사표를 냈다. 최고의 회사를 만든 후에 진정한 성공이 무엇인지 고민했다고 한다. 그리고 진정한 성공은 도전하는 과정이라고 생각하였다. 그리고 카카오톡이 탄생하였다. 그런 그의 목표는 100명의 CEO를 만들겠다는 생각이다.

카카오톡의 이석우 대표는 다음과 같이 말한다.

> "우리는 갑자기 튀어 나온 기업이 아닙니다. 12월이 되면 만 6년 되는 회사로 초창기엔 웹서비스를 먼저 시작해 이것저것 해봤지만 모두 잘 안됐습니다. 연속적으로 실패하자 회사를 접을까 하던 중 2009년 말에 아이폰이 국내에 출시되면서 한 번 더 도전해보자 했죠."

그들은 카카오톡을 1위로 만들기 전에 5년 동안 아픔을 겪었다고 한다. 아이위랩을 창업하고 실패하고 두 번째 회사가 카카오톡이었다.

김범수 의장의 카카오톡 무료 모바일 메신저 출시 시점은 기가 막힌 타이밍이었다. 누구보다 앞서 '무료' 메신저를 등장시킨 것이다. 카카오톡이 최초 모바일 메신저는 아니지만 무료 메신저라는 점에서 각광을 받았다. 그리하여 그는 '서비스 모델인데 다운로드모델로 가는 게 맞다'고 생각했다. 서비스를 제공해 이와 연계한 무엇인가로 수익을 얻어야 할텐데 다운로드 한 건당 얼마 받는 모델로 가면 성공하기 힘들 것이라는 예감 때문이었다. 예감은 적중했다. 모바일 메신저에서 유료모델은 사용자를 등 돌리게 했다. 그리하여 카카오는 수익을 쫓기보다 가입자 저변을 넓히는 데에만 집중했다.

사용자 혁신(user innovation)을 통한 비즈니스 모델의 확립

카카오톡의 성공 스토리는 기업 혁신연구 대가들이 주장하는 성공적인 혁신 모델과 그대로 닮아 있다. 먼저 카카오톡은 사용자들을 수동적인 제품 소비자가 아니라 혁신을 주도하는 대상으로 삼고, 소비자 의견을 제품 개발 단계에 적극적으로 수용했다.

이후 카카오톡은 모바일 메신저에 게임 서비스를 더함으로써 고객에게 새로운 경험을 제공하는 파괴적 혁신(disruptive innovation)을 이뤘다.

제품은 경쟁자들에게 쉽게 모방당할 수 있다. 하지만 고객이 제품을 사용하면서 얻을 수 있고, 하고자 하는 경험에 맞춰 필요한 제품을 개발한다면 새로운 가치(고객 경험)를 제공할 수 있다. 새로운 혁신을 통해 승승장구한 카카오톡의 남은 과제는

글로벌 경쟁에서 살아남는 것이다. 경쟁 서비스인 네이버 라인이 일본에서 시작하는 '본 글로벌전략(Born Global Strategy)'을 통해 처음부터 세계시장을 무대로 승부를 걸었다면 카카오톡은 국내시장에 초점을 맞춘 게 사실이다.

모바일 메신저 시장은 망외부성(network externality), 즉 초기 소비자가 이후 다른 잠재 소비자를 이끄는 연쇄작용이 강하게 일어나는 시장이다. 초기 시장을 선점해야 우위를 점할 수 있다는 의미다.

스피드 경영을 통한 불확실성 대처방안

카카오톡은 환경 변화 속도가 빠르고 불확실성이 높은 사업에서 기업이 어떻게 시장에 성공적으로 안착할 수 있는지 잘 보여주는 사례이다.

시장경쟁 측면에서 카카오톡은 빠른 시장 진입으로 네트워크 효과를 확보했다. 네트워크 효과란 특정 제품이나 서비스 가치가 다른 사용자들의 소비에 큰 영향을 받는 것을 의미한다. 즉 이베이 사례처럼 사용하는 사람이 많을수록 사업 가치가 더욱 증대하는 것이다.

네트워크 효과는 강력한 진입장벽 역할을 한다. 선발기업이 시장 선점을 통해 일정 수준의 네트워크 효과를 확보하면 사용자는 기하급수적으로 늘어나고, 이는 후발기업에 엄청난 부담으로 작용한다. 카카오톡의 경우 성공적인 론칭 이후 1,000만 명의 가입자를 확보하는 데 13개월이 걸렸지만 이후 추가로 2,000만 명을 확보하는 데에는 7개월밖에 소요되지 않았다.

하지만 빠른 시장 진입 외에 카카오톡의 성공을 설명할 수 있는 또 다른 요인은 서비스 론칭 후 끊임없이 개선점을 찾아 이를 실시간 반영했다는 점이다.

김범수 대표는

> "초창기 실패했던 서비스를 보면 개발자들에게 완벽히 준비하고자 하는 성향이 있어 1년씩 개발하고 그랬습니다. 그러다 보니 타이밍을 놓쳐 버리게 되는 문제점이 있었어요."

라고 회고하고 있다.

이는 전형적인 '준비 – 발사 – 조준' 접근법으로 완벽한 사전 준비보다는 타이밍과 신속한 실행을 중시한다. 불확실성이 높고 가변적인 환경 속에서 철저한 계획은 자칫 기회를 놓치는 빌미가 될 수 있다. 카카오는 이 점을 과거 실패를 통해 체득했고, 이 원리를 카카오톡 사업에 적용했다.

> "초창기 실패했던 서비스를 보면 개발자들에게 완벽히 준비하고자 하는 성향이 있어 1년씩 개발하고 그랬습니다. 그러다 보니 타이밍을 놓쳐 버리게 되는 문제점이 있었어요."

이석우 대표는 그 이후 '최소한의 인력으로 최단기간 내에 런칭하자'는 원칙을 갖게 되었다.

김범수 대표가 말하는 4-2 전략은 타이밍과 스피드 경영을 함축적으로 보여주는 키워드이다.

즉 4명이 한 팀이 되어 2달 안에 승부를 내라!

프로젝트의 참여 인원도 기획자 1명, 개발자 2명, 디자이너 1명 등 총 4명에 불과했으며, 이들이 2달이란 짧은 기간 동안 만들어졌다. 요즘 대기업 네이버톡, 마이피플(다음) 등이 속속들이 시장에 나왔지만 시장선점을 하지 못해서 가입자 확보에 어려움이 많다. 즉, 사소한 실수를 두려워하지 않고 짧은 시간에 적은 인원이 개발해서 나오는 것이 핵심이었다고 본다.

끝으로 서비스 개선을 위해 사용자를 적극 활용한 점도 돋보인다. 인터넷과 스마트폰 확산으로 이미 사용자 아이디어를 효과적으로 활용할 수 있는 외부환경은 충분히 조성됐다. 사용자들은 단순 소비자가 아니라 기업의 공동 개발자로 혁신에 참여할 수 있고, 기업은 이들의 참여를 활성화할 수 있도록 문호를 개방하고 있다.

유연한 조직문화

카카오톡은 적극적인 토론을 통한 회사에의 헌신을 위해 카카오는 직급을 사용하지 않으며, 영어호칭을 통해 자유롭게 의사표현을 할 수 있는 환경을 조성했다. 이러한 환경을 통해 의사소통이 굉장히 편해졌으며, 팀을 구성하고 운영하는 데 있어 유연하게 대처할 수 있었다.

카카오톡 이석우 대표는 조직문화의 중요성을 다음과 같이 말하고 있다.

> "저희는 조직개편을 자주 합니다. 변화에 유연하게 대응하기 위한 전략이죠. 그 일환으로 조직문화 자체가 유연해야 한다 생각하고 그 시작을 호칭제도로부터 했습니다."

카카오는 3년간 40번의 조직개편이 이뤄질 정도로 조직의 변화가 자주 일어난다는데, 이는 시장의 반응에 따라 빠르게 전략을 수정하고 그 전략에 맞춰 조직체계를 바꾼다. 특히 모든 직원에게 영어 이름을 사용하게 한 독특한 조직문화가 성공 비결 중 하나라 할 수 있다.

카카오톡은 영어이름 호칭을 사용할 경우 두 가지 장점이 있다고 주장한다. 첫째는 의사소통이 쉽고 편하다는 점, 또 하나는 직급에 대한 타이틀이 자유로워 조직적인 유연성에도 큰 보탬이 된다고 본다. 부서가 없어질 경우 직함이 사라지는 문제도 줄일 수 있다는 장점도 피력한다.

또한 '카카오 아지트'라고 모든 직원들에게 공유하고 볼 수 있는 공간이 있다. 물론 아주 민감한 사안들은 임원들만 보는 그런 곳도 있지만 대다수는 공유된다. 카카오톡의 자유로움을 볼 수 있는 조직문화이다.

4. 카카오톡과 라인의 결투

아이폰으로 촉발된 '스마트 혁명'에서 가장 승승장구한 비즈니스 모델을 꼽으라면 '메신저' 분야일 것이다. 국내 SNS의 선두주자인 카카오는 국내 모든 IT벤처기업 중에서 가장 높은 밸류에이션을 형성하고 있으며 본 글로벌 전략(born global strategy)을 추구하고 있는 네이버의 라인(LINE)은 글로벌기업으로 도약하겠다는 네이버의 오랜 숙원을 현실화하고 있다.

이에 많은 IT 산업의 전문가들이 이 둘의 경쟁구도에 많은 관심을 나타내고 있으며 이들의 경쟁관계를 살펴보자. 특히, 얼마 전 카카오가 다음과의 합병을 전격 선언하면서 여러 모로 공격적인 모습을 보일 것이며, 네이버 라인과의 대결에서 보다 적극적인 행보를 보일 것으로 보인다.

실적 비교

양사가 거둔 가시적 성과를 가장 객관적으로 비교할 수 있는 것은 '숫자'이다. 카카오는 외부감사 대상기업이라는 특성상 매년 실적을 공식적으로 발표해야 하며, 감사보고서를 통해 2013년 매출 2,107억 원, 영업이익 658억 원을 기록했다. 최근 등장한 IT벤처 중에서는 가장 훌륭한 성적표를 보이고 있다.

라인의 매출은 4,542억 원으로 집계됐다. 수익성 부분은 기업체가 아니라는 점에서 따로 분리된 이익을 찾아 보기가 어렵다. 다만 네이버 계열사 실적 부분을 통해 어느 정도 실마리를 얻을 수 있다. 상황을 살펴보면, 2013년 네이버 일본 지사이자 라인의 비즈니스 컨트롤타워라 할 수 있는 라인 코퍼레이션의 당기순이익이 819억원, 라인 해외영업 지원조직 라인플러스의 당기순손실이 1,494억 원이니 이들을 합쳐 대략 600~700억 원 가량 연간 적자를 보고 있다는 추산이 가능하다.

사업부문별 현황비교

카카오와 라인의 사업 포트폴리오는 판박이 마냥 똑같다. 크게 게임중개, 광고, 스티커로 구성돼 있다. 첫째, 게임중개는 각자 운영하는 모바일게임 플랫폼에서 아이템 결제액 중 일부를 가져가는 사업모델이다. 카카오는 전체 거래액에서 21%를, 라인은 35%를 수수료로 취하고 있다. 둘째, 광고는 기업 상대로 단체 문자발송 등 마케팅이 가능한 계정 및 솔루션을 유료로 제공하는 것이다. 카카오는 플러스친구(브랜드)와 비즈프로필(오프라인 매장점주), 라인은 광고 공식계정(브랜드)과 라인앳(오프라인 매장점주)을 운영하고 있다. 마지막으로 스티커는 다들 익숙한 문자 이모티콘의 판매수익을 구성하고 있다.

사업비중을 봤을 때 서로 다른 모습을 보이고 있다. 카카오의 실적은 2013년 기준 게임중개 1,777억 원, 광고 287억 원, 기타 42억 원이다. 게임중개가 절대적인 비중을 차지하고 있다. 반면 라인은 실적발표 이후 컨퍼런스콜을 통해 게임중개, 광고, 스티커 비중이 '5 대 3 대 2'라고 밝혔다. 매출로 환산하자면 각각 2,271억 원, 1,362

억 원, 908억 원이다. 카카오와 비교해 어느 정도 포트폴리오가 균등한 모습을 보이고 있다.

이용자수 비교

언론보도를 종합해보면 2014년 기준 카카오톡 가입자수는 1억4,000만 정도로 추산된다. 이중 대부분이 국내 이용자로 판단되며, 리서치기관 코리안클릭 자료에 따르면 월간 방문자수(MAU)는 2,300~2,400만 명 선을 유지하고 있다. 해외를 합쳐도 3,000만 명을 넘지 못하리라 예상해 볼 수 있다.

라인은 이보다 훨씬 더 많다. 전 세계 가입자수가 4억3,000만 명이며 매달 2,000~3,000만 명씩 늘어나고 있다. 지역별로 살펴보면 일본 6,000만 명, 태국 2,400만 명, 인도네시아 2,000만 명, 대만 1,700만 명, 인도 1,800만 명, 스페인 1,600만 명 등이며 미국, 멕시코, 말레이시아, 한국에서도 1,000만 명을 넘어 서고 있다. 월간 방문자수는 일본, 태국, 대만 80%가 한달에 한번 이상 방문하고 있다는 공식적인 멘트를 참조했을 때 타 지역과 합쳐 최소 1억 명 이상으로 생각할 수 있다.

기업가치 비교

카카오는 얼마 전 다음과 인수합병을 하면서 기업가치 평가작업을 통해 약 3조 원 수준으로 기업가치를 추정하였다. 현재 주식 장외거래가만 하더라도 2조 원이 훌쩍 넘고 IPO를 한다고 가정했을 때 목표 시가총액이 5조 원이었으니 나름 적절한 수치로 판단된다.

라인의 경우 스트래티지 애널리틱스(Strategy Analytics) 등 외국계 리서치기관에서 15~20조 원 수준으로 추산하고 있다. 페이스북, 트위터와 다른 SNS 영역을 개척하고 있으며 빠른 성장세와 안정적인 수익화 행보를 보이고 있다는 평가를 받고 있다.

자금조달계획 비교

SNS 대표기업인 카카오와 라인은 지금까지 승승장구했지만 명확한 숙제와 한계가 존재하고 있다. 우선 카카오는 내수기업이라는 오명을 벗으며 해외시장을 적극 개척해야 하는 과제를 안고 있다. 반면, 라인은 위챗, 왓츠앱, 트위터, 페이스북 등 동종·이종 경쟁사업자와의 경쟁이 본격화되고 있다. 현재 난관을 넘기 위해서는 자금력이 넘어야 할 과제일 것이다.

먼저 카카오의 경우 최근 다음과 합병을 진행하면서 1,098억 원의 현금 및 현금성 자산과 매년 수백억 원의 이익잉여금을 확보할 전망이다. 그리고 다음과의 우회상장을 통해 코스닥에 입성하게 되면 유상증자 및 BW(신주인수권부사채) 발행 등 다양한 자금조달이 가능해질 것이며, 외국계 기업으로부터 투자도 노려볼 수 있다.

라인의 경우 이보다 훨씬 더 큰 규모의 자금모집을 모색할 수 있다. 이미 모기업인 네이버는 4,300억 원 이상의 현금 및 현금성 자산을 보유하고 있고 연간 영업이익만 하더라도 5,200억 원 정도가 된다. 충분히 지금만으로도 대규모 투자를 감당할 수 있으며, 만약 자본조달을 한다면 나스닥 혹은 동경증권거래소 상장과 외부투자를 모색할 것으로 보인다. 이미 15~20조 원 이상의 기업가치를 평가받았고, 앞으로 성장 가능성은 더 크기 때문에 최소 조 단위 규모의 자금유입을 생각하지 않을까 한다.

사업전략 비교

SNS 대표기업인 카카오와 라인은 향후 사업을 전개하는 데 명확한 공통점과 차이점을 보일 것이다. 공통점으로는 플랫폼 비즈니스를 하고 있다는 점이다. 카카오와 라인은 둘 다 "핵심사업을 지렛대(레버리지) 삼아 끊임없이 부가서비스 확충에 나서고 결과적으로 플랫폼 영향력을 더욱 강고히 한다"는 인터넷 비즈니스의 상승(synergy) 전략에 따라 움직이고 있는 게 사실이다.

한편 두 기업의 차이점도 분명 존재한다. 카카오는 네이버가 명확하게 경쟁자로 떠오른 만큼 어떻게 추월할 것인지 많은 고민을 할 것이다. 카카오의 약점은 PC 기반의 인프라가 없다는 것과 해외사업이 제대로 풀리지 않고 있다는 것을 꼽을 수 있다. 다행히 다음을 실질적으로 인수하면서 유무선 연계와 현금유입을 모색할 수 있게 됐으니 아마도 약점을 해소하는 데 주력하지 않을까 보인다.

네이버의 라인은 지금까지 너무 사업을 잘 운영해왔지만 페이스북, 위챗 등 글로벌 경쟁자(global player)가 워낙 센 터라 하루하루가 피 말리는 상황이다. 여기서 자칫 기회를 놓친다면 그동안 쌓아온 모든 것을 상실할 수 있기 때문이다. 지속적인 서비스 고도화와 마케팅을 통해 트래픽 기반 확대와 이용자 충성도 향상을 꾀할 것이다. 이와 더불어 지금은 미들웨어 플랫폼에 불과하지만 장기적으로 하드웨어와 소프트웨어를 아우르는 IT기업, 즉 삼성을 대신하겠다는 꿈을 꾸지 않을까 조심스럽게 추측해 볼 수 있다.

5. 카카오톡의 미래

SNS 대표기업인 카카오와 라인은 1년 전만 하더라도 둘의 위치는 엇비슷했다. "카카오는 국내 모바일 절대강자, 라인은 일본 SNS 신흥강자"라는 평가를 받았다. 하지만 지금은 너무도 큰 격차가 벌어졌다. 사업기반, 트래픽 추이, 수익화 행보, 투자 예상규모, 기업가치, 성장 가능성 등 모든 면에서 카카오는 라인에 적수가 되지 못하고 있다. 다만 앞으로도 IT업계에 더 많은 혁신이 일어날 것을 염두에 둘 때 새로운 국면이 찾아올 수도 있다는 생각도 들며 향후 두 기업의 모바일 메신저 전쟁은 새로운 국면으로 접어들 것으로 기대한다.

카카오톡은 미래에 진화할 모습을 '소셜허브'로 정했다. 다양한 소셜네트워크서비스, 모바일 애플리케이션을 이용하는 데 있어 카카오톡이 중심에 자리해 허브 역할을 하겠다는 계획이다. 애플 앱 스토어와 구글 안드로이드 마켓 등에 있는 수많은 애플리케이션을 카카오톡을 중심으로 하나로 연결하겠다는 구상이다.

수익 모델의 시작이 된 첫 번째 결과물은 카카오링크다. 카카오링크는 카카오톡과 다른 외부 애플리케이션을 연동해 해당 앱의 콘텐츠를 카카오톡 친구들과 공유할 수 있는 서비스다. 음악, 영화, 동영상, 파일, 뉴스, 맛집, 위치, 사진 등 다양한 콘텐츠를 전달할 수 있다. 카카오링크가 적용된 애플리케이션은 540개가 넘는다.

현재 모바일 메신저는 카카오톡만 있는 것은 아니다. 카카오톡보다 먼저 나왔던 왓츠앱은 물론 다음의 '마이피플', NHN의 '네이버톡'과 '라인', SK커뮤니티케이션즈의 '네이트온 UC' 등이 줄줄이 나왔다. 네트워크 부하가 걸린다며 망 이용대가를 내놓아라 목소리를 높이던 이동통신사도 서비스를 내놓았다. LG유플러스의 '와글', KT의 '올레톡'이 그것이다. 또한 애플의 OS는 아이폰 – 아이패드 – 아이팟끼리 무료 메시지를 주고받을 수 있는 '아이메시지'를 포함했다.

만만찮은 경쟁자들이 등장했음에도 카카오톡은 소셜허브로 성장해가는 과정을 혼자 가지 않고, 다른 모바일 사업자들과 함께 가는 방법을 택했다. 모바일 시장성장에 카카오톡이 힘을 보태고, 그 속에서 카카오톡 역시 소셜허브로 한발씩 다가가겠다는 생각이다. 오픈 플랫폼 정책이 이 같은 생각의 핵심이다.

카카오톡의 기업철학은 '지금보다 조금이라도 더 나은 세상을 함께 만들어 나가는 것'이다. 더 나은 세상을 만들기 위한 서비스제공과 다함께 성장할 수 있는 건강한 모바일 생태계 조성이 곧 카카오톡의 미래의 성공이 될 것이다.

토의질문

01 지식기반 사회에서 플랫폼 비즈니스가 왜 중요한지를 분석하시오.

02 변화무쌍한 모바일 인터넷 비즈니스 환경에서 카카오톡이 독특한 방법으로 성공한 이유를 설명하시오.

03 카카오톡과 라인의 비교를 통해 카카오톡의 장단점을 찾아보시오.

04 향후 모바일 메신저 경쟁에서 카카오톡이 지속적인 경쟁우위를 확보하기 위한 전략을 도출하시오.

경영사례 2 듀오: '좋은 사람 있으면 소개시켜 줘'*

1. 듀오의 출발

올바른 결혼문화 선도

'따르르릉, 따르르릉....'

'뭐야.. 늦은 밤에.... 짜증나..'

받을까 말까 망설이다 결국 휴대폰의 통화버튼을 눌렀다.

"여보세요? 동엽이냐? 어.... 왜? 머라고?....

이 시간에 술 한 잔 하자구? 안 좋은 일 있어? 어딘데? 알았어. 그럼 거기서 보자."

늦은 시간, 남포동, 동엽이가 혼자서 술을 마시고 있었다. 나는 동엽의 옆자리에 앉아서 내 잔에 술을 따르며 물었다.

* 본 사례는 경성대학교 심재능 군의 스토리텔링기법의 사례로 학생들의 사례교육용 목적으로 작성되었다.

"동엽아... 뭐 안 좋은일 있냐? 목소리에 왜 힘이 없냐?"

동엽이가 축 처진 목소리로 말했다.

"재능아... 나 오늘도 선 봤는데.. 이제 이 짓도 못하겠다."

"왜? 또 니 맘에 안들어? 대체 몇 번짼데도 그렇냐? 문제다, 문제는 니 눈높이가 너무 높은거 아냐?"

"아니... 난 별로 조건 안 따져. 그냥 얼굴 좀 이쁘면 좋겠고, 직업이 있었으면 좋겠고, 키는 컸으면 좋겠어. 학력은 대졸이면 좋겠고.."

나는 터져 나오는 웃음을 참으며 대답했다.

"뭐야.. 그런 사람이 어디 있어? 그런 사람 찾을려면 선 500번은 봐야 되겠다. 참...나.."

순간 내 머릿속에는 결혼정보회사 '듀오'가 떠올랐다.

"아. 동엽아.. 결혼정보회사에 등록 하는 건 어때? 내가 아는 곳이 있는데 거긴 원하는 짝을 쉽게 찾을 수 있다고 하더라고.."

동엽이가 놀라며 물었다.

"그런 곳이 있어?"

역시 동엽이는 모르고 있었다.

"응.. 요즘 유행인데.. 듀오 말고도 여러 개가 많이 생겼더라고.."

"그래? 이 자식아.. 그럼 빨리 말해 주지.. 이게 머야.. 너 때문에 시간 버리고 돈 버리고.."

어이가 없어서 동엽이의 얼굴을 물끄러미 바라보며 대답했다.

"야.. 가르쳐 줘도 욕이냐? 그럼 빨리 등록해봐.."

들떠있던 동엽이의 표정이 약간 어두워지며 나에게 물었다.

"그런데.. 그 회사.. 사기 아냐? 그리고 회원 수는 많냐?

'아.. 이 녀석 되게 의심 많네..'

"내가 대학생때 조직행동이란 수업을 들었는데 그때 듀오에 대해서 조사한 적이 있었어. 듀오는 1995년에 설립된 오래된 기업이야."

"정말? 그렇게 오래됐어?"

"그래 그뿐만 아니라 1996년에는 MBC 사랑의 스튜디오 매칭자료를 독점 제공했고, 1997년엔 결혼정보회사 모범 표창, 1998년엔 동종업계 최고로 LA에 미주지사를 설치했고, 헉헉 힘들다. 그리고 1999년엔 세계일보가 히트상품으로 지정했으며 2000년엔 벤처회사로 거듭나 2001년 한국 능률협회 선정 결혼정보분야 1위, 한국일보주최 〈코리안 웹 어워즈〉 관혼상제부문 우수상 수상, 세계일보, 2001 결혼 정보 제공분야의 히트상품에 선정되었으며 2002년 듀오 웨딩 컨설턴트를 설립, 2003년 듀오 모바일팀을 신설한 기업이라고...."

"근데 이렇게 말하고 나니깐 내가 마치 듀오 직원 같다...그치?"

동엽이가 활짝 웃으면서 말했다.

"난 정말 그런게 있는 줄도 몰랐어.. 얼른 가서 등록해야겠다. 고맙다 재능아! 다음에 진하게 한 잔 살게."

말을 마치자마자 동엽이는 후다닥 자리를 떴다. 근데 지금 시간은 새벽 2:40분을 넘고 있었다. 이런..내일 출근해야 되는데...

2. 결혼 정보산업의 태동

21세기는 우리 삶의 모습을 많이 바꾸어 놓았다. 우리는 디지털 혁명이라 불리는 새로운 세기에서 정보의 홍수 속에 살고 있다. 여기에 선남선녀가 서로 사랑하고 결혼하는 문화 역시 이러한 시대의 흐름에 동참하고 있으며, 결혼정보업체의 출연으로 과거의 결혼문화가 바뀌어가고 있다.

현재 우리나라에서 회원으로 가입한 사람에게 만남을 주선하고 일정액의 수수료를 받는 결혼정보회사는 1,000여 곳에 이르지만, 법인형태의 회사는 사실상 듀오, 선우, 피어리, 닥스클럽, 에코러스 등의 5개 업체 정도이다. 이 5개 업체가 전체 시장 규모의 70% 이상을 차지하고 '중매' 시장을 이끌고 있다.

결혼정보회사의 증가 이유로는 사회 · 경제적 배경의 변화가 가장 큰 이유로 꼽힌다. 핵가족의 보편화, 바쁜 일상, 무한 경쟁의 사회를 살다보니 개인주의 성향은 심화될 수밖에 없고 이에 따라 주변 사람들에 의한 친분적 소개 문화는 자연 쇠퇴하게 됐으며 그 부분의 역할을 결혼정보업체가 대신하고 있다는 것이다. 하지만 결혼정보회사들은 인간의 만남을 주 내용으로 하는 만큼 고객에 대한 신뢰성을 바탕으로 사업을 진행하여 나간다.

3. 경쟁자 분석

"따르르릉, 따르르릉"

동엽이 이 녀석은 맨 날 자기가 필요할 때만 전화한다. 그것도 밤에만...

"왜? 제발 일찍 좀 전화해라~"

"아니 별일은 아니고..궁금한 게 있어서.."

"뭔데?"

이 녀석 무슨 꿍꿍이가 있는 것 같다. 계속 히죽거리면서 말한다.

"내가 듀오 가입하려구 했는데 결혼정보회사가 듀오 말고도 선우, 피어리, 에코러스, 닥스클럽 등 여러 게 있더라구.. 어떤게 제일 좋냐? 이쁜 여자가 제일 많냐? 으흐흐."

역시 어이가 없는 질문이다.

"아씨.. 내가 그걸 어떻게 알아? 내가 무슨 결혼정보회사 직원이냐?"

그러자 동엽이가 능글맞게 말한다.

"니가 전에 학교 다닐 때 조사했다며? 한번만 더 가르쳐 주라..응? 잘되면 나 진짜 거하게 술 한 잔 살게."

"에구구.. 잠깐만 전에 조사했던 자료를 어디 두었더라... 아! 여기 있다. 잘 들어~"

동엽이가 잔뜩 기대에 들뜬 목소리로 말한다.

"그래 알았어. 흐흐."

"먼저 선우야.. 선우는 지금까지의 결혼 성사율이 5개 회사 중 가장 높아. 결혼 성사 회원이 2002년 4월에 4,000명을 돌파하였어. 업계 최초 기업이라 할 수 있는 선우는 최근 회사의 모든 인력을 회원관리에 투입하고 광고를 이전의 1/3 수준으로 줄이고 예산의 남는 비용을 회원관리에 재투자하며, 대규모 이벤트를 줄이고 회원이 참가하는 행사에 언론 취재를 자제하여 만족도를 높이려는 재정비 작업을 하고 있지. 그런데 선우는 방대한 고급 데이터와 참신한 이벤트 아이디어, 다양한 컨텐츠, 관련 정보의 통합 구축, 정보공유의 활성화라는 점에서 다른 기업에 비해 강점을 가졌다고 할 수 있는 반면, 소비자에게 불리한 약관, 개인정보의 검증 및 보안, 낮은 선호도, 고객정보의 양적 부족 및 결혼관련 업체와의 연계 부족이 문제점으로 지적되고 있어. 적고 있냐?"

"그래 적고 있으니깐 얼른 불러."

대학 수업시간엔 다 잠만 자더니 왠일인지 목소리에 생기가 있다.

"다음은 피어리. 피어리의 특징은 상류층 중매를 지향한다는 점이지. 전체 회원의 25%가 우리 사회 상류층이라고 불리는 사람들이고 VIP고객에 대한 공격적인 마케팅 활동을 펼쳐왔기 때문에 회원 중 전문직 종사자들이 많다고 주장하고 있어. 이건 너랑은 아무 상관없는 회사라 보면 딱 맞아."

동엽이가 열받은 목소리로 고함을 질렀다.

"아.. 이 자식, 말 진짜 재수 없게 해요. 내가 어때서? 응?"

"하하하. 알았어. 듣기나 잘 들어."

"에코러스는 5개 회사 중 가장 오랜 역사를 가진 곳으로 외형 확대보다는 내실을 다지는 데 주력하는 곳으로 관련업계에서 평판이 좋은 편이지만 고객이 그렇게 매력있다고는 보고 있지 않지."

"아하.. 그리고 마지막 닥스클럽은?"

"참 이 녀석 되게 서두르네? 그렇게 결혼하고 싶냐?"

"닥스클럽은 다른 결혼정보회사와 달리 설립 초기부터 인터넷을 기반으로 한 결혼미팅서비스를 표방하고 있어. 결혼정보업체 중 최초로 중소기업청에서 벤처기업 인증을 받았으며 현재 코스닥 등록을 추진 중이지. 신세대를 위한 미팅 사이트 고품격 결혼커뮤니티, 오프라인 정회원을 위한 서비스와 웨딩정보를 담은 사이트 등 이용자와 콘텐츠별로 특화된 세 개의 사이트를 운영 중이야."

"하지만 닥스클럽은 미팅의 상품화로 인한 호기심 자극, 온라인 공간의 적극적인 활용이라는 점에서 다른 기업에 비해 강점이 있지만, 홍보 부족으로 인한 인지도 부족, 만남을 상품화 한다는 거부감, 광고전략의 문제점 등이 약점으로 지적되고 있어. 아마 너 같은 인터넷 폐인한테는 이게 딱인거 같아. 하하"

역시 동엽이, 쉽게 흥분하며..

"아씨..정말 재수 없네. 그럼 듀오에 대해서도 말해 줘. 빨리~"

4. 듀오의 SWOT분석

"재능아. 그런데 저렇게 많은 정보회사 중에서 듀오는 몇 등이냐?"

"음.. 듀오의 시장 점유율은 5개 업체 중 50% 이상으로 당당히 1위야. 그러니깐 내가 듀오를 추천했지. 전체 시장규모는 90년대 초부터 빠른 성장을 거듭해서 현재에는 600억 원대의 시장으로 성장했어. 업계에선 2005년까지는 2000억 원대로 치솟을 것으로 전망하고 있지."

"역시 넌 내 친구야. 흐흐"

들떠 있던 동엽이의 목소리가 처지며,

"그런데 내가 듀오에 등록하면 후회하진 않을까? 혹시 불이익이나 이런 거 말이야."

이렇게 진지한 동엽이를 처음 보는 것 같다.

"지난번 내가 술 먹으면서 이야기할 때 뭐 들었니?" "이 녀석 참 귀찮게 구네.."

"음..먼저 듀오가 다른 회사에 비해 뛰어난 점을 말해 줄게. 먼저 듀오는 풍부한 데이터베이스를 가지고 있지. 그리고 고객에 대한 관리가 뛰어나. 2001년 The Korea best web awards 포털/정보제공분야에서 1위를 차지하고, 정보통신부 데이터베이스 대상수상을 함으로써 듀오의 IT기술을 이용한 고객관리는 매우 우수한 상황이라고 볼 수 있지."

"시대에 있어서는 끊임없이 변화하는 고객의 기호에 신속하고 정확하게 대응하기 위해서 고객에 대한 데이터를 체계적으로 그리고 필요한 부분만을 추출하여 별도의 저장소에 모아 놓고, 이를 관계형 데이터베이스로 구축하여, 전산담당자의 도움 없이 최종 사용자가 직접 용도에 따라 손쉽고 효과적으로 이용할 수 있도록 개발하였어. 이걸 데이터베이스 웨어하우스라고 하는데 듀오는 이러한 데이터베이스 웨어하우스를 가지고 아주 유용하게 사용하며 DMS라는 듀오의 특화된 기술로 뛰어난 고객관리에 힘쓰고 있지."

"아...그리고 또 ?"

"브랜드 이미지가 좋아. 한국 능률협회 선정 '2001년 한국 웹사이트 결혼정보분야 1위', 한국일보주최 '코리안 웹 어워즈' 관혼상제부문 우수상 수상, 세계일보 2001 히트상품에 선정 '결혼정보 제공 서비스 부문', 100HOT 주최 상반기 분야별 사이트 순위 1위, 2001 대한민국 베스트 웨딩 브랜드 선정 등 듀오는 각 가치 평가에서 매우 우수한 성적을 보이고 있지. 이런 브랜드 이미지는 경쟁사들이 감히 쳐다 볼 수도 없을 만큼 높게 구축되어 있어."

동엽이의 입이 찢어진다.

"이야. 정말 대단하구나. 흐흐"

"그리고 2년 간의 준비기간 중 마케팅 리서치 작업이 6개월을 차지할 정도로 처음부터 마케팅 부문에 주력했으며 '96년부터 TV활동 지원을 통한 마케팅부터 시작하여 여러 다른 회사들과의 조인한 이벤트 등을 통해 파격적인 마케팅을 펼치고 있어. 이런 뛰어난 마케팅 노하우로 성장 가능성이 큰 회사야. 마지막으로 네트워크인데 전국 종로, 강남, 부산, 대구, 대전, 광주, 인천, 울산, 창원, 수원, 전주에 11개 지사와 해외에 LA, 뉴질랜드에 2개 지사를 가지고 있지. 이들은 모두 하나의 통합된 시스템으로 관리, 운영되어 고객 확보에 큰 역할을 하고 있어."

"이야. 역시 듀오가 확실하구나. 흐흐"

"하지만 문제점도 있어."

동엽이 얼굴이 조금 어두워지며 나에게 물었다.

"먼데?"

"고객의 정보가 유출되는 거지. 정보를 올린 사람의 세부적인 사항까지 모두 올라가니깐."

"음. 한번 유출된다면 큰일이겠구나."

"그렇지. 각종 범죄에 사용될 위험이 있어. 그리고 이건 너한테 아주 직접적으로 해당되는 건데..."

눈을 동그랗게 뜨고 동엽이가 물었다.

"바로 고가의 회비야. 하하. 결코 싸다고 할 수 없는 회비가 발목을 잡지. 특히 너 정도라면.."

"아씨..이 자식 아까부터 계속 시비네!"

"하하하"

"웃지마, 짜증나!"

"하지만 시장이 계속 증가할 수 있고 고객의 다양한 조건을 만족시켜주기 때문에 선호도는 계속 증가하고 있어."

"아..그렇구나."

"이건 혹시나 해서 말해주는 건데... 최근의 신규 기업의 시장진입으로 결혼정보회사 시장은 복잡해지고 있고, 결혼을 조건보고 한다는 사람들의 부정적인 인식도 있지. 그리고 최근에 바뀐 젊은이들의 결혼관도 결혼정보회사의 성장을 가로막을 수도 있어. 그러니 잘 생각해 보고 등록해. 알겠지?"

"응. 고맙다 친구야. 흐흐."

"그래 그럼 난 잔다. 너도 잘자~"

"동엽아! 제발 자는 시간에 전화 좀 하지마라~"

강 점	약 점
• 회원 최다 보유 • 브랜드 이미지 • 마케팅 노하우 • 전국적인 네트워크망	• 고객 정보 누출 • 고가의 회비
기 회	**위 협**
• 시장의 지속적인 성장 가능성 • 선호도 증가 • 소비자의 needs 증가	• 신규기업의 대거 시장 진입 • 결혼정보업체에 대한 부정적 인식 • 안티 듀오 활동 • 최근 미혼 남녀의 바뀐 결혼관

5. 듀오의 성장비결

자기 위해 전화를 끊으려던 나를 향해 동엽이가 고함을 질렀다.

"잠깐!"

"아씨 왜? 피곤해 죽겠는데.."

"니 얘기를 듣다보니 궁금한 게 생겨서.."

"아씨.. 니 앞가림이나 해~~ 피곤해 죽겠구만."

"야.. 왜 선우가 결혼정보시장에서 1위를 할 수 있었는지 말해줘. 응?"

피곤해 죽겠는데 정말 짜증나게 한다.

"허참. 이 녀석 가면 갈수록 점입가경일세....내일 말해 줄게. 피곤하니깐."

"안돼. 난 궁금한 거 있으면 잠이 안 온단 말이야. 얼른."

'이 녀석 완전히 구제 불능이구만..'

"알았어. 잘 들어. 한번만 말하고 바로 잘 테니깐."

"알았어. 얼른 말이나 해."

오늘따라 동엽이가 너무 진지해서 도저히 대답을 안 해 줄 수가 없다.

나도 대학 때 듀오를 사례대상기업으로 공부를 게을리했더라면 대답해 줄 수 없을 텐데 그래도 열심히 조사하고 가르쳐준 교수님 덕분에 이렇게 큰소리를 치다니... 나의 어깨가 점점 으쓱해진다. 갑자기 교수님이 보고 싶어진다.

"동엽아! 조금 전문적이지만 잘들어라. 듀오는 결혼정보회사이니만큼 미혼 남녀를 대상으로 하고 있어. 그러나 단순히 미혼 남녀 뿐만 아니라 재혼을 원하는 고객과 노블레스 클럽을 두어 특수한 계층을 공략하고 있지. 누누히 말하지만 너랑은 상관없는 부분이지. 재혼을 원하는 고객을 대상으로 하는 마케팅의 경우 소비자의 필요에 따라 새롭게 신설된 분야이며, 노블레스 클럽의 경우 학력, 재벌, 직업 등에 따라 차등을 두어 약 1,500명 정도의 제한된 회원으로 운영되어 일반회원의 연회비보다 4~5배의 가격 차이가 있는데도 불구하고 회원들의 적극적인 지지를 받고 있어. 그리고 미혼 남녀를 대상으로 하여 만남을 주선하는 업체이니만큼 지리적 변수는 결혼정보업체에 있어서 매우 중요한 요소가 아닐 수 없어. 따라서 듀오는 현재 전국 11개의 지점을 두어 전국적으로 네트워크망을 구성하고 있으며 해외시장 개척을 위하여 현재 미국 로스엔젤레스에 현지 법인을 설립하고 활동하고 있고 곧 홍콩지사를 설립하여 중국시장까지 진출할 계획이지. 듣고 있냐?"

"당연하지. 빨리 더 얘기 해봐"

"회사 설립 초기에는 마담뚜나 결혼상담소에 대한 부정적인 이미지로 인해 일반인의 선입견을 깨는 데 어려움이 있었을 뿐만 아니라 결혼정보회사가 근본적으로 인간을 등급화하고 상품으로 본다는 인식도 만만치 않았어. 결국 결혼정보산업에 대한 올바른 인식의 부족으로 결혼정보회사는 남녀 간의 불순한 만남을 조장하는 이벤트 업체나 조금 큰 결혼상담소로 인식되는 것이 고작이었지. 그럼에도 불구하고 다른 선발업체에 비해 뒤늦게 시장에 뛰어들었던 듀오가 오히려 먼저 코스닥 문을 두드리게 되면서 업계 1위 자리로 떠오른 것은 공격적인 마케팅이 있었기에 가능했어. 설립 이래 꾸준히 온라인과 오프라인을 통해 매년 매출의 30% 이상을 마케팅 비용에 쏟아부었고, 고객들에게 회사의 이미지를 꾸준히 각인시켜 나가는 작업을 병행했지. 예를 들면 '사랑의 스튜디오', '결혼할까요?' 등의 프로그램의 제작지원과 매칭프로그램 지원, 기타 여러 영상매체에 듀오라는 상품을 브랜드화 시키기 위해 노력했고..."

얼씨구, 나는 피곤해 죽겠는데 약 오르게 웃으면서 말한다.

"아..신기하다. 재밌기도 하고. 흐흐"

"피곤하니깐 듣기나 들어. 말 끊지 말고."

"알았어."

"어려운 말이니깐.. 질문하지 말고 알아서 해석해. 알겠지?"

"듀오는 다른 경쟁사와 유사한 품질의 제품을 제공함에도 불구하고 더 높은 가격을 제시하였어. 그러나 경쟁업체와 유사한 품질임에도 불구하고 가격만을 높게 책정한다면 그 기업은 고객의 대부분을 잃게 될 것이야. 그지? 따라서 듀오는 경쟁사와 가격 경쟁을 하기보다는 품질향상 등의 차별화 전략으로 이를 극복하였어. 그것이 바로 노블레스 클럽의 운영이지. 듀오는 이 노블레스 클럽에 초기 고가전략을 내세웠어. 초기 고가전략은 소비자들이 가격에 비교적 덜 민감하고 높은 초기가격을 기꺼이 지불할 용의가 있을 때 적절한데 이러한 전략은 제품의 조기 회수와 듀오의 이미지 제고에 도움을 주었어. 뿐만 아니라 IMF 당시에 대부분의 결혼정보업체들이 불황인 상황에서 오히려 가입비를 인상함으로써 더욱더 브랜드 이미지를 강화시켜 그 입지를 굳히게 되었어. 그 외에도 비용 중심적, 소비자 중심적 가격전략을 모두 고려한 통합적 가격전략을 추구하였지. 이해되니?"

"???"

하긴 니가 이해할 수가 없지~

"그래도 계속 들어. 듀오의 경우 최근 젊은 세대 사이에 인터넷 적응층이 확대되고 있다는 문화적 추세에 편승하여 주요 유통경로를 인터넷으로 잡아 인터넷상에서의 회원모집 등과 같은 방법으로 성과를 거두었어. 광고에서는 아직 가장 효과적이라고 할 수 있는 TV광고까지는 진출하지 못했지만 지하철, 신문 잡지 등에서 듀오의 광고를 쉽게 만날 수 있어. 여러 가지 광고문구를 통해 아주 간결하면서도 편안하고 인상적인 카피로 소비자에게 다가오는 듀오는 대표이사에서부터 사원에 이르기까지 듀오의 전 직원이 아이디어를 내고 카피를 쓴다고 하네. 누구나 가까이 다가갈 수 있는 친숙한 광고를 통해 과거의 음성적인 중매 문화를 양성화 시키는 데 커다란 역할을 했다는 평가를 받고 있어."

"아..나도 지하철에서 봤다..광고 재밌게 잘 만들던데.."

"말 끊지 마라니깐... 듀오의 웹상에는 영화, 카페, 레스토랑, 공연 등 여러 협력업체의 할인쿠폰이 있어 혜택을 받을 수 있고 듀오에서 만나서 맺어진 커플이 결혼할 경우 듀오 웨딩정보에서는 할인 혜택이 있지. 이런 아기자기함이 듀오의 매력 중 하나지. 듀오가 선발업체가 아님에도 불구하고 소비자들에게 가장 많이 알려질 수 있었던 것은 바로 효과적인 홍보전략이 성공한 덕택이야. 듀오는 지난 몇 년간 DMS 시스템을 독점 제공함으로써 자사가 제공하는 서비스에 대한 소비자의 신뢰를 구축하였어. 그리고 듀오 이벤트 팀은 기획회의와 아이디어회의를 통해 획기적인 미팅을 만들기 위해 노력했고 다양하고 기발한 미팅 이벤트들은 언론의 관심거리가 되었어. 즉 기발한 미팅 이벤트를 기획하여 그것이 알려지고 자연스럽게 홍보가 이루어진 것이지."

"음..."

"그리고 마지막으로 모든 기업이 마찬가지겠지만 특히 결혼정보업체의 경우 브랜드 인지도가 높아야 경쟁에서 살아 남는거야. 높은 브랜드 이미지를 확보하기 위해서는 회사에 대한 신뢰성과 기업 이미지가 중요한데 듀오는 이런 문제에서 다른 회사보다 높은 인지도를 확보하고 있어. 우선 新 중매문화 창조를 브랜드 이미지로 세우는 데 광고나 홍보 등의 촉진활동을 통해 브랜드 이미지를 굳히는 데 성공했지. 이러한 브랜드 이미지를 위해 듀오에 가입부터 150여 개에 달하는 항목의 데이터를 기초로 한 엄격하고 철저한 입회심사를 거치지. 결혼을 원하는 미혼 남녀의 학력, 직업, 나이, 경제력 등과 같은 사항을 고려해 가입을 원하는 고객과 직접 만나 그들의 성향과 이상형을 철저하게 분석하는 것이야. 그리고 두 번째로는 데이터의 신뢰성, 독창성, 완전성, 현행화 및 기타 기술적 측면과 이용률 등 다양한 기준으로 심사된 데이터베이스 자체에 대한 심사에서 인정받았다는 점도 큰 의미가 있겠지만 듀오의 철저한 회원자격심사를 신뢰하는 소비자의 만족도가 높았다는 점이지. 도움 됐어?"

갑자기 느껴지는 불길한 느낌.

"........"

서서히 현실로 다가오는 것 같다.

"동엽아?"

"........"

"설마 자니?"

"드르릉...."

"아씨... 임마 일어나~!"

역시 이 자식에게 기대한 내가 잘못이다. 흑흑..

6. 듀오의 아킬레스건

왠지 전화가 올 것 같은 불길한 느낌이다.

'따르르릉, 따르르릉'

'아씨.. 또 동엽인데... 받어 말어?'

결국 마음이 약한 나는 전화 소리를 넘기지 못하고 통화 버튼을 누른다.

"여보세요? 오늘은 또 왜?"

"재능아. 근데 나 조금 이상한 생각이 들어."

이 녀석이 진지한 말을 하면 왜 이렇게 불안한 걸까?

"먼데?"

의외로 동엽이는 조용한 목소리로 말한다.

"너무 사람이 물건 같어. 조건에 맞춰서 고르는 것 같아서..."

"그래. 그게 결혼정보회사의 문제점이지. '당신은 어떤 사람과 결혼하시겠습니까?', '1년에 100명은 만나야 내 여자를 만날 수 있을 것 같다', '한 달에 4번은 만나야 내 남자를 만날 수 있을 것 같다'라는 듀오의 광고문구 들어 봤지? 한 인터넷 만화에서는 "이 광고를 보면 그 광고의 주인공은 '사랑'을 원하는 건 아닌 것 같다는 느낌을 확 받는다"며 풍자하고 있어. 결혼은 사랑을 기반으로 이루어지는 것일진대 듀오는 조건을 지나치게 강조하고 있다는 이미지가 일반적으로 듀오에 대한 지배적인 이미지로 고정됐지. 특히 본인 학벌, 부모 직업, 부모 재산 등을 기준으로 한 듀오의 가입기준은 이 사회를 풍자하는 유머로까지 치부될 정도로 유명해. 인간을 지나치게 계급화하여 상품화하는 듀오의 내부기준이 듀오의 이미지를 비인간적이고 반윤리적인 기업으로 비추어, 수많은 루머를 양산, 기업이미지에 악영향을 끼치고 있어."

녀석, 그래도 인간적인 면도 있다니깐..

"그래. 나도 그게 너무 마음에 안 들어."

"루머를 잠재우기 위한 대책의 일선에 광고를 가장 먼저 내세우는 것이 가장 효과적일 것이야. 이 루머가 어디까지 퍼졌는지는 알 수 없지만 어지간한 사람이라면 거의 다 아는 이야기이기 때문에 기자회견이라도 해서 방송을 타지 않는 이상 불특정 다수에게 빠른 시간 내에 강력한 인상을 남기기 위해서는 무엇보다 광고가 우선적으로 선행되어야 할 것 같아. 단, 어떤 식으로 광고할 것인지는 세심히 고려해야 한다고 생각해. 듀오가 고객을 속이고 서비스도 형편없고 지나치게 비인간적이라는 이 루머는 여느 루머처럼 갑자기 일어나서 급속도로 퍼지고 있지. 하지만 그 피해는 눈에 직접적으로 보이지 않아. 이건 마치 DDL처럼 어느 누구도 모르는 사이에 삽시간에 무수히 많은 이들에게 퍼져 이미 만성이 돼버렸기 때문에 언제 그 문제가 터질지 모르는 병과 같다고 생각해. 따라서 섣불리 건드렸다가는 오히려 피해만 증폭시킬 수 있어.

따라서 정공법은 정공법이되 식상한 방법에서 벗어나 예상 밖의 핵심을 찌르는 방법으로 나가야 한다고 생각해. 이는 조선일보의 예에서 찾아볼 수 있는데 수구보수에 꼴통이라고까지 욕을 얻어먹을 정도로 이미 전국민에게 정부에 아첨하는 신문으로서 악평이 나있는 조선일보의 형편이 지금 듀오의 형편과 흡사하지. 조선일보 역시 모두에게 만연한 이 루머를 잠재우기 위해 지금과 같은 고민을 했을꺼야. 이 회사의 광고대행사는 확실한 효과를 위해 아예 정곡을 찔렀어. 조선일보의 카피는 '할 말은 다 하는 신문'인거 알고 있지. 할 말 '못'하는 신문으로 악평이 날대로 난 신문에서 이런 카피를 내세운 것은 아이러니한 일이지 않아? 이것이 사회적 반향을 일으켰고 이슈화 되어 보수파의 사람들에게 힘을 실어주었고, 이 광고를 자꾸 보다 보면 단정조의 강력한 주장 한 마디가 강하게 인상에 남아 조선일보 나름의 주체성을 보여주는 것 같다고 느낄 지경까지 이르렀어. 듀오 역시 이와 같은 방법을 사용해야 한다고 생각해. 물론 내 생각이지만. 사람들이 흔히 생각하는 '인간의 계급화, 상품화를 조장하는 비인간적인 듀오, 아르바이트생이나 고용하는 듀오'의 이미지를 역으로 공격하는 것이 듀오의 이미지를 개선하는 데 가장 큰 도움이 될 꺼라 생각해. 또한, 현재 계층 간의 위화감을 조성하는 개인별 사회적 등급 분류기준을 제거하여 결혼정보업체의 사회적 이미지를 재고하고, 지속적인 고객 교육서비스를 통해 신뢰감과 올바른 결혼관을 정립해야 할 거 같아. 근데 너무 어려운 이야기가 됐다. 그지?"

"그래. 하지만 그런 개선방안은 필요할 것 같아."

난 붉게 상기된 얼굴로 열변을 토했다.

"그래. 내가 한 가지만 더 말한다면 불만 고객들을 줄이는 일이야. 결혼정보업체에 의해 피해를 본 사람들이 모인 안티카페만 해도 여럿이 생겼고 각종 게시판에도 이에 대한 불만사례를 심심치 않게 찾아볼 수 있지. 주로 아르바이트생을 이용한 사기, 소홀한 성혼 후 고객관리, 복잡한 절차로 인한 해약의 어려움들이 그러한 사례들로 이는 인터넷은 물론 일반 대중들에게도 입소문으로 이미 널리 퍼진 내용이야. 이를 단순히 루머로 치부하기에는 실제 경험자가 많고, 결혼정보업체에 조금이라도 관심이 있는 사람이라면 누구나 다 알 정도로 수습범위가 너무 크다는 게 문제지. 물론 이는 듀오만의 문제가 아니라 결혼정보업체 전반에 대한 불만으로 딱히 듀오를 꼬집을 수는 없지만 그러나 결혼정보업체라는 사업체 전반에 대한 불만이기에 듀오가 이를 해결한다면 듀오의 이미지 제고와 신뢰성 증진에 커다란 도움이 될 것이라 생각해."

상당히 궁금해 하는 표정을 지으면 동엽이가 말했다.

"그럼 어떻게 해결하는 게 좋을까?"

"말보다는 행동이라 생각해. 실제적인 개선이 없이는 모두 허공에 떠도는 공언이 될 뿐이야. 이제라도 듀오는 지금까지의 악폐를 뜯어고치는 단행을 취해야 해. 듀오 가입자의 대부분이 인터넷을 자유자재로 사용하고 인터넷에 의해 영향을 받기 쉬운 세대이므로 인터넷에서 떠도는 불만을 해소하는 것이 광고만큼이나 중요하다고 생각해. 우선적으로 안티카페에 올라온 각종 불만에 대해 사실인 점은 솔직하게 사과를 하는 것이 신뢰성 확보에 도움이 될 꺼 같아. 그런 다음에 절대적으로 고객의 불만의 해소에 충성하겠다는 모습을 보이면서 문제점에 대한 지적에는 어떻게 개선했는지를, 오해하고 있는 부분에 대해서는 반박의 여지가 없도록 치밀하고 성실하게 불만접수와 관리를 해야 할 것이야. 또 하나. 듀오는 다른 사업체들과 비교해 볼 때 회원의 성혼 후 관리가 부족하다는 사실을 알 수 있어. 결혼정보업체가 회원의 사후 관리로서 육아 서비스, 기념일 이벤트, 회원간 부동산 정보 네트워크 구축 등을 생각할 수 있지. 이러한 분야로의 진출도 좋은 사업진출이 될 수 있을 꺼라고 생각해."

"이야~ 너 공부 많이 했구나. 흐흐"

"왜 갑자기 아부냐?"

7. 듀오가 나아갈 길

"동엽아. 그나저나 너 듀오 가입 안하냐? 이상한 질문만 매일 하고.."

"흐흐 해야지."

갑자기 왜 기분 나쁜 웃음을 짓고 그러지..?

"갑자기 생각난 건데.. 듀오는 결혼정보회사에 대한 인식의 변화에 힘을 쏟아야 할 것 같아. 아직은 익숙하지 않은 고객들의 마음을 사로잡는 게 가장 중요해. 그리고 앞에서도 문제점으로 지적되었던 성혼 커플의 관리도 필요해. 라이프 포털 서비스라든지, 커뮤니티나 정기적인 행사를 통해서 말이지."

"알았어. 이제 그만해. 머리아파."

이 녀석 실컷 가르쳐 달라고 할 땐 언제고 갑자기 태도가 바뀐다.

"이 녀석 가르쳐 달라고 할 때는 언제고."

"흐흐. 설렌다. 이쁜 여자들이랑 데이트할 생각을 하니깐."

역시 이 녀석은 꿍꿍이가 있었다.

"김칫국부터 마시기는.. 그나저나 너 가입비는 있니? 하하"

동엽이가 반색하며 화를 낸다.

"이 자식이. 또 시비걸지?"

"하하하"

"동엽아! 가입해서 문제가 생기면 또 전화해라.. 그리고 너도 내한테 배운 지식을 잘 활용하여 듀오의 문제점과 향후 전략을 적극적으로 회사에 전달해 주렴. 알았지?"

"응. 그래, 우리 모두 결혼문화의 새로운 방향을 찾아보자! 고마워 재능아"

참고문헌

- www.duonet.com 듀오 홈페이지
- www.sunwoo.com 선우 홈페이지
- www.piery.co.kr 피어리 홈페이지
- www.darksclub.co.kr 닥스클럽 홈페이지
- www.echorus.co.kr 에코로스 홈페이지
- www.marriage.re.kr 한국결혼문화연구소
- 온라인 결혼중매, 마담뚜 대체 결혼 관련 특허 출원급증, 디지털타임즈, 2005.9.12.

토의질문

01 결혼정보산업의 성장배경을 분석하시오.

02 듀오의 1위 업체로서 성장비결은 무엇인가?

03 한국의 바람직하지 못한 결혼문화에서 듀오의 긍정적인 역할은 무엇인가?

04 듀오가 경쟁자의 지속적인 추격 속에서 미래의 전략방향은 무엇인가?

chapter 12

글로벌경영

제1절 글로벌경영의 의의

제2절 글로벌경영을 위한 전략

제3절 글로벌경영 사례

- 경영사례 1. 휘센 : '세계에 부는 바람'
- 경영사례 2. 현대차 : 글로벌 리더를 향한 질주
- 경영사례 3. 중소기업 전자무역의 견인차 : Tpage Global

chapter 12

글로벌경영

제1절 글로벌경영의 의의

1. 글로벌경영의 의의

세계경제질서는 90년대 들어 '자유주의와 보호주의', '범세계주의와 지역주의'라는 상호 모순되는 현상들이 혼재하며 복잡한 양상을 보여 왔다. 그러나 자유무역주의를 정착시키고자 하는 UR협상이 타결됨에 따라 세계경제질서는 일단 지역주의보다는 범세계주의를 강화하는 방향으로 가닥을 잡아나가고 있다. 이는 곧 세계의 모든 기업들이 적자생존의 원칙만 통하는 무한경쟁시대에 돌입했음을 의미한다.

우리 기업들이 이러한 무한경쟁시대에서 살아 남아 세계적인 기업으로 성장하기 위해서는 무엇보다 먼저 국제경쟁력을 강화해야 한다. 국제경쟁력을 제고하는 데 있어 가장 중요한 것은 역시 기술개발이다. 뛰어난 기술력을 바탕으로 일류상품을 만들어 세계 유수의 기업들과 당당히 경쟁할 수 있는 기업만이 새로운 시대의 승자가 될 수 있다.

그러나 기술개발만으로 국제 경쟁력이 확보되는 것은 아니다. 앞으로 더욱 가속화될 개방화·세계화의 추세에 대응하여 전 세계를 무대로 하는 글로벌경영 체제를 구축하는 것이 중요한 과제이다.

지금 세계는 생산요소의 자유로운 이동, 관세·비관세 장벽의 완화, 초국적기업의 활약 등으로 인해 국경을 초월하는 하나의 경제권으로 변모해 가고 있다. 이에 따라 국가 간의 교역도 국내에서 상품을 생산하여 해외로 수출하는 단순 형태에서 국내외 구분 없이 가장 유리한 곳에서 상품을 생산하여 세계 각국 시장에 판매하는 글로벌 형태로 바뀌고 있다.

최근의 환경변화를 살펴보면, 대부분의 산업에서 글로벌 전략이 다국가 전략보다 성공할 가능성이 높아지고 있음을 알 수 있다. 더구나 이러한 변화가 빠르게 진전됨에 따라 글로벌전략을 수행하는 것이 필수 불가결한 생존 요소가 되고 있다.

이러한 변화의 예로서는 소비자 욕구의 국가간 유사성이 급격히 증대하고 있다는 점 이외에도 관세 및 비관세 장벽의 축소, 기술개발을 하는 데 있어 어느 한 국가의 시장만으로서는 충당할 수 없는 정도로 많은 비용이 소요된다는 점과 국가간 경쟁개념을 글로벌 경쟁개념으로 변화시킨 글로벌 경쟁자들의 출현 등을 들 수 있다.

2. 글로벌경영의 필요성

외국기업과의 경쟁이 증가함에 따라 모든 기업들에게는 효율적인 경쟁을 위해 충분한 시장규모와 기술능력을 확보해야 하고, 따라서 글로벌화되어야 하는 충분한 이유들이 생긴 것이다. 그래서 기업들은 국제적인 환경에 기업의 핵심사업전략을 적응시킬 수 있고, 보다 통합된 세계 전체를 대상으로 하는 글로벌전략을 필요로 하게 되었다.

21세기는 국제화시대이다. 정보통신, 교통수단의 발달로 "지구촌"이라는 말을 실감케 되었다. 이러한 환경 속에서 기업은 국제화의 흐름에 발맞춰 국내시장이 아닌 해외시장으로 눈을 돌려야 하는 것은 당연한 일이다. 또한 포화상태에 이른 국내시장으로부터 새로운 시장의 개척은 단순히 이윤추구 목적이 아니라 기업생존을 위한 필수수단임이 틀림없다.

우리 기업들은 1990년을 전후해 국내시장의 협소성을 인식하고 세계 여러 나라에 투자를 통해 해외로 진출하고 있다. 그러나 몇 기업을 제외한 대부분의 기업들은 국내의 수동적·방어적 목적으로 고비용 구조, 규제 등으로부터 생존돌파구의 방안으로 이를 이용하고 있다.

3. 초일류기업의 글로벌경영

일류기업은 다른 기업들이 갖지 않는 독특한 경영기법이 있을 것으로 생각한다. 그러나 일류기업들에서 무슨 특별한 제도나 시스템을 발견하기란 그리 쉽지 않다. 대신 상식적이고, 기본에 충실한 경영, 그것이 바로 일류기업의 가장 큰 특징이다.

경영환경이 좋은 호황기에는 대다수 기업들이 별문제없이 경영해 나갈 수 있다. 그러나 시장 여건이 어려워지면 경쟁력이 약한 기업은 심각한 타격을 입을 수밖에 없다. 특히 경영환경이 나쁠 때에는 시장에서 1등을 하지 못하면 살아남기 힘들다. 어려운 경영환경 하에서 2등, 3등 기업이 차지할 수 있는 시장의 몫은 거의 없기 때문이다. 하지만 어려운 경영환경은 일류기업에게 오히려 더 많은 성장의 기회를 준다. 경쟁력이 약한 기업은 어려운 경영환경으로 인해 시장에서 퇴출될 가능성이 높기 때문에, 일류기업은 오히려 시장 지위를 더욱 강화시킬 수 있는 것이다.

어려운 경영여건 하에서도 높은 성과를 내는 기업이야말로 진정한 일류기업이다. 그렇다면 지속적인 성과를 내는 일류기업의 비결은 무엇인가? 흔히들 일류기업은 다른 기업들이 갖지 않는 독특한 경영기법이 있을 것으로 생각한다. 그러나 탁월한 성과를 내는 일류기업들에서 무슨 특별한 제도나 시스템을 발견하기란 그리 쉽지 않다. 대신 상식적이고, 기본에 충실한 경영, 바로 그것이 일류기업의 가장 큰 특징이다.

"왜 한동안 잘 나가던 기업이 한 순간에 부실화되는 것인가?" 이는 물론 여러 가지 요인으로 설명될 수 있다. 그 중의 하나는 기업 내외부에서 기업 부실의 원인을 찾는 것이다. 예를 들어 기업 부실은 급격한 국내외 정치, 경제, 사회, 문화 등 시장 상황 변화와 같은 외부적인 요인과 고객에 대한 기업 대응 전략이나 조직 운영 방식 등 경영관리 측면에서의 비효율성과 같은 내부적인 요인에 기인한다는 것이다. 기업 부실을 설명하는 또 다른 요인은 과거의 성공 요인에 대한 지나친 맹신 때문이라는 것이다. 즉 사업환경에 따라 사업을 성공시키는 요인은 달라져야 한다. 그러나 사라진 기업들을 보면, 해당 기업을 잠시나마 성공으로 이끌었던 요인들에 대해 지나치게 집착함으로써 부실의 길로 들어섰다는 것이다.

기업 부실을 설명하는 또 다른 요인은 바로 기업경영에 있어 가장 상식적이고, 기본적인 것을 제대로 실천하지 못했기 때문이라는 것이다.

4. 초일류기업의 조건

기업이 수익을 확보하여 지속적으로 영위하기 위해서는 다음 두 가지 조건 중에서 최소한 하나의 조건을 확보하여야 한다.

첫째, 조건은 원가 우위의 경쟁력이다. 이것은 경쟁사보다 더 낮은 비용으로 비슷한 품질의 제품이나 서비스를 생산할 수 있는 능력이다. 어려운 경영환경으로 경쟁이 치열해지면 가격이 내려가고, 낮은 가격에서도 이익을 창출할 수 있는 원가구조를 가진 기업만이 경쟁에서 살아남을 수 있는 것이다.

둘째, 조건은 차별화의 경쟁력이다. 이것은 비슷한 비용으로 남들보다 더 높은 품질의 제품이나 서비스를 생산할 수 있는 능력이다. 이러한 능력을 보유한 기업은 경쟁사보다 뛰어난 기술력으로 틈새시장에서 우월성을 확보함으로써 경쟁력을 가질 수 있다.

그러나 시장에서 퇴출된 기업들을 보면, 이와 같은 경영의 기본적이고 상식적인 것을 추구하기보다는 다른 편법적인 수단에만 관심을 가짐으로써 몰락하였다. 이의 대표적인 예를 최근 2~3년 동안 급속하게 성장하다가 사라진 일부 벤처기업들에서 찾아 볼 수 있다.

기업이 성장하고, 시장에서 확고히 자리잡기 위해서는 사업 초기의 아이디어나 기술을 보다 심화·발전시켜 자신의 핵심역량으로 만들고, 고객이 원하는 제품과 서비스를 창출해 내는 것이 필요하다. 경영의 기본적인 것에 충실하지 않고, 머니 게임 등과 같은 편법적 방식으로 수익을 확보하고자 하는 기업은 벤처기업이든 대기업이든 성장의 뿌리를 확고히 내릴 수 없기 마련이다.

오랫동안 영속적으로 성장해 온 일류기업을 보면, 기업 경영에 있어 기본적이고 상식적인 것을 제대로 실천하는 역량을 갖추고 있다. 기본에 충실한 일류기업들의 최근 사례를 볼 때, 다음과 같은 두 가지의 경영 추세가 더욱 중요시되고 있다. 하나는 핵심역량 중심의 경영이며, 다른 하나는 기업이 확보하고 있는 사람에게서 경쟁력의 원천을 찾는다는 것이다.

제2절 글로벌경영을 위한 전략

1. 핵심역량 중심의 경영

코카콜라는 "음료"라는 한 가지 상품만으로 세계적인 기업으로 성장해 왔다. 코카콜라가 이처럼 세계적인 기업으로 성장할 수 있었던 것은 바로 핵심역량에 바탕을 둔 경영을 추진하였기 때문이다. 이처럼 기본에 충실한 기업들은 시장 자체의 매력성보다 내부역량에 초점을 맞춘 사업 전략을 전개한다는 특징을 보인다. 이것이 바로 핵심역량 중심의 경영이다.

핵심역량이란 특정기업이 보유하고 있는 우월적 내부 역량으로서 사업 성공의 핵심요인으로 작용하는 힘을 말한다. 기업이 핵심역량을 갖고 있지 못하면, 현재 확보하고 있는 경쟁력은 단순한 사상누각에 불과하다. 예를 들어 핵심기술을 보유하지 못한 경우에는 신제품이 나타날 때마다 결국 기술 도입 등의 방법에 의존할 수밖에 없게 되고, 이는 제품의 원가를 높게 하여 경쟁력을 약화시킨다. 특히 최근과 같이 제품의 라이프 사이클이 짧아지고, 갈수록 첨단 기술을 도입하기가 어려워지는 상황하에서 핵심역량의 개념은 더욱 중요해진다.

2. 미래지향적인 사업구조조정

핵심역량을 확보하기 위한 가장 대표적인 경영 활동은 사업구조조정이다. 특히 최근 들어 많은 일류기업들이 과잉 설비 매각 및 인원 감축 등 사업구조 조정계획을 활발히 발표하고 있다. 일부 기업에서는 중장기적으로 부가가치가 낮고, 투자에 따른 리스크가 큰 제조나 생산 기능을 외부로 분사화하고, 본사는 고부가가치 기능 중심으로 사업을 수행하는 경향도 나타난다. 예를 들어 NEC가 생산공장을 매각하고 연구개발과 제품기획에만 집중하기로 한 것이나, 소니가 제조부문을 분리하여 EMCS (Engineering, Manufacturing & Customer Service)라는 생산/설계 플랫폼 회사로 분사화하는 조치를 취하는 것은 미래의 핵심사업 위주로 사업을 재편하기 위한 시도인 것이다. 이외에 업체 간의 전략적 제휴나 아웃소싱과 같은 네트워크도 매우 활발히 전개되고 있다. 이를 통해 핵심역량 중심으로 사업을 재편할 뿐만 아니라 자산 및 자본 효율성을 향상시키고, 재무 안정성도 확보하고 있다.

그러나 여기서 간과하지 말아야 할 사항이 있다. 그것은 사업구조조정이 현재의 경쟁력 없는 사업의 정리뿐만 아니라 미래의 성장엔진을 추가적으로 확보하는 수단이어야 한다는 점이다. 사업구조조정은 단순히 기업의 생명을 연장하기 위한 일시적 수단으로서가 아니라 지속적인 성장을 위한 준비 작업이 될 수 있어야 그 의미가 있는 것이다.

3. 수익성 위주의 경영

핵심역량을 강화하기 위해 현재 사업의 수익성을 강조하는 것도 기본에 충실한 기업들의 공통적인 특징이다. 미래의 핵심기술이나 핵심사업을 추가적으로 확보하기 위해서 현금 유동성의 확보는 매우 중요하다. 특히 작년 많은 기업들이 부실화된 것도 사실 해당 기업의 현금 유동성 부족에서 초래되었다는 점을 고려하면, 현금 유동성의 확보 문제는 기업 경영에 있어 첫 번째로 고려되어야 할 중요 요인이 되고 있다. 이에 따라 기본에 충실한 기업들은 최고경영자 및 CFO(Chief Financial Officer)를 중심으로 위기관리 시스템 도입이나 선물/옵션 시장 등 신금융 상품을 이용한 위험 관리, 그리고 지속적인 기업 신용도 향상을 위한 노력을 전개하고 있다.

4. 고객 중심의 경영 체질

핵심역량을 확보하기 위해서는 고객의 잠재적 욕구를 파악하고, 이를 충족시킬 수 있는 가치 제공 능력을 지녀야 한다. 특히 세분화 · 다양화하는 고객 니즈를 충족시키기 위해서 인터넷 등 정보기술을 활용, 고객 정보를 체계적으로 관리하고 연구개발/생산/마케팅 활동의 통합을 통한 효율적 운영을 도모하는 것도 일반적인 추세이다. 고객들이야말로 어떤 것이 기업의 핵심역량인지 아닌지를 판단하는 객관적 기준이며, 고객 가치를 창출하지 못하는 역량은 핵심역량으로 작용할 수 없다. 또한 고객 중심의 경영 체질을 강화하는 것은 수익성 확보 측면에서도 매우 중요하다. 예컨대 일본에서 가장 존경받는 경영자로 일컬어지는 마쓰시타가 "좋은 품질과 저렴한 가격으로 고객을 만족시키기만 하면, 돈은 저절로 벌린다."고 강조한 것은 바로 고객 중시 경영이 경영의 가장 기본 원칙임을 역설한 것이다.

고객 니즈를 신속히 감지하고, 시의 적절하게 대응하기 위해서는 조직 운영의 신속성과 유연성을 갖추는 것이 필수적으로 요구된다. 이를 위해 조직을 더욱 단순 · 간결하게 구축하고, 철저히 현장 중심으로 업무가 이루어지도록 하는 것이 일류기업의 보편적인 특징이다.

5. 핵심인재경영

기본에 충실한 기업들의 또 다른 특징은 사람을 기업 경쟁력의 근본 원천으로써 인식한다는 점이다. 일류기업들이 확보하고 있는 인적자원 역량은 다른 경쟁사들이 일류기업의 성공을 모방할 수 없도록 하는 요인이기도 하다. 그러나 일류기업들이 우수한 인력의 확보에만 관심을 가지는 것은 아니다. 물론 이들 기업들도 과거에는 훌륭한 재능을 갖고 있는 인재의 확보가 기업 성공의 관건이라는 믿음 하에, 재능 있는 사람을 확보하는 것에 많은 관심을 가졌었다.

하지만 이제 노동시장의 유연성, 직장생활에 대한 가치 변화 등으로 인해 우수한 인재를 확보하는 것이 무척 어렵게 되었다. 특히 일류기업들의 경우, 다른 일반 기업들이 채용하는 직원들과 전혀 다르지 않은 평범한 인물들을 채용하여 놀라울 만한 성과를 거두고 있다는 사례는 우수 인재의 확보만이 기업 성공의 결정적 요인은 아니라는 점을 분명히 보여준다.

6. 구성원들의 역량 발휘를 위한 유연한 조직 구축

기본에 충실한 기업들의 경우, 이미 확보하고 있는 조직 구성원들의 숨겨져 있는 재능과 에너지를 마음껏 발산시켜 이를 조직의 성과 도출에 효과적으로 활용할 수 있는 조직 여건을 구축하고 있다는 특징을 가진다. 미국 항공업계에서 일류기업으로 일컬어지는 사우스웨스트항공의 사례를 보면, 이러한 사실은 분명해 진다. 사우스웨스트항공은 규모 면에서 미 항공업계 5위의 기업이지만, 미국에서 "가장 일하고 싶은 기업"으로 유명하다. 사우스웨스트항공이 이와 같은 명성을 얻게 된 것은 회사가 정립하고 있는 인적자원에 대한 핵심 원칙 및 이를 반영한 제반시스템에 기인한다. 즉, "일은 놀이처럼 재미있어야 하며, 구성원들이 여유를 가지고 일을 즐겨야 한다"는 인적자원 관리의 핵심 원칙이 회사의 인사제도 전반에 반영되어 있다. 예를 들어 직원과 고객 만족에 초점을 둔 평가제도, 내부 직원의 추천을 중심으로 한 신입사원 채용방식, 기업 정보의 상세한 공개와 이익 분배/주식 인센티브 제공을 통한 구성원들의 주인 의식 함양 등 구성원들이 가지고 있는 역량을 스스로 발휘할 수 있는 조직 여건 조성에 노력하고 있다.

이러한 측면에서 우리 기업들이 급여 인상이나 새로운 복리후생제도의 도입 등 손쉬운 방법만을 통해 인재를 동기부여하려는 것에 대해서는 반성해 볼 필요가 있다. 즉, 금전적 보상은 내재적 보상이 갖추어져 있을 때 그 효과가 더욱 발휘될 수 있다. 아무리 좋은 조건의 금전적 보상이 주어져도, 좋은 아이디어가 사장되어 버리거나 지속적인 자기 발전을 위해 뭔가 배울 것이 없고, 탁월한 성과에도 불구하고 인정받지 못하는 조직에서 일할 의욕을 가질 인재는 없다. 더구나 최근에는 평생직장을 보장해 줄 수 있는 기업은 거의 사라졌다고 볼 수 있다. 이러한 상황에서의 인사 철학은 평생 고용 보장이 아니라, 구성원의 역량 개발 및 시장 가치 제고를 통한 피고용 가능성(employability)의 증대 및 다양한 경력 기회의 부여이다. 구성원들에게 이러한 가치들을 제공하는가, 그렇지 못한가는 기본에 충실한 기업과 그렇지 못한 기업을 구분하는 매우 중요한 요인이다.

7. 학습조직의 구축

기본에 충실한 기업들은 조직 내의 학습을 촉진시키기 위해 계획 – 실행 – 평가의 경영 사이클을 엄격하게 운영한다는 특징도 가지고 있다. 계획 – 실행 – 평가의 경영 사이클은 조직활동에 있어서 가장 기본이 되는 활동이다. 그러나 우리 기업들을 보면, 이러한 경영 사이클을 제대로 수행하지 못하는 경우가 많다. 예를 들어 고객으로부터 유사한 클레임이 계속 발생하는데도 불구하고, 그 근본 원인을 해결하지 못하고 과거의 문제가 계속 반복되는 경향이 있다. 과거의 문제로부터 학습을 잘 한다는 것도 일류기업들의 중요한 특징이다. 에릭슨, 제록스, GE 같은 회사에서는 평가/피드백을 특히 중요시한다. 그것은 계획수립 및 이의 실행과 관련된 정확한 평가를 통해 성과 지표의 체크와 더불어 문제 해결 활동의 실행 정도, 성과 부진의 원인 규명 등 조직 내의 근본 문제를 해결할 수 있기 때문이다. 또한 기본에 충실한 기업들은 조직 내의 학습을 강화하기 위해서 시행착오의 경험 및 고객으로부터 들어오는 기업활동에 대한 정보를 중시하고 있으며, 현장에 분산되어 있는 자원들을 서로 연결해 효과적으로 활용하고 있다.

8. 글로벌 리더 역량

기본에 충실한 기업의 마지막 특징은 바로 뛰어난 리더십 역량에 있다. 리더십은 앞서 언급한 수익 중시의 경영 전략, 고객 중시의 원칙 등을 제대로 실천하도록 하는 기본적 요인이다. 기술, 고객 욕구 등 제반 환경 요인의 변화가 매우 빠르고 복잡한 만큼이나 기업경영에 있어서도 스피드, 유연성이 요구된다. 이러한 상황에서는 어떤 정형화된 시스템이나 제도만으로 결코 성공할 수 없다. 그것들은 어디까지나 부차적인 보조수단이다. 보다 근본적인 경쟁력의 원천은 인간이 가지고 있는 눈에 보이지 않는 암묵적인 지식, 직관, 결단력, 본능적인 통찰력에 있다.

그리고 이러한 무형 자산의 핵심은 의사 결정의 키를 쥐고 있는 리더십 역량에 있다. 특히, 최근과 같은 변혁기에는 보다 혁신적인 리더의 역할이 부각된다. GE의 임멜트, HP의 피오리나, 3M의 맥너니처럼 많은 일류기업에서 보다 진취적이고 창의적인 젊은 사람들을 CEO로 임명하는 경향을 보이는 것도 종전과는 다른 글로벌 리더십이 요구되기 때문이다.

제3절 글로벌경영 사례

경영사례 1 휘센 : '세계에 부는 바람'

1. 휘센의 출발

휘센이 뭐야?

1999년 12월 가전시장에 새 바람을 일으킬 만한 획기적인 시도가 LG전자 창원공장으로부터 비롯되었다. 그 동안 'LG 에어컨', '삼성 에어컨' 등과 같이 회사 이름 위주로 불리던 에어컨시장의 틀을 깨고 LG전자가 '휘센'이라는 단독 브랜드를 런칭시킨 것이다. 단독 브랜드 런칭은 회사명이 가지는 후광효과를 버리는 하나의 모험이었고, 그만큼 성공 여부도 불투명한 것이었으므로 이러한 시도에 업계의 이목이 집중됐다.

휘센은 3면 '입체냉각방식' 적용, 다양한 모델 개발 등 기술과 디자인 측면에서도 새로운 제품이었다. 따라서 단지 '시원함'만이 강조되던 기존의 에어컨 기능을 한 차원 업그레이드시킨 '고품격 인테리어 가전'임을 앞세워 치열한 가격경쟁이 펼쳐지던 에어컨시장에 도전장을 던진 것이다

휘센의 브랜드 전략

'Whirlwind(강풍) + Sender(방출기)'의 합성어인 휘센은 세계 최초 3D 입체 냉방 에어컨 개발 디지털 브랜드라는 사명 아래 20여 차례에 걸친 고객 30,000명 이상의 의견 수렴을 통해 '골고루 시원해지는 에어컨/건강을 지켜주는 에어컨'이라는 고객의 요구를 파악한 이후 만들어진 브랜드이다.

초기에는 '냉방 기능도 강하고 세련된 제품'의 이미지로 새로운 브랜드를 찾던 LG에서 새롭게 떠오른 브랜드는 '산들로'였다. 푸른 산과 들이 연상되는 이 브랜드에 대한 소비자 조사 결과는 어땠을까? 재밌게도 에어컨의 기본 성능인 냉방 기능에 대한 신뢰감보다는 기존의 바이오 에어컨이 가지고 있던 공기 정화 기능에 대한 이미지가 더 강하게 나타났다. 바이오는 영어로, 산들로는 한글로 소비자들에게 "맑은 공기를 드릴게요."라는 이미지 연상만을 자극했던 것이다.

반면에 '센'이라는 단어가 소비자의 새로운 연상을 자극했던 것일까. 바이오나 산들로와는 전혀 다른 어감인 '휘센'이라는 브랜드로 에어컨 시장에 다시 도전한 LG는 냉방 기능에 대한 신뢰감과 고급스러운 이미지를 동시에 잡으며, 에어컨 시장에 그야말로 폭풍처럼 '센'바람을 일으켜 업계 1위에 오를 수 있었다.

휘센 에어콘을 만드는 LG전자는 글로벌 기업인가?

LG전자는 디지털 디스플레이&미디어, 디지털 어플라이언스, 정보통신의 3개 사업본부 체제를 갖추고 세계 각국에 진출한 76개의 해외 현지법인, 그리고 전 세계를 커버하는 마케팅 조직을 통해 글로벌경영활동을 전개하고 있다.

주요 생산 제품은 냉장고, 에어컨, 세탁기 등 가전제품과 디지털TV, 모니터, PDP 등의 디스플레이 기기, CD-ROM 드라이브와 홈시어터 등 멀티미디어 제품 그리고 교환 전송장비, 이동통신장비, 네트워크장비, 이동단말기 등의 정보통신 제품이다.

최근에는 21세기 전자 산업의 핵심으로 성장한 디지털 기술 관련 사업의 역량을 더욱 강화하기 위해 이미 세계적인 기술력을 인정받고 있는 디지털 TV와 IMT- 2000을 포함한 정보통신사업에 자원을 집중하고 있다.

앞으로 LG전자는 승부사업을 중심으로 한 주력사업 분야의 핵심역량을 더욱 강화함으로써 새 천년의 첨단 전자 산업을 대표하고자 하는 '디지털 LG'로서의 브랜드 이미지를 높이고 '세계 초우량기업'으로서의 비전을 달성해 나가고 있다.

2. 휘센의 기술 성공신화

LG전자 에어콘 사업의 시작

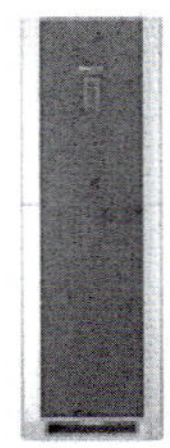

LG전자는 1968년 일본의 마쓰시다를 통해 창문형 에어컨을 첫 생산한 이래 80년대 중반 독자적인 기술력을 확보하여 에어컨산업에 본격 진출하게 되었다. '90년대 중반까지는 한국시장 중심으로 사업을 수행하였으나 '92년 엘리뇨 현상으로 엄청난 재고부담이 발생되어 3년 연속 적자가 발생되었고, 이후 흑자사업으로 전환을 위한 혁신을 추진하게 되었다.

그 당시 에어콘은 여름 3개월만 팔리는 계절 제품으로 그 계절성을 극복하기 위해 많은 시도를 하게 되었다. 우선 사업구조조정을 통해 몸집을 가볍게 하고, 강력한 cost innovation을 통한 수출 drive를 통해 매년 40% 이상의 고성장을 이루었다.

휘센의 개발

휘센 에어콘은 LG전자 연구개발시스템인 '첼린저 프로젝트'에 의해 진행되었으며, 개발초기 단계부터 상품화 가능성을 철저히 점검하고 치밀한 정보수집과 사전 연구방식으로 진행되었다.

〈표 12-1〉 LG전자 에어콘사업부의 연혁

연 도	내 용
1968	국내최초 창문형 에어컨 생산
1971	국내최초 업소용 패키지 에어컨 생산
1979	국내최초 분리형 에어컨 생산
1983	국내최초 슬림형 에어컨 생산
1984	국내최초 인버터 냉난방 분리형 에어컨 생산
1985	국내최초 KS마크 획득
1988	국내최초 멀티형 에어컨 생산
1993	수출 1억불 달성
1994	인공지능
1996	크린캡 공기정화
1997	국내최초 플라즈마 정화기술을 적용
1998	수출 3억불 달성
1999	수출 5억불 달성
2000	세계최초 3D입체냉방 에어컨 개발 디지털브랜드 "Whisen" 선포
2000	세계최고 기술력과 제품으로 LG에어컨 휘센 "세계판매 1위 달성"
2001	초절전 에어콘 휘센 IR52 장영실상 수상
2003	올해의 에너지 위너상 대상 수상

기존 에어콘시장에서 가장 큰 걸림돌은 '과다한 전력소모를 꺼린다'는 것이 소비자의 의견이었다. 따라서 초기 제품의 개발배경은 어떻게든 전기를 줄여보자는 것이 기본 아이디어였다. '첼린저 프로젝트' 팀원들는 전기절감 아이디어를 무수히 많이 내었고 이를 검증하면서 2년 이상의 세월을 연구개발에만 몰두했다.

사실 처음에 연구팀에서 제안했던 전기값 절반을 줄이는 혁신과제를 부여받았을 때는 팀원들은 30% 절감도 쉽지 않은 상황에서 암담한 상황이었다.

그러나 TDR(Tear down & Redesign)을 일찍이 경험한 팀원들은 절망하지 않고, 무수히 많은 이론과 실험을 병행하면서 모든 가능한 수단에 대해 검증하고 검증한 결과가 드디어 방식을 찾아내었다.

기술적으로는 휘센 에어콘의 전기절감의 성공관건은 '압축기 두 개 운전 때 내부의 오일을 균일하게 배분하는 기술을 개발하는 것'이 가장 큰 과제였다. 연구팀들은 실패와 좌절을 거듭하지만 포기하지 않았던 결과이며, 가장 혹독한 시험을 통과한 결과라고 자랑하였다.

LG 휘센 에어콘은 기존 동종제품보다 전력소모량을 획기적(약 60%)으로 아껴주는 고기술이었고, 초절전이 가능한 것은 '트윈파 파워쿨링 시스템'과 '절전형 인버터 모터'의 덕택이다. 트윈 파워쿨링 시스템은 두 대의 냉매 압축기를 채용하여 작동초기에는 압축기 2대가 모두 가동하다가 소비자가 입력한 설정온도까지 낮아지면 한 대는 꺼지고 한 대만을 적은 전력으로 가동하며 설정온도를 지켜준다. 이 때문에 인버터 모터는 기존 에어콘보다 전력소모가 현저히 줄어들 수 있다는 것이다.

휘센 에어콘사업부의 위상

LG전자 에어컨사업부는 가정(Residential) 부문에서 '99년 Top3, '00년에는 마쯔시다가 30년 넘게 차지하고 있던 Top1을 쟁취하였다. 그러나 Residential 부분은 강력한 중국업체가 출현하면 빼앗길 가능성이 높은 영역이므로 빌딩, Built-in 시장을 포함한 Light commercial까지 사업영역을 확대하여 총합공조 Maker로써 도약하기 위한 노력을 지속적으로 경주하였다. 구체적으로 보면 LG전자 에어컨사업부는 현재 시장점유율(매출액/대수) 1위 국가수가 98년 15개 국가에서 2000년 23개국으로 비약적인 발전을 이룩하였으며, 미국 General Electric의 공급업자 중 최고의 품질을 인정받고 있으며 전 세계적인 현지 투자를 통하여 세계 최대의 생산능력을 갖추고 있다.

3. 휘센의 중국시장 진출

휘센의 세계적인 리더십

일본의 후지경제연구소 조사결과에 의하면 2004년 5천 1백만 대 규모의 세계 에어컨 시장에서 1천 12만 대를 판매해 점유율 19.6%로 세계 1위를 차지한 쾌거를 올린 상품이 바로 LG휘센 에어컨이다. 2000년부터 5년 연속 세계 판매 1위이며, 2위 업체와의 판매량 격차도 3백만 대 이상 격차를 두는 등 그 성과가 괄목할 만한 수준에 이르고 있다.

대표적인 가시적 성과로 현재 북미와 유럽, 중남미, 아시아, 중동 등 전 세계 43개국에서는 시장점유율 1위를 달리고 있는 것을 볼 수 있다. LG전자 에어컨 생산라인은 중국, 인도, 브라질 등 8개 지역에서 가동되고 있으며, 2004년 기준 생산능력

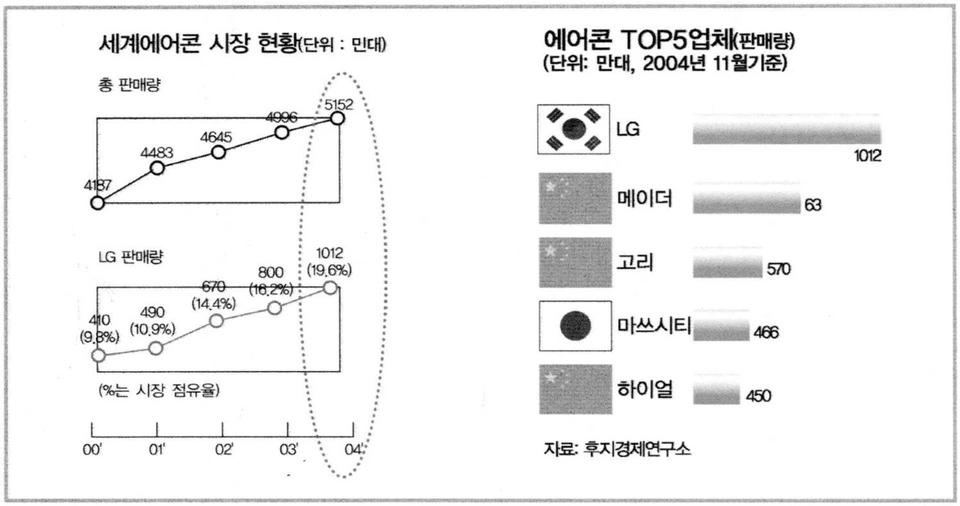

[그림 12-1] 에어콘시장 현황

총 800만 대로 수출비중은 80%를 넘고 있다. 이외에 소비자 조사 및 시장환경 조사를 통해 지역별 특화상품을 개발해 맞춤형마케팅 전략을 펼친 것도 주된 성공요인이다. 연간 1,200만 대 규모의 북미시장에서 가격비중이 큰 핵심부품의 원가경쟁력을 크게 높여 선발 일본업체들과 경쟁하는 한편 플라즈마 기술과 터보팬 등 신기술로 저가 공세의 중국업체를 따돌렸다. 외제에 대한 텃세가 심한 중동지역에서는 현지 유통 경쟁력을 확대하는 고객 밀착 마케팅을 펼쳐 사우디 등 11개 국가에서 1위를 달리고 있다.

휘센의 해외시장 진출 배경과 현황

LG전자는 해외시장의 성공적인 진출을 위한 전략의 일환으로, 해외합자법인과 지주회사를 설립하였다. 이는 해외법인의 설립을 통해 각종 세금을 면제감면 받을 수 있으며, 엄격한 법 조항의 제한이 완화되고, 현지 인재를 확보할 수 있는 등 현지 시장으로의 접근성과 융통성을 높여줄 수 있으리라는 기대 때문이다.

우선 세계시장을 남미, 북미, 아시아와 태평양 지역, 유럽, 아프리카로 세분화하여 각 지역 시장별로 합자법인을 설립하였다. 아시아 지역 카테고리에 속하는 중국 대륙 역시 10개 지역을 거점으로 LGESY, LGEQH, LGEBJ, LGETA, LGEPN, LGEHZ, LGESH, LGESG, LGECT, LGENT와 같은 10개의 법인과 7곳의 핵심 지역별 LG Electronics의 Office를 설립하여 지역별 시장 전략을 수행하고 출발하였다.

중국시장의 특성

중국시장은 전반적으로 진입장벽이 높은 폐쇄적 · 제한적 개방 시장으로 최근 WTO 가입 관련 각종 개방화 조치에도 불구하고 여전히 폐쇄적이며, 다양한 형태의 진입 장벽이 잔존하고 있었다. 그러나 개방화 바람에 힘입어 시장경제가 속속히 도입되고 있으며 또, 중국시장은 공급자 시장(Suppliers' Market)에서 구매자 시장(Buyers' Market)으로 급격히 전환중인 성장 시장이며 브랜드 이미지가 중요하게 인식되고 있었다.

중국인들은 소비 성향이 강하여 고급 외제브랜드에 대한 강한 선호 및 선택 구매 경향을 보이며 비교적 높은 브랜드 충성도를 가지고 구매하는 경향이 있었다.

중국시장에서의 휘센의 SWOT분석

① **강점**(Strength)

- **리더의 빠른 문제 인식과 추진력** : LGETA의 법인장을 비롯한 경영진이 철저한 환경분석을 통해 그 변화를 파악하고 이를 적극적으로 반영하고자 하는 의지를 갖고 전략을 추진해 나가는 것은 LG가 가진 강력한 경쟁우위로 작용하였다.
- **기업문화** : LG의 체계적이고 계획적인 기업문화 자체가 효율적인 전략 수립과 집행이 가능할 수 있게 매우 긍정적으로 작용하였다. 충분한 근거를 수집한 이후 단계별로 세부적 실행계획을 수립하고 구체적인 집행에 이르기까지 명확한 논리를 바탕으로 마케팅이 이루어지기 때문에 실패 확률을 낮출 수 있었다.
- **모회사의 기술력 이전** : LGETA 뒤에는 전자제품 분야에서 세계적으로 경쟁력을 인정받고 있는 LG전자라는 모회사가 있다. 따라서 모회사의 축적된 경험 노하우나 발달된 연구결과, 우수한 인재와 자금력 동원, 새로운 기술 연구를 위한 지원 혹은 기술 이전을 기대할 수 있다는 장점이 있었다.

② **약점**(Weakness)

- **현지 종원업의 역량 부족** : LGETA는 현지 종업원들을 고용하여 비용 절감 효과를 기대하나, 아직 판매원을 비롯한 종업원들의 역량이 부족하다는 점이 큰 장애요인이 되었다. 종업원에 대한 재교육 실시로 추가적인 비용이 발생하여 기업의 부담이 되었다.

• **자체 기술능력의 부재** : 초창기에는 제조/판매 부분뿐만이 아니더라도, 자체적 기술 개발을 할 수 있는 역량이 아직 부족하였다. 따라서 신속한 제품개발 능력이 부족하였고 한국 소비자에 맞춰진 제품을 중국 소비자의 욕구에 맞추지 못하였다.

• **중국시장에서의 경험 부족** : 중국은 13억의 인구가 여러 개의 인종, 종교로 이루어져 있으며, 역사적 · 정치적 배경 또한 매우 복잡한 특수한 시장이다. 따라서 중국에 처음 진출하는 LGETA 입장에서는 경험 부족으로 인한 어려움을 겪게 되며, 시행착오 발생은 필연적이다.

• **낮은 브랜드 인지도** : LG전자는 비록 국제적인 전자제품 회사이나 중국에서의 브랜드 인지도는 매우 낮은 편이었다. LG가 중국에 진출할 당시 현지인들을 대상으로 브랜드 이미지를 구축하는 것을 간과하고 한국에서 대기업이라는 자만심에 판촉활동을 게을리했던 데 그 원인이 있다. LG가 한국에서는 대기업이었지만 중국에서는 이름 없는 소규모 업체일 뿐이었다.

③ **기회**(Opportunity)

• **중국시장의 규모 및 잠재성** : 시장의 지속적 성장수출시장뿐만 아니라 내수재 상품의 중국 전반적인 시장 구매력이 커지고 있고, 소득이 늘어남에 따라 에어컨을 비롯한 고가의 전자제품에의 수요가 늘어나기 시작하였다는 점은 시장 규모의 잠재성 측면에서 매력적인 요소였다.

• **원가절감 효과** : 중국시장이 생산재 가격 부문이나 인건비를 비롯한 가변비용적 요소나, 지대 등의 고정비용적 요소가 모두 상대적 다른 국가에 비해 저렴하다는 특면에서 원가 절감이 가능하였다. 이는 중국 내에서의 경쟁력 부문보다는 중국에서 생산한 제품의 해외시장에서의 경쟁력 측면에서 매우 유리하게 작용하였다.

• **정부차원의 지원** : 정부가 주도적으로 나서서 자국의 경제 성장을 도모하고 산업체계를 안정적으로 구축하고자 노력하였고 지역별로도 선진 외국 기업을 유치하기 위해 경쟁이 치열한 상황이었다. 따라서 이미 발달된 해외기업들의 진출이 자국 시장의 성장에 도움이 된다고 판단되는 한, 이에 대한 제재보다는 지원이 우선적으로 주어질 것이라는 기대를 할 수 있었다.

• **중국 도시 가전시장의 고급화** : 중국 도시 가전시장은 보급률 확대단계를 지나 고급품으로의 교체단계로 들어선 상태였다. 도시 주민들은 왕성한 소비의욕을

보이고 있으며, 특히 대형 컬러TV, 에어컨, PC 등이 향후 소비의 중점이 될 전망이었으며, 주택 사유화 추세에 따라 대도시에서는 주택 건설 붐이 불어 향후 새로운 주거문화 형성에 따른 가전제품 교체 수요가 예상되었다.

④ **위협**(Threat)

- **치열한 경쟁시장** : LG전자가 진출할 당시 중국 최대 소비시장인 상해 이남지역은 이미 수많은 외국인 투자업체들이 진출하여 경쟁이 치열한 상태였다. 중국시장 개방과 더불어 진출하기 시작한 외국인투자업체들은 1980년대 초 광동성으로 진출한데 이어 1990년대 초에는 상해와 복건성 등으로 진출하였다. 1990년대 중반에는 화북지역으로 진출하기 시작하였으며, 1990년대 후반 이후에는 중서부 내륙지역까지 이미 진출을 한 상태였다.

  가전산업의 빠른 성장 과정에서 상당한 규모와 시장 지배력을 가진 대형 내외국 가전업체들이 등장하였다. '90년대 후반 들어 각 품목별로 상위 10여 개 대형기업들의 시장 집중도가 50~70%에 달하였었다. 또한 이 업체들은 초기에는 품목별 전문 기업으로 성장하였으나 최근 그 동안 형성된 브랜드 가치와 영업망을 활용하여 활발한 다각화를 추진하고 있는 상황이었다.
- **사회간접자본의 미비** : 거대한 영토를 가진 중국은 아직 경제활동을 위한 충분한 사회간접자본 시설을 갖추고 있지 못하였다. 교통수단과 통신시설 등의 인프라 제반이 취약한 곳이 많아 기업들은 이에 따른 추가적 비용의 부담뿐 아니라 마케팅 등 기업의 전략 수행에 있어 많은 제약을 받고 있었다.
- **폐쇄적이고 자국 문화 중심적인 중국문화** : 중화사상체면을 중시하고 폐쇄적이며 자국문화 중심적인, 이른바 중화사상을 가지고 있는 중국 국민들은 새로 물밀듯이 들어오는 해외 기업들을 고운 시선으로만 바라보지는 않았다. 해외기업에 대한 부정적인 인식이 심어질 경우 심각한 상황을 초래할 수 있었다.
- **계약의 문서화 부족** : 중국인들과의 대금관계, 교섭 및 거래과정에 대한 신뢰를 쌓기가 쉽지가 않다. 중국인들이 보편적으로 명확한 관계 및 계약준수에의 의무감에 익숙하지 않고, 상당 부분이 문서화 되지 않고 구두적으로 이루어지고 있었다. 이는 중국인을 대상으로 하는 해외기업들에게 불안감을 가져다주는 요소가 되는 것이다.

중국시장의 성공

휘센의 중국시장의 성공요인은 크게 세 가지 정도로 요약된다.

① 높은 기술력

첫째는 트윈 파워쿨링시스템을 통해서 기존의 방식을 벗어나 원하는 온도에 도달하면 두 대의 압축기 중 한 대만 가동하는 초절전 시스템의 기술적 우위에 있었다.

둘째는 가격대비 고성능의 제품을 통해서 세계 최고의 에어컨 기술력으로 타사 제품보다 가격은 비싼 편이나 가격 이상의 기술력으로서 승부가 차별적 요인으로 작용하였다.

② 지속적인 기술개발

LG전자의 휘센은 제품품질의 중요성을 인식하고 그에 걸맞게 투자를 함으로써 꾸준한 연구개발을 통해 세계 최고의 기술력을 유지하였고 이것이 세계시장에서 지속적인 경쟁우위를 유지할 수 있게 되었다.

③ 철저한 현지화 전략

LG전자는 현지 사정에 의거한 철저한 현지화 전략으로 북미(미국), 유럽(러시아·폴란드 등 14개국), 중남미(멕시코 · 페루 등 7개국), 아시아(한국 · 인도 · 베트남 등 7개국), 중동 · 아프리카(사우디 · 이란 · 모로코 등 총 16개국) 등 전 세계 43개국에서 점유율 1위를 기록했다.

그리고 중국시장은 중국시장의 소비자와 시장 트렌드에 맞는 현지화 전략을 수립하였고 이것이 중국 소비자의 마음을 사로잡았다.

4. 중국시장에서 향후 도사리는 위험

격동의 중국 가전시장

LG전자는 중국을 더 큰 도약을 위한 발판으로 삼으려 하고 있다. LG전자가 세계적인 기업이 되는 지름길은 바로 중국을 통해서다. 중국 가전제품 시장은 조만간 세계 최대 규모가 될 것이며 거기서 사업이 확장되면 세계적인 업체가 될 수 있으며, 중국시장은 한국시장의 한계를 극복할 수 있게 해줄 것이라 생각하고 있다. 이제 LG그룹의 미래는 중국에 달려 있다. 중국시장에서 완전한 성공을 거둔다면 세계 일류기업으로 도약할 수 있다.

LG전자 서울 본사의 한 재무담당자의 말을 빌려 표현하자면 "우리는 모든 것을 중국에 쏟아 부었다. 중국사업이 실패하면 더 이상 갈 곳이 없다."고 말했다. 그러나 다음과 같은 상황을 고려해야 한다.

가격인하 경쟁 심화

에어컨시장의 경우에는 2000년 들어 하이신, 러화 등 기존 TV 기업의 수익성이 악화되면서 이윤율이 상대적으로 높은 에어컨사업으로 신규 진출한 업체들에 의해 가격인하 경쟁이 시작되었다. 이에 따라 에어컨시장에서의 향후 가격인하 경쟁은 더욱 치열해질 것으로 예상된다.

중국의 WTO 가입

중국의 WTO 가입에 따라 개방이 확대된다 해도 외국 기업에 의한 중국 내수 시장 잠식효과는 적은 반면 중국 제품의 수출은 늘어날 가능성이 크기 때문에 중국 내수 시장에서 중국업체와의 경쟁이 보다 치열해질 것에 대비해야 한다.

농촌시장의 대두

중국 가전업체들에게 농촌시장은 해외시장과 비견되는 새로운 시장이다. 9억 인구를 가진 농촌시장은 소득 부족, 사회간접자본 미비 등 때문에 아직 미개척 시장으로 남아 있다. 하지만 최근 농촌지역도 전력, 도로, 통신망이 빠르게 확충되고 있어 앞으로 농촌시장의 수요가 크게 증가할 것이라고 주목 받고 있다.

만일 이러한 농촌의 잠재수요가 현실화된다면 현재 중국 가전시장의 공급과잉은 당장이라도 사라지게 될 것이다. 잠재되어 있는 농촌의 수요가 과연 얼마나 빠른 속도로 현실화할 것인지 예의 주시하면서 거대한 농촌 가전시장을 공략할 대책을 마련할 필요가 있다.

참고문헌

- www.lgairshop.com/shopping/sp_index.html 휘센 홈페이지
- 이장로, 해외경영 성공 노하우-한국이 낳은 글로벌기업 LG전자, 무역경영사, 2000.
- 이승영, (사례로 배우는) 국제 마케팅, 일신사, 1999.
- 〈2003 브랜드 파워대상〉 에어컨-LG '휘센' 3면 입체냉방 세계점유율 1위, 문화일보, 2003.11.12.
- [fn포춘클럽 IR-LG전자] R&D로 '글로벌 1등' 도약, 파이낸셜, 2003.11.2.
- 소비자 마음 사로잡을 '토종' 마케팅전략 써라, 한국형 포지셔닝, 한국경제, 2003.10.17.

토의질문

01 휘센의 기술개발의 성공요인을 'TDR'을 통해 설명해 보시오.

02 휘센의 브랜드 런칭 과정을 설명해 보시오.

03 휘센의 현지화 성공요인을 도출해 보시오.

04 중국시장에서 휘센이 지속적 경쟁우위를 유지하기 위한 방안은 무엇인가?

경영사례 2 현대차 : 글로벌 리더를 향한 질주

1. 현대자동차의 위상

현대자동차에 대한 평가가 최근 1~2년 사이 몰라보게 달라졌다. 그야말로 수직 상승이다. 판매대수 등 단지 양(量)적 개념에 머물러 있는 것도 아니다. 요즘 들어선 브랜드, 품질 등 질(質)적 요인에 대한 호평이 부쩍 늘고 있다. 명실공히 글로벌 메이커로 도약하기 위한 '청신호'가 켜지고 있는 셈이다.

현대차의 이 같은 결실은 과거의 '싸구려 차'가 아닌 '제값 받는 차'를 만들기 위해 그동안 사활을 걸다시피 해온 품질경영에 바탕을 두고 있다. 정몽구 회장이 진두지휘해온 이 같은 전략은 적중하고 있다. 품질 상승이 곧 판매 증가와 브랜드 이미지 상승으로 이어지고 있고, 이제는 서로 상승효과를 내는 선순환 구조가 형성되고 있다.

일본의 간판 재벌 미쓰이그룹의 싱크탱크인 미쓰이물산 전략연구소가 사내에서만 보는 '아시안 리포트'에 한국 대기업을 집중 분석한 보고서가 있다. 한국기업연구는 삼성, 현대자동차, LG, 롯데를 대상으로 했다.

〈표 12-2〉 미쓰이 그룹이 분석한 한국 대기업의 전략과 과제

그 룹	성장 전략	향후 과제
삼 성	• 이건희 회장 주도의 강력한 구조 개혁과 디지털화 • 반도체, LCD, 통신사업에 대한 선택과 집중 • 일본 경영 · 기술을 철저 연구	• 구조조정으로 인한 사원 이직과 조직 충성도 저하 • 그룹 지배구조 개선
현대자동차	• 강력한 리더십과 '톱 · 다운식' 의사결정 • 품질 경영과 글로벌화 • 중국, 인도를 해외 거점화	• 과다한 해외투자 및 R&D 투자 증가로 수익 저하 • 노사관계 불안과 숙련공 등 인재 부족
LG	• GSM 휴대전화와 PDP사업 성장축 • 중국, 인도, 유럽시장 공략 강화	• 전문경영인 체제를 도입했으나 실제 경영권 이양 부족 • 시장 선도 신제품 개발력 저하
롯 데	• 한국식 '공격경영'과 일본식 '안정경영'의 조화 • 재무구조 안정 · 해외공략 확대	• 신격호 회장의 1인 지배구조 • 실무 경영진의 자율성 부족

도요타자동차도 사내에 현대자동차 연구팀을 만들어 현대차에 대한 집중 분석을 시작했다. 일본인들이 보는 현대차의 모습은 품질이 빠른 속도로 좋아지면서 세계 시장에서 판매 대수가 늘어나 2005년 상반기에 세계 7위 메이커로 부상했다고 평가한다. 그 성장의 원인은 1980년대 국내 시장에서 확보한 이익을 '90년대 연구개발에 집중 투자해 품질이 향상됐으며, 품질을 경영신조로 삼고 있는 정몽구 회장의 강력한 리더십이 성장의 원동력이 되고 있다고 분석한다.

현대자동차의 성장전략은 상품 경쟁력 강화, 현지화 전략, 브랜드 가치 향상, 환경경영체제 구축, 글로벌경영 혁신 등 5가지다. 한편 약점으로는 과다한 해외거점 확대, 하이브리드 자동차 등 연구개발비 확대, 고로 건설 등 대형투자로 수익성이 떨어지고 있다고 보고서는 밝혔다. 그리고 노사 분규가 잦고 숙련공 등 인재가 부족하다는 점도 지적하고 있다.

우리의 분석이 아닌 외부의 평가에서도 현대자동차는 이제 내수판매를 목적으로 생겨난 로컬기업이 아닌 글로벌기업으로 성장하고 있는 것이다.

현대자동차의 글로벌경의 현장을 들어가 보자!

혼자 자란 호랑이 : 현대차

말레이시아는 안타깝게도 정부가 그렇게 밀어주는 데도 자기 국가가 손수 만든 자

동차를 발전시키지 못하고 있다. 거리에 굴러다니는 차들은 대부분 수입차다. 기술력과 설비의 한계로 말레이시아 자동차 회사인 프로톤의 연간 생산량이 얼마 안 되기 때문이다. 1970년대 우리 포니 생산량과 비슷한 17만 대 수준이다. 이미 수백 만 대 단위로 움직이는 글로벌 브랜드들과는 경쟁 자체가 되지 않는다.

"총리의 염원"으로 팍팍 밀어줘도 기업을 키워 내기 어려운 것이 바로 자동차산업이다. 현대차그룹의 60조 원 매출이니 100만 대 수출이니 하는 수치들이 어떤 무게를 갖는지 짐작될 것이다.

지난 반세기, 숱한 자동차업체가 나타났다 사라졌다. 자동차산업이 원체 부가가치가 높고 고용이나 다른 산업부문과 연관 효과가 큰 까닭에 2차 대전 이전까지 각 나라마다 이를 한번 해보자고 난리였으며, 각 국가마다 군소업체들이 난립했다.

그러나 그로부터 50년이 지난 지금 쓸만한 자동차를 만들어 내수를 충족하고 해외에 내다파는 나라는 6개국, 10여 개 브랜드뿐이다. 한마디로 지난 반세기는 자동차 기업들로서는 목숨 걸고 질주하는 카 레이스보다 더 힘겨운 지옥의 레이스였다. 멀리서 예를 찾을 필요도 없이 당장 우리나라만 해도 1960년대 명멸한 군소업체들을 비롯, 나중에 대자본으로 출발한 대우차 · 삼성차 · 쌍용차 · 기아차(현대에서 인수하기 전)의 운명이 그 치열함을 웅변한다. 가열한 경쟁 속에 부도, 파산, 흡수 · 합병 등이 이어지며 강자들만 살아남았다.

면면을 살펴보면, 서쪽에는 포드 · GM · 다임러크라이슬러 · BMW · 르노 · 폴크스바겐 · PSA(푸조-시트로앵), 동쪽에는 도요타 · 혼다가 그들이다. 이들 브랜드를 국적

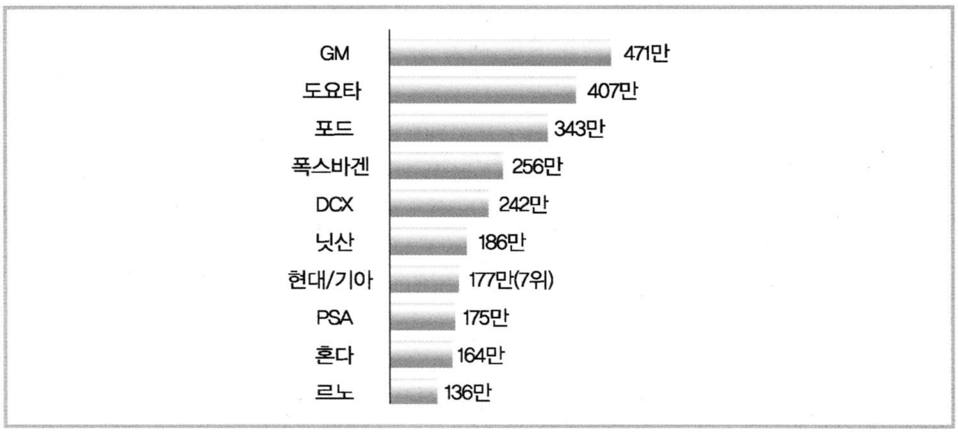

[그림 12-2] 글로벌 자동차회사 판매대수(2005년도 상반기 기준)

에 따라 묶어 보면 공교롭게 2차 대전 때 연합국(미국 · 프랑스)과 동맹국(독일 · 이탈리아 · 일본)이었던 나라들이다. 이들이 거듭 자동차시장에서 할거하는 형세다.

바로 이 영광스러운 "생존자의 반열"에 우리 현대차가 당당히 들어 있다. 그것도 이제는 생존단계를 넘어 세계시장에서 자기브랜드로 메이저 브랜드들과 겨루고 있다.

현대차의 그런 어제와 오늘에 대해 이 회사 사장을 지낸 이계안 씨는 최근 "한국민들은 현대그룹, 정씨 가문이 한국을 대표해 참으로 힘들고도 어려운, 대단히 가치 있는 일을 해 왔다는 점을 인정해야 한다."고 몇 번이나 말했다.

1967년 창사 이래 37년. 현대차는 지금 세계 메이저 업체들의 눈에는 "괜히 키운 새끼호랑이"로 비치고 있다. 최근 현대차는 2005년 총 판매대수에서 일본의 혼다(本田)를 제쳤다. 그러면서 "미국과 신흥시장에서 현 · 기아차의 약진은 눈부시며 닛산(日産) · 혼다 · 현 · 기아차 간의 치열한 경쟁이 예상된다"고 분석하고, 점차 유럽과 아시아에서도 현대차의 존재가 점점 더 부각될 것이라고 예측하고 있다.

경쟁을 뚫고 살아남은 호랑이, 현대차는 지금 호랑이의 기운을 느끼게 한다. 정몽구 회장은 오는 2010년까지 국내외를 합쳐 연간 500만 대 생산 체제를 갖추고 명실공히 세계 '빅 5'로 정착한다는 목표를 걸어 놓았다. 500만 대를 생산한다는 것은 곧 그만큼 판매할 수 있음을 의미한다.

"500만 대, 빅 5라는 것이 처음 내걸릴 때는 무슨 원대한 이상처럼 생각됐지만, 이제 현대차 내부에서 그 목표를 의심하는 사람은 별로 없는 것 같다." 글로벌경영을 향해 질주해온 호랑이, 현대차는 과연 지난 5년처럼 앞으로 5년도 약진을 거듭해 빅 5로 우뚝설 것인가?

	현대차	기아차	계
매출	조원	조원	조원
R&D 투자	조원	조원	조원
종업원수	만 천명	만 천명	만 천명

[그림 12-3] 현대자동차 그룹의 2005년도 회사의 매출액과 규모

2. 현대자동차의 글로벌화 필요성

세계 6대 자동차 생산국 가운데 내수 규모가 200만 대를 넘지 못하는 나라는 한국뿐인 것으로 나타났다. 현대차는 2001년부터 2003년까지 자동차 내수시장은 평균 146만 대에 그쳤고 2004년에는 109만 대, 2005년도는 115만 대 정도이다. 이와 같은 상황은 향후에도 지속될 전망이다.

따라서 현대자동차가 내수시장에만 의존해서는 성장에 한계를 보일 수밖에 없으며 '대량생산 대량판매'라는 자동차산업 특성상 글로벌경영에 나설 수밖에 없는 이유가 되고 있다.

현대자동차는 지난 1993년 캐나다공장 실패 후 와신상담 기회를 엿보다 세계 자동차시장의 심장부인 미국 앨라배마에 공장을 새로 지었다. 현대차는 캐나다공장의 실패 원인이었던 품질문제를 완전히 극복하고 세계 최고차인 도요타와 어깨를 나란히 할 만큼 좋은 차를 내놨다.

현대차는 품질 향상에 크게 힘입어 최근 수 년 동안 미국뿐만 아니라 미래 자동차 시장의 흐름을 주도할 중국, 인도, 유럽시장을 겨냥한 터키에도 현지공장을 설립해 글로벌경영에 박차를 가하고 있다.

판매도 한 시장에 치우치지 않는 고른 분포를 보이고 있다.

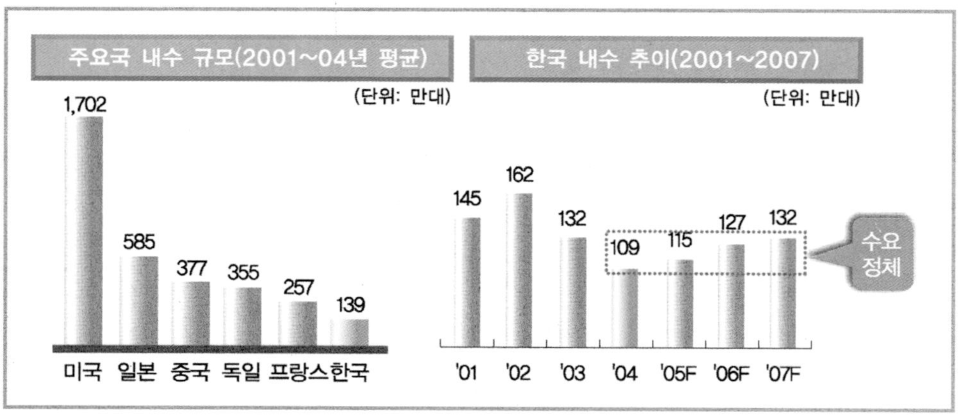

[그림 12-4] 자동차 메이커들의 내수 현황과 한국의 내수변화 추이

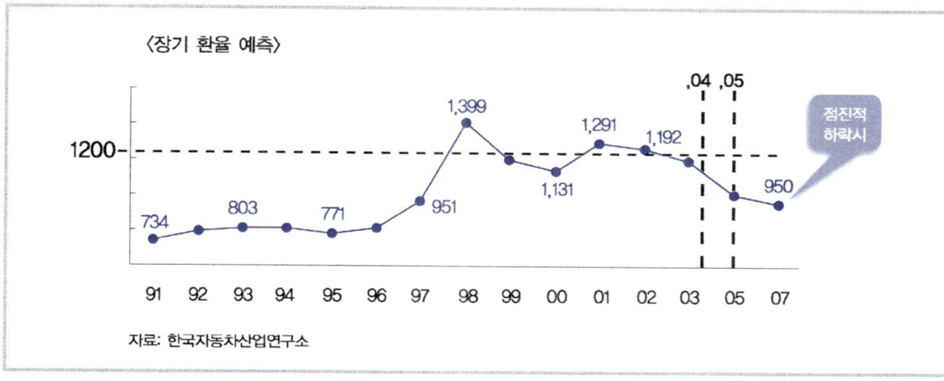

[그림 12-5] 환율의 변화

국내 판매의 비중은 내수시장의 장기 침체와 수출 및 현지 생산 확대가 맞물려 지난 2003년 34.9%에서 2004년 27%로 낮아진 데 이어 2005년은 25.7%로 더욱 낮아질 것으로 판단하고 있다.

현대차는 '환율리스크'를 최소화하는 위험 분산 개념으로 지역별 판매에 나서고 있으며 강세 통화와 약세 통화의 적절한 조합을 추구하고 있다.

또한 주요 자동차 메이커 별 생산거점을 살펴보면 도요타 혼다, 닛산 등 일본의 자동차 3사는 이미 미국 유럽, 중남미, 아시아 지역 및 신생시장(emerging market)으로 진출하면서 글로벌경영을 실천하고 있다. 반면, 현대자동차는 지금 현재 미국, 유럽의 슬로바키아, 아시아의 인도와 중국, 신생시장인 터키 등 5개국에만 진출한 상태이다.

향후 현대자동차가 글로벌 빅 5,500만 대의 생산능력을 보유하기 위해서는 적극적인 해외진출이 필요한 시점이다.

3. 글로벌화의 성공요인

현지 적합형의 신제품의 적기투입

현대자동차는 "연간 400만 대 판매는 '세계적인 자동차 과잉생산 때문에 상위 5~6개 업체만 남게 가설이 힘을 얻던 1990년대 말, 자동차업체가 인수 · 합병하지 않고 단독으로 생산할 수 있는 최소기준이 됐던 숫자"라며 "현대차 입장에선 '회사 설립 40년 만에 400만 대 판매 돌파'라는 세계 자동차역사에 유례 없는 초고속 성장의 기록을 의미하는 것"이라고 강조하고 있다.

이같은 글로벌 TOP 5의 전략에 한걸음 다가가게 된 요인은 글로벌시장인 미국과 중국 · 인도시장에서 선전한 이유일 것이다.

미국시장은 Automative 조사에 의하면 매년 증가율이 늘어나고 있으며 미국시장에서 수입차 부문이 4위(2004년 기준)를 차지하였다. 특히, 미국시장은 중형세단인 쏘나타, SUV자동차인 투싼, 산타페의 공략이 주효하였다.

인도시장은 인도자동차 공업협회 조사에 의하면 상토르라 불리우는 승용차 판매 순위가 2위이며, 시장점유율이 17.4%를 차지하고 있는 것으로 조사되었다.

한편, 중국에서는 중국시장 진출 2년 만에 쏘나타 북경택시가 승용차 판매 3위를 기록하였다. 세 국가 모두에서 국가의 특성과 문화에 맞는 현지 적합형 신제품이 적기에 투입됨으로써 글로벌경영이 주효한 것으로 판단할 수 있다.

〈표 12-3〉 아시아 주요 자동차 메이커들의 생산거점 현황

지역 / Maker	북미		유럽				중남미			아시아				기타			
	미국	캐나다	영국	프랑스	스페인	슬로바키아	브라질	아르헨티나	멕시코	중국	태국	말레이시아	인도	터키	남아공	케냐	호주
도요타	●	●	●	●			●	●		●	●	●	●	●	●		●
혼다	●	●	●				●			●	●	●	●	●	●		●
닛산	●		●		●				●	●	●					●	●
현대자동차그룹	●					●				●			●	●			

자료 : Fourln

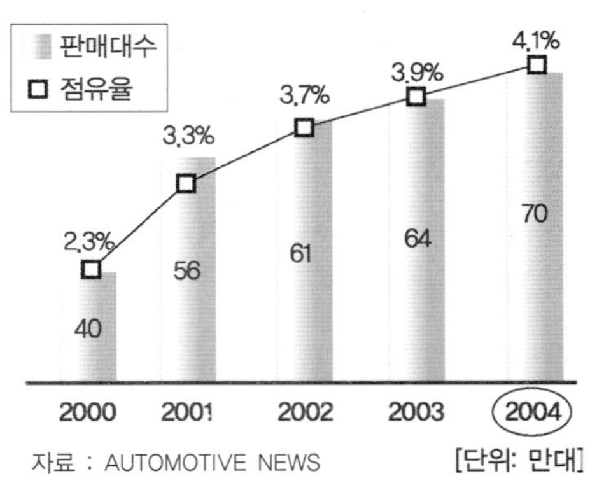

[그림 12-6] 현대자동차 미국시장 판매수 및 점유율

〈표 12-4〉 미국 수입차 메이커 순위(2004년)

1위	도요타 그룹	12.2%
2위	혼다 그룹	8.3%
3위	닛산 그룹	5.9%
4위	현대/기아	4.1%
5위	VW 그룹	2.0%
6위	BMW 그룹	1.7%
7위	마쯔다	1.6%

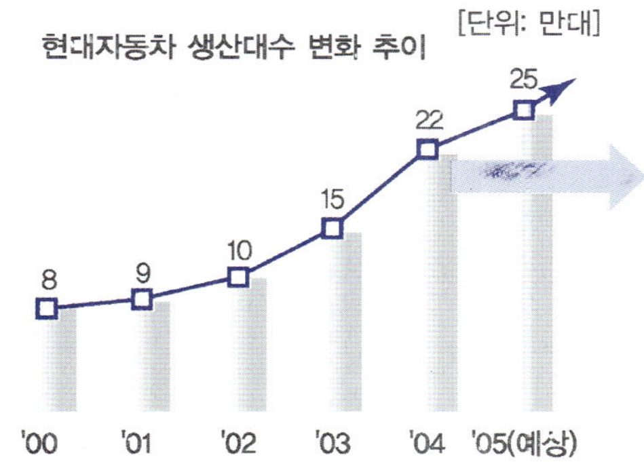

자료: 인도자동차공업협회

'04 인도 승용차 판매순위

순위	메이커	점유율
1위	마루티	52.1%
2위	현대	17.4%
3위	타타	16.8%
4위	혼다	4.2%
5위	포드	3.1%
6위	GM	2.2%

자료 : 2005자동차산업

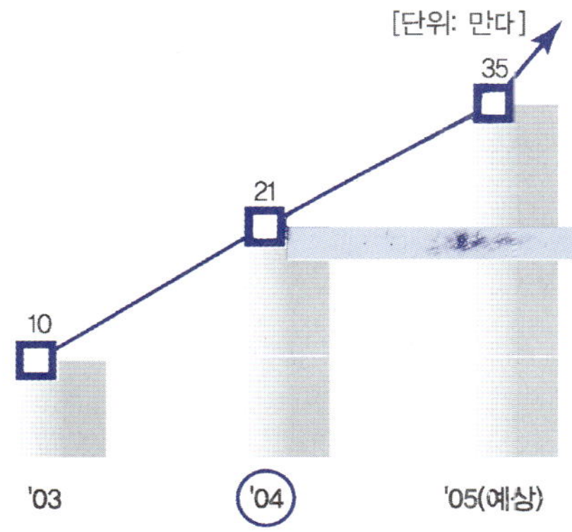

중국 승용차 판매순위('04)

	메이커	점유율
1위	VW	28.1%
2위	GM	11.3%
3위	현대/기아	8.9%
4위	혼다	8.7%
5위	도요타	3.5%

자료 : 한국자동차산업연구소

품질 최우선 경영

세계적인 자동차 품질 평가회사인 JD파워사가 1999년 기준으로 미국시장에서 업체별로 신차 100대당 출고 후 3개월간 보고되는 결함수를 조사한 결과 현대와 기아자동차의 결함수는 평균이상으로 조사되었다. 현대차는 생산능력은 있어도 품질은 아직 세계수준에는 크게 뒤진다는 결과이다.

그러나 현대차는 최근 글로벌화를 추진하면서 품질을 최우선으로 고려하고 있다.

역시 2005년 JD파워의 초기품질지수는 혼다보다 우수한 것으로 나타나고 있으며 SUV 차인 투산 역시 진입 첫해에 90점대를 유지하며 품질의 우수함을 입증하였다.

〈표 12-5〉 세계 주요 자동차 업체의 신차결함수 비교(1999년 기준)

업체명	결함수	업체명	결함수
BMW	125	도요타	135
캐딜락	139	벤츠	151
아우디	167	현대	194
기아	333	업체평균	167

자료 : J. D. Power, 2004.

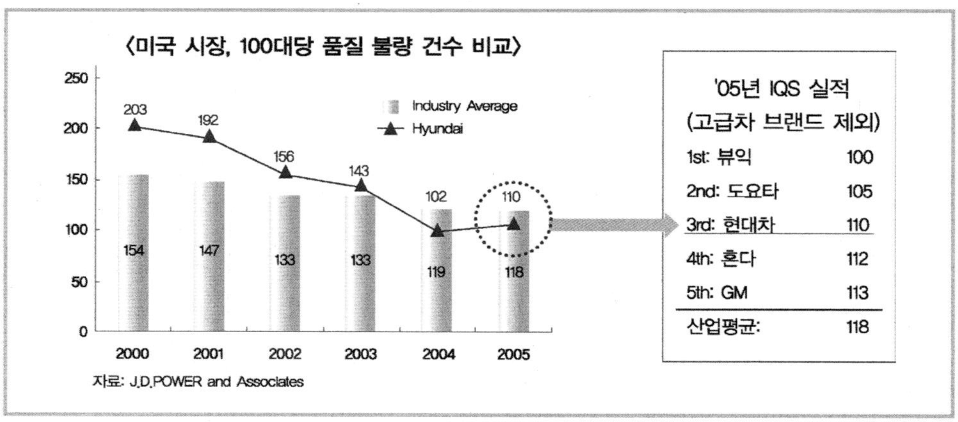

현장밀착 경영

현대자동차의 레벨업에는 정몽구 회장의 철두철미한 '현장경영'이 한몫하고 있다. 고(故) 정주영 명예회장을 빼닮은 그의 현장경영이 지금의 현대차를 만들었다. 정몽구 회장은 국내외 사업장을 막론하고 현장중심 경영을 펼치기로 유명하다. 국내에 있을 때는 일주일에 2~3회씩 생산 현장과 영업 일선을 방문해 현황을 점검하고 개선점을 주문한다.

해외현장 경영 역시 정몽구 회장의 주무기다. 2004년에는 13차례나 해외출장을 다녀왔고, 2005년도 터키, 미국 앨라배마, 중국 등을 누비며 해외경영을 직접 챙기고 있다. 특히 세계 최대시장인 미국을 본격적으로 공략하기 위해 세운 앨라배마공장에 엄청난 공을 들이고 있다. 앨라배마공장은 2교대로 전환하면서 가동률이 90% 수준의 정상화 단계로 가고 있다.

이런 정 회장의 현장경영은 품질경영으로 이어졌다. 품질이 모든 것의 출발점이라는 정회장의 지론이 반영된 것이다. 해외 유력 언론이 현대차와 정 회장을 잇따라 극찬하고 나선 것도 이 때문이다.

요즘 중국에는 '현대속도(現代速度)'라는 말이 유행하고 있다. 현대차가 세계 자동차 업체 가운데 막차로 중국시장에 진입했지만 기존 메이저 업체를 제치고 상위권으로 도약한 것을 빗댄 말이다. 이 속도의 뒤에는 정몽구 현대 · 기아차그룹 회장이 있다.

애초 정몽구 회장과 속도경영은 어울리지 않을 것이라는 평가가 많았다. 하지만 품질을 최고의 가치로 강조하는 그의 '품질경영'과 원칙을 고집하는 '뚝심경영'은 절묘한 시너지를 이루며 체질을 개선해 왔다. 품질에 대한 그의 집착은 현대차서비스를 맡아 전국을 돌아다니며 고장차량을 직접 챙기면서 생긴 것이라고 한다.

인도 현지의 한 관계자는 "현대차의 인도 성공은 시장에 대한 철저한 분석과 현지 실정에 맞는 현지형 모델개발, 친인도 기업이미지를 강화한 데 따른 것"이라며 "아울러 딜러망과 정비망을 동시에 확충하면서 판매와 AS를 동시에 강화시킨 전략이 결실을 맺고 있다."고 평가하고 있다.

향후에도 현대자동차는 우수딜러를 지속적으로 확보하고 브랜드마케팅을 강화하여 판매와 시장점유율을 높여 나갔다. 기아자동차는 역시 직영 법인체제를 출범시켜 상대적으로 취약했던 판매망을 대폭 보강하고 있다.

차별적 마케팅 전략

현대자동차가 인도시장에서 빠른 성공을 거둔 비결은 뭘까? 델리에 위치한 현대지

동차 판매본부의 민왕식 이사는 "기존 자사 모델을 그대로 들여오는 경쟁사들과 달리 현대차는 인도형 모델을 개발, 소비자들에게 신선한 자극을 줬다."고 평가했다. 진출 초기 800cc급 스즈키 마루티가 자동차 시장을 독점하고 있었는데, 현대자동차는 세련되면서도 마루티의 단점을 보완한 제품을 출시함으로써 소비자의 이목을 단번에 사로잡았다는 것이다. 또한 현대차는 고급브랜드 이미지를 마케팅 전략으로 내세웠다. 이는 주요 자동차 소비자인 중·상류층과 신흥 화이트칼라 층을 겨냥한 것이다. 이들에게 좋은 품질뿐만 아니라, 최고 수준의 서비스를 제공함으로써 '브랜드를 소비한다'는 인식을 갖게 했다. 이처럼 현대자동차의 고객 중심의 마케팅 전략이 글로벌 고객에게도 적중했다는 의미이다.

세계적 영향력을 가진 컨슈머 리포트지는 쏘나타를 세계 최고의 신뢰모델(가장 결함 없는 차)로 선정하였으며 신뢰지수 4위를 기록하였다. 이는 14개 부문의 고객만족도 조사에서 100대당 단 2건의 문제가 발생하는 것으로 평가하였다.

이는 우수한 품질에 비해 합리적인 가격으로 해외의 소비자들에게 Value Car의 이미지를 구축하고 포지셔닝하는 데 성공했다고 평가할 수 있다.

2004 Mobel

Rank	Brand	PP100
	Hyundai	
4	Lexus	11
	Infinity	
	빅3 평균	17
	유럽 메이커 평균	21

자료 : Consumer Report
주 : PP100은 차량 100대당 결함률

이상의 현대자동차의 글로벌 전략의 성공요인을 네 가지로 축약할 수 있다.

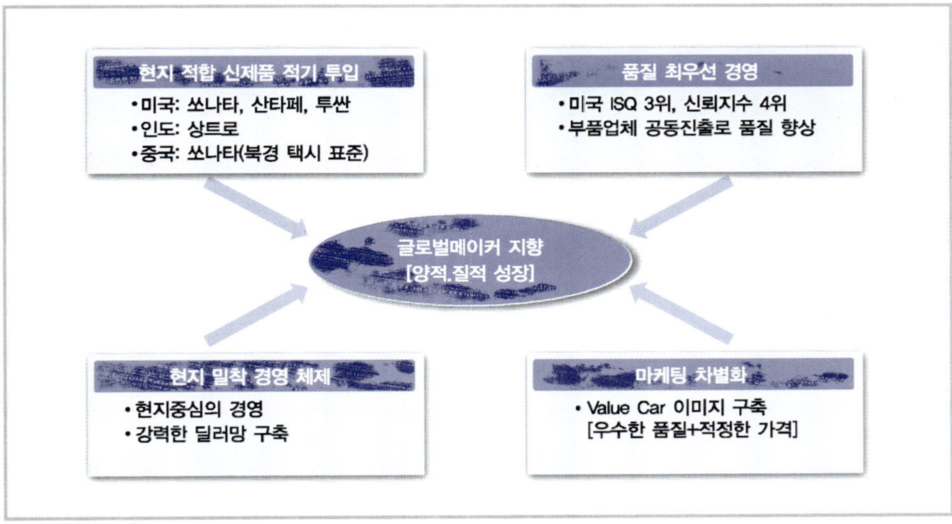

[그림 12-7] 현대자동차의 글로벌 전략의 성공요인

4. 현대자동차의 향후 글로벌 전략의 방향

당당한 생존 그리고 질주

오는 2010년 기아차와 함께 국내 300만 대, 해외 200만 대 등 국내외 500만 대 생산 체제를 구축, '글로벌 톱5'에 진입하기 위해 숨가쁘게 뛰고 있는 현대차. 이같은 야심찬 목표는 더이상 꿈이 아니다. 중국, 인도 등 브릭스(BRICs)를 넘어 자동차의 본고장인 유럽과 미국으로 향한 글로벌경영이 앞에서 끌고, 품질 및 브랜드경영이 뒤에서 밀면서 '꿈'은 '현실'로 바짝 다가섰다.

글로벌 Big 5 기업으로 가는길

현대자동차는 지옥의 레이스 같은 지난 반세기, 맨땅에서 출발해도 당당하게 살아남은 뚝심과 실력을 갖고 있다. 전문가들은 현대 · 기아차의 장점으로 △맨파워, 특히 엔지니어, △적극적인 마케팅 능력, △중소형차 부문에서의 강점, △품질 대비 가격경쟁력, △중소형차 부문에서의 여유 자금 및 역량 축적 같은 것들을 들고 있다.

전문가들은 이러한 현 · 기아차의 강점에, 다름 아닌 정회장의 뚝심의 리더십이 합쳐진다면 현대차가 그동안 메이저들과 경쟁에서 이길 수 있다고 말한다.

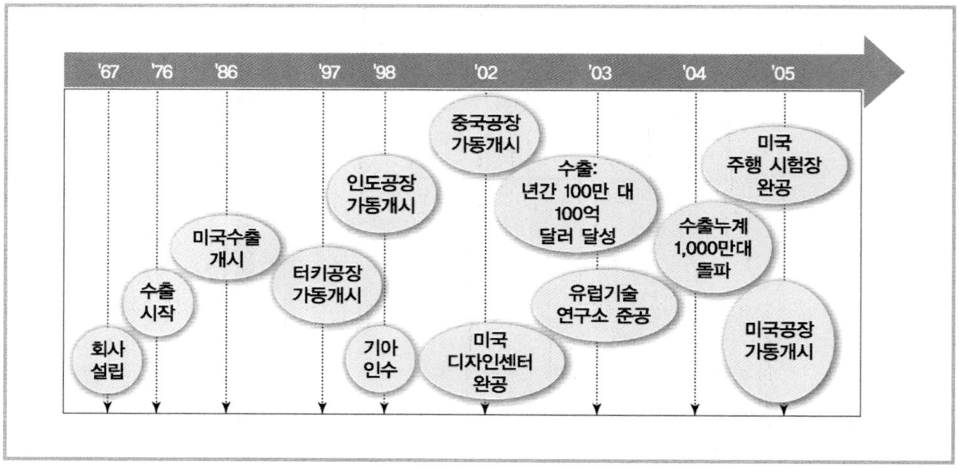

[그림 12-8] 현대자동차의 글로벌화의 역사

세계 자동차시장은 이미 생산이 수요를 초과하면서 살아남기 위한 무한 생존경쟁을 치르고 있다. 세계 최고의 품질을 보유한 일본 메이커들이 다양한 모델을 앞세워 현대차에 빼앗긴 중저가 시장에서 재기를 노리고 있고, 고속 성장하는 중국산 자동차도 호시탐탐 세계시장 진입을 노리고 있다.

'가격 대비 좋은 품질'로 비교우위를 점하고 있는 현대차는 자칫 방심하다 진퇴양난의 위기에 빠질 수도 있다.

경제전문가들은 "현대차가 초일류기업으로 성장하기 위해서는 브랜드 이미지를 더 높이기 위한 고급차 개발, 차세대 시장을 선점하기 위한 친환경차 개발을 서둘러야 한다."며, "이와 함께 노사문제는 현대차가 해결해야 할 최우선 과제"라고 지적했다.

해마다 연례행사처럼 벌어지는 노사분규는 회사의 직접적 손실은 물론 대외 이미지 손상으로 인한 경쟁력 저하를 불러오고 있다.

자동차업계 관계자들은 "현대차의 글로벌화가 눈부시게 진전되고 있는 가운데에서도 노사관계는 매년 성장을 위협하고 있다."며 "현대차가 세계적인 자동차업체로 거듭나기 위해서는 노사문화의 선진화가 필수 조건"이라고 입을 모았다.

참고문헌

- www.hyundai-motor.co.kr 현대자동차 홈페이지
- 세계시장에 우뚝 선 현대자동차, 울산매일, 2005.12.31.
- 미쓰이그룹이 분석한 '한국 대기업의 강점과 약점', 한국경제신문, 2005.12.11.
- 현대차 미국시장 공략현장 르포, 한겨레 경제, 2005.5.22.

토의질문

01 현대차의 강점과 약점을 토론해 보시오.

02 현대차의 기업문화를 조사해 보고, 삼성과의 차이점을 논의해 보시오.

03 글로벌 기업으로 가는 현대차의 기회와 위협을 도출해 보시오.

04 500만 대 글로벌 Top 5으로 진입을 위한 고급차 시장의 집중화 전략을 도출해 보시오.

경영사례 3 중소기업 전자무역의 견인차 : Tpage Global

1. 도 입

국내 대다수의 중소기업들이 무역거래를 수행하는 데 큰 어려움을 겪고 있다. Tpage Global㈜은 취약한 국내 무역 환경에 전자무역이라는 돌파구를 마련해 주고 있다. 1998년 사이트를 개설하고 현재 10만 명의 회원을 보유하고 있으며 글로벌 기업으로 발전을 꾀하고 있는 Tpage Global㈜은 중소기업이 세계로 나가는 다리 역할을 하고

있다. 1990년대 들어오면서 국내 전자무역이 소개되어 VAN/EDI 기반의 무역거래와 관련된 전자문서 교환시스템 서비스를 제공하는 무역자동화가 시작되었다. 1997년까지 별다른 진전이 없었으나 인터넷이 보편화되면서 1998년 이후 인터넷을 활용한 무역거래와 관련된 각종 정보 및 전자문서 교환이 본격화되었고, 이듬해인 1999년에는 인터넷 또는 그 밖의 전자통신 수단을 활용한 무역거래 및 관련된 각종 정보 및 전자문서를 교환하는 사이버 무역이 등장하면서 국내 전자무역은 급성장을 하게 되었다.

국내 전자무역이 단기간에 급성장을 할 수 있었던 중심에는 'Tpage Global'이 있었다. Tpage Global은 해외에서 더 잘 알려진 e-trade 기업으로 세계 최초의 카테고리분류방식 무역 검색엔진을 탑재한 포털 사이트인 Tpage.com으로 전 세계에 흩어져 있는 바이어를 단시간 내에 검색할 수 있는 Meta search 기술과, 전 세계 주요무역 사이트 게시판에 동시에 등록할 수 있는 Auto Multi Posting 기술을 자체 개발한 기술력 있는 벤처기업이기도 하다. 8개 국어가 지원되는 글로벌 플랫폼을 통해 해외회원이 전체 회원수의 80%를 차지하고 있으며, e-trade 통합관리시스템인 'My Tpage'를 서비스하여 보다 편리한 e-trade 환경을 창출해 내고 있다. 최근 Tpage의 기술력은 국내외에서 인정받아, Korea Web awards 2000 수상, 한국경제 핫벤처 100선정, e-비즈 뉴리더 50인 선정, 2002 한경 웹 어워즈 등을 수상하면서 한국의 모범적인 e-trade기업이 되었다. 과연 어떠한 점이 오늘의 Tpage Global㈜을 있게 한 원동력인가? 어떤 e-비즈니스 모델과 수익원을 통해 불황 속에서도 성장할 수 있었을까? Tpage Global㈜의 핵심역량은 무엇이며 현재 직면하고 있는 위기와 도전은 무엇이고 어떻게 극복할 것인가? 본 사례연구는 Tpage Global㈜의 설립 및 성장과정과 전자무역업체로서의 차별적인 면에 대하여 살펴보았다.

2. Tpage Global㈜의 태동과 성장

우리나라에 초고속 인터넷서비스가 개시된 1998년은 전 세계적으로 off-line에서 on-line으로의 Paradigm Shift가 본격적으로 일어난 때라 할 수 있다. 경제적으로나 사회적으로나 정치적으로나 off-line에서 on-line으로의 힘의 축 전환은 현재는 물론 미래를 살아갈 우리에게 커다란 의미가 아닐 수 없었다. 각 분야와 계층에 있어 이러한 변화는 막대한 영향력을 미치게 되는데 국경이라는 틀 안에서의 제약을 받아

온 무역에 있어 이러한 변혁은 그 의미가 더욱 컸다. off-line에서 할 수 없었던, 할 수 있었지만 비용이 많이 들어 채산성이 없었던 활동들을 on-line이라는 개념의 의사소통 매개체를 통해 최소비용으로 최대효과를 노릴 수 있게 되었기 때문이다. 이러한 과정에서 태동된 것 중 하나가 전자무역이다. 심은섭 대표는 당시 일반기업에게마저 생소한 분야인 전자무역의 필요성을 감지하여 1998년 4월, 현재의 Tpage Global㈜의 전신인 '코리안소스'를 설립하게 된다.

여느 선두주자들과 마찬가지로, 코리안소스는 창업초기에 난관에 봉착하게 된다. 특히 인터넷 무역상들과의 커뮤니티 형성과 관련 기술에 관한 문제점들이 발생한 것이다. 그러나 이러한 어려움을 예측하고 국내외 환경 변화의 흐름을 꾸준히 관찰한 CEO의 선견지명과 전자무역의 글로벌화에 대한 확고한 신념 덕분에 위기를 성장의 발판으로 삼을 수 있었다. 코리안소스는 우선 글로벌화에 코드를 맞추어 기술표준 정립을 위하여 핵심기술을 개발하고 축적하기 시작하였다. 핵심기술의 확보를 위해 기업역량을 정예인력 선발과 육성 및 IT Infra-Structure 구축에 집중하게 된다. 또한 양질의 거래선의 확보 및 유지를 위해 CRM Process 구축을 도모하게 된다.

1998년 7월 Tpage.com 사이트를 통해 서비스를 시작한 지 2개월 만에 생활용품 중심의 OFFER를 Posting하여 파키스탄 바이어로부터 첫 계약물량을 확보하게 된다. 이를 계기로 인도네시아를 축으로 하는 동남아를 비롯하여 중국 등 주로 아시아 시장으로부터 거래제의를 받게 되는데, 이는 당시 수출판로 개척과 무역절차상의 어려움을 겪고 있던 국내 중소기업의 해외진출에 힘을 실어주는 역할을 하게 된다. 그러나 당시 코리안소스는 on-line상에서 전시된 제품을 관람하면서 제품의 정보를 얻어 이를 바탕으로 무역 거래를 중개하는 사이버 박람회를 제외하고는 특별한 매출 구조를 가지고 있지 못하여 수익이 없는 상황이었으며, 고객서비스 부문의 전문인력 및 시스템 부재라는 어려움을 안고 있었다. 또한 검색엔진의 핵심 모듈을 전자무역 시장의 성패가 불투명한 상황에서 국내 환경에 맞게 변경하는 데 소요되는 2억 원을 투자하는 것은 중소기업으로써 상당한 위험이 따르는 일이었다.

당시 코리안소스는 모험에 대한 결단을 내리게 된다. "시간이 걸리더라도 고객에게 고급서비스를 제공하기 위해서는 우리가 개발해야 한다"라는 직원들의 열정과 무역 업무에 대한 노하우를 바탕으로 Auto-multi Posting, Meta Search 등의 시스템을 개발한 것이 그것이다. 이러한 시스템 개발 과정에서 효율적인 무역정보 검색을 위한 체계적인 사이트 분류 Network 구축의 필요성이 부각되었다. 사이트 분류 체계를 구축하기 위해서는 먼저 기존 무역거래의 체계를 형성하는 HS Code에 HS code는 관세를 부과하는 기준이 되는 분류코드로, 전 세계에서 사용 중인 코드에 대한 분석이 필요했다. HS Code에 대한 자체 분석에서 나타난 점은 HS Code의 과도하게 구체적이고 세밀한 분류에 있었다. 또한 신규로 코드를 등록하는 것은 거의 1년에 한번 정도 반영이 되고 있어 신규물품거래에 용이하지 않다는 것이다. 이러한 난점을 가지고 있던 HS code였지만 전 세계가 사용하고 있다는 일종의 표준이었기에 이를 극복하기 위하여 재미교포 무역 전문가와 국내 무역분야에 10년 이상의 경력자 및 대학교수 등과 1년 여에 걸친 분류작업에 들어가게 되는데 이를 통해 영문 분류체계가 완성되게 되었다.

이후 이 영문 분류체계는 현재 티페이지에서 운영하고 있는 7개 국어를 지원하는 다국어 사이트의 밑바탕이 되게 되었으며, 해당 국가의 현지전문가 채용을 통해 전자무역에 필요한 분류체계의 완성에 초석으로 작용하게 된다. 이러한 분류체계는 특히 중국어 사이트의 구축과정에서 중국어에조차 없는 새로운 말을 만들어 내기도 했는데, 현재 경쟁사라 할 수 있는 중국의 Alibaba가 당시 코리안소스의 분류체계를 이용하여 자사의 분류체계를 전면 개편하는 데 영향을 미치게 된다.

1999년은 코리안소스 자체 분류체계 구축은 물론 당시 국내에서는 생소한 개념의 인터넷 무역박람회를 개최하여 국내 인터넷무역의 새로운 방향을 제시하는 등 코리안소스라는 민간업체로써 전자무역계에 한 획을 긋는 의미있는 한 해였다. 1999년 당시는 B2B가 막 태동하던 시기로써 무역부문에 있어서도 off-Line의 종이 카탈로그에 익숙한 상태였다. 이러한 사회 전반의 환경에서 '한국경제신문' 후원으로 세계 최초의 인터넷 무역박람회를 개최하게 되는데, 약 150개의 업체들이 참여한 가운데 성공적으로 마칠 수 있었다. 첫 박람회의 성공으로 자신감을 얻은 코리안소스는 한국경제신문과 공동주체로 홍보 및 광고에 집중 투자하여 제2회 박람회를 개최한다. 코리안소스의 예상대로 제2회 인터넷 무역박람회 또한 성공적으로 개최되었고, 이를 통해 중국과 50만불 계약 달성이라는 가시적 성과를 얻을 수 있었다.

한편 코리안소스는 분류체계의 구축과 세계 최초의 인터넷 무역박람회의 성공적 개최에서 힘을 얻어 1999년 4월, e-Trade 전문 검색 사이트인 Tpage.com을 개설하여 본격적인 글로벌 무역 중개 서비스를 제공한다. 이를 통하여 중소기업에서 인터넷

무역의 글로벌 리더로 나아가기 위한 필수요건을 확보하게 되었으며, 인터넷 산업의 가능성에 관심을 갖고 있던 일부 대기업과 자본제휴를 모색하게 되었다. 동시에 Tpage.com을 글로벌 사이트로 발전시키기 위한 기술개발에 기업 역량을 집중하게 되었다. 당시, SK, 시나르마스와 코리안소스 3사는 조인트 벤처를 형성하여 중국진출을 시작하고 한편 독자적으로 일본, 미국, 말레이시아 등지에 현지 지사설립을 통한 글로벌 기업을 종착역으로 하는 적극적 사업전략을 전개하게 된다. 특이할 점은 여러 국가 중 말레이시아에서 50만 불(US)의 수익을 내며 코리안소스 자체 개발 기술인 Auto-multi Posting의 기능을 eceylinco.com에 탑재하고 여기에서 얻어진 수익을 다시 eceylinco.com에 재투자함으로써 말레이시아 eceylinco.com과 파트너십을 형성했다는 점이다.

서비스 기반을 다져가며 사업영역을 전 세계로 넓혀 가던 2000년 말, NASDAQ의 e-Business 버블이 조정되면서 전 세계적으로 닷컴 위기가 찾아오게 된다. 기업 외부환경으로 말미암아 그 동안 연구 개발과 대 고객서비스 개발에 총력을 기울여오던 코리안소스는 자금 압박에 직면하게 되고 이로 인해 그 동안 개발되었던 기술들이 고객이 사이트에서 오퍼를 등록하면 전 세계 무역사이트에 자동등록 시켜주는 Offer Multi Posting, Tpage 사이트 내에서 관심 Keyword를 입력하면 해당 오퍼를 찾아와 한번에 보여주는 Meta-Search 등 사장될 위기에 처하게 된다. 버블조정기에 닥친 위기를 극복하기 위해 코리안소스는 말레이시아를 제외한 해외지사 정리 등 저수익 분야의 몸집 줄이기와 고효율 지향의 사업운영 및 투자에 역량을 집중하게 된다. 그 동안 다국어 사이트의 운영에 필요하였던 인력을 사이트관리 및 개발의 핵심인력 위주로 재편성하고 60여 명의 직원을 절반 수준으로 떨어뜨리는 등 조직 슬림화를 단행하게 되었고, 수익창출을 위한 새로운 플래폼 개발 투자를 하게 된다. 이러한 기업구조 개선의 일환으로 2000년 11월에는 사명을 코리안소스에서 Tpage Global㈜로 변경하면서 인터넷 무역의 글로벌 기업으로의 재도약을 기업차원의 Vision으로 제시하게 된다.

새로운 플랫폼 개발에의 노력은 2001년 7월, 전자무역 통합관리 솔루션인 TTOS(Tpage Trade Operation System)개발이라는 현재 운영 중인 My Tpage(통합무역관리프로그램)가 바로 이 TTOS솔루션에서 파생된 것이다. 즉, 인터넷 무역의 마케팅 단계로써 거래선 발굴의 집중도를 높이고 계약체결 이후의 이행(performance of contract)

기능의 Seamless Service 구축을 통해 새로운 수익모델을 정립하게 된다.

2002년 7월, 새로운 수익모델 플랫폼은 가시적 성과를 불러오기 시작했다. 10만 회원이 Tpage의 서비스를 이용하게 되었으며, 수익구조가 개선되기 시작했다. 이러한 상황에서 그 해 11월, Tpage는 또 한 번의 모험을 단행하게 된다. 당시 B2B분야의 무료서비스라는 대세에 역행하는 유료화 추진이 그것이다. 이러한 결단은 유료화를 통한 고급서비스 제공을 기저로 고수익 창출에 대한 신념에서 비롯된 것이었다. 유료화 결정에 따른 우려의 목소리도 컸지만 보유회원이 허수가 아닌 실제 서비스를 이용하는, 즉 수익을 가져올 수 있는 잠재충성고객으로 파악되고 있었기에 가능한 결단이었다. 서비스 유료화 추진으로 2002년에는 51억 원의 매출을 달성하면서 13만 7천여의 회원을 보유하게 되었으며, 2003년에 들어서면서 거래금액이 12억 원에 이르는 등 글로벌 전자무역사이트로 성장하게 되었다.

현재 Tpage Global은 2004년 매출 150억 원과 회원 24만 창출을 단기 Mission으로 삼고 글로벌 전자무역의 리더라는 Vision을 향해 전진 중이다(그림 12-9, 12-10 참고).

Tpage의 조직은 크게 '운영개발 사업본부'와 '무역유통 사업부'로 구분되어 있다. 운영개발 사업본부는 최고기술책임자(CTO)를 중심으로 전자무역 솔루션 기술개발, 서버구축 등의 업무를 담당하는 '개발팀', 전산관리 및 Tpage 사이트 운영기획 등의 실제적인 Tpage.com의 서비스를 수행하는 '기술운영팀', 고객지원, 제휴업무 등을 담당하는 '전략사업팀'으로 구성되어 있다. 즉, 운영개발사업본부는 Tpage.com의 실제적인 기술과 서비스 제공, 기술개발 전략의 업무를 수행하고 있다. '무역유통사업본부'는 최고마케팅책임자(CMO)를 중심으로 Tpage의 On-line과 Off-line 무역업무 주관, 홈쇼핑사업 및 회원들의 무역관련 업무 등을 담당하고 있다. 하부 조직으로는 '무역1팀', '무역2팀'과 '홈쇼핑팀', '의류 유통팀'이 있으며 그 외에 CEO직속팀인 '경영기획팀'이 있다. 경영기획팀은 Tpage Global㈜의 전체 업무를 조율하는 전략팀으로서, 최고지식책임자(CKO)와 최고재무책임자(CFO)를 중심으로 경영방침 제정 및 관리, 경영분석회의, 재무관리, 재경전반 업무예산편성 및 관리 등을 주관하고 있다(그림 12-11 참고).

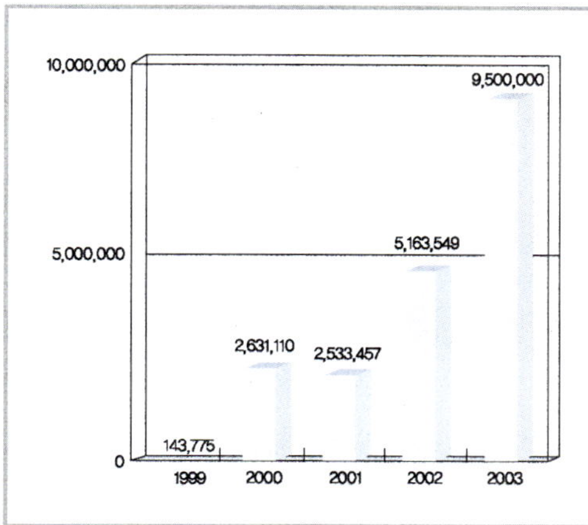

[그림 12-9] Tpage Global 매출현황(단위 : 천원)

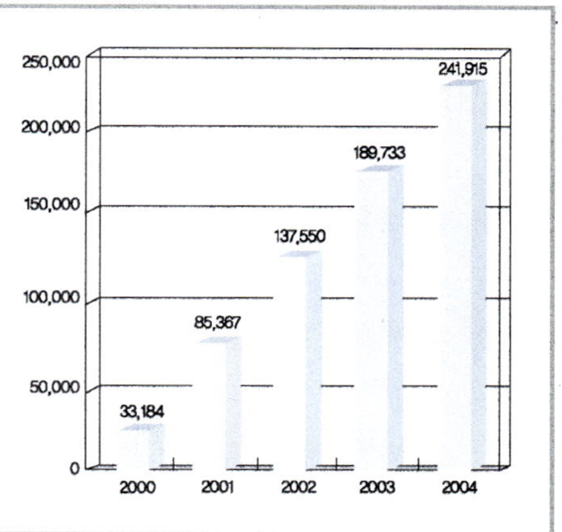

[그림 12-10] Tpage Global의 회원 증가추이

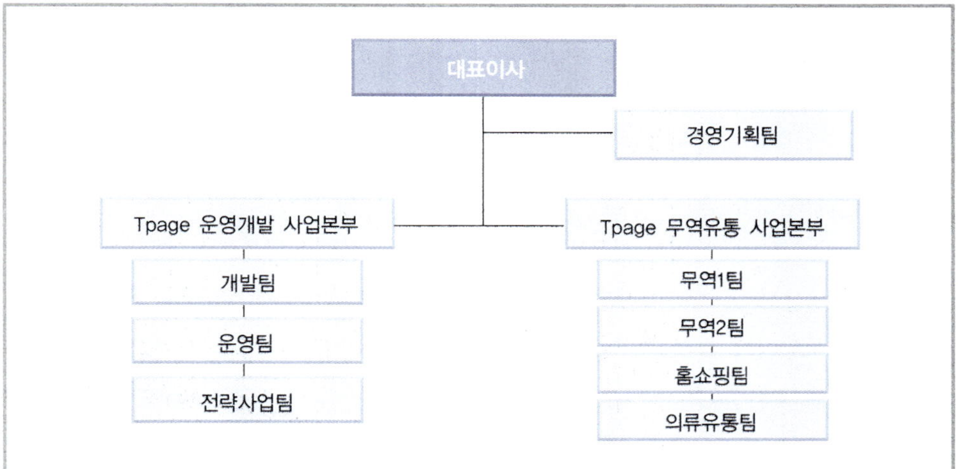

[그림 12-11] Tpage 조직도

3. 전자무역의 개요 및 현황

1) 전자무역의 개요

전자무역은 기술의 진보에 따른 편리성과 전 세계와의 자유로운 커뮤니케이션 가능, 그에 따른 활발한 정보공유로 창출된 새로운 산업이자 기회이다. 전자무역의 일반적인 정의는 인터넷을 이용한 가상의 사이버공간에서 이루어지는 모든 상거래를 의미하는 것으로, 가상공간에서 인터넷을 이용하여 해외시장을 조사하고, 거래처를 물색한 뒤 상품에 대한 거래조건을 협상하여 무역계약을 성립시키는 과정을 의미한다. 기업은 전자무역을 통하여 생산성 향상, 글로벌 전자무역업무의 일괄적 처리, 수출입 부대비용 절감 등의 효과를 얻고, 무역 커뮤니티 형성을 통해 기업 간의 네트워크 강화와 정보공유가 가능해진다. 또한 전자무역을 보다 적극적으로 실현하기 위한 기술의 표준화와 표준문서 개발 및 수용이 활발해 질 수 있는 효과들을 거둘 수 있다.

전통적인 무역과 전자무역을 비교하여 보면, 〈표 12-6〉에서 보는 바와 같이 여러 가지 면에서 그 차이점은 뚜렷한데, 첫째로 거래처 정보수집 및 마케팅 방법이 다르다. 전통적인 무역은 국내무역관련기관 및 해외공공기관을 직접 방문하거나, 상공인 명부 이용, 해외광고, 각종 사절단 및 전시회 참가, 해외출장 등을 통해 정보를 얻지만, 전자무역에서는 무역사이트나 인터넷 정보검색을 통해 거래처를 선정한다. 둘째로 협상 및 계약체결방법이 다르다. 전통적 무역거래는 전화, 팩스, 우편, 출장을 통해 조건을 협상하고 종이계약서에 의해 서명함으로써 계약이 성립하지만, 전자무역에서는 거래조건의 조회 및 협상과 계약체결이 웹 기반 EDI나 전자우편을 통하여 이루어진다. 셋째로 전통적인 무역방식의 대금결제는 주로 신용장이나 추심방식이 이용되지만, 사이버공간에서는 전자신용카드, 전자수표, 전자현금, 전자자금이체 등이 이용된다. 넷째로 물류운송방식이 다르다. 전통적인 운송방식은 해상운송과 복합운송에 의한 물리적인 물품이동이 중심이지만, 전자무역에서는 온라인 전송방식이 이용되며, 제품의 운송과정을 인터넷상으로 확인할 수 있는 등 여러 가지 장점이 있으며 정리하면 〈표 12-6〉과 같다.

전자무역의 발달 초기에는 Paperless, Just-In-Time라는 목적 하의 자국시장(domestics market)을 서비스지역으로 하는 무역자동화에서 현재는 Worldwide를 대상으

〈표 12-6〉 전통적 무역거래와 전자무역의 처리절차 비교

전통적 무역거래	무역처리절차	전자무역
관련기관직접방문, 광고, 전시회 참가	시장조사, 마케팅	정보검색, 홈페이지, 전자 카탈로그, e-mail
거래알선기관, 유관기관 등 직접방문	거래선발굴	거래알선 사이트 등록/조회, 마케팅플랫폼
국제전화, 팩스, 우편, 출장	상담, 계약	인터넷 상담, e-mail, 인터넷전화, 팩스
종이서류, 직접방문	무역, 통관	무역자동화
신용장, D/A, D/P 및 사전/사후송금	대금 결제	무역자동화, Trade card, Bolero Project

로 전 세계의 단일전자상거래 실현을 위한 글로벌 전자무역으로 그 패러다임이 변화하고 있다. 그러나 이런 전자무역의 발전과 함께 많은 예상치 못한 문제점들이 대두되어 개선 노력이 필요하다. 구체적으로 살펴보면, 첫째, 국가 간의 법제도 정비이다. 인터넷을 통한 전자무역은 과거 무역에 걸리던 시간과 비용을 크게 줄여 국가 간의 장벽을 낮추었지만, 각국의 기업활동에 영향을 끼치는 상거래 및 무역관련법의 충돌로 원활한 전자무역에 걸림돌로 등장하고 있다. 따라서 전자무역에 관련된 각국의 공통된 법제도의 정비가 절실히 필요한 상황이다. 둘째는 전자무역의 활성화를 위한 표준기술의 개발이다. 현재 ebXML기술이 UN 등에 의해 기술 표준으로 정해졌으며, 이에 따라 표준기술의 적극적인 수용노력이 필요하다. 그러나 이러한 법적·기술적 노력이 시행되기 전에 우선적으로 전자상거래에 기반 확충의 노력이 필요하다. 원활한 전자무역이 이루어지기 위해서는 각 국가와 기업에 통신망과 기술장비가 널리 보급되어 있어야 하며, IT와 금융 이외에도 업종별 전자상거래 기반이 확충되어야 전자무역이 균형을 잡고 발전해 나아갈 수 있을 것이다.

2) 전자무역의 시장규모

글로벌 전자무역 시장규모에 대한 미국 IDC(International Data Corporation)사의 조사에 따르면, 2002년 현재 세계 전체 전자상거래 규모는 2조 2천억 달러로 추정되며 매년 약 70% 이상으로 성장할 것으로 전망되어 2005년까지 세계 B2B시장에선 2005년 4조 3,000억 달러에 달할 것으로 예측하고 있다.

현재 전자무역의 대표적인 사이트로는 Worldbid사와 Alibaba사와 더불어 Tpage Global㈜ 등이 글로벌서비스를 제공하고 있는데, 3사를 비교하면 〈표 12-9〉와 같다.

〈표 12-7〉 무역자동화와 글로벌 전자무역

구 분	무역자동화	글로벌 전자무역
추진배경	Paperless, Just-in-Time	Globalization, 전 세계 단일전자상거래
서비스 지역	Domestics	Worldwide
비즈니스표준	UN/EDIFACT	ebXML(BP, CC, Reg/Rep)
기술표준	X.400, X.435	EbXML(TRP)
사용자 S/W	Application S/W, EDI Translation S/W, Com. S/W	Internet & Web Browser
통신망	Leased Line, VAN (closed network)	Internet, Mobile Internet (open network)
사용자 유형	무역자동화 EDI 사용자	국내/해외 전자무역 사용자
서비스 제공 유형	EDI 중계서비스, EDI 변환서비스 DB 서비스 EDI 부가서비스	XML 전자문서 중계서비스 XML↔ XML ↔ EDI 변환서비스 B2B, Marketplace 연동서비스 무역/물류/통관 AS P연동서비스 PKI인증 및 인증부가서비스 국내 및 국제 금융서비스 연동 SI 및 컨설팅서비스

〈표 12-8〉 세계 및 지역별 수출 전자상거래 시장 현황 및 전망

구 분	2001		2002		2003		2004	
		비중		비중		비중		비중
세계 전체	12,336	100.0	22,312	100	39,797	100.0	67,989	100.0
북아메리카	9,086	73.7	14,952	67.0	23,390	58.8	34,564	50.8
미 국	8,641	70.1	14,113	63.3	21,872	54.9	31,890	46.9
캐 나 다	380	3.1	680	3.0	1,096	2.8	1,603	2.4

현재 국내 전자상거래 시장은 2005년까지 연평균 50% 이상 성장하여 시장규모가 716조 원에 달할 전망이다. 정부 발표에 따르면 전자상거래화로 인해 2003년 이후 매년 GDP의 0.87%인 약 4조 2,000억 원의 부가가치가 추가로 창출되어 연간 50조 원 이상의 비용절감효과를 거두는 것으로 나타나고 있다.

〈표 12-9〉 국제시장에서의 주요 업체와 그 성과

구 분	Tpage.com	Alibaba.com	Worldbid.com
운영국가	대한민국	중국	캐나다
개설 시기	1998년	-	1999년
오퍼 수	422,000개	-	700,000개
회원 수	160,000개 업체	1,600,000개 업체	273,000개 업체
카테고리	22개 업종	27개 업종	45개 업종
연간 서비스 이용료	399불	589불	239불
Global site	Global, 한국, 일본, 중국, 스페인, 프랑스, 포르투갈	International, 중국, 일본	-

〈표 12-10〉 국내 전자상거래 시장규모 전망(단위 : 조 원)

구 분	2002	2003	2004	2005
시장규모	176	300	473	716

주 : 한국 전자상거래진흥협회의 전자상거래 시장규모 증가율을 적용하여 계산

3) 경쟁사 현황

현재 전자무역의 대표적인 국내 사이트로는 Ecplaza사, Ec21사, Tpage 등이 있다. Ecplaza는 1996년 KTNET(한국무역정보통신)에서 분사한 회사로 KTNET이 국가적인 전자무역 Infra 구축에 집중하는 가운데 전자무역의 확산 및 e-Marketplace의 확장 및 전자무역의 활성화하는 역할을 담당하기 위하여 설립되었다. 초기 전자무역 발전에 일익을 담당한 이후, 해외 홍보/마케팅 역량의 감소로 인하여 국내 기업회원 위주의 전자상거래 사이트로 위상이 축소되어 가고 있는 실정이다.

Ec21은 무역협회에서 국내업체의 수출 활성화를 위하여 Ec-plaza의 모델을 기초로 하여 1997년 설립되어 해외바이어 유치 등의 많은 성과를 이루고, 무역협회의 지원을 통하여 전자무역의 발전에 기여를 하여 왔으나, 이후 해외 자본유치를 통하여 대주주가 해외기업으로 변경되어 국내 e-Marketplace 회사라기보다는 해외업체로 보는 것이 타당할 것이다. 여기에 반하여 Tpage는 가장 늦은 1998년에 코리안소스㈜로 시작한 순수 민간 기업이다.

다음의 〈표 12-11〉은 Tpage와 Ec21, Ecplaza를 양적인 면에서 비교를 한 것이다.

〈표 12-11〉 국내시장에서의 주요 경쟁사 현황

구 분	Tpage.com	Ecplaza.com	Ec21.net
개설 시기	1998년	1996년	1997년
1일 등록 오퍼수/회원수	800/200	300/50	350/100
오퍼 수(누적)	422,000개	310,000개	423,400개
회원 수(누적)	160,000개 업체	48,000개 업체	78,500개 업체
거래제안 금액(누계)	101억$(us)	-	-
연간 서비스 이용료	399불	무료	무료
Global site	Global, 한국, 일본, 중국, 스페인, 프랑스, 포르투갈, 말레이지아	International, 한국	Global, 한국, 중국, 일본, 말레이지아, UAE

4) 전자무역의 전망

향후 전자무역은 21세기 신무역 패러다임으로서, 가장 경제적이고 효율적인 무역 방법으로 자리잡을 것이다. 구체적으로는 모든 무역 프로세스의 일괄 처리, 개방형 e-Biz 국제표준 수립, 안전한 거래 보장, 저비용 달성, 편리한 사용자 인터페이스 구현을 이루어 내는 것이라고 할 수 있다. 이러한 전자무역의 비전을 달성하기 위해서는 첫째, 각종 문서의 전자화, 전자 민원처리 시스템의 구축, 물류정보 및 통관의 자동화, 전자 결제 시스템 등의 제반 무역 프로세스를 전자화하는 데 필요한 시스템 인프라가 확대될 것으로 전망된다. 둘째, e-marketplace의 활성화, 중소기업의 전자 무역화 지원, 통합무역관리솔루션(e-Trade Partner) 등의 보급을 토대로 전자무역을 확산시킬 수 있는 실질적인 기반이 구축될 것이며, 전자무역의 확산과 글로벌 연계를 원활히 수행해 낼 수 있도록 법·제도적 변화가 있을 것이다. 이와 같은 전자무역의 비전 달성을 위해서는 언제 어디서나 인터넷상의 단일창(Single Window)을 통하여 시장조사 및 아이템 선정에서 결제 및 사후처리에 이르는 모든 수출입 관련 업무를 가장 효과적이고 경제적인 방법으로 수행할 수 있는 통합적인 시스템, 위와 같은 전자무역의 모델을 통해 개별기업이 무역업무를 기업 내부 업무와 동일하게 처리할 수 있는 시스템, 365일 무역업무가 가능한 시스템과 기존의 전통적 무역 프

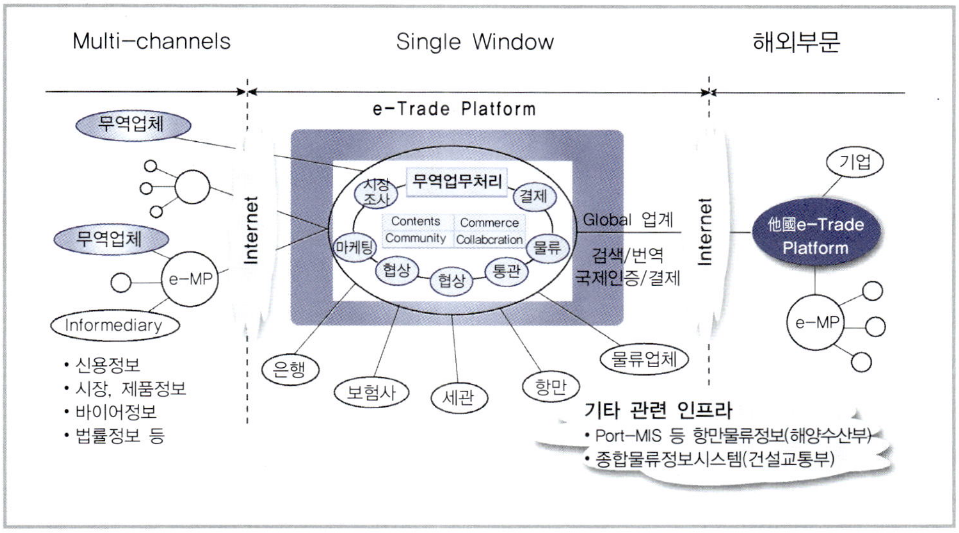

[그림 12-12] 향후 전자무역의 추진모델

로세스에 비하여 낮은 비용으로 보다 빠른 무역업무를 처리할 수 있는 시스템의 구축을 지향할 것으로 예상되고 있다.

그러나 전자무역은 아직까지 새로운 패러다임에 익숙하지 않은 보수기업이나 자금력이 약한 중소기업에게는 쉽게 받아들여지지 못하고 있다. 또한 해킹의 가능성은 전자무역의 위협요인으로 작용된다. 하지만 해킹은 철저한 보안을 통하여 충분히 예방할 수 있다. 방화벽시스템, 전자우편보안시스템, PGP, 웹 보안시스템 등 다양한 보안 시스템이 개발된 상태이며 이러한 시스템들이 보급되고 있다. 또 안전한 거래를 위하여 전자지불시스템 보안, 전자화폐 보안 등이 이루어지고 있다.

4. Tpage의 전자무역 비즈니스 모델

전자무역업체들의 일반적인 비즈니스 모델은 크게 사이트 내의 Platform을 이용하는 이용료와 무역대행을 통한 대행 수수료, 솔루션 판매 등으로 구분되는데, T-page Global㈜의 수익모델은 Buyer와 Seller에 대한 정보를 제공하고 중개자적 역할에서 정보이용료를 취하는 형태를 택하고 있다. 물론, 단순히 무역에 관한 정보만을 제공하는 것이 아니라 실제 거래가 일어날 수 있는 marketplace를 제공하는 e-trade의 전문기업이다. 정보이용료는 1년에 Economy $99, Premium $399으로

〈표 12-12〉 Tpgae Global 수익 창출원

수익원 종류	내 용
사이트 유료화	2002년 11월부터 Tpage.com 사이트 유료화 1년에 $99, $399의 요금으로 각각 구별하여 부과하는 정액 요금형. 추후 유료사이트라는 점을 전제로 부가서비스를 제공 준비 중
수출입 무역 대행	수출입 희망 업체의 제품을 국내외로 무역 대행
정 보 사 업	정부와 연계하여 프로젝트 별 매출 창출
B2B 솔루션 판매	web상에서 제품 거래를 돕는 솔루션 판매

정액 요금형이다. 이를 통해 양질의 Buyer, Seller 정보를 접할 수 있게 된 고객들은 무료사이트 운영 시 일일 거래 제안이 2,000건, 그 중 거래성사가 1~2건에 그쳤던 반면 유료사이트 운영을 통해 일일 200건의 거래제안에 20건의 거래 성사라는 성과를 얻어내게 되었다. 현재는 거래 성사에 따른 수수료는 부과하고 있지 않으나 수수료 부과 모델로의 발전된 모형으로 진화할 수 있는 기반을 가지고 있다. 현재 Tpage Global㈜ 외에 다른 상당수의 e-business관련 기업들이 수익모델 창출에 실패하여 기업의 존속 자체가 위협받고 있는 상황에서 Tpage Global㈜은 상대적으로 탄탄한 수익모델을 구축하여 사업을 전개해 나가고 있다.

e-marketplace업계 선두로서 Tpage Global㈜이 입지를 굳힐 수 있었던 데는 어떤 특별한 차별화가 있었던 것인지 비즈니스 모델이 운영 프로세스와 살펴보도록 한다.

1) 비즈니스 모델의 운영 방식

T-page Global㈜의 특징은 buyer와 seller 간의 거래조율과정에 있어서 서로의 계약 이행과 성실성의 정도가 T-page Global㈜의 신용도로 인식될 수 있다는 점에서 고객에 대한 적절한 조치가 보다 나은 사업성과를 가져온 것이라고 할 수 있다. Tpage Global㈜의 무역거래 알선과정을 그림으로 나타내면 [그림 12-13]과 같다. 이는 Buyer와 Seller를 국내와 해외로 표현하였는데, 바로 Buyer와 Seller를 연결해 주는 역할을 하는 것이 무역 포탈/e-marketplace 제공자로서의 Tpage Global㈜의 역할이다.

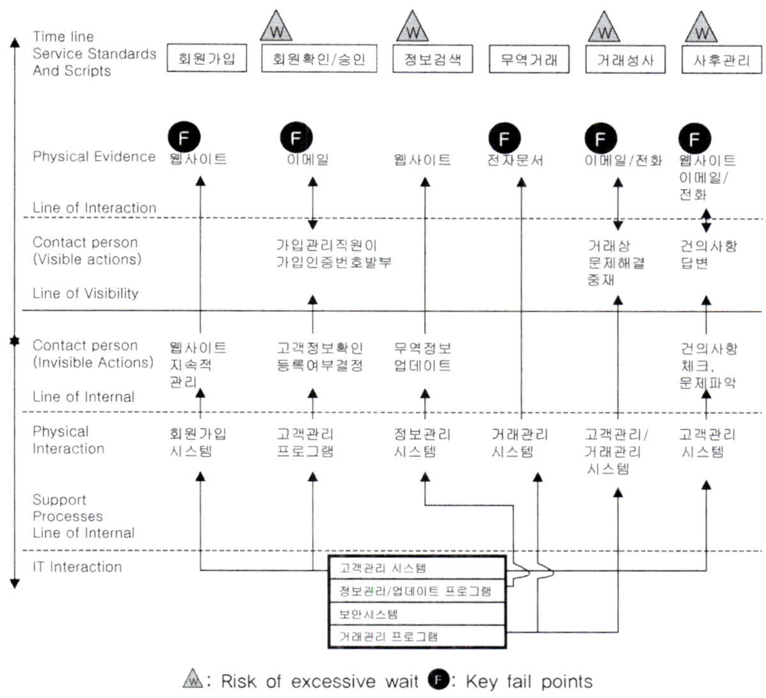

[그림 12-13] Tpage Global㈜ 서비스 제공과정

① **회원 가입 및 회원 승인** : T-page Global㈜ 사이트에 회원으로 가입하기 위해서는 회원 가입 승인 절차가 있기 때문에 정확한 고객정보를 얻을 수 있다. 회원가입을 원하는 사람들은 정확한 이메일을 기재하고 가입 승인번호를 부여받게 된다. 승인번호를 회원가입 페이지에 정확히 기입하여야 비로소 가입 승인이 완료되며 이 과정에서 고객이 승인을 위해 기다리는 시간이 길어질 수 있다는 점이 위험 요소로 작용할 수 있다. 하지만 본 과정은 정확한 고객정보 확보라는 점에서 좋은 결과를 얻게 해 주고 있다. 실제로 Tpage Global㈜의 유료화 이후 철저한 고객정보 검증을 통해 인증받은 회원 간의 거래에 있어 성사율이 높아진 것으로 나타나고 있다.

② **무역 거래 및 거래 성사** : ⓐ 정보등록 및 획득 - 회원가입이 완료되면 고객은 Meta Search기술과 Auto Multi Posting 시스템을 이용해 다른 무역사이트에 자동으로 정보가 등록되고, 타 사이트의 무역정보를 얻을 수 있다. 이때 seller

입장이라면, 전자 카탈로그 등록 및 엑스포 참여를 통해 제품과 회사를 홍보하는 기회를 얻게 된다. Buyer 입장에서는 자신이 원하는 제품을 카테고리분류에서 쉽게 찾을 수 있을 것이다. ⓑ 거래제의 및 협상 - 원하는 거래처를 찾으면, My Tpage 기능을 이용해 거래제의 메일을 보내고, 계약을 위한 협상에 돌입한다. My Tpage 기능을 통하여 모든 무역절차에 이용된 서신과 거래처 정보 등을 쉽게 관리할 수 있다. Buyer와 Seller 간의 무역거래에 있어 중재자로서의 역할을 하는 T-page Global㈜은 거래자 간에 계약상의 문제가 발생하였을 경우 피해자가 책임을 물어오는 경우가 발생할 수 있다. 직접적으로 T-page Global㈜ 측의 잘못이 아니라 하더라도 서비스 제공자로서 실제 거래를 주도하는 거래 주체로 보일 수 있기 때문에 이에 대한 적절한 대응도 필요하다. 따라서 회원의 무역거래 진행 중에도 철저한 고객정보 확인 및 정기적인 거래과정에 대한 모니터를 통해 서비스 실패를 최소화하는 작업을 한다.

③ **사후 관리** : T-page Global㈜의 사이트를 통해 일회적 거래를 성사시킨 고객으로 하여금 재구매 욕구를 불러 일으킬 수 있도록 지속적 회원관리를 하는 것 또한 중요한 요소이다. T-page Global㈜의 경우 지속적으로 이메일, 전화 등을 통해 고객관리 마케팅을 수행하고 있으며, 고객들의 거래 이후 불만에 대한 처리를 위한 시스템을 마련해 두고 있다. 이러한 과정을 통해 고객의 서비스 만족도를 높이고 충성도 높은 고객을 늘려가도록 하는 것이 Tpage Global㈜의 과제라 할 수 있다.

2) 비즈니스 모델의 차별적인 특성

이러한 운영방식은 어떠한 차별화 포인트가 있는가?

첫째, 고객 층의 특성화라고 할 수 있다. 여타 업체들이 e-Marketplace의 제공과 더불어 정부 및 대기업을 대상으로 무역 정보를 매매하는 데 비해 Tpage Global㈜은 중소기업을 대상으로 해외판로를 개척할 수 있도록 다국어로 지원되는 e-Marketplace를 제공하고 있다. 또한 여타 B2B 무역 포탈과 다르게 해외기업이 전체 고객의 80%를 차지하고 있을 만큼 해외기업의 비중이 높다는 점이다. 실제로 Tpage.com 사이트는 영어, 한국, 말레이시아, 일본, 중국, 스페인, 포르투갈, 프랑스 등 각국의 언어로 운영되고 있어 해외 고객들의 접근을 용이하게 하고 있다. 이를 통해 국내 중소기업의

〈표 12-13〉 Tpage Global 고객 특성

기준 속성	T-page Global㈜ 고객 특성
전체 회원 규모	16만 회원
1일 방문자 수	3만 회원
오퍼 등록량	40만 건
고객 분포지역	해외기업 80%, 국내기업 20%
고객사 규모	중소기업 80%, 대기업 및 기타 20%
고객사 업종	사이트 내 22개 기업 분류 체계 중 17%가 전기전자 업체
기 타	40% 이상의 등록고객이 Buyer

해외판로 개척을 용이하도록 돕고 있다는 것이 주목해 볼 점이다.

둘째, T-page Global㈜은 업계 최초로 유료화를 단행하였다. 이러한 전략적 의사결정에 이르게 하는 근거로 고객대상 설문을 통한 욕구조사가 뒷받침되었기 때문이다. 유료화 이전 고객대상 설문결과에 의하면 전체 고객 중 55%는 무료 운영, 45%는 유료화를 원하고 있는 것으로 조사되었다. 유료화를 원하는 고객 중 25%가 요금에 상관없이 질 높은 정보를 접하는 데 더 큰 의의를 두는 것을 파악하고 이런 고객층에 사업의 초점을 맞추게 되었다. 즉, T-page Global㈜의 고객들 중 대다수가 고급 무역정보를 접할 수 있는 반대급부로써의 유료화는 감수해도 무방하다는 자세를 보인 것이다. 단, T-page Global㈜의 대개의 고객은 중소기업인 경우가 대다수이다. 따라서 과다한 요금에 대해서는 부담이 될 수 있으므로 무역정보를 수집하는 단계에서는 최소한의 부담을 주고, 실제 거래성사 이후에는 적정사용료를 부과하는 누진적 유료화를 추진함으로써 무역거래 성사율은 더욱 높아지는 결과를 낳게 된 것으로 나타났다.

셋째, 사용자 중심으로 서비스를 제공하였다는 것이다. 자체 기술역량을 확보하여 철저한 고객욕구(needs)를 분석하여 고객이 원하는 정보를 'My Tpage' 기능을 통해 확인할 수 있도록 하고 있다는 것이다. 다른 전자무역사이트와 차별적인 고객서비스를 정리하면 〈표 12-14〉와 같다.

〈표 12-14〉 Tpage의 서비스 기능 설명

기 능	내 용
Auto Multi Posting	오퍼를 한번에 여러 무역사이트에 자동 등록을 시켜주는 기능 여러 B2B 사이트에 오퍼를 한번에 등록시킬 수 있다. Premium 및 Economy 유료회원만이 사용할 수 있다. 1일 1회 사용 가능
Meta Search	전 세계에 등록되어 있는 무역 오퍼들 중에서 티페이지의 고객들이 원하는 검색어를 입력하면 고객이 직접 해당 사이트를 방문하여 오퍼를 검색하는 것과 같은 내용을 티페이지에서 한번에 검색을 할 수 있도록 지원해 주는 기능
World Trade Expo	온라인 상에서 실제와 같은 박람회를 관람할 수 있는 기능 Interactive한 화면 구성과 User Friendly한 시각적 레이아웃 구성 바이어와 셀러의 효과적인 온라인 만남의 장이다. 현재 Tpage Standing Expo를 관람할 수 있다. Tpage Standing Expo는 Tpage 회원이면 누구나 참가할 수 있다.
Booth 제작관리	World Trade Expo에서의 Booth 제작 기능과 미니홈페이지의 기능 Booth에는 회사로고, 소개, 연혁, 연락처 등과 카탈로그가 나타남. 관람자는 이곳에서 Booth manager와 미팅을 예약과 채팅 가능
Catalog 제작관리	홍보 제품의 카탈로그를 만드는 기능 Showroom 및 Tpage Standing Expo에 카탈로그가 이용된다.
검색엔진 등록관리	인터넷 홈페이지를 국내/해외 유명 검색엔진에 자동등록 기능 티페이지에서 대략 30여 개 이상의 검색엔진에 자동으로 등록

3) 향후 지향하는 비즈니스 모델

앞에서 소개한 바와 같이 Tpage Global㈜은 e-Marketplace 업체로서 구매자와 생산자 간의 중개 고리역할을 담당하고 유통하는 유통업자형으로 볼 수 있다. 그러나, Tpage Global㈜이 궁극적으로 도달코자 하는 형태의 business 모델은 one-stop service로서 Tpage Global㈜의 web상에서 모든 무역거래가 이루어지는 것으로 구매자와 판매자 모두 은행, 보험, 물류 등을 따로 처리해야 하는 불편을 해소할 수 있으며 기존 오프라인 업체와의 네트워크 구축을 통해 강력한 온·오프라인 인프라를 구축할 수 있다는 특징을 가진다. 이런 전자 무역 자동화가 이루어질 경우 "기존 수출에 있어 건당 133,420원이던 거래비용을 81% 절감하여 25,320원으로, 수입에 있어 건당 98,820원이던 것을 79% 절감하여 20,950원으로 줄일 수 있다는 효과를 기대할 수 있다는 것(2001.11.29 매일경제)" 이 내부 담당자들의 설명이다.

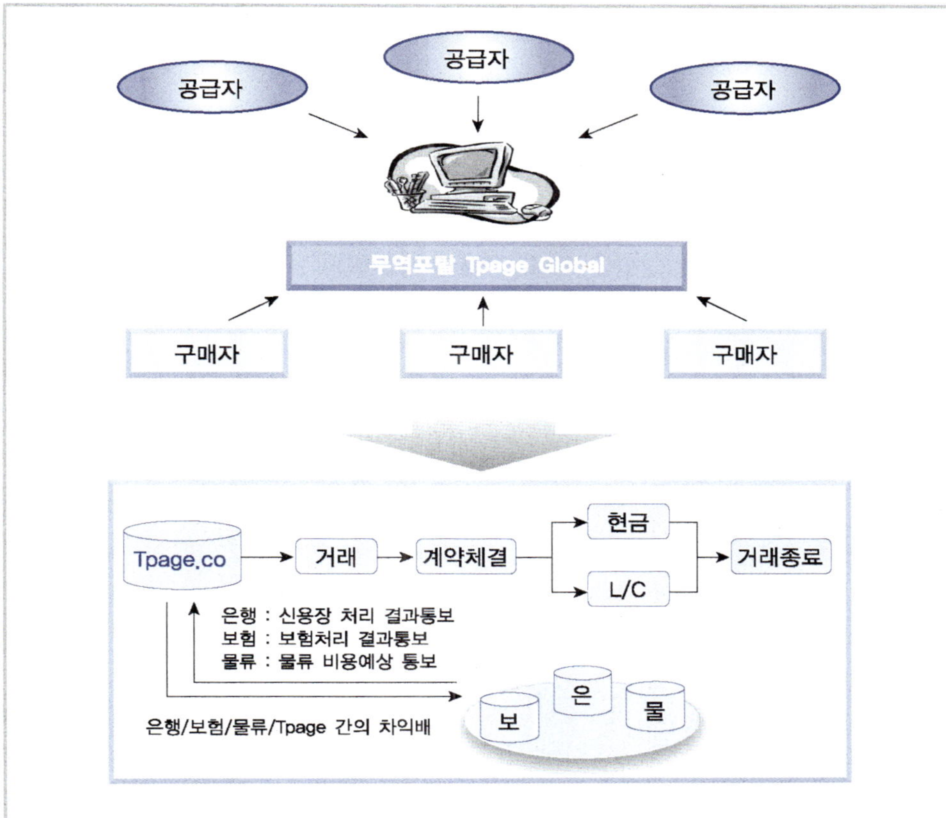

[그림 12-14] Tpage Global의 향후 사업 개념도

또한 Tpage Global㈜의 비즈니스 모델의 지향점은 타 e-Marketplace와의 차별화를 더욱 강화하고, 안정적인 수익기반을 구축하기 위한 것으로 볼 수 있다. 또한 사업의 추진 동력 및 상승 효과를 강화하기 위한 정책당국 및 관련 업계들과의 전략적 제휴 및 협력 관계도 매우 중요할 것으로 판단된다. 좀 더 구체적으로 앞서 언급한 one-stop service를 목표로 Tpage Global㈜이 추진해 나갈 사업 내용을 요약해 보면 다음과 같다.

첫째, 사이버 박람회의 활성화이다. Tpage Global㈜은 그 동안 자체 프로젝트의 개발을 통하여 축적된 기술과 운영의 노하우를 접목한 사이버 박람회 시스템을 2003년 6월에 오픈하여 현재 시범 테스트 운영중이다. 박람회는 고객들이 해외 마케팅에 가장 적극적으로 이용하는 수단으로 각광을 받고 있다. Tpage Global㈜은 지금까지의 박람회와는 다르게 오프라인에서 진행되는 것을 온라인으로 옮겨와 같은 주제를 가지고 온/오프라인에서 박람회를 동시에 진행할 수 있도록 하였다. 특징적인 면은 오프라인에서 진행되는 박람회를 온라인에서 사전에 진행할 수 있도록 하는 것이다. 즉, 오프라인에서 진행되는 박람회 기간 중에는 실구매자들이 바로 구체적인 거래 제안을 할 수 있도록 지원하는 것이다. 따라서 고객들은 사이버 박람회를 통하여 제품과 이에 대한 상담을 하고, 이후 오프라인 박람회에서는 직접적인 제품확인 및 구매행위를 할 수 있어 시간과 비용을 절감할 수 있게 되는 것이다. Tpage Global㈜은 이 사이버 박람회를 통해 참가비와 관람료를 징수함으로써 새로운 수익 모델로 정착을 시키고자 하는 것이다.

둘째, 거래 수수료의 징수시스템이다. 현재 Tpage.com을 통한 무역거래 제안 금액이 100억$을 넘어서고 있다. 이는 우리나라가 수 십년 동안 경제개발 계획을 통하여 이루었던 것을 단 4년 만에 이루어 놓은 쾌거가 아닐 수 없다. 이러한 무역거래 제안 금액을 바탕으로 Tpage Global㈜은 단순한 거래 알선 기능에 머물고 있는 현재의 시스템을 업그레이드시켜 명실상부한 사이버무역의 중개자의 권한 행사를 해나가겠다는 계획이다. 그래서 준비한 것이 Tpage.com 사이트를 통해 발생하고 있는 실거래에 대한 수수료 징수 시스템이다. 이 시스템은 2003년 10월 이후에는 본격 가동되어 Tpage Global㈜의 새로운 수익모델로 자리를 잡아갈 것이다. 여기서는 한 가지 해결해야 할 문제점이 있는데 이것이 바로 무역 사기이다. 전자무역의 최대 맹점이 사기에 대한 대처 능력이 미비하다는 것인데, Tpage Global㈜에서는 이미 은행권과 연동하여 지불 및 거래를 보증할 수 있는 시스템에 대하여 준비 중인 상태이다. 이러한 시스템의 발전은 국내 은행들이 세계적인 은행으로 성장할 수 있는 원동력이 될 것으로 판단하며, 우리나라에서도 세계적인 은행이 나와야 할 시점인 것 같고 거기에 Tpage Global㈜이 일조를 할 것으로 판단된다.

셋째, One-Stop 전자무역시스템의 완성이다. 앞서도 언급했지만 이 시스템은 무역 비즈니스의 One-Stop Service를 구현하기 위한 첫 걸음이라고 볼 수 있다. 진정한 전자무역의 꽃이라고 말할 수 있는 이 시스템은 Tpage Global㈜에서 준비 중인 시스템 중에서 가장 힘들고 어려운 부분으로 손꼽힌다. Tpage Global㈜은 이를 위하여 은행, 보험, 물류사와 공동으로 시스템 개발에 착수하여 3년간의 연구 개발 끝에 완성단계에 이르렀다. 이 시스템을 이용하게 되면 수출업자는 그 동안 수출을 위하여 최소 15일 이상이 걸렸던 업무를 최대 7일 이내에 완료하게 되고, 그 동안 담당자들이 직접 뛰어 다니던 업무를 인터넷을 통하여 클릭만 하면 업무처리가 진행될 수 있다는 것이 내부 담당자들의 설명이다.

5. Tpage Global㈜ 발전의 핵심요인

Tpage의 성공요인은 앞서 살펴본 Tpage Global의 비즈니스 모델이 현재까지 발전할 수 있었던 원동력을 전략측면, 마케팅측면, 기술측면, 조직측면, 그리고 리더십측면의 다섯 가지 기준으로 살펴보자.

1) 전략측면 : 시장 흐름파악과 시기 적절한 시장진입

Tpage.com의 서비스를 개시하던 98년은 국내외적으로 인터넷에 대한 강한 관심이 고조되던 시기였다. 이러한 시기에 무역검색 엔진이라는 용어를 도입하며 자체 개발한 Trade Searching System을 서비스하기 시작한 것이 Tpage Global㈜에게 주효하였다.

이후 유사한 서비스로 시장에 진입하는 대기업을 포함한 다수의 경쟁자들에 대해서도 선점기업으로서의 이점을 통해 시장에서 입지를 굳혀 갈 수 있었다. Tpage Global㈜이 시기 적절하게 시장에 대응, 진입하였다는 것은 달리 말하면 지속적인 개발노력을 하였다는 것을 의미한다.

2) 마케팅측면 : 중소기업 고객 욕구(needs)의 충족

무역정보를 누가 장악하는가는 정보권력을 의미하므로 어떠한 정보가 어디에 있는지, 얼마나 빨리 정보를 획득할 수 있는지가 사업의 성패를 좌우한다. 인터넷이 생활의 편리함을 영위할 수 있게 해주는 도구로 이용되면서 무역거래 정보수집의 장이 인터넷으로 전환되었다. 판매자들은 홍보를 위한 수단의 하나로 자신의 사이트를 자발적으로 yahoo에 등록한다.

새로운 홈페이지가 yahoo에 등록을 하면서 마케팅을 시작하듯이 무역정보와 거래를 원하는 기업들은 Tpage에 자사를 등록하고 활발한 무역거래를 할 수 있게 되는 것이 바로 Tpage의 비즈니스 개념이다. 사이트링크를 통해 사람들의 방문을 기다리는 것처럼 자사를 홍보하고 싶은 기업들은 Tpage.com에 등록을 하고 적극적으로

buyer와 seller를 찾아 나서는 것이다.

더불어 Tpage Global㈜의 주요 고객들은 해외판로 개척 비용을 자체적으로 충당하기 어려운 중소기업이다. 앞서 강조하였듯이 Tpage Global㈜의 서비스에 있어서 고객은 가장 중요한 요소라고 할 수 있다. 일반적으로 대기업은 여러 개의 비즈니스를 동시에 진행하기 때문에 개별 비즈니스가 기업전체 사활에 미치는 영향이 비교적 약하다고 할 수 있다. 그러나 중소기업의 경우 비즈니스 자체가 기업 존속과 직결되어 있어 하나의 무역거래 성사는 중소기업에게 큰 의미를 부여하는 것이다. 하지만 국내 중소기업이 외국의 유수 박람회에 참가하여 마케팅을 펼치는 것은 큰 부담이다. 이러한 중소기업체들의 딜레마에 착안하여, Tpage Global㈜은 웹상에서 보다 편하고 저렴하게 무역정보를 접하고 거래를 성사시킬 수 있도록 한 것이다. 철저히 고객의 욕구(needs)에 부응하는 비즈니스 모델을 수립하였다고 볼 수 있다.

3) 기술측면 : 자체 기술력 보유

Tpage Global㈜의 가장 큰 강점 중 하나는 자체적으로 기술력을 보유하고 있다는 점이다. 무역정보 검색엔진이라는 인터넷 기반 사업을 진행함에 있어 기술력은 중요한 요소이므로 외부 인력에 아웃소싱을 주기보다는 자체적으로 기술인력을 보유함으로써 신속한 의사결정을 도모하였다. '99년초 현재의 엔지니어를 영입하면서 프로그래머, 웹 디자이너 등도 갖추게 되었다. 그리고 초기 비용 투자를 통해 엔진과 서버를 구축하고 데이터베이스를 수집하기에 이르렀다. 검색엔진이 완성된 후에는 조금씩 마케팅을 통해 알려가는 동시에 충분한 데이터베이스 확보를 위해 노력하였다. Tpage Global㈜ 사이트의 유용성은 보여주기 식의 시각적 효과가 아니라 정보의 중요성을 기반으로 하고 있다는 데에서 찾아볼 수 있다. 고객들이 보다 편리하게 사이트를 이용하고 거래를 할 수 있도록 사이트를 구성하는 동시에 충분한 데이터베이스를 확보하는데 주력하였다. 충분한 데이터베이스 확보 및 정보 분석기술의 유용성은 이후 사이트 유료화 이후 오히려 거래성사 건수가 늘어나는 현상을 빚은 데서 볼 수 있듯이 무역거래에 있어 중요한 것은 정보 자체의 중요성이라는 점으로부터 입증되었다. Meta search와 Auto multi-posting을 자체 개발하여 현재 특허출원 중이다.

4) 조직측면 : bottom up 의사교류

조직의 규모 확대에 따르는 심각한 문제점 중의 하나는 조직 내의 의사소통체계의 변화이다. 소규모업체일 때에는 조직원 간 커뮤니케이션이 이루어지기가 상대적으로 용이하나 점차 기업이 규모를 갖춰 감에 따라 하부에서 상부로의 의사전달은 어려워진다. 이런 시기에 적절한 조치를 취함으로써 원활한 커뮤니케이션을 이어가야 향후 사업진행에 있어 차질이 빚어지지 않을 것은 자명한 사실이다. Tpage Global㈜은 이러한 전환점을 포착, 적절한 대응을 하였다. 조직원 사이의 의사전달을 위한 장을 웹상에 마련하고 수시로 커뮤니케이션이 이루어지게 하였던 것이다. 서로의 아이디어를 격의없이 교류하면서 사업 진행에 있어 하부의 의견 하나까지 상부로 전달되는데 여과과정없이 하여 그 효율성을 높였다. 또 한 가지 매달 정기적으로 전 조직 구성원이 공유하는 업무 이외의 여가생활을 통해 단합의 의미도 되새기는 바탕으로 삼고 있으며 매일 아침 morning date를 통해 하루를 시작하면서 전조직원이 담소를 나누며 또 하나의 의견교류의 장이 되도록 하고 있다.

5) 리더십측면 : 강력한 리더십

Tpage Global㈜의 가장 강력한 성공요인은 CEO의 혜안과 이로부터 비롯된 강력한 리더십이라고 할 수 있다. 사업초기, 대외적으로는 오프라인의 무역박람회 참여에 비중을 두고 있으면서 다른 한편으로는 본격적인 온라인 진출을 위하여 Tpage.com의 개발을 동시에 진행하고 있었다. 국내 박람회의 호응에 힘입어 참여했던 해외무역박람회에서 중국과의 제품경쟁에서 밀려 고전하는 위기 상황이 닥쳤을 때, 이전부터 준비해 오던 T-프로젝트(현재의 Tpage Global㈜의 무역 검색엔진 서비스)를 개시하면서 고난의 시기를 유연하게 넘길 수 있도록 하였다. 이상의 다섯 가지 요인은 Tpage 발전의 핵심 성장요인이라 할 수 있다.

6. Tpage의 새로운 도전과 대응전략

1) 새로운 도전과 위기

Tpage Global㈜의 최근 목표는 국제무대에서 인정받는 전자무역 회사로 발전하는

〈표 12-15〉 Tpage Global 향후 전략방향

~2002	2003~2004	2005~
기반 구축기 Infrastructure	도약기 Take-off	성장단계 Growing Stage
성공적인 진입 Successful Entrance for Global e-Trade platform	수익창출 Profit Creation & Acceleration	시장선도 Global B2B & B2C Market Leader
• e-Trade 기반구축 및 Business Portal 기반구축 • On&Off Line형 전자 무역시스템 구축 • 전 세계 12만 회원 확보	• 고수익형 사업구조 강화 (Quality 중시) • Strategic Alliance 강화 - B2B + B2C Synergy - On&OfflineInfra 기반강화 • KOSDAQ 상장추진	• Global e-Trade top으로 Take- off • World Leader in B2B • e-Trade Infra Upgrade • NASDAQ 상장추진

것이다. 이를 위해 새로운 비전과 세부 추진전략을 재정비하였다. 우선 창업시점부터 2002년까지를 사업기반구축기로, 2003~2004년을 회원 24만 명 확보를 목표로 하는 도약기, 2005년 이후를 성장기로 가정하여 3년 안에 100만 회원 확보를 목표로 삼았다.

그러나 이런 원대한 Tpage Global㈜의 중장기 계획은 업계의 특성상 기술발전 및 시장변화 등의 다양한 위험들이 도사리고 있다. 첫째, 신기술의 도입(대체기술의 위협)을 들 수 있다. 과거 VAN기반의 EDI 방식인 무역자동화시스템을 보다 경제적인 인터넷 방식으로 전환하는 소극적인 개념을 넘어 ebXML을 비롯한 최신 정보기술의 도입이 표준화되고 있다는 것이다. ebXML과 로제타넷 등 전자상거래 표준이 본격적인 상용화 단계에 들어섬에 따라 XML 기반 비즈니스 응용솔루션 수요에 대한 기대감이 높아지고 있다.

이에 따라 그 동안 XML DB, XML 에디터 등 XML 기술축적에 주력해온 관련 업체들이 XML 응용솔루션에 집중하고 있는 상황이다. 특히 XML 기반 '기업간 전자상거래(B2B)', '기업간 이 기종간 시스템통합(B2Bi)', '기업내 이 기종간 시스템통합(EAI)' 등 상대적으로 부가가치가 높은 응용솔루션 개발에 무게를 두고 있으며, 점차 ebXML이 세계적 표준 솔루션으로 자리잡아가고 있다. 국제적인 표준화 동향에 발맞추지 못하면 경쟁에서 도태될 것은 자명한 일이다. 이에 따라 Tpage Global㈜ 역시 XML 베이스 개발을 통해 향후 국제 표준화나 정책변동에 대비해야 하며, 기술부문에 대한 투자가 요구될 것이다.

〈표 12-16〉 XML과 VAN/EDI의 차이점

기준 속성	XML	VAN/EDI
사용 회선	인터넷망	한국통신의 전용망
전송량	한 record의 길이에 제한 없음	한 record 길이 80Byte 제약
전송 형식	전송되는 자료의 형식에 제약이 없다	데이터로만 전송이 가능하다.
전송 방식	인터넷을 이용한 전송	지원하는 전용망을 통한 전송
사용의 편리성	쉽게 자료를 수정하고 교환	전문가(프로그래머)의 지원이 필요
이 기종 간의 연동성	매우 우수함	제약사항이 많음

둘째, 기존 운영방식의 한계를 들 수 있다. 기존의 운영방식은 프로토콜 방식, 암호화, HTML방식을 사용하고 있는데 이것만으로는 실질적 구현에 필수적인 표준화, 전문인력, 결제, 보안, 인증시스템 등 전자무역서비스에 완전한 안정성을 기대하기는 어려우며, 정보의 신뢰성에도 의문이 생기므로 세심한 주의를 기울이지 않으면 낭패를 볼 수 있다. e-Marketplace는 등재된 구매자나 공급자의 신용을 검증할 수 있는 장치가 미흡하기 때문에 별도로 거래 상대방에 대한 신용조사를 하지 않을 경우, 혹은 정상적인 거래절차에 따라 거래방법 및 계약조건을 꼼꼼히 살피지 않으면 무역사기를 당할 위험성이 높아진다. 계약체결 이후 단계의 무역처리절차 자동화를 위한 EDI는 아직 서비스가 인터넷으로 보급되지 않아 기본 인프라 구축에 많은 비용이 들어 대기업이 주로 사용하고 있으며 중소기업은 이용률이 낮다. 그렇지만 전자무역이 본격화될 경우 막대한 비용 절감이 가능할 것으로 보이므로 지속적으로 관심을 가지고 보완해 나가야 할 분야라고 할 수 있다.

셋째, 경쟁사의 용이한 모방 가능성을 들 수 있다. 전자무역회사는 '인터넷 기반'이라는 특성 때문에 비교적 진입장벽이 낮고 모방가능성이 높다. 일례로, Tpage Global㈜에서 오랜 시간 동안 심혈을 기울여 개발한 카테고리 분류법, 효과적인 사이트의 배열, 서비스 분류체제 등을 웹 상에서 복사해서 도용한 경우가 있었다. 인터넷 홈페이지상에 복사해서 올려 놓기만 하면 외관상의 모습이 갖춰지기 때문에 업계의 선두주자라고 할 수 있는 Tpage Global㈜ 사이트를 수많은 타 기업들이 그대로 모방하고 있는 실정이다.

2) 경쟁력 확보를 위한 과제

Tpage Global㈜은 위에서 언급한 많은 도전들에 대처하기 위해서는 몇 가지 시급히 해결해야 할 과제들을 안고 있다.

첫째, 글로벌 차원에서의 인재 확보이다. 시장 및 기술변화의 추세를 읽고 이에 대처하기 위한 경영기획 및 기술인력의 확보가 시급히 해결되어야 할 과제이다. 또한 우수인재를 선발한 후에도 자발적으로 몰두할 수 있는 환경을 조성이 요구된다. Tpage Global㈜은 매일 아침 외국어 강좌를 통해 사원들이 기존에 가지고 있는 능력은 물론 자신의 잠재된 능력까지도 발휘할 수 있는 의욕적인 분위기를 조성하였다. 이외에 2003년 하반기부터는 글로벌 인턴십 프로그램 운영을 통해 예비 핵심인재 양성에도 나설 계획이다.

둘째, 환경 변화에 대응하기 위한 글로벌 네트워크의 구축이다. 전자무역은 성장기에 있는 산업이므로 내부의 경영역량도 중요하지만 외부의 환경요인에 더 큰 영향을 받을 수 있다. 때문에 환경변화에 대한 대처가 중요하다. 최근 우리 정부는 개별적으로 추진하고 있는 '아시아유럽(ASEM) 전자무역 네트워크 구축사업' '한일 e트레이드 허브사업' '범 아시아전자무역 네트워크사업(PAA)' 등 3개의 지역 시범사업을 연계하는 3각 전자무역 협력벨트를 구축하기로 하였으며, 특히 이 3각 벨트를 통해 우리나라가 전 세계에 전자무역의 표준모델을 제시 · 선도해 나간다는 계획이다. 이에 따라서 정부의 전자무역에 대한 투자와 지원도 활발해질 전망이다. 정부정책은 전자상거래 활성화 및 무역 · 물류 업무의 '종이 없는 무역환경'을 구현하기 위해 추진되고 있고 일반 무역업무 및 국제 대금결제 업무의 전자적 처리에 이어 비즈니스 프로세스 · 업무모델링 · 표준체계 · 인프라 구축 등을 구현하는 것이 궁극적인 목표이다. Tpage Global㈜은 전자무역의 중심기업으로서 정부의 목표에 적합한 프로세스를 구축할 필요가 있다. Tpage Global㈜이 국내 글로벌 전자무역의 중심 Hub로서 역할을 수행하기 위해서 이종 및 동종업계 글로벌 네트워크 구축이 필수적이다. 이를 위해서는 다양한 분야의 전략적 제휴 및 협력관계 형성이 필요할 것이다. 다행히도 현재 Tpage Global㈜은 유수의 화물, 은행, 보험사와 손을 맞잡고 Tpage Global㈜ 안에서 모든 전자무역을 한번에 처리할 수 있는 One Stop System을 개발 중이다.

마지막으로 상시화된 조직혁신프로세스의 구축이 필요하다. Tpage Global㈜만의 도전적이고 혁신적인 기업문화를 정착시키기 위해서는 다음과 같은 몇 가지 핵심사항이 포함되어야 한다. 첫째, 위기의식의 형성이다. 위기의식은 경영환경에 대한 명확한 이해로부터 출발해야 하며 경쟁환경, 시장위치, 기술추세 등과 같은 외부환경과 조직구조, 시스템, 조직문화, 성과 등과 같은 내부환경을 정확히 이해할 때 조직이 나아가야 할 방향 또한 정확히 진단할 수 있다. 둘째, 구성원들 간의 변화에 대한 공통된 시각과 참여의 분위기가 마련되어 강력한 혁신주도 그룹을 형성해야 한다. 이를 위해서는 조직구성원 간의 긴밀한 커뮤니케이션, 뚜렷한 목표의식, 가시적인 성과와 그에 따른 적절한 보상이 요구될 것이다. 셋째, 구성원들에게 동기부여를 위한 도전적이고 명확한 목표를 제시해 주어야 한다. 특히 이런 목표 및 비전 제시를 통해 경영층은 모든 의사소통을 자유로이 사용해야 하며 그러기 위해서는 수직적 상하관계가 아닌 수평적이고 개방된 사내 분위기가 형성되어야 한다. 조직이 혁신을 이루는 데 있어서 가장 중요한 것은 시스템이나 구조가 아닌 사람으로서, 혁신의 실체는 바로 구성원 개개인의 혁신인 것이다. 이러한 성공적인 혁신 프로세스와 인프라 구축을 위해서는 Tpage Global㈜만의 혁신적이고 도전적인 기업문화 정착이 필수적이다. 혁신을 효과적으로 이끌어 내기 위해서는 구성원들의 동기부여를 위한 도전적이고 명확한 목표를 제시해야 한다.

토의질문

01 Tpage Global㈜이 성공적인 전자무역 사이트로 성장할 수 있었던 핵심역량(core competence)은 무엇인지에 대해 논하시오.

02 향후 전개되고 있는 전자무역의 경영환경 및 기술변화에 대처해 나가기 위한 세부 대응전략에 대해 논하시오.

03 Tpage Global㈜의 차별적인 수익원과 비즈니스 모델에 대해 논하시오.

찾아보기

[저자소개]

■ 김 영 수

- 고려대학교 경영학과 졸업
- 미 남가주대학교(University of Southern California) 행정학 석사
- 미 보스톤대학교(Boston University) 경영학(경영전략/인사조직전공) 박사
- 미 아시아경영연구소 선임연구원
- 삼성경제연구소 수석연구원
- 현재, 숭실대학교 경상대학 벤처중소기업학부 학부장

  한국전략경영학회 이사

  한국산업교육학회 상임이사

  삼성경제연구소 SERI Fellow

  현대경제연구원 자문교수

  전국경제인연합회 IMI 자문교수

〈주요 저서〉

사례로 배우는 e비즈니스 II(전국경제인연합회), e-비즈니스 바이블(세종서적), 불독과 립스틱: e-volov(세종서적), 초일류기업현장리포트(삼성경제연구소), 전략적 아웃소싱개론(고려아카데미), 핵심기능만 빼고 전부 아웃소싱하라(삼성경제연구소) 외 다수

■ 정 동 섭

- 부산대학교 경영학과 졸업
- 부산대학교 경영학 석사 및 박사
- 삼성그룹 근무
- 벤처기업 테크맥 전략기획 이사
- 현재, 경성대학교 경영학부 교수

  경성대학교 종합인력개발원 원장

  한국인적자원관리학회 편집위원

  부산정보산업진흥원 전문위원

〈주요 저서〉

조직행동(삼영사), 경영학 원론(삼영사), 경영전략(도서출판 대명), 조직관리론(형설출판사), 국제경영(박영사) 외 다수

경영사례연구(제2판)

김영수 정동섭 공저

1판 1쇄 발행 2006년 3월 15일
2판 3쇄 발행 2020년 8월 30일

발행인 회장 박 철 용
대표 박 세 원

발행처 **학 현 사**
우. 10881 경기도 파주시 직지길 522 파주출판도시
전화 031)955-8700(대표)
팩스 031)955-8705
메일 hhspub@chol.com
http://www.hakhyunsa.co.kr

출판등록 1992년 6월 20일
등록번호 제 406-2004-000033호
ISBN 978-89-5853-389-4
정가 30,000원